Andreas

SPITZBERGEN-Handbuch

mit Franz-Joseph-Land und Jan Mayen

REISE Stein HANDBUCH

Spitzbergen-Handbuch

3. Auflage 1994

Der Autor ist für Lesertips, Hinweise und Verbesserungsvorschläge an den Verlag dankbar. Leser, deren Einsendung verwertet wird, werden in der nächsten Ausgabe genannt und erhalten als Dank ein Belegexemplar der neuen Auflage.

Text	Andreas Umbreit
Fotos	Andreas Umbreit, Rinie van Meurs (Franz-Joseph-Land)
Karten und Pläne	Andreas Umbreit
Lektorat	Anke Münzenberg
Gesamtherstellung	Norddruck Neumann KG

Dieses ReiseHandbuch hat 429 Seiten mit 36 Abbildungen, davon 23 in Farbe sowie 12 Karten und Stadtplänen.

ISBN 3-89392-084-6

002980

Inhalt

Vorwort

Nur ein gutes Jahr nach dem Erscheinen der ersten gebundenen Ausgabe des *Spitzbergen-Handbuches* 1988 war diese bereits vergriffen - zur Überraschung von Verlag und Autor. Mittlerweile liegt die 3. Auflage vor, wie schon ihre Vorgängerin erheblich überarbeitet, aktualisiert und um etliche neue Kapitel ergänzt: immerhin ca. doppelt soviel Text sowie neue Karten und Fotos. Damit das ReiseHandbuch trotz dieses Zuwachses weiterhin praxisgerecht ist, hat der Verlag ein dünneres Papier gewählt.

Ergänzungen ergaben sich nicht nur aufgrund von Veränderungen in Spitzbergen und neuen Forschungsergebnissen, sondern auch aufgrund von Leserreaktionen und den Erfahrungen des Autors als Reiseveranstalter in Spitzbergen. Neu aufgenommen sind insbesondere ein Kapitel über die einzelnen Landesteile, über die benachbarte und neuerdings, nach 60jähriger Sperrung, wieder von Spitzbergen aus erreichbare russische Inselgruppe Franz-Joseph-Land und ein Kapitel zur einsamen norwegischen Vulkaninsel Jan Mayen. Erheblich verstärkt wurden Informationen zur Umweltproblematik und zur aktuellen Situation/Zukunftsperspektiven.

Wie Rezensionen und Leserechos (auch in Spitzbergen) zeigen, erfüllt dieses ReiseHandbuch sein Ziel, durch sachgerechte Information zur Verringerung der Probleme des Spitzbergen-Tourismus beizutragen, der spätestens seit der Eröffnung des Flughafens eine Tatsache ist. Gerade auch die kritischeren Passagen fanden mehr Zustimmung als Ablehnung.

Das sich schon zum Zeitpunkt der Drucklegung der vorherigen Ausgabe abzeichnende neue Tourismuskonzept Norwegens für Spitzbergen befindet sich noch immer in seinen Geburtswehen. Theoretisch ist es durchaus denkbar und ökologisch sogar wünschenswert, Spitzbergens bescheidene Wirtschaft auf weniger naturverschleißende Standbeine als den Bergbau zu stellen - Tourismus und Forschung/Technologie stehen hier an erster Stelle als Alternativen. Noch ist allerdings unklar, ob hier nicht über das Ziel hinausgeschossen, durch eine undifferenzierte Tourismusförderung nicht der Schritt in Richtung Massentourismus getan wird, bei dem noch nicht einmal der wirtschaftliche Gesamtnutzen sicher ist. Es muß sich noch zeigen, ob Norwegen auch unter den veränderten wirtschaftlichen und politischen Bedingungen Spitzbergens Natur so gut bewahren kann, wie dies bisher durch die ganze Zeit des kalten Krieges gelang, oder ob Spitzbergens Natur letztendlich ein Opfer des Endes des kalten Krieges wird.

Die früher eher ablehnende Haltung der einheimischen Bevölkerung gegenüber Touristen hat sich etwas gelockert, jedoch findet sich der Besucher auch heute noch in Spitzbergen in der im Vergleich mit südlicheren Ländern eher ungewohnten Situation, daß er nur begrenzt umworben, sein

Verhalten jedoch sehr kritisch beobachtet wird. Angesichts der geringen Zahl von Besuchern trägt jeder einzelne erheblich zum Bild des Spitzbergen-Touristen bei.

Der Besucher sollte alle Bemühungen unterstützen, die negativen Begleiterscheinungen des Tourismus für Natur und Steuerzahler möglichst gering zu halten - dies beginnt zuerst beim eigenen Verhalten! Es ist zwingend erforderlich, den Tourismus gewissen Regeln zu unterwerfen, zu denen etwa Schutzvorschriften für die Natur, die Anmeldung von Touren sowie die Forderung nach Bewaffnung und einer bestimmten Ausrüstung zählen, und diese freiwillig einzuhalten.

Dieses ReiseHandbuch wendet sich an die Leser, die eine Fahrt nach Spitzbergen planen - angesichts des erheblichen organisatorischen Aufwandes und der erforderlichen besonderen Ausrüstung, Erfahrung und Ortskenntnis in der Regel außerhalb der Siedlungsbereiche (ca. 98%) mit einem Veranstalter, in Ausnahmefällen auch auf eigene Faust. Ihnen allen hilft das Buch beim praktischen Teil der Reisevorbereitungen und vermittelt gleichzeitig allgemeine landeskundliche Information.

Im übrigen muß sich ein ReiseHandbuch über Spitzbergen zwangsläufig von anderen Reiseführern unterscheiden, da hier ein praktisch unbesiedeltes Land vorgestellt wird. Kultur- und Ortsbeschreibungen können gegenüber Informationen zur Natur des Landes und praktischen Hinweisen nur einen bescheidenen Umfang haben.

Wer sich weiter auf Spitzbergen literarisch einstimmen möchte, sollte sich die folgenden drei Taschenbücher beschaffen: "Hohe Breitengrade" von Alfred Andersch, "Die Schrecken des Eises und der Finsternis" von Christoph Ransmayr und "Eine Frau erlebt die Polarnacht" von Christiane Ritter (weitere deutsch- und englischsprachige Bücher ☞ Literatur).

Möglicherweise vermissen Sie in diesem ReiseHandbuch Routenbeschreibungen. Nach einem entsprechenden Versuch in der ersten Ausgabe habe ich dies wieder aufgegeben, da ich mittlerweile in Spitzbergen feststellen mußte, daß solche Wegbeschreibungen Leute ins Gelände lockten, die über viel zu geringe Erfahrung hierfür verfügten und die Besonderheiten des arktischen Terrains nicht einschätzen konnten - ein ähnliches Problem wie mit dem Routen-Markierungs-Projekt des norwegischen Wandervereins, des DNT (Den Norske Turistforening). Es ist kaum möglich, verläßliche Empfehlungen zur Routenwahl zu geben, da der "optimale" Weg in Abhängigkeit vom Witterungsverlauf (Stand der Schneeschmelze, Neuschnee, Frost, Wasserführung der Bäche) stark variiert. Der arktiserfahrene Wanderer findet seinen Weg auch so, und andere sollten sich nicht auf eigene Faust ins weglose Gelände Spitzbergens begeben.

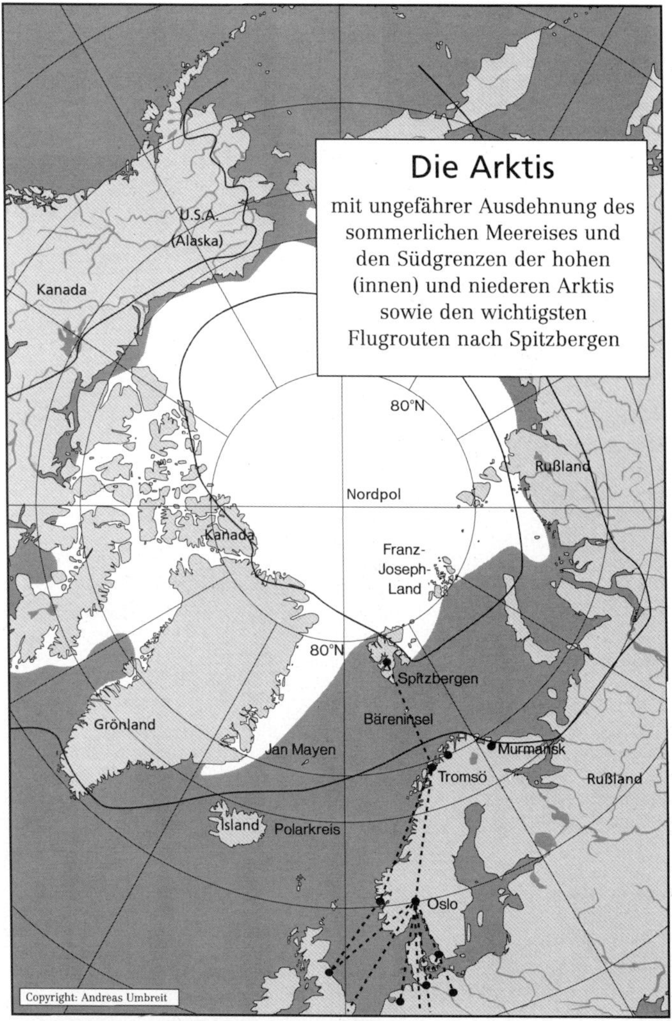
Die Arktis
mit ungefährer Ausdehnung des sommerlichen Meereises und den Südgrenzen der hohen (innen) und niederen Arktis sowie den wichtigsten Flugrouten nach Spitzbergen
U.S.A. (Alaska)
Kanada
80°N
Rußland
Nordpol
Kanada
Franz-Joseph-Land
80°N
Spitzbergen
Grönland
Bäreninsel
Jan Mayen
Murmansk
Tromsö
Rußland
Island
Polarkreis
Oslo
Copyright: Andreas Umbreit

An den Anfang dieses ReiseHandbuches möchte ich im übrigen den Wunsch stellen, daß es Norwegen auch weiterhin gelingen möge, Spitzbergen als eine weitgehend heile Welt zu erhalten. Der Besucher sollte diese Leistung anerkennen und durch eigenes kooperatives Verhalten unterstützen.

Andreas Umbreit — Kiel, im Januar 1994

Danke

Ein spezieller Dank für zahlreiche Interviews, Hinweise, Informationsmaterial, sonstige Informationen, Hilfe und Anregungen an Sysselmann Leif Eldring (1986-91), Sysselmann Odd Blomdal (seit 1991), Assisterende Sysselmann Bernt Moe (bis 1990), Assisterende Sysselmann Torodd Veiding (1991-93) sowie im Sysselmannskontor Overbetjent Harald Pettersen (1986-91) und Overbetjent Halvard Tømta (1990-93), Informasjonssekretær Mette Bleken (1991), den früheren Naturvernkonsulent und jetzigen Mitarbeiter des Norsk Polarinstitutt Ian Gjerts, Naturvernkonsulent Kjell Huseby und Kulturvernkonsulent Lisen Roll. Gleichfalls Dank für derartige Hilfen an Sissel Aarvik (naturvernkonsulent), Geir Åsebøstøl (Spitzbergen), Birger Amundsen (Svalbard-Autor und Journalist, Oslo/Longyearbyen), Thor Bendixen und Attle Brekken (Longyearbyen, Svalbard Samfunnsdrift), Professor Dr. Dieter Blümel (Geographisches Institut, Universität Stuttgart), Dr. Ulrich Glaser (Geographisches Institut, Universität Würzburg), Alan Hall (Geologe und Spitzbergenfreund, York, Großbritannien), Normann Holm (Longyearbyen), Kings Bay Kull Company (Ny Ålesund), Ko de Korte (Biologe, Niederlande) Dr. Lothar Knoch (Expeditionsteilnehmer, Saarbrücken), Rinie van Meurs (Biologe, Niederlande), Kjell Mork (Longyearbyen, Svalbard Museum Komitee), Thorgeir Mørk (Meteorologe, Svalbard Lufthavn 1991-94), Det Norske Meteorologiske Institutt (Oslo), Finn Pedersen (Postmester bis 1992), Bolette Petri-Sutermeister (Bestyrer Svalbard Museum bis 1989), Dr. Kuno Priesnitz (Geographisches Institut, Universität Göttingen), Professor Dr. Heinz Slupetzky (Institut für Geographie, Universität Salzburg, Österreich), Magnus Storhaug (Longyearbyen, Informasjonssekretær SNSK), Turid Telebond (Longyearbyen, SNU), Professor Nick Tyler (Institut für Arktische Biologie, Universität Tromsø), Professor Jan Marcin Weslawski

(Instytut Oceanologii PAN, Sopot, Polen) und schließlich an zahlreiche weitere Einwohner und Besucher Spitzbergens für ihre Hinweise und Anregungen.

Über den Autor

Andreas Umbreit, Jahrgang 1959, wurde in München geboren und wuchs in Sonthofen im Allgäu auf. Nach dem Wehrdienst in der Gebirgstruppe verschlug ihn sein Studium der Agrarwissenschaften nach Kiel. Neben zahllosen Touren in den Allgäuer Alpen entdeckte er schon früh seine Liebe zu nordischen Ländern - beginnend mit einer einmonatigen Wandertour durch Schottland, auf sich allein gestellt, noch während seiner Schulzeit. Spätere Wanderreisen führten ihn durch skandinavische Länder und schließlich nach Spitzbergen. Diese arktische Inselgruppe hat es ihm besonders angetan - nicht nur ihre Natur, auch die Lebensweise der norwegischen Bevölkerung faszinieren ihn, so daß er seit 1986 jedes Jahr dort 2-4 Monate verbringt. Seit 1990 hat er das frühere Hobby zum Beruf gemacht; er ist jetzt Spezialreiseveranstalter für Spitzbergen und die Arktis allgemein sowie die Antarktis.

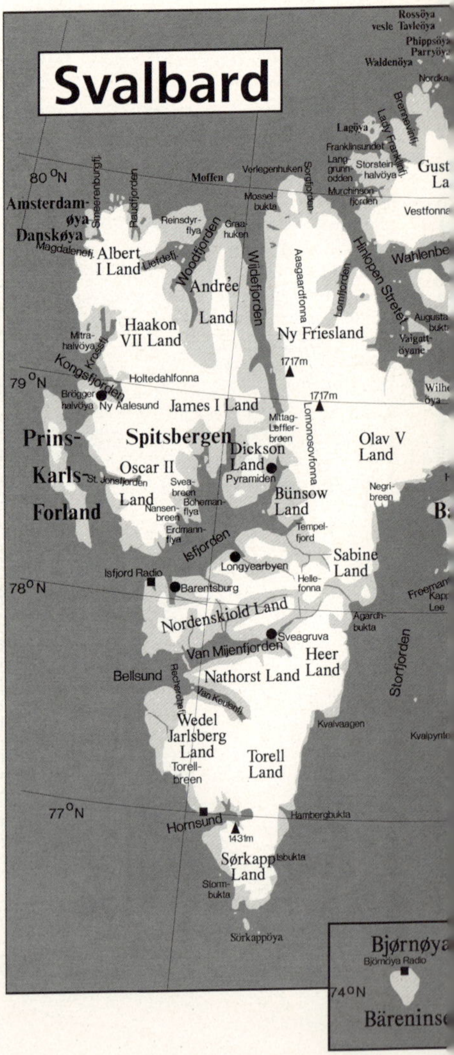

Svalbard
Rossöya
vesle Tavleöya
Phippsöya
Parryöya
Waldenöya
Lagöya
Franklinsundet
Langgrunnodden
Storsteinhalvöya
Murchinsonfjorden
Vestfonna
Hinlopen Stretet
Lomfjorden
Aasgaardfonna
Ny Friesland
80 °N
Moffen
Verlegenhuken
Sorgfjorden
Mosselbukta
Amsterdamøya
Danskøya
Smeerenburgfj.
Raudfjorden
Reinsdyrflya
Graahuken
Woodfjorden
Wijdefjorden
Magdalenefj.
Albert I Land
Liefdefj.
Andrée Land
Haakon VII Land
Mitrahalvöya
Krossfj.
Kongsfjorden
Holtedahlfonna
1717m
79 °N
Bröggerhalvöya
Ny Aalesund
James I Land
Mittag-Lefflerbreen
Lomonosovfonna
Olav V Land
Prins-Karls-Forland
Spitsbergen
Dickson Land
Pyramiden
Oscar II Land
St. Jonsfjorden
Sveabreen
Bohemanflya
Nansenbreen
Erdmannflya
Bünsow Land
Negribreen
Tempelfjord
Isfjorden
Longyearbyen
Sabine Land
Isfjord Radio
Barentsburg
Hellefonna
78 °N
Nordenskiold Land
Agardhbukta
Sveagruva
Van Mijenfjorden
Heer Land
Storfjorden
Bellsund
Recherchefj.
Nathorst Land
Van Keulenfj.
Wedel Jarlsberg Land
Kvalvaagen
Torellbreen
Torell Land
77 °N
Hornsund
Hambergbukta
1431m
Sørkapp Land
Isbukta
Stormbukta
Sörkappöya
Bjørnøya
Björnöya Radio
74 °N

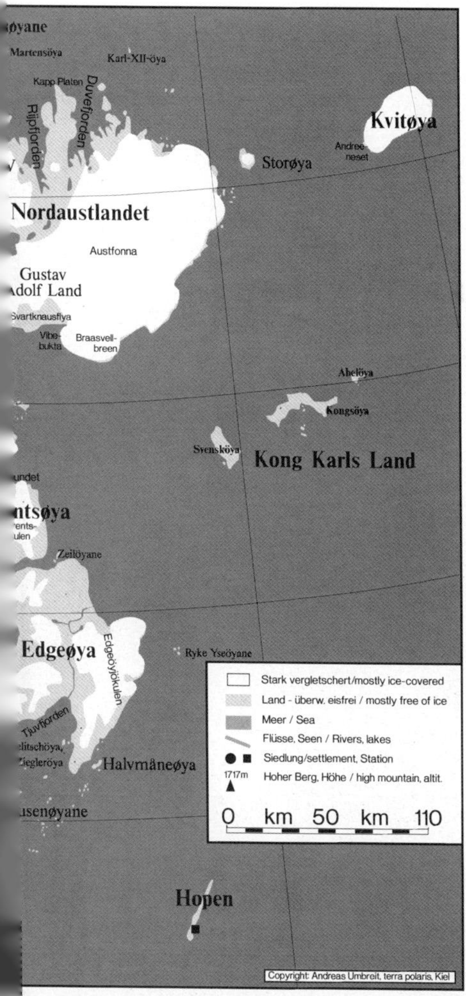

øyane
Martensöya
Karl-XII-öya
Kapp Platen
Duvefjorden
Rijpfjorden
Kvitøya
Andree-
neset
Storøya
Nordaustlandet
Austfonna
Gustav
Adolf Land
Svartknausflya
Vibe-
bukta
Braasvell-
breen
Abelöya
Kongsöya
Svensköya
Kong Karls Land
undet
ntsøya
Zeilöyane
Edgeøya
Edgeöyjökulen
Ryke Yseöyane
Tjuvfjorden
Halvmåneøya
Ziegleröya
sенøyane
Hopen
Stark vergletschert/mostly ice-covered
Land - überw. eisfrei / mostly free of ice
Meer / Sea
Flüsse, Seen / Rivers, lakes
Siedlung/settlement, Station
1717m
Hoher Berg, Höhe / high mountain, altit.
0 km 50 km 110
Copyright: Andreas Umbreit, terra polaris, Kiel

Spitzbergen - Allgemeine Landeskunde

Namensverwirrung: Spitzbergen oder Svalbard?

Korrekt betrachtet müßte dieses ReiseHandbuch *Svalbard-Handbuch* heißen, denn es umfaßt (auch ohne die Kapitel Jan Mayen und Franz-Joseph-Land) ein größeres Gebiet als den eigentlichen Spitzbergen-Archipel. Aber wer in Mitteleuropa kennt schon die offizielle Bezeichnung Svalbard?

Spitzbergen im eigentlichen Sinne ist der Name für die Hauptinsel Westspitzbergen sowie Nordostland, Edge-Insel, Barents-Insel, Prinz-Karls-Vorland und die benachbarten kleineren Inseln. Unter die amtliche norwegische Bezeichnung **Svalbard** fallen jedoch auch Kvitøya (Weiße Insel), Kong-Karls-Land, Hopen und die Bären-Insel, die ebenfalls in diesem ReiseHandbuch behandelt werden und die zusammen mit dem eigentlichen Spitzbergen-Archipel die Verwaltungseinheit Svalbard unter dem norwegischen Gouverneur (*Sysselmann*) bilden. Allerdings heißt selbst der Vertrag, durch den die Inseln 1920 Norwegen zugesprochen wurden, in den beiden offiziell gültigen Versionen (Englisch und Französisch) "Spitsbergen" bzw. "Spitsberg" und bezeichnet die Hauptinsel als Westspitzbergen.

Svalbard stammt aus der Sprache der Wikinger und bedeutet je nach Übersetzung "Kalte Küste" oder "Kalter Rand", wobei nicht ganz klar ist, ob sich diese Bezeichnung tatsächlich auf das eventuell schon von den Wikingern entdeckte Spitzbergen oder z.B. auf die Packeisgrenze bezog.

Für das gerade erst vollkommen selbständig gewordene Norwegen (norwegische Lösung aus der Union mit Schweden 1905), das von einer entsprechenden Welle nationaler Gefühle erfaßt wurde, lag es allerdings nach 1920 nahe, den nicht eindeutigen und selbst in Norwegen bis zu diesem Zeitpunkt für Spitzbergen nur teilweise gebräuchlichen Begriff Svalbard als Namen des Gesamtgebietes zu wählen, statt den durch den Holländer **Bärents** 1596 geschaffenen Namen Spitsbergen auf den ganzen Archipel anzuwenden. Durch das wikingische Wort untermauerte man einen auch historischen Anspruch der Norweger auf die Inseln, auch wenn die Entdeckung durch die Wikinger nicht klar bewiesen ist, und eine umfangreichere Aktivität der Norweger in Spitzbergen erst in der zweiten Hälfte des 19. Jh. einsetzte - lange nach z.B. den Russen.

Im norwegischen Sprachgebrauch ist seit der Neubelebung des Begriffs Svalbard der Name Spitsbergen zunehmend von einer Sammelbezeichnung für die engere Inselgruppe zur Bezeichnung für die Hauptinsel auf Kosten des eigentlichen Namens "Vestspitsbergen" geworden. Außerhalb Norwegens ist die Inselgruppe jedoch weiterhin, mit Ausnahme der abgelegenen Bären- und Hopen-Insel, als "Spitsbergen" (Holländisch), "Spitsberg" (Französisch), "Spetsbergen" (Schwedisch), sowohl "Spitsbergen" als auch "Spitzbergen" in Englisch und "Spitzbergen" in Deutsch bekannt. Aufgrund der vielfältigen Traditionen der verschiedenen Länder in Spitzbergen halte ich diese **Namensvielfalt** für berechtigt und für einen Ausdruck kultureller Vielfalt innerhalb Europas, der nicht verloren gehen sollte. Schließlich sprechen die Dänen von "Flensborg", wo wir "Flensburg" sagen und wir umgekehrt von "Kopenhagen" statt "København". Um Aufzählungen zu vermeiden (Spitzbergen und Bären-Insel, Hopen etc.) ist es dort, wo tatsächlich das gesamte Verwaltungsgebiet gemeint ist, allerdings praktisch, auch den norwegischen Begriff "Svalbard" als über den eigentlichen Spitzbergen-Archipel hinausgehende räumliche Einheit zu verwenden.

Eine ähnliche historisch gewachsene Sprachvielfalt findet sich auch bei heute noch parallel gebräuchlichen Ortsnamen innerhalb Spitzbergens: Bären-Insel - Bjørnøya - Bear Island, Kongsfjord - Königsfjord, Krossfjord - Kreuzbucht, Grønfjord - Green Harbour etc.

Allgemeines

Zu den besonderen Reizen Spitzbergens gehört sicherlich, daß dieses Land, so groß wie Holland und Belgien zusammen oder fast so groß wie Bayern, praktisch eine unbesiedelte, urtümliche **Wildnis** ist. Die knapp 3.000 Einwohner in den fünf kleinen Siedlungen und jährlich rund 1.500 Wissenschaftler und Wanderer (ohne die Teilnehmer der Kreuzfahrten und Ortstouristen) lassen genügend Freiraum außerhalb der Siedlungen, so daß man tage- und wochenlang niemandem im Gelände begegnen muß. Weder in diesem Punkt noch hinsichtlich der klimatischen Bedingungen findet der Reisende innerhalb Europas etwas Vergleichbares.

Der Besucher ist, spätestens sobald er die Siedlungen zu Fuß verläßt, überall nahezu völlig auf sich selbst, seine Ausrüstung, Erfahrung und Kondition gestellt. Vergleichsweise bequeme **Wanderungen** von Hütte zu Hütte, wie sie selbst auf Grönland teilweise möglich sind, kann man in Spitzbergen praktisch nicht unternehmen, da die entsprechende Infrastruktur fast völlig fehlt.

Für den erfahrenen Wanderer mit vollständiger und zweckmäßiger Ausrüstung, der sich auch innerlich auf diese Verhältnisse einstellen und von mitteleuropäischen Gewohnheiten, Ansprüchen und Maßstäben lösen kann, mag diese Unberührtheit reizvoll und zu bewältigen sein.

Die Erfahrung zeigt jedoch, daß es vielen Besuchern, die erstmals nach Spitzbergen reisen, schwerfällt, mit den dortigen Verhältnissen und dem Mangel an Komfort unmittelbar außerhalb der Siedlungen fertig zu werden und diese "Nachteile" eines unberührten Landes ebenso zu akzeptieren wie die Tatsache, daß es eine entsprechend aufwendige, teilweise teure und schwer zu beschaffende **Ausrüstung** erfordert. Wer in Spitzbergen etwa ohne Schußwaffe oder mit sonstiger ungenügender Ausrüstung auf Tour geht, wird von den Einheimischen mit Recht als leichtsinniges, unbelehrbares und - angesichts des Aufwandes für eine eventuell notwendige Rettungsaktion - unsoziales "Greenhorn" eingestuft und kritisiert wie der sattsam bekannte Turnschuhtourist in den Alpen.

Leider tauchen mittlerweile gelegentlich schwarze Schafe unter den Besuchern Spitzbergens auf, die den sowieso schon nicht allzuguten Ruf der Touristen dort weiter schädigen und so letztlich zu einer Verschärfung der Bestimmungen und Kontrollen beitragen. Heute ist das Verhältnis zwischen Besuchern und norwegischer Verwaltung im allgemeinen noch eher kooperativ und von Vertrauen in den gesunden Menschenverstand der Besucher gekennzeichnet.

Angesichts der vergleichsweise leichten Erreichbarkeit Spitzbergens per Linienflug ist der Hinweis angebracht, daß der Besucher bereits unmittelbar außerhalb von Longyearbyen der arktischen Umwelt mit ihren klimatischen und sonstigen Risiken voll ausgesetzt ist.

Jedes Jahr sich vor Ort wiederholende Beobachtungen zeigen, daß vielen Mitteleuropäern diese wenigen Schritte von einem modernen Linienflughafen in eine wirklich völlig unerschlossene arktische Wildnis zu unvorstellbar ist, um sich vorher darauf ausreichend realistisch einstellen zu können und vorzubereiten. Entsprechend hoch ist die Quote der Gescheiterten, speziell unter den auf eigene Faust Anreisenden, gelegentlich auch auf veranstalteten Touren, wo aber die Vorsorge des Veranstalters solch unerfreuliche Erlebnisse eher vermeiden hilft.

In unserer rundum abgesicherten mitteleuropäischen Alltagswelt ist die Lust auf Abenteuer und exotische Länder verständlich. Zu leicht wird dabei allerdings vergessen, daß Sie im Gegensatz zu einem spannenden Videofilm dort oben im Norden nicht die Möglichkeit haben, aus gefährlichen Situationen per Knopfdruck auszusteigen, sondern diese mit den vorhandenen Mitteln durchstehen müssen. Zu einer erfolgreichen Spitzbergenfahrt gehört daher eine umfangreiche und sorgfältige **Vorbereitung**, eine erstklassige **Ausrüstung** und die nötige **Erfahrung**, ganz besonders bei einer Tour auf eigene Faust.

Ein ReiseHandbuch wie dieses kann Ihnen weder die Vorbereitung noch die Auswahl der Ausrüstung abnehmen, sondern nur Hinweise geben. Es kann erst recht kein Ersatz für mangelnde Erfahrung sein.

Die folgenden Kapitel sollen dem Wanderer, der bereits über größere Erfahrung aus vergleichbaren Regionen verfügt, zusätzliche, seine eigenen Erfahrungen ergänzenden Planungshilfen für seine Tour geben. Diejenigen, die Spitzbergen, etwa auf einer Pauschaltour, erstmals besuchen, sollen einen ersten Eindruck davon gewinnen, was sie in diesem arktischen Land erwartet.

Klima

Wirkung der Meeresströmungen

Der **Golfstrom**, dessen letzter Ausläufer (Westspitzbergenstrom) die Westküste Spitzbergens erreicht, sorgt für ein milderes Klima als in allen anderen Gebieten gleicher Breitenlage. Nordgrönland, die nördlichsten Inseln Kanadas und der UdSSR sind praktisch dauernd im Packeis eingeschlossen, während Spitzbergen in manchen Sommern vollständig umschifft werden kann, ohne mit Eis in Berührung zu kommen.

Hingegen wird insbesondere der Osten Spitzbergens durch eine nach Südosten führende **kalte Strömung** gestreift, die hier für niedrigere Lufttemperaturen sorgt. Neben dem Treibholz, das aus den großen sibirischen Strömen ins Polarmeer geschwemmt wurde, trägt sie vor allem große Treibeismassen gegen Spitzbergens östliche Küsten und macht diese auch im Sommer schwer oder gar nicht zugänglich.

Eisfelder und **Treibholz**, die durch die Strömung am Südkap vorbei westwärts getrieben werden, geraten hier in die nach Norden ziehende wärmere Strömung; der Wind läßt die mitgeführte Fracht dann an allen Küsten Spitzbergens stranden. Gerade in früheren Zeiten war das an manchen Stellen in gewaltigen Massen angetriebene Treibholz für die einsamen Bewohner des baumlosen Spitzbergens ein willkommenes Bau- und Heizmaterial.

Das von Süden nordwärts drängende wärmere Wasser teilt sich vor der Bären-Insel in einen nordwärts und einen ostwärts ziehenden Arm. Es stößt draußen vor der Westküste Spitzbergens und östlich der Bären-Insel mit kalten, nährstoffreichen Strömungen aus dem Nordpolbecken zusammen. Diese Mischung erlaubt im Sommer ein enormes **Algenwachstum** als Basis einer fruchtbaren Nahrungskette, die über Vögel bis an Land reicht (Vogeldung). Gleichzeitig sorgt das wärmere Wasser mit entsprechend temperierter Luft darüber für etwas höhere Niederschläge an der Westküste Spitzbergens, wo die Luftmassen aufsteigen müssen und über dem kälteren Land abregnen.

Das wärmere Wasser der Westküste läßt die **Treibeisfelder** auf ihrer Reise nach Norden schmelzen. So erklärt sich die erstaunliche Tatsache, daß der Hornsund im Süden Spitzbergens weitaus häufiger von Treibeis blockiert ist als die nördlicheren Teile der Westküste. Gelegentlich werden jedoch auch im Sommer Eisfelder um ganz Spitzbergen herum bis in den Isfjord getrieben. In vergangenen Jahrzehnten muß dies häufiger der Fall gewesen sein, denn in älteren Kreuzfahrten- und Expeditionsbeschreibungen findet man oft den Hinweis, daß dichtes Treibeis selbst im August die Einfahrt in den Isfjord verhinderte. Auch dies deutet darauf hin, daß sich Spitzbergens Klima in den letzten Jahrzehnten etwas verändert hat, denn heute ist Meerwasser-Treibeis im Isfjord im Sommer ausgesprochen selten. Diese Zugänglichkeit von See her erleichtert den Transport und ist für die Siedlungen von einiger Bedeutung.

Temperaturen

Im **Sommer** ist Frost im Bereich des Isfjordes, zumindest in den Tallagen, im Juli und in der ersten Augusthälfte selten. Die typischen Tagestemperaturen in Longyearbyen liegen in dieser Zeit zwischen 3 und 9 Grad mit Maximalwerten um 16 Grad, im Sommer 1986 angeblich einmal sogar bei 20 Grad. Bei Windstille sind im Landesinneren in günstigen Tallagen gelegentlich noch höhere Temperaturen möglich. Vom Sommer 1987 ist mir eine Messung von 23 Grad bekannt.

Derartige **Wärmeeinbrüche** sind beim Wandern eher unwillkommen, bieten aber die unerwartete Gelegenheit zu einem Sonnenbad, unter Umständen sogar in der Mitternachtssonne, wie es im Juli auf dem 1.050 m hohen Nordenskiöldfjellet mit einem herrlichen Blick hinab auf den Isfjord u.U. genossen werden kann.

Genauso müssen Sie aber im Sommer mit **Kälteeinbrüchen** von bis ca. -7 Grad und Neuschnee rechnen, der selbst in den Tälern ein oder zwei Tage liegenbleiben kann, insbesondere im Juni und ab der zweiten Augusthälfte. Im August 1987 erlebte ich im Bereich Longyearbyen immerhin an sieben Tagen Schneefall bis hinab ins Tal, dasselbe auch an zwei Julitagen.

Nachts fällt die Temperatur während der Zeit der **Mitternachtssonne**, insbesondere im Juni und Juli, wenn die Sonne ständig relativ hoch über dem Horizont steht, in der Regel nur geringfügig ab. Da die Sonne andererseits selbst im Hochsommer mittags nicht so hoch aufsteigt wie in

Mitteleuropa, sind in diesen Wochen die Lichtunterschiede zwischen Tag und Nacht relativ gering, so daß bei bedecktem Himmel ein Feststellen der Tageszeit ohne Uhr schwierig bis unmöglich sein kann.

Wie die ☞ Klimatabelle zeigt, sind **Temperaturen** über dem Gefrierpunkt allerdings nur im Sommer der Normalzustand. Im Herbst und im Dezember sind Temperaturen auch unter -20 Grad keine Seltenheit; die **kältesten Monate** sind meist Februar und März, dann muß man sogar auf gelegentlichen bitteren Frost unter -40 Grad vorbereitet sein, der durch Winterstürme noch verschärft werden kann. Bis in den Mai hinein kommt Frost häufiger vor als Tauwetter.

Nähere Einzelheiten zu den durchschnittlichen Temperaturen der einzelnen Monate sowie die jeweiligen Extremwerte finden sich in der Klimatabelle, wobei darauf zu achten ist, daß die Werte von Jahr zu Jahr recht unterschiedlich ausfallen können.

Lichtverhältnisse: Mitternachtssonne und Polarnacht

Die **Mitternachtssonne** beginnt in Longyearbyen in der zweiten Aprilhälfte (ca. 18. April) und dauert bis ins letzte Augustdrittel (ca. 22. August) an. Um die Mittsommernacht, Juni, Anfang Juli, steht die Sonne in Spitzbergen auch um Mitternacht erstaunlich hoch am strahlend blauen Himmel, keine Spur von der Abendatmosphäre typischer Nordkap-Prospekte! Nur mit dem Belichtungsmesser wird man feststellen, daß das Licht doch schwächer ist als tagsüber. Da sich Svalbard in Nord-Süd-Richtung über immerhin rund 700 km erstreckt, ergeben sich, je nach Standort in Abhängigkeit von der Nähe zum Nordpol, Unterschiede von etlichen Tagen in der Dauer von Polartag bzw. -nacht. Die hochstehende Mitternachtssonne im Juni und Juli verleiht die aus niedrigen Breiten unbekannte Freiheit, die Tageseinteilung beliebig vornehmen zu können, denn keine drohende Dunkelheit zwingt zum Abbruch der Aktivitäten.

☺ Im Hochsommer herrschen "nachts" oft reizvollere Lichtverhältnisse als "tags". Eine Verschiebung der "Aktivphase" in die "Nacht" hinein ist für viele Wanderer ungewohnt, kann jedoch außerhalb der Siedlungen durchaus ihre Reize haben.

Der Zeit der Mitternachtssonne entspricht im Winter die **Polarnacht** (Longyearbyen: ca. 28. Oktober bis ca. 14. Februar). Nach einer Übergangszeit von Ende August bis Ende Oktober, in der die Nächte zunehmend dunkler und länger werden, geht die Sonne in Longyearbyen von den letzten Oktobertagen an überhaupt nicht mehr auf. "Tags" herrscht zunächst noch Dämmerung, die jedoch rasch kürzer wird. *Mørketida*,

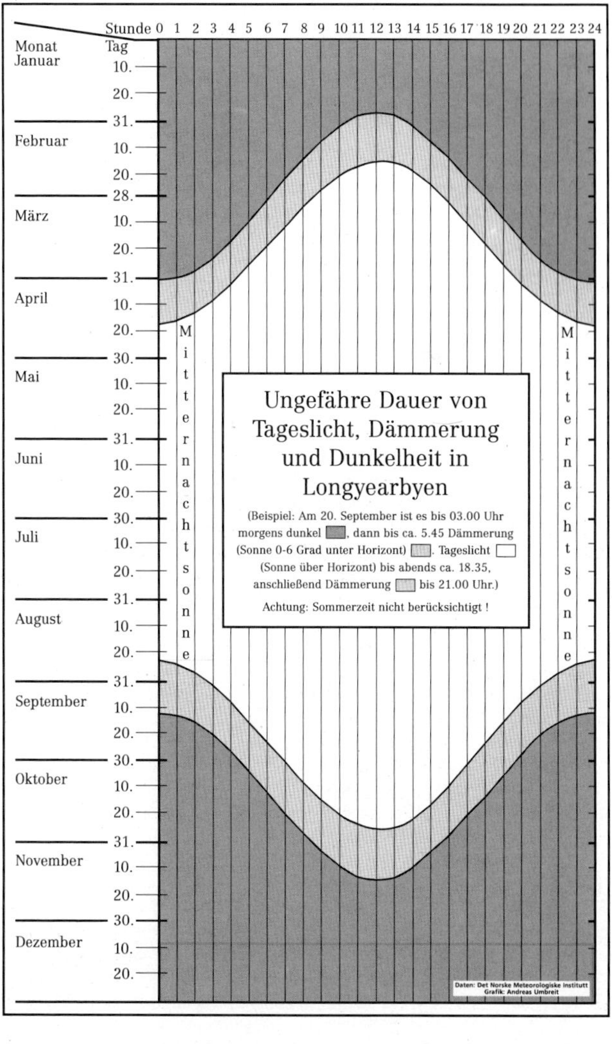

Stunde 0 1 2 3 4 5 6 7 8 9 10 11 12 13 14 15 16 17 18 19 20 21 22 23 24
Monat
Tag
Januar 10. 20. 31.
Februar 10. 20. 28.
März 10. 20. 31.
April 10. 20. 30.
Mai 10. 20. 31.
Juni 10. 20. 30.
Juli 10. 20. 31.
August 10. 20. 31.
September 10. 20. 30.
Oktober 10. 20. 31.
November 10. 20. 30.
Dezember 10. 20.
Mitternachtsonne
Mitternachtsonne
Ungefähre Dauer von Tageslicht, Dämmerung und Dunkelheit in Longyearbyen
(Beispiel: Am 20. September ist es bis 03.00 Uhr morgens dunkel, dann bis ca. 5.45 Dämmerung (Sonne 0-6 Grad unter Horizont). Tageslicht (Sonne über Horizont) bis abends ca. 18.35, anschließend Dämmerung bis 21.00 Uhr.)
Achtung: Sommerzeit nicht berücksichtigt !
Daten: Det Norske Meteorologiske Institutt
Grafik: Andreas Umbreit

dunkle Zeit, nennen die Einheimischen die nun bevorstehenden Wochen. Ganz dunkel wird es allerdings nur bei bedecktem Himmel. Die extrem klare Luft erlaubt einen wunderbaren Sternenhimmel. Auch das häufig vorkommende **Nordlicht** spielt als Lichtquelle außerhalb der langen Perioden, innerhalb derer der Mond Licht spendet, eine Rolle. Im übrigen steht die Sonne während der Polarnacht nicht so tief unter dem Horizont wie in unseren heimischen Breiten, so daß während vieler Wochen der Polarnacht noch ein kleiner Teil des Sonnenlichtes durch die Atmosphäre um die Erde herum abgelenkt wird und für schwaches Dämmerlicht sorgt.

Der Mensch ist mit seiner modernen Technik zwar zumindest in den kleinen Siedlungen Spitzbergens gegen die Dunkelheit angetreten; **Straßenbeleuchtung** und **Flutlicht** (bis hin zur beleuchteten Langlaufloipe und Skiabfahrt für die Bewohner Longyearbyens) sorgen im Ort für Helligkeit. Trotzdem wird das Leben und die Stimmung der Menschen hier stark vom Kommen und Gehen des Lichtes beeinflußt. Dies zeigt sich besonders an der begeisterten Feier des **Sonnenfestes** am 17. Februar, an dem nach der vorhergehenden, täglich heller werdenden Dämmerung tagsüber die Sonne erstmals mittags kurz wieder über den Longyeargletscher aufsteigt und dann früher erstmals wieder die Stufen des ehemaligen Krankenhauses auf Skjæringa erreichte (durch Abschmelzen der Eiszunge des Longyeargletschers trifft die Sonne heute schon ein paar Tage früher diese Stelle, die traditionelle Feier wurde jedoch beibehalten). Tag für Tag bleibt sie nun länger über dem Horizont, werden die Tage länger und die Nächte kürzer. Zwei Monate später, ab der zweiten Aprilhälfte, beginnt dann bereits wieder die Periode der Mitternachtssonne.

Niederschläge, Sichtverhältnisse, Nebel und Bewölkung

Niederschläge: Verglichen mit Mitteleuropa weist Spitzbergen, mit Ausnahme der etwas feuchteren Westküste, ein geradezu **steppenhaft trockenes Klima** auf - anders als die rund 200 mm Longyearbyens liegen die jährlichen Niederschläge in Deutschland zwischen 520 mm (Bad Kreuznach) und 1.776 mm (Oberstdorf) - angenehm für all jene, die im Sommer dem nassen Wetter in der Heimat entfliehen wollen; man kann natürlich auch in Spitzbergen Pech haben.

Die geringe Niederschlagsmenge bedingt entsprechend wenig **Schnee** im Winter, der zudem stark vom Wind verblasen wird, so daß blankgefegter Boden und Schneewehen einander im Gelände ablösen - oft unerfreuliche Bedingungen für Skitouristen. Für Rentiere dagegen bedeutet die dünne Schneedecke bei der Futtersuche während der harten Winterzeit eher eine Erleichterung, sofern nicht kurzfristige Tauperioden mit anschließendem Frost (selbst im Januar können gelegentlich Plusgrade auftreten) den Schnee erst schmelzen und dann zu Eis erstarren lassen.

Da Spitzbergens Sommer kurz ist und von Jahr zu Jahr recht unterschiedlich verlaufen kann (☞ Klimatabelle), muß man in verschiedenen Jahren zur gleichen Zeit im Sommer und am gleichen Ort mit sehr **unterschiedlichen Schneeverhältnissen** rechnen. Ein knapp 400 m hoher Paß kann beispielsweise im August noch unter vereistem Altschnee begraben, freigetaut oder bereits wieder mit einer dünnen Neuschneeschicht bedeckt sein.

Wie sich das auswirken kann, sei an einem Beispiel erläutert: Ende Juni 1987 benötigte eine Gruppe mit schweren Gepäck zur Begehung des Longyeargletschers anderthalb Tage wegen tiefen, zähen Neuschnees. Etliche Wochen später war der Gletscher schneefrei, die Spalten gut sichtbar, und er konnte bei etwa gleicher Route in 2,5 Stunden überschritten werden. Auch die sehr unterschiedliche Wasserführung der Bäche kann erhebliche Routenänderungen erzwingen, eine Abhängigkeit von der Natur, die in Mitteleuropa kaum noch vorstellbar ist.

In den trockenen Bereichen Zentralspitzbergens liegt die **Schneegrenze** am Sommerende teilweise erst in 800 m Höhe. Sie müssen sich jedoch im klaren sein, daß man in einer Klimazone ist, wo an bestimmten Orten selbst in Meereshöhe stellenweise Schnee den ganzen Sommer überdauern kann; selbst auf dem Zeltplatz in Longyearbyen bleibt der kohlenstaubgeschwärzte Rest einer Schneewehe oft den ganzen Sommer über am Hang auf dem Platz liegen.

Die trockenen Bedingungen dürften vermutlich auch bereits in der Eiszeit in Spitzbergen geherrscht haben: Die Spuren im Gelände deuten auf eine verhältnismäßig schwache Vereisung bzw. einen frühen Rückzug des Eises hin; geringe Niederschläge sind eine mögliche Erklärung dafür. Aus demselben Grund sind auch heute die zentralen Teile Spitzbergens, Nordenskiöldland, Bünsowland, Dicksonland, Andréeland, vorwiegend eisfrei.

Die gebirgige Westküste mit ihren etwas höheren, durch die über das offene Meer herankommenden Westwinde bedingten Niederschlägen (ca. 350 mm/Jahr) und der Nordosten mit seinen niedrigeren Temperaturen, die die Abschmelzverluste im Sommer reduzieren, weisen dagegen großflächige Vereisungen und zahlreiche, bis ins Meer reichende Gletscher auf.

 Isfjord mit MS "Belorussiya" um Mitternacht im Juli ☞

Bewölkung: Die geringen Niederschlagsmengen bedeuten allerdings keineswegs überwiegend sonniges Wetter, vielmehr muß man häufig mit **bedecktem Himmel** rechnen. Regen- und Schneefälle halten in der Regel jedoch weder besonders lang an, noch sind sie mengenmäßig ergiebig. Der Wanderer wird also nicht tagelang vom Regen ins Zelt verbannt oder allzu oft zum Tragen von Regenkleidung gezwungen.

☝ Zu beachten ist, daß die **Wolkendecke** oft sehr niedrig liegt, so daß man in ansteigenden Seitentälern oder auf Pässen leicht die Orientierung im umgebenden nebligen Grau verliert.

Sichtverhältnisse: Auffällig ist bei schönem Wetter die **klare Luft**. Selbst vom Strand aus kann man dann teilweise über 100 km weit sehen, wobei die Entfernungen viel geringer erscheinen. Insbesondere Paddler sollten daher selbst bei bester Sicht zusätzlich die Karte genau studieren, um sich nicht in der Entfernung des Ziels zu verschätzen. Dem Landschaftsfotografen ermöglicht die klare Luft den Einsatz extremster Teleobjektive.

Nebel bildet sich, insbesondere in den Bergen, häufig und oft sehr rasch. Er kann dann zur ernsten Gefahr werden, wenn man keine Möglichkeit für ein schützendes Notbiwak hat oder wenn der Wanderer nicht in der Handhabung von Kompaß und Karte geübt und mit den Örtlichkeiten vertraut ist.

📖 *Karte & Kompaß* - Basiswissen für Draußen von Cliff Jacobson, Conrad Stein Verlag, DM 12,80.

So gerieten wir Ende Juli beim Versuch, einen 900 m hohen Bergkamm zu queren, in sehr dichten Nebel, fast gleichzeitig sackte die Temperatur auf bis -8 Grad ab und ein scharfer Schneesturm setzte ein. Ein Notbiwak erschien unter diesen Bedingungen ebenso riskant wie eine Fortsetzung der Tour ohne jegliche Sicht oder eine Umkehr auf dem steilen Aufstiegsweg, der inzwischen zu vereisen begann. Es blieb nur der Notabstieg über einen anderen Weg, der mir von früher als auch in solchen Verhältnissen noch einigermaßen sicher bekannt war. Mit Hilfe des Kompasses gelangte die kleine Gruppe dann ins Tal.

Selbst wenn Wanderer oder zumindest die Gruppenbetreuer, die Spitzbergen besuchen, mit Karte und Kompaß umgehen können, können diese Hilfsmittel bei Nebel eine gute Ortskenntnis nicht ersetzen, da das vorhandene Kartenmaterial nicht ausreichend genaue Informationen über die Einzelheiten des Geländes liefern kann. Stärkerer Nebel auf Strecken, mit

Verstärkung der Auskühlung durch Wind

Wind: deutsche und norwegische Bezeichnungen der Windstärke	Windstille vindstille	leichte Brise svak vind	schwache Brise lett bris	mäßige Brise laber bris	frische Brise frisk bris	starker Wind liten kuling	steifer Wind stiv kuling	stürmischer Wind sterk kuling	Sturm liten storm	schwerer Sturm storm
Windstärke in Beaufort	0	2	3	4	5	6	7	8	9	10
Windgeschwindigkeit in m/s	0	2,5	4,5	6,5	9,5	12,5	15,5	19,0	22,5	26,5
Windgeschwindigkeit in km/h	0	9	16	24	34	45	56	68	81	94
Windgeschwindigkeit in Knoten	0	4	7	11	17	22	28	34	41	48
Temperatur:	0	-2	-8	-11	-14	-17	-18	-19	-20	-21
Angaben in Grad Celsius.	-5	-7	-14	-18	-21	-24	-26	-27	-28	-29
1. Spalte: tatsächliche Lufttemperatur	-10	-12	-20	-25	-29	-32	-34	-35	-36	-37
2.-10. Spalte:	-15	-18	-26	-32	-36	-39	-42	-43	-44	-45
Effektive Lufttemperatur bezogen	-20	-23	-32	-38	-43	-47	-49	-51	-52	-53
auf die Auskühlung bei der jeweiligen	-25	-28	-38	-45	-50	-54	-57	-59	-60	-61
Windgeschwindigkeit	-30	-33	-44	-52	-57	-61	-65	-66	-68	-70
	-35	-37	-51	-58	-64	-68	-73	-75	-77	-80

Da Wind die Abfuhr an die Umluft abgegebener Wärme beschleunigt, hat er die gleiche auskühlende Wirkung, wie eine tiefere Lufttemperatur: je stärker der Wind, desto stärker die Auskühlung, auch wenn die eigentliche Lufttemperatur dieselbe ist. Dies gilt auch für Fahrtwind, z.B. auf Motorschlitten. Die Tabelle zeigt diesen Effekt für verschiedene tatsächliche Lufttemperaturen (Spalte Windstille) und verschiedene Windstärken. Angegeben ist jeweils die Temperatur, die denselben Auskühlungseffekt ohne Windeinfluß hätte. Beispiel aus der Tabelle: bei einer Lufttemperatur von -15 Grad C steigt die Auskühlung durch Wind z.B. mit 68 km/h (eine gängige Motorschlittengeschwindigkeit) auf einen Wert, der ohne Wind einer Lufttemperatur von -43 Grad C entspräche. Auch über 0 Grad C wirkt Wind auskühlend.

mit hellgrau ist der Bereich effektiver Temperaturen markiert, in dem große Gefahr von raschen Erfrierungen besteht. Dunkelgrau: sehr große Erfrierungsgefahr.

denen der Wanderer nicht bereits bestens vertraut ist, ist daher ein Grund, eine Tour zu unterbrechen, bis günstigeres Wetter einsetzt.

Ausrüstungs- und vorratsmäßig müssen Sie auf allen Touren in Spitzbergen für solche Situationen gerüstet sein. Auch Wetterstürze gehören zur Wirklichkeit Spitzbergens, nicht nur Postkartenwetter.

Stürme

Mit extremen Stürmen ist zumindest in den Tallagen eher im **Herbst** zu rechnen, gelegentlich können sie aber auch im **Sommer** auftreten. So erinnere ich mich an zwei Paddler, die mitten im Sommer ihr Zelt durch einen Sturm verloren, wobei die beiden insofern Glück hatten, als sich ihr Kanu mit aufgespannter Spritzdecke einigermaßen als Notzelt eignete. Selbst wer sein **Zelt** vorwiegend auf dem Campingplatz von Longyearbyen verwenden möchte, ist gut beraten, ein hochwertiges, windstabiles Modell zu benutzen. Dieser Platz, auf einer Ebene an der Mündung des Adventfjordes in den Isfjord gelegen, ist in drei Himmelsrichtungen dem Wind völlig ohne Schutz preisgegeben. Ein Franzose nutzte ihn deshalb einmal sogar für einen Vergleichstest verschiedener Expeditionszelte auf Windstabilität.

Wie das Wetter in Spitzbergen generell, ist der Wind in Stärke und Richtung äußerst **wechselhaft**. Vom Problem der Auskühlung und echten Stürmen abgesehen, ist dies für den Fußwanderer normalerweise zweitrangig, für den **Paddler** jedoch ein ernstes Problem. Die Dauer von Padeltouren wird dadurch schwer kalkulierbar und Fjordquerungen sind bei plötzlich rasch zunehmendem Wind und entsprechend stärkerem Seegang selbst für Motorboote ein ernstes Risiko.

Am häufigsten sind im **Sommer** Winde aus westlicher bis nördlicher Richtung, wobei bedingt durch die Geländestruktur je nach Ort erhebliche Abweichungen möglich sind. Über Gletschern bilden sich durch Abkühlung der Luft Fallwinde, die in engen Fjorden wie dem Tempelfjord über größere Strecken hinweg spürbar sind. Im Winter sind auch südliche Winde nicht selten.

Klimatabelle

Die Meßwerte der Klimatabelle stammen vom Flughafen Longyearbyen, wo sie monatlich im Rückblick in der "Svalbardposten" veröffentlicht werden. Sie geben einen Einblick in die klimatischen Bedingungen vor Ort, wobei die Verhältnisse in anderen Landesteilen abweichen können. So ist im Norden und Osten sowie in hohen Lagen mit niedrigeren Temperaturen zu rechnen, an der Westküste mit höheren Niederschlägen. In

Svalbards Klima - Temperaturen und Niederschläge

Basis der Tabelle ist der Zeitraum 1961-1993, für die Mittelwerte 1961-1990. Sie finden die jeweiligen Werte für Sveagruva (SVA), Flughafen Longyearbyen (LYR), Ny Ålesund (NYA) und die mittleren Temperaturen auch für die Bäreninsel (BJA). Werte in der Spalte Jahr sind entweder Jahressummen bzw. Jahresmittelwerte oder der höchste/tiefste gemessene Wert. Daten: Det Norske Meteorologiske Institutt. Gestaltung: A. Umbreit, terra polaris, Kiel

MONAT:		Jan	Feb	Mar	Apr	May	Jun	Jul	Aug	Sep	Oct	Nov	Dec	Jahr
Temperaturen														
Mittlere Monatstemperatur in Grad C	BJA	- 8.1	- 7.7	- 7.6	- 5.4	- 1.4	+ 1.8	+ 4.4	+ 4.4	+ 2.7	- 0.5	- 3.7	- 7.1	- 2.3
	SVG	-16.1	-17.0	-16.2	-12.7	- 4.7	+ 1.9	+ 5.8	+ 4.9	+ 0.6	- 5.7	-11.5	-14.6	- 7.1
	LYR	-15.3	-16.3	-15.8	-12.4	- 4.4	+ 1.8	+ 5.8	+ 4.8	+ 0.4	- 5.5	-10.3	-13.3	- 6.7
	NYA	-14.1	-15.2	-14.6	-11.3	- 4.2	+ 1.4	+ 4.7	+ 3.9	- 0.1	- 5.6	- 9.6	-12.6	- 6.4
Höchstes Monatsmittel in Grad C (mit Jahr)	SVG	- 7.0 (90)	-10.0 (84)	- 9.8 (82)	- 7.3 (89)	- 1.6 (89)	+ 3.7 (80)	+ 7.8 (93)	+ 6.3 (91)	+ 5.0 (90)	- 2.0 (84)	- 2.9 (93)	- 3.2 (84)	- 7.9 (80)
	LYR	- 6.2 (90)	- 9.1 (84)	- 7.8 (76)	- 6.6 (92)	- 1.5 (89)	+ 3.7 (86)	+ 7.8 (93)	+ 6.5 (93)	+ 5.2 (90)	- 2.5 (84)	- 2.1 (93)	- 2.7 (84)	- 4.6 (76)
	NYA	- 6.4 (90)	- 8.5 (85)	- 6.3 (76)	- 6.1 (92)	- 1.9 (89)	+ 2.9 (76)	+ 6.2 (85)	+ 5.3 (74)	+ 4.7 (90)	- 2.7 (84)	- 4.8 (84)	- 2.8 (84)	- 4.1 (76)
Tiefstes Monatsmittel in Grad C (mit Jahr)	SVG	-22.7 (81)	-20.8 (79)	-20.4 (81)	-16.3 (88)	- 8.0 (79)	- 0.1 (79)	+ 4.6 (82)	+ 3.5 (82)	- 2.8 (82)	-11.2 (88)	-18.5 (88)	-22.2 (88)	- 7.9 (79)
	LYR	-22.0 (81)	-22.6 (86)	-23.5 (77)	-18.2 (88)	- 8.0 (79)	- 0.5 (79)	+ 4.8 (87)	+ 3.9 (82)	- 2.6 (82)	- 9.4 (88)	-16.9 (88)	-22.5 (88)	- 7.8 (79)
	NYA	-22.4 (81)	-20.7 (86)	-20.5 (77)	-17.0 (88)	- 4.9 (90)	- 0.5 (79)	+ 3.7 (87)	+ 3.0 (82)	- 4.0 (82)	- 9.9 (88)	-14.5 (88)	-21.3 (88)	- 7.1 (79)
Höchste Tagestemperatur in Grad C (mit Jahr)	SVG	+ 4.1 (86)	+ 4.6 (80)	+ 5.4 (83)	+ 4.6 (89)	+ 6.9 (78)	+13.3 (84)	+16.1 (93)	+15.3 (88)	+13.5 (90)	+ 7.5 (79)	+ 6.3 (93)	+ 6.5 (84)	+16.1 (93)
	LYR	+ 4.7 (91)	+ 5.9 (80)	+ 6.3 (83)	+ 5.5 (87)	+10.6 (76)	+14.3 (78)	+21.3 (79)	+16.5 (79)	+15.2 (90)	+ 8.9 (84)	+ 7.5 (75)	+ 6.7 (91)	+21.3 (79)
	NYA	+ 3.7 (91)	+ 4.7 (75)	+ 5.0 (76)	+ 5.5 (90)	+ 8.0 (76)	+11.2 (78)	+17.0 (79)	+13.6 (89)	+12.3 (90)	+ 7.5 (84)	+ 7.4 (75)	+ 5.5 (84)	+17.0 (79)
Tiefste Tagestemperatur in Grad C (mit Jahr)	SVG	-44.1 (81)	-44.8 (92)	-43.7 (86)	-33.0 (88)	-23.7 (78)	- 8.0 (83)	+ 0.0 (89)	- 2.0 (80)	-11.3 (88)	-26.7 (88)	-32.5 (80)	-38.7 (88)	-44.8 (92)
	LYR	-38.8 (81)	-43.7 (79)	-46.3 (86)	-39.1 (88)	-21.7 (78)	- 8.4 (79)	+ 0.2 (89)	- 2.5 (82)	-12.6 (88)	-20.4 (88)	-29.5 (80)	-35.6 (88)	-46.3 (86)
	NYA	-36.6 (81)	-41.1 (79)	-42.2 (86)	-34.0 (88)	-19.1 (90)	- 8.5 (79)	- 0.5 (77)	- 5.5 (82)	-15.0 (86)	-20.6 (89)	-26.6 (83)	-34.3 (88)	-42.2 (86)
Niederschläge														
Mittlere Monatsmenge in mm	SVG	29	35	31	24	15	9	11	19	19	20	22	26	260
	LYR	12	19	20	10	7	11	18	23	20	13	13	14	180
	NYA	27	36	38	22	17	19	29	40	46	37	32	27	370
Höchste Monatsmenge in mm (mit Jahr)	SVG	66 (92)	131 (81)	66 (81)	64 (90)	56 (79)	28 (92)	18 (87)	40 (81)	35 (90)	47 (86)	78 (93)	74 (90)	319 (79)
	LYR	30 (88)	56 (91)	56 (86)	32 (90)	23 (92)	33 (92)	26 (89)	69 (81)	37 (80)	26 (76)	63 (93)	40 (91)	266 (93)
	NYA	65 (87)	114 (91)	143 (87)	105 (90)	34 (77)	58 (88)	54 (75)	131 (80)	154 (90)	62 (74)	272 (93)	74 (77)	603 (76)
Geringste Monatsmenge in mm (mit Jahr)	SVG	15 (85)	6 (87)	10 (80)	6 (87)	1 (80)	0 (78)	1 (92)	6 (85)	6 (82)	2 (81)	5 (83)	3 (86)	296 (80)
	LYR	6 (90)	4 (78)	4 (80)	1 (92)	2 (80)	1 (76)	2 (93)	8 (75)	4 (86)	4 (81)	5 (83)	2 (75)	143 (77)
	NYA	5 (75)	1 (87)	3 (77)	9 (78)	3 (86)	1 (78)	7 (90)	8 (78)	10 (86)	8 (92)	6 (88)	1 (85)	300 (77)
Höchste Tagesmenge in mm (mit Jahr)	SVG	24 (90)	29 (81)	18 (82)	25 (82)	21 (79)	13 (79)	8 (87)	18 (81)	13 (85)	13 (79)	16 (82)	19 (80)	29 (81)
	LYR	8 (83)	16 (81)	16 (93)	9 (80)	9 (92)	12 (92)	8 (85)	43 (81)	14 (80)	10 (78)	13 (89)	22 (91)	43 (81)
	NYA	24 (88)	32 (91)	53 (86)	19 (87)	17 (78)	15 (88)	24 (75)	40 (80)	49 (89)	24 (74)	34 (75)	31 (91)	53 (86)

geschützten Teilen des Inlandes können hingegen wärmere Temperaturen gemessen werden.

Die erste Zeile nennt für die einzelnen Monate die langjährigen Temperaturmittel. Dann folgen in den beiden nächsten Zeilen die vom Flughafen bekannten höchsten und niedrigsten Temperaturen, die dort im Verlaufe der letzten Jahre gemessen wurden.

☝ Von Jahr zu Jahr ist damit zu rechnen, daß die **Jahreszeiten sehr unterschiedlich verlaufen können**, und man sich an Land wie auf dem Meer (Eisverhältnisse) bei einer Spitzbergenreise auf Überraschungen einstellen muß. Auch können die klimatischen Unterschiede selbst zwischen eng benachbarten Orten erstaunlich sein; zwischen Ort und Flughafen Longyearbyen (5 km Distanz) wurden schon über 10 Grad Temperaturdifferenz gemessen.

Praktische Konsequenzen aus dem Klima

Die für arktische Regionen möglicherweise mild erscheinenden Sommertemperaturen dürfen nicht zu Trugschlüssen hinsichtlich der erforderlichen **Ausrüstung** verführen: Zum einen ist es in Spitzbergen selten windstill. Wind bedeutet jedoch Wärmeverlust, da sich an der Körperoberfläche die Schicht erwärmter Luft weniger gut halten kann. Zum anderen hat der Wanderer nur selten Gelegenheit, sich in einem gut geheizten Raum aufzuhalten, wo der Körper seine eigene Heizarbeit reduzieren und sich passiv warm halten kann. Mangels derartiger Aufwärmmöglichkeiten muß mit der Körperenergie sorgfältig umgegangen werden, um nicht beim Rasten oder sonstigen Zeiten ohne kreislaufanregende Tätigkeiten zu frieren.

Neben etwas wärmerer Kleidung als man sie unter gleichen Bedingungen zu Hause für einen begrenzten Aufenthalt im Freien tragen würde und gutem Windschutz gehört auch das Bemühen um trockene Kleidung zur Kälteabwehr. Dabei ist es bei naßkaltem Wetter oft am zweckmäßigsten, **nasse Kleidungsstücke** am Körper, notfalls im Schlagsack, trocknen zu lassen, da sie unter solchen Bedingungen selbst bei tagelangem Lüften feucht bleiben können.

Gegen **kalte Füße** im Lager hilft es, diese am Ziel, solange man sich vom Laufen noch warm fühlt, in kaltem Wasser abzuwaschen und danach nicht mehr in die schweren Schuhe zu steigen. Auch die übrige **Körperpflege** fällt zu diesem Zeitpunkt noch am leichtesten, während die Bereitschaft dazu rapide sinkt, sobald man sich erst einmal niedergelassen hat und vielleicht kocht und ißt. Derartige bewegungsarme Tätigkeiten lassen den Kreislauf nach der Tour rasch zur Ruhe kommen, entsprechend leicht friert man ohne warme Kleidung, und allein der Gedanke an kaltes Wasser läßt dann manchen frösteln und lieber auf das Waschen verzichten.

Noch viel größere Bedeutung hat der Kälteschutz auf **Paddeltouren**: Das Meerwasser weist im Sommer meist Temperaturen um 3 Grad auf. Ohne entsprechende Schutzkleidung führt ein Hineinfallen in derart kaltes Wasser in wenigen Minuten zur Bewegungsunfähigkeit und bald darauf zum Tod durch Unterkühlung. Leider wird diese Gefahr von vielen Wassersportlern in Spitzbergen schlichtweg ignoriert, obwohl schon etliche Menschen dort im eisigen Wasser an Unterkühlung gestorben sind.

Zusammen mit dem Dauerfrostboden, der ein Versickern des Wassers in größere Tiefen nicht zuläßt und damit sowohl zur Bildung vieler Morastflächen als auch zum sprunghaften Ansteigen der Wasserläufe schon nach geringeren Niederschlägen oder Tauwetter führt, sorgt das Klima Spitzbergens für **rasch wechselnde Geländeverhältnisse und Wanderbedingungen**. Längere, empfehlenswerte Routen lassen sich nicht festlegen, sondern es ist eine Routenwahl anhand der vorgefundenen Bedingungen vor Ort erforderlich, die natürlich Erfahrung mit den speziellen Verhältnissen in arktischem Gelände voraussetzt.

Die Veröffentlichung von Routenbeschreibungen wäre unter diesen Bedingungen daher vielfach eine Irreführung und Gefährdung des Reisenden, der sich zu sehr an der Beschreibung orientiert und dadurch in unangenehme Lagen geraten kann.

Wanderungen in Spitzbergen erfordern entsprechende Erfahrung und Ortskenntnis, um eine den aktuellen Bedingungen angepaßte Route zu wählen. Dies kann kein Buch vermitteln. Darüber hinaus ist bei jeder Tourenplanung eine ausreichende Zeitreserve einzuplanen.

Geographie

Spitzbergen besitzt, daher der Name, ausgesprochen **gebirgige Teile**, insbesondere auf der Hauptinsel, deren höchste Berge 1.717 m erreichen. Die östlichen Inseln Svalbards weisen geringere Höhen auf. Auch dem Laien fällt in großen Gebieten die nahezu **horizontale Gesteinsschichtung** auf. Darauf sind ungewohnte Bergformen zurückzuführen, Tafelberge mit steilen Schutthängen und brüchigen Felswänden, oben oft eine nahezu ebene Hochfläche. Die Gletscher verstärkten diese Formen noch durch Schaffung steilwandiger Trogtäler.

Für Geologen ist Spitzbergen von größtem Interesse: Wegen des langen erdgeschichtlichen Zeitraumes, der sich in den Gesteinen widerspiegelt, und der guten Zugänglichkeit - nur selten bilden dicker Boden oder

Pflanzenbewuchs ein Hindernis. Auch für den Laien ist Spitzbergens geologische Entwicklung angesichts überall zutage tretender Gesteinsformationen oder unterwegs gefundener Fossilien ständig gegenwärtig, so daß ein eigener Abschnitt darüber in diesem ReiseHandbuch angemessen ist.

Ein Blick in Spitzbergens Erdgeschichte

Eine ausführliche Darstellung der Geologie Spitzbergens würde den Rahmen dieses ReiseHandbuches sprengen. Interessenten empfehle ich das hervorragende, auch dem Laien verständliche Buch "The Geological History of Svalbard", daneben findet sich eine kürzere geologische Einführung auch in den Taschenbüchern "Geography of Svalbard" und "Geology of Svalbard" (erscheint demnächst) sowie in den Begleittexten zu den verschiedenen geologischen Karten (☞ Literatur). Trotzdem ist zumindest ein grober Überblick über die Geologie bei einem Land wie Spitzbergen, bei dem selbst der Name gewissermaßen geomorphologisch bedingt ist und das aufgrund geringer Vegetation und verhältnismäßig geringer Vereisung geradezu ein geologisches Bilderbuch ist, das Jahr für Jahr Forscher herbeilockt, angebracht. Weitere örtliche Informationen finden Sie in den einzelnen Inselbeschreibungen (☞ Svalbards Landesteile).

In den **Gesteinen** Spitzbergens ist die letzte Milliarde Jahre Erdgeschichte nahezu lückenlos vertreten. Die meiste Zeit befand sich das Stück Erdoberfläche, das heute Spitzbergen darstellt, unter der Meeresoberfläche. Auf dem Grunde des Meeres konnten sich eingeschwemmte Materialien und Überreste von Lebewesen im Laufe der Erdzeitalter zu mächtigen Schichten ablagern, die sich mit der Zeit durch den zunehmenden Druck des darüber anwachsenden neuen Materials zu Sedimentgesteinen verfestigten. Durch zwischenzeitliche Hebungen des Landes über den Meeresspiegel wurde der Ablagerungsprozeß durch kürzere Erosionsphasen unterbrochen, was sich heute an der Abfolge unterschiedlicher Sedimentschichten erkennen läßt.

Diese Entwicklung horizontaler Ablagerungen wurde mindestens zweimal erheblich gestört: Zunächst während der sogenannten **Caledonischen Gebirgsauffaltung** vor etwa 400-500 Mio Jahren, während der die alten Sedimentschichten stark gefaltet und unter Druck und Hitze in ihrer Gesteinsstruktur zu metamorphen (umgewandelten) Gesteinsarten verändert wurden. Teilweise drangen in dieser Zeit auch flüssige Magmatite (Granit u.a.) aus dem Erdinnern in diese alten Schichten ein, die in ihrer Gesamtheit, Magmatite und Metamorphite, heute als "Hecla Hoek" bezeichnet werden, im Gegensatz zu den später darüber abgelagerten jüngeren Sedimenten, die mit dem Devon vor etwa 400 Mio Jahren begannen.

Zeittafel Erdgeschichte Spitzbergens

Periode	Dauer	Typisches	sichtbare Ablagerungen
Erdaltertum			
Hecla Hoek	vor 1.200.000.000 bis vor ca. 400.000.000 Jahren	Durch Druck und Hitze zu Metamorphiten umgeformte alte Sedimente. Nur wenig Kleinfossilien. Am Ende der Periode die große Kaledonische Faltung.	Älteste im Norden von Nordostland, jüngere in Ny Friesland, sowie hochgefaltet entlang der Westküste.
Devon	vor 400.000.000 bis vor 360.000.000 Jahren	Rote Sedimente aus Erosion des großen Kaledonischen Gebirges. Einzeln gut erhaltene Urfische.	Typisch für Andree-Land, oberes Devon auch im Bünsowland und Dicksonland (grau und rot), Hornsund.
Karbon	vor 360.000.000 bis vor 286.000.000 Jahren	Zuerst terrestrische, später marine Sedimente. Unteres Karbon: Kohleflöze (Pyramiden, Bäreninsel).	Zentralspitzbergen nördlich des Isfjord, Bröggerhalbinsel, u.a..
Perm	vor 286.000.000 bis vor 248.000.000 Jahren	Markante Felsformationen aus marinen Sedimenten (Fossilien:Brachiopoden, Schwämme, u.a.). Gips.	östl. Isfjord (Templet), Akselinsel, Miseryfjellet (Bäreninsel), u.a..
Erdmittelalter			
Trias	vor 248.000.000 bis vor 213.000.000 Jahren	Marine Sedimente mit Muscheln, Ammoniten. Ölige Schiefer.	Sassendalen, Kapp Thordsen, entlang Westküste, Barents- und Edgeinsel.
Jura	vor 213.000.000 bis vor 144.000.000 Jahren	Marine dunkle Sedimente mit Muscheln, Belemniten.	Südspitzbergen, Ostküste Zentralspitzbergen, Kong-Karls-Land.
Kreide	vor 144.000.000 bis vor 65.000.000 Jahren	Terrestrische Sedimente, Saurierspuren und -knochen, Kohle. Magmaintrusionen und Lavaflächen auf Kong-Karls-Land.	Zentralspitzbergen östlich Adventfjord
Erdneuzeit			
Tertiär	vor 65.000.000 bis vor 5.000.000 Jahren	Terrestrische Sedimente mit Pflanzenfossilien und Kohle	Zentralspitzbergen zwischen Grön- und Adventfjord, südwärts bis Hambergbukta, u.a..
Quartär	von vor 5.000.000 Jahren bis heute	Lockerere Sedimente und Moränen. 4 Eiszeiten, Formung heutiger Landschaft. Landhebung, Permafrost.	Ganz Spitzbergen, vor allem Moränen und Talböden, Deltas.

Die dem Hecla Hoek folgenden Sedimentschichten Spitzbergens weisen zahlreiche **Fossilien** auf, beginnend etwa mit Fischen und Pflanzen aus dem Devon. Von besonderer Bedeutung sind ökonomisch gesehen die **Kohleablagerungen** in den Sedimenten. All die Überreste pflanzlichen und tierischen Lebens deuten darauf hin, daß Spitzbergen im Laufe der Erdgeschichte wesentlich günstigeren Klimazonen angehört haben muß als heute. Dies läßt sich nur durch die Kontinentalverschiebungstheorie erklären, der zufolge die Erdoberfläche aus verschiedenen festen Schollenstücken besteht, die gewissermaßen auf dem flüssigen Erdkern schwimmen und im Laufe der Jahrmillionen ihre Positionen verändern. Im Devon befand sich Spitzbergen nach heutigem Wissen südlich des Äquators und driftet seitdem nordwärts.

Während des Devons befand sich dieser Teil der Erdoberfläche nach der Caledonischen Gebirgsfaltung über dem Meeresspiegel und eine üppige Sumpfvegetation lieferte im Devon und Karbon die Biomasse, die später durch Abtragungsmaterial des langsam verwitternden riesigen caledonischen Gebirges überdeckt und im Laufe der Zeit zu der Steinkohle wurde, die heute in Pyramiden (und früher auch auf Bjørnøya) abgebaut wird.

Während Spitzbergen im Perm die Höhe der heutigen Bahamas bzw. des Persischen Golfes erreichte, gerieten mit fortschreitender Abtragung des Caledonischen Gebirges große Teile unter den Meeresspiegel; fossile Überreste von Schalentieren aus warmen Küstengewässern zeugen davon.

Zu Beginn des **Erdmittelalters** vor 250 Mio Jahren hatte Spitzbergen die Höhe des heutigen Spaniens erreicht und lag größtenteils als flaches Küstenmeer knapp unter der Meeresoberfläche, teils darüber, mit großflächigen Gezeitenzonen, wie die fossilen Überreste in den Ablagerungen beweisen. Das Erdmittelalter war die große Zeit der Saurier, die sich auch in Spitzbergens Küstensümpfen wohl fühlten und außer Knochen ihre Spuren hinterließen, etwa die jenes Iguanodon, dessen Fußabdrücke als Abguß heute im Svalbard Museum betrachtet werden können.

Wichtig für das heutige Landschaftsbild ist das Eindringen von Magmatiten aus dem Erdinneren während des Erdmittelalters zwischen Gesteinsschichten. Dieses geschah in verschiedenen Bereichen des Ostens der Inselgruppe, aber auch im Zentrum (Diabasodden, Sassendalen) und war im Zusammenhang mit tektonischen Verwerfungen in dieser Zeit möglich. Die eingedrungenen Diabase sind wesentlich widerstandsfähiger als die Sedimente darunter und darüber und werden durch die Erosion der Bergflanken als unregelmäßig verlaufende, senkrecht abstürzende Felsbänder herausgearbeitet, wodurch Bereiche mit Diabasvorkommen ein eigenes Gepräge erhalten.

Während des **Tertiärs** - ab ca. 60 Mio Jahren - hatte Spitzbergen die Position des heutigen Südnorwegens erreicht und bestand überwiegend aus tiefliegendem Flachland mit großflächigen Sümpfen, die im Laufe der Jahrtausende jene dicken Torfschichten schufen, die, später von neuen Sedimenten überlagert, zu der Steinkohle wurden, die heute in Longyearbyen und Barentsburg, Sveagruva sowie früher auch in Ny Ålesund abgebaut wurde. Aus dieser Zeit stammen auch die hervorragend erhaltenen Pflanzenfossilien, die im Zentrum des Nordenskiöldlandes an etlichen Stellen gefunden werden können (Laub, Koniferen u.a.).

Während des Tertiärs erfolgte die zweite wesentliche Störung der horizontalen Ablagerung der Sedimente durch die alpine Faltung, die die seit dem Devon abgelagerten Gesteinsschichten im Osten und insbesondere an der heutigen Westküste Spitzbergens auffaltete, so daß dort überwiegend die alten, harten Hecla-Hoek-Gesteine wieder an die Erdoberfläche gebracht, und so die Grundlage für die zackigen, alpinen Bergketten der Westküste geschaffen wurde, denen Spitzbergen seinen Namen verdankt.

Das Landesinnere Spitzbergens blieb durch diese schüsselrandartigen Auffaltungen im Westen und Osten weitgehend unberührt. Hier sind die weiterhin nahezu horizontal verlaufenden Sedimente für die häufig tafelartigen Bergformen verantwortlich. Darüber hinaus brachte das Tertiär eine erhebliche Hebung des Landes und im Zusammenhang mit der Auffaltung im Westen auch etwas **Vulkanismus** (Woodfjord, Westseite Wijdefjord) mit sich; Reste davon wirken sich bis heute in Form von warmen Quellen (bis 25 Grad) am abgelegenen Bockfjord aus.

An das Tertiär schließt sich die Jetztzeit, das **Quartär**, an, die für die Geologen vor etwa 2 Mio Jahren begonnen hat und die durch die Eiszeiten bestimmt ist.

Das Innere Spitzbergens dürfte zunächst ein Hochland mit vergleichsweise kleinen Taleinschnitten gewesen sein. Die heutigen großen Fjorde und breiten Täler wurden weitgehend durch die abtragende Kraft der riesigen eiszeitlichen Gletscher sowie anderer Erosionsformen (Frostsprengung, Wasser, Wind) in den wärmeren Zwischeneiszeiten geschaffen.

Während der stärksten Vereisung muß fast ganz Spitzbergen, vielleicht mit Ausnahme einzelner Bergspitzen, unter einem **Eispanzer** gelegen haben. Schleifspuren und Findlinge (Gesteinsbrocken, die nicht aus dem Bereich stammen, wo sie heute liegen) weisen selbst in Gipfelregionen darauf hin. Während der Zeit stärkster Vereisung waren Spitzbergen und Skandinavien durch Eis, das die flache Barentssee ausfüllte, verbunden, zuletzt bis vor ca. 16.000 Jahren. Der genaue Ablauf der verschiedenen Eiszeiten und die jeweilige Ausdehnung und Dicke des Eises sind noch weitgehend ungeklärt. Es scheint jedoch erwiesen, daß etwa Teile der West- und

Nordküste Spitzbergens seit mindestens 40.000 Jahren schon frei von Gletschern sind.

Der gewaltige Druck der über 1.000 m dicken Eismassen führte während der **Eiszeit** zu einer Absenkung Spitzbergens. Tieferliegende Teile, auf denen die Gletscher abschmolzen, wurden zunächst vom Meer überflutet. Gleichzeitig setzte mit zunehmendem Rückzug des Eises eine Hebung des von der Last befreiten Landes ein, die anhand der alten Strandlinien im Gelände gut verfolgt werden kann. Die ältesten dieser Strandlinien konnten mit Hilfe der Analyse darin gefundener Reste von Lebewesen auf ein Alter von ca. 40.000 Jahren datiert werden.

Im Osten Spitzbergens zeigen die Strandlinien eine raschere und außerdem größere Landhebung - bis zu 130 m auf den Kong-Karls-Inseln - während der letzten 10.000 Jahre an, was sowohl auf eine stärkere Absenkung des Landes infolge einer hier wesentlich dickeren Eisdecke als auch auf eine länger dauernde Vergletscherung hindeutet, verglichen mit der Westküste.

Die Landhebung erklärt, wieso man teilweise hoch über dem heutigen Strand auf Muschelschalen, Treibholz oder Walknochen stoßen kann, die nur in Ausnahmefällen durch menschlichen Einfluß dorthin gelangt sein können und teilweise, z.B. bestimmte Muscheln, auf ein zwischenzeitlich wärmeres Klima nach der letzten Eiszeit, verglichen mit heute, hinweisen.

Insgesamt ist die Vorstellung falsch, die heutigen Verhältnisse Spitzbergens als direkten Ausläufer der Eiszeit zu betrachten. Die mehrere Jahrtausende dauernde **nacheiszeitliche Wärmeperiode** dürfte für ein weitgehendes Abschmelzen der Gletscher gesorgt haben. Es ist denkbar, daß die Inseln in dieser Zeit nahezu eisfrei waren. Bei gleichzeitiger Überflutung der tieferen Gebiete aufgrund der eiszeitlichen Landsenkung könnte die Hauptinsel durch flache Meeresarme damals zunächst in mehrere Teilinseln aufgegliedert worden sein, die erst durch die folgende Landhebung trocken fielen. Die Warmzeit von etwa 6800-600 v.Chr., deren Höhepunkt Atlantikum genannt wird, ist auch im Hinblick auf eine mögliche steinzeitliche Besiedelung Spitzbergens ein interessanter Punkt.

Das kühlere Klima der letzten 2.500 Jahre und die Landhebung, die größere Teile Spitzbergens über die Schneegrenze hob (wichtig für die Bildung großer Gletschergebiete), bedingen die heute wieder stärkere Vereisung (knapp 60% der Fläche Spitzbergens).

Innerhalb dieser Zeit haben wiederum noch kurzfristigere kleinere Klimaschwankungen für wechselnde Perioden des Vorstoßes und Rückzuges der Gletscher gesorgt. Derzeit befinden wir uns wieder in einer etwas wärmeren Phase mit einem überwiegenden Rückzug der Gletscher. Wie weit dieses auf natürliche zyklische Klimaschwankungen oder menschliche

Umwelteinflüsse zurückzuführen ist, ist eine schwer zu beantwortende Frage, da unter anderem die zum Vergleich erforderlichen Daten früherer Schwankungen in der benötigten Exaktheit fehlen.

Besonderheiten des Geländes
Da Spitzbergen keine hochwachsende Vegetation besitzt und oberhalb von 1.100 m wenige Pflanzen außer Flechten zu finden sind, ist **Fels** neben Gletschern und Meer eines der wichtigsten Landschaftselemente. Die grobe Orientierung ist in dieser kargen Umgebung leicht, sofern nicht Nebel alles verdeckt. Einige **Erfahrung** ist hingegen notwendig, um im Gelände den einfachsten Weg zu finden. Wer nicht darin geübt ist, schon aus einiger Entfernung anhand von Farben, Formen und Vegetation Sumpfstellen zu erkennen und ihnen entsprechend auszuweichen, oder wer noch keinen Blick für die günstigen Stellen zum Passieren der Gletscherbäche entwickelt hat, wird dafür mit Umwegen, nassen Füßen sowie Zeit- und Kraftopfern bezahlen müssen. Erfahrung ist auch erforderlich, um aus den Informationen der Karte und aktuellen Beobachtungen (Stand der Schneeschmelze, Wasserführung der Bäche, Auftaustadium des Bodens) eine zweckmäßige Routenplanung für größere Strecken zu entwickeln. Dies ist zu Hause im "stillen Kämmerlein" nur sehr begrenzt möglich.

Im folgenden werden einige für den Wanderer aus Mitteleuropa ungewohnte Besonderheiten dargestellt, die zum Studieren interessant sind, von Wanderern aber oft auch spezielle Erfahrung verlangen.

• **Gletscher und Moränen**: Große Hindernisse sind zunächst die **Gletscher**, insbesondere wenn sie bis ins Meer reichen und damit zu Fuß nicht umgangen werden können. Größere, spaltenreiche Gletscher sollte der Wanderer ohne spezielle Eisausrüstung und Ausbildung meiden. Sie setzen daher langen Fußtouren geographische Grenzen.

Für erfahrene Alpinisten, die **Skitouren** über die Gletscher planen, ist die beste Zeit des Jahres wohl von April bis Mitte Juni, wenn die meisten Spalten noch mit winterlichem Flugschnee sicher gefüllt sind, und die Schneeschmelze noch nicht voll eingesetzt hat.

Im **Hochsommer** wächst nicht nur die Gefahr durch neue Spalten, sondern auch das Fortkommen auf dem Gletscher kann äußerst beschwerlich werden: Tiefer "Sulz"-Schnee und auf dem Eis in Mulden gestautes Wasser, reißende Bäche, die sich in die Gletscheroberfläche eingeschnitten haben, Glatteis und offene Spalten bilden ernsthafte und kräftezehrende Hindernisse.

☟ Große Vorsicht ist vor den **Abbruchkanten der Gletscher** ins Wasser geboten: Das Kalben des Gletschers kann durch die dabei verdrängten Wassermassen erhebliche Flutwellen, in unmittelbarer Gletschernähe durchmischt mit Eistrümmern, auslösen. Boote sollten daher respektvollen Abstand von der Gletscherfront halten. In ihrer Nähe ist es außerdem zweckmäßig, Ausrüstung am Strand erheblich oberhalb der Flutgrenze zu deponieren. Gelegentlich kalben Gletscher auch von untermeerischen Ausläufern, so daß riesige Eisblöcke von der sichtbaren Front an die Wasseroberfläche schießen können.

Im Bereich der Gletscher stößt der Wanderer mit ziemlicher Sicherheit auf junge **Moränen**. Während unsere mitteleuropäischen, teilweise gewaltigen Moränenlandschaften vor weit über 10.000 Jahren von den skandinavischen bzw. Alpengletschern zurückgelassen wurden, sind die jüngeren Moränenwälle Spitzbergens vor und neben den Gletscherzungen erst seit ein paar Jahrzehnten bzw. Jahrhunderten an ihrem heutigen Platz, da Spitzbergens Gletscher bis heute immer noch Vorstoß- und Rückzugsperioden erleben.

Der letzte Zeitraum größerer Gletschervorstöße in Spitzbergen lag am Ende des vergangenen Jahrhunderts. Seitdem weicht die Mehrzahl der Gletscher wieder zurück, beispielsweise der Paulabreen (Van Mijenfjord) und der Nathorstbreen (Van Keulenfjord) um jeweils ca. 15 km.

Es gibt jedoch Ausnahmen: Ein gewaltiger Vorstoß wurde 1936/37 am Negribreen registriert, der sich innerhalb eines Jahres auf 12 km Breite um 15 km in den Storfjord hinausschob, inzwischen aber an der Front schon wieder stark abgebrochen ist. Während der letzten Jahre machte der Bakaninbreen einen Vorstoß, ebenso 1989 der Osbornegletscher im St.-Jonsfjord.

Wie stark die Gletscher auch im Inland innerhalb weniger Jahre die Landschaft verändern können, möchte ich anhand der folgenden drei Kartenskizzen belegen, die alle genau den gleichen Geländeausschnitt zu verschiedenen Zeiten darstellen und auf Luftbildern des Norsk Polarinstitutt von 1936/38, der Karte D9 von 1970 und eigenen Beobachtungen von 1988 beruhen:

Sir John Conway besuchte und beschrieb diese Gegend erstmals 1896. Gletscher E muß damals einige Jahre zuvor einen gigantischen Vorstoß abgeschlossen haben und sperrte als gewaltiger Wall das gesamte Tal - sich vermutlich über 100 m über den Talboden auftürmend.

Skizze 1 zeigt den Zustand von 1938: Gletscher M hat sich stark zurückgezogen. Moränenwälle auf der östlichen Talseite deuten aber auf einen noch nicht sehr lange zurückliegenden Vorstoß hin. Gletscher E hat

LANDSCHAFTSVERÄNDERUNGEN

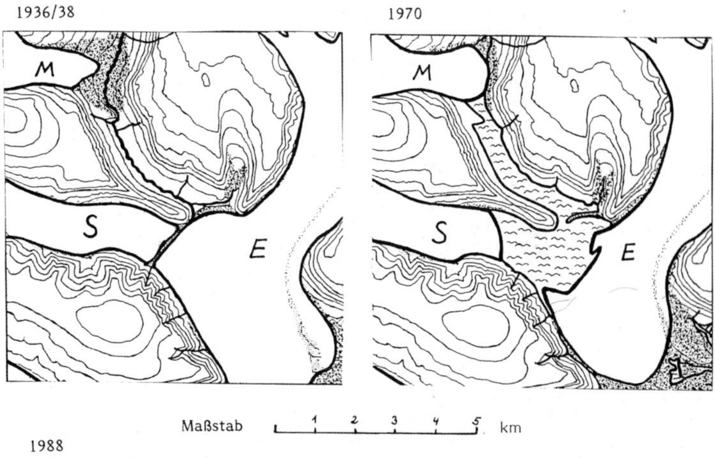

(gezeichnet nach Luftaufnahmen des Norsk Polarinstitutt (Oslo), der Karte D9 (1:100.000) des Norsk Polarinstitutt und den Beobachtungen des Autors) um die Jahrhundertwende einen starken Vorstoß erlebt, ebenso der auf ihn stoßende Gletscher S. Der Talgrund im Süden ist daher großflächig von Eis bedeckt.

Etwa 30 Jahre später ist dieselbe Gegend 1970 stark verändert: Während S und E ein gutes Stück abgetaut sind, morastige Moränenfelder zurücklassend, ist Gletscher M gerade stark vorgestoßen und sperrt als hoher Eiswall das ganze Tal nach Norden hin ab, wodurch Schmelzwasser aller drei Gletscher zu einem neuen See aufgestaut wird (Skizze 2).

Nur 18 Jahre später ist die Landschaft 1988 erneut deutlich verändert: Der Vorstoß von M ist zum Stillstand gekommen, S und E sind etwas weiter abgeschmolzen. Der Stausee hat die Abflußrichtung geändert und entwässert nun nicht mehr nach Norden in Richtung Isfjord (Westküste), sondern durch einen gewaltigen Eistunnel unter Gletscher E hindurch nach Süden (Ostküste), wobei das Schmelzwasser unter dem Gletscher nun wieder eine Felsschlucht nutzt, die vor dem Vorstoß von E bereits freigelegen haben mag.

Möglicherweise hat das steigende Wasser des Stausees das auf dem Talgrund liegende Eis von E aufschwimmen lassen, bis es sein altes Bett unter dem Gletscher wieder nutzen konnte, was zu einem raschen Absinken des Stauseespiegels und dem Abbruch großer Eismassen führte, die vorher aufgeschwommen waren.

Der See ist, eine Schlammlandschaft hinterlassend, bis auf einen Rest im Norden verschwunden. Über ihm sind an den Hängen deutlich alte Uferlinien zu erkennen, die ehemalige Stauhöhen dieses Sees anzeigen.

Dieser Wechsel von kleineren und größeren Vorstößen und Rückzügen einzelner Gletscher formt seit der letzten Eiszeit Spitzbergens Landschaft ständig weiter um.

☝ Angesichts so starker Veränderungen in kurzer Zeit ist es für die Kartographen mit ihren beschränkten Mitteln unmöglich, die **Karten** stets auf dem neuesten Stand zu halten. Ortsunkundige, die nach einer Karte wandern, müssen daher gelegentlich mit größeren Überraschungen rechnen.

Die jungen End- und Seitenmoränen der Gletscher sind im Grunde zunächst nur Eis, das durch auf den Gletscher gefallenes bzw. auf seiner Unterseite mitgeschobenes Material extrem verschmutzt wurde. Durch das stärkere Abschmelzen an der Gletscherzunge konzentriert sich das mitgeführte Material im Eis allmählich und bildet insbesondere an der Oberfläche schließlich eine so dicke isolierende Schicht, daß der Schmelzvorgang an der Gletscherspitze stark gebremst wird. Sinkt die Fließgeschwindigkeit des Gletschers so weit ab, daß in seinem unteren Bereich mehr Eis wegtaut als von oben nachfließt, so verliert schließlich der äußerste Eisrand der Gletscherzunge, isoliert durch die Schuttschicht, die Verbindung mit dem dahinterliegenden Gletscher.

Das stark verschmutzte Eis bleibt als **Moränenwall** vor dem zurückweichenden Gletscher liegen, bis dieser es vielleicht in einem erneuten Vorstoß wieder erreicht oder gar weiter vorschiebt. Durch das Eis ist die Moräne weitgehend wasserdicht, so daß sie häufig wie ein Damm wirkt und das Schmelzwasser des Gletschers aufstaut.

Der Wanderer auf der Moräne merkt oft nur dann, daß er im Grunde auf einem Eisberg läuft, wenn irgendwo ein frischer Bruch, etwa durch einen Gletscherbach, einen Blick ins Innere der Moräne erlaubt.

Die junge Moräne befindet sich in fortwährender Umgestaltung, da ihr Eiskern im Sommer langsam schmilzt. Infolgedessen bilden sich auf ihr Morastflächen, die teilweise als zäher Schlamm unmerklich abfließen. An anderen Stellen friert dieses Material durch die Bodenkälte wieder fest, oder das Schmelzwasser schafft tückische Eisplatten, die durch an der Oberfläche leicht angefrorenes, grobes Material getarnt sind. So ist die Moräne oft nur mühsam zu begehen.

Das sommerliche **Schmelzen des Moräneneises** führt dazu, daß die als Eis in der Moräne enthaltene Wassermenge abnimmt, zunächst in den äußeren Bereichen, bis der Wassergehalt etwa mit dem des normalen Dauerfrostbodens vergleichbar ist. Alte Moränen, bei denen dieser eisarme obere Schuttmantel bereits recht dick ist, tauen unter dem isolierenden Deckmaterial im Inneren so langsam weiter ab. Bei ihnen entsteht oberflächlicher Morast daher nur noch selten, und sie gleichen immer mehr normalen Hügeln, bis hin zu zunehmendem Bewuchs.

Das sogenannte **Toteis** im Inneren der Moränen kann sich aber noch lange halten und bei seinem extrem langsamen Abtauen Hohlräume in der Moräne schaffen, die schließlich irgendwann zusammenbrechen. Gelegentlich findet man in Spitzbergens Moränen Mulden oder Spalten, die durch den Einsturz eines solchen Toteiskessels entstanden. Größeren derartigen Toteiskesseln, etwa in Sibirien, verdanken wir vermutlich die Erhaltung einiger eiszeitlicher Mammuts, die in solche Hohlräume im Boden einbrachen, dabei verschüttet und durch den Bodenfrost rasch konserviert wurden. Auch in der mitteleuropäischen Moränenlandschaft gibt es solche eingestürzten Toteiskessel als Mulden oder kleine Tümpel.

Der hier in groben Zügen beschriebene eishaltige Moränentyp ist typisch für Perioden langsamen Rückzuges des Eises, während starke Vorstöße lockeres Material vor sich her zusammenschieben und damit weitgehend eisfreie sogenannte **Stauchendmoränen** erzeugen können.

Moränen dieses Typs sind in Spitzbergen auch vorhanden, in der Regel aber schon älter und dadurch für den Laien nicht mehr so auffällig. Im übrigen gibt es ein eigenes Fach, die Glaziologie, die sich mit diesen Erscheinungen beschäftigt und deren gesammelte Erkenntnisse sich natürlich im Rahmen dieses ReiseHandbuches nicht darstellen lassen. Experten mögen die hier vorgenommenen Vereinfachungen verzeihen.

Abgesehen von den beschriebenen Unannehmlichkeiten können Moränenlandschaften durch ihre Wildheit und das Erleben gewissermaßen der Geburtsphase weiter Teile unserer heimischen Landschaft, die am Ende der letzten Eiszeit ähnlich ausgesehen haben muß, faszinieren. Hier kann man auch ohne geologische Spezialkenntnisse begreifen, was sich hinter dem Begriff "Eiszeit" verbirgt; Dauerfrostboden, Inlandeis, Gletscherströme, Moränen, davor die Sander (durch die Gletscherbäche vor der Moräne aufgeschüttete Sand- und Schuttebenen) - alles das erlebt der aufmerksame Besucher hier unmittelbar. Nach Hause zurückgekehrt, sieht man die mitteleuropäische Landschaft mit anderen Augen, da man ein wichtiges Stück ihrer Entstehungsgeschichte am (kleinen) Modell Spitzbergen direkt erfahren hat.

🕮 Um die dazwischenliegenden weiteren Entwicklungsschritte nachzuvollziehen, lohnt es sich ein Buch wie "Auf den Spuren der Eiszeit" von K.-D. Schmidtke (☞ Literatur) zu lesen, das die nacheiszeitliche Landschaftsentwicklung am Beispiel Schleswig-Holsteins erläutert.

Daneben sind einige der Moränen auch für den Hobby-Fossiliensucher oft ein lohnendes Gebiet, da sich hier viel frisch aufgebrochenes Gestein befindet.

◆ **Dauerfrostboden (Permafrost) und andere Frostphänomene**: Besondere Aufmerksamkeit verdienen die Phänomene des Dauerfrostbodens. Spitzbergens Boden ist fast überall über 100 m tief das ganze Jahr über gefroren. Nur die oberste Schicht taut während des Sommers auf und ermöglicht so die Existenz höherer Pflanzen.

Böden mit einem geringeren Anteil an groben Steinen zeigen an der Oberfläche ein großräumiges Netz feiner Frostrisse (bis ca. 2 cm breit, im Abstand von mehreren Metern), teilweise durch Schmelzwasserrinnsale erweitert. Erwähnenswert sind auch die alten Bergwerksstollen, die sich selbst mit Eis verschließen, sobald Entwässerung und Lüftung aufhören.

Der Wanderer muß wissen, daß im Sommer auf dem Dauerfrostboden teilweise unbegehbare Morastflächen entstehen. Wenn die oberste Bodenschicht auftaut, das Gefälle jedoch nicht ausreicht, um Schmelz- und

Regenwasser oberirdisch oder in der getauten Schicht abfließen zu lassen, staut es sich im Boden. Da ein Versickern wie bei uns nicht möglich ist, weil der gefrorene Boden darunter kein Wasser aufnehmen kann, entsteht **Morast**.

Die Morastböden sind vorwiegend fein verwittertes Material, etwa grober Lehm. Einen Teil der darin enthaltenen größeren Steinchen fördert der Frost im Winter nach oben, so daß im Sommer eine dünne Schicht von Steinchen die tückischen Flächen tarnt. Es erfordert Übung, diese Art von Hindernis rechtzeitig zu entdecken.

Zu den auffälligsten Bodenerscheinungen arktischer Gebiete mit Dauerfrostböden und periodischem Auftauen der obersten Bodenschicht gehören **Kryoturbation** ("Frostbewegung") und **Solifluktion** ("Bodenfließen"). Markantes Beispiel für erstere sind die vielerorts in flachem arktischen Gelände anzutreffenden Polygonböden-Steinringe, bei denen eine frostbedingte Sortierung des Bodenmaterials in Stein und Feinmaterial zu einem Netz von Ringen aus Steinen mit dazwischen "eingekreistem" Feinmaterial führt. An Hängen trifft man auf Fließböden: Die oberste, aufgetaute, oft morastige Erdschicht fließt langsam auf dem darunter liegenden gefrorenen Boden talwärts, pro Jahr einige Zentimeter bis Dezimeter. Die Steinkreise werden hierbei zu Streifen feinen und groben Materials verzerrt.

Besonders auffällig durch ihre Größe sind sogenannte **Pingos,** bis zu 50 m hohe Hügel in Tälern oder der Nähe noch bestehender oder ehemaliger Seen und Flüsse, deren Inneres aus einem Eiskern besteht. Sie entstehen entweder, wenn von benachbarten Bergen oder höher gelegenen Gletschern Schmelzwasser irgendwo unter die Dauerfrostbodenschicht eindringt und unter dieser talwärts sickert. Dabei bildet sich unter der Permafrostschicht aufgrund des Höhenunterschiedes ein beträchtlicher Wasserdruck. Gelingt es diesem Wasser wie bei einem artesischen Brunnen, an einer Schwachstelle des Permafrosts (z.B. in Flußbetten) durch die gefrorene Schicht durchzubrechen, so gefriert es dabei zu einem nach oben drängenden Eisblock, der die Bodenoberfläche anhebt und so einen Hügel aufwirft ("offenes-System-Pingo").

Eine andere Entstehungsmöglichkeit sind verlagerte Flüsse oder Seen, in deren frostfreiem Untergrund sich noch Wasser befindet, das nun von allen Seiten vom sich ausbreitenden Permafrost unter Druck gerät (größeres Volumen an Eis gegenüber Wasser), bis die eingeschlossene Wasserlinse schließlich durch den aufgebauten Druck das Durchbrechen der oberen Frostdecke schafft und dabei ebenfalls einen Pingo aufwirft ("geschlossenes-System-Pingo"). Derartige Phänomene wurden bereits künstlich durch das Auspumpen von Tümpeln in Permafrostgebieten erzeugt, wo dann der Frost den vorher frostfreien Tümpelgrund angreifen konnte und damit die Pingobildung auslöste. Pingos sind vergleichsweise vergängliche Erscheinungen; sie wölben sich auf (eventuell über viele Jahre), tauen aber irgendwann, u.U. nach Jahrzehnten, wieder ab. Kleiner als die Pingos und kurzlebiger (z.B. 1-5 Jahre) sind **Eislinsen**, die sich vor allem in nassen Ebenen knapp unter der Vegetationsdecke (z.B. 0,5 m) bilden und wachsen, die Vegetation hochheben und dann wieder abtauen.

Zu den verborgeneren Besonderheiten von Permafrostregionen gehören **Blockgletscher**, die sich im Inneren von Schutthängen unter den Felswänden bilden: Einsickerndes Schmelzwasser gefriert in den Hohlräumen der Schuttmassen und bildet einen sich zunehmend ausdehnenden Eiskörper, also tatsächlich einen Gletscher. Dieses führt schließlich dazu, daß sich der Schutthang konvex aufwölbt und sich oft auf seinem oberen Ende eine richtige Plattform bildet. Auch Fließbewegungen wie bei "normalen" Gletschern setzen ein, und auf der übersteilen Frontseite verliert der Blockgletscher Masse, da das abdeckende Gestein lostaut und abstürzt. So erlaubt er ein fortschreitendes Auftauen, das jedoch durch Neubildung von Eis näher am dahinterliegenden Berg ebenso wieder ausgeglichen wird wie der Verlust an Schutt an der Front durch vom Berg abbrechendes, neues Gestein, das oben auf den Blockgletscher fällt.

Ein letztes, oft nur von Bergen und Flugzeugen zu erkennendes Phänomen sind **Eiskeilnetze**. An diesen Stellen ist der gefrorene Boden großflächig von mit Eis gefüllten Rissen netzartig aufgegliedert.

Weiche Böden aus organischem Material, also **Sumpf** oder **Moor**, sind meist nicht sehr dick, da ihre Bildung durch die schwierigen Wachstumsbedingungen in Spitzbergen extrem lange dauert. Die gelegentlich zu querenden Flächen voller Torfbuckel sind allerdings mühsam. Eine Besonderheit sind **hängende Moore**, oft in abenteuerlich steilen Hängen unter Vogelfelsen vorkommend. Reichliche Düngung, Nässe vom aufsteigenden Nebel sowie Regen sorgen für üppiges Wachstum, während es bei den niedrigen Temperaturen kaum mikrobielle Zersetzung gibt. Das Resultat sind bis zu 2 m dicke Torfschichten.

Aus der Sicht des Wanderers hat ein kühler Sommer in Spitzbergen durchaus auch Vorteile. Neben der geringen Wasserführung der Bäche sind dann Moraste und Sümpfe nur an der Oberfläche aufgetaut und damit leichter zu begehen. Ein ähnlicher Effekt ergibt sich ab Ende August, wenn häufiger Nachtfröste auftreten.

Zusammen mit dem Sickerwasser ist der Dauerfrostboden schließlich auch für den meist **schlechten Zustand der Felsen** verantwortlich. Scheinbar einfache Kletterstellen sind oft unbegehbar, weil der Fels durch intensive Frostsprengung und oberflächliches Auftauen in sich so geborsten ist, daß er keinen verläßlichen Halt mehr bietet. Entsprechend rasch wachsen die **Schutthalden**, deren oberste Blöcke und Platten meist noch keine stabile Lage gefunden haben und wesentlich lockerer liegen als z.B. in den Alpen.

Das Gehen in den Schutthängen erfordert daher mehr Vorsicht als in den Alpen und möglichst schweres Schuhwerk. Eine Platte, die in eine lediglich mit Gummistiefel oder Trekkingschuh bekleidete Ferse rutscht, kann einer Tour und der gesamten Reise ein rasches Ende bereiten.

Festen Fels zum Klettern findet man am ehesten im Nordwesten und Nordosten, wo es unter anderem Granit und Gneis sowie Reste von Vulkanen und warmen Quellen gibt. Diese Gebiete sind jedoch sehr abgelegen.

Die starke Erosion durch den Frost ist teilweise auch vorteilhaft: So weisen die Bachbetten nur sehr selten Wasserfälle auf, sondern haben über weite Strecken ein ziemlich gleichmäßiges Gefälle und eignen sich dadurch oft gut als Weg. Außerdem hat die Frostsprengung mittlerweile an vielen, ehemals steilen Wänden flachere Partien im oberen und gewaltige Schutthalden im unteren Bereich geschaffen, die einen Anstieg ermöglichen.

Flüsse und Bäche

Im Gegensatz zu Mitteleuropa sind fließende Gewässer in Spitzbergen keine ganzjährig vorkommende Erscheinung, sondern überwiegend auf 2 bis 6 Monate im Sommerhalbjahr beschränkt. In der übrigen Zeit sind sie überwiegend zu Eis erstarrt oder auch ausgetrocknet. Von daher ist eine "normale" Wassermenge für diese Gewässer nur schwer anzugeben. Während der arktischen **Frühlings- und Sommermonate**, Mai bis August, muß man aber zumindest in den größeren Tälern (Sassendalen, Reindalen, Adventdalen, Agardhdalen, Kjellstrømdalen, Colesdalen, Dunderdalen u.a.) sowie in den Bächen der größeren Inlandgletscher mit **zeitweise starker Wasserführung** rechnen, die zum einen vom Stand der Schneeschmelze (im Juni führen die Bäche bei 5 Grad weitaus mehr Wasser als bei gleicher Temperatur im August, da zum früheren Zeitpunkt noch mehr Schnee in den tiefen Lagen liegt, der taut) und zum anderen von den Temperaturen der letzten Tage abhängt.

Anders als in niedrigeren Breitengraden erfüllt der Boden Spitzbergens kaum die Funktion eines ausgleichenden Zwischenspeichers: Der Dauerfrost erlaubt ein Einsickern nur in die dünne, oberste aufgetaute Erdschicht. Das meiste freie Wasser rinnt daher rasch an der Oberfläche in die Wasserläufe und läßt diese in kürzester Zeit ungewohnt stark anschwellen.

Die größten Probleme können entstehen, wenn es während der ersten starken Schneeschmelze (meist Ende Mai) rasch warm wird. Da schwellen Rinnsale zu **reißenden Wildwassern** an, die teilweise über das Wintereis im Bachbett hinwegschießen, es von unten und oben angreifen und bersten lassen. Aber auch noch Ende Juli können besonders warme Tage Hochwasser auslösen, besonders wenn sich die Schneeschmelze im Mai und Juni verzögert hat. Da werden die großen Täler in einzelnen Jahren für kurze Zeit zu breiten Strombetten. In Seitentälern, wo die Gletscherbäche sich oft Schluchten in den Talgrund gegraben haben, schießt das Wasser in diesen, kanalartig eingeengt, so rasant dahin, daß eine Durchquerung unmöglich wird, da die Wucht des Wassers, in der dann auch beständig große Steine mitpoltern, jeden von den Füßen reißt. In solchen Situationen kann man zu großen Umwegen gezwungen werden, teilweise bis hinauf auf die Gletscherzungen, um den darunter hervorbrechenden Bach auf dem Eis zu queren.

Solche Hochwassersituationen sind allerdings nicht die Regel. Trotzdem sollte der **Wanderer**, der Spitzbergen zwischen Mai und Ende August besucht, darauf vorbereitet sein, gelegentlich auch Gewässer durchqueren zu müssen, bei denen das Wasser weit am Oberschenkel hinaufschwappt. Selbst wenn die tatsächliche Wassertiefe nicht allzu groß ist, sorgt die häufig kräftige **Strömung** dafür, daß größere Spritzwassermengen weit am Bein heraufreichen, insbesondere in der Bewegung.

✋ Angesichts lockerer, teilweise auch vom Wasser bewegter, größerer Steine im Bachbett und undurchsichtigem, braunen Gletscherwassers mit 1-2 Grad Wärme ist barfüßiges Durchwaten solcher Gewässer leichtsinnig (☞ Ausrüstung). Nicht selten ist lediglich knietiefes Wasser bereits so reißend, daß es unmöglich wird, sich darin auf den Beinen zu halten.

Durch die Wahl günstiger Übergangsstellen über die Wasserläufe läßt sich viel Mühe sowie gegebenenfalls auch nasse Kleidung und Schuhe oder gar verlorene Ausrüstung vermeiden. Dies setzt aber möglichst große Erfahrung voraus, die man sich nur schrittweise aneignen kann, nicht zuletzt auch durch das Beobachten des Tourenbetreuers.

Ein Teilnehmer einer meiner Touren, der dies ignorierte und trotz mangelnder Erfahrung der Gruppe vorauseilte, stürzte, als er einen reißenden Bacharm auf eigene Faust durchwatete und büßte dabei durch das eindringende Wasser seine Kamera ein. Da er außerdem entgegen entsprechender Hinweise keine Reservewäsche mitführte, resultierte das unfreiwillige Bad in einer leichten Nierenbeckenentzündung, die ihn für den

Rest seines Spitzbergenaufenthaltes belastete. Das Beispiel zeigt, daß Vorsicht beim Durchqueren von Wasserläufen kein Luxus ist.

Mit flachen **Booten** befahrbar sind nur wenige Kilometer der größeren Flüsse bei normalem Wasserstand, etwa Sassenelva, Reindalselva - allerdings nur abwärts, für die Gegenrichtung ist die Strömung zu stark. Die starke Verästelung der Flußläufe sorgt dafür, daß man immer wieder steckenbleibt und das Boot mühsam durch und über Schlamm zum nächsten befahrbaren Flußarm ziehen muß. Für Flußtouren ist Spitzbergen daher wenig geeignet, zumal man in diesen wenigen befahrbaren Gewässern sowohl auf reißendes Hochwasser als auch auf zu geringe Wasserführung nach einer längeren Kälteperiode stoßen kann.

Auch die Möglichkeit, einen der kleineren Bäche während der Hochwasserzeit befahren zu können, ist ungewiß: Im Sommer 1987 scheiterte ich daran, daß der Bach in seiner Schlucht noch unter bis zu 2 m dickem Eis dahintobte, während das Gelände ringsum längst bis hoch hinauf schneefrei war.

Den Mündungen der Flüsse sind im Fjord Untiefen aus Schwemmaterial vorgelagert, auf denen auch der Paddler je nach Gezeitenstand bis mehrere 100 m vom Land entfernt aufsitzen kann - bei ablaufendem Wasser wenig erfreulich. Das Meer ist vor den Mündungen meist so trübe, daß bestenfalls Brecher als Hinweis auf flache Stellen dienen können.

Pflanzen- und Tierwelt

Pflanzen

In Anbetracht der hocharktischen Lage ist Spitzbergens Pflanzenwelt erstaunlich **vielfältig**, wobei sich die **stärkste Vegetation** im Bereich der **Westküste** und des **inneren Nordenskiöldlandes** sowie **unter den Vogelfelsen** (organische Düngung) findet. Im Osten, selbst auf der Ostseite der Hauptinsel, ist der Bewuchs wesentlich spärlicher.

Neben den allgemeinen Problemen, die die Arktis für pflanzliches Leben aufwirft (kurze Vegetationszeit, tiefe Temperaturen und Wind), kommt speziell in Spitzbergen und hier besonders in den inneren Landesteilen die **geringe Niederschlagsmenge** hinzu, die sich im Winter als schlechter Kälteschutz mangels dickerer Schneedecke und im Sommer als vielerorts knappe Wasserversorgung auswirkt. Da in Permafrostregionen die zugänglichen Wasservorräte des Bodens begrenzt sind, sind die Pflanzen hier stärker auf Regen oder Oberflächenwasser angewiesen, soweit nicht aus höheren Lagen Tauwasser in die dünne, aufgetaute obere Bodenschicht sickert. Insbesondere in trockenen Sommern mit frühzeitig einsetzender Schneeschmelze machen sich die knappen Niederschläge in der Natur bemerkbar. Dann gelingt es der Vegetation nur mühsam, das Braun der im Vorjahr abgestorbenen Blätter und Halme durch frisches Grün zu überdecken. Lediglich in feuchten Senken oder am Rand kleiner Bäche, wo genügend Wasser zur Verfügung steht, breitet sich saftiges Grün aus, durchaus vergleichbar mit anderen Steppengebieten.

Ein weiteres Problem für Pflanzen sind die **Fließbewegungen des Bodens** an Hängen oder in Moränen, die die Wurzeln zerreißen, und damit an klimatisch durchaus günstigen Standorten eine Vegetationsdecke verhindern. Andererseits gestattet paradoxerweise gerade das kalte Klima vielerorts überhaupt erst Pflanzenwuchs, da ohne das vom Frost im Boden festgehaltene und über den Sommer schrittweise tauende Wasser sowie die bei den niedrigen Temperaturen geringe Verdunstung das steppenhafte Klima zu trocken wäre.

Vom Vegetationstyp her ist Spitzbergen absolute **Tundra**, d.h. es gibt keinerlei hochwachsende Pflanzen. Die größten Höhen erreichen normalerweise im Spätsommer einige Gräser, deren Blütenstände gelegentlich bis zu 30 cm hoch aufragen können.

Im botanischen Sinne ist Spitzbergen zwar **stark "bewaldet"**, die fünf Baumarten - überwiegend die vier **Polarweiden**, vereinzelt auch die **Polarbirke** - sind hier jedoch nur flach kriechende Gewächse, deren Äste bis auf geringe Teile unterirdisch verlaufen und die normalerweise, von sehr geschützten Mulden abgesehen, nicht mehr als ca. 5 cm über den Boden aufragen. Insbesondere die Polarweide bedeckt sehr große Flächen; ihr Grün und der rasche Übergang zur braungelben Herbstfärbung sind für den Farbton großer Teile der Tallagen verantwortlich.

Auch wenn sich die Vegetation nirgendwo weit über die Oberfläche erhebt, ist sie doch erstaunlich vielfältig und sorgt für zusätzliche Farbtupfer in der Landschaft auch außerhalb der Hauptblütezeit der Blumen und später des Wollgrases im August, das mit seinen hellen Wollknäueln weithin sichtbare, helle Flecken in der Landschaft bildet und außerdem auf sumpfige Stellen hinweist.

Für Abwechslung sorgen nicht zuletzt auch einfachere Pflanzen, etwa die an nassen Orten üppig wachsenden, grünen und roten **Moose** und auf Fels und Schutt eine Vielzahl roter, oranger, schwarzer, grauer, gelbgrüner und sonstwie gefärbter **Flechten**. Einige von ihnen, extrem langsam wachsend, sind vermutlich schon 10.000 Jahre alt, haben also das Ende der Eiszeit noch miterlebt und gehören zu den ältesten Lebewesen der Erde überhaupt. Außerdem gibt es verschiedene, auch größere **Pilzarten**, die von einzelnen Einheimischen sogar gern gesammelt werden.

Spitzbergen: Namen der meisten Gefäßpflanzenarten

(lateinisch, norwegisch, englisch, deutsch)

Gestaltung: A. Umbreit

Übersetzung von über 100 (von 165 Arten) Pflanzen- und (grau) Gattungsnamen als Orientierungshilfe in die 3 wichtigsten Sprachen westlicher Spitzbergen-Literatur, dazu eine "unbotanische" Sortierung in "Blumenartige" (1, Blütenfarbe), Gräser (2), Baumartige (3), Farne/Schachtelhalm/Bärlapp

Lateinischer Name	Norwegisch	Englisch	Deutsch	1 m. Blüte	2	3	4
Arenaria pseudofrigida	kalkarve	sandwort	Wimper-Sandkraut	x weiß			
Arnica angustifolia, ssp. alpina	fjellsolblom	arnica	Alpen-Arnika	x gelborange			
Betula nana	polarbjörk/dvergbjörk	dwarf birch	Zwergbirke			x	
Braya purpurascens	purpurkarse	purple braya	Purpurkresse	x hell purpur			
Botrychium lunaria	marinøkkel	moonwort	Echte Mondraute (Farn)				x
Cakile maritima	strandreddik	sea rocket	Meersenf	x leicht violett			
Campanula rotundifolia	blåklokke	harebell	Rundblättrige Glockenblume	x hellblau			
Campanula uniflora	høgfjellsklokke	arctic bellflower	Einblütige Glockenblume	x dunkelblau			
Capsella bursa-pastoralis	gjetertaske	shepherd's purse	Echtes Hirtentäschel	x weiß			
Cardamine nymanii	polarkarse	polar cress	Polar-Schaumkraut	x helles lila			
Carex sp.:	starr:	sedge:	Segge (14 Arten):		x		
Cassiope hypnoides	moselyng	matted cassiope	Schuppenheide	x weiß			
Cassiope tetragona	kantlyng	arctic whiteheather/cassiope	Vierkantiges Heidekraut	x weiß			
Cerastium sp.:	arve:	mouse-ear:	Hornkraut (4 Arten):	x weiß			
Cerastium arcticum	snøarve	arctic mouse-ear	Arktisches Hornkraut	x weiß			
Cerastium cerastoides	brearve	starwort mouse-ear	Dreigriffliges Hornkraut	x weiß			
Cochlearia officinalis	skjørbuksurt	common scurvygrass	Gebräuchliches Löffelkraut/Skorbutkraut	x weiß			
Deschampia caespitosa	sølvbunke	tufted hairgrass	Rasen-Schmiele		x		
Draba sp.:	rublom:	whitlow grass:	Felsenblümchen (13 Arten):	x gelb, weiß			
Draba alpina	gullrublom	alpine whitlow grass	? Felsenblümchen	x gelb			
Draba bellii	puterublom	arctic whitlow grass	Kissen-Felsenblümchen	x gelb			
Draba lactea	lapprublom	lappland whitlow grass	Lappländisches Felsenblümchen	x weiß			
Draba fladnizensis	alperublom	bald whitlow grass	Fladnitzer Felsenblümchen	x weiß			
Dryas octopetala	reinrose	mountain avens	Silberwurz	x weiß			
Empetrum nigr. ssp. hermaphr.	fjellkrekling	mountain crowberry	Krähenbeere	x blaßpurpur			
Epilobium anagallidifolium	dvergmjølke	pimpernelleaved willowherb	Alpenweidenröschen	x blaßrot			
Equisetum arvense	akersnelle	field horsetail	Ackerschachtelhalm/Zinnkraut				x
Equisetum variegatum	fjellsnelle	variegated horsetail	Bunter Schachtelhalm				x
Erigeron humilis	svartbakkestjerne	black fleabane	Schwarzes Berufskraut	x dunkelblau			
Eriophorum scheuchzeri	snømyrull	arctic cottongrass	Scheuchzers Wollgras		x		
Eriophorum triste	svartmyrull	cottongrass sp.	Wollgras		x		
Euphrasia frigida	fjelløyentrøst	"eyebright"	Augentrost	x violett			
Festuca sp.:	svingel:	fescue:	Schwingel (5 Arten):		x		
Festuca rubra	rødsvingel	red fescue	Rotschwingel		x		
Festuca vivipara	geitsvingel	viviparus fescue	"Lebendgebärender Schwingel"		x		
Gentianella tenella	småsøte	slender gentian	Zierlicher Enzian	x blau			
Hierochloë alpina	fjellmarigrass	arctic holygrass	Mariengras				
Hippuris vulgaris	hesterumpe	mare's-tail	Gemeiner Tannenwedel (Wasserpflanze)	x grün			
Honckenya peploides	strandwort	sea sandwort	Salzmiere	x gelbgrün			
Huperzia selago	lusegras	fir clubmoss	Tannen-Teufelsklaue (Bärlapp)				x
Juncus arcticus	finnmarksiv	arctic rush	Arktische Binse		x		
Juncus biglumis	tvillingsiv	two-flowered rush	Zweiblütige Binse		x		
Juncus castaneus	kastanjesiv	chestnut rush	Kastanienförmige Binse		x		
Juncus triglumis	trillingsiv	three-flowered rush	Dreiblütige Binse		x		
Luzula sp.:	frytle:	wood rush:	Hainsimse (4 Arten):		x		
Mertensia maritima	østersurt	oyster plant / sea lungwort	Mertensie	x blau			
Minuartia sp.:	arve:	sandwort:	Miere (4 Arten):	x weiß			
Minuartia biflora	tuearve	northern sandwort	Zweiblütige Miere	x weiß			
Oxyria digyna	fjellsyre	mountain sorrel	Säuerling	x grün, rot			
Papaver dahlium	Svalbardvalmue	Svalbard poppy	Gletschermohn	x weiß, gelb			
Pedicularis dasyantha	ullmyrklegg	woolly lousewort	Wolliges Läusekraut	x hell purpur			
Pedicularis hirsuta	lodnemyrklegg	hairy louseworth	Behaartes Läusekraut	x hellrot			
Petasites frigidus	fjellpestrot	Lapland butterburr	Pestwurz sp.	x gelbweiß			
Poa sp.:	rapp:	meadowgrass:	Rispengras (6 Arten):		x		
Poa alpina	fjellrapp	alpine meadowgrass	Alpen-Rispengras		x		
Poa pratensis	engrapp	smooth meadowgrass	Wiesen-Rispengras		x		
Polemonium boreale	polarflokk	Jacob's ladder	Himmelsleiter	x blau			
Polygonum viviparum	harerug	alpine bistort	Knöllchen-Knöterich	x weiß-rot			
Potentilla sp.:	mure:	cinquefoil:	Fingerkraut (7 Arten):	x meist gelb			
Potentilla chamissonis	flågmure	bluff cinquefoil	Chamisso's Fingerkraut	x gelb			
Potentilla crantzii	flekkmure	alpine cinquefoil	Gold-Fingerkraut	x gelb			
Potentilla hyparctica	raggmure	arctic cinquefoil	Polar-Fingerkraut	x gelb			
Potentilla multifida	fingermure	cut-leaved cinquefoil	Vielspaltiges Fingerkraut	x gelb			
Potentilla nivea	snømure	snowy cinquefoil	Schneeweißes Fingerkraut	x gelb			
Potentilla pulchella	tuemure	tufted cinquefoil	Polster-Fingerkraut	x gelb			
Puccinellia sp.:	saltgrass:	-	Salzschwaden (3 Arten)		x		
Ranunculus sp:	soleie:	buttercup:	Hahnenfuß (11 Arten):	x gelb			
Ranunculus acris	engsoleie	meadow buttercup	Gift-Hahnenfuß	x gelb			
Ranunculus auricomus	nyresoleie	goldilocks	Goldgelber Hahnenfuß	x gelb			
Ranunculus glacialis	issoleie	glacier crowfoot	Gletscher-Hahnenfuß	x gelb			
Ranunculus hyperboreus	setersoleie	arctic buttercup	Nordischer Hahnenfuß	x gelb			
Ranunculus lapponicus	lappsoleie	Lapland buttercup	Lappländischer Hahnenfuß	x gelb			
Ranunculus nivalis	søsoleie	snow buttercup	Schnee-Hahnenfuß	x gelb			
Ranunculus pedatifidus	fliksoleie	lobed buttercup	Gelappter Hahnenfuß	x gelb			
Ranunculus pygmaeus	dvergsoleie	pygmy buttercup	Zwerg-Hahnenfuß	x gelb			
Ranunculus spitsbergensis	svalbardsoleie	Svalbard buttercup	Spitzbergen-Hahnenfuß	x gelb			
Ranunculus sulphureus	polarsoleie	sulphur buttercup	Schwefelgelber Hahnenfuß	x gelb			
Rubus chamaemorus	molte	cloudberry	Moltebeere	x weiß			
Rumex acetosa	engsyre	common sorrel	Wiesensauerampfer	x grün			
Rumex acetosella	småsyre	sheep's sorrel	Kleiner Sauerampfer	x grün			
Sagina caespitosa	stuttarve	cushion pearlworth	Kissen-Mastkraut	x weiß			
Sagina nivalis	jøkelearve	snow pearlwort	"Schnee-Mastkraut"	x weiß			
Salix sp.:	vier:	willow:	Weide (5 Arten):			x	
Salix herbacea	musøyre	dwarf willow	Krautweide			x	
Salix myrsinites	myrtevier	whortleleaved willow	Schwarzweide			x	
Salix polaris	polarvier	polar willow	Polarweide			x	
Salix reticularis	rynkevier	net-leaved willow	Netzweide			x	
Sassurea alpina	lauvtistel	alpine saw-wort	Echte Alpenscharte	x violett-rot			
Saxifraga sp.:	sildre:	saxifrage:	Steinbrech (13 Arten):	x verschieden			
Saxifraga aizoides	gulsildre	yellow mountain saxifrage	Fetthennen-Steinbrech	x gelb			
Saxifraga caespitosa	tuesildre	tufted saxifrage	Rasen-Steinbrech	x weiß			
Saxifraga cernua	knoppsildre	drooping saxifrage	Nickender Steinbrech	x weiß			
Saxifraga flagellaris/platysepala	trådsildre	spider plant	Faden-Steinbrech	x gelb			
Saxifraga hieracifolia	stivsildre	hawkweedleaved saxifrage	Habichtskrautblättriger Steinbrech	x grün-purpur			
Saxifraga hirculus	myrsildre	marsh saxifrage	Moor-Steinbrech	x gelb			
Saxifraga nivalis	snøsildre	arctic saxifrage	Schnee-Steinbrech	x weiß			
Saxifraga oppositifolia	rødsildre	purple saxifraga	Roter Steinbrech	x rot			
Saxifraga rivularis	bekkesildre	highland saxifrage	Bach-Steinbrech	x hell rötlich			
Saxifraga svalbardensis	Svalbardsildre	Svalbard saxifrage	Spitzbergen-Steinbrech	x			
Sedum arcticum	arktikrosenrot	-	Arktische Fetthenne	x			
Sibbaldia procumbens	trefingerurt	sibbaldia	Gelbling	x gelb			
Silene sp.:			Leimkraut (3 Arten):				
Silene acaulis	fjellsmelle	moss campion	Stengelloses Leimkraut	weiß bis rot			
Silene furcata	småjonsokblom	arctic lychnis	Kleine Alpennelke	x weiß			
Silene wahlbergella	blindurt	northern catchfly	Nördliche Alpennelke	x weiß			
Stellaria sp.:	stjerneblom:	chickweed:	Sternmiere (5 Arten):	x weiß			
Stellaria crassipes	snøstjerneblom	chickweed	Schnee-Sternmiere	x weiß			
Stellaria humifusa	ishavsstjerneblom	arctic chickweed	Arktische Sternmiere	x weiß			
Stellaria media	vassarve	common chickweed	Vogelmiere	x weiß			
Taraxacum ceratophorum/brachyceras	polarløvetann	polar dandelion	Polar-Löwenzahn	x gelb			
Taraxacum phymatocarpum/arcticum	arktisløvetann	arctic dandelin	Arktischer Löwenzahn	x weiß			
Tofielda pusilla	bjønnbrodd	Scottish asphodel	Liliensimse sp.	x grün			
Trisetum spicatum	svartaks	northern oatgrass	Ähren-Goldhafer		x		
Vaccinium uliginosum	blokkebær	bog bilberry	Rauschbeere	x rosa			
Woodsia glabella	dverglodnebregne	smooth woodsia	Wimperfarn sp.				x

Da Pflanzenliteratur in Deutsch für Spitzbergen spärlich ist und manche Arten nicht einmal einen deutschen Namen haben, hier ein paar internationale Literaturempfehlungen als Behelf (siehe für dt. und engl. Titel auch Literaturverzeichnis): Rønning: Svalbards Flora (Norwegisch, vollständigstes Standardwerk). Schmeil-Fitschen: Flora von Deutschland (nützl. systematisches Bestimmungsbuch für die Mehrzahl der Arten). Gjærevoll/Rønning: Svalbardblumen (48 Arten, dt.). Fitter/Fitter/Blamey: Pareys Blumenbuch (Deutschland und Nordwesteuropa). Grey-Wilson/Blamey: Pareys Bergblumenbuch (mit Skandinavien). Schauer/Caspari: Der große BLV-Pflanzenführer (auch Gräser). Fitter/Fitter/Farrer: Grasses, sedges, rushes and ferns of Northern Europe (England, Parey).

Wenn Sie irgendwo rötlichen Schnee entdecken, verdankt dieser übrigens wahrscheinlich nicht Schmutz seine Farbe, sondern einer winzigen **Algenart**, die sich auf dem Schnee ansiedelt.

Im Sommer für den Laien am auffälligsten sind unter den höheren Pflanzen (164 bekannte Arten) die **Blumenarten** Spitzbergens, immerhin 48, die sich, wie beispielsweise der gelbe und weiße Gletschermohn (Papaver dahlianum), weit hinauf in ansonsten fast kahlen Schutt- und Moränenhängen halten.

Pionierpflanzen sind neben Gletschermohn auch die vielfältigen **Steinbrecharten** (Saxifraga), die sowohl in den Schutthalden der Berghänge als auch zwischen den Ufersteinen vorkommen, wo sie etwas Schutz vor dem fast ständigen Wind finden. Häufig anzutreffen in flacheren Lagen sind beispielsweise die kleinen Polster des stengellosen **Leimkrauts** (Silene acaulis), dessen dichte, hellrote Blütenpracht stets auf der Südseite des Polsters zu blühen beginnt und dessen kleine Blätter sich Ende August von saftigem Grün in ein dunkles Weinrot verfärben. Weit verbreitet, vor allem auf buckligen Torfflächen in den Talgründen, ist auch die weiß blühende **Glockenheide** (Cassiope tetragona).

Die **Vegetationsperiode** ist kurz, und so müssen sich alle wichtigen Lebensvorgänge - Wachstum, Blühen, Samenproduktion - innerhalb weniger Wochen abspielen. Entsprechend rasch sind die Veränderungen; vom Knospenschieben bis zur vollen Blüte vergeht nur wenig Zeit. Die Anpassungen an die besonderen Verhältnisse der hohen Arktis sind vielfältig, so verlassen sich viele der höheren Pflanzen zur Arterhaltung nicht nur auf die Samenproduktion, sondern vermehren sich in hohem Maße auch vegetativ, also durch Bildung von Ablegern.

Untersuchungen in Ny Ålesund, wo für derartige Forschungen das nördlichste Gewächshaus der Welt eingerichtet wurde, haben ergeben, daß etliche der Pflanzen Spitzbergens in der Lage sind, den Anteil des roten Lichtes im Sonnenlicht zu messen. Er nimmt zu, wenn die Sonne im August, insbesondere nachts, nicht mehr so hoch über dem Horizont steht. Auf diese Weise können bestimmte Pflanzen ihren jährlichen **Lebensrhythmus** steuern und hören teilweise noch vor dem Ende der Mitternachtssonne mit dem Wachsen auf. Hierin unterscheiden sie sich von lappländischen Pflanzen, die ihren Wachstumszyklus an der Dauer des Tageslichtes orientieren.

Derartige **Anpassungen** an die Gegebenheiten der hohen Arktis lassen Pflanzen, die aus Spitzbergen in gemäßigtere Regionen versetzt werden, dort in der Regel verkümmern, da sie auf die dortigen Lebensbedingungen nicht angemessen reagieren können. Abgesehen davon, daß die Pflanzenwelt Spitzbergens sowieso in großen Teilen gesetzlich geschützt ist

(Nationalparks, Naturschutzgebiete, Pflanzenschutzgebiete), ist die Mitnahme von Pflanzen aus Spitzbergen in der Regel sinnlos. Auch zur Nahrungsbeschaffung eignet sich die Vegetation Spitzbergens für den Wanderer kaum, sie ist zu karg.

Mangels größeren Bäumen gibt es kein "inländisches" **Feuerholz**. An den meisten Fjordufern findet sich aber **Treibholz**, meist Stämme. Werkzeug zum Zerkleinern ist ein nützlicher Teil der Ausrüstung, sofern die Tour vornehmlich entlang der Küste führt und man auf Lagerfeuerromantik nicht verzichten will.

☝ Wegen des nahezu ständigen Windes empfiehlt es sich, die **Feuerstellen** gut zu schützen und keine Scheiterhaufen anzustecken, deren Funkenflug unkontrollierbar wird - Brandlöcher in Zelt, Schlafsack oder sonstiger Ausrüstung verderben sonst die Romantik. Zugige Feuerstellen und überdimensionierte Freudenfeuer entwickeln außerdem einen ungeheuren Appetit - selbst dickste Stämme verbrennen so in erstaunlich kurzer Zeit, was weder hinsichtlich des ständigen Zwangs zum Nachlegen noch aus ökologischen Erwägungen sinnvoll ist. Feuer nur auf vegetations- und frostfreien Stellen machen, um die Vegetationsdecke zu schonen.

Tiere

Säugetiere: Die Zahl der Säugetierarten Spitzbergens ist gering: Reine Landsäuger sind lediglich **Rentier** und **Polarfuchs**. Hinzu kommen die Robbenarten (Walroß, Bart-, Ringel- und Sattelrobbe, seltener die Klappmütze und nur eine kleine Kolonie Seehunde) und der Eisbär sowie als reine Meeressäuger etliche Walarten. Die Versuche, den Schneehasen einzubürgern, sind offenbar fehlgeschlagen, ebenso das Experiment mit grönländischen **Moschusochsen**. In den zwanziger Jahren ausgesetzt, vermehrten sie sich zunächst im Nordenskiöldland recht gut. In den siebziger Jahren nahm ihr Bestand jedoch wieder ab, und der letzte Moschusochse dürfte 1986 in Spitzbergen gestorben sein. Neben harten Wintern wird als Ursache vor allem die zunehmende Nahrungskonkurrenz durch die Rentiere gesehen, deren Zahl im Verlauf der letzten Jahrzehnte wieder stark zugenommen hat.

• **Rentier**: Von den genannten Säugern am leichtesten zu beobachten ist sicherlich das Rentier, das in Spitzbergen in einer eigenen Unterart vorkommt. Seine Vorfahren sind wohl am Ende der letzten Eiszeit hierher gelangt und haben sich dort unabhängig von ihren eurasischen Verwandten weiterentwickelt. Gelegentliche Kontakte über das winterliche Eis, etwa mit Franz-Joseph-Land, sind nicht auszuschließen. Verglichen mit seinen nordeuropäischen Verwandten ist das Svalbard-Ren kurzbeiniger und plumper. Heute leben, nachdem die Rentierjagd bereits seit 1925 verboten ist, wieder ca. 12.000 Tiere im Nordenskiöldland, das mit seinen großen eisfreien Tälern und der relativ dichten Vegetation den größten zusammenhängenden, geeigneten Lebensraum der Inselgruppe für die Rentiere bietet.

Im Gegensatz zu Lappland oder gar Nordamerika, wo größere Rentierherden keine Seltenheit sind, trifft man in Spitzbergen meist einzelne Tiere oder nur kleine Gruppen - die bisher größte Herde, die mir begegnete, umfaßte ca. 30 Tiere. Der Grund mag das geringere Nahrungsangebot sein, das einen dichteren Tierbestand nicht zuläßt. Beide Rentiergeschlechter haben ein Geweih, das jedes Jahr abgeworfen wird und wieder neu wächst.

Es scheint, daß nach dem jahrzehntelangen Jagdverbot mittlerweile die verfügbare Nahrung einem weiteren Anwachsen der Rentierzahl Grenzen setzt. Hierauf deuten unter anderem die zahlreichen Kadaver von Rentieren im Gelände hin, die offensichtlich im Winter aus Schwäche gestorben sind, insbesondere in harten Wintern, in denen viel Schnee lag oder, noch schlimmer, durch zwischenzeitliches Tauwetter und anschließenden Frost der Schnee oder die Vegetation selbst vereist und so einmal das Freischarren erschwert ist, und zum anderen sich die Tiere die Mäuler blutig reißen. Ist der Sommer zudem kurz, mit später Schneeschmelze und frühem Neuschnee im August, so können die Tiere sich für den Winter einen geringeren Fettvorrat anfressen als in anderen Jahren.

Das Spitzbergen-Ren, im Gegensatz zu seinen lappländischen Verwandten völlig wild lebend, war in den letzten Jahren Objekt vielfältiger **norwegischer Forschungsvorhaben**, die auch die Wechselwirkungen zwischen Ren und arktischer Umwelt untersuchten. So wurde beispielsweise 1978 ein Langzeitversuch gestartet, in dem Rentiere in der Umgebung von Ny Ålesund ausgesetzt wurden, die vorher frei von Rentieren war. Auf diese Weise sollen Veränderungen in der Vegetation erforscht werden, die durch das Abweiden verursacht werden. Einzelne eingezäunte Flächen, wie sie auch im Nordenskiöldland an einigen Stellen zu finden sind, dienen dabei als Vergleich.

Teils zu wissenschaftlichen Zwecken wurde in den letzten Jahren für die Einwohner Spitzbergens außerdem die **Jagd** auf eine genau festgelegte Anzahl von Rentieren in ganz bestimmten Gebieten freigegeben. Damit soll beispielsweise die Frage geklärt werden, wie lange der Rentierbestand in einem bestimmten Gebiet braucht, um wieder die ursprüngliche Größe zu erreichen u.ä.

Die 15 häufigsten Brutvogelarten Svalbards

Rund 160 Vogelarten wurden bisher in Svalbard beobachtet, hiervon gelten 38 als üblicherweise in Svalbard brütend. Diese Liste enthält die am häufigsten zu beobachtenden 14 Arten (jeweils mehr als ca. 1000 Brutpaare pro Sommer) - als Hilfe für das Studium fremdsprachiger Informationen mit Übersetzungen der Namen in Latein, Norwegisch, Englisch und Deutsch (alphabetische Reihenfolge nach lateinischem Namen).
Bedeutung der Spalten: 1. Namen, 2. Winteraufenthalt, 3. ca. Ankunft Spitzbergen, 4. Brut + evtl. Nestfütterung, 5. ca. Verlassen Spitzbergens, 6. üblicher Brutplatz, 7. Anmerkungen. Abkürzungen: Zahlen stehen für Monate, b=Beginn, m=Mitte, e=Ende des Monats, ˜ = sehr unsicher/schwankend/Teilbestand

1. Namen	2. Winteraufenthalt	3.	4.	5.	6. Brutplätze	7. Anmerkungen
Alle alle alkekongen little auk Krabbentaucher	Küstengewässer und Treibeisrand, vor allem Südwest-Grönland,- auch Barentssee.	b4	e6 - m8	e8	1 Ei, vorzugsweise in Höhlen in Schutthängen und Felsen, große Kolonien	Häufigste Art (ca. 1.000.000) Spitzbergens, kleinster Alk. Auffällige Formationsflüge in Schwärmen um die Brutkolonien. Außer Spitzbergen nur an wenigen Orten Europas.
Anser brachyrhynchus kortnebbgås pink-footed goose Kurzschnabelgans	Vor allem Nordseeküsten Holland, Niedersachsen, Schleswig-Holstein (November-März)	e5	b6 - b7	e9	1-9 Eier in gleiches Nest über Jahre auf Vorsprüngen und Kuppen mit guter Übersicht	Häufigste Gans (ca. 25000) durch gute Fuchsabwehr. Vorsichtig-scheu, flieht vom dann schutzlosen Nest. Familie bleibt bis Frühjahrszug zusammen.
Branta leucopsis hvitkinngås barnacle goose Weißwangengans	Vor allem um Solwayfjord in Schottland (Oktober bis April)	e5	b6 - b7	m9	3-5 Eier in Nest auf erhöhten Punkten und auf vorgelagerten Inselchen/Klippen	Ca. 10000, scheu. Familie bleibt bis Frühjahr zusammen. Flugunfähig während Mauser.
Calidris maritima fjæreplytt purple sandpiper Meerstrandläufer	Unbekannt, vermutlich entlang norwegischer Festlandsküste	m5	m6 - b7	e8	Ca. 4 Eier in nackte Mulde in der Tundra	Watvogel, auch im Inland, Allesfresser. Lockt Eindringlinge durch Verletzt-Spielen vom Nest weg, wenig scheu.
Cepphus grylle teist black guillemot Gryllteiste	Barentssee und angrenzende Küsten einschl. Svalbard	˜3	m6 - m8	˜10	2 Eier direkt auf Fels in Felswandspalten oder unter großen Steinen. Keine groß'en Kolonien.	2 Junge durch küstennähere Futtersuche als andere Alken möglich. Weniger gesellig als andere Alken.
Fratercula arctica lunde puffin Papageitaucher	Unbekannt, vermutlich offener Nord-Atlantik	m5	e6 - e8	b9	1 Ei in schwer zugänglicher Felsspalte, keine großen Kolonien.	Kann im Permafrost keine Gänge graben, daher auf natürliche Höhlen angewiesen, geringere Anzahl als die anderen 3 Alken.
Fulmarus glacialis havhest fulmar Eissturmvogel	Barentssee vom norwegischem Festland bis einschl. Svalbard, kein deutliches Zugverhalten	-	b6 - m9	-	1 Ei auf unzugänglichen Felsbändern, sowohl an Küste alsauch auf Nunatakern.	Hervorragender Segler knapp über den Wellen, ausgesprochener Meeresvogel, nur zur Brut an Land. Ganzjährig um Spitzbergen anzutreffen.
Lagopus mutus hyperbor. svalbardrype Svalbard ptarmigan Alpenschneehuhn	Svalbard, einziger eindeutiger Standvogel Spitzbergens, da kein Langstreckenflieger	-	e6 - m7	-	5-13 Eier in gepolsterter Geländemulde an Berghängen im Inland	Weißes Winter- und braunes Sommerkleid mit Übergängen im Frühjahr und Herbst. Schlechter Flieger, verläßt sich auf gute Tarnung. Gräbt winters Schneemulden als Kälteschutz.
Larus hyperboreus polarmåke glaucous gull Eismöwe	Teil bleibt evtl. um Spitzbergen, Mehrzahl nach Ostgrönland, Island, Färöern	b3	e5 - b8	˜9	1-3 Eier oft in gepolstertes Vorjahresnest an küstennahen fuchssicheren Stellen, kl. Gruppen	Auch Bürgermeistermöwe, groß (bis über 2 kg). Ersetzt die in Spitzbergen fehlenden Raubvögel (frißt Eier, Junge, Aas), oft an Müllplätzen. Daneben Fisch, Krebstiere.
Plectrophenax nivalis snøspurv snow bunting Schneeammer	Weißes Meer, evtl. weiter bis zum Kaspischen Meer	b4	e6 - m7	b9	4-8 Eier in Nest in fuchssicheren Nischen und Spalten, auch an Gebäuden	Finkenvogel, Revierabgrenzung durch Gesang, einziger ständiger Singvogel. Sehr frühe Ankunft, legt Schneemulden als Kälteschutz an.
Rissa tridactyla krykkje kittiwake Dreizehenmöwe	Um Grönland bis nach Nordamerika	b4	m6 - e8	b9	1-2 Eier auf Felsvorsprung, kleine bis riesige Kolonien meist direkt an Küste	Weitaus häufigste Möwenart Spitzbergens, sehr gesellig auch außerhalb der Brutkolonien. Fischt Kleingetier teils weit außerhalb der Küste.
Somateria molissima ærfugl common eider Eiderente	Küstengewässer zwischen Island und Nordnorwegen	m5	b6 - b7	˜10	2-10 Eier in Daunennest. Meist kleine Kolonien auf fuchssicheren Inselchen.	Männchen kümmert sich weder um Brut noch Verteidigung, Bewachung oder Ernährung des brütenden Weibchens und der Jungen. Daunen werden teils noch gesammelt (Trapper).
Sterna paradisaea rødnebbterne arctic tern Küstenseeschwalbe	Südatlantik bis Antarktis	m5	e6 - b8	e8	1-3 Eier direkt auf steinigem Boden in Ufernähe, Kolonien gemeinsam verteidigt.	Sehr eleganter Flieger, verteidigt Brutgebiete aggressiv durch Sturzangriffe (schnell passieren, Holz RUHIG über Kopf halten).
Uria aalge lomvi common guillemot Trottellumme	Küstengewässer der südlichen Barentssee	b3	b6 - e7	˜9	1 Ei in Felsnische in Vogelfelsen, große Kolonien direkt an Küste	Bestand stark auf Bäreninsel konzentriert, dort riesige Kolonien, von Überfischung der Barentssee gefährdet. Junge springen flugunfähig aus Brutfelsen hinunter ins Meer
Uria lomvia polarlomvi Brünnich's guillemot Dickschnabellumme	Südwest-Grönland	e3	m6 - b8	˜9	1 Ei in Felsnische in Vogelfelsen, große Kolonien direkt an Küste	Zweithäufigste Alkenart. Junge springen noch flugunfähig von Brutfelsen zu Eltern ins Meer, Herbstzug beginnt schwimmend. Größte Kolonien (mehrere 100.000): Bäreninsel, Hopen

Informationen: Magnus Norderhaug: Svalbards fugler (norw., 1989, neueres Standard-Werk). H. L. Løvenskiold: Avifauna Svalbardensis (engl., 1964, umfangreichstes, teils veraltetes Standardwerk). Fridtjov Mehlum: Birds and Mammals of Svalbard (engl., 1990). Heinzel/Fitter/Parslow: Pareys Vogelbuch - Alle Vögel Europas, Nordafrikas und des Mittleren Ostens (deutsch). Zusammenstellung und Gestaltung: Andreas Umbreit, terra polaris

• **Polarfuchs**: Das zweite reine Land-Säugetier ist der Polarfuchs, der ebenfalls nicht allzu schwer zu beobachten ist. Wegen seines weißen bzw., in der selteneren Variante des "Blaufuchses", grauen Winterpelzes wird er auch heute noch im Winter von den wenigen Trappern Spitzbergens, aber auch von den Einwohnern der Siedlungen mit **Fallen** gejagt. Die Fallen bestehen aus einem einfachen Holzrost, auf dem schwere Steine liegen. Ein dünnes Holz mit Köder stützt den Holzrahmen einseitig hoch und wird von dem Fuchs zum Umfallen gebracht, so daß der niedersausende Holzrahmen den Fuchs erschlägt, ohne wie bei Schrot oder Gewehrkugeln den Pelz zu beschädigen. Trotz dieser Winterjagd scheint der Bestand an Füchsen in Spitzbergen nicht gefährdet zu sein.

Selbst auf dem Zeltplatz in Longyearbyen habe ich bisher in jedem Sommer, insbesondere gegen Saisonende, mehrmals Füchse beobachten können, bis zu drei gleichzeitig. Seltsamerweise ist mir noch nie von einem Fuchs Verpflegung gestohlen worden, noch nicht einmal aus dem nachts offen stehenden Zelt. Dennoch ist ein Mindestmaß an Vorsicht angebracht, denn Spitzbergen ist **Tollwutgebiet**. Betroffen sind Rentiere, Füchse und Robben. Deshalb sollte man Füchsen nicht durch Füttern die letzte Scheu nehmen. Wegen der Tollwut ist die Ein- und Ausfuhr lebender Tiere bei strenger Bestrafung verboten.

Besonders der **Winter** ist für die Füchse eine harte Zeit, da die meisten Vögel die Inseln verlassen und es keine Nagetiere gibt. Als Nahrung bleiben im wesentlichen Schneehühner und Aas, etwa von verendeten Rentieren.

Auch der Polarfuchs in Spitzbergen wird **erforscht**, und immer wieder sind Teams unterwegs, um Bestandzählungen durchzuführen, Fuchsbaue zu untersuchen und die Bewegungen einzelner, mit kleinen Sendern ausgestatteter Tiere zu registrieren.

• **Robben**: Unter den verschiedenen Robbenarten Spitzbergens ist das **Walroß** die größte und aufgrund jahrhundertelanger gnadenloser Jagd die seltenste. Von 1606 bis 1953 wurden sie als leicht erlegbare, lohnende Speck-, Tran- und vor allem Elfenbeinlieferanten (Zähne) systematisch verfolgt und die ehemals großen Bestände auf der Bären-Insel und an Spitzbergens Küsten praktisch völlig ausgelöscht, zuletzt während des Ersten Weltkrieges in Nordaustlandet. Seitdem die Tiere geschützt sind, nimmt ihre Zahl an der nördlichen und östlichen Küste (Kvitøya, Nordaustlandet, Tusenøyane, Moffen) wieder zu und wird heute während der Sommermonate auf insgesamt etwa 500 Tiere geschätzt.

Mittlerweile sind Beobachtungen überall möglich; wir konnten 1993 ein Walroß 10 Minuten im Adventfjord beobachten. Die Walrosse kommen aber möglicherweise zum Teil lediglich von Franz-Joseph-Land und Nowaja Semlja herüber und tauchen während der eisfreien Zeit an Spitzbergens Küsten nach Krabben, Muscheln und anderen Meerestieren. Die flache, kreisförmige Insel Moffen wurde zum Schutzgebiet für Walrosse erklärt. Fahrzeuge dürfen sich ihr auf höchstens 300 m nähern. Wie die im Sommer Spitzbergen besuchenden Walrosse den Winter verbringen, ist bisher unbekannt. Zur **Erforschung ihrer Wanderungen** wurden etliche Tiere mit Sendern versehen (an den Zähnen, leider überlebten einige die dafür notwendige Betäubung nicht). Es zeigte sich, daß "grenzüberschreitende" Wanderungen zwischen Spitzbergen und Franz-Joseph-Land normal sind - ein Tier schwamm nach Franz-Joseph-Land, blieb dort eine Stunde und machte sich dann auf den Rückweg.

Auch die zweitgrößte Robbenart Spitzbergens, die **Bartrobbe**, tritt meist vereinzelt im Sommer in Spitzbergen auf, wo sie am ehesten im Norden und Osten anzutreffen ist, da sie in Packeisnähe im flachen Meer nach Dorsch und anderen Tieren am Meeresboden jagt. In Spitzbergen trifft man in der Regel während der Sommermonate nur ausgewachsene Tiere; den Winter verbringen die Bartrobben im Süden der Barentssee. Wegen ihres vereinzelten Auftretens spielte die kommerzielle Jagd auf sie nie eine besondere Rolle und ist deshalb vor gut zehn Jahren praktisch aufgegeben worden.

Die häufigste Robbenart Spitzbergens ist die **Ringelrobbe**, die sich hier ganzjährig aufhält und an allen Küsten anzutreffen ist. Im Sommer allerdings vorzugsweise im Treibeisbereich, wo sie die günstigsten Jagdmöglichkeiten vorfindet (Dorsch, Krebse auf der Unterseite der Eisschollen). Die Jungen werden im Frühjahr in einer vom Muttertier gegrabenen Schneehöhle auf dem Fjordeis geboren; sie dient als Schutz vor Kälte, Eisbären und Polarfüchsen. Offenbar als einzige der Robbenarten ist die Ringelrobbe in der Lage, sich den ganzen Winter über ein Atemloch im Fjordeis offenzuhalten, durch das sie zum Ruhen aufs Eis und wieder zurück ins Wasser gelangen kann.

Die übrigen Robbenarten, die man in Spitzbergen beobachten kann, Sattelrobben, Klappmützen und Gewöhnliche Seehunde sind in der Regel nur Sommergäste. Es gibt nur eine kleine Seehund-Kolonie (ca. 500 Tiere) auf Prinz-Karls-Forlandet. Auch wenn die Robben den Treibeisbereich im Sommer als Jagdgebiet bevorzugen, kann man doch an allen Küsten Spitzbergens auf einzelne Tiere stoßen. Selbst vor dem Campingplatz in Longyearbyen tauchen sie gelegentlich auf.

Vom Robbensterben, das 1988 die Nordseeküsten heimsuchte, war in Spitzbergen in demselben Jahr nichts zu merken. Allerdings soll ein Teil der Robben wegen mangelnder Nahrung (bedingt u.U. durch

Überfischung) aus den Polarregionen an die nordnorwegische Küste abgewandert sein, wo viele verhungerten.

• **Eisbären**: Das "aufregendste" unter den Säugetieren Spitzbergens ist der Eisbär, der seit 1973 völlig geschützt ist und dessen Bestand im Bereich Svalbards heute wohl auf etwa 3.000 Tiere geschätzt werden kann. Da sich um die Eisbären viele Gerüchte ranken, habe ich hier aus verschiedenen Quellen einige Informationen zusammengestellt.

🕮 Zusätzlich sei auf den norwegischen Bildband "Isbjørnen - nomade i nord" des Eisbären-Experten Thor Larsen hingewiesen (nkr 298, Aventura Forlag).

Große männliche Eisbären dürften die größten Landraubtiere sein, die es derzeit auf der Erde gibt; die schwersten Exemplare erreichen ein Gewicht von über 700 kg (Rekord: knapp über 1.000 kg!). Weibliche Tiere werden über 500 kg schwer. Trotz dieser gewaltigen Masse sind Eisbären an Land äußerst beweglich und können im kurzen Spurt eine Geschwindigkeit von bis zu 60 km/h erreichen. Bei längerer Belastung setzt ihnen offenbar ihr gut isolierender Pelz Grenzen, der die Abgabe der entstehenden überschüssigen Körperwärme behindert. Eisbären legen zwar gelegentlich auch an Land große Strecken zurück, dann jedoch in gemächlicherem Trott. Sie sind auch sehr ausdauernde, aber langsame Schwimmer; bis zu 200 km im Wasser überwundene Strecke wurden bei Eisbären registriert.

Das **Verbreitungsgebiet** des Eisbären ist das gesamte Nordpolgebiet, wobei er, obwohl der Treibeisbereich sein hauptsächlicher Aufenthaltsraum ist, gelegentlich auf ausgedehnten Wanderungen weit ins Innere der angrenzenden Landmassen oder auf dem Packeis manchmal weit in Richtung Nordpol vordringt. Durch diese Wanderungen kommt es immer wieder zu Vermischungen zwischen den verschiedenen Eisbärenpopulationen, doch scheint es, als ob die Mehrzahl der Tiere sich in bestimmten Bereichen aufhält, so daß man von mehreren einzelnen Eisbärenpopulationen im Nordpolgebiet sprechen kann.

Spitzbergen bildet zusammen mit Franz-Joseph-Land und vermutlich auch Nowaja Semlja ein solches Verbreitungsgebiet, wobei wohl auch ein Austausch mit der Population an der Ostküste Grönlands besteht. Nach Süden und Westen bildet die Grenze des Treibeises gleichzeitig die Grenze dieses Verbreitungsgebietes, so daß etwa die Bären-Insel normalerweise nur im Winter zum Verbreitungsgebiet gehört. Nach Norden dringen die Tiere selten über den 82. Breitengrad vor.

Die **Erforschung der Eisbärenwanderung** steckt noch in den Anfängen und vieles, auch über die Kontakte zwischen den einzelnen Verbreitungsgebieten, ist noch sehr unsicher. In Spitzbergen selbst hat besonders die Ölsuche an der Ostküste zu einer verstärkten Untersuchung der Eisbärenwanderung geführt, vor allem in Südspitzbergen. Hier, im Bereich des "Eisbärenkarussells" (die Tiere treiben mit den Eisfeldern auf der Jagd nach Seehunden von der Ostküste ums Südkap zum Hornsund an der Westküste und queren dann wieder die Landenge zur Ostküste), wurden in letzter Zeit etliche Tiere mit Radiosendern versehen. Seit März/April 1988 wurden Dutzende Bärinnen mit solchen **Satellitensendern** ausgestattet (bei männlichen Bären rutscht der Sender wegen des muskulöseren Halses über den Kopf ab). Es wurde festgestellt, daß die Tiere teilweise zwar große Wanderungen bis Nowaja Semlja, zur Bären-Insel und bis zum 83. Breitengrad führten. Die meisten Tiere bleiben jedoch im wesentlichen in einem kleineren Bereich (z.B. Storfjord), und selbst von ihren großen Ausflügen kehren sie wieder in ihr "Revier" zurück.

In der Regel sind Eisbären **Einzelgänger**, doch können sie in der Brunstzeit, an Stellen mit reichlichem Nahrungsangebot und während der Aufzuchtzeit der Jungen zu mehreren auftreten. Gelegentlich auftauchende Fragen, was man beim Angriff eines ganzen Rudels Eisbären tun solle, sind daher wirklichkeitsfern, denn Eisbären jagen nicht in Gruppen.

Die **Hauptbeute** sind **Robben**, die für den Eisbären am einfachsten in ihren Ruheplätzen am Ufer und auf den Eisschollen erbeutet werden können. Er nähert sich dabei der Robbe vorzugsweise vom Wasser aus, um ihr den Fluchtweg ins Meer abzuschneiden, wo sie ihm an Schnelligkeit weit überlegen ist. Da sich die Robben meistens im Treibeisbereich aufhalten, folgt ihnen der Eisbär dorthin.

Allerdings ist er nicht ausschließlich auf Robben spezialisiert, sondern frißt auch Aas, Abfälle, notfalls auch Gras oder Tang und kann im Notfall viele Wochen hungern. Rentiere scheinen nicht zu seinen Beutetieren zu gehören. Es gibt Beobachtungen, daß Eisbären weidende Rentiere passierten, ohne daß sie sich besonders umeinander kümmerten. Vermutlich finden bereits junge Eisbären rasch heraus, daß Rentiere für ihre Verhältnisse zu schnelle, ausdauernde Läufer sind. Gerade stark ausgehungerte Bären scheinen einen ausgeprägten Sinn für das Einsparen von Energie zu haben und lassen sich nur selten auf Jagdversuche mit geringer Erfolgsaussicht ein.

Von großer Bedeutung für die einzelnen Populationen sind die **Aufzuchtgebiete**. Die Eisbärin wird mit 3-4 Jahren geschlechtsreif. Nach der Begattung im April kommt die Embryonenentwicklung den Sommer über zum Stillstand und setzt erst im Spätherbst wieder ein, wenn die Bärin sich an Land eine Schneehöhle gräbt. Hier werden Anfang Januar die nur rattengroßen, etwa ein Pfund schweren, nackten Jungen geboren - normalerweise eines oder zwei, drei sind selten. Während des ersten Lebensmonats sind die Jungen auf die ständige Körperwärme der säugenden Mutter in der Eishöhle angewiesen, die sie im Alter von etwa drei Monaten erstmalig verlassen, wenn ihnen ein flaumiges Fell gewachsen ist.

Die Mutter hat zu diesem Zeitpunkt in der Regel mehr als vier Monate in der Höhle verbracht und zusätzlich die Jungen gesäugt, ohne Gelegenheit zur Nahrungssuche zu haben und ist oft auf die Hälfte ihres vorherigen Körpergewichtes abgemagert. Es ist daher wichtig, daß die Aussichten auf Beute in der näheren Umgebung der Eishöhle gut sind, da weder die geschwächte Mutter noch die kleinen Jungen zur Bewältigung großer Märsche oder langer Schwimmstrecken die nötige Kraft haben.

Noch zweieinhalb Jahre leben die Jungen mit der Mutter zusammen, ehe sie sich selbständig machen, daher wirft die Bärin in der Regel nur alle drei Jahre.

In Anbetracht der Sterblichkeitsrate in den ersten beiden Lebensjahren ist der ausreichende Nachwuchs einer der zentralsten Faktoren für die Erhaltung oder gar Regenerierung einer Eisbärenpopulation. Offensichtlich kommen nur wenige Gebiete für die Aufzucht in Frage. In Svalbard sind dies vor allem die Inseln des Kong-Karls-Landes, die Nordküste von Nordaustlandet und gelegentlich Edgeøya und Barentsøya sowie die Ostküste der Hauptinsel. Diese Inseln grenzen während des Sommerhalbjahres an Treibeisgebiete und gewähren so in den meisten Jahren eine ausreichende Nahrungsbasis.

Aufgrund seiner Bedeutung für die Erhaltung der Eisbärenpopulation Spitzbergens wurde **Kong-Karls-Land** schon 1939 zum speziellen Schutzgebiet erklärt, dem man sich seit 1985 mit Fahrzeugen zur See und in der Luft nur noch auf 500 m nähern darf. Nordaustlandet, Edgeøya und Barentsøya sind Teile von Nationalparks.

Schon aus den ältesten Überlieferungen ist der Eisbär als begehrte **Jagdbeute** bekannt. Er spielt in der Mythologie der arktischen Völker eine bedeutende Rolle. Während die Eisbärenjagd für die grönländischen Eskimos für das unmittelbare Überleben von Bedeutung war (warmer Pelz) und vor der Einführung moderner Jagdwaffen die Art auch nicht gefährdete, erfolgte die Eisbärenjagd im europäischen Nordmeer während der letzten 400 Jahre weitaus systematischer. Waren es bis zur Mitte dieses Jahrhunderts überwiegend Berufsjäger auf Eismeerschiffen, die zur Robbenjagd hinausfuhren und dabei auch auf Eisbären Jagd machten, so nahm ab den fünfziger Jahren das Erlegen von Eisbären in Spitzbergen durch Trapper (Selbstschußanlagen) und Einwohner der Siedlungen zu.

Auch **kommerziell organisierte Jagdsafaris** für zahlende Kunden gewannen an Bedeutung. Pro Jahr wurden allein in Svalbard durchschnittlich über 300 Eisbären erlegt, mit einem Rekord von 515 Tieren im Jahr 1969/70. Gleichzeitig wurde der Gesamtbestand im Bereich Svalbards Ende der sechziger Jahre auf maximal 2.000 Tiere geschätzt.

Angesichts einer Vermehrungsrate von ca. 2-3% pro Jahr war bei den hohen Abschußzahlen die Ausrottung der Eisbären in Spitzbergen abzusehen. Nachdem die Sowjetunion in ihrem Bereich schon 1956 ein totales Jagdverbot verhängt hatte, verbot Norwegen 1970 zunächst den Einsatz von Selbstschußanlagen sowie die Jagd von Fahrzeugen aus. 1973 einigten sich schließlich alle Anrainerstaaten der Arktis auf einen totalen Schutz der Eisbären.

Begegnungen mit Eisbären: Mit einem wieder wachsenden Eisbärenbestand (derzeit ca. 3.000) nimmt auch die Zahl der Tiere zu, die aus irgendwelchen Gründen im Sommer in den südlichen und westlichen Teilen Spitzbergens zurückbleiben. Da hier nicht genügend Nahrung für sie vorhanden ist, müssen sie weite Streifzüge unternehmen, bei denen sie auch große Landstrecken quer durch die Inseln zurücklegen, um zu anderen Küsten zu gelangen. Daher besteht überall die Möglichkeit, auf einen Eisbären zu stoßen, bei dem hungerbedingt mit größerer Aggressivität gerechnet werden muß.

Eisbären werden im Sommer nicht nur im Osten und Norden, sondern in den verschiedensten Teilen auch der Hauptinsel beobachtet, z.B. jedes Jahr auf der Südseite des Isfjordes im Umkreis von 30 km um Longyearbyen. Aus der Umgebung des Ortes selbst mußten im Sommer schon Eisbären von der **Polizei** vertrieben werden.

In **Sveagruva** und **Ny Ålesund** ist Bärenbesuch im Sommer nichts Ungewöhnliches, dreimal mußte die Polizei im Sommer 1993 wegen Eisbärenbesuches nach Pyramiden; im Winter sind die Tiere sowieso überall anzutreffen. Vorsicht ist daher stets und überall geboten.

Es bleibt jedoch nicht immer nur bei Beobachtungen. Jedes Jahr werden Eisbären in Notwehr abgeschossen. Einen unglücklichen Zusammenstoß erlebten zwei bezeichnenderweise unbewaffnete Forscher: Als ein dreijähriger Bär begann, ihr Schlauchboot zu zerstören, versuchte einer von ihnen, den Bären mit einer brennenden Fackel zu verjagen, das Tier griff jedoch an. Zum Glück eilte der zweite Forscher sofort mit einer weiteren Fackel herbei, und es gelang ihm, den Bären von seinem schwerverletzten Kollegen abzulenken, so daß dieser die wenigen Meter bis zur Hütte kriechen konnte, während der Bär sein neues Opfer angriff. Auch der zweite Forscher schaffte, mittlerweile ebenfalls verletzt, den Rückzug zur Hütte. Der Bär belagerte sie während der folgenden Tage.

Schließlich gelang es den beiden Forschern Funkkontakt mit dem kleinen niederländischen Schiff "Plancius" aufzunehmen, das unterwegs war, um sie abzuholen. Von der "Plancius" wurde ein Hubschrauber mit ärztlicher Hilfe aus Longyearbyen angefordert, der die beiden befreite (der Bär wurde erschossen) und ins Krankenhaus flog. Die beiden leichtsinnigen Forscher hatten also mehrfaches Glück.

Nicht jede Annäherung eines Eisbären ist von vornherein aggressiv; die Tiere sind oft zunächst nur **neugierig**, was sich auch an ihrem Verhalten erkennen läßt. So kann z.B. das Zelt als ungewohntes Objekt ihr Interesse wecken oder der Geruch von Lebensmitteln. Deshalb sollten **Lebensmittel**, die nicht absolut geruchsdicht verpackt sind, und Abfälle in größerer Entfernung im Sichtbereich des Zelteinganges gelagert werden - möglichst so, daß ein neugieriger Besucher, der sie untersucht, Lärm verursacht.

Ein neugieriger Bär nähert sich eher langsam, bewegt den Kopf witternd hin und her und bleibt auch zwischendurch stehen. Ein Angriff hingegen erfolgt schnell und mit ganzem Einsatz; anfängliche Neugier kann auch in Aggression umschlagen. Man sollte daher auch dann Distanz zum Bären halten, wenn er einen gutmütigen Eindruck macht.

Ein Schwachpunkt in der **Absicherung** gegen unerwünschten Eisbärenbesuch ist der **Lagerplatz**. Unter ungünstigen Umständen wird die nächtliche Annäherung eines Eisbären erst sehr spät bemerkt. Um daraus entstehende Probleme zu vermeiden, ist es empfehlenswert, das Lager mit einem Stolperdraht zu umgeben, der mit **Blitz-Knall-Minen** verbunden ist, wie sie auch vom Militär zu Alarmzwecken verwendet werden. Die durch Reißen am Draht ausgelöste Explosion weckt die Lagerinsassen und läßt den Bären zumindest zurückschrecken, so daß Zeit gewonnen wird.

Selbstverständlich erfordert der Umgang mit diesen Knallkörpern, die für den Wechsel des Lagerplatzes entschärft und neu aufgebaut werden können, äußerste Sorgfalt. Die Gefahr ist jedoch klein. Ich bin im Sommer 1988 in einer Sturmnacht, als das Zelt wegzufliegen drohte, selbst einmal ca. einen Meter neben der Mine über den Draht gestolpert und habe, außer einem Schreck bei der Explosion direkt neben mir, keinerlei Schaden genommen. Mit Ausnahme des nach oben fliegenden Oberteils streuen diese Knallkörper kaum Teile um sich.

Zur Abschreckung unterwegs eignen sich **Blitz-Knall-Signalgeschosse**, **Warnschüsse mit dem Gewehr** und zusätzlich **Blitz-Knall-Handgranaten**, die leicht zu handhaben sind - wenn sie nicht irgendwo im Rucksack liegen. Das Gewehr sollte freilich immer schußbereit sein. Notwehr ist im übrigen erst auf recht kurze Distanz gegeben, sicherlich nicht jenseits von

30 m. Wenn sich das Tier nicht abschrecken läßt oder es hierfür schon zu spät ist, sollte man auf die Brust schießen, da diese am leichtesten zu treffen ist.

Die **Wirkung eines Schusses** darf bei einem Tier, das mehrere hundert Kilogramm schwer ist und sich trotzdem sehr schnell fortbewegen kann (bis zu 60 km/h), nicht überschätzt werden; ein unmittelbar folgender Nachschuß auf das verletzte Tier ist angebracht.

Da die Eisbären geschützt sind, muß **jeder Abschuß gemeldet werden** und wird dann polizeilich und wissenschaftlich untersucht. Der Tierkörper gehört dem norwegischen Staat, es dürfen keine Teile davon mitgenommen werden, schon um eine Zunahme der "Notwehrfälle" aus Trophäengier zu verhindern.

1988 wurden vom Gouverneur in zwei Fällen Geldstrafen für Abschüsse verhängt, bei denen offenbar keine wirkliche Notwehrsituation vorgelegen hatte. In einem Fall war ein offensichtlich kranker Bär ohne Genehmigung aus Mitleid erschossen worden; im anderen Fall war ein Bär in eine zu einer Wetterstation gehörenden Hütte eingebrochen und von draußen erschossen worden, damit er nicht zuviel Schaden anrichtet. Beides sind Grenzfälle und zeigen, daß Abschüsse nur aus wirklicher Notwehr akzeptiert werden. Außerdem verhängte der Gouverneur mehrere Geldstrafen von je nkr 8.000 (ca. DM 2.000) gegen Motorschlittenfahrer, die eine Bärin mit Nachwuchs gehetzt und vom Jungtier getrennt hatten.

Ungeachtet dieser Rechtslage sollte es für jeden Freund der arktischen Natur selbstverständlich sein, nur in wirklichen Notfällen die Schußwaffe einzusetzen.

Beobachtungen von Eisbären während der Tour sollten bei der Rückkehr dem Sysselmann (Gouverneur) mitgeteilt werden, damit spätere Gruppen gewarnt werden können.

Interessant ist die **Statistik der ernsten Zwischenfälle** mit Eisbären, seitdem diese unter Naturschutz stehen. Nur in weniger als 10% der registrierten Fälle kamen Personen durch diese Tiere zu Schaden. Fast immer konnten sich also die angegriffenen Personen erfolgreich verteidigen, weil sie eine Schußwaffe mit sich führten. In den übrigen 90% der Fälle wurde der angreifende Bär in Notwehr erlegt, wobei nicht auszuschließen ist, daß im einen oder anderen Fall wohl auch zu früh geschossen wurde. Es soll vereinzelt Narren geben, die einen Zwischenfall erst durch sensationslüsternes Verhalten provozieren, etwa um "tolle Fotos" heimzubringen.

Diese Zahlen zeigen, daß beim Verlassen des Siedlungsbereichs eine **Bewaffnung wirklich notwendig ist**. Daß seit dem letzten Todesfall durch den Angriff eines Eisbären bereits 10 Jahre verstrichen sind, liegt nicht etwa daran, daß die Gefahr klein ist, sondern daran, daß die überwältigende Mehrheit der Spitzbergenreisenden bisher auch ohne strenge Reglementierung mit vernünftiger Ausrüstung aufgebrochen ist.

Leider ziehen in den letzten Jahren gelegentlich **Leute ohne oder mit ungeeigneten Schußwaffen** (Schrotflinte, kleine Pistole) los. Die norwegische Verwaltung steht so viel Unvernunft ratlos gegenüber. Einerseits scheut man davor zurück, alles bis ins Detail zu reglementieren und zu überwachen, andererseits liegen weder Schlagzeilen über ein neues Unglück durch solchen Leichtsinn noch der Aufwand für damit verbundene Such- und Rettungsaktionen im norwegischen Interesse. In jedem Fall trägt auch diese Art touristischen Fehlverhaltens ihren Teil dazu bei, daß der generelle Ruf der Touristen unter der Bevölkerung Spitzbergens kein allzu guter ist, und für die Zukunft schärfere Regelungen und Kontrollen für den Tourismus vorbereitet werden.

Solange man über Eisbären nur liest oder sie im Zoo sieht, gehen sicher die meisten dieses Kapitel einerseits gelassen, gleichzeitig aber doch unsicher an. Auch bei mir ist der Respekt vor den Tieren im Laufe der Jahre gewachsen. Nachfolgend mein erster Beinahe-Zusammenstoß.

Wir hatten unser Camp sicherheitshalber etwas von der Küste entfernt aufgebaut und waren dann doch leicht aufgeregt, als sich gleich während unseres ersten Ausfluges plötzlich unerwartet etwas Weißes hinter einem Felsen aufrichtete und, wegen der Störung brummend, unwirsch wegtrottete. Ausgerechnet knapp oberhalb unseres Lagers suchte sich der Bär seinen nächsten Liegeplatz. Als wir sechs Stunden später erneut dorthin kamen, lag er noch immer dort. Das Klicken der Kameras aus respektvoller Entfernung wurde ihm dann offenbar zuviel, und er verließ die Gegend. Wir kehrten ins Camp zurück, wo ich die Sicherheitsanlage mit den Alarmminen schloß.

Nach einer Stunde Schlaf riß mich ein gellender Schrei aus dem Nachbarzelt hoch: "Was ist los?" - "Der Bär"! - "Wo?" - "Im Zelt!". Zu diesem Zeitpunkt hatte ich bereits in den 2 Sekunden des Dialogs meinen Schlafsack verlassen, die bereitliegende Waffe ergriffen und durchgeladen sowie den Zelteingang weit genug für einen Warnschuß in die Luft geöffnet. Dann stand ich vor meinem Zelt, in Unterhose und T-Shirt, das Gewehr im Anschlag und entdeckte nahezu gleichzeitig drei Dinge: eine noch glühende Alarmmine, die offensichtlich nicht richtig (d.h. mit lautem Knall) gezündet hatte, einen sich vom Nachbarzelt zurückziehenden Eisbären, neben dem ich sofort noch eine Kugel in den Sand setzte - immerhin zog er sich nun ca. 50 m zurück - und einen Teilnehmer drüben im

Eingang des anderen Zeltes, sackhüpfend, noch im Schlafsack steckend, Federn hinter sich aufwirbelnd - ein Bild für die Götter!

Nach seiner Schilderung hatte er bereits geschlafen, als er von einem leichten Druck am Kopf halb geweckt wurde. Da er annahm, daß wohl der Wind ein paar Heringe gelöst hatte und ihm nun die Zeltbahn gegen die Schlafsackhaube drückte, faßte er im Halbschlaf hinter sich und war schlagartig wach, denn was er da in der Hand hielt, war viel zu flauschig für Zeltstoff: die ins Zelt ragende Vorderpfote eines Eisbären, auf dem Kopfteil des Schlafsacks stehend, in dem er noch immer lag. Es folgte der erwähnte Schrei. Nach Abschluß seiner aufgeregten Schilderung gratulierte ich zunächst einmal zum seltenen Händedruck mit einem wilden Eisbären, wodurch sich die Stimmung deutlich lockerte. Wir zogen uns rasch an. Anschließend vertrieben wir den Bären mit Warnschüssen und legten uns erneut schlafen, nachdem ich noch die Alarmanlage mit Ersatzminen gerichtet hatte.

Das Beispiel zeigt, daß es keine perfekte Absicherung gibt, doch durch das Zusammenspiel mehrerer Systeme Fehler von Einzelkomponenten ausgeglichen werden können. So versagte hier zwar die Alarmmine, aber mit eingedrillten Bewegungsabläufen der Waffenhandhabung war ich noch schnell genug, um den von der brennenden Mine sicherlich verunsicherten Bären noch vor Anrichten größeren Schadens vertreiben zu können. Immerhin war die Schlafsackhaube völlig zerrissen, der erschreckte Schläfer hatte jedoch nicht einen Kratzer am Kopf abbekommen.

☝ Wichtig ist es, stets auf Eisbärenbesuch reagieren zu können: Ein sperrig-langes Militärgewehr nützt im engen Tunnelzelt wenig, wenn ein Bär es nachts zu "untersuchen" beginnt. Eine Gruppe englischer Forscher hat den Besuch eines unerwartet zum Frühstück im Zelteingang auftauchenden Bären wohl nur unbeschadet überlebt, weil die Waffe griffbereit lag, und sie damit richtig umgehen konnten.

◆ **Wale**: Durch den Walfang früher wurde der Reichtum an Großwalen im Meer um Spitzbergen vernichtet, vereinzelt kann man jedoch, insbesondere vom Schiff aus, diese Meeressäuger beobachten. Insgesamt suchen während der Sommermonate **elf Walarten** Spitzbergens Gewässer auf, ziehen sich aber im Winter wegen des Packeises, das das Auftauchen zum Atmen verhindert, in südlichere Meeresgebiete zurück.

Die häufigste Art ist der **Weißwal** (Beluga), der meist in Herden auftritt und gern in die Fjorde eindringt. Selbst vom Campingplatz in Longyearbyen aus kann man gelegentlich die weißen Tiere (die Jungtiere sind grau) beobachten. Von den großen Walarten war ursprünglich der

 Reindalen während der Wollgrasblüte im August ☞

Grönlandwal im Sommer um Spitzbergen sehr zahlreich. Über 300 Jahre Walfang haben ihn, zusammen mit Blauwal und Nordkaper, jedoch hier fast ausgerottet. Am ehesten ist heute noch der **Finnwal** zu sehen, von den Zahnwalen häufiger der Killerwal.

Vögel: Mit rund **120 beobachteten Arten** ist Svalbards Vogelwelt sicherlich weniger vielfältig als die anderer südlicherer Regionen. Dennoch ist die Inselgruppe für den Vogelfreund von größtem Interesse, zumindest wenn er sich von einem Schiff zu den verschiedenen Landesteilen transportieren läßt oder gut zu Fuß ist. Die **Brutgebiete** der einzelnen Arten sind nur in wenigen Fällen von Longyearbyen aus einfach erreichbar - vielleicht zum Glück für die Tiere.

Von besonderem Reiz für den Ornithologen sind die teilweise gewaltigen **Seevogelkolonien** und seltene Arten, die kaum anderswo beobachtet werden können. Hierzu zählen als Brutvögel etwa die **Krabbentaucher** (Alle alle), die kleinste Alkenart, die in Spitzbergen in gewaltigen Schwärmen auftritt und mit seltsamem Geschnatter immer wieder ritualartige Formationsflüge um die Felsen ausführt. Zu den seltenen Arten gehören auch die **Elfenbeinmöwe** (Pagophilea eburnea), leicht erkennbar an ihrem völlig weißen Gefieder und die **Sabinemöwe** (Xema sabini), die vereinzelt als Brutvogel beobachtet worden sein soll.

Von der **Rosenmöwe** (Larus roseus), die ihr Leben überwiegend an der Grenze des östlichen Packeises verbringt, ist bisher erst ein einziges Brutpaar in Spitzbergen beobachtet worden. Ansonsten sind von diesem wohl am verborgensten lebenden Vogel der Hocharktis nur noch in Grönland und Nordost-Sibirien Brutplätze bekannt.

Insgesamt gibt es dem Standardwerk über Spitzbergens Vogelwelt, H.L. Løvenskiolds "Avifauna Svalbardensis" (in Englisch, ☞ Literatur), zufolge 23 Arten, die häufig in Spitzbergen brüten und, von abgelegenen Gebieten wie der Weißen Insel (Kvitøya) abgesehen, auch in den meisten Landesteilen vorkommen. Es handelt sich hierbei um die schon erwähnten Krabbentaucher, **Dickschnabellummen** (Uria lomvia), **Gryllteisten** (Cepphus grylle), **Papageientaucher** (Fratercula arctica), **Schneeammern** (Plectrophenax nivalis, verwandt mit und im Verhalten ähnlich wie unsere Spatzen), **Sterntaucher** (Gavia stellata), **Eissturmvögel** (Fulmarus nivalis, überwiegend in der grauen Variante), **Eisenten** (Clangula hyemalis), **Eiderenten** (Somateria mollissima), **Prachteiderenten** (Somateria spectabilis, seltener zu sehen als die normale Eiderente), **Kurzschnabelgänse** (Anser brachyrhynchus), **Ringelgänse** (Branta bernicla), **Nonnengänse** (Branta leucopsis), **Schneehühner** (Lagopus mutus hyperboreus), **Steinwälzer** (Arenaria interpres), **Meerstrandläufer** (Calidris maritima), **Thorshühnchen** (Phalaropus fulicarius), **Schmarotzerraubmöwen** (Stercorarius parasiticus), **Falkenraubmöwe** (Stercorarius longicaudus), **Eismöwen** (Larus hyperboreus), **Elfenbeinmöwen** (Pagophilea eburnea, in ganz Spitzbergen auftretend, häufigerer Brüter jedoch nur im Nordosten), **Dreizehenmöwen** (Larus tridactylus) und **Küstenseeschwalben** (Sterna paradisaea).

Die Mehrzahl dieser Arten ist mehr oder weniger mit dem Meer verbunden. Im Landesinneren trifft man häufig auf **Schneeammern** und **Strandläufer**. Letztere versuchen, ihr Gelege am Boden, meist vier Eier, zu schützen, indem sie sich möglichst lange still verhalten und erst bei starker Annäherung kläglich schreiend scheinbar lahm davonflattern und hüpfen, um so die Aufmerksamkeit auf sich und weg vom Gelege zu lenken. Gegenüber Füchsen, die sich leichte Beute erhoffen, ist dies sicher eine zweckmäßige Verhaltensweise. Der Wanderer sollte genügend Rücksicht aufbringen, sich rasch vom Gelege zu entfernen, um dem Vogel die Rückkehr zu ermöglichen, ohne daß die Eier auskühlen und ohne daß dieser mit seinen Ablenkmanövern unnötig Energie verbraucht.

Etwas seltener stößt man im Gelände auf **Schneehühner,** die einzige Vogelart, die grundsätzlich in Spitzbergen überwintert, oder auf **Regenpfeifer**, **Thorshühnchen** oder **Gänse**. Letztere fallen erst Ende August stärker auf, wenn sie mit aufgeregtem Geschnatter den Formationsflug für die weite Reise nach Süden üben.

Die weitesten Reisen legen die **Küstenseeschwalben,** elegante, ausgezeichnete Flieger, zurück, von denen zumindest ein Teil unseres Winters in der Antarktis im dortigen Polarsommer verbringt und auf diese Weise die Gruppe von Lebewesen bildet, die (prozentual) in ihrem Leben die meiste Sonne abbekommt. Die Nacht kennen sie nur im Frühling und im Herbst auf der Durchreise! Auch untereinander recht aggressiv, verteidigen sie ihre **Brutplätze** hartnäckig (sie legen die Eier in eine flache Mulde auf den nackten Boden). Alles, was den Gelegen nahe kommt, wird im Sturzflug attackiert und bombardiert.

Jedes Jahr brüten auch einige dieser Vögel an der Lagune vor dem **Zeltplatz in Longyearbyen** oder versuchen es zumindest. Sie werden aber leider immer wieder von hemmungs- oder ahnungslosen Touristen gestört, die, statt sich zu beeilen, an den Gelegen vorbeizukommen, dort verweilen und sich an den Angriffen der Seeschwalben ergötzen, nach ihnen schlagen oder sie bei ihren Flugmanövern fotografieren. Währenddessen kühlen die ungeschützten Eier aus, und der Vogel verbraucht viel Energie, die er während der Brutzeit nur schwer ersetzen kann.

☺ Wenn man die Gelege der **Küstenseeschwalben** passieren muß, sollte man sich beeilen, und zur Abwehr der Angriffe ist ein ruhig über den Kopf gehaltener Stock viel effektiver als wildes Herumschlagen, das die Vögel eher noch aggressiver macht und sie eventuell verletzt.

Wer **Großaufnahmen** von Vögeln und anderen Tieren machen will, sollte auch die entsprechende Ausrüstung, sprich **Teleobjektiv** mit großer Brennweite, **Stativ**, angemessene Filme etc. mitbringen, um aus einiger Entfernung Bilder zu machen, damit die Tiere nicht gestört werden. Leider sind es gerade oft die selbsternannten Naturfreunde, die bei der Jagd nach guten Bildern Rücksichtslosigkeit gegenüber der Natur zeigen. Schlimm finde ich, wenn sogar in Prospekten von Reisevermittlern mit Sätzen wie diesem geworben wird: "Je nach Wunsch können Sie ... Fossilien sammeln oder Eiswände und Felsen auf der Suche nach Elfenbeinmöwennestern (!) erklimmen..." Gerade in Vogelkolonien können rücksichtslose Fototouristen, aber auch Lärm etc. die brütenden oder fütternden Tiere von den Nestplätzen überstürzt aufscheuchen, wobei möglicherweise Eier und Jungtiere in die Tiefe gestoßen werden, und die von den Eltern verlassenen Brutplätze beutegierigen Raubmöwen ausgeliefert sind.

Die gewaltigen Seevogelkolonien Spitzbergens mögen in einem arktischen Gebiet zunächst überraschen, doch ist das küstennahe Meer ein erstaunlich reich gedeckter Tisch. Selbst das **Treibeis** spielt hierbei eine Rolle. Nicht nur, indem es den Seegang dämpft, Ruhemöglichkeiten bietet und insgesamt die Jagd erleichtert, es ist vor allem ein ganz spezieller Lebensraum für ein besonderes Ökosystem auf der Unterseite der Schollen, das aus Mikroorganismen sowie größeren Pflanzen und Tieren besteht, und direkt oder indirekt (etwa durch Fische, die sich dort ernähren) eine wichtige Nahrungsquelle für verschiedene Vogelarten darstellt.

Von den Kolonien der Seevögel profitieren in dem vielfältigen Wirkungsgeflecht der arktischen Natur wiederum andere Lebewesen auf verschiedenste Weise, etwa die üppig unter ihnen gedeihenden Pflanzen, die wiederum z.B. am Bellsund für die Gänse ein wichtiger Weidegrund sind.

Andererseits läßt sich dieses Ökosystem auch leicht stören. So führte das Überfischen der Barentssee möglicherweise zum Abwandern vieler Robben nach Süden und verursachte wohl auch ein Massensterben unter den Trottellummen in der Barentssee; innerhalb eines Jahres (1986-1987) schrumpfte die Zahl der Brutpaare auf Bjørnøya um 90% (200.000 Paare), wobei Bjørnøya für diese Vogelart der wichtigste Brutort in der Barentssee ist.

Fische: Die See um Spitzbergen ist **fischreich**, an den Küsten werden **Garnelen** und **Muscheln** gefangen. Die Fjorde selbst scheinen allerdings kein sonderlich beliebtes Angelrevier zu sein.

Für **Süßwasserfische** sind die Bedingungen in Spitzbergen ungünstig. Die meisten Fließgewässer führen extrem unterschiedliche Wassermengen, von praktisch angetrocknet oder gefroren bis hin zu Hochwasser, und sind außerdem meist durch große Mengen Schlamm, den sie von den Gletschern her mitführen, stark getrübt (Gletschermilch). Damit stellen sie einen ungünstigen Lebensraum für Fische dar, aber auch für Insektenlarven, die für viele Fischarten die Nahrungsgrundlage bilden.

Die einzige Süßwasserfischart Spitzbergens, der **Saibling** (auch Spitzbergenlachs genannt), kommt nur in wenigen klaren Bächen vor, und die vereinzelten einheimischen Hobbyangler geben ihre guten Fangplätze nur ungern preis.

Größere Seefische finden sich vor allem vor den Küsten Spitzbergens, weniger jedoch in den Fjorden. Eine Spezialität früherer Jahrzehnte war das **Haifischangeln** (Grönlandhai, bis zu 4 m lang) als Erwerbszweig, das derzeit jedoch keine Bedeutung mehr hat und bisher auch noch nicht von Hobbyanglern in größerem Maßstab wiederentdeckt wurde.

Gewerblicher Fischfang (einschließlich Garnelen und Muscheln) wird von Spitzbergen aus nicht betrieben, wohl aber draußen vor den Küsten durch Trawler, die über die Barentssee kommen. Ihre Überwachung gehört zu den Hauptaufgaben der Küstenwacht-Fregatten (*Kystvakt*), die unter anderem immer wieder die vorgeschriebene Mindestmaschenweite der Netze und den erlaubten Anteil der Jungfische im Fang prüft, um zumindest ein zu starkes Dezimieren schon des Jungfischbestandes zu bekämpfen. Die Trawler legen häufig in Longyearbyen, Ny Ålesund und neuerdings auch in Barentsburg an, um Diesel zu bunkern, Vorräte zu ergänzen und zur Post zu gehen.

Insekten und andere Kleintiere: Auch einiges Kleingetier kann sich in Spitzbergen halten, etwa **Fliegen** oder kleine kugelige **Spinnen**, die sich immer wieder ins Zelt verirren. Auch **Mücken** gibt es entgegen anders lautenden Behauptungen, die aber nur an wenigen Tagen an windstillen Plätzen lästig werden und weder lappländische Zahlen erreichen noch die Geschicklichkeit im Ausweichen vor Abwehrbewegungen besitzen wie ihre skandinavischen Kollegen. Die geringe Zahl liegt nicht nur im Klima begründet, sondern auch in dem schon erwähnten Mangel an klaren Gewässern als Brutplatz.

Mangels Bienen kommen für Blütenpflanzen nur Fliegen als Bestäuber in Frage. Viele Pflanzenarten sichern ihre Vermehrung aber auch durch Selbstbestäubung oder vegetativ (Ableger).

Wenn sich Spitzbergens Tierwelt **weniger scheu** zeigt als wir dies aus Mitteleuropa gewohnt sind, so hat das neben der gern vermuteten paradiesischen Unschuld durchaus seinen Grund: Die Lebensbedingungen sind extrem und der kurze Polarsommer muß zum Aufbau von Reserven für die eisige Jahreszeit optimal genutzt werden, um bis zum nächsten Sommer zu überleben. Häufige Fluchtreaktionen, insbesondere Auffliegen, kosten wertvolle Energie und werden von den beunruhigten Tieren möglichst lange hinausgezögert. Das scheinbar zahme Tier fühlt sich trotzdem gestört und reduziert die Suche und Aufnahme von Futter zumindest für die Zeit der Belästigung.

Auch wenn die Zutraulichkeit der Tiere verführerisch sein mag, sollte man ihnen gegenüber **Rücksicht** zeigen und lieber ein stärkeres Teleobjektiv einsetzen als sich plump anzuschleichen. Profihafte Tierbilder erfordern eine entsprechende Ausrüstung und viel Zeit.

Umweltbelastungen

Verglichen mit den dicht besiedelten Gebieten Mitteleuropas und auch mit dem skandinavischen Festland sind die Umweltschädigungen in Spitzbergen bisher **vergleichsweise gering**. Allerdings ist auch das arktische Ökosystem an der Grenze der klimatisch akzeptablen Bedingungen für höheres Leben **empfindlicher** und in sich durch eine geringere Artenvielfalt schon von Natur aus **instabiler**, so daß Eingriffe eventuell zu schwerwiegenderen Folgen führen könnten als anderswo.

Es bietet sich eine Unterteilung der umweltschädigenden menschlichen Einflüsse in von außen auf Spitzbergen einwirkende und in innerhalb Spitzbergens entstehende Störfaktoren an.

Was an der Diskussion über Umweltbeeinträchtigungen in Spitzbergen auffällt, ist eine krasse Verzerrung der Gewichtung und der gezogenen Konsequenzen. Während der Tourismus als umweltbedrohendes Risiko für die Arktis (glücklicherweise) immer wieder ein medienwirksames Thema ist, seine tatsächlichen Schäden in Spitzbergen jedoch minimal sind, werden weitaus massivere Beeinträchtigungen der arktischen Natur, etwa durch den sogar ökonomisch wenig erfolgreichen Bergbau, kaum erwähnt und darüber hinaus weitgehend geduldet. Außerdem droht für die Zukunft sogar entgegen der immer wieder offiziell genannten Zielsetzung eines umweltverträglichen, kontrollierten Tourismus dessen Umgestaltung ausgerechnet durch staatliche Planung und staatliche Maßnahmen von seiner heute weitgehend umweltfreundlichen Struktur hin zu wesentlich umweltbelastenderen Formen.

Umweltstörungen von außen
Zu den von außen einwirkenden, vor Ort kaum abzuändernden Faktoren gehört insbesondere die **Belastung der Atmosphäre und der Meere** mit ihren Folgewirkungen auf Klima und Nahrungsketten.

Luftverschmutzung: Der Eindruck, daß Spitzbergen angesichts seiner nördlichen Lage und der bei klarem Himmel hervorragenden Sichtbedingungen von der weltweiten Luftverschmutzung verschont sei, täuscht. Schon seit den fünfziger Jahren ist durch Beobachtungen von Flugzeugen bekannt, daß sich besonders in den Wintermonaten eine **Dunstschicht** bis weit ins Polargebiet erstreckt, vor allem in einer Höhe von 2.000 bis 4.000 m. Ein spezielles Forschungsprogramm zu Beginn der achtziger Jahre mit Meßstationen in verschiedenen Teilen Spitzbergens und norwegischen, westdeutschen und amerikanischen Messungen per Flugzeug erlaubt es nun, die Herkunft und Konzentration von Schwefeloxiden in der polaren Atmosphäre in den verschiedenen Jahreszeiten kartographisch darzustellen.

Während im Sommer die Grenze zwischen der kalten Polarluft und wärmeren Luftmassen insbesondere über dem eurasischen Festland offenbar eine stärkere Ausbreitung der Luftverschmutzung in den Polarraum verhindert, funktioniert dieser Schutz im Winter nicht. Während der kalten Jahreszeit liegt die Grenze der Kaltluft erheblich weiter südlich, so daß die **Abgase** der nördlichen russischen Industriezentren - Abgasreinigung ist dort weitgehend noch ein Fremdwort - sich ungehindert bis in die hohe Arktis ausbreiten können. Die trotz der Temperaturbarriere auch im Sommer feststellbare, weitaus geringere Luftverschmutzung hingegen läßt sich auf eine Kombination der russischen und übrigen europäischen Emissionen zurückführen.

Die **Konzentration von Schwefeloxiden** in der Luft ist im Winter in Ny Ålesund 4-5mal so hoch wie im Sommer und gleichzeitig deutlich höher als im winterlichen Umland von Trondheim, dem hinsichtlich Luftverschmutzung zusammen mit Island saubersten Teil Europas.

Verglichen mit Mitteleuropa (einschließlich England) und Osteuropa ist Spitzbergens Luft sicherlich noch relativ sauber, aber trotz seiner Abgelegenheit auch in dieser Hinsicht nicht mehr unberührt. Hervorzuheben ist das weitgehende **Fehlen von Pollen**, was Spitzbergen zu einem idealen Aufenthaltsort für Allergiker macht.

Klimaveränderung: Aufgrund neuerer Modellrechnungen gehen Klimaforscher für Spitzbergen von einer **Erwärmung der Durchschnittstemperaturen** um 1-2 Grad innerhalb der nächsten Jahrzehnte aus. Dies könnte erhebliche Konsequenzen zur Folge haben: Höhere Niederschläge, die auch dann noch überwiegend in Form von Schnee fallen würden, könnten zu einem **Anwachsen der spitzbergischen Gletscher** führen. Gleichzeitig wäre an geschützten Stellen die **Entstehung niedrigen Buschwaldes** möglich, sofern sich die entsprechenden Arten vom Festland her ansiedeln können bzw. die lokalen Arten (Polarbirke, Polarweiden) höher wachsen. Ob die Folge einer produktiveren Vegetation eine Zunahme der Rentiere zur Folge hat, ist zweifelhaft, da diese wegen einer größeren Schneemenge und eventuell häufigerer Vereisung durch zwischenzeitliches Tauwetter mit anschließendem Frost im Winter eventuell sogar größere Probleme bekommen, den Winter zu überstehen.

Global wird von einigen Forschern bei einer Klimaerwärmung in der Arktis und entsprechendem **Rückgang des Dauerfrostbodens** (wärmere Sommer und weniger kalte Winter, zusätzlich bessere Bodenisolation durch mehr Schnee) ein Verstärkungseffekt befürchtet, denn heute sind in den riesigen Tundren vor allem Nordsibiriens und Nordkanadas sowie Nordalaskas gewaltige Mengen an CO_2 in Form teilweise meterdicker Schichten abgestorbener Pflanzenteile (Torf) gebunden, deren Zersetzung durch den Frost verhindert wird. Sobald diese Böden auftauen, beginnt die Freisetzung der CO_2-Massen durch die Zersetzungsarbeit von Bodenlebewesen.

Speziell in der europäischen Arktis könnte allerdings auch eine gegenteilige Entwicklung eintreten, denn nach den derzeitigen Rechenmodellen wäre es denkbar, daß eine Klimaerwärmung zur **Veränderung der Meeresströmungen** führt, im Falle Europas zum Abklingen des Golfstromes, dem wir unser vergleichsweise mildes europäisches Klima verdanken. Sollte dieser Kreislauf von wärmerem, nordwärts fließenden Wasser vor der europäischen Küste und kalten, südwärts gerichteten Strömungen vor der Ostküste Grönlands und Amerikas zum Erliegen kommen, so würde nicht nur Spitzbergens "Heizung" wegfallen, die der Inselgruppe ein im Verhältnis zu ihrer extrem nördlichen Lage mildes Klima beschert. Dann würde es auch in Mittel- und Nordeuropa empfindlich kalt - immerhin reicht in Kanada die Arktis mangels einer solchen "Wärmepumpe" im Meer bis unterhalb des 60. Breitengrades hinab. Auf Europa umgerechnet würden schon kurz hinter der dänischen Grenze keine hohen Bäume mehr wachsen können, und Ackerbau wäre in Mitteleuropa nur noch sehr begrenztem Ausmaß möglich.

Meeresverschmutzung: Unter den von außen auf Spitzbergen einwirkenden Umweltschädigungen fällt die Meeresverschmutzung dem Besucher noch am ehesten unmittelbar auf, durch an den meisten Stränden angeschwemmten **Müll**. Schon dieser ist unerfreulich, doch die schwerwiegendere Meeresverschmutzung ist unsichtbar. So schlagen seit Anfang der neunziger Jahre Wissenschaftler aufgrund der teilweise gemessenen extrem hohen **PCB-Konzentration** in Eisbären Alarm. In der Milch von in Spitzbergen betäubten Eisbärinnen wurden bis zu 60 mal höhere Konzentrationen von PCB gemessen als in der Muttermilch norwegischer Frauen. Hohe PCB-Belastung führt zu Unfruchtbarkeit, allerdings ist die schädliche Schwelle bei Eisbären natürlich nicht so leicht zu ermitteln, da hierfür das Vermehrungsmuster vieler Tiere beobachtet werden müßte. Sollten sich die Befürchtungen erhärten, wäre der Eisbärenbestand nach 20 Jahren Schutz vor Ausrottung durch Jäger und zwischenzeitlicher guter Regenerierung erneut bedroht, diesmal über die Nahrung. Von der Alge über Fisch und Robbe reichert sich die PCB-Konzentration von Stufe zu Stufe in der Nahrungskette an, bis hin zum Eisbären (oder Menschen) als "Endverbraucher".

Strahlenbelastung: Hierüber ist bisher wenig bekannt. Einen gewissen Anlaß zur Sorge, weniger für Besucher Spitzbergens, aber zumindest für die Meerestierwelt um die Bären-Insel, könnte in etlichen Jahren das vor der Bären-Insel gesunkene **russische Atom-U-Boot "Komsomolez"** liefern, wenn seine strahlenden Komponenten nach Durchrosten der Ummantelung ins Meerwasser gelangen. Inwieweit sich dies auswirkt, hängt davon ab, in welchem Ausmaß das Tiefenwasser in der Umgebung während des radioaktiven Zerfalls freigesetzter strahlender Substanzen ausgetauscht wird, in die oberen Wasserschichten gelangt und damit einen Transport der radioaktiven Partikel in die Nahrungskette ermöglicht.

Umweltschädigende Faktoren innerhalb Spitzbergens
Hierzu zählen Abfälle, Abgase und Gewässerverunreinigung durch Menschen vor Ort, mechanische Schädigung der Vegetation und die Bedrohung oder systemverändernde Dezimierung von Arten.

Generell ist festzustellen, daß derartige Schäden in Spitzbergen bis heute auf kleinere Gebiete begrenzt sind und ihr Gesamteinfluß auf die arktische Umwelt Spitzbergens vermutlich deutlich geringere Bedeutung hat als die von außen einwirkenden Faktoren.

Soweit es um flächenhafte Schädigung der Vegetationsdecke, Müllproduktion und Deponierung, Abgase und wohl auch Gewässerverunreinigung geht, dominiert hier ganz eindeutig die **Bergbauindustrie als Hauptschädiger** einschließlich ihrem Anteil an den durch die Siedlungen verursachten Umweltstörungen. Unter den Bergwerksunternehmen schneidet sehr schlecht die russische Trust Arktikugol ab, sei es hinsichtlich ihrer großflächigen Zerstörung von Vegetationsflächen durch Kettenfahrzeuge bei der Exploration von Lagerstätten und selbst zum Einsammeln von Schrott, sei es durch die antiquierte Technik ihrer Heizkraftwerke oder durch den Müll um die (nur im Zentrum so sauber wirkenden) russischen Siedlungen.

Ohne Genehmigung baut Trust Arktikugol schrittweise eine alte Fahrspur zur Straße Richtung Colesbukta aus, wobei als Baumaterial Grubenabraum dient. Bei diesem Material besteht die Gefahr der Bildung von vegetationsschädigender Schwefelsäure. Anfragen beim Sysselmann ergaben, daß weder hinsichtlich dieser möglichen Schädigung noch hinsichtlich des illegalen Straßenbaus etwas unternommen wird, während die SNSK in Longyearbyen mit Grubenabraum (Scheidesteinen) aufgefüllte Flächen sanieren mußte.

Aber auch auf norwegischer Seite sind hier teils vermeidbare Schädigungen zu beobachten: großflächiger Einsatz von Planierraupen zur Regulierung des Longyearbaches, "Dorfverschönerung" durch das Auffüllen von Flächen zwischen Häusern, Schaffung einer ortsuntypischen, grasgrünen Vegetation durch Düngung und Neuansaat mitten im Pflanzenschutzgebiet, verschwenderischer Umgang mit Energie (Lichter werden häufig sogar während des Urlaubs brennen gelassen) oder jener Bach voller gebrauchter Motorölflaschen und ähnlichem gewässerbedrohenden Müll, der von der Grube 7 herabplätschert. Der eventuelle Bau einer Verbindungsstraße zwischen Longyearbyen und Sveagruva sowie die geplante Einrichtung eines neuen Bergwerkes im Reindalen würden allein auf einen Schlag vermutlich mehr Flächen zerstören als alle Touristen in Spitzbergen zusammen seit Beginn des Tourismus im letzten Jahrhundert sowie weitere negative Folgewirkungen auf die Natur großer Teile Zentralspitzbergens haben.

Den **zweiten Platz unter den Umweltschädigern** in Spitzbergen nimmt vermutlich die **Fischerei** ein, die durch starke Nutzung der Bestände und durch Schädigung des Lebens am Meeresboden, z.B. mit über den Grund kratzenden Fanggeräten, teilweise massiv in die natürlichen Zusammenhänge eingreift. Folgen einer Überfischung der Barentssee sind zeitweise massive Einbrüche in der Vogelpopulation, wie auf der Bären-Insel beobachtet.

Der umfangreiche **Motorschlitteneinsatz** und damit verbundene Belastungen (Abgase, von einzelnen Fahrern im Gelände oder um Hütten zurückgelassener oder verlorener Müll, verschütteter bzw. verlorener Kraftstoff und Öl) dürften den **Freizeitbetrieb von Einheimischen** bei den Abgasemissionen und beim Müll im Gelände sowie der Gewässerverschmutzung an dritte Stelle setzen.

Erst an **vierter Position** stehen wohl **Forschung** und **Tourismus**. Wenn zur Erforschung des Parasitenbefalls von Schneehühnern der Abschuß von über hundert Küken genehmigt wird oder bei der Erforschung von Walroßwanderungen mehrere der ansonsten streng geschützten Tiere das Anlegen der Sender nicht überleben, wenn zur Luftbildkartierung zwar eine Vielzahl von Markierungskreuzen im Gelände ausgelegt, dann aber nicht wieder eingesammelt wird, oder wenn japanische Forscher zwar die Gestelle für ihre Meßgeräte ins Gelände hinausschaffen, dort dann aber nach Beendigung ihrer Arbeit liegenlassen, so sind dies kleine, aber deutliche und teilweise hinsichtlich des Nutzens oder der Notwendigkeit fragwürdige Eingriffe im Namen der Forschung.

Touristische Eingriffe in die Natur Spitzbergens finden heute sehr begrenzt durch vereinzelte **Trampelspuren**, **Lagerspuren** (Vegetationsschäden, Müll), zufällige oder gelegentlich auch bewußt in Kauf genommene Störung von Tieren sowie durch den Anteil des Tourismus an den allgemeinen Emissionen der Siedlungen und der Verkehrsmittel statt.

Verzerrte Maßstäbe

Begrüßenswerterweise gibt es für den Tourismus mittlerweile ein umfangreiches **Regelwerk**, das auf eine Vermeidung von Umweltschäden abzielt. Es wäre wünschenswert, wenn für die übrigen menschlichen Aktivitäten in Spitzbergen auch nur annähernd ähnlich scharfe Maßstäbe angelegt würden. So ist es positiv, wenn man in der Umgebung Longyearbyens (Pflanzenschutzgebiet) kein einziges Blümchen pflücken darf. Absurd wird dies allerdings, wenn nicht nur einzelne Blumen, sondern gleich Hunderte von Quadratmetern der produktivsten Vegetationsflächen Longyearbyens, unter anderem wunderbare Wollgraswiesen, mit einer meterdicken Erdschicht zugeschüttet werden - nicht etwa für unumgängliche Baumaßnahmen, sondern zur Erfüllung eines Dorfverschönerungsplans, der dort statt der gewachsenen Vegetation einen ortsuntypisch grasgrün getrimmten Rasen vorsieht.

Begrüßenswerterweise ist das Zurücklassen von Müll im Gelände verboten. Aber während Wanderer teilweise sogar fremden Müll zum Ort zurücktragen, ergießt sich weiterhin eine Flut bedenklichen Mülls von Grube 7 ungehindert ins Adventdalen.

Sicher, auch unter den Touristen gibt es schwarze Schafe, aber vergleicht man die vom Tourismus in Spitzbergen angerichteten Schäden mit denen anderer menschlicher Aktivitäten dort und das im Tourismus erreichte Reglementierungs- und Kontrollniveau mit dem anderer Bereiche, so ist zwar eventuell nachvollziehbar, daß noch bessere Lösungen im Tourismusbereich wünschenswert sind. Nicht verständlich ist allerdings, wie sehr die übrigen menschlichen Aktivitäten und ihre wesentlich massiveren Umweltauswirkungen in Spitzbergen im öffentlichen Echo vernachlässigt werden.

In seiner Struktur ist der heutige Spitzbergen-Tourismus erfreulich umweltverträglich, denn rund 90% der Besucher erleben die arktische Natur vom Schiff aus, setzen nur an wenigen Stellen den Fuß an Land, entsprechend gering sind die Schäden. Vom Rest hält sich ein großer Teil überwiegend im Bereich der Orte auf, wo es zwar bereits viel zu sehen gibt, die Aktivitäten sich aber überwiegend auf ein kleineres Gebiet beschränken, das bereits menschliche Spuren trägt. Die geringe Zahl von Wanderern, die sich unter den heutigen Bedingungen in die unerschlossene Wildnis hinaus begibt, ist bei vernünftigem Verhalten von der arktischen Natur problemlos zu verkraften. Fehlende Erschließung der Fläche ist der einfachste Naturschutz.

Angesichts des öffentlich proklamierten Zieles einer **Entwicklung des Tourismus in kontrollierten und umweltbewußten Bahnen** ist es schwer verständlich, daß gleichzeitig von Vertretern des Staates Maßnahmen propagiert oder zumindest geduldet werden, die genau in die entgegengesetzte Richtung führen und den heutigen, weitgehend umweltschonenden Spitzbergentourismus stattdessen voraussichtlich um Varianten "bereichern", die im Widerspruch zur angeblichen Zielsetzung stehen. Hierzu gehört insbesondere die flächenhafte Erschließung des Inlandes für den bequemeren und dann vermutlich entsprechend **massenhaften Wandertourismus**. Die vorläufig am örtlichen Widerstand gescheiterte DNT-Wanderroute nach Barentsburg mit bereits geplanten weiteren Verzweigungen, eine ebenfalls erwogene Liberalisierung der Hüttenbestimmungen und die teure, das zentrale Inland in großen Bögen durchziehende geplante Straße zwischen Longyearbyen und Sveagruva öffnen nahezu ganz Zentralspitzbergen einem bisher nicht möglichen, einfachen Wandertourismus, der der örtlichen Wirtschaft kaum etwas bringt, dafür aber voraussichtlich zu einer unvermeidlichen Beeinträchtigung der Natur (und sei es nur durch Trampelpfade) führt. Wenn die Straße nach Sveagruva nicht nur von Vertretern der nach Zusatzargumenten suchenden Bergbaulobby, sondern auch von einzelnen Vertretern der Regierung als Beitrag zur Entwicklung eines kontrollierten Tourismus propagiert wird, so ist dies angesichts der möglichen Konsequenzen schwer nachvollziehbar. Dann wäre es möglicherweise in der Tat so weit, daß ein durch massive Erschließungsmaßnahmen künstlich in schädliche Größenordnungen und Formen gedrängter Spitzbergentourismus Anlaß zur Sorge um die arktische Natur bietet.

Positive Ansätze

Bei aller Sorge um mögliche Fehlentwicklungen gibt es im Umweltbereich doch auch positive Veränderungen zu vermelden:

- In Longyearbyen brachten die letzten Jahre eine **deutliche Verbesserung im Umgang mit großen Müllmengen**. Mittlerweile gibt es eine Mülltrennung mit entsprechenden Sammelcontainern im Ort für die verschiedenen Müllsorten, die dann als Rohstoff zur Weiterverwertung zum Festland verschifft werden. Restmüll wird gepreßt und in einer geordneteren Müllkippe deponiert als der bisherigen am Fjordufer.
- Erfreulich ist auch die **massive Ahndung aufgedeckter Verstöße gegen den Naturschutz**. Mehrfach schon wurden hohe Geldstrafen gegen Leute ausgesprochen, die z.B. Eisbären mit Motorschlitten trieben und dabei sogar vorübergehend Junge vom Muttertier trennten, um Nahaufnahmen zu machen. Ebenfalls teuer wurde der feuchtfröhliche "Jagd"ausflug einiger Jugendlicher aus dem Ort, die aus Langeweile und im angetrunkenen Zustand mit Schrotflinten massenweise geschützte Seevögel nahe eines Vogelfelsen abschossen. Nkr 30.000 Strafe forderte der Sysselmann von einem norwegischen Trawler, der in einer Jungfisch-Schonzone fischte, ein Touristenschiff bezahlte nkr 40.000 für illegales Landen mit Hubschraubern im Naturreservat, und das Nichteinhalten des Mindestabstandes von 300 m vom Schutzgebiet Moffen wurde mehrfach mit nkr 5.000-10.000 geahndet.
- Wegen einer weitgehend fehlgeschlagenen Publicity-Tour einer norwegischen Gruppe, die mit Mountainbikes von Longyearbyen nach Barentsburg fuhr, wurde vom Gouverneur eine künftige **Einschränkung des Einsatzes von Mountainbikes** in aufgetautem Gelände angeregt, um künftige Vegetationsschäden zu verringern.
- Die neuen **Vorschriften für den Tourismus** (Melde- und Genehmigungspflicht von Touren) eröffnen dem Gouverneur mehr Möglichkeiten, auch im Interesse der Natur steuernd einzugreifen.
- Wenn die neue **Schiffsverbindung zwischen Tromsø und Spitzbergen** nicht nur als bloße Rundreise, sondern z.B. mit längerem Aufenthalt in Spitzbergen buchbar ist, ergibt sich eine umweltfreundlichere Alternative zum Flugzeug für An- und Abreise im Sommer.

Geschichte

Entdeckung und Besiedlung
Im Gegensatz zu anderen arktischen Regionen hat Spitzbergen **keine einheimische Urbevölkerung**. Ob es eine steinzeitliche Besiedlung gegeben hat wie etwa im höchsten Norden des skandinavischen Festlandes, ist unbekannt, möglicherweise darauf hindeutende Funde vom Linnévatnet sind sehr umstritten.

Nach heutiger Kenntnis dürften die **Wikinger** als erste die Inseln erreicht haben. Sie gaben dem ganzen Archipel den offiziellen Namen Svalbard ("kalte Küste"). In den isländischen Chroniken findet sich für das Jahr 1194 eine entsprechende Eintragung sowie Hinweise auf den Seeweg dorthin. Die Präsenz der Wikinger in Spitzbergen konnte allerdings bisher durch Bodenfunde noch nicht eindeutig nachgewiesen werden.

Erst 400 Jahre später gelangte Spitzbergen endgültig ins geographische Bewußtsein der Europäer, als es durch die Expedition des Holländers **Willem Barents** 1596 entdeckt wurde, der eigentlich auf der Suche nach einem nördlichen Seeweg nach Ostasien war. Den Weg nach China fand die Expedition nicht, doch ihre Überlebenden, vor allem aber die Expedition des Engländers Hudson 1607, brachten die Nachricht vom Walroß- und Walreichtum der Gewässer um Spitzbergen zurück nach Holland sowie ins übrige Europa und sorgten so dafür, daß Spitzbergen bald nach seiner Entdeckung ökonomische Bedeutung erlangte.

Nach vorhergegangenen **Jagdexpeditionen** zur Bären-Insel, die vornehmlich den damals großen Walroßkolonien (Fett und Elfenbein der Zähne) galten, setzte 1612 der spitzbergische **Walfang** ein, zunächst durch holländische und englische, später auch andere Unternehmen. Anfänglich griff man mangels eigener Walfangspezialisten auf baskische Besatzungen zurück, die schon auf eine Fangtradition im Atlantik aufbauen konnten. Pro Schiff waren etwa 100 bis 150 Männer als Besatzung für die Jagdboote und für den Betrieb der Verarbeitungsstation erforderlich.

Ein gesichteter Wal wurde von Ruder-Jagdbooten aus von Hand harpuniert, was große Geschicklichkeit angesichts des Seegangs und des sich bewegenden und oft nur kurz auftauchenden Tieres erforderte. Die Verluste unter den Besatzungen der Fangboote waren hoch. Die eiskalte See, die peitschende Leine, die vom Boot zur im Wal steckenden Harpune führte und an der das Opfer das Boot mitzog, die Schläge mit der gewaltigen Schwanzflosse oder gezielte Rammversuche des verletzten Wals waren ständige Risiken für die Fänger in ihren Nußschalen.

Der erlegte Wal wurde dann zur **Verarbeitungsstation** am Ufer geschleppt. Solange aufgrund großer Walbestände die Jagd in den Fjorden noch ergiebig war, waren die Distanzen zur Uferstation gering, wuchsen jedoch mit zunehmender Ausrottung der Bestände und dem damit verbundenen Zwang, immer weiter draußen nach den verräterischen Fontänen der Wale beim Atmen Ausschau zu halten.

Auf der Station wurde der Wal dann zerlegt, der Speck zu Tran verkocht und in Fässer abgefüllt - bei einem durchschnittlichen Grönlandwal etwa 100 t. Mindestens genauso interessant waren die ca. 700 elastischen und gut verarbeitbaren Barten aus dem Maul der bis zu 20 m langen Tiere, aus denen Korsetts für Europas elegante Damen, Fächer, Regenschirme usw. hergestellt werden konnten. Der Tran diente als Rohstoff für die Herstellung von Seife, als Brennstoff für Beleuchtungszwecke, Schmiermittel und zur Imprägnierung von Bekleidung (Ölzeug).

Bedingt durch die bessere Zugänglichkeit der **Westküste** lagen hier im Gebiet vom Hornsund bis zur Nordküste die meisten der Stationen, mit Schwerpunkt im Nordwesten. Namen wie Amsterdam-Insel, Dänen-Insel oder Engelskbukta deuten heute noch darauf hin, welche Nationen dort ihre Stützpunkte unterhielten.

Der bekannteste dieser Walfängerplätze ist sicherlich das holländische **Smeerenburg** ("Transtadt"), 1619 auf der Amsterdam-Insel gegründet. Wie um viele untergegangene Orte, ranken sich auch um Smeerenburg Legenden, die von bis zu 10.000 Männern, Frauen und Kindern, einer Kirche, Bordell und Bars erzählen. 1980 kamen für drei Sommer niederländische Archäologen auf die Insel, um die alte Siedlung auszugraben, die Ende des 17. Jh., nach weniger als 100 Jahren, wegen der weitgehenden Ausrottung der küstennahen Walbestände wieder aufgegeben worden war. Die gut erhaltenen, freigelegten Reste zeigen, daß die Siedlung zu ihrer Blütezeit maximal sieben Specköfen und 16-17 Häuser umfaßte, in denen etliche hundert Männer lebten - immerhin auch für das heutige Spitzbergen eine beachtliche Zahl.

Auch die dänisch-norwegischen Ausgrabungen in den folgenden Jahren auf der benachbarten **Dänen-Insel** waren sehr interessant, weil die im arktischen Klima erstaunlich gut erhaltenen Funde einen hervorragenden Einblick in den Alltag jener Zeit liefern. Insbesondere die freigelegten Textilien sind in Europa praktisch die einzigen Arbeitskleidungsstücke, die uns aus dem 17. Jh. von Seefahrern erhalten geblieben sind.

Die intensive Jagd auf die Wale sorgte dafür, daß deren **Bestand** innerhalb von rund hundert Jahren so dezimiert wurde, daß sich der Aufwand von großen Fangflotten und entsprechenden Landstützpunkten kaum noch lohnte. Zu Beginn des 18. Jh. war die Blütezeit des spitzbergischen

Walfangs vorbei. In bescheidenem Umfang dauerte er von Spitzbergen aus allerdings bis in unser Jahrhundert an, bevor er wegen Unrentabilität aufgegeben wurde. Noch 1912 war auf Finneset im Grønfjord eine norwegische Tranfabrik in Betrieb, von der aus im Sommer vier Dampfer zum Walfang ausliefen (Beute 1912: 38 Wale). Außerdem waren Fabrikschiffe im Einsatz, ebenfalls im Grønfjord und in der Recherchebucht (Bellsund) verankert, die herangeschleppte Wale verarbeiteten. Spuren dieses vierhundertjährigen Gemetzels finden sich an nahezu allen Küsten Spitzbergens, vor allem in Form der herumliegenden gewaltigen Walwirbel und -rippen.

Die Suche nach Jagdgewässern und geeigneten Landeplätzen hatte zur Folge, daß innerhalb weniger Jahrzehnte nach der Entdeckung durch Barents, der Spitzbergen noch für einen Teil des dänischen Grönlands hielt (weshalb Dänemark Anfang des 17. Jh. Souveränitätsansprüche auf das neue Territorium erhob), der größte Teil der Küsten und Fjorde Spitzbergens sehr genau erkundet war, wie eine erstaunlich exakte Karte von 1625 beweist. Ein Teil dieses Wissens ging allerdings mit dem Ende des Walfangs wieder verloren, da die rivalisierenden Fänger kein Interesse daran hatten, ihre Ortskenntnisse allgemein verfügbar zu machen.

War die erste geschichtliche Epoche Spitzbergens durch den Walfang geprägt, so schloß sich bis zum Ende des letzten Jahrhunderts ein Zeitraum an, in dem es vorwiegend **Pelztier- und Robbenjäger** waren, die sich in Spitzbergen aufhielten. Diese Aktivitäten hatten bereits während der Blütezeit des Walfangs eingesetzt und gehören auch heute noch nicht völlig der Vergangenheit an; derzeit gibt es ca. fünf Trapper in Spitzbergen (mit eigener Gewerkschaft). Seitdem Walrosse, Eisbären und Rentiere ganz bzw. weitgehend geschützt sind, ist dieser harte Beruf allerdings auch ökonomisch schwierig geworden.

Die **erste Überwinterung** in Spitzbergen ist von 1630 bekannt, als eine englische Jägergruppe vom Eis überrascht wurde und nicht mehr nach Süden segeln konnte. Hauptproblem der Überwinterung war die Vitaminversorgung, und es kostete viele Todesopfer, bis der Skorbut als Vitaminmangelkrankheit durch eine entsprechende Konservierung der Vorräte einigermaßen eingedämmt werden konnte, eine unbedingte Voraussetzung für die regelmäßige Überwinterung, die die Jäger wegen der hochwertigen Winterpelze auf sich zu nehmen bereit waren.

Während des 18. Jh. wurde Spitzbergen von den westeuropäischen Walfängern weitgehend aufgegeben. Ob die Russen sich schon vorher am Walfang beteiligt hatten, ist nicht überliefert. Der erste konkret beschriebene Besuch eines russischen Schiffes ist von 1697 bekannt.

Während sich jedoch die Walfänger nach weitgehender Ausrottung der küstennahen Walbestände aus Spitzbergen zurückzogen, schickten ab Anfang des 18. Jh. **nordrussische Klöster** und auch einige **russische Handelshäuser** Jägergruppen nach Spitzbergen, gefördert auch durch Zar Peter den Großen, der Rußland nach außen zu öffnen suchte.

Diese Jägergruppen waren die ersten planmäßigen Überwinterer in Spitzbergen. Jede Gruppe errichtete eine Hauptstation und mehrere Nebenhütten im Gelände. Zumindest der Leiter war ein Klosterangehöriger oder Vertreter des Handelshauses, während als Jäger auch gern Angehörige der nordsibirischen Stämme angeworben wurden, die Erfahrung mit dem Leben unter arktischen Bedingungen, speziell in der Polarnacht, hatten. Abgesehen von der Jagd für den eigenen Bedarf (Nahrung, Felle für Kleidung) wurden Pelztiere (Eisfuchs, Blaufuchs, Eisbär), aber auch Rentiere gefangen und Eiderdaunen gesammelt, bei Gelegenheit auch Walrosse und andere Robben erlegt.

Charakteristisch für diese russischen Jägerniederlassungen, die sich bald an allen Küsten Spitzbergens mit Schwerpunkt im Osten fanden, waren große Andreas-Kreuze (mit zwei waagerechten und einem schrägen Querbalken), die auffällige Landmarken bildeten und auf etlichen Zeichnungen in Reiseberichten aus jener Zeit zu sehen sind.

Dieser Periode der russischen Jagdgemeinschaften gilt von seiten der Russen heute erhebliches **archäologisches Interesse**, da sie daran interessiert sind, nachzuweisen, daß schon vor Barents Russen in Spitzbergen siedelten (und damit Rußland auch einen historischen Anspruch auf Spitzbergen hat). Ein eindeutiger Beweis, etwa durch exakt datierbare Funde, steht noch aus, doch findet man in Aufsätzen russischer Forscher sogar eine mögliche russische Besiedlung Spitzbergens um das Jahr 1000, also vor der ebenfalls noch nicht durch Bodenfunde bestätigten Entdeckung der Inseln durch die Wikinger.

Etwa um 1820 zogen sich die Russen wieder aus Spitzbergen zurück und wandten sich östlicheren Gebieten zu. Der letzte russische Mönch in Spitzbergen, Starostin, starb 1826 nach 39 Überwinterungen.

Erstmalig versuchten norwegische Fänger 1778, in Spitzbergen den Winter zu verbringen. Erst ab 1822 fanden sich jedoch norwegische Jägergruppen einigermaßen regelmäßig in Spitzbergen ein. Das älteste intakte Gebäude Spitzbergens, das Hammerfesthaus auf der Bären-Insel, stammt aus dieser Zeit (1823) und wurde in den letzten Jahren als Kulturdenkmal restauriert. Überwinterungen waren allerdings selten, die Jagd galt vor allem Walrossen, Robben, Daunen, Eiern, Rentieren usw. Erst ab 1892 werden norwegische Überwinterungen regelmäßig, teilweise sogar mit Familien.

 Blick vom Zeltplatz Longyearbyen über den Isfjord ☞

Spitzbergen - Ziel und Basis der Polarforschung

Spitzbergen ist das **klassische Gebiet der Polarforschung** mit der längsten Tradition (mindestens seit der Barents-Expedition 1596) und einem breiten Variantenspektrum von sehr praxisbezogenen Unternehmungen (früher Suche nach Jagdgründen, heute nach Öl) über die "reine", zweckfreie Wissenschaft bis hin zu eher patriotischen oder touristischen Unternehmungen. Sie alle haben zum heutigen Kenntnisstand über die Inselgruppe beigetragen und tun dies noch immer.

Wissenschaftliche Forschung in Spitzbergen hat vereinzelte **Vorläufer**, etwa 1671 die Forschungsfahrt des Hamburgers **Mertens**. 1764 und 1766 entsandte **Rußland** Schiffe, die die Inseln im Hinblick auf eine eventuelle Kolonisationsmöglichkeit untersuchten. Die "zweckfreie" Erforschung begann jedoch erst im letzten Jahrhundert mit den **britischen Expeditionen** von Scoresby, Franklin und Sabine in den Jahren 1806, 1818 und 1823 sowie 1827 mit der gemeinsamen Expedition des norwegischen Geologen Keilhau und des Deutschen von Löwenigh zur Bären-Insel. Ab 1858 waren es vor allem **Schweden** (unter anderem Nordenskiöld, Torell), die wesentlich zur Erforschung Spitzbergens beitrugen, wobei damals noch die Erkundung der Küsten und kleinen Inseln sowie des Küstenbereichs im Vordergrund standen.

1868 fand die erste **deutsche Nordpolexpedition** unter Koldewey statt, die, wie auch die Privatexpedition des Grafen Waldburg-Zeil mit dem Gelehrten von Heughlin 1870, den Osten Spitzbergens zum Ziel hatte (Beschreibung der letzteren Fahrt ☞ Literatur). Gerade in Ostspitzbergen finden sich etliche deutsche Namen auf der Landkarte.

1873 wurde mit der einjährigen **Expedition Nordenskiölds** eine neue Dimension der Spitzbergen-Forschung eingeleitet: Zusammen mit seinem Team überwinterte er in der Mosselbucht im Norden und durchquerte mit Schlitten das bis dahin noch bis auf wenige Küstenabschnitte unerforschte Nordostland.

Ab 1882 begann, vor allem bedingt durch die schwedischen Geologen De Geer und Nathorst, die genauere Erforschung von Spitzbergens Geologie, zunächst im Isfjordgebiet. Das Interesse für das Inland, das bisher nur von Jägern und Schiffbrüchigen durchstreift worden war, nahm zu. **Sir Martin Conway**, Autor des Spitzbergen-Klassikers "No man's land", ist der erste bekannte Durchquerer der Hauptinsel vom Isfjord zur Ostküste - auch heute noch trotz Karten und moderner Ausrüstung eine anspruchsvolle Wandertour. Er untersuchte anschließend das Nordenskiöldland und umrundete mit einem Schiff die Hauptinsel.

Wesentlich zur Erfassung des Inlands trug die **schwedisch-russische Expedition** bei, die von 1898 bis 1901 die Hauptinsel von der Sorgebucht im Norden bis zum Hornsund entlang eines Meridians genau vermaß. Erst Conway und diese Expedition bewiesen, daß das Innere Spitzbergens im Gegensatz zu Grönland nicht völlig unter einem geschlossenen Eispanzer begraben ist, sondern zahlreiche Gebirge aufweist. Unter anderem wurde einer der beiden höchsten Gipfel (1.717 m) entdeckt und, wissenschaftlich wichtiger, zahlreiche Vermessungspunkte festgelegt, die künftigen Expeditionen zur Orientierung dienen konnten. Die Wintermonate wurden vor allem zum Sammeln von Wetterdaten in den Stützpunkten an Hornsund und Sorgebucht genutzt.

Um die Erforschung des Nordwestens machten sich zur See (Ozeanographie, Meteorologie) der Fürst von Monaco mit seiner Yacht "Princesse Alice" und zu Land der Norweger Isachsen (Inlanddurchquerung über die Gletscher vom Smeerenburg- zum Krossfjord) als Pioniere verdient. Der Schotte Bruce erforschte Prinz-Karls-Vorland und einzelne Bereiche am Isfjord und in Südspitzbergen.

So finden sich hier im höchsten Norden Namen von Pionieren aus praktisch allen Ländern Europas und tragen in Form von geographischen Namen zu Spitzbergens internationalem Charakter bei.

Gerade in den Anfangstagen der Polarforschung steckte hinter den Reisen oft großes persönliches Engagement, private Spenden und sonstige Unterstützung, in Deutschland etwa durch den Gothaer Karthographen und Verleger Petermann, der mit seiner wissenschaftlich anspruchsvollen Schriftenreihe "Petermanns Geographische Mittheilungen" die Ergebnisse vieler Reisen ins Bewußtsein der gebildeten Bevölkerung rückte und etliche Unternehmungen mit anregte und unterstützte.

Spitzbergen war durch seine im Sommer meist eisfreie Westküste nicht nur ein relativ einfach erreichbares Ziel für Arktisforscher, sondern bot sich auch als Basis für weiter nach Norden zielende Unternehmungen an. In den Jahrzehnten um die Jahrhundertwende, als nationales Denken weit verbreitet war, geriet Spitzbergen als Ausgangspunkt vieler Expeditionen, die einen **Wettlauf zum Pol** zum Ziel hatten, in die Schlagzeilen der Weltpresse - Ereignisse, die damals ein ähnliches Aufsehen erregten wie 50 Jahre später die Flüge zum Mond.

Vom wissenschaftlichen Standpunkt aus war das Erreichen des Nordpoles natürlich eher unwichtig, doch haben gerade solch irrationale Ziele in der Menschheitsgeschichte mehr bewirkt als nüchterne Überlegung. Mehr oder weniger geschickt verstanden es die Pioniere, das Ziel der "Poleroberung" zum Sammeln der für die Expeditionen erforderlichen Gelder publikumswirksam zu verkaufen und damit "nebenbei" die eigentlichen Forschungsprogramme zu finanzieren, die gewöhnlich mit diesen Fahrten verbunden waren.

Der finanzielle Zwang zur Öffentlichkeitswirksamkeit trug im übrigen zu einer größeren Verbreitung der Ergebnisse dieser Reisen bei als dies heutzutage der Fall ist. Die heute von Kritikern der Forschung geforderte Transparenz war damals für den Bürger eher gegeben.

Erste Versuche, von Spitzbergen aus zum Nordpol vorzustoßen, gab es bereits am Ende des 18. Jh. 1827 erreichte der Engländer Parry immerhin 82 Grad 35 Minuten nördlicher Breite, es waren also "nur" noch knapp 800 km bis zum Pol.

Bekannt wurde Spitzbergen aber erst durch die um die Jahrhundertwende beginnenden "Angriffe" auf den Pol, die mit einiger Tragik verbunden sind. Im Gegensatz zum Südpol, den Amundsen 1911 per Hundeschlitten erreichte, konzentrierte man sich beim Nordpol von Spitzbergen aus vor allem auf den Luftweg - verständlich angesichts des auch im tiefsten Winter immer wieder aufreißenden Packeises, das schon einige Versuche mit Schlitten hatte scheitern lassen.

1896 errichtete der Schwede **Andrée** in Virgohafen auf der Dänen-Insel, im äußersten Nordwesten Spitzbergens, einen **Ballonhangar**, nachdem er schon vorher mit Ballonflügen in Spitzbergen hatte Erfahrung sammeln können. Widrige Winde verhinderten 1896 den geplanten Start des durch Segel und Schleppseile nur begrenzt lenkbaren Ballons, so daß Andrée mit seinen zwei Begleitern erst 1897 starten konnte und dann bis 1930 verschollen blieb, als eine Expedition auf der wegen ihrer nahezu völligen Vergletscherung "Kvitøya" (Weiße Insel) genannten, abgelegenen nordöstlichsten Insel Spitzbergens das letzte Lager Andrées mit Aufzeichnungen, Filmen und gefrorenen Leichen entdeckte. Starke Winde und zunehmende Vereisung hatten die Ballonschiffer zur Landung und zum Rückmarsch auf dem Eis gezwungen. Zum Opfer fielen sie dann der Trichinose, die sie sich durch den Verzehr unzureichend gekochten Fleisches eines unterwegs geschossenen Eisbären zugezogen hatten, ein ziemlich schmerzhafter Tod.

Auch die **Flugversuche des Amerikaners Wellmann** in den Jahren 1906, 1907 und 1909 schlugen fehl. Seine Polaktivitäten wurden durch eine amerikanische Zeitung finanziert. Bereits 1894 war sein erster Versuch einer Nordpolexpedition von Spitzbergen aus gescheitert, als sein Expeditionsschiff vor der Walden-Insel (nördlich von Nordostland) vom Eis zerdrückt wurde und sank. Auch auf Franz-Joseph-Land wandelt man auf seinen Spuren. In Virgohafen ließ er eine große Luftschiffhalle errichten, doch das gewählte französische Luftschiffmodell wies bei der Erprobung zahlreiche schwere Mängel auf. Im Folgejahr trieb Sturm es ins

Landesinnere ab; bei der Notlandung wurde die Hülle zerstört. Der dritte Versuch scheiterte nach 60 km an technischen Problemen. Da Peary und Cook inzwischen angeblich von Kanada aus den Nordpol erreicht hatten (wird inzwischen bezweifelt), gab Wellmann auf.

Als nächster Luftschiffer beschäftigte sich 1910 **Graf Zeppelin** mit Spitzbergen. Auch an Land war Deutschland vertreten, mit einer Wetterstation, zunächst 1911-12 provisorisch im Adventdalen, wo es Probleme durch die unzuverlässige Unterstützung der amerikanischen Bergwerksfirma gab, so daß dann in Signehamna/Krossfjord 1912 eine neue bessere Station errichtet wurde. Dann unterbrach der Erste Weltkrieg größere Forschungsaktivitäten in Spitzbergen, brachte aber auch einen gewaltigen Schub in der Flugzeugtechnik mit sich, so daß **Amundsen** nun den Einsatz eines Flugzeugs in der Arktis ins Auge faßte und einen Polflug von Alaska nach Spitzbergen vorbereitete. Das hierfür vorgesehene Flugzeug ging bei der Erprobung in Alaska zu Bruch.

Eine als Hilfsflugzeug zur Anlage eines Treibstoffdepots auf dem Packeis in Green Harbour (Grønfjord) stationierte Junkers F13, mit dem Schweizer Mittelholzer und dem Deutschen Neumann als Besatzung, wurde daraufhin zum Erkundungsflug über Spitzbergen eingesetzt und zeigte den Nutzen des Flugzeugs zur Vermessung des schwer zugänglichen Landesinneren auf Flügen bis nach Nordostland, mit einer Dauer von über 6 Std., bei denen eine Vielzahl von Bildern bisher nie betretener Gebiete entstanden.

15 Jahre später wurde dieser Ansatz wieder aufgegriffen. Der größte Teil der Inselgruppe wurde 1936/38 systematisch angeflogen und in Luftbildern festgehalten, die dann die Grundlage für das heutige Kartenwerk Spitzbergens bilden, das natürlich weiter ergänzt und erneuert wird.

Die Jahre 1925-28 sind der Höhepunkt der Bemühungen, den Nordpol von Spitzbergen aus durch die Luft zu erreichen, beginnend mit **Amundsens Versuch** auf zwei Dornier-Wal-Flugbooten von Ny Ålesund aus. Rund 250 km vom Pol entfernt trat an einer der Maschinen ein Schaden auf, der zur Notlandung zwang, wobei die andere Maschine zu Bruch ging. Das defekte Flugboot ließ sich jedoch mit den vorhandenen Mitteln provisorisch reparieren und schaffte den Rückflug mit beiden Besatzungen nach Spitzbergen.

1926 gelang dann dem Amerikaner **Byrd** von Spitzbergen aus der erste Flug zum Nordpol und zurück. Kurz darauf hatte auch Amundsen zusammen mit Nobile und Ellsworth Erfolg. Sie erreichten den Pol an Bord des Luftschiffs "Norge", das von einem Hangar bei Ny Ålesund aus startete, richteten eine Flagge auf und flogen dann nach Alaska weiter.

Nach einem weiteren Flug des Briten Wilkins von Alaska über Kanada und Grönland nach Spitzbergen 1928 endeten diese Jahre der waghalsigen Polflug-Pioniere so, wie sie begonnen hatten, mit einer Tragödie. Der italienische **General Nobile**, Partner Amundsens bei dessen erstem Polüberflug, startete 1928 mit einer italienischen Luftschiffexpedition zu einem erneuten Polflug und blieb zunächst verschollen. Daraufhin wurde die bis dahin aufwendigste internationale Rettungsaktion in der Arktis ausgelöst. Unter den zahlreichen Hilfsexpeditionen war auch Amundsen mit einem Flugzeug; er verlor dabei sein Leben. Nobile und ein Teil seiner Besatzung konnten später durch den russischen Eisbrecher "Krassin" gerettet werden, doch schwere Vorwürfe gegen ihn wurden laut.

Für Ny Ålesund legte diese Zeit der Flugpioniere das Fundament seiner heutigen Tradition als wichtiger Forschungsstützpunkt in der Arktis, bedingt vor allem durch seine gute Erreichbarkeit im Sommer auf dem Seeweg, die kein anderer Ort gleicher nördlicher Lage bieten kann.

Für die Zukunft der Spitzbergenforschung war ein anderes Ereignis des Jahres 1928 wichtiger als die spektakulären Polflüge: die **Gründung von Norges Svalbard og Ishavsundersøkelser** (wörtlich: Norwegens Spitzbergen- und Eismeeruntersuchungen) als ständige Forschungseinrichtung. Sicher auch ausgelöst durch die neue norwegische Souveränität über Svalbard gab diese neue Institution der gesamten norwegischen Arktisforschung einen organisatorischen Rahmen. Nachdem sie schon in den Jahren vorher neben den spektakulären Unternehmungen in Richtung Pol zahlreiche gezielte Forschungsprojekte in Spitzbergen vorweisen konnte, nahm sie nunmehr den ersten Rang unter den hier tätigen Nationen ein.

Die neue Einrichtung übernahm auch die Koordinierung der internationalen Spitzbergen-Forschung und heißt seit 1948 **Norsk Polarinstitutt** mit Sitz in Oslo (Umzug nach Tromsø in Vorbereitung) und ganzjährig besetzten Außenstellen in Longyearbyen und Ny Ålesund in Spitzbergen. Die Aktivitäten des Instituts erstrecken sich auf alle Felder der Polarforschung, nicht nur in Spitzbergen, sondern auch in anderen arktischen Gebieten und der Antarktis, wo Norwegen ebenfalls Inseln (Bouvet, Peter-I.-Insel) besitzt sowie Anspruch auf das Königin-Maud-Land des antarktischen Festlandes erhebt. Das Institut hat immerhin 47 Angestellte (1986), hinzu kommen zusätzliche, für bestimmte Projekte engagierte Mitarbeiter.

Heute sind in der Spitzbergen-Forschung ständig vor allem die dauernd anwesenden Staaten vertreten, vor allem also Norwegen und Rußland sowie Polen, die dort ganzjährig besetzte Forschungseinrichtungen unterhalten.

Deutschland folgte 1990 über das als Großforschungseinrichtung zuständige Alfred-Wegener-Institut nach der erfolgreichen Etablierung der

Forschung in der Antarktis (Georg-von-Neumayer-Station) und dem regelmäßigen Einsatz der "Polarstern", des weltweit wohl modernsten Polarforschungsschiffes sowie weiterer kleinerer Forschungsschiffe in polaren Gewässern, mit einer eigenen permanenten Station in Spitzbergen. Hierzu wurde das ehemalige "blaue Haus", bis dahin Postgebäude, in Ny Ålesund von der King's Bay Kull Company angemietet und zur Forschungsbasis **Koldewey-Station** ausgebaut, an der ganzjährig vor allem Wetterforschung betrieben wird, und die zusammen mit den zusätzlichen Lagergebäuden auch anderen deutschen Forschungsexpeditionen logistische Unterstützung bietet.

Der Vorschlag, eine neue Station auf Nordostland einzurichten, wäre wissenschaftlich sehr interessant, auch im Rahmen der internationalen Zusammenarbeit, zumal einer der Stationsschwerpunkte die Meteorologie (daneben unter anderem Meeresbiologie) ist. Dort im Osten herrschen tatsächlich hocharktische Bedingungen, während Ny Ålesund mit seinem Golfstromeinfluß einen Sonderfall darstellt und sich somit seine Daten schlechter auf andere hocharktische Gebiete übertragen lassen. Durch die während des Zweiten Weltkrieges auf Nordostland länger tätige deutsche Wetterstation bestünde hier die in der Arktis geradezu einmalige Gelegenheit, neue Daten mit denen von vor 45 Jahren zu vergleichen. Dagegen sprechen allerdings die sehr hohen Kosten, da diese Station die meiste Zeit über nur per Hubschrauber oder großen Eisbrechern erreichbar wäre, außerdem der strenge Schutzstatus von Nordostland.

Die **Arktisforschung** hat in den letzten Jahren erheblich an Interesse gewonnen - weniger aus wissenschaftlichen als aus wirtschaftspolitischen Gründen. Der Bereich Meeres- und Polartechnologie wird als zukunftsträchtig angesehen, und die Aktivitäten in der Polarforschung ergeben Möglichkeiten, hier neue Techniken und Verfahren zu entwickeln und zu erproben - nicht unwichtig für ein exportabhängiges Land wie Deutschland. Hochpolitisch wird ein solches stärkeres Engagement im Hinblick auf künftige Arktisabkommen.

Ich stoße bei meinen Vorträgen und Gesprächen über Spitzbergen immer wieder auf Überraschung, wie sehr die internationale Politik in das für Mitteleuropäer scheinbar so ferne, unberührte Spitzbergen hineinwirkt. Die Wirklichkeit sieht jedoch anders aus, ob man es wahrhaben will oder nicht, auch in der Forschungspolitik.

Womit beschäftigt sich die **Spitzbergen-Forschung** vor Ort? Einige Bereiche, etwa die **Zoologie** und **Ökologie**, habe ich bereits erwähnt (Eisbären, Rentiere, Füchse). Gerade die Norweger sind stark vertreten und betreiben hier detaillierte Forschung. Neben Daueraufgaben wie der **Meteorologie**, **Ionosphärenforschung** (Nordlicht-Observatorium im

Adventdalen) oder **Kartographie** (auch des Meeres, Jahr für Jahr ist das Vermessungs- und Forschungsschiff "Lancet" um Svalbard herum im Einsatz), wo die Norweger wegen ihrer vorhandenen Infrastruktur dominieren, sind vor allem die **Geowissenschaften** (hauptsächlich während der Sommermonate) stark vertreten. Spitzbergens Geologie ist noch lange nicht detailliert erforscht, nicht einmal an der Oberfläche. Hinzu kommen geomorphologische Fragestellungen, also die Entwicklung der Oberflächenformen in diesem arktischen Gebiet.

Ein bemerkenswertes Projekt - auch aus Sicht des Steuerzahlers - war SPE 90-92, als sich ca. 15 geowissenschaftliche Institute drei Sommer lang zusammentaten und eine Sommerstation im Liefdefjord betrieben, mit bis zu 50 Feldforschern vor Ort (Deutsche, Schweizer, Norweger u.a.). Hervorzuheben ist bei diesem verhältnismäßig umfangreichen Projekt außerdem das konsequente Bemühen, möglichst geringe Schäden in der Natur anzurichten.

Französische Geowissenschaftler schlagen jedes Jahr ihr Sommerlager bei Ny Ålesund auf. Polnische Geologen und Glaziologen arbeiten das ganze Jahr über von ihrer Station im Hornsund aus, deren Umgebung hinsichtlich aller naturwissenschaftlichen Disziplinen wohl zu den am besten erforschten Teilen Spitzbergens gehört.

Aufwendiger ist die meereskundliche Forschung, da hierfür meist entsprechende Schiffe erforderlich sind. Hier engagieren sich unter anderem vor allem Norweger, Polen, Deutsche und Russen.

Archäologen sind an verschiedensten Stellen aktiv, um die Geschichte Spitzbergens vor Ort durch Dokumentation und Grabungen zu erforschen, vom Walfang und der Jagd bis zu den Pionieren der Polarforschung und dem Zweiten Weltkrieg.

Daneben sind auch die **Sozial- und Geisteswissenschaften** mit Studien in Spitzbergen vertreten. Eine Linguistin analysierte die Sprache der Schulkinder im Hinblick auf spitzbergische Einschläge, eine Volkskundlerin beschäftigt sich mit der Lebenseinstellung der Trapper, weitere Studien befassen sich mit dem Freizeitverhalten der Bevölkerung Longyearbyens und dem Komplex Tourismus. Eine **medizinische Studie** schließlich behandelte den Gesundheitszustand der norwegischen Bevölkerung Longyearbyens.

Anwendungsorientierte Forschung gibt es aber vor allem in der **Rohstoffsuche**, die mit großem finanziellen Aufwand betrieben wird. Der klassische Rohstoff Spitzbergens ist die **Kohle**, deren Lagerstätten noch immer für Überraschungen gut sind. So erregte eine finnische Firma Aufmerksamkeit, als sie 1987 die Entdeckung von vermutlich rund 300 Mio Tonnen Steinkohle im Gipsdalen (innerer Isfjord) bekanntgab und dort die

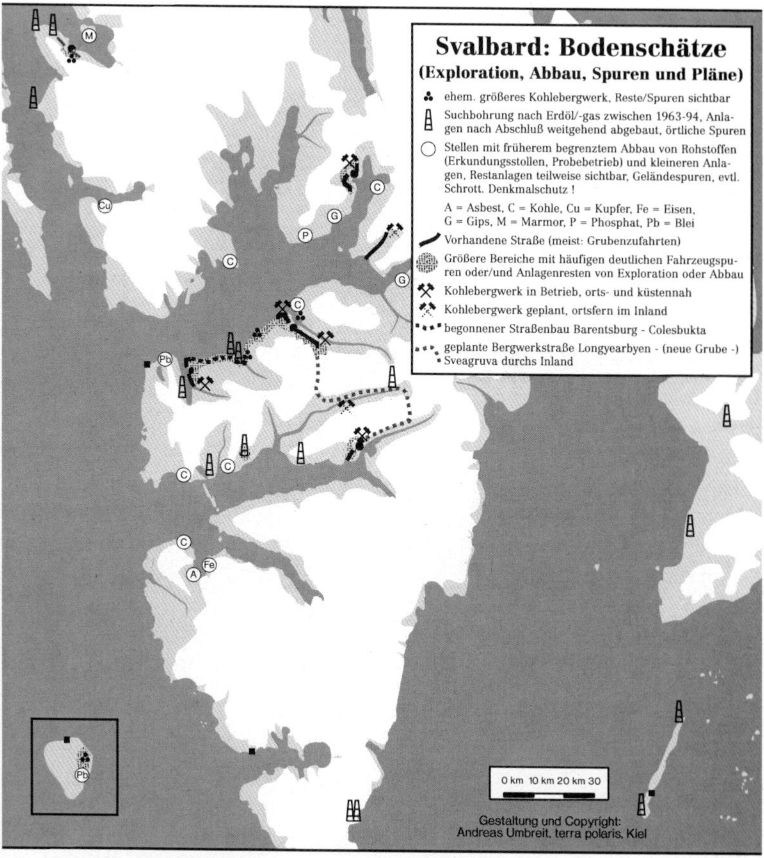

Anmerkungen (Informationsstand: Oktober 1993):

Neue Straßen: Die Straße von Barentsburg Richtung Colesbukta wird von Trust Arktikugol stückweise unter Nutzung anfallenden Gruben-Abraums auf alten Kettenfahrzeugspuren aufgeschüttet, eine Prüfung der Umweltauswirkungen (evtl. Bildung von Säuren aus den Grubenabfällen, etc.) ist nicht bekannt, eine spezielle Baugenehmigung liegt nicht vor. Die geplante Straße Longyearbyen - Sveagruva wird von der norwegischen SNSK gewünscht, um den Bergbau von den erschöpften küstennahen Gruben zu neuen Kohlevorkommen ins Inland verlegen zu können und führt durch eines der wenigen vegetationsreichen Gebiete, bisher noch nicht genehmigt.

Terrainschäden durch Exploration und Bergbau: Bisher vor allem direkt um die Siedlungen und entlang der Küste zwischen Longyearbyen und Barentsburg. Einzelne Spuren auch anderswo (nicht eingezeichnet).

Öl- und Erdgassuche: Für Februar - Mitte Mai 1994 ist eine Bohrung auf Kap Laila auf der Westseite der Colesbukta vorgesehen (in Karte bereits markiert), außerdem gibt es Bohrpläne an der Ostküste (Kvalvaagen). Nicht eingezeichnet: Seismische Exploration durch Auslösen von zahlreichen Explosionen.

Errichtung einer Grube erwog. Mittlerweile sind die Rechte an eine britische Firma, Northern Ressources, übergegangen, die bereits umfangreiche Explorationsarbeiten durchgeführt und ein ganz neues Konzept entwickelt hat, bei dem das Bergwerk wie eine Ölplattform in wechselnden Schichten betrieben werden soll. Die Mannschaften sollen vor und nach der Schicht, nach ein paar Wochen Urlaub bzw. Freizeit direkt zwischen England und Spitzbergen hin- und hergeflogen werden, um so den Unterhalt einer eigenen Siedlung einzusparen. 1992 ging die Firma allerdings pleite, so daß das Projekt gestoppt wurde.

Die Store Norske Spitsbergen Kulkompani führte über die letzten Jahre Probebohrungen in dem neuen Kohlefeld bei **Sveagruva** durch, wobei gewaltige Reserven hochwertiger Kohle ermittelt wurden, die nach Ende der Gruben bei Longyearbyen den norwegischen Bergbau in Spitzbergen für weitere 50 Jahre sichern könnten.

Weitaus spektakulärer ist die **Erdöl-Lagerstätten-Erforschung**, die in Spitzbergen in den sechziger Jahren im Van Mijenfjord begann und heute vor allem an der Ostküste stattfindet, trotz hohem technischen und finanziellen Aufwands bisher jedoch ohne nennenswerten Erfolg.

Wie gegebenenfalls **Umweltkatastrophen bei der Erdölförderung** in einem so schwierigen und gleichzeitig empfindlichen Gebiet ausgeschlossen werden sollen - man erinnere sich an das Tankerunglück vor der Küste Alaskas im März 1989 oder der "Braer" vor den Shetlands 1992 - steht vermutlich noch ziemlich offen. Die Schäden der Kohleförderung sind damit verglichen gering und auf das unmittelbare Grubengebiet begrenzt.

Insgesamt findet die Forschung heute in Spitzbergen in einem sehr breiten Spektrum hinsichtlich unterschiedlicher Gebiete und Dimensionen der einzelnen Projekte und Zielsetzungen statt. Sehr unterschiedlich ist auch die finanzielle Ausstattung der Projekte. Während bei einigen mit massiver staatlicher Förderung die Kosteneinsparung von geringer Bedeutung ist (Biertransport per Hubschrauber), stehen anderen Projekten oft nur geringste Mittel zur Verfügung, ich denke hier etwa an die Projekte privater Institutionen (WWF u.a.) zur Erforschung und Bestandsbeobachtung bedrohter Vogelarten (Ringel- und Weißwangengänse).

Pro Jahr sind 500-700 Wissenschaftler, überwiegend im Sommer, aus verschiedensten Ländern in Spitzbergen im Einsatz.

Wirtschaftspolitische Entwicklung ab 1900

Bis zum Ende des 19. Jh. war Spitzbergen in wirtschaftlicher Hinsicht nur bezüglich der Jagd, Trans, Barten, Elfenbeins, Fuchsfellen, Eisbären, Robben, Rentieren, Eiern und Daunen interessant. Während der Zeit des Walfanges deuteten sich zwar bereits **territoriale Streitigkeiten** an, die jedoch durch eine Verteilung der wichtigen Landeplätze an die Walfang betreibenden Nationen (Hornsund, Bellsund, Ymerbucht, Engelskbucht, Magdalenabay an die Engländer, Amsterdam-Insel an die Holländer, Dänen-Insel an die Dänen, Hamburgbucht an die Hamburger) gelöst wurden.

Ansonsten bestand, da Spitzbergen als Teil Grönlands galt, ein vager territorialer Anspruch Dänemarks. Erst ab dem 20. Jh. wuchs das Interesse an Spitzbergen wieder, wobei sich eine vielfältige Verbindung von Wirtschaft und Politik ergab, die in diesem Kapital umrissen werden soll. Forschung und Tourismus, zumindest in der Vergangenheit weniger mit der Politik verknüpft, werden in eigenen Kapiteln behandelt.

Nachdem die **Industrialisierung** in den letzten Jahrzehnten des 19. Jh. in Europa und in Nordamerika voll im Gange war, und als sich auch in der Schiffahrt die Dampfmaschine durchsetzte, wuchs das **Interesse an Spitzbergens Rohstoffen**, vor allem an der Steinkohle. Da die Flöze an vielen Stellen offen zutage traten, waren sie schon seit langem bekannt (erstmals 1610 erwähnt) und wurden sicherlich vor Ort auch als Heizmaterial genutzt. Um die Jahrhundertwende begann nun der Kohleabbau im größeren Maßstab; vorübergehend baute man auch andere Rohstoffe (Marmor, Phosphat u.a.) ab.

1906 erbaute der Amerikaner M. Longyear am Adventfjord sein Kohlebergwerk, daneben entstanden kurz darauf weitere Gruben im Bereich der Westküste zwischen Bellsund und Kongsfjord, unter anderem von Engländern, Schweden und Holländern. Auch ein Deutscher versuchte sich am Kohleabbau auf der Bären-Insel, zog sich jedoch nach zwei Jahren zurück.

Dieses neu entstandene Interesse an Spitzbergen seitens verschiedener nord- und mitteleuropäischer Staaten sowie der USA weckte das Bedürfnis, nun **klare hoheitsrechtliche Verhältnisse** zu schaffen, um möglichen künftigen Konflikten vorzubeugen (bis dahin galten die Inseln als Niemandsland, wobei insbesondere Norwegen, Schweden und Rußland historische Bindungen und sonstige Interessen dort hatten). Erste Verhandlungen wurden durch den Ersten Weltkrieg unterbrochen und nach dem Krieg 1920 in Sèvres bei Paris fortgesetzt.

Rußland, zu dieser Zeit mit den Folgen der Revolution und dem Bürgerkrieg beschäftigt, zudem international völlig isoliert und hinsichtlich seiner künftigen Entwicklung kaum einschätzbar, war nicht beteiligt, ebensowenig das Deutsche Reich nach dem verlorenen Krieg. So einigten sich neun Staaten darauf, daß Norwegen die alleinige Souveränität über Spitzbergen einschließlich der Bären-Insel erhielt, die Inseln jedoch entmilitarisiert bleiben müssen und Angehörige der Signaturstaaten dort gleichberechtigt mit den Norwegern und entsprechend den norwegischen

Gesetzen freien Zugang haben und wirtschaftlichen Aktivitäten nachgehen können. Die Sowjetunion und das Deutsche Reich traten später dem Abkommen ebenfalls bei.

Ausschlaggebend für die **Einigung auf eine norwegische Souveränität** über Spitzbergen war, neben dem unbestreitbar bereits beträchtlichen Engagement Norwegens in Spitzbergen (regelmäßiger Schiffsdienst, Post- und Telegrafenamt, Walfang, Jagd, Übernahme des Kohlebergwerks von Longyear City), vor allem die sich schon damals abzeichnende Spitzbergen-Politik Norwegens, die darauf abzielte, die Inselgruppe vorsorglich so weit wie möglich aus internationalen Konflikten herauszuhalten.

Dies machte Norwegen gerade als kleineren Staat zum geeigneten Kompromißkandidaten. Bis heute hat Norwegen diese Spitzbergen-Politik konsequent fortgeführt, soweit dies in seiner Macht stand und Geist und Inhalt des in seinen Auswirkungen nicht gerade einfachen Spitzbergen-Vertrages in anerkennenswerter Weise weitgehend respektiert, ohne andererseits Versuchen, seine Rechte zu untergraben, nachzugeben. Mittlerweile dürfte es nur wenige internationale Verträge geben, die eine so lange Überlebensdauer aufzuweisen haben.

Im Zusammenhang mit dem Vertragsabschluß wurden auch die **Eigentumsverhältnisse** in Spitzbergen geregelt. Bergbaugesellschaften, die bereits in Spitzbergen aktiv waren, erhielten entsprechende Flächen als Eigentum zugesprochen. Alle Siedlungen liegen daher auf dem Privatgrund der Kohlegesellschaften, die diese Orte als Werkssiedlungen unterhalten (Longyearbyen und Sveagruva: Store Norske Spitsbergen Kulkompani A/S, Barentsburg und Pyramiden: Trust Arktikugol, Ny Ålesund: King's Bay Kull Kompani A/S). Ohne es zu bemerken, ist der Besucher der Siedlungen damit auch stets Gast auf dem Privatgelände der jeweiligen Kohlegesellschaft und nutzt deren Werkseinrichtungen.

Der weitaus größere Rest der Fläche neben diesem Privatgrund fiel mit Vertragsabschluß an das Königreich Norwegen als Staatseigentum. In den folgenden Jahrzehnten erwarb Norwegen weitere vorher private Flächen insbesondere von aufgegebenen Bergwerksgesellschaften. Heute sind etwa 60.000 km² Svalbards Staatsgrund und etwa 3.000 km² Eigentum der Bergwerksgesellschaften. Von letzteren sind allerdings strenggenommen nur die rund 250 km² der russischen Trust Arktikugol und die Flächen des einzigen Privatbesitzers, eines norwegischen Reeders, nicht in norwegischem Staatsbesitz, da die übrigen Privatflächen zwar Eigentum der norwegischen Bergwerksgesellschaften sind, deren Aktien jedoch nahezu vollständig dem norwegischen Staat gehören. Unabhängig von dieser privatrechtlichen Eigentumsverteilung umfaßt die norwegische Souveränität selbstverständlich ganz Svalbard.

Die geschichtlich bedingten Eigentumsverhältnisse erklären manche heutige Besonderheit Spitzbergens. So ist **Privatpersonen** der Erwerb von Grundeigentum in Spitzbergen praktisch unmöglich, da weder Norwegen bzw. seine Bergwerksgesellschaften noch die russische Kohlebergbaugesellschaft zum Verkauf von Boden bereit sind. Eine im Sinne des Naturschutzes erfreuliche Folge ist, daß Spitzbergen bisher die Zersiedelung durch Ferienhütten weitgehend erspart geblieben ist. Für Norwegen machen die derzeitigen Eigentumsverhältnisse die Planung und Steuerung der Entwicklung Spitzbergens leichter, geben dem Staat als weitaus größtem Landeigentümer aber auch eine größere Verantwortung. Nach diesem Exkurs in die Eigentumsverhältnisse zurück zur geschichtlichen Entwicklung.

In der **Weltwirtschaftskrise** fand das große Sterben der verschiedenen Minengesellschaften statt. Nachdem die Amerikaner die Bergwerksanlage von Longyear City bereits während des Ersten Weltkrieges an Norwegen verkauft hatten, zogen sich auch die Holländer aus Barentsburg zurück, das sie 1920 gegründet hatten. Schweden gab das Kohlenfeld im Billefjorden und Sveagruva im Van Mijenfjord auf, welches von Norwegen übernommen wurde.

Die damalige **Sowjetunion** nutzte den günstigen Zeitpunkt und kaufte Kohlefelder und Anlagen von den verkaufswilligen Gesellschaften auf, insbesondere Barentsburg und das Bergwerk am Billefjord, Pyramiden. So betrieben zu Beginn der dreißiger Jahre nur noch Norwegen und die Sowjetunion Kohlebergbau in Spitzbergen. Die norwegischen Siedlungen waren Longyearbyen und Ny Ålesund, die Sowjets unterhielten Barentsburg als Hauptsiedlung sowie Pyramiden, Grumantbyen und Colesbukta.

Auswirkungen des Zweiten Weltkrieges

Mit Deutschlands Überfall auf Polen und 1940 auf Norwegen erfuhr die Entwicklung Spitzbergens eine jähe Wende. Während in Norwegen allerdings gekämpft wurde, blieb Spitzbergen zunächst verschont und wurde nicht besetzt. Die norwegischen und sowjetischen Bergwerke arbeiteten selbständig weiter, wenngleich sich unter den Norwegern natürlich Unruhe hinsichtlich der Zukunft ihrer vom Festland abhängigen Siedlungen breitmachte, und die Bereitschaft, mit den Invasoren der Heimat wirtschaftlich zu kooperieren, gering war.

Die Lage änderte sich mit dem **Angriff auf die Sowjetunion** völlig. Nun erlangte Spitzbergen **strategische Bedeutung** für die Geleitzüge, die mit Nachschubladungen südlich des Archipels durch die Barentssee nach Murmansk fuhren. Es war nun durchaus möglich, daß Kampfhandlungen auch in Spitzbergen übergreifen konnten, und so stimmte die norwegische Exilregierung in Großbritannien der **Evakuierung der Inselbevölkerung** durch die Royal Navy nach Großbritannien 1941 zu; die russischen Siedler wurden nach Archangelsk evakuiert. Dabei wurden trotz norwegischen Protests die Kohlenhalden von den Briten in Brand gesetzt und die Förderanlagen unbrauchbar gemacht.

Während der folgenden Kriegsjahre kam es nur gelegentlich zu **Kampfhandlungen in Spitzbergen**, da keine der kriegführenden Mächte versuchte, die Inselgruppe als Stützpunkt zu nutzen. Ein kleines Kontingent norwegischer Exiltruppen wurde stationiert, um die deutschen Wetterstationen auszuheben, die immer wieder auf den Inseln eingerichtet wurden und deren Besatzungen Wetterdaten sammelten, die für die Bekämpfung der Murmansk-Konvois von großer Bedeutung waren.

Die wiederholte Ausschaltung dieser Wetterstationen durch die Norweger veranlaßte schließlich 1943 die **deutsche Kriegsmarine**, von Nordnorwegen aus einen Schiffsverband nach Spitzbergen zu entsenden, an der Spitze das Schlachtschiff "Tirpitz" und der Schlachtkreuzer "Scharnhorst".

Obwohl sie dieser Streitmacht hoffnungslos unterlegen waren, wagten die Norweger doch mit ihren leichten Geschützen Widerstand gegen die angreifenden Schiffe, mußten aber angesichts deren weit überlegener Artillerie die Siedlungen am Isfjord aufgeben und sich in die Berge zurückziehen, während die Deutschen die Siedlungen niederbrannten. Ein Bergwerk bei Longyearbyen, während der Kämpfe in Brand gesetzt, schwelte im Berg noch bis in die sechziger Jahre weiter!

Zu einer deutschen Besetzung der Inseln kam es jedoch nicht. Auch nach diesem Höhepunkt der Kämpfe in Spitzbergen hatte keine Seite die völlige Kontrolle über den Archipel, da hierfür viel stärkere, gut ausgerüstete Kräfte notwendig gewesen wären. Eine der deutschen Wetterstationen bestand auf Nordostland sogar noch geraume Zeit über die Kapitulation hinaus, da es wegen der Eisverhältnisse nicht möglich war, die Besatzung dort abzuholen. Sie arbeitete bis September 1945 für die Norweger weiter.

Gegen Ende des Krieges geriet Norwegen hinsichtlich Spitzbergens in eine komplizierte Situation: Während in der Finnmark, Norwegens nördlichster Provinz, noch sowjetische Truppen standen, die die deutschen Besatzungstruppen aus diesem Gebiet vertrieben hatten, drängte der sowjetische Außenminister Molotow bei der Exilregierung in London und später der Regierung in Oslo auf eine Revision des Spitzbergen-Vertrages von 1920.

Von russischer Seite wurde vorgeschlagen, entweder der UdSSR die Bären-Insel zuzusprechen, weil diese vor 1920 als russisch gegolten habe oder aber ganz Svalbard zum sowjetisch-norwegischen Kondominium mit

 Überraschender Schneefall im Sommer (hinten: ein Pingo) ☞

einer gemeinsamen Schutztruppe zu machen. Begründet wurde dieser Vorstoß mit historischen Rechten der Sowjetunion als Nachfolger des alten Rußland, die der bisherige Spitzbergen-Vertrag nicht berücksichtige, und weil Spitzbergen für die UdSSR ökonomisch und strategisch von größter Bedeutung sei. Das norwegische Parlament sprach sich jedoch 1947 mit großer Mehrheit gegen eine entsprechende Vertragsänderung aus.

Bergbau in der Nachkriegszeit
Unmittelbar nach Kriegsende begann der Wiederaufbau der norwegischen Bergwerke und Siedlungen in **Longyearbyen** und **Ny Ålesund**, und sogar **Sveagruva**, seit zwei Jahrzehnten stillgelegt, wurde wieder in Betrieb genommen.

Spitzbergen als Norwegens einzige Region mit abbauwürdigen Kohlelagern war zu jener Zeit von erheblicher Bedeutung für die Versorgung insbesondere des norwegischen Nordens, denn die Kohlepreise auf dem Weltmarkt waren wegen des knappen Angebots hoch. Die Produktion übertraf daher rasch das Vorkriegsniveau und erreichte bereits 1948 fast 500.000 t pro Jahr. **Sveagruva** wurde allerdings wieder geschlossen, in den achtziger Jahren erneut eröffnet, aber 1988 angesichts des rapide gesunkenen Kohlepreises auf dem Weltmarkt wieder stillgelegt. Auch das Bergwerk in **Ny Ålesund** bereitete durch mehrere schwere Explosionen viele Probleme und wurde in den sechziger Jahren geschlossen. Heute dient diese nördlichste Siedlung der Welt nur noch der Forschung.

Bereits seit 1948 war klar, daß **Longyearbyen** für die absehbare Zukunft der Schwerpunkt der norwegischen Kohleproduktion sein würde. Die Gruben in den Hängen des Longyeartales sind längst erschöpft, heute wird in den Gruben 3 (oberhalb des Flughafens) und 7 (10 km im Adventtal aufwärts) gefördert.

Der Wiederaufbau der russischen Siedlungen begann erst 1946; ihre Kohleförderung kam ab 1948 wieder in Gang. **Grumant**, heute eine verlassene Geisterstadt, war in dieser Zeit vor Pyramiden der zweitgrößte russische Bergwerksort und hatte im Winter 1951/52 sogar mehr Einwohner als Barentsburg (1.106 Ew., einschließlich Colesbukta, das als Verladehafen diente; die beiden Orte waren durch eine Schmalspurbahn verbunden, deren Tunnel durch die Klippen heute allerdings durch Eis verschlossen ist). Heute fördert Trust Arktikugol, die russische Bergbaugesellschaft, Kohle nur noch in Barentsburg und Pyramiden, beide Orte haben jeweils ca. 1.000 Ew.; Barentsburg, mit dem russischen Konsulat, ist die Hauptsiedlung. Die Kohlelager um Barentsburg sind allerdings bereits so weit erschöpft, daß zur Aufrechterhaltung der Produktion dort

Felder von der Store Norske Spitsbergen Kulkompani (SNSK), der norwegischen Bergbaugesellschaft, gepachtet werden mußten.

Norweger und Sowjets - arktische Politik in und um Spitzbergen
Mit zunehmender Verdrängung der Kohle aus dem Energiesektor und dem damit verbundenen drastisch gesunkenen Kohlepreis wurde die politische Dimension der Kohleförderung in Spitzbergen deutlich. Trotz des heutigen Defizits der Kohleproduktion stand weder für Norwegen noch für die damalige Sowjetunion eine deutliche Einschränkung der jeweiligen Präsenz in Spitzbergen ernsthaft zur Debatte. Die weltweit einmalige **Koexistenz norwegischer und russischer Siedlungen** auf dem Territorium des Nato-Landes Norwegen gehört zu den ungewöhnlichsten Besonderheiten Spitzbergens und verdient daher eine ausführlichere Darstellung.

Der Hitler-Stalin-Pakt, der Ausgang des Zweiten Weltkrieges und die Aufrüstung der **UdSSR** durch die Westmächte während des Krieges hatten der UdSSR das Tor zu einer **westwärts orientierten Expansion** geöffnet, wie ein Blick auf die europäische Landkarte vor und nach dem Krieg zeigt. Gleichzeitig hatte der Krieg die enorme militärische Bedeutung von Murmansk als einzigem eisfreien Hochseehafen mit freiem Zugang zum Weltmeer im europäischen Teil der Sowjetunion gezeigt. Die aufstrebende neue Supermacht UdSSR begann zielstrebig mit dem Aufbau ihrer roten Flotte und vor allem mit der Stationierung strategischer Atom-U-Boote auf der Halbinsel Kola. Dies bedingte zwangsläufig ein gesteigertes Interesse der UdSSR am norwegischen Spitzbergen aus strategischen Überlegungen. Dieses Interesse wurde bereits während des Krieges offenbar.

Der besondere Status Spitzbergens erlaubte es der UdSSR, auf der Grundlage ihrer dortigen Kohlegruben ihre Präsenz auszubauen, wobei dem von seiten Norwegens zunächst wenig Beachtung geschenkt wurde. Wie überall in Westeuropa wollte die Bevölkerung auch hier nach dem gerade erst zu Ende gegangenen Krieg, der in Norwegen durch die deutsche Besetzung tiefe Spuren hinterlassen hatte, von neuen außenpolitischen Problemen möglichst wenig wissen. Immerhin hatte sich die Rote Armee aus dem von ihr gegen Ende des Krieges besetzten Nordnorwegen zurückgezogen und dabei letztlich keinen Druck in Richtung größerer offizieller Rechte in Spitzbergen als Gegenleistung ausgeübt.

In der Folgezeit wuchs aber doch die **Beunruhigung** über die sich zunehmend abzeichnende neue Politik kleiner und kleinster Schritte, mit der in Spitzbergen von sowjetischer Seite Tatsachen geschaffen und zu Gewohnheitsrechten ausgebaut wurden. Die seit 1925 eher locker gehandhabte Ausübung der norwegischen Souveränität wich daher einer zumindest verbal den eigenen Standpunkt deutlicher machenden norwegischen

Politik, wobei die Mittel zu deren Durchsetzung oder auch nur zur Kontrolle der riesigen Inselgruppe zunächst äußerst bescheiden waren. Dem Gouverneur standen hierfür bis 1975 nur vier ganzjährige Angestellte, im Sommer ein Dienstboot und im Winter zunächst nur Hundeschlitten, später Motorschlitten zur Verfügung.

In Barentsburg hingegen hatten die Sowjets bereits ab Ende der fünfziger Jahre Hubschrauber (derzeit fünf) und regelmäßig Eisbrecher zur Verfügung und kümmerten sich angesichts dieser technischen Übermacht wenig um Dinge wie die norwegische Lufthoheit oder ähnliches.

Andererseits protestierte die Sowjetunion gegen den Bau des Flughafens in Longyearbyen, der die Isolation der Inseln im Winter (auch für die Sowjets) beendete, denn dieser sei eine militärisch nutzbare Anlage. Norwegen kam ihnen entgegen, so daß der Tower von Norwegern und Sowjets bemannt wurde.

Neben einem eigenen Konsulat in Barentsburg unterhielt die Sowjetunion außerdem ein permanentes Aeroflot-Büro mit vier Mitarbeitern am Longyearbyer Flughafen, die angesichts eines Aeroflot-Fluges alle 14 Tage und keinerlei sonstiger sowjetischer Bevölkerung in Longyearbyen zumindest arbeitsmäßig sicher nicht überlastet waren (1992 aufgelöst).

Spätestens der Absturz der sowjetischen Militär-Aufklärungsmaschine auf Hopen 1978 und die demütigende Vertuschung des sowjetischen Hubschrauberunglücks in Hornsund 1977, bei dem die Sowjets ihre Überlegenheit deutlich demonstrierten, indem sie bis zur Ankunft der norwegischen Polizei alle Spuren beseitigten, führten zu einem erneuten Wandel der norwegischen Spitzbergen-Politik, in Form einer Stärkung der norwegischen Souveränität. Die Mitarbeiterzahl des Gouverneurs wurde von vier im Jahre 1975 bis 1985 auf zehn plus sechs weiteren zur Bewältigung der Arbeit in der Sommersaison erhöht.

Nach einem ersten Versuch mit einem gemieteten kleinen Hubschrauber im Jahre 1976 wurden ab 1978 zwei Hubschrauber fest in Longyearbyen stationiert, seit 1984 sogar Maschinen mit zwei Triebwerken, ausgezeichneter Navigationselektronik und großer Reichweite, so daß der Gouverneur heute jeden Punkt der Inselgruppe in kurzer Zeit erreichen und damit seine verschiedensten Aufgaben auch tatsächlich bewältigen kann, zu denen seit Eröffnung des Flughafens auch in größerem Maße die Überwachung des Tourismus und Rettungseinsätze gehören. Seit 1993 steht sogar ein großer "Superpuma"-Rettungshubschrauber in Diensten des Gouverneurs. Als bewegliche Basis steht ein größeres Dienstboot mit Hubschrauberplattform zur Verfügung, das während der eisfreien Monate gemietet wird und für den Gouverneur unterwegs ist. Diese verbesserte Ausrüstung hat sich in den vergangenen Jahren im alltäglichen Dienst und auch bei spektakuläreren Einsätzen, wie dem zweiten sowjetischen Hubschrauberabsturz im Hornsund 1983, bewährt.

🕮 Die gespannte Stimmung zwischen der Supermacht und dem kleinen Norwegen (4 Mio Einwohner) in den siebziger Jahren spiegelt sich in dem in Norwegen sehr populären (und auch verfilmten) Polit-Thriller von Jon Michelet, "**Der Gürtel des Orion**" (☞ Literatur) wider. In dieser Erzählung gerät ein einfacher Eismeer-Schiffer zwischen die Mühlen der internationalen Politik: Plötzlich stellt sich ihm die Frage nach dem Recht des einzelnen und der Verhinderung eines Großkonfliktes. Der Roman spielt überwiegend in Spitzbergen und der Autor, mit den dortigen Verhältnissen offenbar hervorragend vertraut, zeichnet aus der sehr subjektiven Sicht der Hauptfigur ein plastisches Bild des Spitzbergens der siebziger Jahre, das sich heute schon wieder sehr gewandelt hat, so daß das Buch fast schon ein Zeitdokument ist.

Im norwegisch-sowjetischen Verhältnis innerhalb Spitzbergens hat das bestimmtere Auftreten der Norweger während der letzten zehn Jahre, ähnlich wie bei vergleichbaren anderen Fällen der internationalen Politik, eher zu einer Entspannung und zu besseren Kontakten zwischen den Siedlungen geführt. Klares Auftreten wurde von den Sowjets offensichtlich verstanden und respektiert, zumal Norwegen dem heutigen Rußland insgesamt hier weit entgegenkommt.

Man stelle sich die Situation einmal anders herum vor. So ist bis heute in den russischen Siedlungen trotz norwegischer Souveränität keine norwegische Polizei stationiert, und man läßt die Russen ihre internen Angelegenheiten weitgehend selbst regeln, soweit dadurch nicht zu deutlich der Eindruck eines Souveränitätsverzichtes entsteht. So ließ der Gouverneur seine Beamten beispielsweise bei Hausbränden in russischen Siedlungen und bei Einbrüchen von Russen in norwegische Hütten in den betroffenen russischen Siedlungen ermitteln. Auf eine Aburteilung nach norwegischem Recht wurde jedoch verzichtet; die Täter wurden in Rußland vor Gericht gestellt.

Die Entwicklungen in der ehemaligen UdSSR ab 1987 - Stichworte Glasnost und Perestroika - zeigten auch in Spitzbergen Wirkung und wurden von der sowjetischen Bevölkerung im Gespräch mit vielen Erwartungen versehen. Es ist heute einfacher als noch vor zehn Jahren, die russischen Siedlungen als Tourist zu besuchen. 1988 wurde erstmals einem westlichen Fernsehteam ein mehrtägiger Aufenthalt in Barentsburg gestattet, bei dem auch die bisher gegen Besucher abgeschirmten Gruben und praktisch alle anderen gewünschten Motive gefilmt werden durften.

Erstmalig verzichtete 1988 der damalige sowjetische Konsul auf den Protest gegen den jährlichen Besuch einer norwegischen Fregatte in Spitzbergen, durch den Norwegen formal seine Souveränität unterstreicht. Bis dahin hatte die Sowjetunion regelmäßig gegen diesen "Verstoß gegen den Spitzbergen-Vertrag" protestiert und wurde dann in der norwegischen Antwort darauf hingewiesen, daß lediglich militärische Stützpunkte und die Stationierung von Soldaten verboten seien - ein wunder Punkt, denn einige Aeroflot-Piloten, damit auch diejenigen der dauerhaft in Spitzbergen stationierten Hubschrauber, sind oft Offiziere der Roten Armee.

Insgesamt haben die Kontakte zwischen den Siedlungen auf offizieller Ebene zugenommen, hierzu gehören Wettkämpfe (Schach, Fußball, Langlauf u.a.), Kulturaustausch und wechselseitige Gruppenbesuche. Daneben lief zunächst auf privater Ebene ein reger, oft durch **Tauschhandel** motivierter Kontakt nach dem Motto "Westliche Nylonstrümpfe gegen sowjetischen Wodka und Schinken", wovon beide Tauschpartner profitieren. Mittlerweile hat sich allerdings auch bei diesen Geschäften die harte Westwährung - in diesem Falle norwegische Kronen - durchgesetzt. Tauschhandel ist zur Ausnahme geworden, und der russische Souvenirhandel der Straßenhändler ist ziemlich professionell geworden.

Derlei Geschäfte fanden zunächst vor allem im Frühjahr statt, wenn die Norweger auf ihren Motorschlittentouren problemlos auch zu den damaligen sowjetischen Siedlungen fahren können. Russen mit Beziehungen kommen mittlerweile ebenfalls in kleinen Grüppchen mit den wenigen in Barentsburg oder Pyramiden vorhandenen Motorschlitten nach Longyearbyen. Der Haupthandel findet jedoch inzwischen im Sommer statt. Während der Hauptsaison organisieren sich die russischen Händler hierfür die Transfers per Hafenschlepper nach Longyearbyen und stehen dann fast jeden Tag mit ihrer ausgelegten Ware vor dem Eingang von Kafe Busen oder am Pier, besonders wenn Kreuzfahrtschiffe Longyearbyen ansteuern. Die Geschäfte scheinen sich zu lohnen, und offenbar sind insbesondere die Teilnehmer der Kreuzfahrten oft bereit, hohe Preise für die Massenproduktion an Balalaikas und Billig-Samowaren zu zahlen.

Man kann daher heute insgesamt von entspannten Beziehungen zwischen Norwegern und Russen in Spitzbergen sprechen. Norwegen nutzt dabei deutlich die Gunst der Stunde, um in den russischen Siedlungen in Spitzbergen die Zeichen norwegischer Souveränität zu festigen. Die Aufstellung norwegischer Verkehrsschilder (mit norwegischem Text an erster und russischem Text an zweiter Stelle) in den russischen Siedlungen gehört ebenso dazu, wie die Einrichtung norwegischer Poststellen in den russischen Siedlungen, die - eine Kuriosität - jedoch von Russen betrieben werden. Für die Russen ein glänzendes Geschäft: Immerhin zahlt Norwegen für diesen Souveränitätsbeweis einen guten Preis (Miete etc.) an Trust Arktikugol. Nach Aufgabe der russischen Flüge zwischen Murmansk und Spitzbergen gewann dieser norwegische Postservice über Tromsø auch für die Russen an Nutzen.

Ungeachtet solch kleiner Tests haben die letzten Jahre hinsichtlich Form und Umfang der Beziehungen zwischen Norwegern und Russen in Spitzbergen zu einer deutlichen Annäherung und Verbesserung des Verhältnisses geführt, das hier wohl offener ist als irgendwo sonst auf der Welt, wo Ost und West aufeinanderstoßen.

Das einzige möglicherweise auftretende Problem für einen Besuch der russischen Siedlungen durch Touristen ist heute der **Transport**. Man kann inzwischen in Barentsburg und Pyramiden auch übernachten und als Ausländer in einer speziellen Kantine essen, die Preise sind allerdings nach alter sowjetischer Manier gesalzen: Der Besucher wird z.B. um nkr 90 für ein (allerdings mehrgängiges) Essen geschröpft.

Während man sich in Spitzbergen selbst auf diese Weise nachbarschaftlich distanziert-freundlich arrangiert und weiß, was man wechselseitig zu erwarten hat, bestehen im Umfeld Probleme, die noch einer Lösung harren.

Mit zunehmendem technologischen Fortschritt gewinnen auch die unter der **Barentssee** vermuteten **Bodenschätze** an Interesse, da dieses Meer zwar durch Eis und Klima Probleme bereitet, nicht jedoch durch seine geringe Tiefe. Entsprechend zäh sind die Verhandlungen zwischen Norwegen und Rußland um die Ziehung der Grenzlinie zwischen den 200-km-Wirtschaftszonen im Polarmeer. Rußland vertritt in der Arktis das Sektorenprinzip, d.h. betrachtet die Linie von der Grenze der Hoheitsgewässer zum Nordpol als Grenze, während Norwegen das zumindest außerhalb des Polarmeeres anerkannte Mittellinienprinzip (Grenze auf der Mitte zwischen den jeweils nächsten Landpunkten der betroffenen Staaten) anwenden will (siehe weiter unten). Die strittige Differenz zwischen beiden Varianten sind immerhin 160.000 km^2 möglicherweise rohstoffreicher Meeresgrund und Fischereigewässer.

Ferner zweifelt Rußland an, ob Norwegen aufgrund des Spitzbergen-Vertrages überhaupt eine eigene Wirtschaftszone um Spitzbergen zusteht, und ob Spitzbergen rechtlich überhaupt zum norwegischen **Kontinentalsockel** gehört. Ein Blick auf die Karte zeigt zwar, daß die Barentssee im Grunde nur die unterseeische Fortsetzung Nordeuropas ist und dieser Kontinentalsockel erst westlich Spitzbergens steil in die Tiefsee des Nordatlantiks abfällt. In der seerechtlichen Praxis spricht man im allgemeinen vom Kontinentalsockel bis zu einer Tiefe von 200 m, die Barentssee ist zwischen Norwegen und Spitzbergen in einigen Bereichen jedoch tiefer. Da das Seerecht insgesamt sehr interpretationsfähig ist, bleibt nur eine politische Lösung, um die am Verhandlungstisch mit Tricks gerungen wird, wobei beide Seiten offensichtlich bemüht sind, ernste Spannungen in diesem strategisch sensiblen Gebiet zu vermeiden.

Über dieses norwegisch-russische Grenzproblem hinaus wird die Arktis in näherer Zukunft voraussichtlich auch noch mehr ins Blickfeld der anderen dort aktiven Staaten rücken, denn die **Erschließung ihrer Ressourcen** verspricht ein gewaltiger Markt zu werden, sowohl in bezug auf die Rohstoffe als auch technologisch. Die Förderung von Öl und anderen Rohstoffen in dieser unwirtlichen und ökologisch empfindlichen Gegend stellt völlig neue Forderungen an Technik und Verfahrensweisen und bildet damit unter anderem für das exportabhängige Deutschland eine Herausforderung, auf die sich die Forschung und die Entwicklungsabteilungen der entsprechenden Unternehmen bereits einstellen.

Selbst die voraussichtlich erforderlichen Technologien zur Verminderung von Umweltrisiken dürften einen interessanten Markt darstellen. Dies strahlt auch in die anwendungsferne Grundlagenforschung und völlig andere Wissenschaftszweige aus, denn noch ist der große arktische Kuchen nicht verteilt, und die Spielregeln und Teilnehmer müssen noch ausgehandelt werden.

In dieser Hinsicht ist die deutsche **Koldewey-Station** in Ny Ålesund von großer Bedeutung, dokumentiert sie doch, ähnlich wie die Georg-von-Neumayer-Station in der Antarktis, deutsches wissenschaftliches Interesse und Engagement, das nicht so leicht übergangen werden kann, insbesondere angesichts des besonderen internationalen Status von Spitzbergen. Zur direkten wissenschaftlichen Ausbeute aller Forschungseinsätze kommt der Gewinn an Arktiserfahrung, der von der Grundlagenforschung in die technologische Entwicklung und Anwendung ausstrahlt.

Im Hinblick auf Spitzbergen könnten sich neue Allianzen ergeben, da Norwegens Begründung für Ansprüche auf den Kontinentalsockel und die Wirtschaftszonen um Spitzbergen sowohl gegen russische als auch westliche Interessen gerichtet ist und in der Argumentation nicht unanfechtbar ist, Rußland aber ähnliche Expansionsinteressen hat, so daß beiden eher an weniger Konkurrenten und einer Einigung untereinander gelegen sein muß.

Einen Vorgeschmack auf künftige Souveränitätsprobleme gab 1993 das Thema "**Smutthulet**" ("Schmutzloch") - ein Stückchen Barentssee zwischen den von Norwegen und Rußland beanspruchten maritimen 200-Meilen-Wirtschaftszonen, die sich zwischen Rußland, Spitzbergen und dem norwegischen Festland befinden. Seit dem Niedergang der Sowjetunion tummeln sich in diesem herrenlosen Gebiet zunehmend Trawler aus

Island, aber auch aus anderen Ländern. Gleichzeitig ist diese Region ein wichtiges Aufwuchsgebiet für die Fischbestände der Barentssee. Norwegische wie russische Fischer müssen hier fremden Trawlern zusehen, wie diese ihnen vor ihrer Nase die Ressourcen wegfangen und sich dabei wenig um Schutzbestimmungen für Jungfische etc. kümmern. Angesichts dieses Raubbaus ist eine Kontrolle wünschenswert, liefert andererseits aber auch willkommene Argumente, die eigene norwegische Wirtschaftszone über die bisherigen 200 Meilen hinaus auszudehnen und dann alle Ressourcen (nicht nur Fisch) der neugewonnenen Gebiete vornehmlich für sich allein zu beanspruchen.

Zum **Konflikt** bis hin zu Warnschüssen der norwegischen Küstenwache (*kystvakt*) kam es 1993, als zwei Trawler zusätzlich auch noch in der von Norwegen beanspruchten 200-Meilen-Zone um Spitzbergen auf Fang gingen. Die in der Dominikanischen Republik ansässige Reederei berief sich dabei auf den Spitzbergen-Vertrag, der allen Unterzeichnerstaaten gleiche Rechte einräumt. Da es 1920 noch keine 200-Meilen-Zonen gab, wird hierüber natürlich auch in dem Vertrag nichts gesagt. Norwegen interpretiert dieses so, daß Ausländer lediglich in den unmittelbaren Hoheitsgewässern Spitzbergens gleiche Rechte haben, jedoch nicht in der weitaus größeren 200-Meilen-Zone, die Norwegen für sich allein beansprucht, auch im Hinblick auf das Öl, das sich dort vielleicht einmal findet. Die Gegenpartei hingegen sieht es als absurd an, daß Norwegen die Rechte der Vertragsstaaten nur auf das unmittelbare Hoheitsgebiet Spitzbergens beschränkt, die Wirtschaftszone um die Inseln herum aber, die Norwegen nur durch den Vertrag erhielt, entgegen dem Geist des Spitzbergen-Vertrages für sich allein beansprucht.

Offenbar ist man auch in Norwegen hinsichtlich der Haltbarkeit der eigenen Argumentation unsicher, denn die Forderung der dominikanischen Reederei nach einer Zusammenkunft der Vertragsstaaten zur Klärung dieser Frage löste in Norwegens Presse Unsicherheit aus. Die seerechtlichen Fragen dürften allerdings mit wachsendem internationalem Interesse an den Polarmeeren zunehmend wichtiger werden. Nachdem die norwegische Souveränität über Spitzbergen - mit den vertraglichen Einschränkungen - heute international wohl unbestritten ist, scheint mittlerweile die zweite Runde eingeläutet zu sein: Ausweitung der Ansprüche auf immer weiter umliegende Seegebiete. Die Bedeutung Spitzbergens scheint sich vom Land auf See bzw. den Meeresboden hinauszuverschieben. Diese Entwicklung wird bei uns kaum beachtet, und Zwischenfälle wie der mit den beiden Trawlern bringen Norwegen in eine Zwickmühle: Einerseits muß man reagieren, um den eigenen Souveränitätsanspruch zu unterstreichen und die eigenen Fischer zu beruhigen. Andererseits könnte zuviel internationales Aufsehen andere Interessenten herbeiziehen, die Norwegens neue, weit auf See hinausgreifende Ansprüche in Zweifel ziehen und womöglich gar zu neuen Verhandlungen zwingen. Ohne solch internationale Aufmerksamkeit hingegen könnten die maritimen Ansprüche mangels Widerspruch schließlich bei ursprünglich vielleicht zweifelhafter Rechtsgrundlage zum Gewohnheitsrecht Norwegens werden.

Zukunftsansätze in Spitzbergen

Nach diesem Exkurs in das zukünftige politische Umfeld Spitzbergens, der manchen Leser enttäuschen mag, weil sich zeigt, daß selbst hier im höchsten Norden das Kräftespiel der politischen Interessen keinen gnädigen Bogen um Spitzbergen macht, nun zurück zur Zukunft des Landes:

Angesichts des jährlichen Defizits des Kohlebergbaus einerseits und der wachsenden Bedeutung Spitzbergens andererseits, die eine Reduktion des norwegischen Engagements in Spitzbergen nicht zuläßt, deutet sich für die nächsten Jahre ein **Wandel in der norwegischen Spitzbergen-Politik** an:

Die **Kohleproduktion** wurde von 500.000 t/Jahr auf 300.000 t/Jahr reduziert; weitere Einschränkungen sind im Gespräch bzw. werden zwangsläufig folgen, wenn 1997 Grube 3 und zehn Jahre später auch Grube 7 völlig ausgebeutet ist. Bei günstigen Ergebnissen der anlaufenden Untersuchungen über die interessanten Kohlelager um Sveagruva ist langfristig eine Verlagerung des Bergbaus von Longyearbyen nach Sveagruva nicht ausgeschlossen. Allerdings ist dies nicht nur wegen der Auswirkungen auf die Umwelt, sondern auch wegen der enormen Startsubventionen in einen bei derzeitigen Kohlepreisen unwirtschaftlichen Bereich umstritten, zumal die teure neue Grube trotzdem nur halb so vielen Personen in der Bergbaugesellschaft Arbeit bieten kann wie heutzutage.

Neben die Kohle sollen **andere Erwerbszweige** treten, um eine deutliche norwegische Präsenz auch bevölkerungsmäßig in Spitzbergen sicherzustellen und die Kosten der hierfür erforderlichen Infrastruktur durch mehr Nutzer vertretbar zu halten. Als neuer Erwerbszweig kommt zunächst naheliegenderweise der **Tourismus** in Frage. In der Diskussion ist ferner die Nutzung der arktischen Bedingungen und Transportvorteile (Schiff, Flughafen) Spitzbergens für **technologische Erprobungs- und Entwicklungszentren**.

Im Hinblick auf die Erhaltung einer norwegischen Mindestbevölkerung in Spitzbergen können auch die durch den Spitzbergen-Vertrag festgeschriebenen Steuervorteile der Inselgruppe ein möglicher Ansatzpunkt für **Dienstleistungsbetriebe** sein. Geschickte Einheimische verstehen diesen besonderen Status schon heute durch Im- und Exportgeschäfte als

Zuerwerb zu nutzen. Mit Phantasie läßt sich der Standort Longyearbyen aber auch von anderen Unternehmen nutzen. So siedelte sich 1989 als erster "Fremder" ein selbständiger Übersetzer dort an, der mit Unterstützung seines Computers Bücher in Blindenschrift überträgt.

Ein weiterer, 1993 in Angriff genommener Ansatz ist der Ausbau Longyearbyens zu einem **Schulungsort**. Aus diesem Grund nahm die neue Arktische Hochschule 1993 ihren Betrieb in Longyearbyen auf.

Diese erwogenen Entwicklungslinien darf man natürlich nicht mit mitteleuropäischen Größenmaßstäben messen, sondern sie sind vor dem Hintergrund der norwegischen Bevölkerung in Spitzbergen zu sehen, deren bisherige Anzahl (1.000 bis 1.500 Personen) erhalten werden soll.

Es ist klar, daß diese Ansätze den Naturfreund auch mit Sorge erfüllen, ebenso den Kenner des heutigen Spitzbergens und seiner Bewohner mit Bedauern, denn jede Veränderung wird auch den Lebensstil dort verändern.

Tourismus

1892 charterte Kapitän **Wilhelm Bade** aus Wismar den Passagierdampfer "Admiral" und bot die erste touristische Fahrt nach Spitzbergen an, das er vorher im Rahmen einer Expedition kennengelernt hatte. Diese **erste Spitzbergen-Kreuzfahrt** kann als die Geburtsstunde des Spitzbergen-Tourismus angesehen werden. Bade setzte diese Reisen bis 1907 fort, und es fanden sich alsbald die Reedereien Hapag und Norddeutscher Lloyd als erfolgreichere Nachahmer.

Bedenkt man, daß große Teile Spitzbergens zu dieser Zeit noch völlig unerforscht waren, ist diese frühe Blüte des Kreuzfahrttourismus überraschend. Sie wurde durch die in Mitteleuropa in der Presse mit größter Aufmerksamkeit verfolgten Berichte über die spektakulären Nordpolexpeditionen auf der Dänen-Insel und in Ny Ålesund angeregt, so daß die Mitreisenden ein wenig Zeugen des aufregenden Geschehens werden konnten, ohne auf die komfortable Geborgenheit eines Kreuzfahrtschiffes verzichten zu müssen.

Diese erste Welle von Spitzbergen-Reisenden führte sogar zur **Einrichtung spezieller Postämter** in Spitzbergen nur für den Reiseverkehr im Sommer, etwa in Advent Bay (1897), Bell Sound (Bellsund 1907) oder Green Harbour (Grønfjord, 1907), noch bevor an diesen Orten die teilweise dort heute bestehenden Siedlungen entstanden. 1896 richtete die Vesterålens Dampskibsselskap (eine Teilgesellschaft der Hurtigrute) einen

wöchentlichen Liniendienst nach Spitzbergen im Sommer ein, der überwiegend touristischen Zwecken diente.

Die **erste Touristenunterkunft** entstand 1896 durch diese Gesellschaft, auf der noch heute "Hotellneset" genannten Landzunge im Adventfjord. Dieses "Hotel" erwies sich allerdings rasch als unrentabel.

Trotzdem hatte sich der Tourismus im sommerlichen Spitzbergen erstaunlich rasch etabliert und erfreute sich beim deutschen Bürgertum großer Beliebtheit. Sowohl hinsichtlich der Fahrgastzahlen als auch bei den Reedereien spielte Deutschland die dominierende Rolle.

Der Erste Weltkrieg unterbrach diese Entwicklung schlagartig, doch während der zwanziger und dreißiger Jahre wurde Spitzbergen als Teil einer Nordland-Kreuzfahrt rasch wieder zum beliebten Ziel, während es nach dem Zweiten Weltkrieg etwas länger dauerte, bis diese Tradition wieder in altem Umfang aufgenommen wurde.

🕮 Interessante Details zur Kreuzfahrtengeschichte finden sich im "**Spitzbergen Handbuch**" von Kardel/Trögel (☞ Literatur), das sich zwar primär an Philatelisten wendet, dabei aber auch eine Fülle von allgemeinen geschichtlichen Details enthält.

Heute sind Kreuzfahrten der weitaus gängigste Weg, Spitzbergen oder zumindest einen Teil seiner Westküste zu erleben.

Die seit 1896 bestehende Möglichkeit, Spitzbergen im Sommer mit dem Linienschiff der **Hurtigrute** von Norwegen aus zu erreichen, fand mit der Saison 1982 ihr vorübergehendes Ende. Hierzu trug seit Eröffnung des Flughafens in Longyearbyen die fliegende Konkurrenz, aber auch eine Modernisierung der Hurtigruten-Flotte bei, die zu einer geringeren Zahl von Schiffen führte, so daß der Abstecher nach Spitzbergen nicht mehr in den Fahrplan paßte. Seitdem hat es Bestrebungen anderer Veranstalter gegeben, während des Sommers wieder eine Schiffsverbindung nach Spitzbergen anzubieten. Der ernsthafteste Ansatz endete 1988 in einem Skandal: Kurz vor Saisonbeginn, etliche Passagen waren bereits verkauft, stellte sich heraus, daß das vorgesehene Schiff doppelt eingeplant war und statt nach Spitzbergen ins Mittelmeer fuhr.

Ein ernsthafterer Versuch, wieder einmal pro Woche eine Schiffslinienverbindung nach Spitzbergen einzurichten, zeichnet sich für 1994 ab. Das Schiff soll dann wie früher eventuell die Bären-Insel anlaufen, Longyearbyen und Ny Ålesund besuchen und bis zum Magdalenefjord und um die Nordwestecke Spitzbergens herum vordringen. Es ist nicht zu erwarten, daß diese Fahrten billiger sein werden als die Flüge, auf alle Fälle aber umweltschonender, gemütlicher und vielfältigere Eindrücke bietend.

Bis es allerdings soweit ist, bleibt die einzig sichere Möglichkeit für eine Schiffsreise daher zur Zeit eine Kreuzfahrt (☞ Reisemöglichkeiten - Kreuzfahrten).

Neben den Teilnehmern der großen Kreuzfahrten gab es für wohlhabendere Reisende in früheren Jahrzehnten außerdem die Möglichkeit, bei einem der nordnorwegischen Eismeerschiffer eine **Eismeerfahrt** nach Spitzbergen zu arrangieren, wobei in den meisten Fällen die Jagd auf Eisbären das Ziel war. Seitdem die Eisbären 1973 gänzlich unter Naturschutz gestellt wurden, ist die Nachfrage nach solchen Privatfahrten ins Eismeer drastisch zurückgegangen und als Folge davon auch die Zahl der hierfür geeigneten Schiffe. Hinzu kommt das in Norwegen in den letzten Jahren beträchtlich gestiegene Einkommensniveau, das auch die Charterpreise in schwindelnde Höhen getrieben hat.

Landtourismus hat in Spitzbergen seit jeher eine weitaus bescheidenere Rolle gespielt und entwickelte sich aus **privaten Forschungsreisen** und **Expeditionen**, die sich entweder auf Eismeerschiffe oder Passagierdampfer als Transportmittel stützten. Die bis heute fehlende Erschließung Spitzbergens durch Verkehrswege oder regelmäßige Linienverkehrsmittel läßt jede Spitzbergenreise außerhalb der Siedlungen zur aufwendigen Unternehmung werden. Trotzdem wurde und wird die Inselgruppe immer wieder von alpinistischen Expeditionsgruppen besucht, bietet sie dem extremen Eis- und Felskletterer doch noch heute zahlreiche unbegangene Routen und Gipfel. Den zeitlichen und kostenmäßigen Aufwand einer solchen Expedition konnten und können sich jedoch nur wenige leisten. Sowohl die geringe Zahl als auch die in der Regel sorgfältige Vorbereitung dieser Unternehmungen sorgten dafür, daß sie überwiegend wohlwollend betrachtet wurden.

Spätestens seit der Eröffnung des ganzjährigen Flughafens 1975, primär zur Versorgung der Bevölkerung gedacht, setzten in stärkerem Maße auch durch Veranstalter **organisierte Touren** ein, die zunächst seitens der örtlichen Bevölkerung und Verwaltung mit Sorge betrachtet wurden. Inzwischen hat sich hier jedoch ein Bewertungswandel vollzogen. Der organisierte Tourismus gilt heute als die für die Zukunft primär angestrebte Reiseform in Spitzbergen, da er im Hinblick auf Naturschutz und Unfallverhütung leichter zu kontrollieren und zu steuern ist. Im Gegensatz zu einigen Einzelreisenden kann sich ein langfristig planender Veranstalter beispielsweise kaum gröbere Verstöße gegen örtliche Schutzbestimmungen und Richtlinien leisten. Außerdem können Ortskenntnis und angemessene Ausrüstung bei Veranstaltern vorausgesetzt oder vorgeschrieben werden. Zudem verringern sie für die norwegische Verwaltung den Kontroll- oder gar Rettungsaufwand, da sich die Veranstalter überwiegend an die von ihnen gemeldeten und vorher erprobten Routen halten - angesichts der Größe des menschenleeren Landes ein nicht unwesentlicher Punkt.

Insgesamt gilt daher der organisierte Spitzbergen-Tourismus als für das Land besser verträglich. Probleme sieht man eher bei den wenigen Besuchern, die auf eigene Faust nach Spitzbergen reisen. Leider hat die durch den Flughafen scheinbar bessere Erschließung Spitzbergens neben traditionell gut ausgerüsteten und erfahrenen Expeditionen in den letzten Jahren auch **Individualreisende ohne entsprechende Erfahrung und Ausrüstung** zu einer Spitzbergenreise auf eigene Faust verführt. Die Vernünftigeren erkennen teilweise schon bei der Anreise, beim Überfliegen der wilden Landschaft, die Überschätzung der eigenen Leistungsfähigkeit und Erfahrung. Schlimmer wird es, wenn sich solche Einzelreisenden oder Grüppchen trotzdem ins Gelände wagen und damit nicht nur sich selbst gefährden, sondern unter Umständen gar überflüssige und aufwendige Rettungsaktionen provozieren (die übrigens der Verursacher bezahlen muß). Frierende Gestalten am Zeltplatz, die auf den nächsten Flug mit freien Plätzen zurück nach Tromsø warten, martialisch-kernig abmarschierende und nach ein oder zwei Tagen kleinlaut zurückkehrende Zweier- oder Vierergruppen - auch diese Bilder wiederholen sich Jahr für Jahr auf dem Zeltplatz am Flughafen.

Da niemandem an solchen Enttäuschungen aufgrund falscher Vorstellungen gelegen sein kann, halte ich es für notwendig, auf diese Risiken deutlich hinzuweisen:

Spitzbergen als Teil der hohen Arktis mit ihren besonderen Bedingungen ist nicht einfach eine etwas wildere Fortsetzung von Lappland!

Auch in den abgelegensten Teilen Skandinaviens, Islands oder den Wandergebieten Grönlands können Sie sich notfalls auf die dort vorhandenen zivilisatorischen Errungenschaften verlassen. Sie können dort außerdem ihre Zielgebiete mit verschiedenen Verkehrsmitteln wechseln, fehlende Ausrüstung und Verpflegung in den Orten ergänzen sowie sich im Gelände mittels detaillierter Karten und Markierungen leicht orientieren. Diese Sicherheiten und Erleichterungen stehen in Spitzbergen gar nicht oder nur in den Siedlungen zur Verfügung.

Reisen mit Veranstalter müssen keineswegs für jeden die geeignetste Reiseform sein. Wer sich auf keinen Fall einem Veranstalter anschließen möchte, sollte sich gut überlegen, ob sich der Aufwand einer Spitzbergenreise auf eigene Faust lohnt oder nicht vielleicht doch andere Reiseziele für eine selbst organisierte Reise geeigneter sind. Keine Lösung ist jedenfalls der Versuch, eine Spitzbergenreise mit nicht vollständiger oder minderwertiger Ausrüstung, ungenügender Vorbereitung oder geringer Wildniserfahrung zu unternehmen und vor Ort durch Schnorren, Vertrauensmißbrauch (noch sind in Spitzbergen viele Gebäude unverschlossen) oder Mißachtung von Regeln Ärger zu provozieren.

Angesichts der geringen Zahl von Spitzbergen-Reisenden trägt jeder weitaus mehr zum Bild der Touristen bei als der einzelne Sonnenanbeter an der Costa Brava. Eine Fahrt nach Spitzbergen hat auch in dieser Hinsicht mit persönlichem Verantwortungsbewußtsein zu tun, und man kann nur hoffen, daß Spitzbergen vor größeren Zahlen jenes "Globetrottel"-Typs verschont bleibt, der exotische Ziele mit "Nach-mir-die-Sintflut"-Einstellung abhakt.

Bisher spielte der Spitzbergen-Tourismus für die Inselgruppe selbst nahezu keine wirtschaftliche Rolle, da die Kreuzfahrtschiffe (und mit ihnen über 80% der Besucher) ihre eigene Infrastruktur an Bord mitführen, und die Reiseveranstalter, mangels touristischer Einrichtungen an Land, ebenfalls weitgehend selbst Transport, Verpflegung, Unterbringung etc. ihrer Teilnehmer in Spitzbergen sicherstellten.

Spätestens seit Wegfall der Hurtigruten-Fahrten konnten sich verschiedene Reiseveranstalter etablieren, die Touren mit gecharterten, kleinen Küstenschiffen entlang der meist eisfreien Nordwestküste Spitzbergens anbieten. Daneben entwickelte sich in geringerem Umfang auch ein Angebot an **Inlands-Trekkingtouren** und ab etwa 1985 ein Angebot an **Touren mit motorisierten Schlauchbooten** in den Fjorden.

Besonders die letzte Variante bot zunehmend Anlaß zu Besorgnis, sowohl aus der Sicht des Naturfreundes (vergleichsweise komfortabel und preisgünstig wurden hier auch die abgelegensten Fjordwinkel größeren Touristenzahlen erschlossen) als auch vor allem im Hinblick auf die Sicherheit, zumindest bei einzelnen Veranstaltern. Immerhin wurden bei diesen Touren stundenlange Fahrten im offenen Boot und Querungen von bis zu 30 km breiten Fjorden unternommen - ohne Ausstattung der Passagiere mit Überlebensanzügen und trotz rasch wechselnder Wind-, Wetter- und Seegangsverhältnissen sowie ca. 4 Grad Wassertemperatur mit entsprechend minimalen Überlebensaussichten bei einem Unfall.

Obwohl bereits 1988 ein Verbot solcher Schlauchboottouren angekündigt wurde, fand seitens der beteiligten Veranstalter kein freiwilliges Umdenken statt. Dies führte 1988 so weit, daß sich gleich vier Kunden einer solchen Fahrt mit einer ganzen Liste von Klagen an den Gouverneur wandten, darunter unter anderem mehrfaches Einnicken des Veranstalters am Bootssteuer, Überladen des Schlauchbootes mit 22 Personen, "scherzhaftes" zweimaliges Rammen einer Gletscherfront mit dem Bootsbug (überall in der Nähe der Gletscherfront ist mit plötzlichen, mit

 Trogform des breiten Sassendalen ☞

Eistrümmern durchmischten, gefährlichen Flutwellen oder gar herabstürzenden Eisblöcken beim "Kalben" des Gletschers zu rechnen) - kurzum leichtfertige Verhaltensweisen, die die ohnehin mit jeder Spitzbergentour verbundenen natürlichen Risiken noch erweitern. Angesichts solchen Leichtsinns auf seiten zumindest einzelner Veranstalter ist es verständlich, daß Ende 1988 alle Reiseveranstalter über das Verbot solcher Touren ab 1989 unterrichtet wurden. Aus Sicht des Naturschutzes ist dies sicherlich auch zu begrüßen. Falls Sie also von derartigen Schlauchboottouren in Spitzbergen erfahren haben: Dieses Verbot ist der Grund, warum Schlauchboote nur noch im Nahbereich eingesetzt werden.

Neben diesen Angeboten gibt es jetzt zunehmend die Möglichkeit von **Kurzaufenthalten in Longyearbyen**, gewissermaßen zum kurzen Schnuppern von Spitzbergenluft. Hintergrund dieser Möglichkeit ist das gewachsene Angebot von Übernachtungsmöglichkeiten in Longyearbyen.

Galt es zunächst, durch Festlegen eines Zeltplatzes am Flughafen das Problem des wilden Campens im Ortsbereich zu lösen, so ist man nun zunehmend bemüht, Longyearbyen selbst zum Reiseziel für Kurzreisen und Tagungen zu entwickeln. So kann auf diese Weise neben der Kohle und der Ansiedlung neuer Betriebe, auch der Tourismus als Einnahmequelle genutzt werden. Durch Fertigstellung zahlreicher Neubauten in den Ortsteilen Lia und Blåmyra konnte die Belegschaft der SNSK weitgehend dorthin umziehen; die Gebäude des Ortsteils Nybyen wurden deshalb frei. Nach der Renovierung stehen mehrere von ihnen nun Besuchern als Unterkünfte offen, ergänzt durch eine Rezeption und einen Frühstücksraum. Hinzu kommen verschiedene Neubauprojekte, in denen eine Übernachtung recht teuer ist. Darüber hinaus wird an der Attraktivität Longyearbyens gearbeitet (Sanierung oder Abriß älterer Gebäude, Säuberung, Straßenbefestigung, Bergwerksführung), um mehr Kreuzfahrtschiffe zu veranlassen, den Ort anzusteuern, wozu aber vor allem der neue, größere Pier beitragen dürfte, der den Schiffen ab 1994 das aufwendige Ausbooten erspart.

Durch die Öffnung der russ. Siedlungen ergeben sich Möglichkeiten der Einbeziehung in touristische Programme zum beiderseitigen Vorteil.

Die Verbesserung des Angebotes in Longyearbyen wird sicher zu einer Zunahme der Besucher führen, wobei diese Verbesserungen den Ort vor allem für finanzkräftige Einzelreisende und Reisegruppen interessant machen. Es ist zu hoffen, daß durch eine differenzierte Steuerung der Entwicklung des Tourismus zwar derartige Maßnahmen zur Verbesserung des touristischen Angebots gezielt dort erfolgen, wo dadurch ein wirtschaftlich attraktiver und umweltschonender Tourismus gefördert wird, eine gießkannenartige Tourismusförderung auch im Inland mit all ihren genannten möglichen Konsequenzen uns jedoch erspart bleibt.

Spitzbergen - Reise-Infos von A bis Z

Adressen

Norwegisches Fremdenverkehrsamt, Mundsburger Damm 27, 22087 Hamburg. Hier können unter anderem Broschüren mit den innernorwegischen Verkehrsverbindungen und Übernachtungsmöglichkeiten auf dem Festland angefordert werden, um die An- und Abreise für Spitzbergen durch Norwegen zu organisieren (Achtung: erscheinen oft erst im Mai).

Sysselmannskontor, N - 9170 Longyearbyen. Anlaufstelle für spezielle, vor allem rechtliche Fragen im Zusammenhang mit Svalbard. Wichtig: Hier müssen alle Touren angemeldet werden und bedürfen der Genehmigung. Der Gouverneur legt auch die eventuell geforderte Versicherungssumme für Touren fest.

Alkohol

Für deutsche Verhältnisse akzeptabel sind die Preise für alkoholische Getränke in Longyearbyen, aus skandinavischer Sicht traumhaft günstig. Die Menge im Laden ist allerdings **rationiert** auf eine bestimmte Literzahl an Hochprozentigem, "Starkwein" und Bier pro Monat und Einwohner, wofür die Einheimischen Rationskarten haben. Besucher erhalten ihre Ration nach Vorlage des mitzubringenden Flugtickets, aus dessen Terminen die Ihnen zustehenden Mengen errechnet und gekaufte Mengen darin eingetragen werden.

Der Alkoholverkauf erfolgt in Longyearbyen in einer **geschlossenen Abteilung des Supermarktes**; die Auswahl ist beeindruckend. Amüsanterweise gibt es für Wein keine Quoten, da dieser bei der Einführung des Systems kaum getrunken wurde. Angesichts der gemäßigten Preise für Alkoholisches vor Ort macht es normalerweise wenig Sinn, Flaschen von Mitteleuropa nach Spitzbergen mitzubringen.

Zusätzlich zu dem im Laden rationiert käuflichen Alkohol gibt es einen Alkoholausschank in der Dorfkneipe, im **Huset** (volle Lizenz), sowie im **Kafe Busen** (dort nur zum Essen) und in der **Funken-Bar**. Die Einheimischen konsumieren Alkohol vor allem am Samstag abend, im exzessiven Fall dreigeteilt: zu Hause mit Freunden am frühen Abend erst einmal das "Vorspiel", dann geht es noch halbwegs nüchtern ins Huset, in die

Dorfdisco, wo sich jung und alt mit oder ohne Alkohol einfindet. Hier ist bis 2:00 etwas los. Danach bringt ein Discobus die teilweise wankenden Gestalten in die einzelnen Teile des Dorfes. Während draußen die Sonne strahlt (in der Disco wird verdunkelt) geht dann zu Hause eventuell das Feiern im Freundeskreis beim "Nachspiel" bis in den Morgen weiter und der Sonntag dient der Ernüchterung. Allerdings muß klar gesagt werden, daß nicht alle Einheimischen sich durch einen hohen Alkoholkonsum auszeichnen; es gibt auch absolute Abstinenzler oder Gemäßigte, die sich ebenfalls teilweise in der Disco einfinden und deshalb nicht als Außenseiter gelten.

Durch die intensivierten Kontakte zwischen russischen und norwegischen Siedlungen ergaben sich naheliegende Handelsaktivitäten auch mit Alkohol, um eine unzureichende Monatsquote aufzubessern. Dieser Schwarzhandel mit russischem Alkohol ist eindeutig illegal und wird auch von der Polizei in Longyearbyen aufgegriffen.

Alkoholdelikte, sowohl Schmuggel als auch alkoholisiertes Fahren, gehören zu den Spitzenreitern der insgesamt beneidenswert knappen jährlichen Kriminalstatistik Spitzbergens. Gerade alkoholisiertes Fahren wird in Norwegen empfindlich geahndet - auch auf Motorschlitten, z.B. führten 0,6 Promille zu 16 Tagen Gefängnis plus etlichen Tausendern nkr Strafe!

An- und Abreise

Das Nadelöhr für den Spitzbergen-Besucher bildet in erster Linie der nördlichste Teil der Fahrt: Seitdem die Hurtigroute 1983 den Linienschiffsverkehr nach Spitzbergen im Sommer aufgegeben hat - nicht zuletzt sicherlich wegen der schnelleren Konkurrenz in der Luft - sind Besucher wie Einheimische auf die Linienflüge zwischen Tromsø und Longyearbyen angewiesen. Das ab 1994 vorgesehene wöchentlich zwischen Tromsø und Spitzbergen verkehrende Schiff kann vorläufig (hoffentlich ändert sich dieses für 1995) nur als komplette Rundreise gebucht werden.

Die Flugverbindung vom norwegischen Festland nach Spitzbergen besteht seit der Einweihung des **Flughafens Longyearbyen** im August 1975 und ist mittlerweile auf wöchentlich sechs Flüge zwischen Tromsø und Longyearbyen sowie einen Direktflug im Sommer pro Woche von Oslo nach Longyearbyen ausgebaut worden. Die Flugzeiten sind allerdings an den einzelnen Wochentagen sehr unterschiedlich und nicht bei allen Flügen existieren Anschlüsse nach bzw. von Mitteleuropa ohne

Zwischenübernachtung möglich. Alle Flüge erfolgen mit zweistrahligen Düsenmaschinen (110-160 Passagiere).

Aufgrund der allsommerlichen Kapazitätsprobleme ist zu erwarten, daß in den nächsten Jahren einige Veranstalter auf eigene **Charterflüge** ausweichen, wodurch eventuell auch Individualbesucher zu günstigeren Restplätzen kommen könnten (bei Veranstaltern anfragen).

Aeroflot steuerte Longyearbyen bis 1991 meist alle 14 Tage von Murmansk aus an, inzwischen kann sich die russische Bergwerksgesellschaft die Flugtickets für ihre Arbeiter allerdings nicht mehr leisten, so daß es 1992 und 1993 keinen Aeroflot-Flug mehr gab, und auch das Aeroflot-Büro in Longyearbyen aufgelöst wurde.

Trotz der guten Verbindung sind insbesondere für den Sommer und die Osterzeit die meisten Flüge früh ausgebucht. Spitzbergen-Veranstalter schließen daher zumindest den Flug ab/bis Tromsø in ihre Programme mit ein, da dieser kurzfristig oft nur schwer erhältlich ist. Da ein großer Teil der mit Veranstalter Reisenden Nordland-Fans sind, die sonst eher auf eigene Faust reisen, werden häufig die übrigen Anschlußflüge nicht mit eingeschlossen, um dem Reisenden mehr Spielraum bei einer individuellen Gestaltung der An- und Rückreise, etwa für Abstecher unterwegs, zu geben.

Gerade in den letzten Jahren tauchten zudem immer wieder Spezialangebote der Fluglinien auf, die nach dem Druck der Kataloge noch günstigere Flugmöglichkeiten eröffneten. Es lohnt sich daher eventuell, eine Spitzbergen-Reise nur ab/bis Tromsø zu buchen und sich die An- und Abreise ganz nach Wunsch zu organisieren - Spitzbergen-Spezialisten können Ihnen hierzu sicher aktuelle Tips geben. So war für den Sommer 1993 bei rechtzeitiger Buchung der Flug Frankfurt - Oslo - Tromsø und zurück schon ab etwa DM 1.000 möglich, wer beim Veranstalter den gesamten Flug gebucht hatte, statt nur ab/bis Tromsø, hatte eventuell DM 1.300 und mehr bezahlt.

Zu beachten ist das **begrenzte Fluggepäck**, in der Regel nur 20 kg. Dies reicht bei zusätzlicher Nutzung des freien Handgepäcks für Touren mit Veranstalter, wo ja weniger Ausrüstung mitgenommen werden muß, normalerweise aus. Sofern diese Freigepäckmenge überschritten wird, muß für jedes zusätzliche Kilo erheblich dazubezahlt werden.

Wenn Sie statt des Flugzeugs **Bahn und Bus zur Anreise nach Tromsø** und wieder zurück nutzen möchten, fahren Sie übrigens nicht wesentlich günstiger, denn Sie müssen die Nebenkosten mit berechnen, die durch diese in jede Richtung etwa 2-3 Tage dauernde Fahrt entstehen: Verpflegung für insgesamt sechs Reisetage und mit ziemlicher

Wahrscheinlichkeit zwei Übernachtungen (Hinweg: Narvik, Rückweg: Tromsø oder Narvik), da im hohen Norden nur sehr wenige öffentliche Verkehrsverbindungen bestehen. Allerdings ermöglicht die Landreise mehr Kontakte mit anderen Mitfahrern und ein deutlicheres Erleben der Veränderungen der Natur während der Fahrt nach Norden. Autoreisende finden am Flughafen Tromsø einen großen Parkplatz mit erträglichen Gebühren für Langzeitparker (maximal drei Wochen, länger auf Anfrage).

Individualreisenden empfehle ich, angesichts der durch die Schußwaffe entstehenden zeitraubenden Grenzformalitäten und Kosten bei Bahnreisen (☞ Waffen), eindeutig den Flug oder die Fahrt mit dem Privat-Kfz.

Fracht: Statt als persönliches Fluggepäck kann Fracht auch als Luftfracht nach Spitzbergen geschickt werden. Vorteil: rasch, Ablieferung am Heimatflughafen. Nachteil: teuer, Zeit nicht ganz genau kalkulierbar (Passagiere und deren Gepäck haben Vorrang).

Die Luftfracht ist bequemer, jedoch weitaus teurer als Seefracht; hier kostet zum Vergleich der Transport eines Kajaks von Tromsø nach Longyearbyen etwa DM 350, man spart sich jedoch den Abstecher nach Bodø und bekommt mit etwas Glück das Boot sogar mit demselben Flugzeug transportiert. Ein Anspruch hierauf besteht nicht; wenn viel Reisegepäck zu befördern ist, muß man eben in Longyearbyen warten, bis das Boot von einer schlechter ausgelasteten Maschine mitgenommen werden kann.

Per Luftfracht kann natürlich auch die Ausrüstung gleich von zu Hause im voraus nach Spitzbergen geschickt werden. Dies ist teuer, spart jedoch die zeitaufwendige Autofahrt nach Bodø, die in jede Richtung etliche Tage erfordert (Norwegens Straßen sind landschaftsbedingt nicht für allzu große Tagesetappen geeignet). Mit dem Flugzeug hingegen ist man z.B. ab Frankfurt trotz zweimaligen Umsteigens innerhalb eines Tages in Spitzbergen.

Eventuell wird 1994 wieder ein **Linienschiff** zwischen Tromsø und Spitzbergen über den Sommer im wöchentlichen Rhythmus angeboten - eine umweltfreundliche und reizvolle, allerdings zeitaufwendigere (Tromsø - Longyearbyen: knapp zwei Tage) und vermutlich auch teurere Alternative zum Flugzeug. Leider ist vermutlich nur die volle Tour von Tromsø nach Tromsø ohne Unterbrechung buchbar, was Leuten,, die in Spitzbergen bleiben wollen, wenig hilft. Bei Spitzbergen-Spezialisten anfragen.

Fracht: Für den Transport der Ausrüstung gilt: Wer größere oder sperrige Teile wie z.B. Kajaks per Seefracht nach Spitzbergen befördern lassen möchte, hat vermutlich die geringsten Probleme, wenn die An- und Abreise nach bzw. von Tromsø per Kfz geschieht. Der Frachter verkehrt zwischen Bodø und Longyearbyen, so daß die entsprechenden Teile in Bodø abgegeben bzw. auf dem Rückweg abgeholt werden müssen. Die meisten Frachter dürfen keine Passagiere befördern; die Personen müssen also ab Tromsø per Flugzeug reisen.

Da die Frachter primär für die Kohlegesellschaft im Einsatz sind, hat deren Bedarf Vorrang. Dies kann zu Verzögerungen bei sonstiger Ladung führen. So traf in Longyearbyen zwei Skandinavier, die dort acht Tage auf ihre Expeditionsfracht warten mußten. Die **Frachtkosten** sind stark mengenabhängig, die Kosten pro Kilogramm fallen also deutlich bei größeren Mengen, z.B. bei mehr als einer Tonne. Eventuell mit einem Reiseveranstalter oder anderen einen gemeinsamen Transport aushandeln!

Zur Fracht kommen noch beträchtliche **Umschlagkosten** hinzu, die vor Ort in Longyearbyen bei der Aushändigung der Ladung zu zahlen sind.

Autovermietung

In **Longyearbyen** gibt es zwei Autovermieter: erstens das Taxiunternehmen Bussen & Taxi im Gewerbegebiet neben der Yamaha-Vertretung, das gleichzeitig auch als nördlichste Avis-Agentur operiert und eine eigene Kfz-Werkstatt hat (Mietwagen-Typen insbesondere: Daimler-Benz, Subaru Kombis), zweitens SpiTra im Flerbruksbygg ("Mehrzweckgebäude") im Ortszentrum (Mietwagen-Typen: überwiegend Toyota, vom Kleinwagen bis zum Kombi, ein Pick-up). Tagesmieten beginnen bei gut DM 100, Monatsmiete beträgt ca. DM 2.000. Beachten Sie, daß der Aktionsradius der Fahrzeuge auf das **sehr bescheidene Wegenetz Longyearbyens** begrenzt ist, da es keine Straßenverbindungen zwischen den verschiedenen Teilen Spitzbergens gibt.

Bank

Die Sparkasse befindet sich zusammen mit der Post in einem neuen, rostbraunen, niedrigen Gebäude im unteren Teil des Ortes rechts des Baches neben dem großen Bau Lompen. Sie ist von Montag bis Freitag jeweils von 10:00 bis 16:00 (donnerstags bis 18:00) geöffnet. Das **Wechseln von**

Bargeld ist bei kleineren Beträgen, wie übrigens in allen norwegischen Banken, kein gutes Geschäft, da hohe Gebühren und ein ungünstiger Kurs berechnet werden.

☺ Für **Euroschecks** gilt ein besserer Wechselkurs, ebenso für **Reiseschecks** (American Express).

Per Postsparbuch kann man auch auf der ☞ Post norwegische Kronen erhalten.

Behinderte

Spitzbergen ist für Behinderte ein **sehr problematisches Reiseziel**; am ehesten ist es noch per Kreuzfahrt auf einem dafür ausgestatteten Schiff und unter eventuellem Verzicht auf Landgänge zumindest an naturbelassenen Landestellen machbar. Die Orte sind auf Behinderte kaum eingestellt. Longyearbyen hat zwar nur wenige sehr steile Straßen, und es gibt keine Bordsteine, aber kein mehrstöckiges Haus hat bisher einen Aufzug und nur die allerwenigsten Häuser sind ohne Überwindung von Stufen zugänglich. Barentsburg, steil am Hang gelegen, ist der problematischste Ort für körperlich Behinderte.

Auch die **Landungen an den Anlegern** bergen Probleme, zumindest für Rollstuhlfahrer (zu schmale Gangways, etc.). Stärker Behinderte können Spitzbergen daher eventuell nur mit erheblichen Einschränkungen und vielfältiger Unterstützung durch mindestens eine kräftige und geschickte Begleitperson bereisen.

Bibliothek

Die **Longyearbyen Folkebibliotek** befindet sich im Obergeschoß von "Lompen" und ist montags und donnerstags jeweils von 18:00 bis 20:00 geöffnet, überwiegend norwegische Titel. Weitere russische Bibliotheken in Barentsburg und Pyramiden.

Blumen

In Longyearbyen findet sich der Blumenladen Isrosen ("Die Eisblume") im Obergeschoß des Bank- und Postgebäudes.

Brennstoff

(☞ auch Treibstoff) Petroleum, Spiritus und Benzin (bleifrei und verbleit) gibt es am ehesten im Warenlager der SNSK in der Nähe des Anlegers. Die Plastik-Literflasche Spiritus kostet nkr 18,50 (1992). Teilweise kann man außerdem auch auf dem Zeltplatz Spiritus kaufen.

Parafin wird nur ungern für Kocher verkauft, da es offensichtlich nicht ganz den Anforderungen entspricht.

Campingplätze

Zelten ist fast überall in Spitzbergen gestattet - ausgenommen Schutzzonen mit Zutrittsverbot (Vogel-, Walroß- und Eisbärenschutzgebiete, Kulturdenkmale) und der Bereich der Siedlungen: In **Longyearbyen** und **Ny Ålesund** sind Besucher, die keine feste Unterkunft haben, verpflichtet, den Campingplatz zu benutzen. **Wildes Zelten** ist im Bereich Longyearbyen zwischen Vestpynten und Endalen einschließlich des gesamten Longyeardalen bis zu den Gletschern hinauf verboten. Auf diese Weise soll der Ort nach schlechten Erfahrungen vor Verunreinigungen geschützt werden, die sich im arktischen Klima nur sehr langsam zersetzen.

In den meisten Monaten gleichen sich die Zeltplätze in Longyearbyen und Ny Ålesund hinsichtlich ihrer **Ausstattung** weitgehend: Mülltonnen und Plumpsklo (nur in Ny Ålesund), Wasser muß aus einem Bach ent-

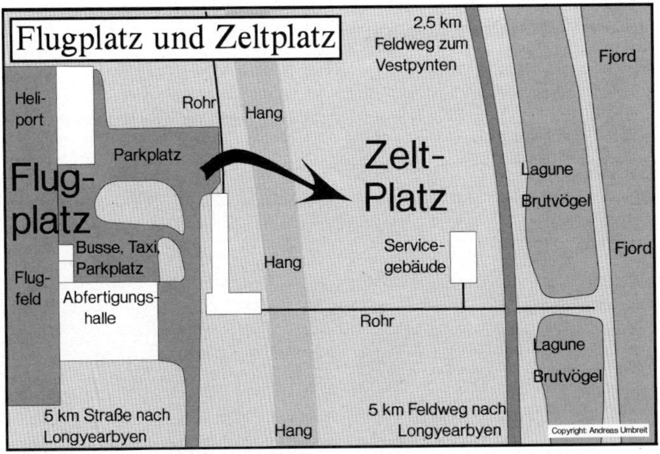

nommen werden, der in Ny Ålesund attraktiv, in Longyearbyen klein und etwas abgelegen ist. Von Mitte September bis Anfang Mai gibt es normalerweise kein fließendes Süßwasser in der Natur, da bleibt nur das Schmelzen von Schnee.

In Longyearbyen gibt es während der ersten Tauperiode (etwa im Mai) immer wieder Probleme damit, daß auf dem flachen Platz Tauwasser in die Zelte läuft und anschließend womöglich gefriert, so daß der Zeltboden und die Erde darunter durch eine Eisplatte fest verbunden sind. Bis weit in den Juni sind große Teile des Platzes naß.

Der Platz ist **sehr windig**; bei stärkerem Südostwind fliegt feinster Kohlenstaub von den nahen Halden herüber. Der Boden ist daher schwarz, mit der Zeit dann auch die ungenügend abgedeckte Ausrüstung. Während ich für private Touren im Gelände mein Innenzelt gelegentlich nicht mitnehme, verzichte ich auf dem schmutzigen Zeltplatz nie darauf.

Seit 1985 steht auf dem Zeltplatz bei **Longyearbyen** ein komfortables **Servicegebäude**, das den Platzbenutzern in den Monaten Juli und August offensteht und dann von einem Campingwart, meist einem Studenten, betreut wird. Das Gebäude ist in diesen beiden Monaten täglich von 9:00 bis 12:00 und von 16:00 bis 21:00 geöffnet und enthält neben einem Flur, in dem die Schuhe ausgezogen werden müssen, und dem Aufenthaltsraum des Campingwartes je einen **Sanitärraum** (Dusche, Waschbecken, Toilette) für Männer und Frauen, einen **Raum zum Wäschewaschen** (Waschmaschine, Schleuder, Trockner) sowie einen **Koch- und Eßraum** (zwei elektrische Zwei-Platten-Herde mit Abzugshauben, Tische und Bänke für etwa 30 Personen).

An der Außenwand befindet sich ein Wasserhahn, an dem man sich außerhalb der täglichen Öffnungszeiten aber nur im Juli/August bedienen kann. Das Gebäude wurde 1988 erweitert. Der Eßraum wurde vergrößert, und es wurden mehrere, von außen zugängliche, beheizte Toiletten gebaut.

Der niedrige Raum unter dem Hüttenboden kann zum **Deponieren der Ausrüstung** genutzt werden. Bisher haben sich fast alle Besucher daran gehalten, die dort liegenden Dinge anderer in Ruhe zu lassen.

Der Campingwart verkauft teilweise **Landkarten** und kassiert die Gebühren (pro Tag nkr 60), die alles einschließen mit Ausnahme des warmen Duschwassers, für das ein Metallchip erforderlich ist, der jeweils nkr 5 kostet. Gegen Bezahlung können ferner Waschmaschine und Trockner genutzt werden. Ermäßigungen aufgrund irgendwelcher Mitgliedschaften gibt es nicht.

Es wird erwartet, daß man sich ohne Aufforderung beim Campingwart anmeldet, wenn man sich auf dem Zeltplatz niederläßt, und daß man auch von sich aus bezahlt. Ob man die Einrichtungen des Gebäudes benutzt oder nicht, hat keine Auswirkung auf den Preis. Außerhalb der Wochen, in denen das Gebäude geöffnet ist, ist die Benutzung des Platzes natürlich kostenlos, was allerdings für 90% der "Fußtouristen" unerheblich ist, da von September bis Juni kaum jemand hierherkommt.

Während der **Hauptsaison** hingegen stehen hier bis zu 50 Zelte, und es übernachten bis zu 120 Personen gleichzeitig, insgesamt, über die ca. zehn Wochen dauernde Saison verteilt, sind es nur ca. 1.500-2.000 Übernachtungen, also ein Schnitt von 20-30 Nutzern pro Tag auf dem Platz. Flächenmäßig würde der Platz auch das Doppelte leicht verkraften, es würden bei einem solchen Ansturm dann aber doch beim Essen und Duschen Engpässe auftreten, insbesondere, wenn ein paar Schlauberger bereits am Abend Duschmarken kaufen, dann unsozialerweise morgens aber nicht duschen, so daß mangels zurückkommender Marken die Dusche von anderen nicht benutzt werden kann. Ebenso unerfreulich ist es, wenn Gruppen sich auch an Tagen, an denen der Platz voll ist, im Gebäude hemmungslos an Tischen und Herden ausbreiten statt zusammenzurücken, wenn andere nach Platz Ausschau halten.

Die Einnahmen decken in etwa die Personalkosten sowie Strom und Wasser ab. Unterhalt und Errichtung des Gebäudes (über DM 300.000) sind Leistungen, die der norwegische Staat bisher den Benutzern kostenlos zur Verfügung stellt.

Vom Campingplatz sind es etwa 5 km in die Stadt, wobei die alte Straße oben am Hang, für Kraftfahrzeuge gesperrt, weitaus angenehmer zum Laufen ist - Blick über den Fjord, keine Staubwolken von vorbeifahrenden Autos und Lkw.

Denkmalschutz

Die aktuellen Vorschriften bitte beim ☞ Sysselmann anfordern. Dort ist die kostenlose Broschüre T-869 "**Forskrift om kulturminner på Svalbard**", herausgegeben vom *Miljøverndepartementet* (Umweltschutzministerium), erhältlich. Einige wesentliche Aussagen:

↳ Alle **Überreste menschlicher Aktivität** von 1945 oder aus älterer Zeit stehen automatisch unter Denkmalschutz - einschließlich einer 100-m-Zone um mit dem Boden fest verbundene Denkmale - auch dann, wenn das genaue Alter nicht feststeht, jedoch ein entsprechend hohes Alter nicht ausgeschlossen werden kann. Schon banalste Dinge sind als "Denkmal" geschützt, etwa rostige Benzinfässer oder Nägel von Kriegs-Wetterstationen etc.

↳ Auch Dinge, die aus der Zeit nach 1945 stammen, können zum **Denkmal** erklärt werden.
↳ Alle **Gräber** und deren Beiwerk (Kreuze, Gebeine etc.), auch wenn vom ursprünglichen Ort entfernt, sind unabhängig vom Alter geschützt.
↳ **Funde** dürfen nicht verändert oder mitgenommen werden, auch nicht zum Abliefern. Stattdessen: Position möglichst genau merken, eventuell skizzieren, fotografieren und auch die Umgebung ansehen. Fund beim *Kulturvernkonsulent* (Denkmalschutzbeauftragten) beim Sysselmann melden. Die Museumslagerräume in Tromsø und Longyearbyen sind voll von abgelieferten Funden. Oft können die Fachleute wenig damit anfangen, wenn sie nicht auch den Fundort selbst unverändert untersuchen können. Außerdem will man das Land nicht völlig ausbeuten, sondern Spuren der Vergangenheit möglichst auch an ihrem Platz belassen.
↳ **Übertretungen** können mit hohen **Geldstrafen** oder **Gefängnis** bis zu einem Jahr geahndet werden. Spitzbergen ist zwar ein kaum besiedeltes Gebiet und der einzelne ist weitgehend unbeobachtet, doch kommen auch nicht viele Personen in Frage, wenn irgendwo ein Verstoß durch Nachfolgende festgestellt wird. So wurde der Diebstahl von Gebeinen aus einem Walfängergrab rasch aufgeklärt; die Diebe wurden mit ihren "Souvenirs" am Flughafen verhaftet.

Einkaufsmöglichkeiten

(☞ auch Alkohol, Fotografieren, Postkarten, Preise, Souvenirs, Treibstoff, Video) Die Einkaufsmöglichkeiten für Besucher in **Longyearbyen** haben sich sehr verbessert, seitdem die örtliche Bevölkerung über Läden und nicht mehr wie früher direkt durch die Bergwerksgesellschaft SNSK versorgt wird. Für den täglichen Bedarf kann man sich daher heute gut im Ort eindecken. Für Touren, die mehrere Tage hinaus in die Wildnis führen, gilt hingegen weiterhin die alte Regel, daß man hierfür alles selbst mitbringen sollte, denn das Angebot an spezieller Tourenverpflegung (leicht, haltbar, schnelle und einfachste Zubereitung) ist spärlich, da kaum eine Nachfrage besteht. Die spezialisierten Veranstalter bringen die entsprechenden Produkte für ihre Touren zum großen Teil selbst mit und Individualtouristen im Gelände spielen eine so geringe Rolle, daß ein umfangreiches Sortiment für die Läden uninteressant ist.

Für Besucher, die sich lediglich im Ortsbereich aufhalten (einschließlich Campingplatz), für die also Gewicht, lange Haltbarkeit etc. keine besondere Rolle spielen, reicht das Angebot inzwischen jedoch aus.

Lebensmittel erhält man überwiegend in der neuen Svalbardbutikken gegenüber von Kafe Busen, einige **Frischwaren** aber auch im *Ferskvarer-utsalg* (Frischwarenverkauf) im Eingangsbereich von Kafe Busen. Svalbardbutikken ist außerdem der örtliche Supermarkt mit nahezu allem, vom Anzug bis zu Reinigungsmitteln, Schreibwaren und Souvenirs. Integriert in Svalbardbutikken ist "Norpolet", der **Schnapsladen**. Um dort einkaufen zu können, muß man als Besucher sein Flugticket mitbringen, auf dem die erworbenen Mengen eingetragen werden (☞ Alkohol), kein Verkauf an Teilnehmer einer Kreuzfahrt.

Skinnboden mit seiner traditionellen Atmosphäre verkauft neben Lederwaren und Souvenirs auch hochwertige Messer und englische "oilskin jackets". RaBi's Bua ist auf Strickwaren spezialisiert und Steinkroa auf Mineralien.

Der Kiosk im **Huset** bietet neben Süßigkeiten auch eine sehr große Auswahl an Zeitungen und Zeitschriften, darunter gelegentlich auch deutsche und englische.

Mehr **technische Gebrauchsartikel** (Werkzeug, Schmiermittel, Arbeitskleidung etc.) sowie Kleidung (Jeans, Parkas, Hemden etc.) finden sich beim Yamaha-Vertreter im "Gewerbegebiet" am Hafen. Ebenfalls Bekleidung verkauft sein Nachbar Sørensen. Beide bieten darüber hinaus etwas Tourenausrüstung an; die Auswahl ist sehr begrenzt, man sollte sich also nicht darauf verlassen, kann aber eventuell vor der Abreise aus Spitzbergen dort noch ein "Schnäppchen" für künftige Touren machen, denn die Preise vieler Artikel (Schlafsäcke etc.) sind auch aus deutscher Sicht oft günstig.

In den russischen Siedlungen wird der Besucher Einkaufsmöglichkeiten vor allem bei den **fliegenden Händlern** finden, vorwiegend Souvenirartikel. Von praktischem Nutzen: Fäustlinge, handgestrickte Socken. Mit der Eröffnung eines Bekleidungsladens im Hotel in Barentsburg hat allerdings auch hier inzwischen eine geregeltere Einkaufsmöglichkeit für Besucher mit Devisen Einzug gehalten; das Angebot ist jedoch noch bescheiden.

In **Ny Ålesund** gibt es nur eine Art Kiosk mit einem gemischten Sortiment und einen Souvenirladen, in Sveagruva gar keine Einkaufsmöglichkeiten außer dem winzigen Kiosk, ebensowenig in den Stationen.

Elektrizität

In den norwegischen und russischen Siedlungen gibt es **220-V-Wechselstrom**; Steckeradapter für Schuko-Stecker erforderlich. Die üblichen flachen, zweipoligen Stecker von Kleingeräten (Fön, Akkuladegerät etc.) passen normalerweise, auch in Barentsburg und Pyramiden. Auf den Kreuzfahrt-, Linien- und Küstenschiffen ebenfalls fast überall 220-V-Wechselstrom verfügbar.

Fahrradfahren

Für Fahrräder kommen in Spitzbergen im Grunde nur die wenigen Kilometer des Straßennetzes von Longyearbyen in Frage. Hier ist ein Rad allerdings angesichts der innerörtlichen Entfernungen nützlich, insbesondere seitdem durch die Teerung der meisten Wege der Schlamm kein so großes Problem mehr ist. Geblieben ist allerdings der Wind. Der Gebrauch von Mountainbikes abseits der Wege wird wegen möglicher Schäden an der sehr empfindlichen Vegetation ungern gesehen. Ein Verbot wird erwogen. Fahrradfahren ist im übrigen angesichts der Geländebedingungen nicht besonders effizient (viel Morast, viel sehr grober Gesteinsschutt). Trekkingräder können für den Gebrauch im Ort gemietet werden.

Fallschirmspringen

Der Welt nördlichster Fallschirm-Club befindet sich in Longyearbyen. Er bietet Einzel- und Tandemsprünge sowie Kurse (Einzelsprung ab nkr 50) - vorausgesetzt, der Pilot oder Instrukteur etc. sind nicht gerade verreist. Clubmitglieder betreiben auch Gleitschirm- und Drachenfliegen, außerdem haben zwei Mitglieder eigene Ultralights. Basis ist meist der alte Flugplatz im Adventdalen.

Fischen

Nur sehr wenige der Bäche Spitzbergens bieten Saiblinge; die Angel kann daher gern zu Hause bleiben. Bestimmungen beachten! Auch die Fjorde bieten wenige für Angler interessante Fische. Eine Ausnahme, allerdings seltsamerweise seit Jahrzehnten weitgehend aufgegeben, ist eventuell das Haifischangeln (Grönlandhai) vor der Westküste. Das Meer draußen vor der Küste ist fischreich; hier sind die Fischereiflotten im Einsatz und werden von der Küstenwache beobachtet. Hinzu kommt der Fang von Garnelen und Muscheln. Gelegentlich stoßen außerdem Dorschschwärme in die Fjorde vor.

Fotografieren

Wer nach Spitzbergen fährt, sollte sich auf häufig **schlechte Lichtverhältnisse** einstellen, da die Sonne im Sommer mittags längst nicht so hoch steht wie in Mitteleuropa. Sie bleibt zwar bis Ende des zweiten Augustdrittels nachts über dem Horizont, spendet jedoch nach fotografischen Maßstäben nur schwaches Licht, was dem Wanderer ohne Belichtungsmesser kaum auffällt.

Andererseits bieten die Inseln ungewöhnlich viele Motive fürs **Teleobjektiv**, sowohl die Landschaft als auch die Tierwelt, wobei selbst extremste Brennweiten dank der erstaunlich klaren Luft noch sinnvoll sein können. Beides - schwaches Licht und lange Brennweiten - zwingen zur Verwendung des Stativs und/oder bei kurzen Belichtungszeiten (Tiere) zum empfindlicheren Film.

Meine bevorzugte Mischung heißt Kodachrome 25 für die ruhige Landschaft bei Sonne bzw. Ektachrome 50 oder 100 bei bedecktem Himmel (sehr gute Auflösung der geringen Farbnuancen) und Ektachrome 200 für bewegte Motive. Diese Wahl ist natürlich auch eine Geschmacksfrage hinsichtlich der Farbunterschiede zwischen den verschiedenen Fabrikaten, die sich in der Arktis anders auswirken als in niedrigeren Breiten. Kleinbildfilme sind in Spitzbergen erhältlich, wenn auch nicht alle Sorten (am üblichsten: Ektachrome), noch am ehesten in Longyearbyen (Svalbardbutikken, Kiosk). Die Mitnahme ausreichender Filmmengen lohnt sich, denn die Filmpreise in Spitzbergen sind etwa doppelt so hoch wie bei uns.

Als **Filter** werden für Spitzbergen allgemein Skylight- und Polarisationsfilter empfohlen. Objektivdeckel sollte man mit einer Schnur gegen Verlieren schützen, denn ein Ersatz vor Ort ist nicht möglich.

Meine Spitzbergenerfahrungen haben mich die altbewährte **mechanische Spiegelreflexkamera** noch mehr schätzen gelehrt, denn neben ihrer Robustheit ist sie von der Energieversorgung aus Batterien nur wenig abhängig - ein wichtiger Pluspunkt gerade bei Unternehmungen, bei denen die Kamera wochenlang kalt ist, und vollelektronische Apparate einen entsprechenden Batterieverbrauch entwickeln, wenn man die Batterie nicht vor jedem Bild anwärmt. Mit einem separaten Batterieteil in der Tasche und einem Kabel zur Kamera kann ich mich beim Wandern und Paddeln nicht anfreunden.

Meine Fotoausrüstung ist bei Landtouren griffbereit in ein oder zwei Hüfttaschen mit lederverstärkten Gürtelschlaufen (gegen das Durchscheuern) untergebracht, die an einem eigenen Koppel links und rechts vorne über dem Hüftgurt des Rucksacks getragen werden.

Führer

Es gibt in den Siedlungen nur Ansätze eines organisierten einheimischen Führerwesens. Speziell für Sommertouren von Longyearbyen aus gilt, daß es erstens kaum Einheimische gibt, die überhaupt zu Fuß im Sommer ins Gelände gehen (per Motorschlitten im Winter ist dies viel einfacher), und zweitens sind die meisten Einheimischen den Sommer über sowieso auf Urlaubsreise.

Wer sich keinem Veranstalter anschließt, hat daher vor Ort nur **begrenzte Möglichkeiten** (eventuell angebotene Tagesfjordfahrten mit einem Boot etc.) oder muß sich auf eigene Faust hinaus in die weglose arktische Berg- und Gletscherwildnis begeben. Teilweise, von Jahr zu Jahr wechselnd, werden aber auch betreute Tagestouren angeboten (☞ Schaubergwerk).

Es gibt verschiedene Veranstalterangebote, die geführte Tagesausflüge und/oder längere Touren beinhalten, die Sie im voraus bei entsprechenden Spitzbergen-Spezialisten buchen können.

Funk

(☞ auch Ausrüstung - Signalmittel) Die Bestimmungen ähneln denen in Deutschland. Für **CB-Funkgeräte** wende man sich schon zeitig mit einer Beschreibung des Gerätes an: The Telecommunications Administration, PO Box 6701, St. Olavs Plass, N - 0165 Oslo 1, und beantrage dort eine Betriebsgenehmigung für die Zeit der Reise. Sie wird normalerweise erteilt.

Mit CB-Geräten ist ein Notruf allerdings kaum möglich, weil die norwegische Verwaltung Frequenzen außerhalb des CB-Bereiches verwendet. Außerdem ist CB aus physikalischen Gründen in Spitzbergen nur begrenzt sinnvoll, da die Reichweite zu gering ist, insbesondere in bergigem Gelände. Für Spitzbergen **geeignete Funkgeräte** über große Distanzen sind (einschließlich der aufgrund der Kälte benötigten Batterien) ziemlich schwer, sehr teuer und benötigen meist unpraktische Antennen, so daß sie für Wanderungen kaum in Frage kommen. Ihr Einsatz erfordert vom Bediener spezielle Lizenzen (z.B. Amateurfunk oder das Sprechfunkzeugnis), außerdem eine norwegische Genehmigung. Auch hierfür wende man sich an die Telecommunications Administration.

 Lagerplatz im Tverrdalen ☞

Geländefahrten

Der Gebrauch motorisierter Fahrzeuge abseits der gegebenen Fahrwege ist auf aufgetautem Boden zum Schutze der empfindlichen Vegetation verboten. Off-road-Fahrzeuge braucht also niemand nach Spitzbergen mitzunehmen.

Geld

In Spitzbergen gilt die norwegische Krone (nkr), die mittlerweile auch in den russischen Siedlungen begehrt ist. Dort gelten außerdem russische Rubel und als örtliche Besonderheit das Geld der Trust Arktikugol (eigene Rubel- und Kopeken-Scheine). Das Inselgeld der SNSK, früher interne Parallelwährung, wurde infolge der Anbindung Spitzbergens an das norwegische Festland durch den modernen Flughafen vor einigen Jahren abgeschafft und hat heute bereits Sammlerwert. Einzelne der alten Scheine kann man im Museum erwerben.

Gletscher

Gletscher gehören in Spitzbergen zum **typischen Landschaftsbild** - immerhin sind 60% des Landes eisbedeckt. Sie können auf Wanderungen erhebliche Hindernisse darstellen, und ihre Begehung erfordert Ortskenntnis und Erfahrung, bei Schneebedeckung und in schwierigeren Gebieten außerdem den Einsatz der entsprechenden Sicherungstechnik. Auch die kleinsten Gletscher, z.B. der Longyear-, Lars- und der Gipfelgletscher des Nordenskiöldfjellets in unmittelbarer Umgebung Longyearbyens, weisen **Spalten** auf - Vorsicht ist also geboten.

Gouverneur ☞ Sysselmann

Hafengebühren

(☞ auch Landegebühr, Treibstoff) Alle Siedlungen Spitzbergens erheben für die Benutzung ihrer Hafenanlagen Gebühren. In Longyearbyen berechneten sich diese 1992 aus der Größe des Schiffs, in Barentsburg gab es 1992 bei kleineren Booten (Yachten) einen Festpreis von nkr 50 Versorgung mit Trinkwasser im Preis enthalten.

Hallenbad

Das Hallenbad neben der Schule in **Longyearbyen** kann auch von Touristen benutzt werden. Die Öffnungszeiten kann man erfragen. Auch wenn Sie nicht im Fjord zu schwimmen gedenken, können Sie in Spitzbergen also Badesachen gebrauchen. Lediglich zu Renovierungszwecken ist das Hallenbad im Sommer teilweise geschlossen.

Weitere Hallenbäder befinden sich in **Barentsburg** und **Pyramiden** (das nördlichste der Welt).

Haustiere

(☞ auch Tollwut) An den **scharfen Quarantänebestimmungen** scheitert für Besucher das Mitführen von Haustieren. Sofern jemand tatsächlich nach Spitzbergen umzieht, ist die mehrwöchige Quarantäne erwägenswert. In Spitzbergen gibt es - im Gegensatz zum norwegischen Festland - Tollwut.

Hütten

Für Touristen gibt es in Spitzbergen **keinerlei Hütten,** weder zum Wandern von Hütte zu Hütte noch zum Mieten als Ferienunterkunft. Die Hüttenordnung seitens der Landeigner (Staat, SNSK) untersagt einheimischen Privatbesitzern das Vermieten ihrer Hütten. Auf diese Weise wurde Spitzbergen bisher vom Massentourismus und Zersiedelung außerhalb der Siedlungen verschont.

Abseits der Siedlungen gibt es kaum Hütten, und die meisten von ihnen sind mittlerweile aufgrund zunehmenden Mißbrauchs durch Touristen verschlossen. Auch die letzten noch unverschlossenen Hütten dürfen nicht als Übernachtungsquartier von Nicht-Einheimischen mißbraucht werden, sondern sind nur für echte Notfälle gedacht (Regen und Wind sind noch kein Notfall). Leider finden sich auch hier in den Hüttenbüchern Hinweise auf illegale Benutzung. Sinnvoll ist lediglich eine Eintragung zur eigenen Sicherheit. Eventuell vorhandenes Heizmaterial möchte entweder der Eigner später einmal selbst benutzen, oder es ist für Leute in Not vorgesehen, die es dringend benötigen.

Sicherlich war es früher in der Arktis üblich, fremde Hütten benutzen zu können, aber diese Gastfreundschaft beruhte auf Gegenseitigkeit, während der sich selbst einnistende Tourist sich schlicht durchschnorrt.

Für **Forschungsprojekte** kann beim Gouverneur ein Antrag gestellt werden, um eine eventuell für das Projekt günstig liegende Hütte nutzen zu dürfen; nahezu alle Hütten weiter draußen (außerhalb des Nordenskiöldlandes und der Brøgger-Halbinsel) unterstehen dem Gouverneur.

Jagd

Wer zur Jagd nach Spitzbergen fahren möchte, sollte sich vorher genauer beim Sysselmann über die Bestimmungen informieren. Flintenlaufgeschosse und halbautomatische Gewehre mit einer Magazinkapazität von mehr als zwei Schuß sind verboten.

Von den Säugetieren dürfen nur **Ringel-** und **Bartrobben** (ganzjährig, außer 15.3. bis 15.4.) sowie **Polarfüchse** (1.11. bis 15.3., auf der Bären-Insel völlig geschützt) gejagt werden.

Nachdem sich die **Rentiere** stark vermehrt haben, wurde in den letzten Jahren Einheimischen, die hierfür eine Schützenprüfung ablegen und sich einer Einweisung unterziehen mußten, eine exakt kontingentierte und auf ein bestimmtes Gebiet beschränkte Abschußquote zugestanden. Mit dieser Jagd, die von der Naturschutzwacht des Sysselmanns kontrolliert wird, sind wissenschaftliche Untersuchungen verbunden. Jedes erlegte Tier wird vermessen, außerdem müssen die Füße des Rentiers zur Registrierung abgeliefert werden.

Bei den **Vögeln** ist die Jagd nur auf neun Arten erlaubt (Kurzschnabelgans, Schneehuhn, Eismöwe, Eissturmvogel, Trottellumme, Dickschnabellumme, Gryllteiste, Krabbentaucher und Papageientaucher). In der Regel darf aber nur in den Monaten September und Oktober gejagt werden; Schneehühner sind bis Ende März, auf der Bären-Insel ganzjährig, geschützt. Auch während der jeweiligen Jagdzeiten sind bestimmte Feiertage vom Verbot ausgenommen.

Kino

In Longyearbyen gibt es 1-2 Kinovorstellungen wöchentlich im **Huset**, im Mehrzwecksaal im Obergeschoß. Die Filme liefen in Mitteleuropa meist über ein halbes Jahr zuvor, in Spitzbergen überwiegend im Originalton und mit norwegischen Untertiteln. Auch in **Barentsburg** und **Pyramiden** gibt es jeweils ein Kino.

Kirche

Die einzige Kirche Spitzbergens steht in **Longyearbyen** (norwegische Staatskirche, protestantisch), mit einem Pfarrer (muß, wie alle Staatsdiener, alle paar Jahre wechseln), einer Katechetin und einer weiteren Angestellten. Jeden Sonntag wird der Gottesdienst in Norwegisch abgehalten, im Sommer gibt es außerdem teilweise auch spezielle Gottesdienste für Besucher. Nach dem Gottesdienst folgt ein geselliges Beisammensitzen mit Tee oder Kaffee und Waffeln im gemütlichen Gemeindesaal, in dem an zwei weiteren Abenden der Woche ebenfalls jedermann willkommen ist.

Im Zuge der Veränderungen in Rußland wurden Verbindungen zwischen der Kirche in Longyearbyen und der russisch-orthodoxen Kirche geknüpft, um zumindest ansatzweise auch den Russen in Spitzbergen eine religiöse Betreuung bieten zu können.

Der Pfarrer Spitzbergens hat vermutlich die flächenmäßig größte Gemeinde in ganz Europa, gleichzeitig aber auch die verkehrsmäßig schwierigste. Um alle Gemeindemitglieder wenigstens einmal besuchen zu können, ist er auf den Hubschrauber des Gouverneurs angewiesen. Auch zu den katholischen Polen im Hornsund wird der kirchliche, überkonfessionelle Kontakt gepflegt.

Kreditkarten

Kreditkarten werden in Spitzbergen nur teilweise akzeptiert, am verbreitetsten ist Visa, gefolgt von American Express und, mit einigem Abstand, Eurocard und Diners Club. Es empfiehlt sich, zusätzlich genügend Bargeld dabeizuhaben, insbesondere außerhalb Longyearbyens sind Kreditkarten wenig nützlich. Alternativen ☞ auch Bank, Post.

Landegebühr

(☞ auch Hafengebühr) **Landgänge** in Longyearbyen sind für die Passagiere **kostenlos** (jedoch Hafengebühr für das Boot für Pierbenutzung). In Ny Ålesund werden pro Besucher nkr 10 kassiert, in den russischen

Siedlungen wechseln die Gepflogenheiten : Einmal gibt es eine Gebühr pro Besucher, einmal eine für das Boot für die Nutzung des Piers.

Landkarten

(☞ auch Literatur) Verkauf in Spitzbergen an Besucher insbesondere durch den Laden des ☞ **Norsk Polarinstitutt** und das **Museum in Longyearbyen** (☞ Museen und Sammlungen), dort außerdem auch am Kiosk und in der Svalbardbutikken.

Der Kauf oder die Bestellung in Mitteleuropa ist eventuell bei einzelnen spezialisierten **geographischen Buchhandlungen** möglich (z.B. Eins zu hundert tausend, Schülperbaum 15, 24103 Kiel, ☏ 0431/91002). Einzelne Veranstalter stellen ihren Teilnehmern entsprechendes Kartenmaterial mit den Reiseunterlagen zur Verfügung, oder bieten Teilnehmern entsprechende Karten zum Kauf an.

Medizinische Versorgung

In **Longyearbyen** gibt es ein **Krankenhaus mit einer zahnärztlichen Station**, das auch anstelle einer Apotheke die Versorgung mit Arzneimitteln sicherstellt. Der Reisende sollte allerdings seine benötigten Medikamente mitbringen, da in Longyearbyen natürlich nicht alles vorrätig ist.

Während der Dienstzeit: ☏ 79021705, außerhalb der Dienstzeit ☏ 7902109, Zahnarzt während Dienstzeit ☏ 79021235. Notruf für den Krankenwagen in Longyearbyen: 003.

Weitere Krankenhäuser befinden sich in **Pyramiden** und **Barentsburg**, eine Erste-Hilfe-Station in Ny Ålesund. In den sonstigen Stationen ist nur eine einfache Erstversorgung möglich.

Viele **Krankenversicherungen** decken in Norwegen entstehende Kosten nicht ohne weiteres ab, der Reisende sollte sich daher vor der Abfahrt genau erkundigen und für den notwendigen zusätzlichen Versicherungsschutz sorgen.

☺ Reisende sollten **wichtige Mitteilungen für den Arzt** (Allergien, Diabetes, regelmäßig einzunehmende Medikamente, sonstige gesundheitliche Probleme) sicher bei sich tragen, damit ihnen im Notfall besser geholfen werden kann.

Müll

(☞ auch Naturschutz) Soweit sie nicht vollständig verbrannt werden können, nimmt man die Abfälle wieder mit. In den Siedlungen stehen hierfür Behälter bereit, worüber ein in mehreren Sprachen veröffentlichter Prospekt näher informiert, der am Flughafen, beim Sysselmann und beim Campingwart kostenlos mitgenommen werden kann.

Das flache Vergraben von Abfällen unterwegs ist keine Lösung und deshalb auch verboten, da Frost und fließendes Wasser sie bald wieder an die Oberfläche bringen.

Bis 1991 wanderte alles, auch Sondermüll, in Longyearbyen in eine große Grube, die visitenkartenartig in Hafennähe am Ufer lag. Hier hat sich erfreulicherweise in den letzten Jahren ein deutlicher Wandel vollzogen; seit 1992 gibt es eine **Müllsortierung** mit entsprechenden Containern im Ort, die auch angenommen zu werden scheinen. Wertstoffe (Glas, Aluminium, Papier) werden zum Festland transportiert, ebenso gesondert gesammelter Sondermüll (Batterien u.a.). Restmüll wird zu Ballen gepreßt, wodurch sich das Volumen auf ein Fünftel reduziert und in einer neuen Deponie abgeladen. Für die Müllbehandlung wurde eine spezielle Halle errichtet, die alte Müllkippe abgedeckt. Durch diese Maßnahmen wurde ein deutlicher Fortschritt erreicht.

Künftige Verbesserungen sind vor allem auf dem Gebiet der **Müllvermeidung** denkbar, denn Longyearbyen produziert pro Einwohner weitaus größere Müllmengen als das norwegische Festland - bedingt vor allem durch die aufwendigen Transporte und entsprechende Verpackungen.

Bei den **Russen** sieht es deutlich schlimmer aus: Das saubere Bild der Ortskerne täuscht über die tatsächlichen Zustände hinweg; der Kurzbesucher bekommt die Zustände an den Ortsrändern nicht zu sehen. Von einer geregelten Müllbehandlung ist man hier weit entfernt. Immerhin hat der Zwang zu wirtschaftlichem Denken aufgrund der Umwälzungen in Rußland zur Entdeckung des Marktwertes mancher, über Jahrzehnte achtlos liegengelassener Materialien geführt. Mit Bulldozern und in Handarbeit wurden seit 1992 Massen von Schrott insbesondere aus der Umgebung von Barentsburg und Colesbukta zur Verladung an die Anleger geschafft, die Vegetationsdecke dabei allerdings durch Kettenspuren zerstört.

Museen und Sammlungen

Das **Svalbard-Museum ist** Longyearbyens größte Sehenswürdigkeit. Es ist in der Sommerzeit nahezu täglich geöffnet und wurde von seiner

Gründung 1981 an bis 1989 von einer gebürtigen Schweizerin, Bolette Petri-Sutermeister, betreut, die sich nun allerdings aus Altersgründen zurückgezogen hat. Ihr großer Bekanntheitsgrad insbesondere in der Schweiz durch ihr lesenswertes Buch "Eisblumen", durch Vorträge und Radiosendungen mag ein Grund dafür sein, daß sich das Museum geradezu zu einer Pilgerstätte für Schweizer entwickelte, die seit 1989 allerdings auf den lands"frau"ischen Händedruck verzichten müssen; das Haus bietet aber auch sonst genug Interessantes, und die Besucherzahl ereichte 1992 stattliche 12.000.

Angemessen in einem der ältesten noch existierenden Gebäude des Ortes (ehemaliger Stall) untergebracht, ist das Museum sehr ansprechend aufgebaut und nach Themen gegliedert. Beginnend mit der **Geographie**, **Klima** und **Geologie**, dann der **Tier- und Pflanzenwelt**, informiert es außerdem über die alten Zeiten der **Walfänger** und **Pelztierjäger**, die verschiedenen **Bergbauaktivitäten**, den **Zweiten Weltkrieg** und über Spitzbergens Rolle als Objekt und Ausgangspunkt der **Polarforschung**. Im Dachgeschoß wurde 1991 eine spezielle, anschauliche Ausstellung zum **Kohlebergbau** in Longyearbyen aus Anlaß des 75jährigen Jubiläums der SNSK eingerichtet - einschließlich eines Stollens mit authentischer Geräuschkulisse, durch den man kriechen kann.

Außerhalb des Museums hat sich über die Jahre eine wachsende **Freiluftausstellung** entwickelt: von der alten **Trapperhütte** und **Eisbärenfalle** über **Bergwerksfahrzeuge** bis hin zum **Schlitten** der berühmten spanischen Motorradexpedition zum Nordpol, die bereits 100 m nach dem Flughafen aufgab. Im übrigen hat das Museum für die nächsten Jahre große Pläne, unter anderem mit der markanten Taubanesentralen, der spinnenartig über dem Ort thronenden Konstruktion des ehemaligen Knotenpunktes der verschiedenen zu den früheren Gruben führenden Seilbahnen.

☺ An der Kasse sind neben einer großen Auswahl an Postkarten und ein paar Souvenirs auch Landkarten und neben dem Norsk Polarinstitutt die größte Auswahl an käuflicher Spitzbergenliteratur erhältlich (kein Versand).

Auch **Ny Ålesund** verfügt über ein eigenes etwas kleineres, aber ebenfalls sehenswertes **Museum zur Ortsgeschichte**, außerdem über eine **ständige Kunstausstellung** mit Gemälden (Spitzbergen-Motive) verschiedener Künstler, auch zum Verkauf - ein Besuch lohnt sich.

Russischerseits gibt es sowohl in **Barentsburg** als auch in **Pyramiden** im jeweiligen Kulturhaus ein **Museum**, wo über die Orte und das umfangreiche Engagement in Spitzbergen informiert wird. Beeindruckend sind

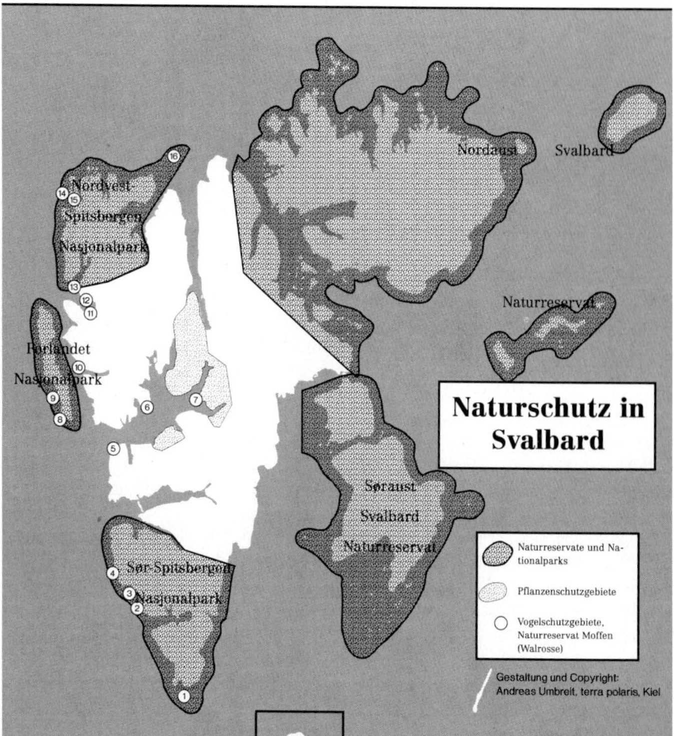

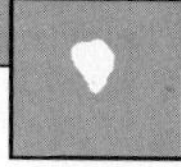

Wichtig: Jeweilige Detailbestimmungen einholen (nachfolgend nur Auswahl) und beachten !

Datenbasis: Miljövernforskrifter for Svalbard og Jan Mayen, Miljöverndepartementet T-515, 1989

Ein weiteres Pflanzenschutzgebiet, Ossian Sarsfjellet (seit 1984) im Kongsfjord, ist zu klein, um in der Karte eingezeichnet zu werden. Die Ausweisung der Bäreninsel als Schutzgebiet wird erwogen. Für Kong-Karls-Land als Teil des Nordaustlandet Naturreservats gilt ein ganzjähriges Betretverbot, Annäherung nur auf 500 m zu See und in der Luft erlaubt)

Die nachfolgenden Vogelschutzgebiete und Moffen sind (mit Ausnahme vom Vogelschutzgebiet Kapp Linne, das unmittelbare Stationsgelände dort ist nicht geschützt) kleinere Inseln und Klippen, die saisonal (15. Mai - 15. August) nicht betreten werden dürfen (einschl. einer Zone im Umkreis von 300 m bei tiefster Ebbe, Verbot der Entnahme von Fossilien und Pflanzen). Naturreservat Moffen: Betretungs- und Annäherungsverbot 15. Mai - 15. September, Mindestabstand zu See und in der Luft 500 m):

1. Sörkapp fuglereservat
2. Dunöyane fuglereservat
3. Isöyane fuglereservat
4. Olsholmen fuglereservat
5. Kapp Linne fuglereservat
6. Boheman fuglereservat
7. Gasöyane fuglereservat
8. Plankeholmane fuglereservat
9. Forlandsöyane fuglereservat
10. Hermansenöya fuglereservat
11. Kongsfjorden fuglereservat
12. Blomstrandhamna fuglereservat
13. Guissezholmen fuglereservat
14. Skorpa fuglereservat
15. Moseöya fuglereservat
16. Naturreservat Moffen (Walrosse)

unter anderem die vielfältigen naturkundlichen (oft rührend offensichtlich selbst präpariert) und archäologischen Exponate, letztere nicht zuletzt, um den historischen Anspruch der Russen an Spitzbergen zu dokumentieren.

Zu erwähnen ist schließlich die **russische Gedenkhütte** für den russischen Geologen Rusanow am Rusanowodden bei Colesbukta. Auf seine Reisen nach Spitzbergen vor dem Ersten Weltkrieg gehen die ersten russischen Besitzungen und Bergwerksanlagen in Spitzbergen zurück (Texte in der Gedenkstätte leider nur in Russisch).

Die wohl am seltensten besuchte nicht-private **Spitzbergen-Sammlung** ist die von **Bjørnøya Radio** auf der Bären-Insel zur dortigen Ortsgeschichte. In Sveagruva wurde ebenfalls Material zusammengetragen, allerdings ohne es auszustellen.

Erwähnt werden sollte hier auch das **Polarmuseum** am Hafen in **Tromsø**, das vielerlei Beziehungen zu Spitzbergen herstellt und anschaulich aufgebaut ist - ein empfehlenswerter Halt auf der Reise nach oder von Spitzbergen.

Naturschutz

(☞ auch Denkmalschutz, Jagd) Die aktuellen Vorschriften können beim Gouverneur (☞ Sysselmann) angefordert werden. Titel: "Miljøvernforskrifter for Svalbard og Jan Mayen", auch in Englisch: "Environmental Regulations for Svalbard and Jan Mayen". Die wichtigsten Vorschriften besagen:

- Verbot motorisierten Verkehrs auf aufgetautem Terrain abseits der bestehenden Fahrwege. Ein ähnliches Verbot für Mountainbikes ist zu erwarten.
- Verbot des Zurücklassens (auch Vergrabens) von Müll im Gelände.

Am Flughafen, beim Campingwart und beim Sysselmann gibt es die kostenlose englische Broschüre "**Environmental Regulations for Svalbard**", in der die einzelnen Bestimmungen aufgelistet sind. Generell läßt sich sagen, daß in Spitzbergen, zumindest außerhalb der Kohleabbaugebiete, Umweltschutz ernster genommen wird als in Mitteleuropa, was angesichts der empfindlicheren arktischen Natur auch notwendig ist; Fahrzeugspuren bleiben hier beispielsweise oft Jahrzehnte erhalten. Deshalb ist während der Sommermonate **motorisierter Landverkehr** außerhalb des Straßennetzes verboten. Im Winter sind Motorschlittentouren nur außerhalb der Nationalparks und Naturschutzgebiete erlaubt.

Besonders strenge Bestimmungen gelten für die **Vogelschutzgebiete** (☞ Karte "Schutzgebiete"), die im Sommer nicht betreten werden dürfen, um die Brut nicht zu gefährden. Der Besucher hat sich bei seiner Tourenplanung selbständig zu informieren, ob er dabei solche Gebiete berührt.

Etwa die Hälfte Svalbards wurde zu Naturreservaten und Nationalparks erklärt, hier ist beispielsweise keinerlei Jagd gestattet.

Longyearbyen gehört zu einem der drei Pflanzenschutzgebiete, was angesichts der Bauaktivitäten erstaunen mag, zumindest aber die Vegetation auf den ungenutzten Flächen vor "Abweiden" durch die zahlreichen Besucher etwas schützt.

Es würde hier zu weit führen, alle Bestimmungen aufzulisten; die meisten von ihnen lassen sich mit ein wenig Naturverständnis und gesundem Menschenverstand nachvollziehen. So sollte man die Pflanzendecke des Bodens möglichst wenig zerstören (Vorsicht bei Feuerstellen: Torfboden und dicke Moospolster beginnen leicht zu schwelen, wenn es lange trocken war) und Pflanzen nicht mutwillig beschädigen.

In der Nähe von **Vogelkolonien** sollte man keinen Lärm erzeugen (panisch auffliegende Elterntiere verursachen ungewollt beim Start den Absturz von Jungen oder Eiern aus den Felsnischen). **Nistplätze** sollte man generell in Ruhe lassen, denn solange die Vögel die Rückkehr zum Gelege nicht wagen, kühlen bei den niedrigen Temperaturen die Eier rasch aus. Überhaupt sollte man die Tiere möglichst wenig beunruhigen.

In einigen der geschützten Gebiete ist das Sammeln von Knochen und Fossilien untersagt.

Geschützt sind auch die **Überreste menschlicher Aktivitäten** aus der Zeit bis einschließlich 1945, etwa Grabplätze, Bergwerksanlagen und Gebäudereste. Die Besiedlungsgeschichte Spitzbergens wird archäologisch erforscht; Funde sollte man beim Gouverneur melden (☞ Denkmalschutz).

Norsk Polarinstitutt

Für Besucher Spitzbergens hat das Norwegische Polarinstitut im *Flerbruksbygg* (Mehrzweckgebäude) in Longyearbyen einen Informationsladen eingerichtet. Wer dort hineinkommt, kann sich gerade vorrätige Publikationen des Instituts kaufen - überwiegend in Norwegisch, es gibt aber auch einige englische Titel.

Notrufe

(☞ auch Ausrüstung - Signalmittel)
Allgemeiner Notruf im Unglücksfall: ☎ 000
Polizei: ☎ 002
Feueralarm in Longyearbyen: ☎ 001

Öffnungszeiten

Die Öffnungszeiten der verschiedenen **Geschäfte** und **Dienststellen** sind teilweise ungewöhnlich und meist kürzer als von zu Hause gewohnt, andernfalls wäre der Aufwand bei nur 1.000 Ew. Longyearbyens einfach zu groß. Die beste Zeit für Erledigungen ist an Arbeitstagen vormittags zwischen 11:00 und 12:00, dann ist nahezu überall geöffnet.

Post

Die Post in Longyearbyen befindet sich im gleichen Gebäude wie die Sparkasse und ist auf Touristen eingerichtet: Sie bietet neben den üblichen Postdiensten eine Auswahl von Ansichtskarten und auf Wunsch einen Sonderstempel. Postkarte (die großformatigen Postkarten sind im Porto sehr teuer) und normaler Brief (unter 20 g) nach Deutschland kosteten 1993 jeweils nkr 4,70 **Porto** und sind gewöhnlich nach 3-5 Tagen am Ziel. Alle Post wird nur auf dem Luftweg befördert.

Briefmarken gibt es außer bei der Post auch teilweise bei anderen Verkaufsstellen für Postkarten (☞ Postkarten). **Öffnungszeiten**: Mo-Fr 10:00-16:00, Sa 10:00-13:00, Do bis 17:00.

Per **Postsparbuch** kann man hier bei kleineren Beträgen günstiger Kronen tauschen als bar nebenan auf der Bank. Die Öffnungszeiten sind dieselben wie die der Bank, zusätzlich jedoch samstags 10:00 bis 12:00. **Briefkästen** befinden sich an verschiedenen Stellen im Ort, unter anderem am Huset und im Museum.

Auch in **Ny Ålesund** gibt es im Sommer ein kleines Postamt mit eigener Postleitzahl, das nördlichste der Welt (kein Postbankdienst). Weitere norwegische Poststellen (*brevhus*/"Briefhaus") gibt es in **Sveagruva**, **Barentsburg**, **Pyramiden**, **Isfjord Radio**, **Hornsund**, **Bjørnøya**, **Hopen**. Bei diesen kleinen Außenstellen, nebenbei von einem der dort Ansässigen betrieben, gibt es natürlich nur einen sehr begrenzten Service und (wenn überhaupt) nur kurze feste Öffnungszeiten.

Die Poststellen in Barentsburg, Pyramiden und Hornsund sind Kuriositäten im Postwesen, da in diesen Ansiedlungen norwegische Posteinrichtungen durch Ausländer (Russen, Polen) offiziell betrieben werden. Bis zur Einstellung der Aeroflot-Flüge spielten die Poststellen in Barentsburg und Pyramiden sicher nur eine symbolische Rolle. Seitdem die einzige Verbindung der Russen zur Außenwelt (neben Telefon) aber nur noch die unregelmäßigen Frachter sind, hat der Postdienst über Norwegen sicher etwas zugenommen. Gleichzeitig sind diese Poststellen für Trust Arktikugol ein gutes Geschäft, da das norwegische Postwesen für diesen Souveränitätsbeweis pro Jahr und Stelle nkr 48.000 (Miete, Personal) zahlt.

Postkarten

Gibt es seit 1987 in sehr großer Auswahl; das aktuelle Angebot liegt bei ca. 80 Motiven, Preise nkr 3-5. In **Longyearbyen** findet man die größte Auswahl im **Museum**, weitere Verkaufsstellen sind **Skinnboden** (bei Kreuzfahrten auch am Pier), der Kiosk und **Svalbardbutikken**, außerdem gibt es einige im **Flughafenrestaurant** und bei der **Post**. Zu bestellen gegen Vorauszahlung (eine DM pro Stück, Mindestmenge 20) sind Postkarten mit Spitzbergen-Motiven bei mir (Adresse ☞ meine Anzeigen).

Preise

(☞ auch Einkaufen, Souvenirs, Steuern, Zoll) Spitzbergens Preisgefüge unterscheidet sich deutlich vom norwegischen Festland. Artikel, die auf dem Festland keinen besonderen staatlichen Abgaben unterworfen sind, sind in Spitzbergen trotz wegfallender Mehrwertsteuer durch den weiten Transport meist etwas teurer. Hierzu gehören etliche Dinge des täglichen Bedarfs von Schreibwaren bis Reinigungsmitteln. Deutlich billiger hingegen sind Dinge, die sonst in Norwegen mit hohen Zusatzabgaben belegt sind, etwa Luxusartikel (Autos, Musikelektronik, Video) oder Fleisch- und Fischwaren, aber auch etliche Textilien, Freizeitausrüstung sowie Benzin.

Reiten

Seit 1990 hat sich ein kleiner Reitstall mit fünf Islandpferden in der Nähe des Flughafens etabliert. Ursprünglich war er von der Betreiberin als

Touristenattraktion gedacht, doch erwies er sich in erster Linie als Magnet für einheimische (überwiegend weibliche) Jugendliche, während Touristen seltener dort zu sehen sind. Reitstunden sind zweimal täglich (1992: 10:00 bis 13:00, 17:00 bis 20:00), am Wochenende zusätzlich auch Ausritte. In gemächlichem Tempo dauert es allerdings einige Zeit, bis man aus dem Straßenbereich herauskommt. Mehrtägiges Pferdewandern wird bisher nicht angeboten und wäre wohl auch nicht so unbedenklich für die empfindliche Tundravegetation - die tiefen Hufabdrücke in der Umgebung des Zeltplatzes sind eine deutliche Warnung.

Restaurants

Essen gehen kann man als Tourist an mehreren Stellen in **Longyearbyen**. Im Gebäude Lompen, einem großen Neubau rechts des Baches im unteren Teil des Ortes, befindet sich die ansprechend eingerichtete, ehemalige Werkskantine (1991 privatisiert) **Kafe Busen**, die Mo-Fr 11.00 bis 21:00, Sa 11:00 bis 18:00 und So 14:00 bis 18:00 geöffnet ist (1992). Das Essen ist gut und günstig: Mittagessen inklusive Saft etwa DM 13.

Neben Kafe Busen mit seiner kleinen Filiale im Ortsteil Haugen ("Funken") gibt es das privat geführte Restaurant von Nordic Hotellene im **Huset**, das etwas teurer ist (bis 18:00 gibt es allerdings ein sehr günstiges Tagesgericht), sich aber durch den Ausschank von Alkohol auszeichnet. Ein Glas Bier kostet etwa DM 6,50! Im großen, vorderen Raum findet hier jede Woche einmal die Disco für alle Altersgruppen statt. Der hintere Raum ist etwas gediegener und sollte in entsprechend ordentlicher Kleidung besucht werden; hier gibt es - zu stattlichen Preisen - Menüs, die höchsten internationalen Ansprüchen genügen.

Neu ist im Ortszentrum der **Svalbard Kro**, geöffnet täglich 7:00-10:00 und 19:00-24:00.

Schließlich gibt es noch das **Flughafenrestaurant** im Hauptgebäude des Flughafens, dessen Auswahl eher einem Imbiß entspricht, es werden also keine größeren Gerichte serviert. Das Restaurant ist nur geöffnet, wenn norwegische Linienflüge stattfinden, jedoch nicht vor Ankunft von Flugzeugen, die erst am nächsten Tag wieder zurückfliegen.

In **Barentsburg** und **Pyramiden** gibt es ebenfalls je ein für Besucher zugängliches Restaurant (Standard-Mittagessen 1992: nkr 90, mehrere Gänge), außerdem die Hotelbar, Bezahlung in norwegischen Kronen.

Rettungsdienst

Die Zuständigkeit für den allgemeinen Rettungsdienst liegt beim Gouverneur (☞ Sysselmann), eventuell zusammen mit der Küstenwache (*Kystvakt*) und der Betriebsfeuerwehr der SNSK in Longyearbyen sowie dem Personal des Krankenhauses in Longyearbyen und des Roten Kreuzes.

Russische Siedlungen

(☞ Siedlungen, Stationen und Trapper - Barentsburg, Pyramiden) Wie ganz Spitzbergen stehen auch die russischen Siedlungen unter norwegischer Souveränität, und es gelten dort norwegische Gesetze. Privatrechtlich sind die Siedlungen jedoch Eigentum der russischen Bergbaugesellschft Trust Arktikugol, die damit dort auch das Hausrecht hat. Seit etwa 1988 ist ein Besuch der russischen Siedlungen problemlos möglich (sofern man die Möglichkeit hat, dorthin zu kommen); der Tourismus wird dort zunehmend als Einnahmequelle entdeckt.

Schaubergwerk

Seit 1990 ist eine große Führungsstrecke durch die **Grube 3** bei Longyearbyen fertiggestellt, auf der zahlende Besucher einen detaillierten Einblick in den Betrieb eines modernen Kohlebergwerks unter arktischen Bedingungen erhalten. Wer sich traut, kann durch eine der niedrigeren Abbaustrecken (80 cm hoch) kriechen und sich so ein Bild von den Arbeitsbedingungen machen. Eine mehrstündige **Führung** einschließlich bereitgestellter Spezialkleidung und Bustransfers kostete 1993 pro Person nkr 450, allerdings nur möglich bei Meldung einer genügend großen Gruppe und wenn ein in den Bergwerksbetrieb passender Termin vereinbart werden kann.

Wem es weniger ausführlich genügt: Im **Longyearbyer Museum** wurde 1992 eine große Abteilung zum Bergabau (sehr anschaulich) im gesamten Dachgeschoß eröffnet.

Sicherheit

(☞ auch Waffen, Tollwut, Ausrüstung - Waffen, Signalmittel) Spitzbergen gehört hinsichtlich der **Kriminalität** zu den **sichersten Flecken der**

Erde - noch immer lassen viele ihre Auto- und Haustüren unverschlossen, auch wenn neuerdings über gelegentliche Diebstähle und Einbrüche in die Hütten durch Touristen geklagt wird. Die bescheidene Kriminalitätsstatistik führen jedoch noch immer **Alkoholdelikte** und das **Fahren ohne Papiere** an - gesegnete Verhältnisse verglichen mit Mitteleuropa

Solange man sich in den Siedlungen aufhält, ist das **Eisbären-Risiko** gering: Es dringen zwar jedes Jahr Bären in die Siedlungen ein, auch im Sommer, dies wird jedoch sofort bemerkt und gemeldet, der Bär dann von der Polizei vertrieben. In Longyearbyen kann daher auf Waffen verzichtet werden (dürfen hier auch nicht geladen getragen werden). Sobald man sich jedoch aus dem unmittelbaren Sicht- und Rufbereich des Straßennetzes entfernt, gehört das Gewehr (☞ Waffen) zur Ausrüstung, ebenso die sonstige Sicherheitsausrüstung (☞ Ausrüstung - Signalmittel, Waffen), Verbandspäckchen und bei weiteren Touren auch Ausrüstung für Übernachten im Freien.

Souvenirs

Die typischsten Souvenirs Spitzbergens sind kostenlos, soweit man sich die Mühe macht und Zeit nimmt, sie zu suchen: **Rentiergeweihe** und **Fossilien**. Da sie jedes Jahr nachgeliefert werden (Abwurf, Frostsprengung), spielt ihre Mitnahme keine Rolle (außer in den Schutzgebieten). Für den eiligeren Besucher werden sie auch im Ort angeboten.

Andere Souvenirs hingegen stoßen auf gemischte Gefühle: Fuchs- (ca. DM 300), Robben- (DM 100-200), Rentier- (DM 50-150) und Eisbärenfelle (ca. DM 8.000), ausgestopfte Füchse und Vögel stammen zwar alle aus legaler Jagd (Eisbären aus der Jagd der Urbevölkerung Kanadas), die die Arten nicht bedroht, trotzdem kann man hierzu geteilter Meinung sein.

✋ Vorsicht ist auf alle Fälle bei derartigen Angeboten in den russischen Siedlungen geboten, wo für die Einfuhr erforderliche **Herkunftszeugnisse** kaum je geliefert werden können.

Vor Ort produzierte Souvenirs nutzen teils dort vorhandene Materialien, etwa Spitzbergen-Kohle. Darüber hinaus besteht ein großes Angebot an bedruckten T- und Sweatshirts, Hemden, Tüchern, Porzellan, Glas, Schmuck etc. mit Spitzbergen-Motiven oder Aufschriften, außerdem natürlich Postkarten (ab nkr 3), Diaserien, Poster, Bücher, Aufkleber, Aufnäher und Anstecker.

Teilnehmer einer Kreuzfahrt finden bei Landungen in Longyearbyen bereits am Pier meist eine große Souvenirauswahl, keineswegs zu anderen Preisen als im Ort selbst (teils sogar günstiger), dafür aber nah am Schiff. Im Ort sollten Sie folgende **Läden** zum Souvenirkauf aufsuchen:

- **Skinnboden**: T-Shirts und Sweatshirts, hochwertige Messer, besonders günstige Postkarten, Dias, Bücher, Aufnäher, Mützen, günstige Jacken, Lederartikel, Felle in einem traditionell mit Treibholz eingerichteten Laden;
- **RaBi's Bua**: Strickwaren, Keramik;
- **Svalbard Museum**: Bücher, Postkarten, Landkarten, Poster, Tierpräparate;
- **Svalbardbutikken**: Textilien, Keramik- und Glaswaren, Bücher, Schmuck etc.
- **Steinkroa**: Mineralien, Fossilien.

Vorsicht bei **russischen fliegenden Händlern** in Longyearbyen und bei Besuchen in den russischen Siedlungen: Die dort angebotenen Souvenirs, meist Billig-Balalaikas, Billig-Samowars, Matruschkas (zusammensteckbare Holzpuppen), handbemalte Holzgegenstände (teilweise handwerklich gut bemalt), Anstecker, Uniformteile etc., sind oft überteuert - einige Kreuzfahrtteilnehmer bezahlen offenbar alles - und auf den Flohmärkten in Berlin, Kirkenes, Tromsø etc. trotz Zwischenhandels oft günstiger zu haben. Mittlerweile gibt es für diesen Handel eine straffe graue Organisation; die Händler sind teils keineswegs die Bedauernswertesten, sondern durch Devisenbesitz Privilegierte in den russischen Siedlungen.

In **Ny Ålesund** ist das Angebot an Souvenirs begrenzt. Falls Sie auch in Longyearbyen landen, sollten Sie in Ny Ålesund speziell nach ortsbezogenen Dingen Ausschau halten oder aber etwas aus der dortigen **Kunstgalerie** als Souvenir erwerben. Sonstige Einkäufe: ☞ Einkaufen.

Status der Insel

(☞ auch Verwaltung) Spitzbergen gehört seit 1920 zu Norwegen, hat jedoch einen besonderen Status, der den anderen Nationen, die dem entsprechenden Abkommen beigetreten sind, gleichberechtigte wirtschaftliche Aktivitäten im Rahmen der norwegischen Gesetze erlaubt. Seit über 50 Jahren macht lediglich die ehemalige Sowjetunion, heute Rußland, von diesem Recht in größerem Umfang Gebrauch, insbesondere mit ihren zwei

Bergbausiedlungen. Auch diese sind norwegisches Territorium und unterliegen damit norwegischem Recht, sind also im Prinzip Touristen zugänglich. In den letzten Jahren wurden Besuche dort auch meist geduldet.

Steuern

(☞ Alkohol, Preise, Souvenirs, Zoll) Aufgrund des Spitzbergen-Vertrages ist Spitzbergen **nahezu zoll- und steuerfrei**. Es gibt zwar eine geringe Einkommenssteuer für Privatpersonen und Firmen auf die Erträge aus mehr als einmonatiger Tätigkeit in Spitzbergen, jedoch **keine Mehrwertsteuer und sonstige Verbrauchs- und Luxussteuern**. Bei der Ausfuhr von Waren aus Spitzbergen sind diese beim Überschreiten bestimmter Grenzen eventuell nachzuversteuern (z.B. beim Zoll in Tromsø). Eine Erstattung von auf dem Festland bezahlter norwegischer Mehrwertsteuer ist nach Ankunft in Spitzbergen dort nicht möglich. Da es in Spitzbergen keine Mehrwertsteuer gibt, gibt es natürlich auch keine Stelle, die eine bezahlte Mehrwertsteuer für eine spätere Rückerstattung bestätigt.

Die fehlenden Steuern sorgen dafür, daß etliches (Benzin, Autos, Elektroartikel, Kleidung, Alkohol, Fleisch etc.) in Spitzbergen teilweise erheblich billiger ist als auf dem Festland, da dort teilweise erhebliche Luxussteuern etc. die Dinge künstlich teuer machen.

Spitzbergen ist im Doppelbesteuerungsabkommen mit Deutschland ausdrücklich ausgenommen, eventuell müssen Einkünfte also sowohl in Spitzbergen als auch in Deutschland versteuert werden. Zuständig für die **spitzbergische Besteuerung** ist Ligningsrådet for Svalbard, PO Box 2895 Töyen, N - 0608 Oslo 6. Außer der Einkommensteuer gibt es keine anderen Steuern in Spitzbergen (also z.B. auch keine Gewerbesteuer).

Eine Steuerreform ist seit Jahren in Vorbereitung.

Surfen

Es gibt in Longyearbyen einen Surfclub, wo Besucher im Sommer Bretter und Schutzanzüge mieten können, um auf dem Adventfjord zu surfen.

Sysselmann (Gouverneur)

Das **Amt des Gouverneurs**, ein dunkler, moderner Betonbau mit grauem Dach, liegt am Ausgang des Longyeartales oben am linken Hang. Hier erfolgt die **Anmeldung** (sofern nicht bereits am Flughafen geschehen) und die **Rückmeldung von Touren** (kleiner Nebeneingang vom Hof aus rechts neben der Haupttür). Bei Gruppenreisen wird dies vom Veranstalter erledigt. Der Gouverneur ist auch für das **Rettungswesen** zuständig, ebenso ist er der Chef der Polizei. Seine Mitarbeiter, wie die meisten Personen in Longyearbyen, die regelmäßig mit Ausländern Kontakt haben, verstehen ausreichend bis gut Englisch, teilweise sogar Deutsch. Dem Gouverneur steht außerdem ein Dolmetscher zur Seite (Englisch, Deutsch, Russisch, Französisch).

Öffnungszeiten: Mo-Fr 8:30 bis 15:30, Sa 9:00 bis 12:00. Sollte während dieser Zeiten die Touristenregistrierung geschlossen sein, kann man sich an die Mitarbeiterin am Empfang (Haupteingang) wenden. Rückmeldungen von Touren können auch telefonisch erfolgen. Veranstalter haben ihre Teilnehmer und Touren bereits im voraus gemeldet. Individualtouristen ist dringend anzuraten, mit ihren Reiseplänen (sofern diese über die Siedlungen hinausgehen) im Hinblick auf die Genehmigung schon im voraus mit dem Gouverneursamt Kontakt aufzunehmen (☞ Tourengenehmigung). Eine ausführliche Beratung in touristischen Fragen (Routen, Geländeverhältnisse etc.) sollte man sich hier allerdings nicht erwarten, da dies weder die spezielle Aufgabe des Amtes ist noch in jedem Fall die Geländekenntnis vorhanden ist; der einzelne Beamte hat nur 2-3 Jahre maximale Dienstzeit in Spitzbergen, etliche sind hier auch nur saisonweise.

Das Gouverneursamt ist Ansprechpartner für alle rechtlichen Fragestellungen (einschließlich Jagd), polizeiliche Dinge, Beglaubigungen, Urkunden, Standesamt, Registrierung etc. Teilweise werden spezielle Fragestellungen an andere Institutionen in Norwegen weitergegeben.

Adresse: Sysselmannskontor, N - 9170 Longyearbyen. Während der Dienstzeit ☏ 79021400, außerhalb der Dienstzeit (dringende Angelegenheiten, Notfälle): ☏ 79021222, 79021855.

Telekommunikation

(☞ auch Funk, Ausrüstung - Signalmittel) **Münztelefone** befinden sich am Eingang zur Post und Bank, im Kafe Busen, im Huset, im Eingang des Flughafengebäudes, am Hafen und im Flur des Campingplatz-Gebäudes. Auch in Sveagruva und Ny Ålesund gibt es Münztelefone. Seit 1992 gibt es außerdem **Kartentelefone**. Die Karten sind unter anderem beim Telefonamt und bei RaBi's Bua erhältlich.

Von Spitzbergen aus können alle Orte in Deutschland direkt angewählt werden, indem man 09549, dann die Ortsvorwahl ohne die 0 sowie die

 Herbstfärbung und Neuschnee in den Bergen (Inland) ☞

Teilnehmernummer wählt. Entsprechend ist für Österreich 09543 und für die Schweiz 09541 zu wählen. Die Vorwahlen anderer Länder lassen sich einer Liste entnehmen, die meistens beim Telefon hängt. Für Auslandsgespräche muß immer 095 vor der Nummer des jeweiligen Landes gewählt werden.

An den meisten Stellen wurden inzwischen erfreulicherweise moderne Münztelefone installiert, die auch 10-Kronen-Stücke annehmen und in die das Geldstück schon vor dem Wählen fällt. **Ältere norwegische Münztelefone** sind allerdings zunächst gewöhnungsbedürftig. Die Münzen (nkr 1 oder nkr 5) müssen in eine Schiene gestellt werden und fallen an deren Ende erst dann in den Schlitz, wenn der Gesprächsteilnehmer sich meldet. Leider fällt die Münze öfter nicht herab und läßt sich auch nicht in den Schlitz drücken, so daß die Verbindung wieder abgebrochen wird, nachdem sich der Teilnehmer sich schon gemeldet hat. Nkr 5 reichen für eine konzentrierte Mitteilung mit einigen Details aus, jedoch nicht für längere Plaudereien. Telefonieren mit nachträglicher Abrechnung ist im Telefonamt in Longyearbyen möglich.

Das **Telefonieren über Satellit** ist man in Europa wenig gewöhnt; die Übermittlung verzögert sich dadurch um ca. eine halbe Sekunde, man fällt sich wegen der Verzögerung leicht ins Wort. Außerdem tritt gelegentlich ein lästiges Echo auf (die Gespräche legen per Satellitenübertragung gut 70.000 km bis zum Teilnehmer zurück, so daß man die eigenen Worte um eine halbe Sekunde verzögert nochmals als Echo hören kann, während gleichzeitig der Teilnehmer bereits antwortet).

Telex, **Telefax** und **Videokonferenz** sind über das Telefonamt (Norsk Tele) auch für Besucher nutzbar. Für den Kontakt zu Schiffen wendet man sich telefonisch an die Seefunk-Station **Svalbard Radio**, sofern die Schiffe nicht direkt per Funktelefon erreichbar sind. Mobiltelefon und Personenruf sind nur im Ortsgebiet Longyearbyen einsetzbar.

☞ **Umstellung des norwegischen Telefonsystems**: 1993 erfolgte die Abschaffung der Vorwahlen, stattdessen erreicht man einen norwegischen Anschluß von überall im Lande unter einer achtstelligen Nummer ohne Vorwahl, auch bei Anwahl innerhalb desselben Ortes. Für Spitzbergen erhält man diese neuen Nummern, indem man statt der alten innernorwegischen Vorwahl 080 nun 790 wählt, gefolgt von der bisherigen fünfstelligen Anschlußnummer (beginnt für Longyearbyen mit 21 oder 22, Ny Ålesund mit 27).

Tollwut

Spitzbergen ist - im Gegensatz zum skandinavischen Festland - Tollwutgebiet. Tiere dürfen nur mit mehrwöchiger **Quarantäne** ein- und ausgeführt werden. Schon zur eigenen Sicherheit ist das Berühren toter oder sehr zahmer Tiere zu vermeiden, ebenso das Anlocken von Füchsen, Rentieren oder Eisbären durch Futter. Auch tollwütige Robben wurden schon geschossen.

Tourengenehmigung

Was früher nur üblich war, ist seit dem 1.1.1992 nun durch Gesetz Pflicht, nicht zuletzt ausgelöst durch kurzsichtiges Verhalten schwarzer Schafe unter den Besuchern:

Wer in Spitzbergen den Bereich der Siedlungen verläßt, muß die Tour beim **Gouverneur** (Sysselmann) anmelden und benötigt dessen Genehmigung. Veranstalter erledigen diese Prozedur für ihre Touren im voraus; der Teilnehmer hat hiermit nichts zu tun. Sofern jemand eine größere Tour auf eigene Faust plant, ist anzuraten, die Genehmigung schon deutlich im voraus schriftlich beim Sysselmann zu erbitten, indem man die genaue Route und Terminplanung, die Teilnehmer und deren Erfahrung, die mitgeführte allgemeine und Sicherheitsausrüstung sowie eventuelle Zielsetzungen detailliert beschreibt.

Bei kleineren Touren wird diese Genehmigung normalerweise problemlos erteilt, eventuell mit Auflagen. Aufgrund des neuen Gesetzes kann der **Nachweis einer Versicherung gegen Such- und Bergungskosten** mit einer vom Gouverneur festgesetzten Deckungshöhe (z.B. nkr 30.0000) gefordert werden (bzw. alternativ z.B. die Garantie einer Bank, diese Summe erforderlichenfalls aufzubringen). Insbesondere Paddler und Leute, die eine Skitour oder eine größere Wandertour planen, müssen mit der Forderung nach einer solchen Versicherung rechnen, da gerade Individualtouristen, obwohl sie nur einen winzigen Anteil am Tourismus außerhalb der Siedlungen bilden, für nahezu alle Rettungsaktionen der Auslöser sind (☞ auch Versicherungen). Wer frühzeitig die Genehmigung erbittet, hat noch genügend Zeit, eventuelle Auflagen zu erfüllen. Wer dagegen erst in Longyearbyen seine Pläne vorstellt, kann eventuell böse Überraschungen erleben, z.B. dort festsitzen, bis eine entsprechende Versicherung organisiert ist.

Touristeninformation

Besucher Longyearbyens erhalten Auskünfte im Eingang des *Flerbruksbygg* (Mehrzweckhaus) im neuen Ortszentrum, insbesondere zu eventuellen Ausflugsangeboten während der nächsten Tage, außerdem Verkauf von Postkarten etc. Für rechtliche Fragen, Anmeldung und Genehmigung von Touren etc. ist das Gouverneurs-Amt zuständig (☞ Sysselmann).

Eine detaillierte Beratung zu Geländeverhältnissen, möglichen Routen etc. für größere Touren, insbesondere im Sommer, sollte man von der Touristeninformation allerdings nicht erwarten.

Treibstoff

(☞ auch Brennstoff) Für Seefahrzeuge bestehen **Diesel-Bunkerangebote** in Barentsburg, Longyearbyen und Ny Ålesund. Der Literpreis für Diesel lag 1992 bei DM 0,60. Viertakter-Kfz können in Longyearbyen an den Zapfsäulen im Hafengebiet betankt werden, hierzu ist allerdings die Hilfe eines Angestellten des benachbarten Materiallagers erforderlich. Motorschlitten (Zweitakter) dürfen nicht direkt an den Zapfsäulen befüllt werden, für sie sind dort zunächst Kanister zu füllen, die dann in den Tank des Schlittens geleert werden.

Trinkwasser

Aufgrund der niedrigen Temperaturen und der kaum verschmutzten Natur ist das natürlich fließende Oberflächenwasser fast überall problemlos trinkbar. Die hellbraun schlammige Trübung ist meist feingemahlenes Gesteinsmaterial von den Gletschern, also ungefährliches "Mineralwasser". Lediglich in bestimmten Gebieten gibt es bisher Probleme mit der Wasserqualität, die auf den eventuellen Schwefelgehalt zurückführen ist.

Unterhaltung

Das Unterhaltungsangebot **Longyearbyens** ist begrenzt: Normalerweise Samstag abend **Dorfdisco** im Huset mit teilweise heftigem Alkoholkonsum sowie 1-2 **Kinovorstellungen** pro Woche. Im angenehmen Gemeindesaal der Kirche gibt es an zwei Abenden und sonntags nach dem Gottesdienst ein **geselliges Zusammenkommen** (*Peisestua*) mit Tee und Waffeln sowie

in demselben Raum in Abständen Vorträge. Ein weiterer Treffpunkt im Ort ist die Bar im Funken, dem ehemaligen Funktionärskasino im Ortsteil Haugen. Für gelegentliche "Großveranstaltungen" (Tanzabende, Basare etc.) werden entsprechende Räumlichkeiten im Huset genutzt.

Unterkunft

Feste Unterkünfte für Besucher stehen vor allem in Longyearbyen, Ortsteil **Nybyen**, zur Verfügung. Es handelt sich dabei um ca. 150 Betten (überwiegend in Einzelzimmern, meist gemeinsame Nutzung der Sanitäranlagen durch mehrere Zimmer eines Flurs) in **ehemaligen Bergarbeiterquartieren**, die ansprechend saniert wurden und gepflegt und sauber sind. Pro Nacht im Standard-Einzelzimmer muß man mit ca. DM 150 rechnen, in den wenigen Doppelzimmern pro Person fast dasselbe.

Ergänzt wird das Zimmerangebot durch eine Rezeption und einen Frühstücksraum sowie einige Aufenthaltsräume in den Unterkunftsgebäuden. Den Gästen steht ferner ein Kochraum zur Selbstversorgung zur Verfügung. Wäsche kann in der Wäscherei im Ort preisgünstig gewaschen werden. Daneben gab es bisher einige wenige Zimmer mit eigenen Sanitäranlagen, entsprechend teurer. Für 1994 ist mit einer deutlichen Ausweitung der Bettenkapazität in Longyearbyen zu rechnen, allerdings speziell in der gehobenen Kategorie (um DM 200/Nacht), da für Tagungen etc. bisher Platzmangel bestand.

Buchung
In der Regel ist die Unterkunft bereits Bestandteil der Veranstalterprogramme, die Longyearbyen als Basis haben. Für Individualreisende Buchung im voraus über Spitzbergen-Spezialanbieter. Eine Buchung nach der Ankunft ist vor Ort kurzfristig möglich, allerdings keine "Last-minute"-Sonderpreise. Insbesondere für Reisen während der Saison empfiehlt sich die Vorausbuchung, auch außerhalb der Saison kann alles durch Konferenzgruppen belegt sein.

Seit 1992 gibt es probeweise ein **Vandrerhjem** (Jugendherberge) mit zwölf Betten und Preisen für Mitglieder ab ca. DM 30 pro Nacht bei etwas niedrigerem Standard. Teilweise sind Veranstalterangebote auch mit dieser günstigeren Unterkunftsvariante zu buchen.

Die im April 1989 mit der russischen Bergbaugesellschaft getroffene Vereinbarung ermöglicht Besuchern auch die Nutzung des jeweiligen "Hotels" in Barentsburg und Pyramiden - interessant vor allem für Veranstalter mit entsprechender Transportkapazität und deren Kunden. Übernachtungspreis 1993 ca. DM 60 pro Person ohne Frühstück. Im Gelände gibt es keine für Touristen vorgesehenen Unterkünfte (☞ Hütten).

Verkehrsmittel innerhalb der Inselgruppe

Zwischen den Orten Spitzbergens gibt es keinerlei öffentlichen Linienverkehr, eventuell mit Ausnahme eines Fluges pro Woche (1993) zwischen Longyearbyen und Ny Ålesund (ca. DM 320 pro Person) bei ausreichender Passagierzahl.

Flugverkehr

Das wichtigste Luftverkehrsmittel innerhalb der Inselgruppe sind **Hubschrauber**, die gechartert werden können. Im Sommer stehen bis zu sechs Hubschrauber der Firma Lufttransport hierfür am Flughafen in Longyearbyen zur Verfügung. Bei den kleineren (Aerospatiale AS-350, maximal fünf Passagiere mit Handgepäck) kostet die Flugstunde etwa DM 2.400 und etwa DM 4.500 bei den beiden großen Bell (maximal acht Passagiere), die dem Sysselmann für dienstliche Aufgaben zur Verfügung stehen, daneben aber auch in Absprache mit dem Gouverneursamt gechartert werden können. Im Februar 1993 kam ein "Super-Puma"-Hubschrauber für größere Such- und Rettungsflüge hinzu, der deutlich mehr zuladen kann; Charterpreise um DM 8.500.

Schließlich gibt es noch zwei zweimotorige Propellermaschinen für maximal 20 Personen, Charter um DM 3.000 pro Stunde.

✋ **Leerflugzeiten** sind ebenfalls zu bezahlen (z.B. wenn man sich irgendwo per Hubschrauber absetzen läßt und dieser leer zurückfliegt), außerdem auch vergebliche Abholversuche aufgrund mangelnder Sicht (wenn der Hubschrauber am Abholpunkt nicht landen kann, da dort z.B. Nebel herrscht).

Die Flugfirma bietet Aussichtsflüge an, z.B. per Helikopter bei mindestens vier Teilnehmern nach Pyramiden (dort Landung, Zeit für kurzen Ortsrundgang) mit Überfliegen des Nordenskiöldgletschers und wieder zurück nach Longyearbyen für ca. DM 350 pro Person mit Handgepäck.

Schiffsverkehr

1993 wurden von Mitte Juni bis Ende August fünf kleine (bis 36 Kabinenplätze) **Küstenschiffe** in Spitzbergens Gewässern den Sommer über

 Spätsommerlicher Abend im Inland ☞

eingesetzt - überwiegend fest verchartert an die Reiseveranstalter, deren Gruppen bzw. an Forschungsprojekte. Es gibt zwischen den Orten keinen Linienverkehr nach Fahrplan. Teilweise werden allerdings vor Ort kurzfristig Restplätze angeboten, allerdings erst wenige Tage vorher. Eine Reservierung länger im voraus ist im Grunde nur möglich, wenn Sie ein ganzes Schiff belegen wollen (Tagescharterkosten bei zwölf Kabinenplätzen z.B. nkr 16.000).

Innerhalb des **Isfjordes** werden häufiger auch **Tagesfahrten** angeboten, z.B. zu den russischen Siedlungen. Die Erwartung, bei einem nur eintägigen oder gar nur einige Stunden dauernden Aufenthalt in Longyearbyen auch gleich einen solchen Ausflug mitmachen zu können, ist allerdings recht spekulativ, da die Fahrten nicht so häufig angeboten werden und Mindestteilnehmerzahlen zu erreichen sind - mit Glück kann es funktionieren, ein etwas längerer Aufenthalt ist allerdings anzuraten (auch im Hinblick auf eventuelles Pech mit dem Wetter bei einem sehr kurzen Aufenthalt). Derartige Tagesfahrten im Isfjord kosteten 1993 ca. DM 200 pro Person. Bei entsprechenden Kurzaufenthalts-Angeboten mit Veranstaltern sind in der Regel 1-2 solcher Fahrten bereits mit eingeschlossen.

Um aus dem Isfjord per Schiff hinauszugelangen, gab es bisher verschiedene Arrangements von 3-14 Tagen Dauer mit verschiedenen Reiseveranstaltern auf den von diesen gecharterten, kleinen Küstenschiffen, wobei sich eine Buchung lange im voraus empfiehlt. Vor Ort sind Restplätze auf diesen kleinen Schiffen nur ausnahmsweise noch zu bekommen.

Anfragen für organisierte Schiffstouren und die eventuelle Linienschiffsverbindung ab 1994 bitte an Skandinavien orientierte Reisebüros bzw. an Spitzbergen-Spezialveranstalter.

Landverkehr

Im Sommer ist motorisierter Landverkehr nur auf den Straßen gestattet. Fahrzeugeigner müssen eine Nutzungsgebühr für das Wegenetz und die Elektroanschlüsse der Motorenwärmer an die Kommunalbetriebe bezahlen. Für Touristen kommen die beiden **Taxis** in Frage, deren Preise für deutsche Verhältnisse allerdings gesalzen sind. Wegen eines **Mietwagens** wende man sich an die Firmen Avis oder SpiTra (☞ Mietwagen)

Im Ortsteil Nybyen können an der Rezeption der Unterkünfte robuste **Fünf-Gang-Räder** gemietet werden (Preis 1993: nkr 85 pro Tag, nkr 210 von Freitag bis Montag, nkr 380 pro Woche).

Trotz der weit gestreuten Bauweise Longyearbyens gibt es für Besucher keine **Busverbindungen** mit Ausnahme des Flughafenbusses, der zu den Flügen zwischen Flughafen und Ort verkehrt (Fahrpreis: nkr 20), also ca.

einmal pro Tag, jedoch nicht im Winter (ca. Oktober bis März). Alternativen: zu Fuß gehen, ☞ Fahrradfahren.

Im Winter gibt es die Möglichkeit, **Motorschlitten** zu mieten und damit motorisiert die Siedlungen zu verlassen. Dies ist bei den Einwohnern sehr beliebt, vergleichbar mit einem Sonntagsausflug per Auto bei uns (☞ Reisemöglichkeiten - Motorschlittentouren).

In der Osterzeit ist dies allerdings unsicher, da dann die norwegischen Freunde und Bekannten der Einheimischen nach Spitzbergen kommen und für andere Besucher kaum noch Fahrzeuge, Unterkünfte oder Flüge zu bekommen sind.

Versicherungen

Bei größeren Touren (Paddel-, Ski-, Trekkingtouren etc.) kann der Gouverneur den Nachweis einer **Versicherung gegen Such- und Bergungskosten** verlangen, für die er eine geforderte Höchstdeckungssumme festsetzt (z.B. nkr 300.000) und die mehr Fälle (z.B. Suchkosten, die durch verspätete Rückkehr ohne Unfall ausgelöst werden) abdeckt, als die üblicherweise abschließbaren Reiseversicherungen. Ein auf die Anforderungen der Bestimmungen Spitzbergens abgestimmtes Versicherungsangebot gibt es bei **Europeiske Reiseforsikring** in Oslo. Die Preise sind vom konkreten Fall und der Personenzahl in der Gruppe abhängig, z.B. DM 2.000 Versicherungsprämie für einen Einzelreisenden oder DM 800 Prämie pro Person in einer Vierergruppe.

Teilnehmer von organisierten Reisen sollten ein **Reiseversicherungspaket** abschließen, das ebenfalls Such- und Bergungskosten mit abdeckt, z.B. in Deutschland das Rat & Tat-Paket der Europäischen Reiseversicherung. Vielfach wird der Abschluß eines solchen Paketes in den Reisebedingungen der Veranstalter gefordert oder gleich in den Reisepreis eingeschlossen.

Beachten Sie ferner, ob Ihre Krankenversicherung auch Kosten im Ausland trägt, und ob die Versicherung direkt zahlt, oder Sie die Kosten zunächst selbst tragen müssen und dann zurückerstattet bekommen. Wie steht es mit der Rückführung im Krankheitsfall oder nach einem Unfall?

Verwaltung

(☞ auch Status der Insel, Steuern, Sysselmann) Spitzbergen ist aufgrund seines besonderen Status nicht in die übliche verwaltungsmäßige

 Surfer vor Longyearbyen / Negribreen (Ostküste) ☞

Gliederung Norwegens integriert, bildet also weder eine eigene Provinz (*fylke*) noch eine eigene Kommune, sondern wird direkt durch die Regierung in Oslo verwaltet, die durch den **Sysselmann** als örtlichem Verwaltungsorgan, Leiter der Exekutive etc. vertreten wird.

Die zweite örtliche Behörde für Spitzbergen, basierend auf dem Spitzbergen-Vertrag, ist der ebenfalls in Longyearbyen ansässige **Bergmester** (Bergmeister), der für Fragen des Bergbaus, der Zuteilung von Bergbaukonzessionen etc. zuständig ist. Von örtlicher Bedeutung sind ferner die jeweiligen Bergwerksgesellschaften (SNSK für Longyearbyen und Sveagruva, Trust Arktikugol für Barentsburg und Pyramiden, Kings Bay Kull Compani für Ny Ålesund und Bjørnøen AS für die Bären-Insel). In praktischen Einzelfragen (Baupläne etc.) liegen in Longyearbyen viele Entscheidungen bei SSD (Svalbard Samfunnsdrift A/S), den Kommunalbetrieben.

Die politische Mitbestimmung der Bevölkerung Spitzbergens ist auf örtlicher Ebene schwach ausgeprägt. Es gibt zwar auf norwegischer Seite den vor Ort gewählten **Svalbardrådet**, der jedoch nur über ein begrenztes Budget verfügen kann und ansonsten vor allem beratende Funktion hat - durchaus beachtet, jedoch mit geringer rechtlich garantierter Macht. Der Sysselmann ist in seinen Entscheidungen nicht direkt auf die Unterstützung des Svalbardrådet angewiesen und wird auch nicht auf örtlicher Basis gewählt oder auch nur mitgewählt, sondern auf Vorschlag der Osloer Regierung vom norwegischen König ernannt. Die erheblichen für Spitzbergen ausgegebenen norwegischen Mittel unterliegen keiner demokratischen örtlichen Kontrolle oder sonstigen deutlichen Beeinflussung in ihrer Verwendung durch ein gewähltes Organ in Spitzbergen, sondern nur dem Parlament in Oslo als Teil des Staatshaushaltes.

Die demokratischen effektiven **Mitspracherechte** der norwegischen Bevölkerung Spitzbergens beschränken sich auf das Wahlrecht für den gesamtnorwegischen **Storting**, das Parlament, sowie das kommunale Wahlrecht in der Heimatgemeinde auf dem Festland. Selbst für den Ort Longyearbyen gibt es keinen Gemeinderat mit Kompetenzen wie in einer Gemeinde auf dem Festland. Er wird teilweise ersetzt durch den Svalbardrådet, der etwa über Bauanträge etc. mit entscheidet und sicherlich über die Jahre an Einfluß gewonnen hat. Eine weitere Ausweitung seiner Kompetenzen in Richtung eines normalen Gemeinderates (Budgetrecht für Longyearbyen etc.) wird derzeit diskutiert.

Bisher wurde der Ort primär durch die Bergwerksgesellschaft **SNSK** geleitet, dem Grundeigentümer und Eigentümer fast aller Gebäude und sonstigen Einrichtungen. Bei der Aufteilung der SNSK 1989 entstand die rechtlich selbständige Svalbard Samfunnsdrift A/S als für den Betrieb des

Ortes seitdem zuständige Tochtergesellschaft, die nun ganz aus dem Gefüge der Muttergesellschaft SNSK herausgespalten wurde.

Angesichts der Überzahl der Russen in Spitzbergen liegt es nahe, daß Norwegen kein Interesse daran hat, ein von allen Bewohnern der Inseln gewähltes spitzbergisches Regionalparlament mit Kontrolle über das (von Norwegen weitgehend bezahlte) Spitzbergen-Budget zu schaffen. Ein Ausweg, um auch in Spitzbergen mehr Demokratie zu verwirklichen, ohne die norwegische Kontrolle zu gefährden, ist die Schaffung von kommunalen Parlamenten und Gemeinderäten für die einzelnen Orte oder zumindest für Longyearbyen.

In Oslo sind verschiedene Ministerien und Behörden mit Spitzbergen befaßt: Die meisten Entscheidungen trifft das Justizministerium und dort wiederum zuständig ist insbesondere die *Polaravdeling* (Polarabteilung). Betroffen sind aber auch das Umweltschutz-, das Industrieministerium (etwa die Abteilung für Staatsbetriebe), das Fischerei- und das Verkehrsministerium sowie unter anderem die zuständigen Ministerien für Kirche, Schule und Gesundheit.

Weitere Behörden mit Zuständigkeiten für Spitzbergen sind z.B. *Riksantikvaren* (Denkmalschutz), *Statens Bygge- og Eiendomsdirektoratet* bzw. *Statsbygg Nord* (staatliches Liegenschaftsamt), die spezielle Steuerbehörde für Spitzbergen (*Ligningsrådet*) oder *Luftfartsverket* (Flugsicherung, Flughafenbetrieb). Die Wirtschaftsförderung läuft teilweise über regionale Einrichtungen, etwa den *Distrikt utbyggningsfond* (DU) in Tromsø.

Auch auf russischer Seite gibt es für die Bevölkerung kein substantielles regionales Mitspracherecht, sondern lediglich das Wahlrecht im Heimatland.

Video

(☞ Elektrizität, Fotografie) Der Einsatz von Videokameras in Spitzbergen ist sicher lohnend, insbesondere hochauflösende Systeme wie etwa Hi8, die auch bei trübem Wetter die feinen Farbnuancen noch gut auflösen.

✋ **Ausreichend Akkukapazität** (Reserveakkus, Ladegeräte) angesichts der niedrigen Temperaturen, eventuell Schutz gegen Nässe und robusten Transportkoffer einpacken.

Zusätzliche Kassetten der gängigsten Systeme (VHS-C, Video8, Hi8) sind meist in Longyearbyen erhältlich.

Visum

Für Bürger der Unterzeichnerstaaten des Spitzbergen-Vertrages (*Svalbard-Traktat*) von 1920 ist kein Visum als Einreisevoraussetzung erforderlich, der Personalausweis oder Reisepaß genügt. Zu diesen Staaten bzw. deren Rechtsnachfolgern gehören alle EG- und EFTA-Länder und fast alle anderen europäischen Staaten, Japan, Nordamerika, Australien, Neuseeland und viele andere.

Waffen

Die norwegische Verwaltung erwartet von Besuchern Spitzbergens, die den Bereich der Siedlungen verlassen wollen, wegen der Gefährdung durch Eisbären das Mitführen von Schußwaffen und des hierfür erforderlichen Dokumentes des Heimatlandes, bei Deutschen also die Waffenbesitzkarte mit Munitionserwerbsschein oder Jagdschein bzw. Waffenschein. Anerkannt werden diese Dokumente nur für Langwaffen. Bei Reisen mit Veranstaltern übernehmen normalerweise die Tourenbetreuer den Schutz; die Teilnehmer benötigen i.d.R. keine Waffe.

Da das Gewehr nur für Selbstverteidigungszwecke gedacht ist, entfallen jagdrechtliche Einschränkungen (☞ Ausrüstung - Waffen).

Reisen mit Schußwaffen

☺ Individualtouristen, die ihr Gewehr während der Hin- und Rückreise mit sich führen, sind gut beraten, den Luftweg zu wählen, denn hier ergeben sich die geringsten Probleme (Munition in Originalverpackung belassen!).

An jeder Grenze sind Schußwaffen unaufgefordert beim Zoll an- bzw. abzumelden. Der Beamte, der die Pässe kontrolliert, ist Polizist, nicht Zöllner. Man muß sich also selbst zur Zollstation begeben und dort die entsprechenden Formulare ausfüllen. Für Bahnreisende bedeutet das in jedem Fall, erst mit dem nächsten Zug weiterreisen zu können.

Für die Durchreise durch Schweden, wo illegale Waffeneinfuhr besonders hart bestraft wird, ist außerdem ein Bürge erforderlich. Diese Bürgschaft wird, sofern sich nicht ein schwedischer Bürger dazu bereit erklärt, von einer Spedition übernommen, die hierfür skr 200 (ca. DM 70) kassiert, auf der Rückreise entsprechend. Wer mit unangemeldeter Waffe erwischt wird, braucht wenig Hoffnung in Ausreden ("zu mir ist kein Zöllner gekommen", "der Gang zum Zoll hätte mich sieben Stunden Warten auf den nächsten Zug gekostet") zu setzen.

Aufgrund deutscher Bestimmungen ist der **Versand von Waffen** zwischen Norwegen (einschließlich Spitzbergen) und Deutschland **per Post** verboten.

Abgelegene Plätze sind nur für Hubschrauber zu erreichen

Wege

(☞ auch Verkehr innerhalb der Inselgruppe) Es gibt in Spitzbergen keinerlei Wanderwege, unmittelbar am Siedlungsrand beginnt völlig wegloses, bergiges arktisches Gelände, von einzelnen Zufahrten zu Gruben etc. abgesehen.

Zeit

In Spitzbergen gilt die mitteleuropäische Zeit (MEZ) bzw. mitteleuropäische Sommerzeit. Auch die russischen Siedlungen haben sich 1992 angepaßt.

Zoll

Aufgrund des besonderen ☞ Status der Insel, der unter anderem keine Mehrwertsteuer gestattet, wird Svalbard von Norwegen als Zoll-Ausland behandelt. Dies kann für den Touristen auf der Rückreise wichtig sein, wenn in Spitzbergen gekaufte Waren in Tromsø verzollt werden müssen.

Spitzbergen - Ausrüstung

Von Touristen wird gefordert, daß sie die für Ihre Unternehmungen erforderliche Ausrüstung einschließlich Verpflegung mitbringen. Die Mitarbeiter des Gouverneurs haben das Recht, dies zu überprüfen und bei gravierenden Mängeln den Besucher zurückzuschicken oder zusätzliche Auflagen und Einschränkungen für seine Unternehmungen festzusetzen.

Beim Thema Ausrüstung spielen **persönliche Vorstellungen** eine große Rolle. Überdies sind die mit der Tour verbundenen **Absichten** und die **Fähigkeiten der Teilnehmer** zu beachten. Das Folgende bietet also nur eine grobe Orientierung.

Wichtig ist die **Abstimmung der einzelnen Ausrüstungsteile**. So schätze ich mein altes Keb-3-Firstzelt sehr für Einsätze, wo in kurzer Zeit eine große Strecke zurückgelegt werden muß (z.B. Kontrolle von Depots), unter anderem auch deshalb, weil es, ohne Innenzelt aufgebaut, bei wenig Gewicht enorm viel Platz bietet, und ich bei feuchtem Untergrund meinen kräftigen Militärponcho als Unterlage verwende. Ohne diesen Kombinationseffekt würde ich wahrscheinlich ein anderes Zelt und einen leichteren Poncho bevorzugen. Der Verzicht auf ein Innenzelt ist bei langen Touren nicht anzuraten.

Diese Feinabstimmung der einzelnen Ausrüstungsstücke ist durch ein Buch kaum vermittelbar, da sie von zu vielen Faktoren abhängig ist. Hier hilft nur das schrittweise Sammeln von Erfahrungen durch Ausprobieren, möglichst nicht erst während einer Tour durch Spitzbergen, wo Fehler leicht einen höheren Preis fordern als etwa in Lappland.

Seitens der norwegischen Verwaltung wird zwar das Mitbringen der Ausrüstung einschließlich Verpflegung (bei Touren ins Gelände), die den arktischen Gegebenheiten der Inselgruppe entspricht, gefordert, hierfür aber keine detaillierte Liste aufgestellt. Man hält sich damit bewußt einerseits die Möglichkeit offen, Touristen, die unzureichend gerüstet erscheinen, von deren Vorhaben abzuhalten, wofür der Gouverneur durchaus die Befugnisse und Möglichkeiten hat - bis hin zur Ausweisung von Personen. Andererseits ist der Besucher durch diese zunächst an sein eigenes Verantwortungsgefühl appellierende Forderung in der konkreten Zusammenstellung seiner Ausrüstung weniger festgelegt und kann sich dabei an den besonderen Anforderungen seiner Tour orientieren.

Das Vertrauen in Erfahrung und Verantwortungsbewußtsein der Besucher ist in letzter Zeit gelegentlich erschüttert worden, so daß über schärfere Regelungen mittlerweile recht konkret nachgedacht wird. Wer heute nach Spitzbergen fährt, bestimmt daher auch durch Verhalten und Ausrüstung die Bedingungen mit, die man selbst oder andere in Zukunft dort vorfinden werden.

Offiziell wird folgende Ausrüstung verlangt: Warme, windabweisende Kleidung für Sommer und Winter; eine Biwakausstattung, die auch für mögliche Klimastürze ausreichend Reserven bietet; die für den Aufenthalt notwendige Verpflegung; eine Erste-Hilfe-Ausrüstung; ein Notsignalgerät und eine ausreichende Bewaffnung (großkalibrig). Für Touren auf See werden außerdem Überlebensanzüge dringend empfohlen.

Die nun folgenden Anmerkungen behandeln einzelne, für Spitzbergen wichtige oder interessante Ausrüstungsstücke, stellen jedoch keine komplette Ausrüstungsliste dar.

Zelt

Hauptkriterium für jedes Zelt in Spitzbergen ist mit Sicherheit die **Windstabilität** - also gute Abspannmöglichkeiten, hochwertige Verarbeitung, ein rundherum bis auf den Boden reichendes und dort möglichst auch noch beschwerbares Außenzelt sowie stabiler Stoff. Modelle mit auf den Seiten offenem Überzelt sind deshalb ungünstig, weil sie dem Wind hervorragende Angriffspunkte bieten, das Innenzelt nicht ausreichend vor Nässe schützen und vor allem nicht die Möglichkeit der Unterbringung von Ausrüstung in den Apsiden bieten.

Wegen des **Kondenswasserproblems** sollte das Zelt außerdem **gut durchlüftbar** sein. Da in Spitzbergen zu jeder Zeit mit Schnee und Sturm zu rechnen ist, sollte man bei Touren, auf denen immer wieder der Zeltplatz gewechselt wird, auf ein **Innenzelt** nicht verzichten: Ohne Zeltboden z.B. auf einer gerade vorher von Schneematsch durchnäßten Fläche kampieren zu müssen, ist kein Vergnügen, ebenso unangenehm ist durch die Ritzen und Öffnungen am Außenzelt direkt in den Schlafsack blasender Treibschnee.

Am geeignetsten erscheinen mir für Spitzbergentouren, neben einigen vor allem in Großbritannien beliebten Firstzelten mit extrem stabilem Gestänge in der Form von zwei umgekehrten Vs (z.B. "Phoenix Phortress", ein speziell für den harten Wintereinsatz geeignetes Zelt, besonders, wenn es im Pulka mitgenommen werden kann), unter den gängigen Zelttypen (First, Pyramide, Kuppel, Tunnel) erster und vor allem letzterer, insbesondere, wenn sie mit zwei Eingängen und zwei geräumigen Apsiden ausgestattet sind. Ausgereift sind etwa die "Rundhø"-Modelle von Helsport, von Norrøna das "Ravneskar" oder verschiedene Modelle von Hilleberg, alles größere Tunnelzelte für 2 bis 4 Personen von skandinavischen Herstellern, aber z.B. auch das englische Phoenix "Phunnel". Etwas weniger komfortabel, dafür aber leichter sind einige **Kuppelzelte**, die auch in

Deutschland gut erhältlich sind, etwa das "Sierra Leone" von Salewa. Vorsicht aber bei Billig-Kopien, z.B. unter DM 400! Kuppelzelte sind oftmals bei Wind schwerer aufzubauen, außerdem meistens lüftungsmäßig ungünstiger und damit unter den klimatischen Bedingungen Spitzbergens im Sommer kondensanfälliger - durchaus Kriterien für Spitzbergen!

Ich bin früher überwiegend mit einem Firstzelt ("Caravan Keb III", bevor die Produktion nach Korea ging) unterwegs gewesen, das sich im Gegensatz zu Kuppel- und Tunnelzelten auch ohne Innenzelt aufstellen läßt und dann extrem viel Platz bietet, wofür ich die geringe Isolation in Kauf nehme - dies ist jedoch Ansichtssache. Inzwischen benutze ich auch meist ein Tunnelzelt ("Norrøna Ravneskar" oder "Phoenix Phunnel"). Fast alle First- und einige Pyramidenzelte haben den Nachteil, daß Schnee auf ihnen kaum abrutscht und das Dach entsprechend einsinken läßt, so daß es auf dem Innenzelt liegt (Nässe!) und den Wohnraum reduziert. Man muß es daher immer wieder abschütteln. Insgesamt liegen für Spitzbergen empfehlenswerte Tourenzelte in der Preisklasse von DM 700 bis DM 1.500 (2- bis 3-Personen-Modelle).

Es empfiehlt sich, neben den üblichen **Aluminiumheringen mit V-Profil** auch noch einige etwas größere **Kunststoffheringe mit T-Profil** (rot, orange) mitzunehmen, die in weichem Boden besseren Halt bieten und auch bei Wind die Abspannschlaufen des Zeltes nicht durchscheuern (keine harten Metallkanten). Nachteil: Kunststoff wird bei stärkerem Frost brüchig. Außerdem sind **zusätzliche Abspannschnüre** zur Verbesserung der Windstabilität zweckmäßig.

Sofern die Zelte lediglich in **stationären Camps** eingesetzt und dorthin nicht weit getragen werden müssen, kommen natürlich auch größere, komfortablere Basiszelte in Frage - allerdings nur für den Sommer und nur aus möglichst reißfestem (Wind) Material, also z.B. schwerem Baumwollgewebe.

Auch über den **Zeltplatz in Longyearbyen** sollte man sich keine Illusionen machen - selbst wer "nur" hier zelten will, sollte nach Möglichkeit ein hochwertiges Zelt mitbringen, denn der Platz ist dem Wind nach drei Seiten völlig schutzlos ausgesetzt und nahezu jeden Sommer gehen hier billige Kaufhauszelte (gelegentlich auch hochwertige, unbeaufsichtigte) durch den Wind kaputt.

Für den **Wintereinsatz** ist die **Sturmsicherheit** des Zeltes noch wichtiger - zum einen, weil die stärksten Stürme meist in den kalten Jahreszeiten stattfinden und zum anderen, weil gerade in diesen Zeiten der Schutz des Zeltes von größter Bedeutung ist. Deshalb setzen wir im Winter z.B.

draußen in der Wildnis unsere großen Basiszelte nur ergänzend (z.B. als Gruppenzelt, worauf notfalls verzichtet werden kann) ein, als schützende Unterkunft dagegen nur die Zwei-Personen-Expeditionszelte. Der Zeltaufbau muß auch unter schweren Bedingungen (Sturm, Eiseskälte, Schneewehen) rasch und unkompliziert möglich und gut eingeübt sein - eine durch ungeduldig-grobe Behandlung gebrochene Zeltstange (bei Kälte leichter möglich) ist gerade dann besonders unangenehm. "Snow-flaps" unten um das Zelt herum gegen von unten eindringenden Treibschnee sind nützlich, wenn auch ein völliger Schutz nicht möglich ist. Heringe sollten sowohl für lockeren Schnee (breite Sandheringe) als auch für hartgefrorenen Boden (massive Stahlheringe) mit dabei sein, ebenso ein Hammer o.ä. zum Einschlagen und genügend Abspannmöglichkeiten zur Stabilisierung des Zeltes.

Rucksack

Entgegen dem allgemeinen Trend halte ich den **Außengestell- oder Kraxenrucksack** gerade im Hinblick auf Spitzbergen durchaus für empfehlenswert. Bei großen Touren mit viel Gepäck, schweren oder sperrigen Einzelteilen (Gewehr, Falt- oder Schlauchboot, größere Behälter) kann er durch seine Stabilität und vielfältigeren Packmöglichkeiten dem Innengestell überlegen sein. Rucksäcke mit Innengestell eignen sich für kleinere Touren oder für Unternehmungen mit hohen Anforderungen an die Beweglichkeit (Klettern, schwierige Skitouren).

Die Auswahl an hochwertigen Modellen mit Außengestell ist heute in Deutschland gering. In Skandinavien, wo ausgedehnte Touren weitaus populärer sind, gehört das Außengestell bezeichnenderweise weiterhin zur anspruchsvollen Standardausrüstung. Neben auch bei uns bekannten Herstellern wie Fjällräven stößt man in Spitzbergen auf die norwegischen, bei uns fast unbekannten Marken Bergans und vor allem Norrøna mit Modellen, die wenig "Extras" aufweisen, aber äußerst robust und zuverlässig sind. Lediglich Leute mit ungewöhnlichen Rückenlängen haben Probleme, da die Verstellmöglichkeit bei den meisten Kraxenrucksäcken konstruktionsbedingt gering ist.

Für Spitzbergen ist ein **möglichst großes Rucksackvolumen** empfehlenswert, ganz besonders bei Innengestellen. Denn während sich an der Kraxe vielerlei auch außerhalb des eigentlichen Sacks stabil festschnüren läßt, nimmt ein Innengestellrucksack mit wachsender Zahl der "Anbauten" zunehmend den Charakter einer schwabbeligen Kugel an, was lächerlich aussieht und vor allem beschwerlich zu tragen ist, da es dem

Konstruktionskonzept des Innengestells widerspricht, dessen Vorteile dann spürbar hervortreten, wenn die Ladung sich fest verstaut im Inneren des Rucksacks befindet und nicht allzu weit über 20 kg hinausgeht.

Falls eine Tour auf eigene Faust erwogen wird, empfiehlt sich ein Außengestell auch im Hinblick auf die besseren **Befestigungsmöglichkeiten des Gewehres**, das mit seinen ca. 4-6 kg am nachgebenden Innengestellrucksack nicht so leicht sicher, ohne Herumbaumeln und trotzdem blitzschnell einsatzbereit zu befestigen ist, wie mit etwas Geschick und Phantasie am starren Außengestell. Für Teilnehmer organisierter Touren spielt dieser Punkt natürlich keine Rolle, da dort normalerweise die Betreuer für das Tragen der Waffen zuständig sind.

Bei organisierten Touren empfiehlt sich als **grobe Faustregel**: Für leichtere Wander- und Trekkingtouren bis zu zwei Wochen, bei denen keine Zeltausrüstung und nur wenig Verpflegung mitzutragen ist, genügt in der Regel ein Innengestellrucksack ab ca. 60 l Volumen. Für schwere, ausgedehnte Trekkings, bei denen Zeltausrüstung, Verpflegung für mehrere Tage, Steigeisen etc. mitzutragen sind: entweder ein sehr großer Innengestellrucksack (z.B. 80 l) oder gleich ein guter, großer Außengestellrucksack. Beim Niederschreiben dieser Faustregel fällt mir dann allerdings jener Tourenteilnehmer ein, der mich in Spitzbergen beschimpfte, weil er einen von mir empfohlenen Rucksack gekauft hatte, ohne ihn vor der Tour probeweise realistisch zu bepacken - in Spitzbergen war ich dann schuld, daß unter anderem seine dick gefütterte zusätzliche Trainingshose nicht hineinpaßte. Zum Glück sind solche Zeitgenossen Einzelfälle ...

☺ Unabhängig von der Frage Innen- oder Außengestell muß der Rucksack **vor der Fahrt auf alle Fälle ausgiebig und möglichst realistisch getestet werden**. Versprechungen von Katalogen und Verkäufern nützen einem vor Ort nichts, wenn sie sich als falsch oder irreführend herausstellen.

So ist mir ein Spitzbergenfahrer bekannt, der sich bei einem relativ bekannten deutschen Ausrüstungsversender für ca. DM 250 einen Innengestellrucksack kaufte, in dessen Konstruktion laut Katalog die gesamte Expeditionserfahrung des Firmenchefs persönlich eingeflossen war. Der Reisende testete das Modell zwar zu Hause auf Tageswanderungen mit einer Last von etwa 20 kg, startete dann aber in Spitzbergen mit einer Last von nahezu 40 kg auf eine größere Tour. Der Rucksack, mit zahlreichen

Außenlasten unförmig behängt, erwies sich unter diesen Bedingungen als so ungeeignet, daß dem Touristen nur der Abbruch der Tour übrigblieb.

Abgesehen davon, daß solch schwergewichtige Ladung höchstens bei mehrwöchigen Touren auf eigene Faust durch Spitzbergen oder bei Mitnahme von Spezialausrüstung (Foto/Film, Forschung) erforderlich ist, überschreitet sie auch den Bereich, für den die Masse der Innengestellrucksäcke konzipiert ist. Immerhin zeigt das Beispiel deutlich, wie sorgfältigeres Auswählen und Testen der Ausrüstung einigen Ärger hätte ersparen können.

Angesichts der zentralen Bedeutung, die dem Rucksack in Spitzbergen zukommt, sollte man sich hier für größere Touren auf keinen Fall mit einem Billigmodell zufriedengeben. Akzeptable Rucksäcke der erforderlichen Größe findet man vereinzelt ab etwa DM 250; die Masse der zweckmäßigen Modelle kostet DM 400-800. Der Preis muß allerdings keine Garantie für Brauchbarkeit sein. Ein leichter und kleiner Rucksack für Tagestouren, der ansonsten auch als robuster Packbeutel dienen kann, ist eine erwägenswerte Ergänzung.

Schlafsack und Isoliermatte

Da man in Spitzbergen normalerweise tage-, ja wochenlang keine Nacht in warmer Umgebung verbringt oder zumindest auf solche Bedingungen eingestellt sein muß, gehört der Schlafsack zu den Dingen, bei denen die erforderliche Qualität nicht wegen des Preises vernachlässigt werden darf.

Die Streitfrage "Daunen- oder Kunstfaserfüllung" ist für mich ziemlich eindeutig geklärt: Für fast alle **Sommerunternehmungen** erscheint mir die **Kunstfaser** überlegen, da sich Kondenswasser im Zelt, zumindest am Boden, nicht immer vermeiden läßt, und die Luftfeuchtigkeit an vielen Tagen sehr hoch ist. Daune verliert unter diesen Bedingungen an Wärmeleistung, gewinnt dafür an Gewicht durch aufgesogenes Wasser und trocknet nur langsam, während dies bei einem kunstfasergefüllten Schlafsack weitaus weniger ausgeprägt ist. Der Nachteil der Kunstfaser, ihr im Verhältnis zur Wärmeleistung höheres Eigengewicht, verglichen mit (trockener!) Daune, konnte durch die Fortschritte der Chemie inzwischen zwar nicht beseitigt, jedoch vermindert werden.

Die hinsichtlich ihrer gewichtsbezogenen Wärmeleistung wohl hochwertigste Kunstfaser im Schlafsackbereich dürfte derzeit **Quallofill** (DuPont) sein. Mit dieser Hohlfaser sind unter anderem hochwertige Kunstfaserschlafsäcke des norwegischen Herstellers Ajungilak gefüllt, von denen für den Sommergebrauch in Spitzbergen vor allem die Modelle

"Spitsbergen" (nomen est omen! ca. 2,5 kg, ca. DM 330, Auslaufmodell), "Kompakt Super" (ca. 2 kg, ca. DM 400) oder für kälteempfindlichere Leute der "Tyin" (2,5 kg, ca. DM 380) geeignet sind. Ich habe einen "Spitsbergen" nun bereits seit sieben Jahren in Gebrauch und damit selbst bei leichtem Frost im Zelt gut geschlafen. Bewährt haben sich in Spitzbergen aber z.B. auch die Modelle "Sierra IV" (ca. DM 400) und, noch wärmer, "Outdoor" (ca. DM 450) oder "High Point" (ca. DM 400, neue Thinsulate-Liteloft-Faser) der Firma Kugler (ebenfalls beide mit Quallofill) u.a. All diese Empfehlungen beziehen sich auf Touren von Juni bis September.

Leider konnten sich die Hersteller bisher nicht auf eine einheitliche, vergleichbare Definition der Wärmeleistung von Schlafsäcken einigen. Manche Katalogangaben erscheinen abenteuerlich. Es empfiehlt sich hier der Einkauf in qualifizierten Ausrüstungsläden mit entsprechender Beratung (das Modell "Spitsbergen" ist beispielsweise nur hier allgemein erhältlich).

Bedenken Sie im übrigen, daß es während eines Spitzbergen-Aufenthaltes im Sommer durchaus öfter auch wärmer als +10 Grad werden kann, wo extremere Winterschlafsäcke als etwa die genannten Modelle entschieden zu heiß werden können.

Bei Touren, auf denen mit ziemlicher Sicherheit mit überwiegend **trockener Kälte** zu rechnen ist, etwa im März und April, sind neben extremeren Kunstfasermodellen vor allem **Daunenschlafsäcke** geeignet (Ajungilak, Kugler, North Face u.a.). Auch hier wieder skeptisch gegenüber den Temperaturangaben der Firmen sein - gerade bei besonders tiefen Werten kommt es oft zu Abweichungen von bis zu 20 Grad - um realistisch zu bleiben. Gerade bei angeblichen Extremschlafsäcken eines der bekanntesten deutschen Ausrüstungslieferanten habe ich mittlerweile schon zahlreiche Klagen gehört, da Skifahrer in Spitzbergen bei -25 Grad trotz etlicher Kleidung in Schlafsäcken zitterten, die für eine Kälte von bis zu -40 Grad empfohlen wurden.

Unabhängig von der Füllung sollte ein guter Schlafsack **keine durchgesteppten (kalten) Nähte haben**, der **Reißverschluß durch einen zusätzlichen Schutzwulst innen als Isolierung abgedeckt sein** und ein **zusätzlicher, per Kordel anpaßbarer Wärmekragen im Halsbereich** das Einfließen kalter Luft durch die Gesichtsöffnung verhindern. Die Kapuze sollte möglichst gut um das Gesicht herum zusammenziehbar sein, wenn es einmal kälter wird. Nylon-Innenbezüge sind leichter und fühlen sich wärmer an (kleben bei Schwitzen aber auch eher an der Haut); Baumwoll- oder Mischfaser-Innenbezüge fühlen sich angenehmer an.

Eines muß klar gesagt werden: Auch der beste Schlafsack isoliert nach unten nur minimal, da hier die Füllung vom Körpergewicht zusammengepreßt wird und so keine isolierende Luftschicht enthalten kann. Angesichts des Frostbodens in Spitzbergen ist eine **gute Isoliermatte** deshalb auch für Sommertouren nicht nur als Polster empfehlenswert, sondern vor allem als Kälteschutz. Für Wandertouren ist in meinen Augen auch weiterhin die bewährte Schaumstoff-Isoliermatte wegen ihrer guten Wärmeleistung (bei 10 oder mehr mm Stärke) und geringem Gewicht (ca. 400-480 g) am geeignetsten und gleichzeitig preiswert: Eine hochwertige Schaumstoffmatte mit geschlossenzelligem Material, das sich selbst nach Beschädigung nicht voll Wasser saugt, kostet ca. DM 40 (Evazote, 14 mm, 180 x 55 cm, 440 g). Außerdem kann eine solche Matte auf rauhem Untergrund auch als Bodenschutz unter das Zelt (gleiche Isolationswirkung, weniger Kondenswasserbildung auf dem Zeltboden) gelegt werden (auch bei mehrtägigen Touren mit einem Veranstalter liegt die Erhaltung der Wasserdichte des Zeltbodens im Eigeninteresse der Teilnehmer!). Brandlöcher von Funkenflug am Lagerfeuer sind ebenfalls kein Problem für Schaumstoffmatten.

Leichtluftmatratzen (mindestens 700 g bei 180 cm Länge, empfindlicher, teurer) sind lediglich vorzuziehen, wenn sich bei der etwas schlechter polsternden Schaumstoffmatte Rückenprobleme ergeben (vor der Reise ausprobieren!).

Kocher

Nach Enttäuschungen mit zwei verschiedenen Gaskochern habe ich bisher gute Erfahrungen mit einem **Trangia-Spirituskocher**, ergänzt um die Winter-Zusatzausstattung, gemacht. Bei Temperaturen um oder unter dem Gefrierpunkt erweist sich ein **gutes Feuerzeug**, das länger brennt, ohne dabei für die Finger zu heiß zu werden, als nützlich, da man die Flamme schon einmal einige Sekunden über den Spiritus im Brenner streichen lassen muß, bis er sich entzündet.

Spirituskocher sind in Spitzbergen im Sommer am verbreitetsten, wobei ich nicht behaupte, daß sie unbedingt das beste System sind. Ich persönlich bevorzuge Spiritus, weil an den Kochern (ähnlich den Fonduebrennern) eigentlich nichts kaputtgehen kann und Zeltbrände, sofern man nicht gerade den noch brennenden Kocher nachzufüllen versucht, weniger leicht entstehen können. Dafür trage ich gern etwas mehr Brennstoff.

Wem die höheren Pflegeansprüche eines **Benzin- oder Petroleumkochers** und deren aufwendigere Bedienung nichts ausmachen, wird vielleicht eines dieser hinsichtlich des Verbrauchs sparsameren Geräte bevorzugen, insbesondere für Wintertouren. Spiritus, Benzin und Petroleum sind in Longyearbyen normalerweise erhältlich. Nicht zu helfen ist allerdings jenen, die meinen, der Brennstoff warte zu jeder beliebigen Tageszeit auf sie, wie jene Bergsteigergruppe aus Franken, die am Samstag nachmittag ankam, für Sonntag bereits eine Schiffstour gebucht hatte, von der sie sich absetzen lassen wollte, und staunend feststellte, daß am Samstag abend kein Verkäufer auf sie wartete!

Wasserbehälter

Gut bewährt hat sich bei mir ein robuster, einfacher, eimerförmiger **Wassersack**, etwa von der Firma Zölzer, der gefüllt auf ebenem Boden steht (da es selten eben ist, empfiehlt es sich allerdings, den Sack zwischen ein paar Steine zu stellen, um Flutungen des Zeltes zu vermeiden).

Wasser gibt es zwar in Spitzbergen genug, aber nicht immer unmittelbar in der Nähe eines ansonsten günstigen Zeltplatzes, oder der nächste Bach ist trüb von ungefährlichem, aber wenig appetitlich wirkendem Feinstaub (Gletschermilch), so daß man lieber eine größere Wassermenge aus einiger Entfernung mit dem Sack heranholt, die dann für zwei komplette Mahlzeiten reicht.

Nicht bewährt hat sich der Typ Wassersack, der nur eine relativ kleine verschließbare Füllöffnung und zum Ablassen einen Hahn hat - das Füllen in den eisigen Bächen ist langwierig und unangenehm. Die Wasserentnahme ist nur dann einfach, wenn man den Sack aufhängen kann - in Spitzbergen im Gelände nahezu unmöglich.

Das Mitnehmen einer **Wasserflasche** ist bei Sommertouren nicht unbedingt erforderlich - fast in allen Gebieten kommt man mehrmals täglich an trinkbares Wasser. Ausnahmen sind z.B. Bergbesteigungen. Wer unterwegs gern etwas Warmes dabei hat (Tee, Kaffee, Brühe), sollte die Mitnahme einer **Thermosflasche** erwägen. Empfehlenswert sind insbesondere Edelstahl-Thermosflaschen (DM 60-100) mit besserer Isolation und geringerem Platzbedarf als solche aus Kunststoff und geringerer Bruchgefahr als Modelle mit einem Innengefäß aus Glas. Für Wintertouren ist eine hochwertige Thermosflasche auf alle Fälle empfehlenswert.

Kleidung

Hier kommt es stark auf den Verwendungszweck, die Art der Reise an. Für **Kurzaufenthalte** mit Tagesausflügen in die Ortsumgebung oder für Schiffsreisen mit kürzeren Landgängen genügt **wetterfeste, strapazierfähige Wanderkleidung**, wie man sie in Mitteleuropa auch bei einem ausgedehnten Herbstspaziergang bei feuchtkaltem, windigen Wetter tragen würde, ergänzt um einen zusätzlichen **Regenschutz** (Achtung: Regenschirm wegen Wind nicht sinnvoll) und **Gummistiefel** für Bäche und Landungen. Für größere Touren werden höhere Anforderungen an die Kleidung gestellt, Näheres finden Sie hierzu in den Reiseunterlagen der von Ihnen gebuchten Tour, je nach Veranstalter allerdings in sehr unterschiedlicher Genauigkeit..

Elegantere Kleidung benötigen Sie lediglich auf den großen Kreuzfahrtschiffen für das "social life" an Bord und für den Besuch des exklusiveren Restaurantteils sowie der Funken-Bar in Longyearbyen. Ansonsten sind Sie mit sauberer, ordentlicher Wanderkleidung überall in Spitzbergen angemessen angezogen. Sofern die von Ihnen gebuchte Reise die Benutzung fester Unterkünfte in Longyearbyen beinhaltet, empfiehlt sich die Mitnahme von Hausschuhen o.ä., da die dortigen Unterkunftsgebäude nicht mit Straßenschuhen betreten werden dürfen. Nachfolgend ein paar allgemeine Informationen.

Das bekannte **Schichtenprinzip** - viele dünne Schichten sind besser (anpaßbarer) als wenige dicke Teile - gilt auch hier. Die Kleidung muß insgesamt im Sommer vor allem gegen Auskühlung durch den Wind schützen, ohne dabei das Verdunsten von Schweiß zu sehr zu behindern. Außerdem sollte man genügend mitführen, um sich unterwegs umziehen zu können - etwa nach einem unfreiwilligen Bad in einem Bach.

Wichtig ist als oberste Schicht ein robuster, an Hüfte, Bündchen und Kapuze gut abzudichtender und vom Stoff her möglichst **windundurchlässiger Anorak**, der bis über die Hüfte hinabreicht. Ich persönlich bevorzuge Anoraks mit durchgehendem Zweiwegereißverschluß und zusätzlichem Verschluß durch Druckknöpfe, weil sich damit die Innentemperatur gut beeinflussen läßt. Interessant sind für Spitzbergen sicherlich hochwertige Anoraks mit Gore-Tex o.ä. als Nässeschutz, die das Tragen von Regenkleidung überflüssig machen. Gute Qualität, die auch strapazierfähig und abriebfest ist, hat allerdings ihren Preis - so liegen die entsprechenden Modelle von Firmen wie Berghaus oder North Face immerhin zwischen gut DM 300 und fast DM 700 (☞ auch Regen- und Windschutz).

Ein "normaler", für Spitzbergen zweckmäßiger Anorak ist hingegen schon für unter DM 200 zu bekommen. Dicke **Militärparkas** o.ä. finde ich weniger geeignet, da sie zu schwer sind, erst recht in nassem Zustand, und nur langsam trocknen. Auch dicke **Daunenjacken** haben im Sommer nur begrenzten Wert: Beim Wandern mit Gepäck schwitzt man darunter, zieht man sie aus, ist es zu kalt - und naß (durch Kondenswasser und Regen) sollen sie auch auf keinen Fall werden. Lediglich während der Lageraufenthalte ohne größere körperliche Aktivität ist eine warme Daunenjacke bei Sommertouren angenehm.

Zum Wandern verwende ich **Bundeswehrhosen**, die billig und strapazierfähig sind, allerdings etwas langsam trocknen. "Hauteng" ist hier falsch, die Hose sollte auch mit langer Unterwäsche gute Bewegungsfreiheit und eine dünne, wärmende Luftschicht zwischen Haut und Stoff ermöglichen. Versuchsweise nahm ich im Sommer eine **Bundeswehr-Panzerkombi** (gebraucht gekauft) mit und war dann in Spitzbergen viel damit unterwegs, weil sie sich als äußerst praktisch erwies: winddicht, günstige RV-Oberschenkeltaschen (für Landkarten) und sonstige Taschen, strapazierfähig, auch mit nassen Beinen nicht zu kalt, allerdings etwas unförmig.

Vereinzelt sieht man in Spitzbergen auch **Gore-Tex-Wanderhosen**. Neben dem Schutz vor Nässe durch Regen bzw. durch vom Poncho auf die Beine tropfendes Regenwasser, haben einige Wanderer die Hosen auch erfolgreich beim Durchwaten von Bächen genutzt, in denen das Wasser während weniger, rascher Schritte eigentlich zu tief für die Stiefel war. Indem man die Enden der wasserdichten Hosenbeine etwa mit einem starken Gummiring eng an den Stiefelschaft preßt, kann man ein paar Schritte durch tieferes Wasser machen, ohne daß genügend Wasser eindringt, um in die Stiefel zu laufen. Dieser Effekt läßt sich allerdings auch mit einer guten, normalen Regenhose erzielen. Durch ihre Atmungsaktivität eignet sich eine Gore-Tex-Hose gleichzeitig als Reserve, erspart also das Gewicht einer Zweithose.

Lange Unterwäsche gehört auch für Sommerwanderungen ins Gepäck, ist zum Wandern aber nur an wenigen kalten Tagen erforderlich, da die Beine während des Laufens mit Gepäck warm genug werden. Nach der Tour ist wärmere Unterwäsche fürs Zeltlager jedoch angenehm.

Ein sehr praktisches Material ist **Faserpelz**, robust und nässeunempfindlich, sehr rasch trocknend, guter Wärmerückhalt und für die meisten Menschen auch angenehm zu tragen. Neben den bekannteren Faserpelzjacken und -hosen, insbesondere für Paddler unter der wasserdichten Schutzkleidung sehr empfehlenswert, aber auch für Wanderer als Reservekleidung, sind Faserpelzsocken eine äußerst praktische Anschaffung (Hersteller: Helly-Hansen, ca. DM 40 pro Paar). Neben der

Verschleißfestigkeit (einjährige Tragegarantie!) ist ihre gute Wärmeleistung (auch naß - wichtig bei langen Wanderungen in Gummistiefeln) und das rasche Trocknen hervorzuheben. Mit drei Paar ist man für einen mehrmonatigen Spitzbergenaufenthalt gerüstet, wenn man sie zwischendurch waschen kann. Der angesichts der plumpen Form naheliegende Verdacht, sich mit diesen Socken besonders rasch Blasen zu laufen, ist unberechtigt. Nur sollte man mit gegen Blasen eingepflasterten Füßen diese Socken nicht direkt auf der Haut tragen, da der Kleber des Pflasters den Faserpelz hart verfilzen läßt. Faserpelzsocken vertragen keine Hitze, also nicht über dem Kocher, einer Heizung o.ä. trocknen! Manch einer ist außerdem gegen die synthetische Faser direkt auf der Haut allergisch.

Die Fußbekleidung verdient in jedem Fall Aufmerksamkeit, da die Füße bei Landwanderungen enorm strapaziert werden. Neben entsprechender Pflege sind daher hochwertige **Wanderstrümpfe oder -socken** (z.B. von Falke), insbesondere in Gummistiefeln zweckmäßig, die den Fuß gut polstern und einiges an Feuchtigkeit aufnehmen können. Der höhere Preis macht sich hier sicherlich durch entsprechendes Wohlbefinden unterwegs bezahlt. Sowohl Faserpelzsocken als auch sonstige Strümpfe sollte man zu Hause vor der Reise gründlich mit einem Paar ausprobieren und erst dann die für den geplanten Spitzbergenaufenthalt erforderliche Anzahl von Paaren kaufen, um den persönlichen Ansprüchen gerecht zu werden.

Bei **feuchtkaltem Wetter** trocknet Kleidung sehr schlecht, wenn man sie lediglich an die Luft hängt oder legt. Der einzige Effekt ist unter Umständen, daß sie dann am nächsten Morgen nicht nur weiterhin feucht, sondern auch kalt ist. Unter diesen Bedingungen ist es am zweckmäßigsten, die feuchten Sachen im Lager am Körper trocknen zu lassen, wobei man sich gegen Frieren etwa mit dem Schlafsack schützt, den man auch als Decke oder Fußsack nutzen kann, wenn man sich noch nicht hinlegen will. Der Trockenprozeß wird durch die Wärme und durch möglichst ungehinderten Abzug des verdunsteten Wassers (z.B. Reißverschluß am Schlafsack unten etwas öffnen) beschleunigt, kann aber dennoch Stunden erfordern.

Bootsfahrer haben es mit der Bekleidung nicht ganz einfach. Paddeln in Spitzbergen erfordert guten Schutz gegen Kälte - nicht nur des Wassers, sondern auch der Luft (Wind). Insbesondere die Finger sind schwer zu schützen, ohne das Paddeln zu behindern. Andererseits kann man bei Windstille und wärmerem Wetter ganz schön unter der Schutzkleidung ins Schwitzen kommen. Ausreichend dicke Naßanzüge sind unbequem, scheuern leicht und sind trocken bei Wind nicht immer warm genug.

Trockenanzüge erzeugen nahezu zwangsläufig einen Saunaeffekt, der durch atmungsaktive Materialien sowie feuchtigkeitsaufsaugende

Unterkleidung reduziert werden sollte. Derartige Modelle haben stattliche Preise, sind aber gerade bei größeren Touren anzuraten. Da ich selbst keinen Überblick über den Markt an solcher Ausrüstung habe und in Spitzbergen nur wenig paddelnderweise unterwegs war, kann ich mangels eigener Erfahrungen keine bestimmten Produkte empfehlen. Die von mir befragten Paddler vertraten sehr unterschiedliche Vorstellungen über die beste Bekleidung. Das Sicherste ist ein echter **Überlebensanzug** (Helly-Hansen). Behalten Sie im Auge, daß der begrenzende Faktor oft der Mensch ist; dem Kajak macht eisige Gischt, Wind o.ä. wenig aus.

Bei **Wintertouren** muß man sich auf eine besonders **große Temperaturspanne** einstellen, von -40 bis +5 Grad ist hier alles denkbar, innerhalb eines halben Tages sind Temperaturänderungen von 20 Grad durchaus möglich. Auf alle Fälle gehört **wärmste Expeditionskleidung** zur Ausrüstung - Daunenjacke mit großer Kapuze, Balaklava (Kopfhaube), Wärmehose, wärmste Fäustlinge mit langen Stulpen, möglichst auch Daunenschuhe fürs Lager. Ansonsten gilt gerade bei Wintertouren das Schichtenprinzip zur Anpassung an die Klimaverhältnisse: außen eine windfeste Oberkleidung, darunter isolierende Zusatzkleidung, möglichst aus mehreren variierbaren Teilen bestehend, je nach Bedingungen. Gesichtsmaske, Schutzbrille, Thermounterwäsche und warme Fingerhandschuhe oder Schießfäustlinge (Fäustling mit Zeigefinger und Daumen) gehören zur Winterausrüstung. Übrigens: Auch im Winter kann es gelegentlich tauen und regnen!

Schuhe

Ortsaufenthalte mit Tagesausflügen im Sommer

Innerhalb Longyearbyens kommen Sie im Sommer mit **robusten Halbschuhen**, **Sportschuhen**, **Trekkingschuhen** o.ä. gut zurecht, da seit 1990 die meisten Straßen innerhalb des Ortes (aber nicht die zum Flug- und Zeltplatz!) geteert wurden, so daß die früheren Schlammwüsten bei feuchtem Wetter nur noch auf wenige Strecken begrenzt sind. Dazu sind für Tagesausflüge ins Gelände oder für Landungen bei Bootsausflügen kniehohe **Wandergummistiefel** zu empfehlen.

Wander- und Trekkingtouren im Sommer

Alle Schuhe müssen bei Sommertouren in Spitzbergen mit **zwei spezifischen Problemen** fertig werden:

1) **Nässe**: Über große Strecken ist das Gelände in Spitzbergen feucht: kleine zu durchwatende Bäche, Sumpf- und Morastflächen, nasser Schnee. Da

sind die Schuhe auch bei hervorragender Pflege irgendwann durchweicht und trocknen bei dem häufig kühlen oder gar neblig-feuchten Wetter miserabel.

2) **Schutt**: Die mechanische Belastung der Schuhe ist in Spitzbergen enorm, da vielfach in Bachbetten und an Hängen auf Schotter und Schutt gelaufen wird, der häufig durch die Frostbewegungen sehr locker liegt. Entsprechenden Druck- und Biegebelastungen ist die Sohle beim Gehen und Balancieren auf diesen Steinen ausgesetzt (und entsprechend wichtig ist ein gut dämpfendes Fußbett!), und der Abrieb an Sohle, Spitze und Seiten der Schuhe ist beachtlich. Hinzu kommt eventuell Abrieb durch Stufenschlagen mit der Schuhspitze in Schnee- oder Erdhängen. Betreuer von mir haben sogar Plastikbergstiefel in ca. 8-10 Wochen täglichen Einsatzes so weit abgelaufen, daß die Außenschale (nicht nur die Sohle) ersetzt werden mußte.

Die wohl zweckmäßigste Fußbekleidung für Sommertouren ins Gelände (Ausnahme: schwerpunktmäßige Gletscherwanderungen) in Spitzbergen sind, ähnlich wie in Lappland, hochwertige **Wandergummistiefel**, die für etwa DM 70-200 beispielsweise in Jagd- oder speziellen Tourenausrüstungsgeschäften erhältlich sind.

Wer bisher nur Bergstiefel gewöhnt ist, liest oder hört in der Regel mit Unglauben, daß man in Gummistiefeln ganz bequem wandern kann. Ich selbst mußte bei früheren Touren in Lappland auch erst bekehrt werden. Ungeeignet sind natürlich die üblichen billigen Arbeitsgummistiefel, um lange Strecken zurückzulegen; durchaus geeignet sind sie hingegen für kurzzeitigen Gebrauch (Landungen bei Schiffstouren o. ä.).

Beim Kauf achte man sorgfältig auf ein **gutes Fußbett**, der Schuh muß den Fuß auch seitlich ausreichend stützen, um bei längeren Touren orthopädisch bedingte Beschwerden zu vermeiden. Bei Touren von mehr als sechs Tagen Dauer sind Gummistiefel als einziges Schuhwerk aus orthopädischer Sicht allerdings als problematisch anzusehen. Probieren Sie notfalls eine entsprechende Einlage aus. Wichtig ist außerdem eine **gute Profilsohle** und der **Schutz des Fußes von allen Seiten**. In schwerem Geröll stößt man nahezu unvermeidlich immer einmal wieder gegen Steine, was nicht nur leicht Schmerzen verursacht, sondern auch den Schuh strapaziert.

Auch wenn Gummistiefel kaum ersetzt werden können, ist ausschließliches Wandern mit ihnen nicht jedermanns Geschmack. Ich empfehle daher meinen Tourenteilnehmern das Mitnehmen von mindestens zwei Paar Schuhen: Gummistiefel plus Berg- oder Trekkingschuhe. Allerdings müssen die Teilnehmer wegen der Depots nur wenig Verpflegung etc.

 Wandergruppe über dem Isfjord ☞

mittragen, so daß das zusätzliche Gewicht eines Paars Schuhe im Rucksack kein so großes Problem ist wie bei einer Tour ohne Veranstalter.

Relativ neu auf dem Markt sind **Bergschuhe mit Gore-Tex-Nässeschutz**. Ausgestattet mit einem höheren Schaft als sonst bei schweren Bergschuhen üblich, erschien mir ein solches Modell (z.B. von Meindl) bei einem Tourenteilnehmer sehr praktisch. Hier ist die Verarbeitungsqualität allerdings von höchster Bedeutung, sonst nützt das atmungsaktive aber wasserdichte Material nichts. Herausfinden läßt sich das nur im ausgiebigen, praktischen Test. In Zukunft können derartige atmungsaktive Schuhe an Bedeutung gewinnen.

Leichtbergstiefel oder sogenannte **Trekkingschuhe**, ob mit oder ohne Gore-Tex, sind in meinen Augen nur in wenigen Fällen spitzbergentauglich. Diese "verstärkten Turnschuhe" mögen Neulingen im Wildniswandern, verglichen mit den gewohnten Straßenschuhen, schon verhältnismäßig schwer oder klobig erscheinen, vor Ort sind sie jedoch leicht überfordert. Sowie es aus trockenem, einfachem Gelände in Morast oder grobe Schutthänge geht, breitere Bäche zu durchqueren sind, durch tieferen Neuschnee gestapft werden muß oder gar das Anlegen von Steighilfen (Steigeisen, Grödel) erforderlich ist, sind die Grenzen dieser Art von Schuhen erreicht oder überschritten: entweder ist der Schaft nicht hoch genug, oder aber der Schuh bietet keinen ausreichenden Schutz und keine Festigkeit. Wenn auch seriöse Tourenausrüster solche Schuhe im Katalog haben, heißt dies nicht, daß sie für alle Bedingungen gleichermaßen geeignet sein müssen.

Wer sich nicht gleich zum Plastik-Bergschuh entschließen kann, sollte daher für Wander- und Trekkingtouren in Spitzbergen zumindest sehr stabile und wasserfeste Berg- oder Trekkingschuhe wählen - für leichtere Touren ist dies durchaus ausreichend, insbesondere in Kombination mit Gummistiefeln für die besonders nassen Streckenabschnitte.

Solange nicht tiefere Bäche durchwatet werden müssen, oder morastiger Boden in warmen Sommern zu tiefen Schlammwüsten auftaut, habe ich mit meinen schweren **Kunststoff-Bergschuhen** (unter anderem Asolo, Koflach, Lowa, Raichle) gute Erfahrungen gemacht. Der sehr gut gepolsterte Innenschuh erlaubt, verglichen mit den meisten herkömmlichen schweren Lederbergschuhen, ein sehr angenehmes Laufen auch mit schwerem Gepäck und eignet sich außerdem durch seine dünne Profilsohle als leichter Schuh für den Lagerplatz. Um den Innenschuh bei mehrtägigen Touren trocken zu halten, sollte man ihm insbesondere bei hoher Luftfeuchtigkeit möglichst oft Gelegenheit zum Ausdampfen geben, etwa dadurch, daß man bei Pausen die Außenschale abnimmt und die Schnürung des Innenschuhs öffnet. Der wasserdichte Außenschuh bietet hervorragenden Schutz im Geröll und verschleißt kaum, etwa beim Stufenhacken in harten Schneefeldern. Nicht ohne Grund tauchen immer mehr Plastikbergstiefel im Sommer in Spitzbergen auf.

Auch **herkömmliche schwere Lederbergstiefel** sieht man gelegentlich, entweder für kürzere Touren in weitgehend trockenem Gelände oder ergänzt durch Wathilfen für Bäche (z.B. Turnschuh oder wasserdichte Überzieher für die Bergstiefel). Für lange Touren in Spitzbergen haben sich die Plastik-Bergschuhe jedoch meiner Meinung nach so eindeutig bewährt, daß sie bei meinen großen Trekkingtouren mittlerweile zur Pflichtausrüstung gehören. Sie haben eigentlich nur zwei Haken, die beide in Spitzbergen kaum eine Rolle spielen: Wer sie noch nicht benutzt hat, glaubt oft nicht, daß man damit gut gehen kann, und bei heißem Wetter sind sie natürlich zu warm - auch dies kein typisches Problem in der Arktis!

Keine dieser unterschiedlichen Schuharten ist für alle Geländearten in Spitzbergen gleichermaßen geeignet. Insbesondere wer mehrere Touren und einen längeren Aufenthalt in Spitzbergen vorhat, sollte sich überlegen, ob es nicht sinnvoll ist, zwei verschiedene Arten von Stiefeln - etwa Gummistiefel und Plastikbergschuhe - mitzunehmen.

Außerdem sollte man bei allen größeren Touren darauf vorbereitet sein, tiefere Bäche durchwaten zu müssen, bei denen auch Gummistiefel nicht ausreichen. Es sei daran erinnert, daß sich die Wasserführung in den Bächen Spitzbergens rasch verändert, so daß ein niedriger Wasserstand am Anfang einer Wanderung keinerlei Garantie für eine in dieser Hinsicht problemlose Rückkehr ist. Diese oft reißenden, trüben Gewässer barfuß zu durchwaten, ist riskant. Hierfür benutzt man besser ein Paar Reserveschuhe (z.B. Turn- oder Surfschuhe), die hinterher am Rucksack trocknen können. Da auch in Longyearbyen das Herumlaufen auf den Straßen und dem Zeltplatz in den schweren Stiefeln fürs Gelände unnötig unbequem ist, bietet sich die Mitnahme eines leichten zusätzlichen Schuhs für diese verschiedenen Zwecke an.

☺ **Plastik-Bergschuhe** ersparen unter Umständen das zusätzliche Mitnehmen eines dritten Paars leichter Schuhe als Schutz der Füße beim Durchwaten tieferer Bäche: **Innenschuh des Plastik-Bergschuhs** herausnehmen, barfuß in die Außenschale schlüpfen, Durchwaten, drüben Füße abtrocknen und Außenschale auskippen, den trockenen Innenschuh wieder hineinstecken.

✋ Insbesondere bei den Schuhen empfehle ich dringendst, sie vorher ausgiebig und möglichst realistisch zu **testen**. Wenn Schuhe und Rucksack nicht den Anforderungen gerecht werden, kann die gesamte Spitzbergenfahrt scheitern. Gerade bei Gruppentouren ist es unzumutbar, daß die gesamte Gruppe ihr Programm umstellen muß, weil ein Teilnehmer sich hinsichtlich der Ausrüstung nicht sorgfältig vorbereitet hat, oder weil seine vom Modell her durchaus geeigneten Schuhe nicht richtig paßten.

Ich habe vor Jahren ein Paar Wandergummistiefel gekauft, von denen einer nach wenigen Schritten wegen eines Produktionsfehlers undicht war. So etwas sollte man zu Hause herausfinden, nicht erst in Spitzbergen. Ebenso liegt es im eigenen Interesse, schon durch vorherige Tests zu wissen, wo der neue Schuh Blasen verursacht, um entsprechend vorbeugen zu können (durch Pflaster).

Wintertouren

Für **Motorschlittentouren** am besten wärmstens gefütterte, weit hinaufreichende Stiefel, gern mit herausnehmbarem Filz-Innenschuh tragen. Beispiele: **Moonboots**, **kanadische Sorel-Stiefel**. Immerhin sitzen Sie bei großer Kälte und Fahrtwind möglicherweise mehrere Stunden ziemlich bewegungslos auf dem Fahrzeug. Beachten, daß man trotzdem darin halbwegs guten Halt hat und zumindest etwas Profil an den Sohlen. Auch im Winter kann man gelegentlich mit Wasser in Berührung kommen, etwas abweisend und im übrigen robust sollten daher auch Winterstiefel sein.

Für **Skitouren** entweder kräftige **Spezialschuhe** (z.B. Telemark), ebenfalls möglichst hoch hinaufgezogen und gefüttert, oder bei entsprechender Bindung auch **Plastik-Bergstiefel** - es gibt da spezielle Winter-Expeditionsmodelle - tragen. Hinzu kommt eine kniehohe **Gamasche**, die möglichst den Schuh umschließt und so nicht nur gegen Schnee schützt, sondern auch zusätzlich isoliert.

Regen- und Windschutz

Da es in Spitzbergen selten kräftig und lange regnet, und ein Regenanzug - von Gore-Tex u.ä. abgesehen - Saunaeffekte hat, die seinen Sinn bei leichtem Nieselregen zweifelhaft machen, erscheint mir für Spitzbergen ein **Poncho** als die kostengünstigste Möglichkeit. Lediglich bei starkem Wind, insbesondere von der Seite, hat ein Poncho Nachteile (Flattern, seitlich eindringender Regen).

Den großen Rucksack komplett unter dem Poncho unterzubringen, ist zumindest bei Außengestellen kaum möglich, auch Ponchos mit einer speziell für den Rucksack angesetzten Erweiterung am Rücken, wie sie für

Bergsteiger angeboten werden, sind oft zu klein. Deshalb halte ich es für besser, in den seltenen Fällen, wo man bei starkem Regen und Wind unterwegs ist, den Rucksack mit einer Plastikplane separat zu schützen (gut befestigen, auch die käuflichen Rucksackhüllen mit Gummizug im Rand habe ich schon von großen Rucksäcken im Wind wegfliegen sehen) und den Poncho überzuziehen, dessen Rückenteil dann den Rucksack nicht ganz abdecken muß. Zumindest läuft dann aber kein Wasser zwischen Rücken und Rucksack.

Ich bevorzuge **große Ponchos**, die auf beiden Seiten durch eine Druckknopfleiste verschließbar sind. Sie sind zwar nicht so dicht wie rundum geschlossene, dafür paßt aber auch wirklich jeder Rucksack darunter, die Druckknöpfe erlauben eine gute Anpassung und seitliche Lüftung. Ein solcher Poncho kann bei nachlassendem Regen aufgeknöpft quer wie eine Decke über den Rucksack und Schultern gehängt werden, wodurch er schützt, jedoch keine Kondenswasserprobleme mehr bereitet. Es gibt sehr leichte Modelle, die sich angenehm klein zusammenlegen lassen und wenig Gewicht haben, ab etwa DM 70 in den einschlägigen Ausrüstungsläden. Geeignet sind aber auch die schwereren Militärponchos, die es gebraucht (beim Aussuchen gegen das Licht halten, und so die Beschichtung auf die Zahl und Größe der Schäden prüfen) und auch neu in Militärwarengeschäften gibt. Sie sind strapazierfähiger und eignen sich daher auch als Zeltboden, Biwaksack oder Notzelt.

Bei leichtem, nicht lange anhaltendem Regen - die typische sommerliche Niederschlagsform in Spitzbergen - und vor allem wenn sich dieser gar noch mit kaltem Wind paart, ist **wasserdichte aber atmungsaktive Oberbekleidung** am angenehmsten, etwa Produkte mit Gore-Tex, Sympatex, Texapor etc., die Wassserdampf durchlassen, jedoch kein flüssiges Wasser. Es muß keineswegs die gefütterte Jacke mit acht Taschen, mehreren Farben etc. für DM 600 sein - im Gegenteil: oft sind einfache Anoraks mit solch atmungsaktiv-wasserdichtem Material ohne warmes Futter sinnvoller, denn jede Naht, ob zur Zierde oder für Taschen, ist eine potentielle undichte Stelle, und eine gefütterte Jacke wird beim Wandern leicht zu warm. Stattdessen lieber einen großzügig geschnittenen Anorak als oberste Wetterschutzschicht wählen und bei wirklich kaltem Wetter oder für bewegungsarme Zeiten (Rast etc.) zusätzliche warme Kleidung darunter tragen.

Der Wetterschutzanorak sollte bis knapp unter den Schritt hinabreichen und unten einen Schnürzug zum Abdichten gegen Wind haben. Ebenso sollte er an den Ärmelöffnungen abzudichten sein oder elastische Bündchen haben und vor allem eine angeschnittene, große Kapuze mit Schnürzug ums Gesicht haben, so daß man die Gesichtsöffnung bis auf ein kleines Loch für Augen und Nase zuziehen kann und sich in der Kapuze auch mit Mütze noch nicht beengt fühlt. Modeorientiertere Modelle, wo die Kapuze schamhaft im Kragen verborgen wird oder erst angeknöpft werden muß, schließen um den Hals herum selten richtig dicht gegen Zug ab. Möglichst wenig Nähte und ein robuster Außenstoff sind weitere Kriterien.

An kalten, windigen Tagen und bei Regen, eventuell auch als Spritzwasserschutz bei Bachquerungen über die Gummistiefel gezogen, ist zusätzlich eine **Überhose** angenehm - vorzugsweise wiederum aus wasserdicht-atmungsaktivem Material, mit Hosenträgern gegen Rutschen und hochgezogenem Nierenschutz gegen Zugluft sowie verstellbaren Öffnungen an den Beinenden und seitlich verschließbaren Durchgriffen, um die Hosentaschen der darunter getragenen Wanderhose erreichen zu können. Eine solche atmungsaktive Überhose kann das Mitnehmen einer Reserve-Wanderhose im Rucksack ersparen, da sie zumindest vorübergehend gut auch als normale Wanderhose getragen werden kann.

Ich selbst habe einen Anzug aus einem Gore-Tex-Anorak (ca. DM 210) und einer Gore-Tex-Überhose (ca. DM 180) seit Jahren in Spitzbergen im Einsatz und mußte bisher lediglich am Anorak einen neuen Reißverschluß einsetzen.

Waffen

Waffen bedeutet für Spitzbergen ausschließlich **großkalibrige, mehrschüssige Gewehre** - über inzwischen auch schon aufgetauchte Twens mit zuviel Karl-May-Lektüre, die stolz ihr Rambomesser als Schutz gegen einen Eisbären vorzeigen, kann man nur bestürzt sein und hoffen, daß die Natur hier keine Auslese vornimmt.

Mag das Bisherige Lapplandexperten kaum Neues hinsichtlich der Ausrüstung geboten haben, so sind Informationen zu Schußwaffen für Spitzbergen wohl nur für die wenigsten Käufer dieses ReiseHandbuches ein "alter Hut", da dies einer der Punkte ist, in denen sich eine Spitzbergenreise wesentlich von Fahrten in andere wilde Gegenden Europas unterscheidet. Wer pauschal reist, braucht sich um diese Frage überhaupt nicht zu kümmern, denn hier sind für die Waffen ausschließlich die Tourenbetreuer zuständig. Der Stichpunkt "Gewehr" ist daher vor allem eine Hilfestellung für jene, die sich aus irgendwelchen Gründen einer organisierten Reise nicht anschließen können.

Die folgenden **rechtlichen Aussagen** beziehen sich auf Deutschland. Bezeichnenderweise ist hier das Vertrauen des Staates in seine Bürger gering, so daß der offen und ehrlich um eine Genehmigung nachsuchende und in der Regel nachweislich unbescholtene Interessent erhebliche Probleme haben kann (während es für Kriminelle in der Praxis längst kein Problem mehr ist, sich weitgehend ungestört nahezu beliebig zu bewaffnen, und der Schutz vor ihnen durch eine mehr und mehr überlastete Polizei schwindet).

Das Waffenrecht ist zwar Bundesrecht, die Auslegung liegt jedoch bei den **örtlichen Behörden** und erfolgt weitgehend willkürlich. So gestattete die Frankfurter Behörde in einem mir bekannten Fall lediglich eine im Prinzip ungeeignete doppelläufige Flinte, die Kölner Behörde verweigerte einem Spitzbergenreisenden die Genehmigung völlig. Ganz anders zwei Ämter in Bayern bzw. Baden-Württemberg: Hier wurden an Spitzbergenreisende gleich unbefristete Genehmigungen für einen Halbautomaten bzw. eine fünfschüssige Pumpflinte erteilt. Das Üblichste sind offenbar befristete Genehmigungen - natürlich erst nach Überwindung der verschiedenen anderen Hürden (Sachkundenachweis etc.). Neben dem sonstigen Aufwand für den Waffenerwerb ist der Spitzbergenreisende in Deutschland, wie die Beispiele zeigen, auch völlig zufälliger Behördenwillkür ausgesetzt. Die Schweiz mit ihrer langen demokratischen Tradition hat ein wesentlich liberaleres Waffenrecht, Österreichs Vorschriften liegen ungefähr dazwischen.

Geeignete Waffen

Eine Schußwaffe für Spitzbergen muß insbesondere folgende Eigenschaften aufweisen: **robust** und **funktionssicher**, **ausreichendes Kaliber**, **mehrschüssig** (im Sommer 1987 konnte ein Bär erst mit dem fünften Warnschuß vertrieben werden).

Wer nur für die Spitzbergenfahrt ein Gewehr benötigt und deshalb nicht allzuviel ausgeben möchte, sollte im seriösen Waffenhandel nach einem **gebrauchten Karabiner** im Kaliber .308 Winchester (7,62 mm) oder aber 8 mm, besser noch 9,3 mm suchen, der im Magazin 4-5 Patronen aufnehmen kann - Achtung: Bei einigen ist das Magazin zugelötet, so daß sie nur noch einschüssig sind! Vom Funktionsprinzip her sind dies sehr zuverlässige Waffen. Allerdings haben gerade die billigeren oft schon eine längere Geschichte hinter sich.

Im Zusammenhang mit Spitzbergen sind mir bereits zwei Fälle bekannt, in denen bei solch stark gebrauchten Waffen das Repetieren nicht mehr einwandfrei funktionierte (Verklemmen der alten Hülse oder der neuen Patrone), womit das Gewehr nicht mehr allzu tauglich ist. Ein zweiter Schuß, etwa als weiterer Warnschuß beim Versuch, das Tier zu vertreiben oder aber als Nachschuß bei einem schlechten Treffer, sollte stets noch möglich sein.

Karabiner werden zwar schon ab etwa DM 200 angeboten, aber dann ist gesundes Mißtrauen angebracht. Im ureigensten Interesse sollte man sich eher im Angebot von DM 800 an aufwärts umsehen. Nachteilig beim Karabiner ist zum einen die geringe Schußzahl und zum anderen, daß das Repetieren Zeit kostet, die bei einem angreifenden Eisbären (bis 60 km/h Geschwindigkeit) knapp sein kann.

In diesen Punkten ist ein funktionssicherer **Halbautomat** wesentlich überlegen. Hier erfolgt das Auswerfen der Hülse und Nachladen der nächsten Patrone automatisch, so daß man sich nur auf das Zielen vor dem nächsten Schuß konzentrieren muß. Solche Selbstladegewehre sind gebraucht kaum erhältlich (Ausnahme: Garand M1) und werden neu von verschiedenen Herstellern angeboten.

In Deutschland dürften derzeit die Modelle von Heckler und Koch (Funktionsprinzip des G 3) und der finnischen Firma Valmet (Funktionsprinzip der Kalaschnikow) am bekanntesten sein. Diese Waffen kosten derzeit neu etwa DM 1.300-1.600. Auch ein Garand M1 ist eine, allerdings sperrige, Alternative.

Durch die höhere Magazinkapazität (z.B. 9 Patronen) erhöht sich die Sicherheit übrigens auch für den eventuell betroffenen Eisbären: Der Wanderer kann unbesorgt erst einmal versuchen, das Tier durch etliche Warnschüsse abzuschrecken, während bei einem Karabiner vermutlich spätestens nach dem zweiten Warnschuß angesichts fehlender Reserven Panik aufkommen kann, und der Schütze nur noch die Möglichkeit sieht, den Eisbären zu erschießen.

Neben diesen gängigen Waffen gibt es sicherlich noch ein paar andere Modelle, die sich zur Verteidigung gegen Eisbären eignen. Das Kaliber sollte jedoch mindestens .308 Winchester, besser aber dicker sein: 30-06, 9,3 mm, .375 H&H, .412, .444 Marlin oder gar .458 sind geeignete Großwildkaliber; die letzten vier erfordern allerdings schon vom Rückschlag her einen stabilen und erfahrenen Schützen.

Wintereinsatz: Von den genannten Waffen sind im Winter Halbautomaten relativ problematisch, da ihre kompliziertere Mechanik eher einfriert. Waffentechnisch ideal sind hier **Repetierer mit einem geschlossenen System**, in das kaum feiner Treibschnee eindringen kann - etwa die Sauer 200. Derartige Waffen sind allerdings ziemlich teuer, sie kosten um DM 2.000. Neben der Kälte (Einfrieren) kann bei sehr niedrigen Temperaturen **Treibschnee** zum Problem werden, der sich in extremer Kälte zu feinstem Schneestaub zerreibt und in dieser Form in kleinste Ritzen eindringt und alles blockiert.

Besonders wichtig im Winter ist im übrigen das **Vermeiden von Temperaturschocks**: Eine kalte Waffe ins Zelt mitgenommen, wird leicht zur Kondenswasserbildung auf den kalten Oberflächen führen, das dann sofort oder nach erneutem Verlassen des Zeltes zu Eis wird - die Mechanik friert ein oder bei einem Schuß mit Eis im Lauf kann es zu "Aufbauchungen", Explosionen des Laufes mit gefährlichen Splittern, kommen.

Ungeeignete Waffen
Hierzu gehören z.B. **Schrotflinten**. Mit Schrot, eigentlich für die Jagd auf Vögel oder Hasen gedacht, besteht gegen einen angreifenden Bären vielleicht auf eine Distanz von 5 m eine gute Chance. Dies ist jedoch bereits so nah, daß der betroffene Bär den Schützen noch ernsthaft verletzen kann.

Lediglich eine **mehrschüssige Pumpflinte**, geladen mit mehreren Flintenlaufgeschossen, Kaliber 12 oder Kaliber 10, ist gegen einen Bären eine angemessene Waffe, die auch die Möglichkeit offenläßt, vor dem direkten Schuß auf das Tier mehrere Warnschüsse abzugeben. Das Training mit dieser in Europa weniger gebräuchlichen Waffe ist allerdings wegen der geringen Zahl der dafür zugelassenen Anlagen ziemlich schwierig. Ich selbst habe auch mehrere Pumpflinten (Mossberg Mariner) mit den stärkeren 12 x 76 Magnum-Flintenlaufgeschoß-Patronen ausprobiert, dabei aber unerfreulich oft Verklemmer gehabt: Offensichtlich drückt hier der höhere Gasdruck die Patrone so stark ins Lager, daß sie anschließend von der Mechanik nicht mehr zuverlässig herausgezogen wird.

Ähnlich ungeeignet wie Zwillinge oder Drillinge sind **Kleinkalibergewehre** und **Faustfeuerwaffen**, also Pistolen und Revolver, da die Energie ihrer Geschosse nur bei präzisen Treffern ausreicht, um ein 500 kg oder mehr wiegendes Tier zu stoppen. So hat das schwerste übliche Revolverkaliber, .44 Magnum, nur die halbe Energie einer .308-Patrone, die selbst auch schon als Minimum angesehen wird. Diese seltenen Waffen sind teurer als manches großkalibrige Gewehr und erfordern wegen des schweren Rückschlages kräftige Hände.

Hinzu kommt bei allen Pistolen und Revolvern, daß das Treffen mit ihnen wegen der kurzen Visierlinie erheblich schwieriger ist als mit einem Gewehr. Wenn überhaupt, so kommen diese Kurzwaffen nur für besonders geübte Schützen in Frage. Eine deutsche Genehmigung einer solchen Kurzwaffe wird wegen deren schlechter Eignung in Spitzbergen eventuell nicht anerkannt.

Training

Einzelne Besucher Spitzbergens kommen zwar mit einem angemessenen Gewehr, haben aber im Extremfall noch nie einen Schuß damit abgefeuert oder sich lediglich einmal auf dem Schießstand einweisen lassen, ein paar Probeschüsse inklusive, und verlassen sich auf ehemalige Schießübungen beim Militär. Hier hat das mitgeführte Gewehr vor allem psychologische Bedeutung (Selbsttäuschung) und sportlichen Trainingswert, indem man ein paar Kilo zusätzlich mitschleppt. Dies gilt auch angesichts gelegentlich beobachteter Tragweisen. Eine am Rucksack festgebundene oder gar darin verpackte Waffe ist wenig sinnvoll.

Im Notfall, wo erheblicher psychischer Druck erschwerend hinzu kommt, hat ein Ungeübter nur geringe Chancen, die Waffe richtig und angemessen einzusetzen. Sofern er sich dessen bewußt ist, wird er möglicherweise zu früh schießen, wenn noch lange nicht von Notwehr die Rede sein kann, und auf diese Weise ohne Not eines dieser mächtigen Tiere töten.

Wer nach Spitzbergen reisen will, muß sich darüber im Klaren sein, daß zum Mitführen einer Schußwaffe auch die **Vertrautheit** mit ihr gehört, wozu Übung nötig ist. Der naheliegendste Weg dürfte die Mitgliedschaft und das Training in einem Schützenverein sein, wodurch neben anderen Vorteilen (geringere Kosten für Trainingsmunition und Schießstandnutzung) auch die Voraussetzungen zum Erwerb einer Waffe leichter zu erlangen sind.

Waffenbesitzkarte

Sofern man nicht bereits einen Jagdschein und damit verbunden das Recht zum Erwerb von Langwaffen und zwei Kurzwaffen hat, ist in Deutschland zum Kauf eines Gewehres und der zugehörigen Munition zur Mitnahme nach Spitzbergen zumindest eine grüne Waffenbesitzkarte mit Munitionserwerbsschein erforderlich.

Hierfür sind drei **Voraussetzungen** zu erfüllen: Bedürfnis, Sachkunde und Praxis im Umgang mit der Waffe. Die Reise nach Spitzbergen wird von den meisten Ordnungsämtern, Bezirksämtern bzw. der Bezirksregierung (zuständig ist jeweils das Amt am Ort der überwiegenden Lebensinteressen, bei Studenten beispielsweise also der Studienort, ansonsten jedoch wohl meist der erste Wohnsitz) als zumindest befristetes **Bedürfnis** anerkannt. Bei Erfüllung der anderen beiden Bedingungen kann also eine befristete Waffenbesitzkarte für die Zeit der Reise, eine angemessene Zeit vorher (Kauf, Training) und hinterher (Verkauf der Waffe) ausgestellt werden. Ein weiteres Bedürfnis, typisch für Schützenvereine, ist die

Ausübung des Schießsportes. Voraussetzung hierfür ist allerdings eine längere aktive Tätigkeit im Verein.

Die **Sachkunde** wird in einer schriftlichen Prüfung nachgewiesen, die durch den Verein oder auch das Ordnungsamt selbst abgenommen wird. Hier werden ziemlich genaue Kenntnisse aus den Gebieten Waffenkunde, Waffenrecht und Sicherheitsbestimmungen abgefragt. Gute Schützenvereine legen hierbei ähnlich hohe Maßstäbe an den Wissensumfang an wie das Ordnungsamt selbst, um nicht in den Ruf zu geraten, jedem auf einfachem Wege zu einer Schußwaffe zu verhelfen.

Wer sich ausführlich mit den verschiedenen Gebieten auseinandersetzt - es gibt hierzu in Jagd- und Waffengeschäften recht brauchbare Literatur - und die erforderliche Zeit in die Prüfungsvorbereitung investiert, schafft meist den Test; Wiederholungen sind möglich.

Schließlich muß man noch **Praxis im Umgang mit Schußwaffen** nachweisen, etwa durch eine entsprechende Bescheinigung des Vereins. Die meisten Schützenvereine stellen, um nicht mißbraucht zu werden, eine solche Bescheinigung erst nach einiger Zeit, beispielsweise einem halben Jahr aktiver Mitgliedschaft, aus. Innerhalb dieser Zeit kann bei regelmäßigem Training im Umgang mit der Waffe für Spitzbergen ausreichend geübt werden. Zweckmäßigerweise sollte man sich einen Verein suchen, in dem mit Waffen geschossen wird, die mit dem angestrebten Gewehr vergleichbar sind. Diese Großkalibervereine und -schießstände sind allerdings dünn gesät.

Kosten

An **Gebühren** verursacht der Kauf eines Gewehres für die Waffenbesitzkarte, die Sachkundeprüfung, das polizeiliche Führungszeugnis und die verschiedenen erforderlichen Eintragungen einschließlich Munitionserwerbsberechtigung knapp DM 200 an das Ordnungsamt. Bei einem angenommenen Preis der Waffe von DM 800, etwa DM 150 für Zubehör (Futteral, Reinigungsgerät, Waffenöl) und rund DM 60 für 20 Schuß Jagdmunition (z.B. Hohlspitzgeschosse, die einfache Vollmantelmunition ist nicht wirkungsvoll genug) belaufen sich die Kosten insgesamt auf etwa DM 1.700 (bei guten Waffen auch deutlich mehr), hinzu kommen die Vereinsbeiträge und die billigere Übungsmunition - zusammen auch noch einmal ca. DM 200.

Ein Teil davon kommt nach der Reise durch den Verkauf der Waffe wieder herein. Sofern man hierfür keinen anderen Interessenten hat, sollte man bereits beim Kauf mit dem Händler den späteren **Rückkauf** vereinbaren. Gängig ist ein Rückkauf durch den Waffenhändler zum halben Verkaufspreis - sofern die Waffe unterwegs keine erkennbaren Schäden erlitten hat. Der Verkauf wird in der Waffenbesitzkarte vermerkt, die dann dem Ordnungsamt zurückzugeben ist. Ein Verlust der Waffe kann unangenehme Folgen haben.

Insgesamt ergeben sich so bei unserem Beispiel mit einem günstigen und zuverlässigen Karabiner netto ca. DM 1.000 durch die Waffe verursachte Reisekosten. Es gibt also für den Privatmann im Prinzip keine unüberwindlichen Hürden, sich für eine Spitzbergenreise mit einer angemessenen Schußwaffe auszurüsten. Man muß lediglich frühzeitig beginnen, sich darum zu bemühen, indem man sich nach einem geeigneten Verein umsieht.

Da die sorgfältige Vorbereitung einer Individualreise nach Spitzbergen sich sowieso in der Regel angesichts der Vielzahl von zu regelnden Dingen über ein gutes Jahr erstreckt, fällt der zum Erwerb der Schußwaffe einschließlich Training erforderliche Aufwand zeitlich nicht sonderlich ins Gewicht.

☝ Zur Vorbereitung gehört auch das Durchdenken und Vorbereiten realistischer Verhältnisse: Wie schnell kommt man im engen Tunnelzelt mit einem womöglich über 1 m langen Gewehr zurecht, wenn überraschend nachts der Verdacht aufkommt, einen Bär im Lager zu haben? Beherrscht man das rasche Beseitigen von Funktionshemmungen?

Waffe in Norwegen mieten

Angesichts der deutschen Bürokratie und ihrer eventuellen Auslegungswillkür liegt die Idee nahe, zu versuchen, eine Waffe in Norwegen oder gar in Spitzbergen zu mieten. Die Möglichkeiten hierzu sind jedoch erstens **sehr beschränkt** (gerade zu den üblichen Reisezeiten - Ostern/Pfingsten, Sommer), zweitens die Qualität der eventuell zu mietenden Waffen teilweise zweifelhaft und drittens wird mit der Waffe keine oder nur eine sehr begrenzte Munitionsmenge (z.B. 5-10 Schuß) "mitvermietet", die hinterher wieder zurückzugeben ist (zum dauerhaften Erwerb, also auch Verbrauch, hat der Mieter keine Berechtigung!).

Da es in der Regel keine routinierten Jäger sind, die eine Waffe zu mieten versuchen (Jäger haben ihr Gewehr und kämen als erfahrene Schützen aus gutem Grund nur ausnahmsweise auf die Idee, eine unbekannte Waffe zu mieten), sondern Laien, die höchstens irgendwann einmal unter unrealistischen Schießstandbedingungen beim Militär mit völlig anderen Waffen geschossen haben, ist das Mieten einer Waffe daher normalerweise keine Lösung: Ohne ausreichend Munition für realistisches Schießtraining ist das Mittragen einer gemieteten fremden Waffe möglicherweise eher als Selbstbetrug und sportliches Training (mehr Gewicht am Rucksack) statt

 Auch Inlandgletscher bieten phantastische Eisformen ☞

als echter Sicherheitsfaktor zu werten, es ist eine Scheinlösung. Daher: Wer eine Reise nach Spitzbergen selbst organisiert, sollte auch diesen Teil der Vorbereitung seriös betreiben und sich mit einer **eigenen Waffe** entsprechend vorbereiten, auch wenn hierfür ein größerer Aufwand betrieben werden muß - dafür ist dann aber auch der sichere Umgang gegeben. Damit ist schon rein zeitlich ein seriöses Training und die Wahl einer geeigneten (z.B. kurz genug fürs Zelt) und gut funktionierenden Waffe möglich, und man kann sich auch sonst mit deren Technik und Pflege (Zerlegen, Zusammenbauen) sowie dem Beseitigen von Störungen im Detail auseinandersetzen. Den geborenen Schützen gibt es nur als Sternzeichen!

Signalmittel

Neben Funkgeräten (☞ Reise-Infos von A bis Z - Funk) kommen für Notfälle vor allem ein **Satelliten-Notsignalsender** und **Leuchtgeschosse** in Frage, um einen der gelegentlich vorüberfliegenden Hubschrauber zu alarmieren. Angesichts der Menschenleere des Landes sollte ein Leuchtsignal weithin sichtbar sein. Ideal ist hierfür eine große Signalpistole (Kaliber 4 bzw. 26 mm), wie sie auch von Polizei und Streitkräften verwendet wird. Ihre Geschosse steigen bis zu 300 m hoch und sind weithin sichtbar, erfordern allerdings in Deutschland eine Waffenbesitzkarte. Hiermit verglichen sind die frei im Handel erhältlichen Startgeräte mit ihren bescheidenen 15-mm-Leuchtgeschossen Spielzeug von zweifelhaftem Wert.

Signalmunition kann auch eingesetzt werden, um zu versuchen, einen **Eisbären zu vertreiben**, insbesondere mit einer Munitionssorte, die einen starken Lichtblitz und Knall erzeugt. Geeigneter (rasch einsetzbar, stärkere Wirkung) sind hierfür spezielle **Blitz-Knall-Wurfkörper**.

✋ Achtung beim Verschießen von Signalmunition aus Signalpistolen: Auch diese Geschosse können für Menschen tödlich sein, da sie sich in den Körper einbrennen und ein entsprechendes Loch sowie darum herum schwerste Verbrennungen erzeugen.

Ein gezielter Abwehrschuß auf einen Eisbären mit der Signalpistole ist problematisch, da der starke Rückschlag in Kombination mit der langsamen Fluggeschwindigkeit zu starkem "Verreißen" des Schusses und entsprechend unsicheren Treffergebnissen führt. Falls man das Tier durch einen Fehl- oder Streifschuß provoziert, dauert das Nachladen der Pistole eventuell zu lange.

Nicht nur als Signalmittel, sondern auch zur Abwehr sind die in Globetrotter- oder Surfläden erhältlichen **Signalstifte** oder auch **Signalrevolver** mit den aufgesetzten 15-mm-Leuchtgeschossen ungenügend: Ich erinnere mich an zwei französische knapp Zwanzigjährige, die sich eine seriöse Ausrüstung gespart hatten und auf dem Zeltplatz noch prahlten, wie sie mit solchen Signalstiften Eisbären vertreiben würden. Unerwartet tauchten sie dann ein paar Tage später in einem unserer Camps verängstigt auf: Sie hatten einen Eisbären gesichtet und, so unmittelbar mit der Realität konfrontiert, dann doch zum Glück kein Vertrauen mehr in ihre ungenügende Sicherheitsausrüstung und brachen am nächsten Tag ihre Tour ab.

In jedem Fall sollte bei Abwehrversuchen mit Signalmitteln das Gewehr schußbereit sein, da sich der Bär keineswegs immer durch Feuer oder Knall beeindrucken läßt - sowohl bei dem Getöteten im Magdalenefjord als auch bei den niederländischen Forschern zeigte sich das. Auch von meinen eigenen Versuchen, Eisbären durch Warnschüsse zu vertreiben, kenne ich deren oft eher unwilligen Rückzug.

Die Lagersicherung gegen überraschenden nächtlichen Besuch erfolgt zweckmäßigerweise durch **Alarmminen** (vom Militär, erzeugen bei Auslösung Knall und gleißend helle Magnesiumflamme) und **Stolperdraht** - auch wenn der Bär dadurch nicht abgeschreckt werden sollte, wird er doch etwas gebremst, so daß man Zeit für Gegenmaßnahmen gewinnt, zumindest jedoch aus dem Schlafsack kommt (☞ Allgemeine Landeskunde - Tier- und Pflanzenwelt).

Das Gewehr allein ist also nicht ausreichend als Absicherung, gerade während der Schlafenszeit, und reihum Wacheschieben ist gerade während einer anstrengenden Tour, auf der man seinen Schlaf braucht, eine Alternative, die man durch eine gute Alarmanlage auf Situationen einschränken kann, wo mit hoher Wahrscheinlichkeit Bärenbesuch im Lager bevorsteht - beispielsweise, weil man schon einen sich ums Lager herumtreibenden Bären gesehen hat.

Das vermutlich zuverlässigste Signalgerät für Notfälle, um Hilfe herbeizuholen, allerdings nicht ganz billig (ca. DM 2.200), ist ein **Satelliten-Notsignalsender** von der Größe eines Handfunkgerätes, mit dem sich ein Signal auslösen läßt, dessen Ausstrahlungsort von in Reichweite stehenden Satelliten bestimmt und gemeldet wird. Auf diese Weise konnte in Spitzbergen bereits mehrfach Hilfe alarmiert und Suchaktionen abgekürzt werden. Neue Frequenz seit 1993: 406 MHz für Einatz im Land. Um es klar zu sagen: Diese Geräte geben lediglich ein Peilsignal ab, ermöglichen also keinerlei weitere Kommunikation (kein Sprechen, kein Morsen). Außerdem müssen für die Positionsbestimmung mehrere Satelliten gleichzeitig in

"Sichtweite" sein und das Signal empfangen; dies kann eventuell über eine Stunde dauern.

Für ernste Notfälle steht hiermit jedoch erstmals ein Alarmmittel über große Distanzen zur Verfügung, das auch bei Wanderungen im wahrsten Sinne des Wortes tragbar ist (weniger als 1 kg). Zum Vergleich: Ein Funkgerät, das auch in bergigem Gelände eine genügend sichere Reichweite hat (z.B. 50-100 km) und außerdem auch bei kaltem Wetter genügend Energiereserven bietet, wiegt z.B. 6 kg einschließlich Batterie und erfordert eine unpraktische Antenne.

Zunächst wurden Satelliten-Notsignalsender für See- und Luftfahrzeuge zugelassen. Hier gilt als Standardfrequenz 121,5 MHz. Um auch an Land die Sicherheit zu verbessern, wurde hier 1993 eine eigene Frequenz festgelegt (406 MHz), die hier exaktere Ortungsergebnisse ermöglicht, als die nur für Luft- und Seefahrzeuge zugelassenen Geräte mit 121,5 MHz.

Eine französische Skitouristengruppe, die trotz mangelnder Erfahrung auf eigene Faust im März 1992 loszog und dann bei Sturm und Temperaturen von unter -20 Grad von einer Lawine in ihrem Zeltcamp verschüttet wurde, so daß sie sich nur teilweise bekleidet gegenseitig ausgraben mußten, verdankt es einem solchen Notsignalsender, daß sie überlebten - wenn auch mit teilweise schweren Erfrierungen.

Steighilfen

Auch für diejenigen, die den Gletschern möglichst ausweichen wollen, kann eine Steighilfe nützlich sein. Auf Wanderungen in Spitzbergen muß man öfter kleinere **Eis- oder harte Schneefelder** queren, die dem Schuh ohne Grödel oder Steigeisen unsicheren oder keinen Halt geben.

Steigeisen sind schwerer und teurer, eröffnen aber mit ihren Frontzacken auch mehr Möglichkeiten, insbesondere in steilerem Gelände.

Grödel hingegen sind leichter, billiger und einfacher zu verstauen. Sicheren Halt haben alle diese Geräte nur an einem schweren Bergstiefel, an Gummistiefeln sind sie deshalb nur sehr begrenzt verwendbar. Der Umgang mit ihnen erfordert etwas Übung (Verletzungs- und Stolpergefahr). Zu beiden gehört eine passende Bindung und ein Zackenschutz, um sie so verstauen zu können, daß sie mit ihren Stahlzacken nichts beschädigen.

Spitzbergen - Reisemöglichkeiten

Kommentar: Illusionen, Maßstäbe und Widersprüche

Nachdem ich mich den praktischen Aspekten einer Spitzbergenreise zugewandt habe, möchte ich mich noch ein wenig mit den **Motiven** einer solchen Reise beschäftigen - aus gutem Grund, denn Erwartungen und Realität liegen gerade hier nicht selten weit auseinander. Man kann einem Land kaum gerecht werden, wenn man an es den Anspruch stellt, die perfekte Verwirklichung der eigenen Traumwelt sein zu müssen. Gerade dies erwarten jedoch einige Besucher von Spitzbergen.

Wer nach Spitzbergen reist, sollte sich klarmachen, daß er oder sie sich an Bord eines modernen Schiffs oder Flugzeugs begibt und mit diesem komfortablen Verkehrsmittel die Inselgruppe ansteuert - nicht gerade ein Kunststück, sieht man von den Kosten und eventuellen sonstigen Vorbereitungen ab. Genauso haben dies zuvor schon viele andere getan. Die meisten Besucher wissen auch, daß sie dann vor Ort auf Kohlebergwerke und einen Flughafen stoßen werden.

Umweltprobleme selbst aus der tiefsten Arktis (Ozonlochdiskussion, weltweit über die Meere zigeunernder Müll, vor der Bären-Insel gesunkenes sowjetisches Atom-U-Boot u.a.) servieren uns regelmäßig Zeitung und Fernsehen. Von daher müßte eigentlich jedem klar sein, daß es auf unserem kleinen Planeten das absolut unberührte Paradies nicht mehr gibt.

Trotzdem, immer wieder stößt man bei Spitzbergen-Besuchern auf genau diese Erwartung, hört sie indirekt aus enttäuschten Worten, wenn entdeckt wird, daß selbst hier im höchsten Norden die Zeit nicht stehengeblieben ist, daß auch hier trotz der Menschenleere menschliche Spuren zu finden sind. Wer erwartet, in Spitzbergen aus dem bequemen Flugzeugsessel zu steigen und vor dem modernen Flughafen sofort den Fuß pionierhaft in 62.500 km^2 absolut unberührter Wildnis zu setzen, muß enttäuscht sein, wenn vor dem Flughafen zunächst ein Parkplatz und dann das schwarze Gelände der Kohleverladestation auftaucht.

Wer hier, Christiane Ritters "Eine Frau erlebt die Polarnacht" im Kopf, ausschließlich traute Hüttenromantik mit Kaminfeuer und Petroleumlicht, hart-herzliche, urige Trappergestalten und Hundeschlitten erwartet, wird enttäuscht sein über Videos, Computer, mopedfahrende Jugendliche, Massen von Motorschlitten und sonstige **zivilisatorische Errungenschaften**, die vor Ort vielleicht sogar verbreiteter sind als zu Hause.

Auch im Gelände werden Sie immer wieder einmal auf **Müll** oder **Fahrspuren** stoßen, und an den Stränden treibt wie überall alles mögliche an. Berücksichtigen Sie dabei aber, daß die Arktis all diese Hinterlassenschaften gnadenlos konserviert; die Fahrspur vor Ihnen ist vielleicht schon 50 Jahre alt, die Blechbüchse möglicherweise schon 70.

Trotzdem, die Erkenntnis, daß auch hier schon vorher Menschen waren und Fehler gemacht haben, trifft gerade mitteleuropäische Besucher oft hart, die getreu dem deutschen Hang zur Perfektion wenigstens am Ende der Welt auf die unbefleckte, reine, ursprüngliche Natur zu stoßen hoffen. Leider wird Spitzbergen dann auch am Maßstab dieses perfekten Traumbildes gemessen. Spitzbergen ist aber weder Disneyland, wo dem bequem vorbeirollenden Besucher exotisch heile (Traum-) Welten präsentiert werden, noch Freilichtmuseum, wo die Zeit stehengeblieben ist. Es ist in jeder Hinsicht Teil unserer Welt und unserer Zeit, trotz seiner Abgelegenheit.

Eine **Tourismusstudie** von 1988 in Spitzbergen zeigte eine deutliche Beziehung zwischen der Bevölkerungsdichte des Heimatlandes und der Verurteilung von Anzeichen menschlicher Gegenwart in Spitzbergen. So kritisierten insbesondere Deutsche und Niederländer diese Anzeichen bis hin zum Überfliegen von Hubschraubern oft massiv, während sich Skandinavier, die auch zu Hause über eine naturbelassenere Umwelt verfügen, daran weniger heftig störten, und die Überflüge sogar eher als beruhigend empfanden.

Angesichts der gewohnten, umfassenden Umwelteingriffe in der Heimat mitteleuropäischer Besucher spricht aus heftigen mitteleuropäischen Reaktionen meist weniger verletztes Umweltbewußtsein als die uneingestandene Enttäuschung darüber, in Spitzbergen nicht die absolute Unberührtheit vorgefunden zu haben, die man sich erträumt hatte. In etlichen Fällen kann ich mir kaum vorstellen, daß in Spitzbergen so kritische Besucher zu Hause an die gewohnte, weitaus massivere Umweltzerstörung auch nur annähernd scharfe Maßstäbe anlegen, sie kämen aus dem Entsetzen gar nicht heraus, doch ist man ist viel zu sehr in der Alltagsblindheit gefangen. Eine derartige Verzerrung der Maßstäbe, hier bezüglich der heimatlichen Verhältnisse, dort bezüglich des in Spitzbergen Beobachteten, ist jedoch weder gegenüber dem Land fair noch gegenüber den norwegischen Bemühungen um den Schutz der arktischen Umwelt innerhalb der gegebenen politisch-wirtschaftlichen Rahmenbedingungen. Wer solche Rahmenbedingungen in Spitzbergen nicht anerkennen will, sollte zu Hause genauso kritisch gegenüber den dortigen Verhältnissen auftreten, um glaubhaft zu bleiben.

Schlimm wird es auch, wenn verzerrte Argumentationen herangezogen werden, um eigenes Fehlverhalten (Vergraben oder Liegenlassen von

Müll, Belästigen brütender Vögel für Fotos etc.) zu rechtfertigen - nach dem Muster: "Wenn andere noch viel mehr sündigen, darf ich das auch, schließlich habe ich für die Reise viel bezahlt". Ob diese Begründung die betroffene Natur beruhigt?

Wenn ich an uns Reisende appelliere, zunächst unsere eigenen Motive, Illusionen und Maßstäbe zu hinterfragen, so will ich damit keineswegs Umweltsünden in Spitzbergen verleugnen oder verniedlichen. Sie werden in diesem ReiseHandbuch etliche recht kritische Passagen hierzu finden, aber ich meine, daß mit Verurteilungen aufgrund einseitig absoluter Maßstäbe und enttäuschten Illusionen niemandem gedient ist, übrigens auch nicht dem Reisenden selbst. Kritik muß am konkreten Punkt ansetzen und, um glaubhaft zu bleiben, nicht auf perfekten Traumvorstellungen aufbauen, sondern realistische Lösungsansätze bieten. Oder wie ist es mit jenen Scheinheiligen, die den Tourismus verdammen - nicht im Einzelfall, sondern global -, selbst aber daran teilnehmen, die die Schließung von Gebieten fordern - aber erst, nachdem sie selbst dort waren (egal ob als Tourist, Wissenschaftler oder Journalist).

Zu wohlfeil sind die üblichen zeitgeistgemäßen globalen Betroffenheitskundgebungen. Was fehlt sind praktische, konkrete Ansätze, die sich in die Niederungen der Details und der Machbarkeit begeben.

Wer dieses ReiseHandbuch und andere Informationsquellen sorgfältig nutzt und in Spitzbergen die Augen offenhält und nachdenkt, wird sich über die dortige Umweltsituation ein differenziertes Urteil bilden und darauf aufbauend dann statt globalen Rundschlägen konkreter argumentieren und handeln können. Auch in Spitzbergen gibt es genügend Möglichkeiten, die Umwelt deutlich besser und konsequenter zu schützen, sofern die Schädigungen nicht von außen kommen (PCB, Luftverschmutzung generell, Überfischung der Hochsee, Meeresverschmutzung), ohne den Menschen gleich ganz hinauszuwerfen. Das beginnt schon mit einer entsprechenden klaren Ordnungspolitik, die die künftige dortige Entwicklung in möglichst umweltschonende Bahnen lenken könnte und dann auch durchgesetzt werden müßte. Zum Zeitpunkt des Erscheinen dieses ReiseHandbuches fehlt aus meiner Sicht eine solche machbare und klare Planung zur Lenkung der künftigen Entwicklung Spitzbergens in möglichst umweltschonende Bahnen noch.

Auch die **Bewohner Spitzbergens** führen gern ein normales, unbelästigtes Leben und schätzen es nur bedingt, als Exoten betrachtet und mit Neugier begafft zu werden. So wird es keineswegs gern gesehen, wenn Besucher die angenehmen Restaurants mit einer urigen Berghütte verwechseln müssen, hier ihre miefenden Schlafsäcke zum Trocknen ausbreiten und es beim Betreten eines Gebäudes für unnötig halten, die Schuhe auszuziehen oder sich in den stinkendsten, schmutzigsten Klamotten ausgiebig im Restaurant niederlassen und erholen. Oder wenn andere ungebeten in (heute oft noch) unverschlossene Privatwohnungen eindringen und die wenigen Nothütten im Gelände, bisher für Notfälle noch unverschlossen, von Wanderern ohne ausreichende Ausrüstung als kostenloses Quartier mißbraucht werden. Leider meint offenbar mancher Besucher, sich hier in der Arktis "Wildwest"-Manieren zulegen und sich in einer Weise benehmen zu müssen, die ihm oder ihr zu Hause (hoffentlich) nicht in den Sinn käme.

Ähnliches gilt für die **letzten Trapper**: Die Mehrzahl von ihnen hat ihr abgeschiedenes Leben nicht gewählt, um von neugierigen Touristen bestaunt zu werden, gewissermaßen als lebende Ersatzhelden und Verwirklicher von Jugendträumen des Besuchers, die dieser dann doch nicht wahr machte. Man sollte den von ihnen gewählten Lebensstil respektieren und sich ihnen nicht als ungebetener, neugieriger Besuch aufdrängen. Natürlich gibt es auch Trapper mit einer materialistischen, praktischeren Einstellung, die sich für Geld zur abfotografierbaren Attraktion einer Pauschalreise oder für Journalisten machen lassen, wobei unklar ist, wer sich hier mehr verkauft: der für sein halbstündiges Posieren innerlich grinsend kassierende Trapper oder der hierfür Zahlende. Den in manchem Prospekt versprochenen Einblick ins wahre Leben der Trapper bietet so ein Kurzbesuch wohl kaum.

Wer ohne überzogene Erwartungen, gut vorbereitet und ausgerüstet und mit der Bereitschaft zu Rücksicht auf die empfindliche arktische Natur seine oder ihre Spitzbergenreise antritt, wird von der relativen Unberührtheit sicherlich angenehm überrascht sein und hoffentlich dafür sorgen, daß die Spuren des Besuchs minimal bleiben. Das Erlebnis einer nahezu unberührten Landschaft, in der schon geringste Veränderungen ins Auge fallen, öffnet im übrigen vielleicht, nach Hause zurückgekehrt, den Blick dafür, in welchem Ausmaß bei uns die Natur bereits verändert wurde.

Jahresablauf aus Besuchersicht: Reisezeiten

Eine der häufigsten Fragen, die mir als Organisator von Spitzbergenreisen gestellt wird, ist die nach der besten Reisezeit. Deshalb möchte ich versuchen, eine Antwort darauf zu geben, indem ich auf die Vor- und Nachteile der einzelnen Jahresabschnitte eingehe. Wie bereits im Kapitel "Klima" erwähnt, ist der Ablauf der Jahreszeiten jedes Jahr recht unterschiedlich, so daß die folgenden Aussagen nur grobe Anhaltspunkte sein können.

Eine grobe Einteilung für den eiligen Leser vorweg: Die **übliche Reisezeit** für Spitzbergen ist Ende Juni bis Anfang September (Kreuzfahrten: Anfang Juni bis Ende August), hinzu kommt eine kleinere **Spätwintersaison** von Ende März bis Anfang Mai. Für die meisten Zielsetzungen am wenigsten geeignet sind Mitte Januar bis Mitte März (besonders kalt, Stürme), Mitte Mai bis Mitte Juni (Ausnahme im Juni: Kreuzfahrten vor der Westküste, ansonsten starke Schneeschmelze an Land, unsicheres Fjordeis) und Ende September bis Anfang Dezember (rasch abnehmendes Helligkeit, Stürme, meist noch sehr wenig Schnee).

Doch nun in chronologischer Reihenfolge:

Anfang Januar

Ein Jahreswechsel in der Arktis in der Polarnacht ist sicherlich eine ausgefallene Silvesterreise und gleichzeitig eine gute Möglichkeit, im Anschluß an eine gemütliche Neujahrsfeier die Stille und besondere Atmosphäre der Polarnacht mit ihrem zauberhaften Licht und ihrer Klarheit zu erleben. Sofern es nicht bedeckt ist, erlauben der über lange Zeiten sichtbare Mond, das mystische Nordlicht und selbst das Sternenlicht eine erstaunlich gute Sicht in der winterlichen Landschaft. Wie die Klimatabelle zeigt (☞ Allgemeine Landeskunde - Klima) zeigt, folgt die kälteste Zeit erst später im Winter.

Mitte Januar bis Mitte März

Dies ist die Zeit des zurückkehrenden Lichtes. In der zweiten Februarhälfte ist bei freier Sicht nach Süden die Sonne mittags schon wieder sichtbar. Eine zutreffende Trapperregel besagt allerdings: Mit der Rückkehr des Lichtes kommt die Kälte. Tatsächlich sind Februar und März die **kältesten Monate**; das Thermometer kann unter -40 Grad fallen.

Zusammen mit Frühjahrsstürmen und dem nur schrittweise Einzug haltenden Licht sind dies Verhältnisse, die nicht gerade zu ausgedehnten Aktivitäten im Freien einladen. Üblicherweise ist dies die Zeit, in der sich eine feste Eisdecke über größeren Fjordteilen bildet. Die Romantik der Polarnacht und des arktischen Winters ist wohl nur für diejenigen ein ungetrübter Genuß, die sich während der schweren Winterstürme oder totalen Finsternis bei bedecktem Himmel in eine feste, warme Unterkunft zurückziehen können. Außerhalb von Longyearbyen bestehen solche Möglichkeiten für Touristen nicht.

Ende März bis Anfang Mai

Die letzten Märztage und vor allem der April sind die besten Monate für **Wintertouren**. Dann nimmt das Tageslicht von Tag zu Tag zu; ab dem ca. 20. April geht die Sonne nicht mehr unter. Anhand der Klimatabelle ist zu sehen, daß zu Anfang noch mit Temperaturen von bis zu -40 Grad, häufig noch wesentlich durch Wind verschärft, gerechnet werden muß. Erst ab Mitte April wird es meist deutlich milder, wenngleich starker Frost bis in den Mai hinein durchaus zwischendurch möglich ist. Die kalte Witterung sorgt dafür, daß die **Fjorde** normalerweise noch bis Ende April **zugefroren** und damit überquerbar sind. Dies trifft jedoch nicht immer und überall zu. So gibt es auch weit im Inneren der Fjorde Stellen, wo das Eis den ganzen Winter über wegen Strömungen, Quellen oder Gasaustritten nicht tragfähig wird. Im Februar 1989 kostete der Einbruch an einer solchen Stelle, trotz einer vorhergehenden langanhaltenden Kälteperiode, zwei sehr erfahrenen einheimischen Motorschlittenfahrern im Tempelfjord das Leben.

Vorhersagen über die Eisbedeckung der Fjorde sind nicht möglich. In manchen Jahren frieren nicht nur die Seitenarme, sondern sogar der breite Isfjord selbst weitgehend zu, so daß seine Querung zur Nordküste schon ein kurzes Stück östlich Longyearbyens möglich wird. In anderen Jahren dagegen bleiben sogar Seitenfjorde wie der Adventfjord den ganzen Winter über weitgehend offen. Überraschungen sind auch durch Eisbrecher möglich, die sich gelegentlich ihren Weg zu den Siedlungen bahnen und dabei eventuell unabsichtlich Ski- und Schlittenfahrern den direkten Rückweg übers Fjordeis unmöglich machen.

Für **Skitouristen** kann der **wenige Schnee** zum Problem werden, besonders wenn der Wind ihn verweht und den Boden freilegt. Oft ist erst ab April genügend Schnee vorhanden. Treibschnee füllt dafür die meisten Spalten der in ihrer winterlichen Kältestarre nahezu bewegungslosen Gletscher weitgehend auf und erleichtert so Hochtouren. Vorsicht ist jedoch weiterhin geboten; es sind schon Motorschlitten samt Fahrer in den Spalten verschwunden. Es empfiehlt sich, den häufig befahrenen Routen zu folgen oder Gletscher dort zu befahren, wo man sie vom Sommer her als frei von großen Spalten kennt.

In der Zeit um **Ostern** stellen Reisen nach Spitzbergen übrigens fast ein aussichtsloses Unternehmen dar, da dies die Zeit ist, in der die Norweger am liebsten ihre spitzbergischen Verwandten und Freunde besuchen. Motorschlitten und Flüge sind oft schon lange vorher reserviert, vermietet oder sonstwie von Leuten mit guten Beziehungen nach Spitzbergen für sich gesichert. Für Ski- und Schlittentouren gibt es verschiedene Angebote der Spezialveranstalter.

Mitte Mai bis Mitte Juni
sind an Land schwierige Monate; nicht jedoch für **Kreuzfahrten**, deren Saison bereits Anfang Juni einsetzt. Da die Schneeschmelze noch nicht weit fortgeschritten ist, bieten die weißen, aus dem Meer ragenden Berge einen prächtigen Anblick. Außerdem steht die Mitternachtssonne um den 21. Juni am höchsten und macht die Nacht uneingeschränkt zum Tag. Allerdings kann Eis das Einlaufen in die einzelnen Fjorde möglicherweise noch verhindern - in manchen Jahren bis in den Juli hinein.

Während sich in dieser Zeit **Gletschertouren** wegen freundlicher werdender Temperaturen und gleichzeitig (noch) guten Bedingungen auf den Gletschern anbieten, wird spätestens jetzt das Fjordeis sehr unzuverlässig. In den Tälern setzt die Schneeschmelze oft urplötzlich ein. Ein mir bekannter Forscher wurde von ihr weit draußen im Gelände überrascht und mußte den Rückweg unter übelsten Bedingungen bewältigen. Schmelzwasser schießt durch die im Winter oft ausgetrockneten, teilweise aber auch dick von Eis bedeckten Fluß- und Bachbetten, deren Eis nun unsicher wird, teilweise überflutet ist oder in Trümmern mitgerissen wird. Die Gewässer werden damit zu nahezu unüberwindlichen Hindernissen. Das umliegende Land taut ab, weicht zu Morast auf, während der Wanderer in dazwischen liegenden Senken noch tief im Schnee einsinken und darunter möglicherweise in eiskaltes Wasser treten kann. In ungünstigen Jahren kann sich die Hauptschneeschmelze bie deutlich in den Juli hinein ausdehnen.

Was vielfach angesichts der zu Hause selbstverständlichen verkehrsmäßen Erschließung übersehen wird: In dieser Übergangsperiode kommt in Spitzbergen oft als einziges Verkehrsmittel der teuere **Hubschrauber** in Frage; Motorschlitten können nicht mehr, die Küstenschiffe hingegen noch nicht fahren. Sie sind, falls die Eisverhältnisse es gestatten, erst gegen Ende Juni wieder im Einsatz.

Juli und August
sind nicht ohne Grund die Monate, in denen der ganz überwiegende Teil des Spitzbergen-Tourismus aber auch der Forschungseinsätze stattfindet: Zumindest bis zum 20. August reicht die Zeit der Mitternachtssonne, Frost und Schneefälle sind selten, die Schneeschmelze ist Anfang Juli in den meisten Jahren schon gut vorangekommen, so daß das Gelände wieder gut begehbar ist.

Vom Lebenszyklus her drängen sich Frühling, Sommer und Herbst weitgehend in diese beiden Monate; entsprechend rasant laufen die Lebensprozesse ab. Die **Zugvögel** sind bereits angekommen und Anfang Juli mit Brut oder gar schon der Aufzucht beschäftigt. Vogelfreunde sollten daher Ende Juni oder die ersten beiden Juliwochen als Reisezeit wählen. Am Boden wird rasch das Braun-Grau des Vorjahres von frischem Grün durchbrochen, und die **Blumen** entwickeln innerhalb weniger warmer Tage eine erstaunliche Blütenvielfalt, die allerdings nur für wenige Wochen Bestand hat. Etwas später, ab Mitte August, erreichen dann auch die höher wachsenden **Gräser** ihre volle Größe und Blüte.

Ende August bis Anfang September
Die ersten Zugvögel haben Spitzbergen bereits schon wieder verlassen, und mit den ersten Bodenfrösten gegen Ende der Mitternachtssonnenperiode werden die Blätter der großen Polarweidenflächen gelb-braun. Auf See hat sich das **Pack- und Treibeis** in den meisten Jahren im Spätsommer am weitesten zurückgezogen. Entsprechend bietet sich diese Zeit für Fahrten an, die möglichst weit nach Norden und Osten führen sollen. Mit Eisbrechern sind sie zwar auch zu einem früheren Zeitpunkt in der Saison bedingt möglich, aber dichtes Eis bremst selbst eisgängige Schiffe stark ab, so daß auch für Eisbrechertouren die spätere Saison die Zeit ist, in der man am ehesten besonders weit herumkommt. Dafür sind allerdings die Lichtverhältnisse insbesondere nachts schon schlechter (aber mildes Abendlicht, Sonnenuntergänge), und die Lufttemperaturen liegen niedriger.

Ist der Spät-Juni bis Juli die Zeit für den wandernden Vogelbeobachter und Botaniker, so eignet sich der Spätsommer, also der August bis in den September hinein, besonders für große Wandertouren, da die Schneeschmelze weitgehend abgeschlossen ist, und die Wasserführung der Bäche abnimmt. Gleichzeitig sorgen möglicherweise erste Nachtfröste für etwas festeren Boden in Morastgebieten. Noch ist rund um die Uhr genügend Licht vorhanden, um nicht zur Einhaltung eines Tag-Nacht-Rhythmus gezwungen zu sein - die besondere Freiheit des hocharktischen Sommers. Allerdings muß auch schon mit erstem Neuschnee gerechnet werden, der in dem unebenen Gelände, Löcher tarnend, das Gehen erschweren kann. Die letzten Zugvögel, darunter die Wildgänse, bereiten sich mit aufgeregtem Geschrei auf den Flug nach Süden vor. Ende August kehren die Küstenschiffe nach Norwegen zurück, da die Reisesaison abgeschlossen ist. Die Fjorde sind allerdings oft noch bis über die Jahreswende hinaus befahrbar.

Ab Mitte September
wird es rasch dunkler und kälter, der Winter und seine Stürme kündigen sich an. Dazwischen sind aber auch schöne Herbsttage möglich.

Oktober bis Mitte Dezember
sind besonders ungemütliche Reisezeiten: rasch abnehmendes Tageslicht, häufigere Stürme und noch sehr wenig Schnee.

Jahresende
Die Mitte der Polarnacht kann - bei vergleichsweise erträglichen Temperaturen - in Verbindung mit einer arktischen Silvesterfeier ein besonderes Erlebnis werden (☞ Januar).

Spitzbergenreisen - mit Veranstalter oder selbst organisiert?

Wenn sich ein Reiseveranstalter zu diesem Thema äußert, glaubt sicher mancher, die Antwort zu kennen. In Wirklichkeit gibt es jedoch keine allgemeingültige Antwort.

Vergleichen wir Spitzbergen zunächst mit **gemäßigteren, überwiegend nichtarktischen, nordischen Reisezielen**: Lappland, Island, Süd- und Westgrönland, den üblicherweise besuchten Gebieten Alaskas und Kanadas. In all diesen Gebieten kann der Reisende auf eine flächenhafte, allgemein nutzbare **Infrastruktur** aus Straßen, Wegen, Brücken, Pfaden, Markierungen, gekennzeichneten Furten, Schutzhütten, Unterkünften, Telefonen, Notrufsäulen, Läden, öffentlichen Verkehrsmitteln etc. zurückgreifen. Wer sich dort in die Wildnis begibt, bewegt sich gewissermaßen innerhalb einer mehr oder weniger großen Masche eines Netzes, dessen Fäden aus den genannten **Zivilisationseinrichtungen** bestehen, zwischen denen Wildnisgebiete existieren. Um ein gewünschtes Gebiet zu erreichen, kann der Reisende auf die Angebote dieses Netzes zurückgreifen.

Hat er in der Wildnis Probleme, so sind die nächsten Zivilisationseinrichtungen (und sei es eine Hütte, ein Notrufgerät o.ä.) innerhalb weniger Stunden oder zumindest eines Tages zu Fuß für einen fitten Wanderer normalerweise erreichbar. Stellt er Mängel an Ausrüstung oder Verpflegung fest, so ist die nächste Hilfe bietende Zivilisationseinrichtung ebenfalls selten mehr als einen strammen Tagesmarsch entfernt. Hat er sich überschätzt, so bietet das Zivilisationsnetz um die Wildnisinseln herum vielerlei Möglichkeiten, eine Tour zu entschärfen, abzukürzen oder in ein anderes Gebiet zu verlegen.

Im Gegensatz zu diesen gemäßigteren Wildnisgebieten fehlt in **Spitzbergen** dieses hilfreiche Zivilisationsnetz mit seinen nützlichen, verbindenden Fäden praktisch völlig. Statt des Netzes gibt es hier lediglich **einige wenige weitgehend isolierte Zivilisationsinseln** in einem riesigen, unwegsamen Gebiet, zwischen denen keine ausgebauten Verkehrswege jedermann beliebig zur Nutzung offenstehen. Wer sich in diese Wildnis hinausbegibt, gar irgendwo absetzen läßt, kann nicht davon ausgehen, in akzeptabler Entfernung erforderlichenfalls ohne weiteres auf Hilfe zu stoßen. Ausrüstungsmängel lassen sich hier nur ausnahmsweise noch im Zielgebiet korrigieren, indem man den nächsten Ort anläuft und dort das Fehlende besorgt, wie es z.B. in Lappland meist möglich ist. Bei längeren Touren gibt es keine Anlaufpunkte, wo man wieder Lebensmittel etc. nachkaufen kann, um nicht alles für die Tour mittragen zu müssen und damit rasch ganz wörtlich an die Grenzen des Tragbaren zu stoßen; schon weit vorher kann eine solche Tour zum reinen Transportunternehmen ohne Genuß werden. Feste Unterkünfte stehen außerhalb der Siedlungen für Touristen überhaupt nicht zur Verfügung - also kein Wandern von Hütte zu Hütte!

Reisen in diese Wildnis hinaus, ob auf eigene Faust oder mit Veranstalter, müssen ihre **eigene Infrastruktur schaffen**: Wo kein Linienverkehr hinführt, muß ein Schiff oder Flugzeug gechartert werden. Wo es weit draußen keine Einkaufsmöglichkeiten gibt, ist das Anlegen von Depots vor der Tour erforderlich. Wo es keinen Zugang zu Hilfe bietenden, näheren Zivilisationseinrichtungen gibt, müssen entsprechende Notrufmittel mitgeführt werden. Wo man sich nicht im Notfall relativ einfach zurückziehen kann, ist eine hochwertige Ausrüstung ein Muß: Wenn Ihnen in Lappland ein Sturm bei einer Sommertour das Billigzelt zerfetzt und es nicht gerade auch noch zu einem Kälteeinbruch kommt, hat man eben eine ungemütliche Nacht, kehrt um und steigt am nächsten Abend in den nächsten Bus oder Zug. In Spitzbergen kann eine mangelhafte Ausrüstung eher ins Auge gehen, weil der Rückzug oft nicht so einfach und das Klima härter ist.

All diese Punkte machen Spitzbergenreisen wesentlich **kostspieliger**, als wenn man, wie in Island, Lappland etc., auf ein Netz bereits vorhandener Zivilisationseinrichtungen zurückgreifen kann. Während der Reisende auf eigene Faust all dies für sich allein bezahlen muß, verteilen sich beim Veranstalter allerdings die entsprechenden Kosten auf mehr Teilnehmer oder gar mehrere Gruppen. Bei gleichem Leistungsumfang sind Reisen in abgelegene Gebiete mit Veranstalter daher in der Regel billiger als vergleichbare selbst organisierte - im Gegensatz zu den genannten gemäßigteren Gebieten, wo der Individualreisende auf vielerlei vorhandene Hilfe bietende Einrichtungen zurückgreifen kann und daher z.B. in Lappland oft billiger auf eigene Faust unterwegs ist als mit Veranstalter.

Neben der Infrastruktur ist der zweite Punkt die **Natur** selbst. Wer in Lappland wandernd unterwegs ist, findet dort im Prinzip ähnliche natürliche Verhältnisse wie zu Hause, nur eben weniger zersiedelt.

Wandererfahrung aus dem Mittelgebirge oder den Alpen läßt sich fast vollständig auf Lappland, Island oder Südgrönland übertragen. In wirklich arktischer Natur ist einiges jedoch erheblich anders. Der Erstbesucher denkt hier in der Regel zuerst an die Eisbären, doch sind sie nur ein Punkt unter mehreren und (hoffentlich) kein tagtägliches Problem während einer Tour.

Das arktische Gelände bietet, insbesondere durch die **Folgen des Dauerfrostbodens**, ganz andere Bedingungen als das Terrain gemäßigterer Breiten; eine entsprechend andere Erfahrung ist hier gefordert, bzw. muß erst noch mit Verlusten zumindest an Zeit und Energie gesammelt werden, um sich in diesem Gelände angepaßt, kräfteschonend und sicher zu bewegen. Theoretisch wurden etliche dieser Unterschiede bereits im Kapitel "Allgemeine Landeskunde" erläutert, doch die Praxis kann kein Buch ersetzen.

Zudem erfordert die arktische Natur auch eine andere **Ausrüstung,** nicht nur das oft genannte Gewehr, sondern z.B. auch hochwertige Zelte, die weniger hinsichtlich der Regendichte (wichtig in Lappland) als vielmehr auf Sturmsicherheit und Kondensvermeidung optimiert sein sollten, um nur ein Beispiel zu nennen. Bei Reisen mit Veranstaltern kann der Teilnehmer schon bei der Vorbereitung von der Erfahrung des Veranstalters profitieren, unterwegs dann noch mehr von der Vertrautheit der Tourenbegleiter mit den Besonderheiten des ungewohnten arktischen Geländes. Außerdem spart man sich erheblichen Orientierungsaufwand.

Der Individualreisende muß seine Erfahrungen mit Ausrüstung und Gelände erst noch sammeln - mit unvermeidlichen Verlusten - und trägt die Kosten der für die arktischen Bedingungen angemessenen Ausrüstung, vom speziellen Schuhwerk über das Zelt bis zum Gewehr, ausnahmslos für sich allein. Einige hiermit zusammenhängende Punkte, z.B. das zeitaufwendige Schießtraining, damit das Mitführen eines Gewehres überhaupt einen Sinn bekommt, betreffen ebenfalls nur den Individualreisenden. Hinzu kommt das größere Risiko aus fehlender Ortskenntnis - nicht selten wird nur ein Bruchteil der ursprünglich geplanten Tour tatsächlich verwirklicht.

Der für eine größere Spitzbergenreise erforderliche Aufwand an aktueller Information, Zeit und Kosten läßt sich im Grunde nur auf ein für Normalverdiener mit begrenzter Zeit für Vorbereitung und Aufenthalt akzeptables Maß bringen, indem er auf zahlreiche Personen im Laufe einer Saison verteilt wird. Dies ist wohl der Hauptgrund, daß Spitzbergen-Tourismus praktisch ausschließlich, zu ca. 90%, über Veranstalter in den verschiedensten Formen stattfindet - ganz im Gegensatz etwa zu Lappland oder Island, wo Touren auf eigene Faust mit vergleichsweise minimaler

Vorbereitung möglich sind. Von den verbleibenden 10% Besuchern, die auf eigene Faust reisen, verläßt wiederum nur ein sehr geringer Teil Longyearbyen für längere Touren als Tagesausflüge.

All diese Punkte schließen Reisen auf eigene Faust keineswegs aus. Nur: Spitzbergen ist kein Ziel, wo man "mal eben" eine größere Tour ohne intensive Vorbereitung, vorhergehende Arktiserfahrung etc. unternehmen sollte. Sorgfältig vorbereitete Privatexpeditionen mit erstklassiger und vollständiger Ausrüstung auch für Notfälle, mit erfahrenen Teilnehmern, genügend Zeit und realistischer Zielsetzung sind okay. Wer diesen finanziellen und zeitlichen Vorbereitungsaufwand scheut, andererseits aber auch keine organisierte Tour machen möchte, sollte sich lieber ein anderes Land als Zielgebiet suchen, in dem er auf eigene Faust einfacher reisen kann als in Spitzbergen.

Zehn Regeln für Spitzbergenreisen auf eigene Faust

1. **Ausrüstung**: Für die Arktis ist die beste Ausrüstung angemessen, um so mehr, als sich der Ortsunkundige noch mehr auf sie verlassen können muß als bei einer Reise mit Veranstalter. Hierzu gehört auch die durchdachte Sicherheitsausrüstung für Notfälle.

2. **Praktische Erfahrung**: Stellen Sie sicher, daß sie nicht nur eine hervorragende Ausrüstung haben, sondern deren Handhabung auch in schwierigen Situationen "im Schlaf" beherrschen: Ein Zelt muß gerade in Sturm und Schneeregen schnell und ohne Brechen der Stangen aufgebaut werden. Ein Gewehr ohne umfangreiches und praxisnahes Schießtraining (nicht nur "liegend aufgelegt" nach Kommando auf dem Schießstand) ist eher als Ballast denn als Schutz einzustufen. Mindestens eine Person in der Gruppe sollte bereits über ernstzunehmende Erfahrung in wirklich arktischem Gelände verfügen, auch wenn Sie keine extreme Gletschertour planen.

3. **Tourenpartner**: Gehen Sie nicht allein auf eine Tour und suchen Sie Ihre Partner sorgfältig aus. Machen Sie vorher schon mehrtägige Tourentests in gemäßigteren Gebieten, um das Zusammenpassen auch draußen im Gelände zu erproben.

4. **Fitneß**: Bereiten Sie sich körperlich gut vor - bei Touren auf eigene Faust müssen Sie alles selbst tragen, und die Gruppen- und Sicherheitsausrüstung verteilt sich gewichtsmäßig meist auf nur wenige Schultern.

5. **Zeitplanung**: Planen Sie sehr reichlich Zeit ein; gerade ohne Ortskenntnis müssen Sie mit Zeitverlusten durch Irrwege, aber auch durch Nebel etc. rechnen, und das völlig weglose Gelände erlaubt keine langen Tagesetappen mehrere Tage hintereinander. Zudem benötigen Sie mehr Zeit aufgrund Ihres schwereren Gepäcks. Mit zu optimistischen Selbsteinschätzungen machen Sie sich im günstigsten Fall schon vor dem Start

lächerlich; ungünstiger wird es, wenn Sie erst weit draußen von der Realität eingeholt werden.

6. **Tourengenehmigung**: Melden Sie Ihre Tour rechtzeitig im voraus schriftlich mit der Bitte um Genehmigung beim Gouverneur an. Sie müssen die genaue Route, Namen und Adressen, mitgeführte Sicherheitsausrüstung sowie das Rückkehrdatum angeben, und vergessen Sie nicht, sich nach der Rückkehr von der Tour zurückzumelden. Erwarten Sie vom Gouverneursamt keine präzisen Angaben über die Geländeverhältnisse auf Ihrer Wunschroute, die dort Beschäftigten wechseln nach wenigen Jahren, haben schon deshalb meist nur geringe Tourenerfahrung im Sommer und können schon von der Größe des Landes her nur einen kleinen Bruchteil aus ihrer Freizeit kennen - sofern sie überhaupt auf Touren gehen. Rechnen Sie bei größeren Unternehmungen damit, daß der Gouverneur eine teure Spezialversicherung verlangen kann (☞ Reise-Infos von A bis Z - Versicherungen).

7. **Transportbedarf**: Planen Sie möglichst wenig innerspitzbergische motorisierte Transporte ein und für diese reichlich Zeit. Erhebliche Verzögerungen (eventuell um mehrere Tage) gegenüber vereinbarten Absetz- und Aufnahmezeiten können aus verschiedensten Gründen (Wetter, Eis, technische Probleme) auftreten. Berücksichtigen Sie dies in Ihrer Zeit- und Verpflegungsplanung. Plazieren Sie sich an Punkten, wo Sie wieder eingesammelt werden sollen, gut aus verschiedenen Richtungen sichtbar, mit auffälligen Farben.

8. **Notreserven**: Planen Sie nicht von vornherein für Notfälle die Verfügbarkeit von Hilfe ein: Hütten z.B. dürfen von Touristen nur im äußersten Notfall benutzt werden, außerdem sind sie rar und fast alle verschlossen. So manche in den Karten eingezeichnete existiert auch nicht mehr. Stattdessen müssen Sie über eigene Reserven verfügen: körperliche, bei der Verpflegung (zusätzlich zum berechneten Bedarf für mehrere Reservetage), der Ausrüstung, aber auch hinsichtlich der Zeit..

9. **Natur- und Denkmalschutz**: Informieren Sie sich vor der Tour über die Denkmal- und Naturschutzbestimmungen, und prüfen Sie, welche speziellen Naturschutzgebiete mit entsprechenden Einschränkungen Sie auf Ihrer Tour berühren.

10. **Schonung der Umwelt**: Sorgen Sie für minimale Umweltschädigung durch Ihren Aufenthalt, auch über das Vorgeschriebene hinaus: Aller Müll ist wieder in die Orte mitzunehmen, die Belästigung von Tieren zu minimieren, Vegetationsschäden möglichst zu vermeiden (Zelte nicht eingraben, kein Feuer auf lebender Vegetation, kein Abreißen, Freilegen oder Ausgraben von Pflanzen). Zur Umwelt gehören auch die Menschen und Gewohnheiten des besuchten Landes. Als Gast müssen Sie ihnen Respekt

entgegenbringen und die örtlichen Spielregeln akzeptieren, z.B. kein unerlaubtes Einquartieren in den letzten noch unverschlossenen Hütten etc.

Daß die Punkte Kosten, Vorbereitungsaufwand, Erfahrung mit arktischer Natur und Ortskenntnis in den meisten Fällen für den Anschluß an eine Veranstaltertour sprechen, selbst wenn man in gemäßigteren Gegenden nie mit einem Veranstalter unterwegs ist, schließt Reisen auf eigene Faust nicht aus. Wer unbedingt allein oder mit seinem Partner reisen möchte, wer spezielle, von Veranstaltern nicht abgedeckte Interessen hat oder zu einer Zeit ohne passende Veranstalterangebote reisen muß, wird sich eventuell für eine selbst organisierte Reise entscheiden, ungeachtet des höheren Aufwandes, Risikos und meist höherer Kosten.

Man sollte sich nur ehrlich und selbstkritisch fragen, ob sich der erhebliche Aufwand einer selbst organisierten Spitzbergenreise tatsächlich lohnt, und ob nicht ein gemäßigteres Ziel als Spitzbergen für eine selbst organisierte Reise ein besseres Verhältnis zwischen Aufwand und Nutzen bietet; falscher Ehrgeiz ist hier fehl am Platze. Die teuerste Reise ist eine verdorbene Reise; extremere Reiseziele, zu denen Spitzbergen sicher gehört, bergen diese Gefahr, wie nicht zuletzt die jeden Sommer zu beobachtenden Gestalten am Zeltplatz bezeugen, die vorzeitig abbrechen und auf die nächste Rückfluggelegenheit warten.

Andererseits gibt es unter den wenigen Touren auf eigene Faust jedes Jahr auch erfolgreiche, erstklassig vorbereitete, bestens ausgerüstete und umsichtig durchgeführte, bei denen in der Regel allerdings auch mindestens ein Teilnehmer bereits größere Arktiserfahrung hat, und wo alle sich vorbereitungsmäßig und finanziell stark für ihr ganz spezielles Ziel engagiert haben.

Unakzeptabel finde ich lediglich Versuche sich durchzumogeln, vermeidbare Risiken einzugehen: durch ungenügende oder unvollständige Ausrüstung, Vernachlässigung der Sicherheit ("für eine einzige Spitzbergenreise lohnt sich der Kauf eines hochwertigen Zeltes, Gewehrs, Notsignalsenders etc. nicht") oder einem krassen Mißverhältnis zwischen vorhandener Arktiserfahrung und geplanter Tour - unakzeptabel sowohl bei einzelnen Veranstaltern, die Spitzbergen "nebenbei" mit anbieten, ohne den dafür erforderlichen Aufwand zu betreiben, als auch bei Individualreisenden, die trotz ihres minimalen Anteils am Gesamttourismus Spitzbergens für nahezu alle Such- und Rettungseinsätze verantwortlich sind. Denn jede Dummheit, jedes Unglück schadet dem Ruf der Besucher dort insgesamt und liefert Argumente für mehr und mehr Vorschriften.

Zehn mögliche Qualitätskriterien für Veranstalterangebote

So wie es letztlich eine persönliche Entscheidung ist, ob man eine Reise mit Veranstalter nach Spitzbergen bucht, oder ob man diese - aus welchem Grund auch immer - selbst organisiert, so ist auch die Beurteilung verschiedener Veranstalterangebote eine Frage persönlicher Vorstellungen. Die folgenden Vorschläge für Qualitätskriterien sind daher nicht zwingend, sondern beruhen lediglich auf meiner persönlichen Erfahrung, auch als Veranstalter, aus der heraus ich an ein Angebot unter anderem folgende allgemeine Fragen stellen würde, die sich anhand der Informationsmaterialien meist schon beantworten lassen:

1. Welche **Leistungen** enthält das Angebot, die zu erbringen mir selbst ohne Veranstalter schwerfallen würden, die jedoch wünschenswert sind, z.B. Einrichten von Depots zur Gepäckverminderung bei Ski- und Trekkingtouren?
2. **Kompetenz vor Ort des Veranstalters**: Wie lange organisieren er oder sein Partner schon Reisen im Zielland? Wieweit ist er über den reinen Verkauf hinaus in Spitzbergen oder zumindest anderen arktischen Gebieten engagiert (z.B. durch eigene Organisation von Touren in der Arktis, außertouristische Aktivitäten im Zielgebiet, schriftstellerische oder journalistische Auseinandersetzung mit dem Zielgebiet etc.)?
3. **Sicherheit**: Wie ernst nimmt es der Veranstalter mit der Sicherheit unterwegs: zwei Betreuer und dadurch für unterschiedliche Interessen bei Tagesausflügen oder in Notfällen mehr Flexibilität oder nur ein Betreuer pro Tour? Großkalibrige Gewehre? Alarmanlage bei Zelttouren? Signalpistole und Satelliten-Notsignalsender für Alarmzwecke? Wurden die Tourenrouten vorher schon vom Veranstalter weitgehend erprobt?
4. **Ausführliche landeskundliche Information**: Informiert das Material auch über das Land, Klima, die geringe Erschließung etc. insgesamt ausführlich, so daß man davon ausgehen kann, daß auch andere, die keinen speziellen Reiseführer lesen, keine falschen Vorstellungen haben, die dann zu Ärger unterwegs führen? Finden sich solche ehrlichen Angaben, Einschränkungen und Warnungen deutlich im Beschreibungstext oder nur kleingedruckt in den Reisebedingungen?
5. **Klare, zu erwartende Anforderungen**: Nennt das Informationsmaterial für die einzelnen Reisearten klar deren Anforderungen, oder entsteht eher der Eindruck, daß der Verkauf wichtiger ist als eine passende Zusammensetzung der Gruppe? Werden etwa bei anspruchsvollen Touren durch das Angebot einer Leihausrüstung (auch solchen Teilen, die jeder eigentlich schon vor der Tour für sich passend wählen und ausprobieren sollte) möglicherweise ungenügend erfahrene Reisende zum Buchen verführt

(ausreichend erfahrene Reisende haben meist auch eine weitgehend vollständige persönliche Ausrüstung)?
6. **Rückhalt vor Ort**: Hat der Veranstalter ständig oder zumindest während der Tourenzeit ein Materialdepot und einen bemannten Stützpunkt in Spitzbergen, der als Kontaktstelle dienen und erforderlichenfalls bei Problemen helfen kann? Beispiel 1: Eine Skitour ist zur vereinbarten Zeit noch nicht zurück. Damit der Flug nicht verpaßt wird, schickt ihr der Stützpunkt vom Ort aus einen Motorschlitten zur Unterstützung.

Beispiel 2: Dringender Anruf an einen Reisenden, der gerade auf Tour ist. Der Stützpunkt bemüht sich, die Nachricht zum Camp ins Gelände weiterzuleiten. Beispiel 3: Ein Reisender wird krank und ins Longyearbyer Krankenhaus eingeliefert. Der Stützpunkt kümmert sich um die zu erledigenden Dinge, während die übrige Gruppe mit Betreuern ihr Programm fortsetzen kann. Oder schickt der Veranstalter seine Gruppen ohne diesen Rückhalt in die arktische Wildnis?
7. **Kompetente Beratung**: Inwieweit ist der Veranstalter zu zügiger Beratung in Detailfragen durch gut mit den Verhältnissen vor Ort vertraute Fachleute in der Lage, oder besteht seine Tätigkeit im wesentlichen aus dem Abwickeln der Buchung?
8. **Reiseunterlagen**: Welche Aussagen werden über Art und Umfang der Reiseunterlagen gemacht?
9. **Touren-Auswahl für Ihr Zielland**: Enthält der Katalog ein breites und vielseitiges Angebot, damit Sie möglichst später nicht feststellen müssen, daß es auch andere Touren gibt, die Sie viel eher interessiert hätten? Sind Tourkombinationen aufgrund eines vielfältigen Angebots möglich, durch die Sie Ihre speziellen Interessen noch besser verwirklichen können?
10. **Umweltschutz**: Enthält das Informationsmaterial im Tourentext Hinweise zum Umweltschutz (z.B. Aufforderung, sich Tieren nicht zu sehr zu nähern) oder in den Reisebedingungen umweltbezogene Forderungen an die Teilnehmer (Müll, Verhalten gegenüber Tieren und örtlicher Bevölkerung etc.)? Macht es Angaben zu umweltbewußter Organisation seitens des Veranstalters (z.B. Müllrückführung aus dem Gelände), so daß man davon ausgehen kann, an einer möglichst umweltschonend angelegten Reise teilzunehmen?

Die zu wählende Form der Reise nach Spitzbergen ist es wert, wohl und ohne vorschnelle Urteile bedacht zu werden. Gängige Vorurteile, sei es beispielsweise gegen Kreuzfahrten als ausschließliche "Buffet-Orgien" oder gegen Trekkingtouren als sinnlose Schinderei sind nicht nur falsch, sondern möglicherweise auch hinderlich beim Finden der zweckmäßigsten Reiseart. Innerhalb der im folgenden vorgestellten Möglichkeiten gibt es zahlreiche Varianten, teilweise auch Kombinationsmöglichkeiten und im Grunde sind die Übergänge fließend. Außerdem - vielleicht ist es auch reizvoll, im Rahmen einer oder im Verlaufe von zwei Reisen unterschiedliche Reiseformen zu erproben und auf diese Weise zu einem noch vielseitigeren Bild von Spitzbergen zu gelangen.

Anhand der Angebote auf dem deutschsprachigen Markt für 1993 möchte ich Ihnen beispielhaft die Vielfalt der einzelnen Reiseformen ohne Anspruch auf Vollständigkeit erläutern, wobei sich übrigens 1993 alle Reiseformen theoretisch zu einer Gesamtreise kombinieren ließen. In den künftigen Jahren dürfte das Angebot sicher vergleichbar, wenn nicht gar noch vielfältiger sein, mögen auch einzelne Veranstalternamen wechseln (weshalb hier auch überwiegend keine Veranstalter bzw. Vermittler aufgeführt sind). Über aktuelle Angebote können Sie sich bei einigen auf Nordeuropa und/oder Aktivurlaub spezialisierten Reisebüros und bei mir informieren; Kreuzfahrten vermitteln die meisten Reisebüros.

Reisen in die Polarnacht

Eine Überwinterung in einer einsamen Trapperhütte ist, sofern man sich nicht tatsächlich als Trapper in Spitzbergen niederläßt, sicher nicht möglich, da Hütten für Touristen glücklicherweise nicht zur Benutzung freigegeben sind, und daher Massentourismus und Zersiedelung durch Ferienanlagen bisher vermieden wurden. Ein Erlebnis ist die Polarnacht jedoch durchaus auch einquartiert in einer der Siedlungen. Empfehlenswert ist insbesondere die Zeit der **Jahreswende**, mitten in der Polarnacht, wenn selbst mittags die Sonne tief genug unter dem Horizont bleibt, um keine Dämmerung zu erzeugen.

Ende Dezember/Anfang Januar ist in der Regel noch nicht die kälteste Zeit; typische Temperaturen liegen zwischen -20 und 0 Grad. Wenn der Himmel wolkenlos ist, überrascht die Polarnacht mit ihren **magischen Lichtverhältnissen.** In der extrem klaren arktischen Luft sorgt schon das Sternenlicht für eine überraschend gute Sicht in der weißen Wildnis. Hinzu kommen während großer Teile der Polarnacht der über dem Horizont stehende, leuchtende Mond und das ebenfalls häufige, über den Himmel geisterhaft wallende Nordlicht in seinen unterschiedlichsten Farben, Formen und Abläufen. Silvester in der Polarnacht Spitzbergens ist bereits buchbar.

⇨ **Mit Veranstalter**: Der Kreis der Polarnacht- und Nordlichtfreunde ist klein, entsprechend begrenzt ist das Angebot auf Silvesterreisen. Das

 Zweimal Longyearbyen: Kohleverladung / unterer Ortsteil ☞

Programm gliedert sich in die eigentliche Feier in Longyearbyen und in ein paar Tage zum Erleben der Polarnacht mit zusätzlichem landeskundlichen Informations- und Tagesexkursionsprogramm.

⇨ **Selbst organisiert**: Ein Aufenthalt in Spitzbergen während der Polarnacht ist auf eigene Faust machbar, wird sich allerdings überwiegend auf Longyearbyen beschränken, da von Ausflügen auf eigene Faust hinaus in die nächtliche, winterliche Wildnis ohne Ortskenntnis und Erfahrung mit den entsprechenden Sicht- und Geländeverhältnissen eher abzuraten ist - selbst die Einheimischen sind mit ihren Motorschlitten während der Polarnacht nur wenig im Gelände unterwegs.

Motorschlittentouren - das populärste einheimische Freizeitvergnügen

Für die meisten Einheimischen ist der **Spätwinter**, Ende Februar bis Mitte Mai, insbesondere der April, die Jahreszeit, in der sie Longyearbyen verlassen und per Motorschlitten, vereinzelt auch auf Skiern, in der weißen Wildnis unterwegs sind, während im Sommer kaum einer von ihnen weiter ins Inland vordringt.

Vor allem um **Ostern** herum ist Longyearbyen voll mit Besuchern, bisher vor allem Freunde und Bekannte von Einheimischen, zunehmend aber auch Touristen. Die Osterzeit entwickelt sich neben dem Sommer zunehmend zu einer zweiten Saison. Einzelne Flüge in dieser Zeit sind schon fast ein Jahr im voraus ausgebucht. Ein Ausweichen in die Zeit vor Ende März ist allerdings nicht anzuraten: Die Einheimischen sind die ganze Zeit in Spitzbergen und können sich auch zu Beginn der Schlittensaison klimatisch angenehmere Tage aussuchen. Der Besucher mit begrenzter Zeit hingegen läuft vor Ende März stark Gefahr, in eine Kälteperiode zu geraten, die zufällig gerade weitgehend mit der Dauer seines Aufenthaltes zusammenfällt.

Motorschlittenfahren als spätwinterliche Aktivität ist relativ neu, noch vor wenigen Jahrzehnten nutzten nur wenige die Winterzeit für **Ski- oder Hundeschlittentouren**. Neben der Unerschlossenheit des Landes und dem gelegentlich extremen Klima macht auch der häufige Schneemangel bzw. die starke Verwehung des Schnees und die damit verbundenen freigeblasenen Flächen Skitouren nicht überall zum Vergnügen. Erst mit der Einfuhr des ersten serienmäßigen Motorschlittens mit bescheidenen 8 PS im Jahre 1961 durch Gunnar Paulsen (sein Sohn betreibt heute die Yamaha-Vertretung, deren Umsatz zu einem beträchtlichen Teil auf Motorschlitten beruht) begann eine neue Ära, denn nun stand das winterliche Gelände auch den weniger Sportlichen offen.

Heute gibt es fast 900 *snøscooter* in Svalbard, die allermeisten in Longyearbyen, so daß auf fast jeden der 1.000 Einwohner des Ortes, einschließlich der Jugendlichen, ein solches Fahrzeug kommt. Entsprechend zurückgegangen sind die Hundeschlitten, von denen es nur noch einzelne Exemplare gibt. In Ortsnähe stößt man häufiger auf Langläufer; es gibt auch eine beleuchtete Loipe, außerdem einen kleinen Skilift. Weiter ins Gelände hinaus bewegen sich die Einheimischen jedoch fast nur mit dem Motorschlitten, sei es für Tagesausflüge oder um in einer der Privathütten zu übernachten.

Seit ein paar Jahren werden auch für Touristen Svalbardreisen angeboten, die Motorschlittentouren enthalten, meist 4-9tägige Reisen zwischen Ende März und Anfang Mai, zu Preisen (inklusive Flug ab/bis Oslo, Unterkunft, Motorschlitten, Schutzkleidung, Treibstoff, Führer) zwischen DM 3.000 und 5.000. Aus Gründen der Preisoptik wird meist das Angebot mit zwei Personen auf einem Schlitten hervorgehoben.

Ich rate von dieser Möglichkeit jedoch eher ab (Ausnahmen: keinen Führerschein, Kinder etc.), da das Sitzen zu zweit auf einem Schlitten über längere Strecken sehr unbequem ist und zu entsprechenden Gliederschmerzen oder Verspannungen führt.

Motorschlitten kann man bisher auch als Individualreisender mieten, es werden allerdings einschränkende Bestimmungen diskutiert, und auch Wintertouren muß man sich vom Sysselmann genehmigen lassen.

Die **Nationalparks** und **Naturreservate** - gut die Hälfte der Fläche Svalbards - dürfen von Touristen nicht per Motorschlitten befahren werden und auch für Einheimische sind hier nur wenige Routen (z.B. zum Lomfjord und zum Hornsund) genehmigt. Ferner gibt es für Touristen keine Hütten zu mieten.

Motorschlitten vermietet Yamaha (Geir Paulsen). Die Miete betrug 1993 pro Tag nkr 500 bzw. nkr 2.500 pro Woche. Ein neuer Motorschlitten kostet übrigens in Svalbard ca. nkr 36.000-70.000. Ein Anhängeschlitten (für Reservekanister und Ausrüstung) kostet nkr 100 Miete pro Tag. Schnallgurte, Kanister, Schutzkleidung etc. werden von den Händlern vermietet bzw. verkauft (*snøscooter dress* ab nkr 1.500) und auch **Benzin** und **Öl** bekommt man bei ihnen. Pro 100 km muß man mit dem stattlichen Verbrauch von ca. 25 l Benzin und ein paar Litern Öl rechnen. Eine

Tankfüllung (ca. 25 l) reicht also nicht allzuweit; für größere Touren ist ein Anhänger mit Reservekanistern erforderlich.

Ein Blick auf die Tabelle mit den tatsächlichen Auskühlungen durch den Wind (☞ Allgemeine Landeskunde - Klima) verdeutlicht, daß angesichts stundenlangen, ruhigen Sitzens auf dem Schlitten bei Marschgeschwindigkeiten um 60 km/h auch an relativ milden Wintertagen durch den *chill factor* Auskühlungen auftreten, die -40 Grad, im Extrem auch wesentlich mehr, entsprechen. Spezielle Schutzkleidung, Anzug, Helm, Stiefel, Handschuhe etc., ist hier unumgänglich. Bei Reisen mit einem Veranstalter ist diese Ausrüstung teilweise im Preis enthalten, ansonsten muß sie bei den Händlern gemietet oder gekauft werden.

Aus diesen vielen benötigten Ausrüstungsteilen und deren Preisen ergibt sich, daß eine Reise nach Spitzbergen zum Motorschlittenfahren nicht billig sein kann. Für eine größere Tagestour ergeben sich für das Mieten der gesamten Ausrüstung (außer Notbiwak-Ausrüstung), Treibstoff und Versicherung pro Person Kosten von ca. DM 250 pro Tag. Rechnet man Unterkunft, Flüge, Verpflegung etc. hinzu, so wird klar, wieso Motorschlittentouren keine billigen Reisen in Spitzbergen sein können.

✋ Wer einen Motorschlitten während der **Hauptsaison** (Ende März bis Anfang April) und dann gar am **Wochenende** mieten möchte, sollte sich frühzeitig darum kümmern, da nicht nur die Flüge, sondern auch die Schlitten zu diesen beliebtesten Terminen oft lange im voraus völlig ausgebucht sind. Angesichts der Kürze der Saison lohnt es sich für die Händler jedoch nicht, hierfür eine größere Zahl von Schlitten das übrige Jahr herumstehen zu haben.

Den **Führerschein** für Motorschlitten kann man ab 16 machen, es gilt aber auch der Pkw-Führerschein. Eine Neuregelung hinsichtlich der Fahrberechtigung ist im Gespräch - vor der Reise erkundigen! Ebenso gilt übrigens die norwegische Geschwindigkeitsgrenze von 80 km/h, auch wenn einzelne Raser auf weit über 100 km/h beschleunigen. Gerade unter jüngeren einheimischen Fahrern gibt es durch Übermut, Selbstbestätigungsdrang oder Mutproben Jahr für Jahr gefährliche Unfälle. Es ist zu betonen, daß die Verkehrsregeln auch für Motorschlitten gelten, selbst im Gelände, und Fahren von Motorschlitten im angetrunkenen Zustand ist in der bescheidenen Kriminalstatistik Svalbards eines der häufigsten Vergehen. In Longyearbyen gilt für Motorschlitten eine Höchstgeschwindigkeit von 20 km/h auf bzw. an Straßen.

Das Fahren eines Motorschlittens an sich ist sehr einfach, durch ein stufenloses Automatikgetriebe muß man nach dem Starten des Motors

 Ein gutes Zelt ist auf großen Touren unentbehrlich ☞

lediglich den Gashebel mit dem Daumen drücken und lenken. Die meisten Modelle haben nicht einmal einen Rückwärtsgang. Diese **leichte Handhabung** verführt zur Selbstüberschätzung und zu Geschwindigkeitsrausch bei gleichzeitiger Unterschätzung der Geländetücken: Auch auf der scheinbar flachsten Ebene kann der Schlitten plötzlich über eine im diffusen Licht übersehene Serie von Schneewehen springen, den scheinbar gleichförmigen Hang plötzlich ein Graben durchziehen oder im lockeren Tiefschnee ein Steinblock verborgen sein.

Auf vereisten Flächen zeigt die Lenkung durch die beiden Skier vorne kaum Wirkung, da sie keinen Widerstand finden, während hinten die Kette den Schlitten geradeaus treibt. Der Anfänger, der mit zunehmender Geschwindigkeit ein paar Runden in der Ebene des unteren Adventtales gedreht hat, sich damit für einen erfahrenen Fahrer hält und sich eine schwere Tour aussucht, wird eventuell ins Schwitzen kommen, wenn er beispielsweise plötzlich in der Querung eines Uferhanges steckt, wo sich hinten beim Gasgeben die Kette in die Tiefe wühlt, und vorn die lenkenden Skier langsam abwärts in Richtung Abgrund rutschen.

In den letzten Jahren gab es auch **schwere Unfälle** mit Motorschlitten: Ein Tourist befuhr einen Gletscher in einer spaltenreichen Zone und brach in eine Spalte ein. Nach einer dramatischen Rettungsaktion starb er im Krankenhaus. Zwei erfahrene einheimische Fahrer brachen mit ihrem Motorschlitten an einer der als unsicher bekannten Stellen durchs Eis im Tempelfjord und ertranken.

Spezielle Geländeprobleme für Motorschlitten sind:

- **Offenes Wasser** oder **unsicheres Eis**, auch mitten im Winter, etwa im Fjordeis oder auch im Inland, insbesondere in der Nähe von Gletschern.
- **Lockerer Schnee** (Verwehungen, Neuschnee, lockere Eiskristalle unter der Schneeoberfläche) läßt die Kette sich eingraben, eventuell sogar in ebenem Gelände, insbesondere aber beim Start nach einem Halt oder an Hängen. Gelegentlich reichen drei Mann kaum aus, um einen festgefahrenen Schlitten mit leichtem Gasgeben und Schieben einen solch tückischen Schneehang hinaufzuschieben.
- Auf **vereistem Grund** finden weder Lenkski noch Kette genügend Haftung, so daß sich der Schlitten selbst mit zusätzlicher Beinarbeit kaum steuern läßt und auch hinten rutscht.
- Auf von Neuschneelast tiefer gedrücktes **Fjordeis** fließt durch Risse Meerwasser und bildet mit dem Schnee über dem Eis eine dünnflüssige Matschschicht unter dem darüberliegenden trockenen Schnee. Ein Anhalten in einem derartigen Bereich bringt nicht nur nasse Füße, sondern oft

ist es auch nahezu unmöglich, den Schlitten in dem rutschigen Matsch wieder in Fahrt zu bringen.

- **Gletscherspalten** sind zwar im Winter überwiegend sicher mit dicken Treibschneemengen verschlossen, größere Spalten stellen aber weiterhin eine Gefahr dar, insbesondere bei Befahren des Gletschers in Richtung des Spaltenverlaufes. Hier hilft nur das Einhalten als sicher bekannter Routen oder eigene Ortskenntnis, etwa von Sommertouren.
- **Schneewehen** erreichen teilweise eine Höhe von mehreren Metern und bilden unerwartete Sprungschanzen. Als Motorschlittenrouten beliebte breite Bachschluchten sind teilweise meterhoch mit Schnee gefüllt, in den der Wind z.B. an Felsnasen jedoch tiefe Vertiefungen einfräsen kann - tückische Fallen für zu schnelle oder unaufmerksame Fahrer, die sich unvermittelt vor dem Schlitten auftun. Auch auf Gletschern finden sich teilweise riesige solcher vom Wind geformter Löcher.

✋ Das leichte und schnelle Vorankommen mit dem Motorschlitten darf auch ansonsten nicht zu **Leichtsinn** verführen: Für die in einer halben Stunde bei normaler Tourengeschwindigkeit auf dem Motorschlitten zurückgelegte Strecke braucht man zu Fuß im Schnee einen ganzen Tag - als trainierter Wanderer, was auf viele Schlittenfahrer nicht zutrifft. Fällt dort draußen der Schlitten aus oder zwingt einen plötzlich aufziehendes Schlechtwetter zum Halten, ist man in der Regel weit von jeglicher Hilfe entfernt und kann nicht immer mit anderen vorbeikommenden Fahrern rechnen.

"White-out"-Bedingungen, bei denen durch Nebel und Schneetreiben Himmel und Boden zu einer einheitlichen weißen Wand verschwimmen, in der man selbst einen Meter vor dem Schlitten bei langsamster Fahrt keine Konturen mehr erkennt und schon gar keine Orientierungspunkte in der verschwundenen Landschaft, können sehr rasch auftreten und sind keineswegs unwahrscheinliche Ausnahmen. Gerade Touristen unterschätzen diese Risiken und regelmäßig hört man von zufällig gefundenen, hilflos neben einem Schlitten kauernden Reisenden, die sich mit einem einzigen Fahrzeug zu zweit oder gar zu dritt (mit Anhänger) leichtsinnig hinauswagten, keinerlei Notausrüstung mitführten und völlig überfordert waren, als plötzlich das schöne Wetter endete.

Bei der Planung einer Tour sind folgende **Sicherheitsregeln** zu beachten:

☞ **Niemals allein** auf längere Touren, sondern stets mit mehreren Schlitten.

Gletscherfront im Winter ☞

↬ Auf Touren stets komplette **Notausrüstung** (sturmsicheres Zelt, Winter-Schlafsack, Isomatte, Notration, Gewehr, Signalpistole, Verbandszeug, Werkzeug und Ersatz-Keilriemen für Schlitten, Karten, Kompaß) mitnehmen, auf große Touren eventuell sogar Kocher, Rucksack, Skier und Notsignalsender.

↬ Vollständige **Schutzkleidung** (Helm, Schutzanzug, warme Stiefel und Handschuhe), die auch bei einsetzendem Schneesturm oder Kälteeinbruch ein Weiterfahren gestattet, solange die Sicht reicht.

↬ Vor der Tour nach **Gefahrenbereichen** (unsichere Fjordeisbereiche, offenes Wasser im Inland, gefährliche Spaltenzonen auf Gletschern (sogar auf Longyearbreen) erkundigen.

↬ Möglichst große Teile der Tour **auf üblichen Routen bleiben**. Für das Nordenskiöldland sind diese auf der Karte 1:200.000 (☞ Literatur) verzeichnet. Achtung: Die Eintragung dieser Routen auf der Karte bedeutet nicht, daß die Routen leicht zu befahren sind. So sind Touren zur Ostküste oder zum Bellsund auch per Motorschlitten schon ernsthafte Unternehmungen, vor denen man Erfahrung gesammelt haben sollte. Sie erfordern teilweise erheblichen Krafteinsatz im Umgang mit dem Schlitten (Festfahren in lockerem Schnee) oder sind zeitweise nicht machbar.

↬ Schlitten vor der Fahrt sorgfältig **überprüfen** und genug Benzin und Öl mitnehmen.

↬ Genaue Tourbeschreibung (Route, Zeitplanung, Teilnehmer) beim **Sysselmann** genehmigen und registrieren lassen.

Einige Hinweise für die **Handhabung** des Motorschlittens:

↬ **Benzin und Ölstand prüfen**, gegebenenfalls auffüllen. Zur technischen Ausstattung einer Gruppe gehört mindestens ein Trichter (zum Nachtanken aus Benzinkanistern), ein Reserve-Keilriemen, Reserve-Zündkerzen und ein Werkzeugsatz. Achtung: Direktes Betanken aus dem Zapfhahn verboten!

↬ **Notstop prüfen** und gegebenenfalls lösen (sonst kein Start möglich).

↬ **Bremse** und **Gashebel** vor dem Start auf Beweglichkeit überprüfen.

↬ **Start**: Möglichst wenig Choke verwenden, bei Temperaturen knapp unter 0 Grad, oder wenn es noch noch wärmer ist, ist oft kein Choke erforderlich, und der Schlitten ist leichter durch mehrfaches leichtes Drücken des Gashebels ("Pumpen") nach dem Starten auf Touren zu bringen. Bei kaltem Wetter (unter -10 Grad) Choke etwas ziehen, nach dem Start aber gleich wieder wegnehmen. Bei zuviel Choke säuft der Motor ab, die Zündkerzen werden naß und es ist mühsam, den Schlitten dann zu starten. Startprobleme können auch am schlechten Kontakt der Zündkerzen liegen.

☞ Die **Antriebskraft** des Motors wird durch eine automatische Fliehkraftkupplung über einen Keilriemen auf die Laufkette übertragen. Der Keilriemen liegt dabei zwischen aufeinander konisch zulaufenden Doppelscheiben, deren Abstand durch die entgegengesetzte Wirkung von Federkraft und der von der Drehzahl abhängigen Fliehkraft sowie der Spannung des Keilriemens verändert wird. Bei geringer Drehzahl schleifen die Scheiben zunächst nur am Keilriemen, ohne daß sich dieser bewegt (Leerlauf). Mit wachsender Drehzahl werden die Scheiben dann durch die steigende Fliehkraft zusammengepreßt, die wachsende Reibung setzt den Keilriemen in Bewegung, und damit auch die Laufkette des Schlittens.

Die drehzahlbedingte Änderung des Scheibenabstandes bewirkt gleichzeitig auch eine stufenlose Änderung des Übersetzungsverhältnisses, da mit wachsender Drehzahl der Keilriemen zwischen den konischen Scheiben weiter nach außen gedrängt wird (wachsender Radius), was beim Schaltgetriebe dem Schalten in einen höheren Gang entspricht. Bei weniger Gas bzw. schwererem Gelände ändert sich die Übersetzung in entgegengesetzter Richtung.

Eine solche Automatik ist sehr komfortabel, da man sich ganz aufs Fahren konzentrieren kann, bedeutet aber auch einen erheblichen Energieverlust durch die Reibung. Der Keilriemen der Fliehkraftkupplung gehört zu den Teilen, die eher ausfallen, ein Ersatz-Keilriemen sollte daher mitgenommen werden.

✋ Da an der Kupplung starke Reibung auftritt, sind ihre beim Riemenwechsel auseinanderzudrückenden Scheiben extrem heiß, also Vorsicht, Handschuhe! Keilriemenwechsel vor der Tour erklären lassen.

☞ Hat der Schlitten bei **Frost** länger gestanden, empfiehlt es sich vor dem Anfahren, ihn nach dem Starten erst hinten hochzuheben und dabei Gas zu geben, damit sich eingefrorene Laufwerkteile lösen, und die eventuell am Boden angefrorene Laufkette frei wird, ohne daß zusätzlich der ganze Schlitten bewegt werden muß, wodurch der Motor abgewürgt werden könnte.

☞ Alle Schlitten haben eine **Notabschaltung,** entweder einen Knopf, den man drückt, oder einen Schlüssel, der mit einem Band am Körper befestigt wird und beim Sturz aus dem Schloß gerissen wird.

☞ **Gepäckträger**: Die kleinen Gepäckträger der Motorschlitten vertragen nur wenig Last (ca. 5-10 kg), also keinen vollen Benzinkanister.

☞ **Anhänger**: Der Anhänger sollte so beladen sein, daß die Anhängerkupplung am Zugschlitten nur leicht belastet wird, da diese sonst den extremen Stößen während der Fahrt nicht gewachsen ist (Last möglichst auf die Schlittenmitte verteilen). Vor dem Anfahren länger stehenden Anhänger gegebenenfalls auch anheben, um zu sehen, ob er am Boden angefroren ist.

↬ Durch **vorsichtiges Gasgeben** kann man den Schlitten langsam in Bewegung setzen, eventuell ihn auch nebenherlaufend steuern (eventuell an schwierigen Geländestellen wichtig).

↬ Verläßt man die weite Ebene und den griffigen Schnee und wechselt in **bergiges Gelände**, auf **vereiste Flächen** oder in den **Tiefschnee**, so ist oft erheblicher Körpereinsatz zum Ausgleichen des hohen Schwerpunktes und der geringen Reaktion auf Lenkbewegungen erforderlich: Weites Hinauslehnen zum Hang hin und aus der Kurve hinaus (also anders als beim Motorrad), eventuell Einsatz eines Fußes als zusätzliche Lenkhilfe oder gar Absteigen und Führen des Schlittens im Laufen und Abstützen von der Seite sind zu empfehlen.

Erhebliche Kraft kann gefordert sein, wenn sich die Kette eingegraben hat, oder man in einer Schneewehe steckengeblieben ist und nun den Schlitten hinten hoch- und herumheben muß (bei vielen Modellen kein Rückwärtsgang), dabei oft selbst ungünstig in lockerem Schnee stehend. Auch hier ist es hilfreich, wenn man nicht allein ist.

↬ **Fahrgefühl** ist nicht nur hinsichtlich der Geschwindigkeit wichtig, sondern auch sonst. So kann sich bei zu rasantem Beschleunigen oder zu steilen Hängen die Kette in die Tiefe graben, statt den Schlitten anzutreiben.

↬ **Schneefreier Grund** schadet der Kette und den Lenkskiern, außerdem läßt sich darauf oft schlecht fahren und noch schlechter lenken.

↬ Motorschlitten dürfen nicht an der **Tankstelle** per Zapfhahn befüllt werden, sondern nur auf dem Umweg über den Kanister. Volle Kanister rechtzeitig beim Händler besorgen, da ein Auffüllen an der Tankstelle eine Magnetkarte erfordert, die Touristen normalerweise nicht besitzen.

↬ In **Longyearbyen** sind **Motorschlittenrouten** ausgewiesen, um Auto- und Schlittenverkehr möglichst zu trennen. Schlitten so parken, daß sie den Verkehr und Schneeräumfahrzeuge nicht behindern und keine Autoparkplätze blockieren. Geschwindigkeitsbegrenzung (20 km/h) beachten!

↬ **Wildtiere** dürfen nicht per Motorschlitten beunruhigt oder gar verfolgt werden. Als Warnung sei darauf hingewiesen, daß das nahezu menschenleere Svalbard überraschend hellhörig ist, wie etwa die drei Fahrer bestätigen können, von denen jeder für das kurzzeitige Vertreiben einer Eisbärin von ihrem Jungen an der Ostküste zur Zahlung einer Strafe in Höhe von nkr 8.000 Strafe verurteilt wurde.

Motorschlitten sind in Spitzbergens wegloser, winterlicher Wildnis ein sehr praktisches Verkehrsmittel, das auch Spaß bringen kann. Begrenzt wird diese Freude allerdings durch den verschwenderischen Benzinverbrauch der Zweitakter mit entsprechend aufdringlichen Abgasen und durch den durchdringenden, rasenmäherartigen Motorenlärm. Bei Kälte oder schlechten Sichtbedingungen ist das stundenlange Fahren auf großen Touren nicht immer die reine Freude, und auch sonst sollte man den lauten Schlitten immer wieder abstellen, sich auf eigenen Füßen bewegen und die Stille der weißen Winterpracht genießen.

Herzlichen Dank an Normann Holm von Yamaha Longyearbyen für seine sachkundige Durchsicht dieses Abschnitts.

Skitouren

Den **Spätwinter** auf Skiern zu entdecken, ist ein besonderes Erlebnis. Die Landschaft ist noch schlichter in ihren überwiegend in Weiß gehüllten Formen, noch einsamer und stiller als im Sommer. Es gibt genügend Möglichkeiten für Routenführungen, die keine technisch hohen Anforderungen an die Fahrkunst stellen. Wesentlich wichtiger ist hier die Erfahrung mit Wintertouren mit Übernachten in Zelten, eine erstklassige Ausrüstung sowie Schlafsäcke und Bekleidung, die der weiten Temperaturspanne zwischen unter -40 Grad und leichtem Tauwetter gerecht werden, wobei enorme Temperaturschwankungen innerhalb kurzer Zeit möglich sind. Die Ausrüstung muß möglichst optimal auf die individuell verschiedenen Anforderungen angepaßt sein; die Verwendung einer Leihausrüstung erscheint mir daher zumindest bei Skiern und Bindungen, Schuhen, Kleidung, Rucksäcken und Schlafsäcken problematisch. Durch das Angebot einer Leihausrüstung steigt das Risiko, ungenügend erfahrene Teilnehmer dabeizuhaben bzw. unterwegs Probleme durch nicht richtig passende Ausrüstung zu bekommen. Letzteres kann man umgehen, indem man seine eigene erprobte Ausrüstung mitbringt.

Zu unterscheiden ist zwischen Touren im Spätwinter unter noch winterlichen Verhältnissen (Zeitraum: März bis Mitte Mai) und Sommerskitouren auf Gletschern und in Hochlagen (☞ auch Klettern, extremeres Bergsteigen).

Neben selbst oder vom Veranstalter organisierten Skitouren gibt es vor allem für gemeinsam reisende Gruppen (Freundeskreise, Vereine etc.) Mischformen, etwa Transporte und Basislager durch Veranstalter, Touren im Zielgebiet in Eigenregie.

Skitouren im Spätwinter
sind **anspruchsvolle Unternehmungen**, die Ausdauer, Durchhaltewillen, Erfahrung und eine hochwertige, erprobte Ausrüstung erfordern. Bei Temperaturen von -30 Grad und Sturm mit Treibschnee in kürzester Zeit ohne Erfrierungen ein Zelt aufzubauen und den Kocher in Gang zu bringen, ist kein Kinderspiel.

Zweckmäßig sind für solche Touren **Telemarkskier** oder **Touren-Langlaufskier mit Metallkanten**. Alpine Tourenskier sind zu schwer, wenn Sie nicht gerade technisch schwieriges Skibergsteigen vorhaben. Bei den meisten Touren sind jedoch eher lange Strecken zurückzulegen, als steiles, schwieriges Gelände zu meistern. Angesichts großer Gepäckmengen empfiehlt sich der Einsatz von **Ziehschlitten** (*Pulkas*) statt eines großen, beim Skilauf die Bewegungen behindernden Rucksacks.

Während bei Sommertouren angesichts des dann etwas gemäßigteren Klimas große Zelte durchaus vertretbar und unbestritten bequem sind, sollten sie auf Skitouren nur als zusätzliches Gruppenzelt dienen, auf das man notfalls verzichten kann. Als eigentliche Unterkunft hingegen sollten hochwertige Zweimannzelte dienen, die dem Wind weniger Angriffsfläche bieten, z.B. die Tunnelzelte von Norröna und Hilleberg mit je drei Bögen oder das schwerere, aber extrem stabile Phoenix Phortress (☞ auch Ausrüstung - Zelte).

Die **günstigste Zeit** für Spätwinter-Skitouren ist der April, da hier die starken Kälteeinbrüche seltener werden (auf gelegentlich vorkommende

Temperaturstürze bis unter -30 Grad sollte man allerdings trotzdem eingerichtet sein). Der Vorteil von Spätwintertouren ist, daß man fast überall mit den Skiern unterwegs sein und direkt von Longyearbyen aus starten kann. Erst im Mai kann die einsetzende Schneeschmelze hier unangenehme Grenzen setzen, wenn das Wasser die Bach- und Flußbetten füllt und oft noch unter immer unsicherer werdenden Schnee- und Eisbrücken dahinschießt und sich im Gelände aus Schnee und Tauwasser unangenehmste Schneesümpfe bilden. Auch das Fjordeis wird zunehmend unsicherer und Fjorde können eventuell nur noch per Hubschrauber gequert werden.

🕮 Eine Reihe nützlicher Hinweise für Skiwanderungen finden sich übrigens im OutdoorHandbuch "Skiwandern", 1992/93 im Conrad Stein Verlag erschienen, dessen Bearbeitung Tim Castagne im Anschluß an die Führung einer meiner Skitouren durch Spitzbergen vornahm (DM 12,80).

Beachten Sie auch die Hinweise im Kapitel "Motorschlittentouren" zu den Punkten Fjordeis, Gletscher, Eisbären, Sicherheitsausrüstung, Schneeverhältnisse, die für Skitouren entsprechend gelten.

✋ In der näheren Umgebung Longyearbyens ist mit **stärkerem Motorschlittenverkehr** zu rechnen, der von Skiläufern als störend empfunden wird. Veranstalter umgehen diesen Bereich, indem die Teilnehmer zuerst ein Stück (30-50 km) hinaustransportiert werden, um so keine Zeit im Hauptverkehrsgebiet zu verlieren.

⇨ **Mit Veranstalter**: Eine seltene Spezialität, die nur bei wenigen europäischen Veranstaltern für Spitzbergen zu finden ist. Wechselndes Angebot, fragen Sie bei Spezialveranstaltern für Spitzbergen an. Betrachten Sie Angebote kritisch hinsichtlich der Qualität, z.B. anhand der in diesem Kapitel genannten Kriterien. Vorteil: Ortskenntnis, Depots etc.

⇨ **Selbst organisiert**: Für sehr erfahrene Tourenskiläufer mit hochwertiger Ausrüstung besteht auch die Möglichkeit, eine Tour auf eigene Faust zu unternehmen, wobei dann allerdings in der Regel z.B. auf gewichtsmindernde Versorgungsdepots an der Strecke verzichtet wird, da deren Einrichtung und Beseitigung für den Individualreisenden einen großen und kostspieligen Aufwand bedeutet. Die **Sicherheitsausrüstung** orientiert sich an der bei Veranstaltertouren (Gewehr und frische Schießerfahrung, Signalpistole, Satelliten-Notsignalsender, Alarmanlage, Erste-Hilfe-Ausrüstung). Bei Skitouren ohne Veranstalter muß aufgrund der neuen Vorschriften vom 1.1.1992 damit gerechnet werden, daß der Gouverneur

(Sysselmann) die Genehmigung vom Nachweis einer **Such- und Bergungskostenversicherung** mit bis zu nkr 300.000 Deckungssumme abhängig macht (☞ Reise-Infos von A bis Z - Versicherungen).

Skitouren im Sommer

Sommerskitouren (Juni bis September) sind von den zu erwartenden Temperaturen her angenehmer. Man sollte sich auf -10 bis +10 Grad einstellen. Allerdings sind die Möglichkeiten begrenzter, man ist auf die Gletschergebiete und Hochlagen beschränkt und interessante Tourengebiete erfordern daher zusätzliche Transfers innerhalb Spitzbergens, wodurch die Organisation angesichts der minimalen Erschließung komplizierter und teurer wird.

Anforderungsmäßig sind Sommerskitouren in Spitzbergen mit entsprechenden Touren in Gletschergebieten anderswo zu vergleichen - einschließlich entsprechendem **Spaltenrisikos** und der sich daraus ableitenden Erfordernis entsprechender Sicherheitsausrüstung. Mit Einsetzen des **Tauwetters** verschwinden die Schneebrücken und geraten die Gletscher stärker in Bewegung - entsprechend deutlich steigt das Spaltenrisiko. Gerade bei Sommerskitouren, deren Gebiete in Spitzbergen praktisch immer fernab des nächsten Zivilisationsausläufers liegen, ist die Unfallvermeidung ein zentraler Punkt.

Die Sicherheitsausrüstung ist dieselbe wie bei den Winterskitouren. Bei den Zelten ist ebenfalls primär auf Sturmsicherheit zu achten.

⇨ **Mit Veranstalter**: Sommerskitouren in Spitzbergen werden nur gelegentlich von Spezialveranstaltern angeboten, z.B. Bergschulen etc., da es sich hierbei überwiegend um alpinistisch orientierte Unternehmungen handelt, die Spezialkenntnisse mit der Sicherungstechnik auch bei den Teilnehmern voraussetzen.

⇨ **Selbst organisiert**: Sommerskitouren in Spitzbergen kommen nicht häufig vor (ca. zehn Kleingruppen pro Saison), aber dennoch eine besonders typische Form des Reisens ohne Veranstalter, da es für diesen kleinen Interessentenkreis wenig Veranstalterangebote gibt. Es handelt sich dabei um Reisen im **Expeditionsstil** mit entsprechend umfangreichem Organisationsaufwand und hohen Kosten, beginnend beim umfangreichen Material bis zu den Transporten in Spitzbergen. Mit der Forderung nach einer **Such- und Bergungskostenversicherung** mit bis zu nkr 300.000 Deckungssumme als Voraussetzung für die Tourengenehmigung durch den Gouverneur (Sysselmann) ist ähnlich wie bei den Spätwintertouren zu rechnen (☞ Reise-Infos von A bis Z - Versicherungen).

Hundeschlittentouren

Spitzbergen war nie ein Land mit verbreitetem Hundeschlitteneinsatz, wie z.B. Grönland, Alaska, Nordkanada oder Sibirien, da es in Spitzbergen keine jagende Urbevölkerung gab, und die Besiedlung im Rahmen des Bergbaus im Winter wenig auf weiträumige Mobilität im Gelände angewiesen war. Erst mit den norwegischen Trappern ab Ende des 19. Jh. wurden Hundeschlitten zu einem **gängigen Verkehrsmittel** bei den wenigen, die im Winter dort unterwegs sein mußten (die Mehrzahl der Überwinterer waren Angehörige der Bergwerke, die sich höchstens in der Freizeit weiter ins Gelände hinauswagten). Selbst der Gouverneur war bis in die sechziger Jahre auf sie als alleiniges Fortbewegungsmittel über größere Strecken im Winter angewiesen.

Mit dem Einzug von **Motorschlitten** und **Hubschraubern** verschwanden dann allerdings die Hunde fast völlig aus Spitzbergen; heute gibt es schätzungsweise nur noch ca. 100 Schlittenhunde, verteilt auf Longyearbyen, Sveagruva, Ny Ålesund und einzelne Trapper. Etliche von ihnen sind Einzeltiere von Privatleuten und daher nicht als Zugtiere einsetzbar. Die Möglichkeiten für Fahrten mit Hundegespannen sind daher sehr begrenzt, und üblicherweise werden deswegen die Hunde zum Ziehen des Gepäckschlittens verwendet, während die Teilnehmer auf Skiern folgen.

Touren mit den wenigen Hundeschlitten sind sehr lange im voraus ausgebucht. Eine Buchung ist am einfachsten für eine kleine Gruppe (z.B. 4-6 Personen), die zusammen einen Termin wählt. Für eine einwöchige Tour muß man pro Person einschließlich Flug ab/bis Oslo ca. DM 5.000 rechnen. Saison: Üblicherweise von Ende Februar bis Anfang Mai.

Es ist empfehlenswert, vor einer Hundeschlittentour in Spitzbergen diese Art des Reisens in anderen Gebieten erprobt zu haben, wo sie preisgünstiger zu haben oder verbreiteter ist.

⇨ **Mit Veranstalter**: Bei Spitzbergen-Veranstaltern anfragen; es gibt kein festes Programm, Touren werden nach Wunsch zusammengestellt.

⇨ **Selbst organisiert**: Praktisch unmöglich, da die Einfuhr und Ausfuhr von Hunden mit langen Quarantänezeiten verbunden ist.

Kreuzfahrten

Eine Kreuzfahrt ist meist die Verknüpfung von zwei Zielsetzungen: Urlaub in einem komfortablen Hotel mit entsprechenden Einrichtungen

(Sport), kulturellen und gesellschaftlichen Angeboten sowie guter Küche zu genießen und gleichzeitig in angenehmer Weise Eindrücke fremder Länder und Landschaften zu sammeln. Indem ein Schiff zum schwimmenden Hotel verfeinert wird, läßt sich diese Kombination in eleganter Weise erreichen. Wie bei den Hotels an Land, bestehen zwischen den einzelnen Schiffen im Hinblick auf allgemeine Ausstattung, Bordprogramm und Service erhebliche Unterschiede, ebenso zwischen den einzelnen Kabinentypen.

Die Tabelle weist am Beispiel 1993 allein 32 Spitzbergen anlaufende Kreuzfahrten mit 17 verschiedenen Schiffen auf. Die Spanne reicht vom Spitzenpreis in Höhe von DM 28.810 für eine Luxussuite bis hin zu DM 2.277 für den billigsten Platz in einer Vier-Bett-Innenkabine, beides übrigens für 14tägige Fahrten. Dieses ist ein Anhaltspunkt für die Vielfalt des Angebots. Leider (oder vielleicht zum Glück?) läßt sich der Stil, die Atmosphäre und der unterschiedliche Komfort der Schiffe kaum in die knappe Form einer Tabelle pressen. Die Qualität der Küche, Schulung und Sprachkenntnisse der Besatzung - all diese kaum meßbaren Punkte prägen den besonderen Charakter der Schiffe. Informieren Sie sich daher über das jeweilige Schiff und Programm ausführlicher anhand der Anzeigen der verschiedenen Veranstalter, und fordern Sie deren Kataloge in Ihrem Reisebüro an. Eine Übersicht über alle mir bekannten Kreuzfahrten nach Spitzbergen für den jeweils nächsten Sommer können Sie bei mir gegen Vorauszahlung von DM 5 (Porto, Liste, Arbeit) anfordern, da erfahrungsgemäß die Reisebüros nur einen Teil der Anbieterkataloge führen.

Zumindest einige der Kreuzfahrten dürften die **billigste Möglichkeit** sein, von Deutschland nach Spitzbergen und zurück zu gelangen und dabei noch einen Eindruck eines guten Teils der Westküste zu gewinnen. Dafür ist, bei weitaus geringerem Luxus, im Rahmen einer der dreitägigen Küstenschiffsfahrten ein erheblich höherer Preis zu bezahlen. Allerdings sind die Kontakte mit dem Land bei einer Kreuzfahrt natürlich auch erheblich flüchtiger, kürzer.

☞ **Routen** und **Landgänge** sind bei Kreuzfahrten in Spitzbergens Gewässern von den Eisverhältnissen (Treibeis, Fjordeis) abhängig, die nicht vorhersehbar sind, hinsichtlich der Landungen auch von Wind und Seegang. In der Regel ist eher von Juni bis Anfang Juli mit Eis zu rechnen, das allerdings auch seinen Reiz haben kann (Formen, Vögel, Robben, Eisbären).

Zusätzlich bieten Kreuzfahrten die Möglichkeit, die noch frischen, innerhalb einer einzigen Reise gesammelten Eindrücke der verschiedenen

Spitzbergen anlaufende Kreuzfahrten 1994

(Angebot auf dem deutschen Markt, ohne Eisbrecher und Küstenschiffe)

Flaggen: BH = Bahamas, D = Deutschland, I = Italien, PN = Panama, R = Rußland, U = Ukraine. Weitere Erklärungen unten.

Schiffsname	MS Bremen	MS Maxim Gorki	MS Berlin	MS Bremen	MS Kazakhstan II	MS Columbus Caravelle	MS Fedor Dostojewskij	MS Costa Allegra	MS Arkona	MS Maxim Gorki	MS Albatros	MS Bremen	MS Odessa	MS Astra	MS Columbus Caravelle	MS Lev Tolstoi	MS Vistafjord	MS Kazakhstan II	MS Fedor Dostojewskij	MS Europa	MS Arkona	MS Albatros	MS Maxim Gorki	MS Odessa	MS Funchal	MS Lev Tolstoi	MS Astra	MS Bremen	MS Fedor Dostojewskij	MS Europa	MS Bremen	MS Maxim Gorki
Termine Reisebeginn und -ende	02. 6. - 19. 6.	08. 6. - 26. 6.	18. 6. - 02. 7.	19. 6. - 01. 7.	20. 6. - 06. 7.	21. 6. - 05. 7.	22. 6. - 09. 7.	23. 6. - 06. 7.	25. 6. - 12. 7.	26. 6. - 13. 7.	26. 6. - 13. 7.	30. 6. - 12. 7.	01. 7. - 17. 7.	05. 7. - 22. 7.	05. 7. - 22. 7.	05. 7. - 22. 7.	06. 7. - 21. 7.	06. 7. - 22. 7.	09. 7. - 25. 7.	11. 7. - 26. 7.	12. 7. - 29. 7.	13. 7. - 30. 7.	13. 7. - 30. 7.	17. 7. - 02. 8.	18. 7. - 06. 8.	22. 7. - 04. 8.	22. 7. - 08. 8.	24. 7. - 07. 8.	25. 7. - 11. 8.	26. 7. - 15. 8.	06. 8. - 18. 8.	12. 8. - 28. 8.
Höchster und niedrigster Preis (ohne Zuschläge) in DM	5470 - 13420	2899 - 9890	2690 - 9980	4055 - 9200	2888 - 8998	3770 - 10620	3290 - 9290	3040 - 8950	4250 - 15450	2799 - 9490	2499 - 7995	4380 - 9990	3380 - 11420	2690 - 6190	4570 - 12900	3160 - 11510	5560 - 26990	2888 - 8998	3090 - 8690	7440 - 25200	4250 - 15450	2499 - 7995	2799 - 9490	3380 - 11420	2810 - 7731	2390 - 8800	2690 - 6190	4700 - 10785	3290 - 9290	9670 - 32760	4380 - 9990	2599 - 8850
Größe in des Schiffs Bruttoregistertonnen (BRT)	6700	25022	9570	6700	16600	7560	21000	30000	19000	25022	25000	6700	14000	5635	7560	12600	25000	16600	21000	33819	19000	25000	25022	14000	10000	12600	5635	6700	21000	33819	6700	25022
Passagiere	184	600	420	184	500	250	550	1000	500	600	720	184	460	270	250	290	690	500	550	600	500	720	600	460	395	290	270	184	550	600	184	600
Besatzung	80	300	180	80	260	120	300	450	240	300	340	80	260	120	120	190	360	260	300	300	240	340	300	260	190	190	120	80	300	300	80	300
Flagge:	D	BH	D	D	U	BH	BH	I	D	BH	BH	D	BH	R	BH	U	BH	U	BH	D	D	BH	BH	BH	PN	U	R	D	BH	D	D	BH
Baujahr:	90	69	80	90	75	90	87	92	81	69	57	90	74	65	90	81	73	75	87	81	81	57	69	74	76	81	65	90	87	81	90	69
letzter großer Umbau:	-	88	-	-	93	-	-	-	-	88	89	-	91	93	-	91	-	93	-	87	-	89	88	91	-	91	93	-	-	87	-	88
Zur Fahrt:																																
Dauer in Tagen	18	18	14	13	16	15	17	13	17	17	17	13	17	17	18	18	15	16	17	15	17	17	17	17	20	14	17	15	17	20	13	16
Anfang in	HB	HB	HB	HB	HB	HB	HB	Am	KI	HB	HB	F	HB	HB	HB	HB	HH	HB	HB	HH	HB	HB	HB	HB	KI	HB	HB	HB	HB	HB	F	HB
Ende in	HB	HB	HL	F	HB	HB	HB	Am	HB	HB	HB	HB	HB	HB	HB	HB	HH	HB	HB	HB	HB	HB	HB	HB	KI	HB	HB	F	HB	HB	HB	KI
Teilstrecke Flug	-	-	-	j	-	-	-	-	-	-	-	j	-	-	-	-	-	-	-	-	-	-	-	-	-	-	-	j	-	-	j	-
Tage auf See	5	6	5	2	2	7	5	4	5	5	5	2	6	6	5	3	4	2	6	6	5	5	5	6	6	5	6	6	6	7	2	4
Verständigung in	D	D	D	D	D	D	D	D,E	D	D	D	D	D	D	D	D	E,D	D	D	D	D	D	D	D	S,E	D	D	D	D	D	D	D
Route:																																
Göteb./Schwed.	-	-	-	-	-	-	-	-	-	-	-	-	-	-	-	-	-	-	-	-	-	-	-	-	2	-	-	-	-	-	-	-
England	-	1	-	-	-	-	-	1	-	-	-	-	-	-	-	-	1	-	-	-	-	-	-	-	-	-	-	-	-	-	-	-
Schottland	-	-	-	-	-	-	-	-	-	-	1	-	-	-	-	-	-	-	-	-	-	1	-	-	-	-	-	-	-	-	-	-
Irland	-	1	-	-	-	-	-	-	-	-	-	-	-	-	-	-	-	-	-	-	-	-	-	-	-	-	-	-	-	-	-	-
Orkneys	-	-	-	-	1	-	1	-	-	1	-	-	1	-	-	1	-	1	-	-	-	-	1	1	-	-	-	1	-	1	-	-
Shetlands	1	-	-	-	-	-	-	-	1	-	-	-	-	-	-	-	-	-	-	-	-	-	-	-	1	-	-	-	-	-	-	-
Färöer	-	-	-	-	-	-	-	-	-	-	1	-	-	-	-	1	-	-	-	-	1	1	-	-	-	-	-	-	-	-	-	1
Island	3	2	-	-	2	-	2	-	2	2	3	-	2	-	2	3	-	2	-	-	2	3	2	2	2	-	-	2	-	3	-	3
Jan Mayen	P	P	-	-	P	-	P	-	P	P	P	-	-	-	P	P	-	P	-	-	P	P	P	-	P	-	-	P	-	P	-	P
Spitzbergen	2	2	2	2	2	2	2	2	2	2	2	2	2	2	2	2	2	2	2	2	2	2	2	2	2	2	2	2	2	2	3	2
Murmansk/Rußl.	-	-	-	-	1	-	-	-	-	-	-	-	-	-	-	-	-	1	-	-	-	-	-	-	-	-	-	-	-	-	-	-
Norw. Festland	4	4	7	7	4	5	5	5	7	6	4	5	5	8	4	6	5	4	8	6	5	4	6	5	4	6	8	2	8	6	5	5
In Spitzbergen:																																
Smeerenburg	-	-	-	-	-	L	-	-	-	-	-	-	-	-	L	-	-	-	-	-	-	-	-	-	-	-	-	-	-	-	-	-
Magdalenefjord	L	L	L	P	P	-	L	P	L	L	L	P	L	L	L	-	L	P	L	L	L	L	L	L	L	L	L	L	L	L	P	L
Krossfjord	-	-	-	L	-	-	P	p	-	-	-	L	P	P	-	-	P	-	P	L	-	-	-	P	-	-	P	L	P	L	L	-
Kongsfjord	-	P	-	P	P	P	P	P	P	P	P	P	P	P	-	P	P	P	P	L	P	P	P	P	-	P	P	L	P	L	P	P
Ny Aalesund	-	P	-	L	P	L	P	L	L	P	L	L	L	P	-	L	P	P	P	P	L	L	P	L	-	L	P	L	P	L	L	P
Barentsburg	P	L	-	-	P	-	P	-	P	L	P	-	P	P	-	L	P	P	P	L	P	P	L	P	-	-	P	-	P	L	-	L
Longyearbyen	P	P	L	-	-	-	P	-	P	P	L	-	L	P	L	-	L	-	P	-	P	L	P	L	L	L	P	-	P	-	-	P
Tempelfjord	P	-	-	-	-	-	-	-	P	-	-	L	-	-	-	-	-	-	-	-	P	-	-	-	-	-	-	-	-	-	L	-

Tage auf See: Tage, an denen Land meist gar nicht oder nur in großer Ferne sichtbar ist. Anfang und Ende: Am = Amsterdam, F = Flughafen Frankfurt (i.d.R. kombiniert mit Tromsö-Flug), HB = Bremerhaven, HH = Hamburg, HL = Travemünde, KI = Kiel (Achtung MS Funchal: Von Kiel nach Göteborg und Göteborg - Kiel mit STENA). Sprachen: D = Deutsch, E = Englisch, S = Schwedisch, Besatzung teils andere Sprachen. Route: Anzahl der Tage im jeweiligen Gebiet (gerundet). In Spitzbergen: L = Landgang, P = Passage/Kreuzen (Achtung: hier erhebliche kurzfristige Änderungen je nach Gegebenheiten möglich).

angelaufenen nordischen Länder gut vergleichen zu können und damit zumindest einen ersten Überblick über die Vielfalt dieser Region zu erhalten. Keine andere Art des Reisens kann dies zu auch nur annähernd vergleichbaren Preisen und Komfort bieten. Hinzu kommt, daß etliche dieser Fahrten Ziele berühren, die ansonsten kaum erreichbar sind (Jan Mayen, Bären-Insel, Wijdefjord, Woodfjord). Eine Spitzbergen-Kreuzfahrt kann daher durchaus auch für vornehmlich geographisch-naturwissenschaftlich interessierte Reisende geeignet sein.

Studien-Kreuzfahrten auf Schiffen mit angenehmem Komfort bei gleichzeitig anspruchsvollem landeskundlichen Programm für ein mehr landeskundlich bzw. naturkundlich interessiertes Publikum sind ein Spezialangebot, das sich über die letzten Jahre langsam entwickelt hat. Eingesetzt werden hierfür kleinere Schiffe (ca. 80-190 Passagiere), überwiegend mit einem speziell für den Einsatz im Eismeer und im Treibeis konstruierten Rumpf, die aufgrund geringeren Tiefgangs auch noch in kleinere Buchten und flachere Gewässer einfahren können. Charakteristisch für diese Fahrten sind **wissenschaftlich ausgebildete Lektoren** an Bord, die in Vorträgen vielfältiges Hintergrundwissen zu den besuchten Regionen vermitteln, sowie ausgiebigere **Landexkursionen** auch mit Schlauchbootlandungen an natürlichen Ufern und eine längere Verweildauer in den einzelnen Zielgebieten: Bleiben die klassischen Nordland-Kreuzfahrten üblicherweise nur 1-2 Tage in Spitzbergens Gewässern, so sind es bei den Studien-Kreuzfahrten meist 4-7 Tage - entsprechend mehr Zeit bleibt zum Erleben des Landes.

Seit neuestem gibt es solche Studienfahrten auch mit höchstem **Fünf-Sterne-Komfort** an Bord. Das besuchte Land steht trotzdem im Vordergrund, während das auf den sonstigen Kreuzfahrten typische Unterhaltungsprogramm und "social life" an Bord weitaus weniger ausgeprägt ist. Diese Art von Fahrten spricht daher ein Publikum an, das zwar auf Komfort Wert legt, aber primär reist, um die besuchten Gebiete ausführlich kennenzulernen. Preislich liegen diese Studien-Kreuzfahrten im Mittelfeld, zwischen DM 7.000 und DM 16.000. Sie sind oft kombinierte Kreuzfahrt- und Flugreisen. Diese Kombination gibt es übrigens auch bei den klassischen Kreuzfahrten ("Kreuzflüge"); man spart sich die doppelte Befahrung von Strecken auf Hin- und Rückreise oder zu viele Tage auf offener See ohne interessante Küsten in Sichtweite.

Insgesamt deckt die Reiseart Kreuzfahrten für Spitzbergenreisende ein weites Feld zwischen preisgünstigem Transportmittel, luxuriösem schwimmenden Hotel und komfortabler Studienfahrt ab.

Reisesaison

Die Kreuzfahrtsaison umfaßt ca. zwei Monate, von **Anfang Juni bis ca. 20. August**. Der Saisonanfang wird durch die Schnee- und Eisschmelze bedingt. Noch frühere Termine beinhalten ein höheres Risiko, in Spitzbergen noch mit Meereis Probleme zu bekommen und an Land durch die Schneeschmelze zu sehr behindert zu werden. Der Reiz der frühen Termine liegt im Erleben des arktischen Frühlings mit noch viel Schnee in den Bergen, Treibeis und der beginnenden Vogelbrut sowie hochstehender Mitternachtsonne. Kreuzfahrten sind damit das früheste touristische Sommerangebot für Spitzbergen; die Küstenschiffstouren beginnen erst ca. zwei Wochen später, wenn auch die innersten Fjordarme meist aufbrechen, und Landtourismus erst Ende Juni.

Der Höhepunkt der Spitzbergen-Kreuzfahrten ist Mitte Juli erreicht, wo das eindrucksvolle Bild mehrerer sich begegnender Schiffe nicht ungewöhnlich ist. Da sich die Landgänge während der zwei Tage in Spitzbergens Gewässern nur über wenige Stunden erstrecken und, mit Ausnahme des Magdalenefjordes, überwiegend an unterschiedlichen Stellen stattfinden, muß auch bei der Anwesenheit mehrerer Schiffe in Spitzbergen kein Gedränge an Land befürchtet werden, hingegen kann die Begegnung mit einem der anderen Schiffe vor der Küste ein reizvolles Bild sein.

Nach diesem Höhepunkt geht die Spitzbergen-Saison der Kreuzfahrten rasch ihrem Ende zu. Das letzte der aufgelisteten Schiffe verließ die Inselgruppe um den 19. August. Das Saisonende fällt damit ungefähr mit dem Schluß der Mitternachtsonnenperiode zusammen.

Tips zum Reisegepäck

Für das Leben an Bord finden Sie in der Regel zur **Kleidung** Hinweise in den Prospekten der Veranstalter. Entsprechend den unterschiedlichen Kundenwünschen gibt es heute sowohl Nordland-Kreuzfahrten, auf denen in traditioneller Weise Wert auf Smoking und Ballkleid gelegt wird, als auch solche, bei denen legere Bekleidung an Bord erwünscht ist.

Für die mehrstündigen **Landgänge** sollten Sie vor allem auf **robustes Schuhwerk** achten, z.B. Gummistiefel mit warmen Strümpfen. Außerdem sollten Sie winddichte Bekleidung, Regenkleidung, Handschuhe und Mütze, vielleicht auch eine bequeme Umhängetasche oder einen kleinen Rucksack mitnehmen. Die wetterfeste Kleidung kann auch an Bord sinnvoll sein, wenn es einmal windig-kühl ist, und Sie trotzdem von Deck aus den freien Blick auf Spitzbergens beeindruckende Küstenlandschaft genießen möchten.

Für eine Kreuzfahrt sind auch **vollelektronische Kameras** oder **Videorecorder** geeignet; an Bord können die Geräte warm und sicher gelagert und Akkus aufgeladen werden (achten Sie im Informationsmaterial des Veranstalters auf die Angaben zur Stromversorgung und Steckdosentyp an Bord im Hinblick auf die Erfordernisse Ihrer Elektrogeräte!). Vorsicht gerade mit Videokameras bei der Rückkehr aus kalter Außenluft ins warme Schiff (Kondenswasserbildung in der Kamera, möglichst in der Tasche oder im Kamerakoffer langsam wieder warm werden lassen).

Information und Buchung
Spitzbergen-Kreuzfahrten werden von zahlreichen Veranstaltern und teilweise auch direkt von den Reedereien angeboten. Gebucht werden können sie problemlos in den meisten Reisebüros, wo Sie auch die entsprechenden Prospekte erhalten, außerdem bei Spitzbergen-Spezialisten.

Sehenswertes auf Schiffstouren an Nord- und Westküste

Während für das weglose Land selbst Routenbeschreibungen aus verschiedenen Gründen nicht sinnvoll erscheinen, bietet sich dies für die Seereisen entlang der nördlichen Westküste für Kreuzfahrten und Küstenschiffstouren an, da hier in der Regel bestimmte Punkte angelaufen werden, auf die ich nachfolgend eingehe. In der Mehrzahl der Fälle erreichen die Kreuzfahrtschiffe, aus Nordost von der Packeisgrenze kommend, zuerst die **Nordwestecke Spitzbergens**, in Einzelfällen wird auch die Nordküste mit ihren Fjorden besucht. Hierhin führen auch die für verschiedene internationale Reiseveranstalter unter Charter fahrenden kleinen Küstenschiffe teilweise ihre Reisegruppen.

Die folgende **Routenbeschreibung** beginnt daher an der Nordküste und folgt dann der Westküste nach Süden bis in den Isfjord und in dessen östlichsten Ausläufer, den Tempelfjord, dann weiter südwärts an der Westküste zum Bellsund und schließlich zum Hornsund sowie zum Südkap. Speziell der Teil südlich des Eisfjordes wurde erstmals in die Beschreibung aufgenommen, da mit der erwarteten Wiedereinrichtung der Linienschiffsverbindung im Sommer nach Spitzbergen 1994 dieser landschaftlich reizvolle Abschnitt wieder mehr Reisenden zugänglich wird.

Stichpunktartig werden die wichtigsten Plätze an dieser Route erläutert, wobei allerdings kein Schiff alle diese Orte auf einer einzelnen Reise berührt. Beginnen wir also an der Nordküste und arbeiten uns dann südwärts vor, bis zum östlichen Ende des Isfjords. Die Zahlen finden sich in der Kartenskizze wieder.

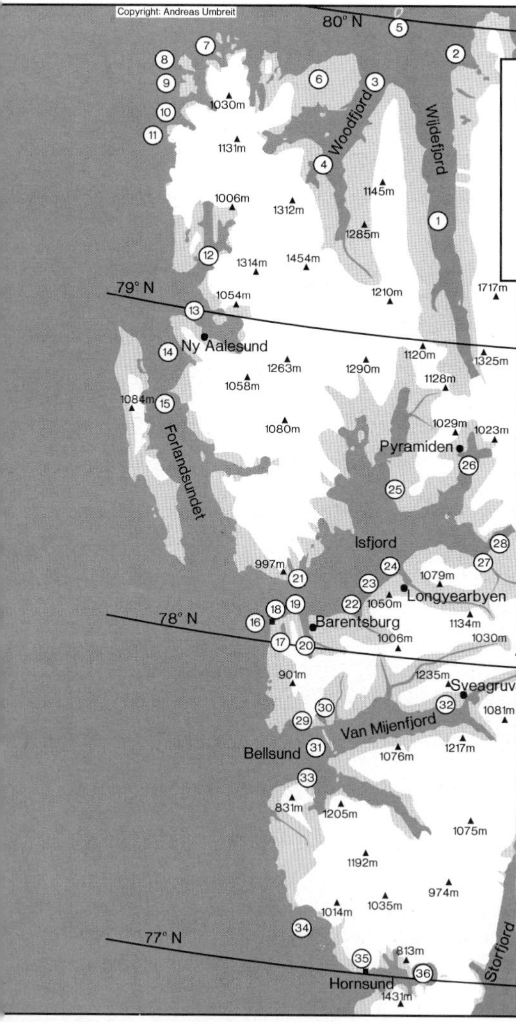

Sehenswertes auf Schiffstouren an Nord- und Westküste

Die Nummern der einzelnen Plätze auf der Karte finden sich in nachfolgender Namensliste und im Buchtext dieses Kapitels wieder:

1. Wijdefjord
2. Mosselbukta
3. Gråhuken
4. Bockfjord
5. Moffen
6. Reinsdyrflya
7. Fair Haven
8. Amsterdamøya
9. Danskøya
10. Magdalenefjord
11. Hamburgbukta
12. Krossfjord
13. Kongsfjord
14. Engelskbukta
15. Sarstangen, Forlandsundet
16. Kapp Linne
17. Linnevatn
18. Kapp Starostin
19. Festningen
20. Grønfjord
21. Trygghamna/Safe Harbour
22. Colesbukta
23. Grumantbyen
24. Adventfjord
25. Kapp Thordsen, Kapp Wijk
26. Billefjord
27. Sassendalen
28. Tempelfjord
29. Ingeborgfjellet
30. Fridtjovbreen
31. Akseløya
32. Damesmorenen
33. Calypsobyen
34. Torellbreen, Isøyane
35. Isbjørnhamna
36. Hornsund

Maßstab in Kilometern:

0 10 20 30

Wijdefjord (1)
Neben dem Isfjord Spitzbergens größter geschlossener Fjord, vom Isfjord nur durch eine 21 km breite Landbrücke getrennt, knapp 110 km lang. Das östlich gelegene **Ny Friesland** ist überwiegend ein eisbedecktes Hochland, von dem drei auffällige Gletscher, tief in die 300-500 m hohen steilen Bergflanken eingekerbt, in den Fjord hinabreichen. Das **Andrée-Land** auf der Westseite ist dagegen ein wild-alpines Gipfelmeer mit nur wenigen kleineren Tälern.

Im Südwesten des Wijdefjords befinden sich Spitzbergens trockenste Gebiete - mangels Niederschlägen liegt hier die Schneegrenze teilweise erst in 800 m Höhe. Östlich des Austfjordes, des südlichsten Fjordarms, weicht die Eisdecke Ny Frieslands einer wild-alpinen Bergkulisse, bestehend überwiegend aus hartem Urgestein. Hier finden sich Spitzbergens höchste Berge, **Newtontoppen** und **Perriertoppen**, mit je 1.717 m Höhe im Gletschermeer; ein Paradies für Bergsteiger, wäre es nicht so abgelegen. Das Ende des Wijdefjords wird vom beachtlichen **Mittag-Leffler-Breen** ausgefüllt.

Mosselbukta (2)
Bei einem der ersten Versuche, den Nordpol zu erreichen, wurde hier 1872 **Nordenskiölds** schwedische Expedition vom Packeis überrascht, festgehalten und mußte überwintern, wozu sie ein geräumiges Haus errichteten (nach einem der Expeditionsschiffe "Polhem" genannt). Es spielte später noch eine Rolle im tragischen Untergang der deutschen Schröder-Stranz-Expedition (1912/13), als es den Expeditionsmitgliedern Rüdiger und Rave zeitweise als Unterschlupf diente. Das Haus ist mittlerweile verfallen. Heute steht an der Bucht eine Jägerhütte, die fast jedes Jahr von Trappern zum Überwintern genutzt wird.

Gråhuken (3)
1872 wurden hier sechs norwegische Fangschiffe vom Eis überrascht und am Ufer zerdrückt. 15 Mann der Besatzung arbeiteten sich bis an den Isfjord durch, wo sie im Schwedenhaus auf Kapp Thordsen an Skorbut starben. Der Name der Landzunge stammt jedoch nicht von dieser tristen Erinnerung, sondern von den grauen Gesteinsschichten (Devon). Im deutschsprachigen Raum ist diese Landzunge einer der bekanntesten Punkte Spitzbergens. Hier steht die Hütte, in der **Christiane Ritter** knapp vor dem Zweiten Weltkrieg mit ihrem Mann und einem Norweger überwinterte und dann "Eine Frau erlebt die Polarnacht" schrieb (☞ Literatur). Ihr Mann war schon früher einmal auf Expeditionen in Spitzbergen gewesen,

erstmalig auf einer einjährigen wissenschaftlichen Überwinterungsexpedition 1931/32 im Königsfjordgebiet.

Bockfjord (4)
Der südwestliche Nebenarm des Woodfjords bietet für spitzbergische Verhältnisse eine Rarität: Nur hier sind die letzten aktiven Auswirkungen von Vulkanismus in Form **warmer Quellen** (ca. 24 Grad) in Spitzbergen zu beobachten. Sie befinden sich in der Umgebung eines quartären erloschenen Vulkans.

Moffen (5)
Ringförmige, sehr flache (ca. 2 m hoch) Kiesinsel mit Lagune in der Mitte; während des Sommers wichtigster Aufenthaltsort von **Walrossen** in Spitzbergen. Schutzgebiet, Annäherung nur auf 300 m erlaubt.

Reinsdyrflya (6)
Flache Halbinsel, mit schätzungsweise 1.000 **Rentieren**, nach dem Nordenskiöldland das wohl bedeutendste Vorkommen dieser Art in Spitzbergen. Auffällig ist der durch roten Sandstein bedingte rote Strand. Auf der Reinsdyrflya liegen noch einzelne Reste einer deutschen Wetterstation des Zweiten Weltkrieges.

Fair Haven (7)
Sund zwischen Fugleøya, Fuglesangen, Klovningen und Norskøyane im Nordwesten Spitzbergens, in dem im 17. Jh. **Walfangschiffe** Schutz fanden. Auf Ytre Norskøya stand an der Südseite eine der größten Trankochereien des 17. Jh. (zehn Öfen) der niederländischen Provinz Seeland, außerdem sind ca. 100 Walfängergräber erhalten. Die Insel bot darüber hinaus den Vorteil eines hervorragenden Aussichtspunktes, so daß die Walfänger hier früher als mancher Konkurrent Walschulen auf dem Meer entdecken konnten.

Amsterdam-Insel (8)
Diese Insel im Nordwesten Spitzbergens ist zusammen mit ihrer Nachbarin ausnahmsweise nicht landschaftlich, sondern eher geschichtlich interessant. Sie bildete im 17. Jh. den wichtigsten **Stützpunkt des niederländischen Walfangs** in den Gewässern Spitzbergens. Von der alten Siedlung **Smeerenburg**, 1617 von Holländern und Dänen gegründet, sind noch Reste der ehemaligen Tranöfen zu erkennen. In der Blütezeit um 1633 von den Walfängern aus acht holländischen Städten (Amsterdam, Delft, Enkhuisen, Hoorn, Middelburg, Rotterdam, Veere und Vlissingen) sowie von Dänen

genutzt. Ursprünglich waren es 9-10 Tranöfen, von denen sieben noch in Resten vorhanden sind, die anderen wurden vom Meer und den im Winter über den Strand geschobenen Eismassen abgetragen. Nördlich des ehemaligen Ortes befindet sich außerdem ein Gräberfeld aus derselben Epoche. Ein Besuch der Insel vermag einen besseren Eindruck von den Bedingungen zu liefern, unter denen jene Fangmänner lebten, als die anschaulichste Beschreibung im Geschichtsbuch.

Dänen-Insel (9)
Auch die Dänen-Insel war einst **Walfangstützpunkt**, woran unter anderem einige Reste von drei Tranöfen der Harlinger Friesen (um 1636) am Strand von Virgohamna und alte Gräber erinnern, die durch den Frost im Laufe der Zeit teilweise wieder geöffnet wurden und die, wie alle menschlichen Siedlungsspuren, unter Denkmalschutz stehen. Da auch hier das Meer am Land nagt, sind im Laufe der Jahrhunderte wohl etliche Gräber bereits vom Meer und Eis zerstört worden; einige unmittelbar gefährdete der restlichen 30 wurden archäologisch ausgegraben und lieferten wertvolle Einblicke in das Alltagsleben der Walfänger des 17. Jahrhunderts.

Besucht wird die Insel heute allerdings vor allem, weil von hier aus einige (erfolglose) Versuche, den Nordpol per Ballon zu erreichen, unternommen wurden. Bekannt ist insbesondere die **Ballonfahrt** des Schweden **Andrée** (1896/97), dem 1906-1909 **Wellmann** mit weiteren Versuchen folgte. Beide errichteten in Virgohafen ihre Ballonhangars. Die verfallenen Reste - im arktischen Klima gut erhalten - sind interessante Ziele für einen Ausflug in die Zeit jener Pioniere.

Alle diese **Reste** aus der Zeit der Polarpioniere, auch die unscheinbarsten, stehen unter Denkmalschutz, dürfen also nicht verändert oder gar weggenommen werden. Bitte beachten Sie, daß in unmittelbarer Umgebung der Ballonanlagen sich auch weitaus ältere Überreste der Walfängerzeit befinden, die durch unaufmerksam darauf herumsteigende Besucher Schaden nehmen.

Magdalenefjord (10)
In landschaftlicher Hinsicht ist dieser vergleichsweise kleine Fjord wohl der bekannteste Spitzbergens, da die Mischung aus **alpiner Bergwelt**, **steilen Fjordwänden** und in den Fjord abstürzenden **Gletschern** sehr reizvoll ist. Auf der Südseite ragt eine flache **Landzunge** in den Fjord, auf der mehrere alte Gräber zusammengelegt und mit einem Gedenkstein an die Walfänger versehen wurden. In ihrem Schutz ankert fast jedes Passagierschiff, um den Mitfahrern Gelegenheit zu einem Ausflug auf die

Gräberhalbinsel zu geben, auf der man im Rahmen einer kleinen Wanderung die eindrucksvolle Umgebung auf sich wirken lassen kann. Die Bucht wurde bereits von Willem Barents 1596 besucht und zieht heute immer wieder alpinistische Expeditionen als Ausgangspunkt für Eis- und Felsklettertouren an. In Walfängerzeiten hieß die geschützte Bucht hinter der Gräberhalbinsel Trinityhamna (Dreifaltigkeitshafen) und wurde von englischen Walfängern des 17. Jh. als Verarbeitungsplatz genutzt (zwei Tranöfenreste am Strand). Die Halbinsel diente als Begräbnisplatz (Seebestattungen waren damals noch nicht üblich), woran der Gedenkstein erinnert.

Am 18. Juli 1977 wurde ein Mitglied einer größeren österreichischen Alpinistengruppe in deren Zeltlager am Fjordufer durch einen eindringenden Eisbären mit mehreren Prankenhieben erschlagen, ein weiterer verletzt und der Tote vom Bären vor den Augen anderer Teilnehmer mitgenommen. Bezeichnenderweise war die Gruppe unbewaffnet.

Wegen des **starken Schiffstourismus** stationiert der Gouverneur in den letzten Jahren über die Sommermonate einen Polizisten als **Aufsicht** auf der Gräberhalbinsel. Diese Halbinsel ist der wohl am stärksten von Touristen besuchte Ort Spitzbergens - rund 15.000 Menschen gehen hier Sommer für Sommer an Land. Bei den **Kreuzfahrten** wird hierfür meist ein provisorischer Anleger aufgestellt und am Strand ein Stand für heiße Getränke und ein Imbiß eingerichtet, teilweise mit einem als Eisbär verkleideten Besatzungsmitglied "verschönert". Bei dieser starken Nutzung sind natürlich Spuren unvermeidlich, es ist eines der ganz wenigen Gebiete Spitzbergens mit regelrechten **Trampelpfaden**, die sich allerdings auf eine Fläche von nur ca. 200 x 300 m beschränken. Hervorhebenswert ist die "**Mülldisziplin**" der meisten Schiffe: Nach dem Landgang wird vielfach extra ein Aufräumkommando über die Halbinsel geschickt, um den eventuell doch von einzelnen "Umweltferkeln" unter den Passagieren zurückgelassenen Müll bis hin zur Zigarettenkippe aufzusammeln.

Hamburgbukta (11)

Ehemaliger Landeplatz und Stützpunkt der Hamburger Walfänger (ab 1642). Die sehr kleine und flache Bucht hat nur eine schmale, seichte Einfahrt und ist vom vorüberfahrenden Schiff nur schwer zu erkennen.

Krossfjord (12)

Zusammen mit dem benachbarten Königsfjord gehört auch der Kreuzfjord zu den Standardzielen der Westküstenfahrten, da er durch seine **alpine Umgebung**, einige große, in den Fjord abbrechende und teilweise sehr aktive Gletscher (Tinayre-, Lilliehöökbreen) sowie durch seine

Aufspaltung in mehrere Arme (Lilliehöökfjord und Möllerfjord mit Möller-, Koller-, Mayer- und Tinayrebucht) landschaftlich reizvoll ist.

Neben der Landschaft ist aus ortsgeschichtlicher Sicht die **Ebeltoftbukta** an der Westküste interessant: Ausgrabung alter Walfängergräber in den letzten Jahren, deutsche Telegrafen- und Forschungsstation 1912-1914 mit ansehnlichem Hauptgebäude, wegen des Ersten Weltkrieges aufgegeben. Das Gebäude wurde 1914 nach Kvadehuken auf der benachbarten Brøgger-Halbinsel in die Nachbarschaft des neugegründeten Ny Ålesund versetzt und als norwegische Wetterstation weitergenutzt. Außerdem ist "Lloyds Hotel" zu erwähnen, eine einfache Hütte am Nordufer des Möllerfjords, die 1926 von Seeleuten des Norddeutschen Lloyds als Notunterkunft errichtet und seitdem von dieser Reederei (bzw. ihrer Nachfolgerin Hapag Lloyd) unterhalten wird. In der Nähe von Signehamna finden sich die Reste einer deutschen Wetterstation des Zweiten Weltkriegs, eine der wenigen Stationen, in deren Bereich es zu Kämpfen mit Toten kam (auch hier gilt: Alle Überreste stehen unter Denkmalschutz).

Kongsfjord (13)

Nach der Magdalenebucht ist der Königsfjord das am häufigsten von **Kreuzfahrt- und Küstenschiffen** angelaufene Ziel. Viele der Schiffe bieten die Möglichkeit zu einem Landgang in **Ny Ålesund**, der nördlichsten Siedlung der Welt (☞ Siedlungen, Stationen und Trapper - Ny Ålesund), oder auf der **Blomstrand-Halbinsel**, gegenüber auf der Nordseite des Fjords. Diese ist nach dem Geologen Blomstrand benannt, nicht etwa nach einem "blumenreichen Strand" wie oft geglaubt wird.

Auf der Halbinsel befinden sich die gut erhaltenen Überreste des gescheiterten Versuchs des Briten **Mansfield**, mit seiner Northern Exploration Co. Ltd. London den Marmor hier in großem Stil abzubauen, wofür er bereits aufwendige Steinbrucheinrichtungen und die Siedlung Ny London (1911 begonnen, 1932 an Norwegen verkauft) geschaffen hatte. Der Marmor erwies sich jedoch wegen der Frostrisse als wertlos.

Seit 1991 trifft der Name "Halbinsel" übrigens nicht mehr zu: Auch der letzte Eiswall des schon seit Jahren zurückweichenden Blomstrandgletschers, dessen Eis die Verbindung zur Hauptinsel bildete, brach durch, so daß seitdem die Halbinsel zur Insel geworden ist.

Landschaftlich sind beide Seiten des Fjords reizvoll, besonders auch der Blick nach Osten auf die imposanten Gletscher **Kongsbreen** und **Kongsvegen** mit Abbruchkanten und den dahinter aufragenden, formschönen Gipfeln der **Tre Kroner** (Drei Kronen - nach den skandinavischen Ländern von Süden nach Norden Dana, 1.175 m, Nora, 1.226 m, und Svea, 1.226 m, genannt). Beide Gletscher, insbesondere der Kongsvegen, haben sich in den letzten Jahrzehnten nach dem Zweiten Weltkrieg stark (über 10 km) zurückgezogen. Dies fällt schon beim Vergleich mit noch im Verkauf befindlichen etwas älteren Postkarten auf, auf denen der markante Berg Colletthøgda zwischen den beiden Gletschern noch ganz vom Eis umschlossen ist, während heute sein Westteil eisfrei aus dem Königsfjord aufsteigt und die ehemals durchgehende Gletscherfront aufteilt. Auch bei diesen Gletschern sind in der Vergangenheit wiederholt Phasen des Vorstoßes und Rückzugs beobachtet worden, so daß vielleicht in ein paar Jahren hier wieder alles ganz anders aussieht.

Engelskbukta (14)
Hier hatten die **englischen Walfänger** in früheren Zeiten einen **Stützpunkt**, über dessen Qualitäten der alte Name (Comfortless Cove) und der Name des Gletschers an ihrem Ende (Comfortlessbreen) einiges aussagt. Die Bucht wird nur von den kleinen Küstenschiffen passiert.

Sarstangen, Forlandsund (15)
Die flache Landzunge Sarstangen ragt weit in den Forlandsund hinein und setzt sich als Untiefe bis zum Prins-Karls-Forland fort. Der Forlandsund kann deshalb selbst von den kleinen Küstenschiffen nur mit Vorsicht befahren werden und ist in manchen Jahren noch bis Juli durch Eis blockiert.

Kap Linné (16)
Auf Kap Linné befindet sich eine **bemannte Radio- und Wetterstation** (☞ Siedlungen, Stationen und Trapper - Die norwegischen Stationen, Isfjord Radio), die per Richtfunk über die Antennenanlage auf Vestpynten (Flugplatz) mit Longyearbyen verbunden ist. Die Umgebung der Station ist zu großen Teilen Vogelschutzgebiet mit entsprechenden Einschränkungen für Besucher.

Linnévatn (17)
Zweitgrößter der wenigen **Seen** Spitzbergens, umrahmt von scharf gezackten Bergkämmen. Die Umgebung des Sees ist in mehrerer Hinsicht interessant, nicht "nur" landschaftlich. So gibt es hier als Ausnahmeerscheinung in Spitzbergen einige permafrostfreie Stellen, an denen der Boden offensichtlich durch Quellen aus sehr tiefen, wärmeren Bodenschichten frostfrei gehalten wird.

Ferner wurden Funde möglicherweise bearbeiteter Steine aus der Umgebung des Sees als Relikte einer eventuellen steinzeitlichen Besiedlung Spitzbergens interpretiert, eine heute eher bezweifelte Möglichkeit trotz des während der Nacheiszeit teilweise milderen Klimas. An der Mündung des den See verlassenden Bachs in den Fjord (Russekeila) lag früher eine russische Jagdsiedlung, die vor einigen Jahren archäologisch erforscht wurde.

Kap Starostin (18)
Benannt nach dem letzten russischen Trapper und Mönch, der hier seine Haupthütte hatte, 1826 nach 39 Wintern in Spitzbergen starb und hier beerdigt wurde. Mit ihm ging die Zeit der russischen Pelztierjagd in Spitzbergen zu Ende.

Festningen (19)
Wie eine Festungsmauer ragt hier eine **senkrechte Gesteinsschicht** (Sandstein der Kreidezeit) in den Isfjord hinein und macht die Auffaltung des Westküstenbereichs Spitzbergens im Gegensatz zum nahezu horizontalen Gesteinsschichtenverlauf im Zentrum Spitzbergens deutlich. Im Bereich Festningen wurden im Gestein die Fußspuren des Iguanodons (kreidezeitliches Reptil) entdeckt, deren Kopie Sie heute im Svalbard-Museum in Longyearbyen betrachten können.

Grønfjord (20)
Im Rahmen der Siedlungsgeschichte Spitzbergens spielt der Grønfjord eine bedeutende Rolle (☞ Siedlungen, Stationen und Trapper - Barentsburg). So befanden sich hier beidseitig des Fjordes Tranfabriken bis in unser Jahrhundert hinein (die letzte wurde 1912 geschlossen) und die erste Telegrafenstation Spitzbergens. An der Ostseite seiner Mündung in den Isfjord liegt Kap Heer mit dem russischen Hubschrauberflugplatz. Die hier lange Zeit noch stehengelassene Kanone aus dem Zweiten Weltkrieg hat einen neuen Standort auf Hotellneset bei Longyearbyen gefunden.

Safe Harbour/Trygghamna (21)
Der schmale Fjord, die erste gut geschützte Bucht auf der Nordseite des Isfjords, war ein beliebter **Ankerplatz der Wal- und Walroßfänger**; zeitweise wurden hier auch Wale verarbeitet.

Colesbukta (22)
In früheren Zeiten **Walfangstützpunkt**. Die Ende 1988 stillgelegte kleine russische Siedlung diente ursprünglich als Verladehafen für den benachbarten Bergwerksort Grumantbyen, von dem aus die Kohle über eine Schmalspurbahn nach Colesbukta gelangte. Nach Aufgabe der Gruben wurde Colesbukta bis 1988 noch als Basis für sowjetische

Erkundungsbohrungen in der Umgebung genutzt, mit denen die Gesellschaft Trust Arktikugol neue Lagerstätten zu erschließen hoffte.

Trümmer der Bohrstationen und zahlreiche, tief in die Bodendecke eingerissene Fahrspuren der Ketten-Versorgungsfahrzeuge sind vielerorts die wenig erfreulichen Überreste dieser Rohstoffsuche im weiteren Umfeld von Colesbukta. Nördlich des Ortes wurde in einer Hütte (Rusanovodden) eine Gedenkstätte für den russischen Geologen W.A. Rusanow eingerichtet, auf dessen Spitzbergen-Expedition im Jahre 1912 die russischen Besitzrechte an Grumantbyen zurückgehen.

Grumantbyen (23)

Ehemaliger sowjetischer **Kohlegrubenort**, schwer erreichbar zwischen den Klippen, an der Mündung des engen Grumanttales. 1951/52 war der Ort (einschließlich seines Verladehafens Colesbukta) mit 1.106 Einwohnern die größte Siedlung Spitzbergens, wurde aber kurz darauf wegen Unrentabilität des Bergwerkes aufgegeben. Es stehen nur noch wenige, stark verfallene Gebäude; viele andere wurden so weit abgerissen, daß sich ihre Position nur noch ahnen läßt. Der ehemalige Friedhof über dem Ort wurde weitgehend zerstört. Der Schmalspurbahntunnel durch die Klippen nach Colesbukta ist nicht passierbar. 1962 wurde Grumantbyen aufgegeben.

Adventfjord (24)
Gegenüber von Longyearbyen liegen, auf der Nordostseite des Adventfjordes, zwei **ehemalige Grubenorte**, deren Gebäude heute teilweise von den Bewohnern Longyearbyens zu Wochenendhäusern ausgebaut wurden. **Hjorthamn/Moskushamn** entstand 1916-1921 als norwegische Gründung, scheiterte aber nicht zuletzt an den dortigen schwierigen Transportbedingungen. Reste der alten **Förderbahn** vom Stolleneingang hoch in der steilen Bergflanke bis zum Ufer sind noch zu sehen. Die Gebäude am Stolleneingang in luftiger Höhe über dem Fjord, als *ørneredet* (Adlernest) bekannt, wurden 1991 durch Privatinitiative einiger Longyearbyer und mit Unterstützung des Denkmalschutzbeauftragten teilweise wiederaufgebaut.

1929 wurden in der Umgebung des Ortes grönländische **Moschusochsen** ausgesetzt, die sich in den folgenden Jahrzehnten zunächst im Nordenskiöldland vermehrten, inzwischen aber wieder ausgestorben sind. Der vermutlich letzte starb 1986 im benachbarten Bjørndalen.

Die zweite Siedlung, **Advent City**, wurde 1904-05 von einer englischen Firma, Spitzbergen Coal and Trading Company Limited of Sheffield, als Bergwerksort gegründet, jedoch bald aufgegeben; zu einem geregelten Abbau ist es hier nie gekommen. Während der ersten Überwinterung kam es zu einer Arbeiterrevolte. Der Leiter wurde den Winter über in seinem Haus gefangengehalten, gearbeitet wurde nicht. Die Firma ging bankrott. Die Gebäude wurden 1916-17 teilweise nach Hjorthamn versetzt.

Die Ortsnamen Adventfjord, -dalen etc. gehen vermutlich auf ein englisches Walfangschiff mit Namen "Adventure" zurück.

Kap Thordsen (25)
In der Nähe hat einer der Trapper Spitzbergens seine Haupthütte. Außerdem befindet sich hier **Svenskhuset**, ein großes Gebäude, das ursprünglich als Basis für den Abbau der nahegelegenen Phosphatvorkommen 1872 durch eine schwedische Gesellschaft errichtet worden war - einer der vielen gescheiterten Bergbauversuche in Spitzbergen. Im Folgewinter 1872/73 retteten sich norwegische Seeleute hierher nach einer strapaziösen Tour; ihre Fangschiffe waren vor Gråhuken an der Nordküste vom Eis zerdrückt worden. Sie starben dann aber im Haus an Skorbut, weshalb es auch als *spøkelseshus* (Geisterhaus) verrufen ist.

Es diente dann der schwedischen Überwinterungsexpedition 1882/83 im Rahmen des Ersten Internationalen Polarjahres als Stützpunkt und wurde damit zum Denkmal für einen der ersten großen Forschungseinsätze in Spitzbergen. Das Haus wird als Denkmal erhalten.

Billefjord (26)
Nordöstlicher Seitenarm des Isfjords. Interessant sind der in den Fjord abbrechende, große **Nordenskiöldgletscher** und auf dem gegenüberliegenden westlichen Ufer die russische Bergwerkssiedlung **Pyramiden**. Gegenüber von Pyramiden, südlich der dem Nordenskiöldgletscher vorgelagerten Adolfbukta, liegen die teils verfallenen Hütten von Brucebyen. Reizvoll ist ferner **Skansbukta** mit dem sie überragenden eindruckvollen Berg **Skansen** ("Schanze", an seinem Fuße befinden sich die Reste einer erfolglosen Gipsmine), in dessen Steilwand die horizontale Schichtung der Sedimente durch die sehr unterschiedliche Helligkeit des Gesteins hervorgehoben wird.

Sassendalen (27)
Größtes **Flußtal** Spitzbergens mit weit in den Sassenfjord hinausragendem **Schwemmdelta**. Sir Martin Conway folgte bei seiner ersten Durchquerung Spitzbergens diesem Tal landeinwärts. Auf der Ostseite der Mündung liegt **Fredheim** (Friedensheim), die Hütte von **Hilmar Nois**, des legendärsten Trappers Spitzbergens in diesem Jahrhundert ("König von Sassen"). Er verbrachte hier 39 Winter und 50 Sommer, teilweise mit seiner Frau Helfried und seinem Bruder Edvin. Heute wird die Hütte durch den Gouverneur erhalten und für offizielle Gäste, aber auch für Forscher, als Unterkunft genutzt.

Tempelfjord (28)
Der Tempelfjord ist mit seinen bis fast 600 m aufsteigenden **Felsmauern** der krönende Abschluß des Isfjords im Osten. Besonders eindrucksvoll ist der **Tempelberg** an seiner Mündung, der mit seiner horizontalen Schichtung und gewaltigen, regelmäßigen Pfeilern tatsächlich einem gigantischen verfallenen Sakralbau ähnlich sieht. Das hintere Ende des Fjords füllen die Eismassen von **Tuna- und Von-Post-Gletscher**. Ersterer kalbt noch in den Fjord, während der letztere stark abgeschmolzen ist. Über ihn drang Filchner 1910 im Rahmen einer Testexpedition für die Antarktis zur Ostküste vor, der Grund für die zahlreichen deutschen Namen im Inland östlich des Tempelfjords, das vorher kaum berührt worden war. Auf halber Strecke liegt auf der Südseite Kapp Schoultz mit den Resten eines versuchsweisen Gipsbergwerkes.

Ingeborgfjellet (29)
Auf der Nordseite des Bellsundes gelegener steiler **Felsberg** mit bedeutender **Lummenkolonie**. An seinem Fuß befinden sich die Überreste von zwei erfolglosen Bergwerken.

Fridtjovbreen (30)
Einziger **Gletscher** des Nordenskiöldlandes, der noch das Meer erreicht, im Rückzug begriffen. Die vorgelagerte Bucht **Fridtjovhamna** ist nur durch eine kleine flache Zufahrt erreichbar und nahezu rundum von den teils gewaltigen Moränen des Gletschers umgeben, die überwiegend Reste des plötzlichen Gletschervorstoßes von 1860/61 sind. Torell beschreibt 1858 den Gletscher noch als vom Meer durch morastiges Vorland getrennten Inlandgletscher oberhalb der Bucht, die einer der besten Häfen Spitzbergens war. Innerhalb eines Winters, 1860/61, schob sich der Gletscher dann rund 10 km vor, blockierte nahezu die Durchfahrt nördlich der Aksel-Insel und noch von Nathorst wird für 1898 eine Eisabbruchfront beschrieben, die außerhalb der heutigen Buchteinfahrt lag. Seitdem hat sich der Gletscher um fast 10 km zurückgezogen, aber wohl noch nicht das Minimum von 1858 erreicht, denn seine Eisfront reicht noch immer bis ins Wasser - zumindest bei Flut.

Wer heute in die wieder eisfreie Bucht Fridtjovhamna einläuft und rundum die riesigen Moränen sieht, kann sich ein Bild von der gewaltigen landschaftsverändernden Kraft der Gletscher machen, wenn er sich vorstellt, daß das Eis die große Bucht in nur 130 Jahren gefüllt und wieder freigegeben hat.

Aksel-Insel (31)
Wie eine Mauer riegelt die Aksel-Insel den **Van Mijenfjord** nahezu gegen den **Bellsund** ab und läßt nördlich und südlich nur durch zwei schmale Sunde mit entsprechend starker Gezeitenströmung Passagen per Schiff zu. Die Aksel-Insel ist wie im Isfjord Festningen (S) Teil einer harten geologischen Schichtenserie (Perm), die durch die tertiäre Auffaltung der Westküste senkrecht gestellt wurde. Auf der Insel brüten etliche Vogelarten (Eiderenten u.a.). Hierher hat sich auch einer der derzeitigen Trapper zurückgezogen.

Damesmorenen (32)
Riesige **Moränen** von maximalem Vorstoß des Paulagletschers vor etlichen Jahrhunderten; die heutige Gletscherfront liegt bis zu 30 km weiter innen im Fjord. Große Muschelschalen in der Moräne deuten auf eine Hebung aus dem Meer und gleichzeitig auf ein ehemals wärmeres Klima hin, da diese Muscheln heute in Spitzbergen nicht mehr vorkommen.

Calypsobyen (33)
Der **Recherchefjord** war über Jahrhunderte eine beliebte Basis der Walfänger, benannt nach der durch ihre schönen Zeichnungen bekannten

französischen Expedition der Korvette "La Recherche" 1839. Die Gebäude von Calypsobyen sind die Überreste eines Versuchs von 1918-19, hier Kohle abzubauen.

Torellbreen und Isøyane (Eis-Inseln) (34)
Der Torellbreen, aufgeteilt in zwei Hälften, ist der **größte Gletscher der Westküste**. Eine Annäherung wird allerdings meist vermieden bzw. ist für größere Schiffe unmöglich, da das Küstenwasser hier zahlreiche Untiefen aufweist. Einige der Inseln, unter anderem die Eis-Inseln, die zum Vogelschutzgebiet erklärt wurden und deshalb im Sommer nicht betreten werden dürfen, ragen als kleine Eilande aus dem Wasser.

Isbjørnhamna (35)
Hier liegt seit 1957 die **polnische Forschungsstation** (☞ Siedlungen, Stationen und Trapper - Hornsund) am Eingang des Hornsundes.

Hornsund (36)
Landschaftlich eine der spektakulärsten Ecken der Westküste durch sein enges Nebeneinander zahlreicher in den Fjord abbrechender Gletscher und steil aufragender, wild-alpiner Bergmassive, überragt vom 1.431 m hohen **Hornsundtind**, der fast unmittelbar aus dem Fjord aufsteigt.

Das östliche Fjordende, **Brepollen**, ist nahezu rundum von imposanten Eiswänden der Fronten verschiedener Gletscher umgeben. Von hier sind es nur wenige Kilometer über die Gletscher zur Hambergbucht an der Ostküste - eine beliebte Route der Eisbären im sogenannten "Eisbärenkarussell", bei dem sich die Tiere auf der Suche nach Robben ums Südkap herum auf den Eisschollen treiben lassen und dann über den Hornsund zur Ostküste zurückkehren. Entsprechend gut sind die Chancen, im Hornsund einem Eisbären zu begegnen. Im Hornsund gibt es mehrere große Seevogelkolonien (Sophia- und Luciekammen) sowie Überreste der Wal- und Walroßjagd und aus der Zeit der Trapper.

Linienschiff

Von 1896 bis 1982 bestand nahezu jeden Sommer eine Linienschiffsverbindung zwischen Nordnorwegen (Tromsø) und Longyearbyen, auf der auch die Bären-Insel angelaufen und weitere Stellen entlang der Nordwestküste (Ny Ålesund, Magdalenefjord) besucht wurden. Vor dem Bau des Flughafens war diese Linie die wichtigste Verbindung zwischen dem

Festland und den norwegischen Siedlungen, mit Abfahrt des letzten Schiffes im Herbst von Longyearbyen begann die winterliche Isolation.

Wegen der Modernisierung der Hurtigrutenflotte und damit verbundener Verminderung der Zahl der Schiffe wurde diese Linienverbindung nach Ende der Saison 1982 **eingestellt** - zum Bedauern vieler früherer Spitzbergenfahrer, die diese gemütlichen Postdampfer mit ihrer nostalgischen Atmosphäre bis heute vermissen. Es gab seitdem halbherzige Versuche, erneut eine solche Verbindung einzurichten, 1988 wurden sogar schon Tickets verkauft, bis sich herausstellte, daß das vorgesehene Schiff gleichzeitig in südlicheren Gewässern angeboten wurde!

Ein deutlich **seriöserer Plan** liegt für 1994 vor: Dann soll wieder einmal pro Woche während der Sommersaison die traditionelle Schiffsverbindung zwischen Tromsø und Spitzbergen aufgenommen werden, allerdings nicht im Programm der Hurtigruten. Vermutlich dauert die Fahrt knapp eine Woche hin und zurück, mit Besuch der Bären-Insel, Longyearbyen, Ny Ålesund, Magdalenefjord und sogar der Nordküste, eventuell bis Moffen. Es sind keine Teilstrecken buchbar (z.B. Tromsø - Ny Ålesund), sondern nur die ganze Fahrt. Ausnahme: Longyearbyen - West- und Nordküste - zurück nach Longyearbyen, interessant auch als Kombination mit anderen Programmen. An- und Abreise per Flug.

Wer nicht auf eine Kreuzfahrt gehen möchte, sondern die Atmosphäre eines traditionellen Schiffs sucht, wird sich über dieses voraussichtlich wieder verfügbare Angebot freuen, das im übrigen eine erlebnisreiche und umweltfreundliche (wenn auch sicher nicht billigere) Alternative zum Flugzeug dürfte. Vorteil: mehr Zeit für Spitzbergen als auf den meisten Kreuzfahrten, weniger wellenanfällig als die kleineren Küstenschiffe.

Informationen, Buchung
Auf Spitzbergen spezialisierte Reiseveranstalter und Reisebüros mit größerem Angebot für Ziele im hohen Norden.

Küstenschiffe

Seitdem die Hurtigrute 1983 ihren sommerlichen Liniendienst nach Spitzbergen aufgab, erfreuen sich **Pauschalarrangements** mit kleinen Küstenschiffen an Spitzbergens Küsten zunehmender Beliebtheit, da sie die Möglichkeit bieten, ohne allzu große körperliche Anforderung einen Teil der Küstenlandschaft kennenzulernen. Im Jahre 1992 waren für diese

Küstenschiffstouren sechs Schiffe mit 12-45 Kabinenplätzen für verschiedene Reiseveranstalter im Einsatz.

Da es in Spitzbergen keinen regulären Schiffsverkehr zwischen den Siedlungen gibt, werden diese Schiffe extra für die Sommersaison - etwa 15. Juni bis 1. September - nach Spitzbergen verlegt und sind schon lange vorher für den größten Teil dieser Saison für Reisegruppen reserviert oder komplett für die ganze Saison gechartert.

Diese Schiffstouren gehen vorwiegend von Longyearbyen aus. Die An- und Abreise erfolgt per Flugzeug ab Tromsø, teilweise auch per Direktflug ab Oslo. Üblicherweise sind Sie für knapp drei Tage bis zu zwei Wochen an Bord eines dieser Schiffe. Die kürzeren Touren wenden sich normalerweise aus dem Isfjord hinaus und dann nach Norden, zunächst den flachen Sund (sofern eisfrei) zwischen **Prins-Karls-Forlandet** und der Hauptinsel durchfahrend, dann den **Königsfjord** mit **Ny Ålesund** (Landgang nkr 10 Ortsgebühr) ansteuernd und sich von dort aus weiter nach Norden wendend.

Im äußersten Nordwesten werden häufig **Magdalenefjord**, **Amsterdam-Insel** und **Dänen-Insel** angelaufen (Landgänge), dann folgt noch ein Abstecher zur Walroßinsel **Moffen** (Schutzgebiet, Annäherung nur auf 300 m erlaubt) oder auch zur **Packeisgrenze**. Insbesondere hier an der Nordküste Spitzbergens ist das Programm stark von den Eisverhältnissen abhängig, wenn auch der Nordwesten der Bereich der Inselgruppe ist, wo Pack- und Treibeis im Sommer nur selten Probleme bereiten.

Die **Rückfahrt** folgt weitgehend derselben Route, was von Vorteil sein kann, wenn man auf einer der Strecken wegen trüben Wetters oder auch Müdigkeit einzelne Küstenteile versäumt hat. Nicht ohne Grund sehen die meisten Veranstalter nach der Rückkehr von dieser dreitägigen Fahrt einen Ruhetag mit wenig Programm in Longyearbyen vor, da die Teilnehmer unterwegs erfahrungsgemäß nur wenig zum Schlafen kommen. Angesichts des **dichten Programms** ist das Schiff zwischen den Landgängen nahezu ständig unterwegs, so daß für den Reisenden jeder längere Aufenthalt in der Kabine das Versäumen größerer Teile der vorbeiziehenden Küstenlandschaft bedeutet (Küstenbeschreibung ☞ Sehenswertes auf Schiffstouren an Nord- und Westküste).

Wer ein weniger gedrängtes Programm wünscht und **mehr Zeit** für die einzelnen Bereiche haben bzw. weiter herumkommen möchte, kann auch längere Touren auf den Küstenschiffen buchen, die 1-2 Wochen dauern. Sie teilweise auch in die abgelegensten Teile der Inselgruppe. Während das Publikum auf den kürzeren Touren recht bunt gemischt ist, werden die längeren Fahrten überwiegend von Reisenden mit stärkerem naturkundlichen Interesse gebucht, denen es um mehr als einen kurzen Eindruck geht.

Das Schiff ankert tagsüber vor der zu besuchenden Küste, und die Reisenden werden mit Hilfe der Beiboote für längere Exkursionen (mit Betreuer) an Land gebracht.

Von einer Kreuzfahrt unterscheiden sich diese Küstenschiffstouren durch die längere Fahrtdauer in Spitzbergens Gewässern mit längeren Landgängen und gründlicherem Kennenlernen von Spitzbergens "Hauptstadt" Longyearbyen. Hinzu kommt die durch die geringe Anzahl der Passagiere und kleinere Größe der (technisch recht zuverlässigen) Schiffe bedingte einfach gemütliche Atmosphäre, die zu der arktischen Umgebung paßt und wenig vom Erlebnis der vorbeiziehenden Landschaft ablenkt.

Üblicherweise beginnt und endet eine solche Fahrt in Longyearbyen. Obwohl nicht gerade luxuriös (zum Glück, sagen die meisten Anhänger dieser Art des Reisens), sind Küstenschiffstouren teurer als die billigsten Kreuzfahrten nach Spitzbergen ab Deutschland. Die kurze Saison, der teure Unterhalt von Schiff und Besatzung, die aufwendige Versorgung während der langen Zeit in Spitzbergen und die kleine Passagierzahl, auf die alle Kosten verteilt werden müssen, spielen hier eine Rolle.

✋ **Kleinere Schiffe** werden wesentlich mehr von Seegang, Wind und Eisverhältnissen beeinflußt. Entsprechend ist mit Routen- und Programmänderungen sowie Verspätungen zu rechnen. Eine Alternative - auch für Seekrankheitsanfällige - ist bei den kürzeren Fahrten das Linienschiff.

⇨ **Mit Veranstalter**: Komplettangebote finden sich in einzelnen Veranstalterkatalogen, selten allerdings eine größere Auswahl an Touren und Schiffen, obwohl es diese durchaus gibt. Bei Spitzbergen-Spezialisten und im versierten Reisebüro erkundigen.

Preisbeispiele pro Person für 1994 inklusive Flug ab/bis Oslo: Küstenschiffstour Nordwestküste: ca. 3,5 Tage, in Mehrbett-Kabine, plus 1,5 Tage Landprogramm Longyearbyen, ab ca. DM 2.800
Küstenschiffstour Nordost-Spitzbergen: ca. eine Woche, in Drei-Bett-Kabine, ab ca. DM 5.100
Küstenschiffstour Spitzbergenumrundung: 13 Tage, in Zwei-Bett-Kabine, ab ca. DM 5.740

⇨ **Selbst organisiert**: Die **Küstenschiffe** lassen sich von Individualreisenden nur begrenzt als Transportmittel im Rahmen eigener Touren nutzen, da die Schiffe überwiegend für Veranstalter im Einsatz sind. Kurzfristig vor Ort können eventuell noch übriggebliebene Restplätze von Individualreisenden, die lediglich an einem Transport zwischen zwei Punkten interessiert sind, für Teilstrecken ohne das Gesamtprogramm noch gebucht werden. Dies ist jedoch eine vage Möglichkeit, deren Nutzung viel vorhandene Zeit zum Warten in Spitzbergen bzw. Glück voraussetzt. Aufgrund von wiederholten unerfreulichen Erfahrungen ist im übrigen die Bereitschaft von Veranstaltern begrenzt, mit ihren Schiffen Individualreisende irgendwo abzusetzen und erst recht, sie irgendwo zu vereinbarter Zeit wiederaufzunehmen.

Insbesondere das **Aufnehmen von Privatgruppen** an Stellen, die nicht zum Veranstalterprogramm gehören, ist mit akzeptablem Aufwand nur dann möglich, wenn alles genau paßt. Ist dies nicht der Fall aufgrund widriger natürlicher Verhältnisse (Eis, Wind) oder aufgrund ungeschickten Verhaltens der Reisenden, stehen daraus resultierende Zusatzkosten und der Ärger bei weitem in keinem Verhältnis zu den Zahlungen. Häufiger Hintergrund dieser Probleme ist die mangelnde Arktiskenntnis der Besucher. Der arktisgewohnte Praktiker setzt bei Touristen, die eine expeditionsartige Tour auf eigene Faust unternehmen, eine entsprechende Arktiserfahrung und praktisches Denken unbewußt voraus. Da kommt man gar nicht auf die Idee, daß man solche Selbstverständlichkeiten wie die Möglichkeit der Behinderung durch Treibeis oder möglichst deutliche Plazierung des Camps am Abholplatz extra erwähnen muß. Die mangelnde Bereitschaft der Veranstalter zu solchen Aktionen darf daher nicht wundern.

Privatexpeditionen, die Transporte von Reiseveranstaltern nutzen möchten, haben - sofern der Veranstalter neben seinen eigenen Teilnehmern noch Platz hat - dann noch am ehesten Chancen, wenn sie sich nach Möglichkeit Absetz- und Aufnahmeplätze aussuchen, die sowieso im Veranstalterprogramm angelaufen werden, am besten Siedlungen. Angenehmer ist es auch aus Veranstaltersicht, eine Privatgruppe lediglich abzusetzen, da hierbei Probleme weniger wahrscheinlich sind. Da solche Privatexpeditionen Platz belegen, der für andere Reisende nicht genutzt werden kann, ist auch für Teilstrecken kaum ein niedrigerer Preis auszuhandeln.

Kurzaufenthalte

Mal nur kurz Spitzbergenluft schnuppern, einen allerersten Eindruck gewinnen, ein Abstecher in die hohe Arktis machen - während der letzten Jahre haben nicht wenige Skandinavienreisende ihre Fahrt durch Nordnorwegen mit einem Abstecher von Tromsø aus ergänzt, sei es spontan, weil in Tromsø am Flughafen kurzfristig doch noch ein paar reservierte

Plätze in einer der Maschinen ungenutzt geblieben waren oder schon länger als Teil der Rundreise geplant.

Einerseits rundet ein solcher Kurzaufenthalt eine Norwegenreise erst ab, andererseits ist er aber auch mit **Problemen** verbunden. Da ist zunächst das **Wetter**: Spitzbergen ist zwar recht trocken, doch sind dennoch **tiefhängende Wolken** auch über mehrere Tage nicht selten. Entsprechend gering ist dann die Sicht. Mancher Interessent, der dies weiß, wird dann doch abwägen, ob sich ein solcher Abstecher lohnt, wenn die Gefahr besteht, weder vom Flugzeug noch am Boden allzuviel von Spitzbergens Landschaft zu sehen, weil gerade an den wenigen Tagen dort trübes Wetter herrscht.

Hinzu kommt, daß gerade spontane Besucher sich vorher nicht ausreichend klar machen, daß Spitzbergen kaum erschlossen ist. Es gehört schon eine gehörige Portion Glück dazu, wenn man beispielsweise bei einem viertägigen Kurzaufenthalt auf eigene Faust (inklusive An- und Abflugtag) neben der Besichtigung der Hauptsiedlung Longyearbyen auch noch eine Fahrt mit einem der Küstenschiffe machen kann. Kurzaufenthalte auf eigene Faust beschränken sich daher ganz überwiegend auf den Ortsbereich Longyearbyens.

⇨ **Mit Veranstalter**: Von seiten der Veranstalter gibt es hierauf abgestimmte **Kurzprogramme,** beginnend mit einem Wochenende (Freitag abend bis Montag früh) einschließlich Flug von Tromsø nach Spitzbergen und zurück oder auch eine ganze Woche, wobei stets Longyearbyen die Basis ist, von der aus Tagesausflüge zu Fuß oder per Boot organisiert werden.

Der Vorteil dieser Programme ist, daß der Teilnehmer nicht auf eventuell zufällig vorhandene Restplatzangebote etc. angewiesen ist, um zu einer Fjordfahrt während des kurzen Aufenthaltes in Spitzbergen zu kommen, und daß ihm das Angebot an betreuten Tagesausflügen in die weglose Umgebung Zeitverluste durch eigenes Suchen nach gangbaren und interessanten Routen erspart. Auch bei trüberem Wetter sind durch die Ortskenntnis der Betreuer noch Wanderungen möglich, die Interessantes vermitteln. Ein Teil der Besucher kombiniert einen Kurzaufenthalt mit einer Schiffstour, um so Zentralspitzbergen und die wild-alpine Westküste vergleichen zu können.

Neben warmer, winddichter Kleidung, Regenkleidung und festen Straßenschuhen erfordert ein solcher Ortsaufenthalt **keine besondere Ausrüstung**. Empfehlenswert ist jedoch zusätzlich ein Paar Wanderschuhe bzw. Gummistiefel für Spaziergänge in der näheren Ortsumgebung sowie vielleicht ein kleinerer Tagesrucksack.

Organisierte Kurzaufenthalte biete in Deutschland z.Zt. nur ich (Spitsbergen Tours Andreas Umbreit) über den Katalog an, ab DM 1.460 mit Flug ab/bis Tromsø und Fjordfahrt.

⇨ **Selbst organisiert**: Möglich, Unterkunft auf dem Zeltplatz in Longyearbyen oder im Zimmer. Da unmittelbar hinter den letzten Häusern die völlig weglose arktische Bergwildnis beginnt, sind Möglichkeiten für Touren auf eigene Faust ohne Ortskenntnis und Arktiserfahrung begrenzt. Auch auf Tagestouren außerhalb der unmittelbaren Sicht- und Rufweite des Ortes gehört ein kleiner Rucksack mit **Schlechtwetterkleidung** und **Erste-Hilfe-Material** sowie ein **Gewehr** zur Mindestausrüstung. Mangels vorgegebener Wanderwege etc. und entsprechend größeren Zeitbedarf für das Orientieren und Finden interessanter Routen sollten Reisende auf eigene Faust mehr Zeit für ihren Aufenthalt in Longyearbyen einplanen als bei der Teilnahme an einem organisierten Kurzaufenthalt.

Wanderreisen mit stationären Camps und Tagestouren

Mit Wander- und Trekkingreisen erfolgt ein deutlicher Schritt in Richtung möglichst intensives Naturerlebnis, denn derartige Touren bedeuten in Spitzbergen mangels Hütten etc. das naturnahe Leben in **Zeltcamps**. Wer sich hierfür entscheidet, nutzt die Möglichkeit, auf Zeit die Zivilisation weitgehend hinter sich zu lassen, Abstand zu finden und gleichzeitig dem Körper für eine begrenzte Zeit rund um die Uhr das zu gönnen, was ihm im Alltag fehlt: klare frische Luft und Bewegung in freier Natur - insgesamt: Abwechslung und Erholung vom Alltag für Seele und Körper.

Natürlich gibt es dieses **Naturerlebnis** nicht nach dem Motto: Wasch mir den Pelz, aber mach mich nicht naß - absolute Wildnis ja, aber doch bitte trotzdem mit allem Komfort. Hier muß man sich im klaren sein: Echte Nähe zur Natur bedeutet auch **Verzicht auf manche Bequemlichkeit**. Draußen gibt es keine Dusche, keine Toilette, gewaschen wird sich am Bach oder Tümpel, die Variationsmöglichkeiten der Campküche laufen, bei in der Regel reichlichem Essen, auf eher eintopfartige Gerichte hinaus, die dort draußen ungeahnt gut schmecken.

Was macht einen Wanderurlaub in Spitzbergen reizvoll? Zunächst einmal die Natur des Landes selbst: Sie werden gewissermaßen um 15.000 Jahre zurückversetzt in die Vergangenheit Mitteleuropas, ans Ende der Eiszeit; Gletscher, Inlandeis, frische Moränen, Schotterflächen und Sander, Dauerfrostboden, Tundra - so ähnlich hat es einmal im Alpenvorland, im Schwarzwald und in Norddeutschland ausgesehen, wo sich die

Landschaft mittlerweile in sanfte grüne Hügel verwandelt hat. In Spitzbergen wird also **Erdgeschichte lebendig**. Aber die arktische Natur beeindruckt den in ihr Lebenden auch ganz unmittelbar durch ihr mildes Licht, die klare Luft, die feinen Farbnuancen, die großartigen, einfachen Landschaftsformen und die überraschende Kraft des Lebens überall zwischen den kalten Steinen.

Indem man sich das Erlebnis der Natur Spitzbergens aus eigener Kraft erarbeitet, wirkt es weitaus stärker und hinterläßt bleibendere Erinnerungen als im Vorbeigleiten oder -fahren bzw. ein gedrängtes Besichtigungsprogramm. Wer häufiger Wanderungen macht, wird sicher zustimmen, daß keine andere Art des Reisens dem Besucher einen so direkten, intensiven und vielfältigen Eindruck des Landes vermittelt wie die Fortbewegung auf eigenen Füßen.

Wandern in Spitzbergen ist aber auch eine **Reise zu sich selbst**. Weil Sie sich dort in echter Wildnis befinden und ohne weiteres tage- und wochenlang niemandem außer den wenigen Mitwanderern Ihrer Gruppe begegnen, haben Sie plötzlich Zeit. Da gibt es, vom Zeitrahmen der Tour abgesehen, kein gedrängter Terminkalender, kein Telefon, keine Stechuhr, keine Disco, kein Fernsehen, keine Zeitung, keine Zerstreuung - kurz: nichts, was ablenken könnte, das Land und sich selbst darin zu entdecken.

Kleinigkeiten werden plötzlich zu Erlebnissen: Die warme Suppe vom Kocher, das erfrischende Fußbad im Bach nach der Tagestour, die wohlige Wärme des Schlafsacks oder das Geräusch des Windes außerhalb des schützenden Zeltes und der neugierig während einer Rast auftauchende Polarfuchs. Die Sinne erwachen, die Gedanken können schweifen, man erlebt den eigenen Körper und ein gerade durch seine relative Kargheit, Einsamkeit und Urtümlichkeit beeindruckendes Land.

Für dieses Erlebnis ist es weniger wichtig, welche Routen und Tagesstrecken man bewältigt, welche Sehenswürdigkeiten "abgehakt" werden, sondern daß man sich wirklich auf dieses Land und seine Natur einläßt, indem man mehrere Tage in ihr verbringt, innere Ruhe und Zufriedenheit für die kommenden Monate gewinnend. Auf diese Weise erfährt man vielleicht umfassender, intensiver und bleibender, was "Arktis" und "Spitzbergen" ist, als durch Abhaken der touristischen "Pflichtziele" Spitzbergens - wobei dies nicht gegen die Ergänzung einer Trekkingtour durch eine anschließende Küstenfahrt spricht.

Durch die nahezu totale Unerschlossenheit des Gebietes, stellen Wanderungen in Spitzbergen sicher **höhere Anforderungen** an den Teilnehmer als in manchen anderen Gebieten, auch wenn der Veranstalter durch die Einrichtung von Depots und Camps dafür sorgt, daß weniger mitgetragen werden muß und Sie vor allem von der aufwendigen organisatorischen

Vorbereitung entlastet. Andererseits kommt Spitzbergens kühles Klima dem Wanderer entgegen und verglichen etwa mit Lappland machen sich die minimalen Niederschläge und das seltene Auftreten von Mücken sehr angenehm bemerkbar.

Hinzu kommt das **Naturerlebnis**, das nicht nur die Landschaft umfaßt, sondern auch für Besucher mit speziellen Interessenbereichen attraktiv ist: **Ornithologen** und **allgemein Tierfreunde** finden hier interessante Beobachtungsmöglichkeiten (bis hin zur eventuellen Begegnung mit einem Eisbären). Auch **Botaniker** oder **Fossilienfreunde** können auf ihre Kosten kommen, wobei aber stets das Bemühen um die Vermeidung von Schädigungen der Natur im Vordergrund stehen sollte. Es gibt spezielle **Studien-Wanderangebote** (12 Tage, 3 Camps), bei denen bewußt viel Zeit unverplant bleibt, um den Teilnehmern die Möglichkeit zu öffnen, in der Umgebung der einzelnen Camps Muße für ihre Hobbies oder zum einfachen Genießen zu haben - auch für wanderbegeisterte Eltern mit Kindern eventuell ein interessantes Angebot.

Zum Glück für Spitzbergen wird aber weder dieses ReiseHandbuch noch alle Prospekte der Veranstalter die Mehrzahl der Mitbürger von den Vorzügen solcher Touren überzeugen; sie werden einer kleinen Minderheit vorbehalten bleiben. Solange Norwegen nicht den Fehler macht, Spitzbergen dem bequemen Tourismus flächenhaft mit Wegen und Hütten etc. zu erschließen, wird sich nur ein kleiner Kreis hinaus in die Wildnis begeben, in Zahlen, die das gesuchte Erlebnis der ungestörten Natur erlauben und dieser noch keinen irreparablen Schaden zufügen.

✋ In der **Werbesprache** manches Katalogeschreibers findet eine bewußte **Begriffsvermischung** statt, die auf Kosten der Begriffsklarheit geht. So werden nicht selten Reisen als "Trekking" verkauft, bei denen in Wirklichkeit Tagesausflüge von einem festen Standort aus durchgeführt werden, obwohl sich hinter dem Begriff Trekking eigentlich ein Weiterziehen von Lagerplatz zu Lagerplatz verbirgt. Da echte Trekkingtouren aber oft höhere körperliche Anforderungen stellen, ist eine solche Einstufung dem interessierten Kunden oft wenig hilfreich. Es gilt also: Kataloge unbedingt genau lesen, sich gegebenenfalls sein Teil über die Genauigkeit denken!

Wanderreisen, bei denen man sich für Tagestouren auf einen oder mehrere feste Standorte abstützt, sind in Spitzbergen organisatorisch aufwendiger als anderswo, da es nur wenige Siedlungen und keine Touristenhütten gibt.

Solche Touren werden daher entweder von Longyearbyen als Basis angeboten (☞ Kurzaufenthalte) oder von Camps aus, die die Veranstalter für die Saison draußen in der Wildnis einrichten. Bei längeren Touren (ein bis zwei Wochen) werden diese Camps zwischendurch durch Bootstransfer gewechselt, so daß man sich verschiedene Gegenden zu Fuß erwandern kann.

⇨ **Mit Veranstalter**: Es gibt mehrere Angebote, studieren Sie vorher die Informationen der Spezialveranstalter. 1993 wurden derartige Reisen mit 2-3 Zeltcamps und 7-12 Tagen Dauer sowie Schiffsfahrten zwischendurch von Ende Juni bis in den späten August angeboten. Preise inklusive Flug ab/bis Tromsø ab DM 2.080. Überlegenswert ist es, eine Wander- oder Trekkingreise in Zentralspitzbergen mit einer Küsten- oder Linienschiffstour an der Westküste zu verbinden. So lernt man die wichtigsten Landschaften Spitzbergens während einer Reise ausführlich kennen und erlebt das Land aus verschiedenen Perspektiven.

⇨ **Selbst organisiert**: Nur von den Siedlungen aus möglich, da die Wandercamps der Veranstalter draußen in der Wildnis für deren Gruppen reserviert sind (☞ Kurzaufenthalte).

Trekkingtouren

Bei Trekkingtouren wird, von Lagerplatz zu Lagerplatz wandernd, ein größeres Gebiet erkundet, in seiner Gesamtheit erlebt, wobei zwischendurch die Lager auch für mehrere Tage mit Ausflügen in die jeweilige Umgebung genutzt werden können. Auf den Etappen von Camp zu Camp muß die **eigene Ausrüstung mitgetragen werden**, so daß sich hier zwangsläufig etwas größere Rucksäcke ergeben als bei Tagestouren. Die Angebotsspanne bei den Trekkingtouren ist breit, sie beginnt mit Touren von 7 oder 14 Tagen Dauer, die sich ebenfalls auf vorbereitete stationäre Zeltcamps stützen, so daß weder Zelte noch größere Verpflegungsmengen mitzutragen sind, und der volle Rucksack nur an zwei Tagen der gesamten Zeit über größere Strecken getragen wird. Solche relativ leichten Trekkings sind für die meisten halbwegs geübten Wanderer kein besonderes Problem.

Deutlich fordernder sind hingegen große **Rund-Trekkingtouren**, etwa Inlandquerungen von Küste zu Küste mit bis zu 210 km Trekkingstrecke mit vollem Gepäck plus eventuellen zusätzlichen Tagesausflügen mit leichtem Rucksack. Hier gibt es zwar in Abständen veranstaltereigene Verpflegungsdepots an den Strecken, die eine Menge Verpflegungsgewicht im Rucksack ersparen und damit überhaupt erst den Genuß einer solchen großen Tour ermöglichen, statt sie zur reinen Transportleistung werden zu lassen. Aber die gesamte Zelt- und Küchenausrüstung wird mitgetragen und insgesamt kommt jeder Teilnehmer dann doch auf ca. 25 kg Rucksackgewicht, mit denen täglich 20 km in weglosem Gelände zurückgelegt werden - Fitneß ist da erforderlich, ebenso vorherige Tourenerfahrung mit vergleichbaren Belastungen.

Egal, ob leichte oder schwere Trekkingtour: Der Tourenveranstalter stellt zwar für die Gruppe einige wichtige Dinge zur Verfügung (Führer, Zelte, Kochausrüstung, Waffe, Signalpistole u.a.), doch die **persönlichen Ausrüstungsteile** (Rucksack, Bergstiefel, Gummistiefel, Regenkleidung, Schlafsack, Wanderkleidung etc.) muß jeder Teilnehmer selbst mitbringen. Leihausrüstung ist hier eine eher unbehagliche Notlösung, denn die persönliche Ausrüstung muß dem einzelnen passen und folglich selbst anprobiert und gegebenenfalls ausgewechselt oder geändert werden, bevor man im Zielgebiet ist. Bei einer geliehenen Ausrüstung ist dies nur sehr begrenzt möglich.

Erproben Sie die Ausrüstung, so wie sie Sie mitnehmen wollen, vorher auf einer Wochenendtour mit Übernachtung im Zelt. Die hierbei festgestellten Mängel lassen sich dann noch beheben - in Spitzbergen jedoch kaum. Üben Sie auch schon das zweckmäßige Bepacken Ihres Rucksacks;

der Tragekomfort hängt hiervon ganz wesentlich ab und flottes Packen unterwegs vor dem jeweiligen Aufbruch spart Zeit für andere Dinge.

Die jeweils zweckmäßige Zusammenstellung der Ausrüstung hängt von den voraussichtlichen Anforderungen der Tour ab und kann daher hier schlecht allgemeingültig festgelegt werden (☞ auch Ausrüstung). Studieren Sie jedoch sorgfältig die Ihnen vom Reiseveranstalter zugestellten Ausrüstungshinweise.

Da wohl nur die wenigsten Mitteleuropäer Wandern in weglosem Gelände über mehrere Tage mit größerem Rucksack gewohnt sind, und der Körper häufig nicht auf größere Forderungen eingestellt ist, sollten Sie sich etwas **körperliche Vorbereitung** auf eine Trekkingtour in Spitzbergen gönnen.

Gut geeignet ist hierzu **Dauerlauf** in möglichst unebenem Gelände (schult Kreislauf und Trittsicherheit). Größere Serien von **Kniebeugen** (Hände auf den Rücken, auf den Zehenspitzen stehen) trainieren die beim Steigen mit Gepäck stärker geforderten Beinmuskeln. Balance und die im Gelände beanspruchte Fuß- und Wadenmuskulatur lassen sich gleichzeitig fördern, indem Sie sich beispielsweise barfuß nur mit Zehen und Ballen auf die Kante einer Treppenstufe stellen und dann ausgiebig in den **Füßen wippen**, so daß die Fersen sich parallel über oder unter dem Niveau der Treppenstufe befinden. Durch regelmäßige derartige Bewegungen erleichtern Sie sich gerade die ersten Tage Ihrer Spitzbergentour, da so der Übergang von geringer zu starker Beanspruchung für den Körper gleitender stattfindet.

⇨ **Mit Veranstalter**: Trekkingtouren in Spitzbergen werden nur von wenigen Veranstaltern mit begrenzten Teilnehmerzahlen und teilweise nur unregelmäßig angeboten. In Deutschland veranstaltet solche Touren nur Spitsbergen Tours Andreas Umbreit (Stand: 1993), teilweise auch über die Kataloge anderer Veranstalter in Europa mitbuchbar. Fragen Sie dort oder in Reisebüros mit Spezialisierung auf den hohen Norden an.

⇨ **Selbst organisiert**: Mangels Erschließung sind größere selbst organisierte Trekkingtouren problematisch, sofern man sich nicht den Luxus eigener extra hinausgeflogener Depots leisten will. Andernfalls muß alles mitgetragen werden, wodurch die Tour rasch zur reinen Strapaze wird und irgendwann der Punkt kommt, wo mehr mitgeführte Verpflegung bzw. Brennstoff nichts mehr nützt, weil einen das wachsende Rucksackgewicht immer langsamer werden läßt. Touren in Spitzbergen erfordern generell mehr Ausrüstung (und damit Rucksackgewicht) als z.B. in Lappland: Steigeisen, 2 Paar Stiefel etc. Hinzu kommt die umfangreiche zusätzliche

Sicherheitsausrüstung (Gewehr mit Munition, Signalpistole mit Munition, Alarmanlage, Satelliten-Notsignalsender), deren Gewicht sich bei Reisen auf eigene Faust in der Regel auf nur wenige Schultern verteilt.

Bei größeren Touren muß damit gerechnet werden, daß als Genehmigungsvoraussetzung der Nachweis einer Versicherung gegen Such- und Bergungskosten bis zu nkr 300.000 vom Gouverneur aufgrund der neuen Bestimmungen vom 1.1.1992 gefordert wird (☞ Reise-Infos von A bis Z - Versicherungen).

Klettern, extremeres Bergsteigen

Einzelne Privatexpeditionen von Bergsteigergruppen wählen Spitzbergen als ausgefallenes Ziel. Tatsächlich sind größere alpinistische Unternehmungen sowohl im Eis als auch im Fels typische Aktivitäten für selbst organisierte Expeditionen, die lediglich auf Veranstalter- Dienstleistungen im Bereich Transport und Bereitstellung von Basiscamps in abgelegenen Gebieten zurückgreifen.

Beachten Sie bei derartigen Zielsetzungen, daß von September bis Mitte Juni als Transportmittel innerhalb Spitzbergens oft nur der teure **Hubschrauber** in Frage kommt, der allerdings auch nicht überall landen darf (Nationalparks, Naturreservate). Auf den Fjorden kann man meist von Januar bis April mit tragfähigem Eis rechnen, jedoch nicht immer und überall (abhängig von Temperatur, Windrichtung, örtlichen Strömungen, Gasaustritten, Fahrrinnen von Eisbrechern u.a.).

Die fehlende verkehrsmäßige Erschließung der Inselgruppe wird bei ehrgeizigen Planungen oft übersehen. So trifft man wiederholt auf Gruppen, die z.B. innerhalb von vier Wochen verschiedene Touren im Gebiet Newtontoppen/Perriertoppen (höchste Berge der Hauptinsel) planen, dann im für Klettertouren besonders reizvollen Nordwesten (festes Gestein) und außerdem womöglich noch ein paar Dinge um Longyearbyen machen wollen. In den Westalpen mit ihrem Straßennetz ist Vergleichbares kein Problem, in Spitzbergen ohne Hubschraubereinsatz hingegen schlicht unmöglich.

Für das oft umfangreiche Material solcher Expeditionen kommt zum Transport nach Spitzbergen während der eisfreien Zeit vor allem das **Versorgungsschiff** in Frage, das von Bodø in Norwegen aus verkehrt (kein Passagiertransport!). Weitaus teurer, im Winter jedoch in der Regel die einzige Möglichkeit und ansonsten auch schneller, ist die **Luftfracht**. Wenden Sie sich diesbezüglich an die SAS-Fluggesellschaft.

Große Teile **Zentral- und Ostspitzbergens** sind für Kletterer aufgrund ihres Reliefs und vor allem des brüchigen Sedimentgesteins ungeeignet, da die weicheren Sedimente so intensiv und tiefgehend aufgebrochen sind, daß schon eine 3 m hohe Felsstufe mangels sicherer Griffe zum unüberwindlichen Hindernis werden kann. Die alpinistisch interessanten anspruchsvolleren Gebiete mit hartem, kristallinen Gestein liegen überwiegend abseits. Es sind dieses:

- **Nordwesten:** klassisches Ziel zwischen Krossfjord, Liefdefjord und Smeerenburgfjord. Hier sind jedes Jahr einzelne alpinistische Sommerexpeditionen unterwegs. Reizvoll-wilde Berg- und Gletscherlandschaft, der Spitzbergen den Namen verdankt.
- **Südliches Ny Friesland**: ein seltener besuchtes Gebiet mit den höchsten Gipfeln Spitzbergens überhaupt. Hier sind noch zahllose neue Routen in teilweise imposanten Wänden möglich, außerdem auch ausgedehnte Gletschertouren.
- **Südwesten**: Zwischen **Recherchefjord** (Bellsund) und **Hornsund** einschließlich dessen Südseite liegt ein weiterer Bereich mit hartem Fels und interessanten Tourenmöglichkeiten auf der Westseite der Hauptinsel.

✋ Eine Konsequenz aus der Abgelegenheit ist, daß Unfälle noch problematischer sind als etwa in den Alpen, da das **Rettungswesen** in Spitzbergen natürlich längst nicht so schnell am Unglücksort sein kann wie in stark erschlossenen Gebieten. Auch Basislager müssen ein deutliches Maß an Unabhängigkeit bieten, sowohl hinsichtlich der Vorräte als auch extremerem Klima, um auf Unerwartetes eingerichtet zu sein.

Veranstalter werden aufgrund des hohen Risikos zwar in den meisten Fällen keine Klettertouren im Programm haben, eine Zusammenarbeit bietet sich jedoch für Klettergruppen dahingehend an, daß man einem Spitzbergen-Spezialisten die Organisation des Basislagers etc. überläßt, und sich die Kletterer so vor allem auf die Touren im Zielgebiet konzentrieren können.

Bei der Finanzplanung ist in jedem Fall zu berücksichtigen, daß in der Regel von alpinistischen Expeditionen als Genehmigungsvoraussetzung der Nachweis einer hohen **Versicherungsabdeckung von Such- und Bergungskosten** gefordert wird (☞ Reise-Infos von A bis Z - Versicherungen). Auch hier kann die Zusammenarbeit mit einem Veranstalter kostendämpfend wirken, da dieser die verschiedenen Versicherungsforderungen für mehrere Gruppen kostensparend bündeln kann.

Paddeltouren

Auf den ersten Blick erscheint ein Paddelboot in Spitzbergen angesichts der extrem von Fjorden zerrissenen Küstenlinie und der Unwegsamkeit des Geländes hervorragend zum Vorankommen geeignet. Dennoch sind pro Jahr in der Regel weniger als 30 Paddler in Spitzbergen unterwegs. Das Spektrum der Touren reicht dabei von einer kurzen Tour entlang der Südküste des Isfjords, bis hin zur 1.000-km-Strecke rund um die Hauptinsel.

Die geringe Bedeutung von Paddeltouren hat mehrere Ursachen: Zum einen ist der **Transport teuer**. Paddelboote können in Spitzbergen nicht gemietet werden, müssen daher per Fracht hin- und wieder zurücktransportiert werden. Pro Strecke kostet dies als Seefracht (Bodø - Longyearbyen) etwa DM 250, wobei sich durch die getrennte Anreise von Boot und Fahrer (Flugzeug ab Tromsø) zusätzliche Umstände und Wartezeiten entstehen. Luftfracht ab Tromsø kostet pro Boot etwa DM 400; u.U. müssen Sie auf eine weniger ausgelastete Maschine warten. Für den Rückweg gelten dieselben Bedingungen.

Für den Einsatz unter arktischen Bedingungen muß die **Ausrüstung** einwandfrei sein. Für Paddeltouren kommen nur hochwertige **Eskimokajaks** oder **Faltboote** (Klepper Aerius I Expedition) mit Zusatzausrüstung (Hecksteuerung, Kompaß, Ersatzpaddel, Spritzdecke/Schürzen, Gewehrhülle u.a.) in Frage sowie wegen der umfangreichen Ausrüstung im Grunde nur Einer. Dazu kommt eine vollwertige **Überlebenskleidung** (also mit angeschnittenen Schuhen und wasserdicht ums Gesicht abschließender Haube, wasserdicht ansitzenden Handschuhen und insgesamt guter Isolation) angesichts des eisigen Wassers.

Das Paddeln im Überlebensanzug, rundum hermetisch abgeschlossen, ist nicht jedermanns Geschmack. Häufiger Wind und entsprechender Seegang erschweren gerade bei Paddeltouren die Zeitplanung; die wesentliche Überschreitung der Zeitplanung durch Unterschätzung des Hindernisses Wind ist ein typischer Fehler. Paddeltouren fern jeglicher Hilfe erfordern eine umfangreiche Erfahrung, Kondition und perfekte Technik. Es sei darauf hingewiesen, daß pro Saison bis zu 2/3 der Spitzbergen bereisenden Paddlerteams Such- und Rettungsaktionen provoziert haben, aus verschiedensten Gründen (Festsitzen auf der Insel wegen von Eisbären zerstörtem Boot, Erschöpfung, Überschreitung der Zeitplanung etc.).

Ungeachtet dieser Probleme gibt es einen kleinen Kreis von Paddelfreunden, die es immer wieder nach Spitzbergen zieht.

Spezielle **Probleme** bei Paddeltouren in Spitzbergen sind:

- **Wind**: Die unvorhersehbaren Windverhältnisse machen die Zeitkalkulation für größere Touren sehr unsicher. Ungünstiger Wind kann Paddler ohne weiteres tagelang am Verlassen einer Landestelle hindern. Die raschen Änderungen der Windverhältnisse können außerdem beim Passieren von Küstenteilen ohne Landemöglichkeit (Gletscherfronten, Steilküsten, teilweise viele Kilometer lang) in Schwierigkeiten bringen.
- **Kollisionen**: Gerade im ufernahen Bereich gibt es kaum verläßliche Seekartenangaben. Grundberührungen sind daher, speziell bei Wellen, unerwartet auch einige hundert Meter vom Strand entfernt möglich. Besonders tückisch sind einzelne Felsblöcke, die noch nicht groß genug sind, um die Wellen daran deutlich brechen zu lassen. Auch mit Kollisionen mit Treibholz, kleinen scharfkantigen Eisstücken etc. ist zu rechnen.
- **Flutwellen**: Als Paddler den Bereich vor Gletscherfronten, die kalben könnten, meiden. Auch in etlichen hundert Metern Abstand kann das durch Kalben ausgelöste Flutwelle noch gefährlich sein. Insbesondere in flachem Wasser kann sie sich hoch aufbauen und brechen. Auch bei Landungen in Gletschernähe müssen deshalb auch in geschützten Buchten die gesamte Ausrüstung und die Boote hoch hinauf über den Strand gezogen werden. Unterseeische Gletscherausläufer können zu Unterwasserkalbungen mit weit vor der sichtbaren Eisfront hochschießenden Eisblöcken führen.
- **Meereis**: Treibeis oder sich bei größerer Kälte frisch bildender Eisschlamm können ein Boot auf dem Wasser gefangenhalten, da man es auch bei größter Anstrengung auf die Dauer nicht schafft, gegen diese Bremser anzukämpfen - insbesondere nicht bei ungünstigem Wind. Hinzu kommt das Risiko von Schäden am Boot.
- **Eisbären**: Besonders nach dem Landen auf Inseln kann ein neugieriger Eisbär, der unbemerkt ein Kajak zerstört, den Paddler zum Gefangenen machen, der die Insel ohne fremde Hilfe nicht mehr verlassen kann.

⇨ **Mit Veranstalter**: Aufgrund des hohen Risikos werden Paddeltouren nur von wenigen Veranstaltern angeboten; Spitzbergen-Spezialisten fragen!

⇨ **Selbst organisiert**: Paddler auf eigene Faust benötigen eine Genehmigung ihrer Tour durch den Gouverneur (im eigenen Interesse genau beschreiben, auch genaue Angaben zur Ausrüstung, schon um die Ernsthaftigkeit des Projektes zu belegen). Paddler müssen in der Regel damit rechnen, daß von ihnen der Nachweis einer hohen Bankgarantie oder Versicherung gefordert wird, die sämtliche **Such- und Rettungskosten** bis z.B. nkr 300.000 Kosten übernimmt. Die Versicherung muß z.B. auch Kosten einer Suchaktion abdecken, selbst wenn diese nur durch wetterbedingte Verspätung ohne Unfall verursacht wurde; hierfür zahlen z.B. die meisten normalen Reiseversicherungen nichts (☞ auch Reise-Infos von A bis Z - Versicherungen).

Besuch per Yacht

Pro Jahr laufen 20-30 Segelyachten mit insgesamt ca. 150 Seglern an Bord Spitzbergen an; reine Motoryachten sind weitaus seltener.

📖 Ergänzend zu diesem ReiseHandbuch empfiehlt sich für Segler als Lektüre sicherlich folgendes zweisprachige Buch (Norwegisch/Englisch): "Den norske los/Arctic Pilot, Bind 7/volume 7, Svalbard - Jan Mayen", herausgegeben vom norwegischen Seekartenwerk (Norsk sjøkartverk), leicht überarbeitete neue Auflage von 1991/92, 400 Seiten mit nautischen Informationen und Landeskunde.

Wer nach Spitzbergen segeln möchte, sollte über ein **besonders stabiles Schiff** verfügen, vorzugsweise aus Stahl, insbesondere, wenn die Reise bis an die Packeisgrenze führen soll oder wenn die (allerdings nur in besonders guten Jahren mögliche) Umrundung von Spitzbergen ins Auge gefaßt wird.

Die Ausrüstung sollte um einen **Grenzwellensender** erweitert werden. Außerdem ist ein **Radargerät** erforderlich, wenn man bei unsichtigem Wetter in Küstennähe kreuzen will. Insgesamt sollte die Segelyacht so ausgerüstet sein, daß nahezu alle Reparaturen ohne fremde Hilfe durchgeführt werden können. Mindestens ein Segler sollte bereits Erfahrung im Segeln in der Nähe von oder im Eis haben.

Die **beste Zeit** für eine Spitzbergentour ist etwa Anfang bis Mitte August, da dann das Eis einerseits bereits deutlich zurückgewichen ist, andererseits aber rund um die Uhr noch gute Lichtverhältnisse herrschen. Ab Ende August ist außerdem schon eher mit Sturm zu rechnen.

Von Süden kommend, sollte man zunächst die Westküste Spitzbergens ansteuern, da diese in den Sommermonaten in der Regel eisfrei ist (häufig Treibeisfelder noch um das Südkap herum und ein Stück die Westküste hinauf). Als erste Anlaufhäfen kommen Barentsburg, Longyearbyen und Ny Ålesund, wo - abweichend von den Angaben des Deutschen Seehandbuchs - **Diesel und Wasser** erhältlich sind, in Frage. Eventuell lassen sich Diesel und Trinkwasser auch (nicht zuviel erwarten) in Barentsburg bunkern.

Von der Westküste aus kann man dann, nachdem man sich über die Eislage informiert hat, bis an die **Packeisgrenze** segeln, allerdings sollte hierzu eine Wetterlage mit leichten oder südlichen Winden abgewartet werden. Das Umrunden von Spitzbergen gelingt meist nicht, da die Hinlopenstraße oftmals durch Packeis oder festes Treibeis versperrt ist.

Erreichbar ist hingegen oft die Insel **Moffen**, die bei nur 2 m Höhe sorgfältig angesteuert werden muß, da man sonst vorbeisegelt. Sie ist der wichtigste Lebensraum der in Spitzbergen nahezu ausgerotteten Walrosse und deshalb zum Schutzgebiet erklärt worden (Annäherung nur auf 300 m gestattet, keine Landung, hohe Strafen bei Verstößen - mehrfach wurden bereits nkr 5.000-10.000 von Yachten für Nichteinhalten des Mindestabstandes kassiert).

Auf dem Rückweg ist der **Smeerenburgfjord** empfehlenswert. Von dort aus kann man weiter in den **Magdalenefjord** gelangen und kurz vor dem Gletscher hinter der Gräberhalbinsel ankern. Mit einem Beiboot ausgestattet, sollte man sich dann Gletschereis (nicht die Abbruchkante ansteuern!) für den obligaten Spitzbergen-Whisky besorgen.

Die **Kartierung der See um Spitzbergen** ist noch längst nicht abgeschlossen, entsprechend ungenau sind die Karten teilweise. Besonders problematisch und sich verändernd sind die Verhältnisse vor Gletscherfronten, wo der Meeresboden durch vom Gletscher abgelagerte Unterwasser-Moränen oft auf kürzester Strecke extreme Reliefunterschiede aufweist. Speziell hier haben die Seekarten geringen Wert - da hilft nur langsame Fahrt, möglichst unter Motor, genaue Beachtung des Echolotes und in Flachwasser eventuell zusätzlich Feststellen der Tiefe von Hand mit einer Stange.

Mit einzelnen großen, vom Gletscher auf dem Meeresboden abgelagerten Felsblöcken ist zu rechnen, auch im Hinblick auf die Beschädigung des Propellers von Schlauchbooten bei Landemanövern am Strand. Da sich die Gletscherfront von einem Jahr zum anderen u.U. um mehrere Kilometer verschieben kann, ist ein Abschätzen der Entfernung zur Front und ein Vergleich mit der Karte zur groben Positionsbestimmung ungenügend!

Erleichtern Sie der norwegischen Verwaltung ihre Arbeit und ersparen Sie sich selbst eventuellen Ärger, indem Sie von sich aus Ihre Ankunft in Spitzbergen, Ihre Crewstärke und Ihr ungefähres Programm beim

Sysselmann melden (Vorschrift). Dies dient auch Ihrer Sicherheit. Informieren Sie sich über die Schutzgebiete, in denen Landungen verboten sind, um die Tierwelt nicht bei der Aufzucht ihres Nachwuchses zu stören.

Halten Sie Abstand von ins Meer abbrechenden Gletscherfronten, deren Kalben starke Flutwellen auslösen kann. Durch untermeerisches Kalben können auch vor der sichtbaren Front plötzlich Eisberge nach oben schießen! Behalten Sie auch an Bord die **Möglichkeit unangemeldeten Eisbärenbesuchs** im Auge - 1-2 großkalibrige Gewehre mit passender Munition und das entsprechende Training im Umgang damit gehören auch zu einem Bootstörn nach Spitzbergen!

Da ich kein Segler bin, danke ich Herrn Krämer als erfahrenen Eismeersegler für einen wesentlichen Teil des vorhergegangenen Textes.

Besuch mit dem Privatflugzeug

Jahr für Jahr zieht es einzelne Privatpiloten mit Sportmaschinen zum nördlichsten öffentlichen Flughafen der Welt in Longyearbyen. Geeignetster Ausgangspunkt ist hierfür der **Flughafen von Tromsø**, daneben auch **Alta** und **Banak**.

Beachten Sie, daß Ihnen auf diesem Flug **kein Ausweichplatz** zur Verfügung steht. Falls eine Landung in Longyearbyen wetterbedingt nicht zustande kommt, muß eine Rückkehr nach Nordnorwegen noch möglich sein! In Spitzbergen gibt es zwar noch zwei private Pisten, die jedoch für Notlandungen nicht vorbereitet und zumindest im Falle von Sveagruva auch schwer ansteuerbar sind.

Auch für den Piloten ist die Arktis weitgehend unerschlossen (Funkfeuer auf der Strecke nur Bjørnøya und Isfjord Radio); eine **Instrumentenflugberechtigung** ist daher erforderlich, Loran C oder GPS zweckmäßig. Wir haben GPS erfolgreich selbst nördlich von Sjuøyane und bei Kvitøya genutzt. Ferner sollte zur eigenen Sicherheit ein vollwertiger **Survivalanzug** getragen und die Maschine zusätzlich mit einer **Rettungsinsel** ausgestattet sein. Ein **einziehbares Fahrwerk** ist im Falle einer Notwasserung sehr nützlich (geringeres Überschlag-Risiko). Darüber hinaus sollte Ihre Ausrüstung ein **Notbiwak** (Zelt, Schlafsack, Stiefel, Wetterkleidung, Gewehr, Signalpistole, Satelliten-Notpeilsender, Notverpflegung, Apotheke) enthalten.

Als **Karten** dienen für Norwegen die ICAO-Blätter 1:500.000 bzw. für Svalbard 1:1.000.000. Für Flüge im Bereich der Inselgruppe sollten zu Feinorientierung im Sichtflug zumindest die vier topographischen Blätter 1:500.000 bzw. die bereits erschienenen Blätter 1:200.000 vorhanden sein, wobei der rasche Wandel in der Landschaft, vor allem der Gletscher, bei älteren Karten gelegentlich gutes Orientierungsvermögen erfordert.

Es ist sinnvoll, während des Anflugs bereits über Bjørnøya Radio beim **Tower Longyearbyen** (24 Std. besetzt) die aktuelle Wetterlage abzufragen, um erforderlichenfalls frühzeitig umkehren zu können. Der Tower verfügt über eine Empfangsstation für Wetter-Satellitenbilder, so daß dort die aktuelle Wetterlage über ganz Svalbard in groben Zügen bekannt ist.

☺ Lohnend ist für eine solche Reise mit dem Sportflugzeug eine "**Weekly-Season-Card**", die sich angesichts der Lande- und Streckengebühren schon nach zwei innernorwegischen Flügen lohnt und auf jedem größeren Flughafen erhältlich ist. Sie gilt auch für Longyearbyen.

Treibstoff für den Flug muß in Longyearbyen am Flughafen im voraus bestellt werden, möglichst schon drei Monate vor Ankunft!

Für seine Unterstützung bei diesem Kapitel bedanke ich mich bei Herrn Prof. Gericke.

Unmögliche und unerwünschte Reiseformen

Die Erfahrung mit teilweise erstaunlichen Anfragen und Beobachtungen vor Ort legt es nahe, darauf hinzuweisen, daß bestimmte Reiseformen in Spitzbergen unmöglich oder nicht ratsam sind.

Bus-, Auto-, Wohnmobil- und Campingwagenreisen

Angesichts von etwa 70 km Wegenetz im Ortsbereich Longyearbyen und da es keine Straßenverbindung zwischen den Siedlungen gibt, wenig sinnvoll. Geländefahrten sind bei aufgetauter Bodenoberfläche verboten, um die Zerstörung der Vegetation zu verhindern. Busreisegruppen in Norwegen schließen inzwischen teilweise einen Abstecher nach Spitzbergen per Flugzeug ab und bis Tromsø ein.

Fahrradtouren

Im weit gestreuten Longyearbyen mag ein Rad gelegentlich wünschenswert erscheinen (kann in der Regel gemietet werden), ansonsten fehlen für größere Strecken die Wege. In den letzten Jahren haben vereinzelt Besucher den Einsatz von Mountainbikes ausprobiert, der jedoch weder besonders effektiv ist (Morast, Schnee, schwerer Schutt), noch umweltverträglich, da die Vegetation an den Hängen unverhältnismäßig stark leidet. Es gibt bereits konkrete Überlegungen für ein Verbot von Geländefahrten mit Fahrrädern auf aufgetautem Grund.

Hüttenurlaub
Spitzbergen hat keinerlei Touristenhütten im Gelände, man kann sich weder in eine Ferienhütte einmieten noch von Hütte zu Hütte wandern. Die wenigen noch unverschlossenen Hütten dürfen nur in echten Notfällen genutzt werden.

Motorboottouren
Aufgrund unzureichender Sicherheit wurde ab 1989 der kommerzielle Einsatz von offenen Motorbooten über größere Strecken zum Personentransport untersagt.

Höhepunkte Spitzbergens auf einen Schlag
Mangels verkehrsmäßiger Erschließung läßt sich der Wunsch nach einer Reise, die innerhalb kürzester Zeit alle wesentlichen Punkte und Sehenswürdigkeiten Spitzbergens "abhakt", nicht erfüllen. Per Schiff würde eine solche Reise unter optimalsten Eisbedingungen wohl 2-3 Wochen erfordern (Charter pro Tag: nkr 17.000). Derartige Wünsche tauchen sowohl bei Reisenden auf, die sich lediglich motorisiert von einer Attraktion zur anderen bewegen möchten, um so ganz Spitzbergen "abzuhaken" als auch bei Bergsteigern, die Spitzbergens wichtigste Tourengebiete z.B. in 5 Wochen "abgrasen" möchten (z.B. Nordwesten + Newtontoppen-Gebiet im Nordosten + Hornsundtind im Süden) und diese Planung im Stile des Alpen-Tourismus mit schnellem, motorisiertem Ortswechsel aufstellten, ohne die fehlende Erschließung Spitzbergens zu berücksichtigen. Teilweise lassen sich zumindest außerhalb der Schutzgebiete solche Traumprojekte zwar theoretisch mit massivem Hubschraubereinsatz verwirklichen (Landeverbot in Schutzgebieten), aber das ist den meisten doch zu teuer.

Gerade Individualtouristen rate ich daher, mit ihren Wunschvorstellungen auf dem Boden der sehr begrenzten tatsächlichen und bezahlbaren Transportmöglichkeiten zu bleiben. Am nächsten kommen dieser Wunschvorstellung **Umrundungen der Hauptinsel**, wie sie mit kleinen Küstenschiffen mit ein oder zwei Wochen Dauer angeboten werden. Insgesamt entzieht sich ein so ursprüngliches Land wie Spitzbergen dem eiligen Tourismus.

Zusätzliche Hinweise für nichttouristische Besucher

Forscher

Angesichts der Vielfalt von Forschungsvorhaben läßt sich hier kein Patentrezept für alle stricken. Wer in der klassischen Feldforschung draußen im Gelände engagiert ist, findet die in der Regel passenden Tips in den Abschnitten zu Wander- und Trekkingtouren und im Ausrüstungskapitel.

Für die **Koordination der Forschung** in Spitzbergen ist das **Norsk Polarinstitutt** in Oslo zuständig (Umzug nach Tromsø wird vorbereitet). Eine Kontaktaufnahme ist für Forschungsprojekte sicherlich sinnvoll, auch im Hinblick auf die gemeinsame Nutzung von Ausrüstung, Transportmitteln etc. sowie auf eventuell bereits durchgeführte ähnliche Arbeiten.

In Deutschland hat das **Alfred-Wegener-Institut** in Bremerhaven eine zentrale Stellung für Forschungsprojekte in Spitzbergen, da es über die einzige ganzjährige deutsche Forschungsbasis in Spitzbergen (Ny Ålesund) und über den Forschungseisbrecher "Polarstern" verfügt.

Hinsichtlich der Einrichtung von Gelände-Camps, Transporten etc. ist die Kontaktaufnahme mit spezialisierten Reiseveranstaltern ein naheliegender Ansatzpunkt, gerade wenn zur Erleichterung der Bewilligung des Forschungsmittelantrags kostengünstige Organisationsmöglichkeiten gesucht werden.

Eine spezielle Möglichkeit ist die **Kombination einer wissenschaftlichen Arbeit** (Diplomarbeit, Promotion) und der dafür erforderlichen Datenerhebungen in Spitzbergen **mit einer Tätigkeit als Tourenbetreuer** vorher oder hinterher. Viele meiner Tourenbetreuer sind Studenten mit entsprechender Erfahrung. Gerade bei einer Diplomarbeit ist es eher möglich, ein Thema zu einem so reizvollen Arbeitsgebiet wie Spitzbergen vom Institut genehmigt zu bekommen, wenn durch die Kombination mit einer Tätigkeit als Tourenbetreuer finanzielle Belastungen für das Institut und den Studenten stark eingegrenzt werden können.

Journalisten

Während der letzten Jahre setzte ein **zunehmender Andrang** von Reportern, Fotografen, Film- und Fernsehteams in Spitzbergen ein. Das Spektrum ist dabei nicht nur in der Aufgabenstellung, sondern auch hinsichtlich der Qualität der vorangegangenen inhaltlichen und organisatorischen Vorbereitung sowie der materiellen Ausstattung sehr breit. Dies wird immer wieder sowohl in der Beratung solcher Projekte als auch aus der Beobachtung vor Ort sehr deutlich.

Hinsichtlich der journalistischen Arbeitsbedingungen in Spitzbergen sollte man sich keine Illusionen machen. Zentraler **Ansprechpartner** ist in den meisten Fällen das Amt des Sysselmanns in Longyearbyen, das allerdings gerade in den Sommermonaten eine Vielzahl von Aufgaben zu erfüllen hat. Journalistische Besucher können hier sicherlich mit Informationen und Tips rechnen.

Als weltferne Träumerei hat es sich schon häufiger erwiesen zu glauben, daß hier am Ende der Welt ein Presseausweis oder der Verweis auf die Zugehörigkeit zu einem größeren Sender oder einer Zeitung den Zugriff auf die Tasche des norwegischen Steuerzahlers in Form von Freiflügen, Seetransporten o.ä. öffnet. Da derartige Wünsche den zuständigen Mitarbeitern des Gouverneurs jährlich dutzendweise in teilweise aufdringlicher Form mitgeteilt werden, ist eine gelegentliche Müdigkeit gegenüber Journalisten verständlich und besondere Kontakte oder gute norwegische Referenzen sind normalerweise Voraussetzung, um eine Aussicht auf massivere Unterstützung durch den Gouverneur zu haben.

Journalistische Arbeit in Spitzbergen ist genauso kosten- und vorbereitungsintensiv wie jede andere Reise dorthin, sobald Longyearbyen verlassen werden soll.

Zeit und **Korrektheit** ist auch erforderlich, um ein gewisses örtliches Mißtrauen zu überwinden, das aus Erfahrung mit Kollegen erwachsen ist, die versuchten, durch Tricks, Täuschungen und Vertrauensmißbrauch mit minimalem Aufwand auf Kosten örtlicher Hilfsbereitschaft, die rasche Sensationsgeschichte oder die exotisch-abenteuerliche Diaschau zusammenzubasteln. Wer ernsthaft bereit ist, sich den örtlichen Verhältnissen anzupassen und Rücksicht zu nehmen, kann hier durchaus erfolgreich sein und gründliche journalistische Arbeit leisten.

Inhaltlich hat sich eine zunehmende "Nord-West-Lastigkeit" der Berichterstattung entwickelt: Eine Schiffstour die Nordwestküste hinauf und wieder herunter zwischen Moffen, Magdalenefjord und Longyearbyen einschließlich Barentsburg und Ny Ålesund ist Bestandteil fast jeder Reportage, obwohl dies sowieso schon die bekanntesten Bereiche Spitzbergens sind, dadurch daß Tausende Teilnehmer von Kreuzfahrten jedes Jahr hierherkommen, und dieser regelmäßig journalistisch bearbeitete Küstenabschnitt nur ein kleiner (und landschaftlich nicht einmal besonders repräsentativer) Bereich der Inselgruppe ist. Dabei gäbe es durchaus noch andere kaum bearbeitete Spitzbergen-Themen!

Tagungen

Zumindest innerhalb Norwegens, wo Tagungen mit Rahmenprogramm eine offenbar beliebtere Auflockerung des Firmenalltags sind als anderswo, hat sich Spitzbergen zu einem **interessanten, exotischen Tagungsort** entwickelt, der auch jene noch zu solchen Veranstaltungen lockt, die sonst schon alles kennen. Auch aus anderen Ländern wurde diese Möglichkeit mittlerweile entdeckt.

Bisher gab es hierfür - neben den sicherlich höheren Kosten - zwei wesentliche Vorbehalte: zu wenig Komfort und zu kleine Kapazitäten. Ersteres bezieht sich vor allem auf die Unterkünfte, wo es bisher an genügenden Zimmern mit dem für solche Zwecke meist gewünschten hohen Standard mangelt. Dieser Punkt dürfte sich schon 1994 ändern, da das Angebot an entsprechenden Unterkünften durch Neubauten erweitert wird. Die Kapazitätseinschränkung betrifft größere Konferenzen: Bei 120 Personen liegt die Obergrenze, bei den Rahmenprogrammen (z.B. Fjordfahrten) oft auch schon deutlich darunter, und aufwendige Konferenztechnik (Simultanübersetzung etc.) ist natürlich auch nicht vorhanden. Ansprechpartner für die Organisation von Tagungen in Spitzbergen sind auf die Inselgruppe spezialisierte Reiseveranstalter. Angesichts der begrenzten örtlichen Kapazitäten ist gerade bei größeren Gruppen eine frühzeitige Planung wichtig.

Arbeitsmöglichkeiten

Arbeitsmöglichkeiten für Nicht-Norweger in Spitzbergen sind **sehr begrenzt**, sofern man nicht für eine Firma oder Institution tätig ist, die

Eine der zahlreichen Bachquerungen im Inland ☞

gerade einen Auftrag in Spitzbergen ausführt (z.B. Wartung von deutscher Bergwerksausrüstung etc.). Auf eine ausgeschriebene Stelle in Spitzbergen bewerben sich in der Regel Dutzende von Norwegern, die dann natürlich in der Regel "Heimvorteil" haben - nicht nur wegen der Sprache, sondern auch hinsichtlich ihrer auf norwegische Verhältnisse ausgerichteten Ausbildung. Nur mit **speziellen Berufen** und **Zusatzqualifikationen** gibt es einigermaßen gute Chancen, einen Arbeitsplatz in Spitzbergen zu finden, etwa als Anästhesie-Krankenschwester.

Jedem steht natürlich die Möglichkeit offen, sich als **Selbständiger** in Spitzbergen niederzulassen. In der Praxis kommt dies jedoch außerhalb des Tourismus nur für Unternehmen in Frage, die wenig auf direkten Kontakt mit ihren Kunden und auf größere oder schnelle Materiallieferungen angewiesen sind. Angesichts der guten Anbindung an das weltweite Kommunikationsnetz wären also vor allem Unternehmen denkbar, die standortunabhängig sind und mit der Außenwelt primär über Datenwege kommunizieren. Dies kann etwa auf Unternehmen im Bereich Finanzmarkt, Datenbank, Werbegrafik oder Design zutreffen.

Deutliche **steuerliche Anreize** bestehen, allerdings nur für Personen und Firmen, die sich überwiegend in Spitzbergen befinden und dort auch tatsächlich ihre Leistungen erbringen (keine Briefkastenfirmen). Spitzbergen ist im Doppelbesteuerungsabkommen zwischen Deutschland und Norwegen ausdrücklich ausgenommen; ähnliches gilt vermutlich auch für andere Länder. Einkünfte in Spitzbergen unterliegen also eventuell der Besteuerung in beiden Ländern. In Spitzbergen ist man ab einmonatiger Erwerbstätigkeit steuerpflichtig. Ansprechpartner für Unternehmensansiedlung ist SNU (Svalbard Næringsutvikling) in Longyearbyen.

☺ Wer über ausreichend Erfahrung mit Wander- oder Skitouren verfügt und gut mit Menschen umgehen kann, etliche Wochen (5-6 sollten es in der Sommersaison schon sein) Zeit hat und nicht unbedingt darauf angewiesen ist, in dieser Zeit möglichst viel Geld zu verdienen, hat eventuell die Möglichkeit, als **Betreuer für Spitzbergen-Reiseveranstalter** zu arbeiten. Finanziell kommt man dabei in der Regel mit plus/minus Null heraus, hat aber die Möglichkeit, das Land auf diese Weise sehr günstig kennenzulernen. Angenehm ist dies insbesondere, wenn der Veranstalter die Betreuer nicht ständig im Einsatz hat, sondern ihnen zwischendurch auch die Möglichkeit eigener Aktivitäten gibt, für die eventuell auch die Infrastruktur und Spezialausrüstung des Veranstalters mitgenutzt werden kann.

Kommentar: Umweltverträglicher Tourismus - Tourismuspolitik am Scheideweg

Bis gegen Ende der achtziger Jahre spielte Tourismus in der Spitzbergen-Politik eine geringe Rolle, da Norwegen auf die Kohle als Basis norwegischer Aktivität in Spitzbergen setzte. Die **Steuerung des Tourismus** erfolgte in dieser Zeit im wesentlichen auf eine ebenso beeindruckend einfache wie für den Schutz der Natur erfolgreiche und zugleich zwanglos-elegante Weise: Man verzichtete schlicht auf die flächenhafte Erschließung des Landes. Im Prinzip steht nahezu jeder Teil Spitzbergens mit Ausnahme Kong-Karls-Landet zumindest zeitweise dem Reisenden offen. Wer allerdings aus dem unmittelbaren Bereich der Siedlungen hinaus will, muß hierfür einen teilweise erheblichen körperlichen und/oder finanziellen und/oder zeitlichen Aufwand betreiben, der den Kreis dieser Reisenden auf die kleine Schar der wirklich Begeisterten beschränkt. Durch indirekte Zugangserschwerungen (z.B. Verbot von Luftfahrzeuglandungen und Motorschlitteneinsatz in Nationalparks und Naturreservaten) wurde dieser Steuermechanismus noch verstärkt.

Der Spitzbergen-Tourismus beschränkt sich daher heute in der überwiegenden Zahl auf die **Siedlungen** und auf **Schiffe** - beides aus ökologischer Sicht Tourismusformen, die auch in größeren Zahlen wenig Schaden anrichten, bzw. deren Schäden sich örtlich sehr stark eingrenzen lassen oder sowieso bereits stark beeinträchtigte Gebiete nutzen. Jeder Besucher kann theoretisch auch hinaus ins Inland, aber ohne Wege, Brücken oder Hütten ist dies der großen Mehrheit zu mühsam. Die Zahl begeisterter Wanderer, die tatsächlich zum "Bezahlen" dieses "Eintrittspreises" bereit sind und in die Wildnis hinaus vordringen, bleibt dadurch so gering, daß sie bei rücksichtsvollem Verhalten für die Natur keine dauerhafte Bedrohung sind. Davon profitieren auch diese wenigen Reisenden, die auf diese Weise die erhoffte Einsamkeit vorfinden.

Die norwegische Verwaltung hat gleich einen doppelten Vorteil bei der **Überwachung der Touristen** draußen im Gelände: Erstens sind dort nur wenige unterwegs und zweitens findet fast der ganze Spitzbergen-Tourismus aufgrund der verschiedenen Schwierigkeiten bei Reisen auf eigene Faust mit Spezialveranstaltern statt, die leicht zu überwachen sind, Erfahrung haben und sich schon aus Interesse an der Fortsetzung ihrer Aktivitäten eher an die Naturschutzvorschriften festhalten, als mancher Individualreisende.

Dieses so wirkungsvolle Instrument der **Tourismussteuerung durch Verzicht auf Erschließung** ist in Spitzbergen so leicht anwendbar, weil hier keine verstreut lebende Bevölkerung mit einer Infrastruktur versorgt

und verbunden werden muß, die dann das Land auch dem Tourismus öffnet, und weil Spitzbergen so isoliert und abseits liegt, daß auch kein touristischer Druck von Nachbargebieten vorhanden ist. Hinzu kommt die Verteilung des Grundeigentums auf nur einen großen (norwegischer Staat) und zwei kleine Grundeigentümer (Trust Arktikugol und Familie Horn) als Erleichterung.

Mit dem **Niedergang der Kohle** als wirtschaftlicher Basis Spitzbergens und der sich abzeichnenden Erschöpfung der Kohlegruben um Longyearbyen und der daher eventuell drohenden Erschließung des zentralen Inlandes für ein neues Bergwerk veränderte sich das Gewicht, das dem Tourismus als Wirtschaftsfaktor und Hoffnungsträger für Spitzbergen durch die norwegische Politik beigemessen wird. Da man eine vollwertige norwegische Siedlung in Spitzbergen auf alle Fälle zur Untermauerung der Souveränität aufrechterhalten möchte, müssen die durch den schrittweisen Ausstieg aus der Kohle wegfallenden Arbeitsplätze zumindest teilweise ersetzt werden.

Diese **Aufwertung des Tourismus** zeigt in den Jahren seit 1990 einige beunruhigende Auswirkungen, die auf ein Aufgeben des oben genannten eleganten, umweltschonenden Steuermechanismus hindeuten, ohne daß hierfür ein Zwang erkennbar wäre. Zunächst wurde 1990/91 durch NINA (Norsk Institutt for Naturforskning - Norwegisches Institut für Naturforschung) ein **Entwurf für einen touristischen Flächennutzungsplan** (Utkast til forvaltningsplan for turisme og friluftsliv på Svalbard) vorgelegt, um die touristische Entwicklung Spitzbergens kontrolliert zu vollziehen. Die darin erstmals dargelegten Vorstellungen einer Aufteilung Spitzbergens in touristische Nutzungszonen lieferten das Konzept, das eine flächenhafte Erschließung fast aller Teile Spitzbergens, die nicht in Nationalparks oder Naturreservaten liegen, für den Tourismus vorsieht.

Im Gegensatz zur bisherigen Politik schlägt dieser Plan die Erschließung dieser großen Gebiete durch ein **Netz markierter Wanderrouten** und sogar **Hütten für Wanderer** vor. Begründet wird dies unter anderem damit, auf diese Weise den Wandertourismus in Spitzbergen besser steuern und kanalisieren zu können. Außerdem wurde in Oslo die Entwicklung eines vielseitigen Tourismus in Spitzbergen als Ziel definiert.

1991 begann **DNT**, der norwegische Wanderverein, mit der **Markierung einer Wanderroute** von Longyearbyen nach Barentsburg. Zwar mit Genehmigung des Gouverneurs, ansonsten jedoch ohne Rücksprache mit irgendwelchen örtlichen Ortskundigen begonnen, löste dieses Projekt eine überraschend scharfe Diskussion bis ins norwegische Fernsehen aus, wobei die dilettantische Durchführung die Kritik nicht minderte: Keiner aus dem Markierungsteam kannte die Route oder hatte sonstige Spitzbergen-Erfahrung, so daß die Männer z.B. erst vor Ort merkten, daß aufgrund der starken Frostverwitterung nur schwer ausreichend große Steine für den Bau der Steinmännchen zu finden sind. Daher schafften sie nicht einmal die Hälfte der geplanten Strecke und schon einen Monat nach ihrem Rückflug hatten erboste Wanderer - darunter offenbar etliche DNT-Mitglieder - die meisten Markierungen wieder zerstört. In Reaktion hierauf kamen Klagen von der DNT-Führung über mangelndes Diskussions- und Demokratiebewußtsein bei den Projektgegnern, ein erstaunliches Argument angesichts des völligen Verzichts auf DNT-Seite, vorher das Projekt mit ortskundigen Einheimischen oder dem gewählten Svalbard-Rat zu diskutieren.

1992 erschien erneut ein DNT-Team zum Markieren der Route, und erneut begann unmittelbar darauf wieder das Verschwinden der neuen Steinmännchen. Angesichts dieses Widerstandes dürften die vom DNT zunächst bestrittene, inzwischen aber doch zugegebene Planung weiterer Routen vorläufig illusorisch sein.

Wieso jedoch dieser Widerstand? Neben lokalpatriotischer Empörung darüber, daß sich hier wieder einmal Leute im fernen Oslo selbstherrlich über die örtliche Bevölkerung hinwegsetzen, gibt es mehrere andere Gründe, unter den speziellen Bedingungen Spitzbergens Wegmarkierungen in Frage zu stellen. Zunächst einmal ist der **Kanalisierungseffekt** zu bezweifeln, denn das Angebot markierter Wege wird vor allem eine beunruhigende Steigerung der Wandererzahlen auslösen, indem es zahlreiche Leute nach Spitzbergen lockt, die gerne auf vorgegebenen Routen wandern, während ein großer Teil des heutigen Wanderertyps in Spitzbergen die markierten Gebiete meiden und sich eine echte Wildnis in abgelegeneren Landesteilen suchen wird.

Auf dem norwegischen Festland mag in vielbesuchten Gebieten eine Kanalisierung der Wanderer auf Wege durchaus wünschenswert sein, um etwa die Erosion auf einen schmalen Pfad statt auf größere Flächen einzugrenzen. In Spitzbergen jedoch ist der Wandertourismus so gering (z.B. im ersten Teil der DNT-Route pro Saison ca. 50-100 Wanderer, in den hinteren Teilen noch weniger), daß bisher kaum Trittspuren zu sehen sind, da jeder sich seine Route sucht. Bei so geringer Belastung wird Erosion erst durch Kanalisierung ausgelöst, da dann die insgesamt geringe Trittbelastung auf eine schmale Route konzentriert wird.

Was im übrigen bei diesem Konzept weitgehend übersehen wurde, ist, daß es in Spitzbergen kaum möglich ist, über große Strecken durch Markierung eine bestimmte empfehlenswerte Route für die Sommersaison festzulegen. Bedingt durch die kurze Saison, vor allem aber durch die

Auswirkungen des **Permafrostes**, verschiebt sich die günstigste Route immer wieder hin und her, nur in wenigen Bereichen mit stabilen Geländeverhältnissen bleibt sie über die ganze Saison ziemlich gleich. Wer unter solchen Bedingungen eine Route markiert und damit unsichere Wanderer erst anlockt, führt diese über große Zeiträume der Saison auf eine ungünstige Route. So verschieben sich insbesondere günstige Querungsstellen von Bächen während der Saison auf dieser DNT-Route um mehrere Kilometer, und hier kann eine als Empfehlung aufgefaßte Markierung sogar gefährlich werden.

Spitzbergens Natur eignet sich daher nicht sonderlich für den typischen Festlands-Wandertourismus entlang vorgegebener Routen und Trampelpfade, der auch wenig Erfahrenen möglich ist. Der arktiserfahrene Wanderer braucht in Spitzbergen kaum Markierungen, sondern sucht besser eine den momentanen Geländeverhältnissen angepaßte Route. Der unerfahrene Wanderer wird nur dann von einer markierten Route profitieren, wenn die Geländeverhältnisse zufällig gerade jenen zum Zeitpunkt der Markierung ähneln - der unerfahrene Wanderer wird daher zwar durch das Versprechen markierter Routen ins Gelände gelockt, der tatsächliche Nutzen ist für ihn jedoch oft gering, wenn er nicht sogar im Hinblick auf die aktuellen Geländeverhältnisse in die Irre geführt wird.

Neben dem zu befürchtenden Einstieg in den damit erst ausgelösten **Massen-Wandertourismus** mit entsprechenden Schädigungen der Natur im Bereich der markierten Routen und gleichzeitiger Abdrängung der bisherigen Wildniswanderer in abgelegenere Landesteile ist gerade bei der von DNT gewählten Route zwischen Longyearbyen und Barentsburg der nächste Schritt naheliegend: Bau von Wandererhütten, schon aus Sicherheitsgründen, denn nicht wenige werden sich dazu verführt fühlen, diese Tour an einem Tag zu machen (es wird ja nicht dunkel), um so das Gewicht der Zeltausrüstung zu sparen. Draußen werden die meisten dann feststellen, daß die markierte Route bei weitem nicht das erfüllt, was man erwartete, und sich zu einem ungeplanten Biwak gezwungen sehen. Da taucht dann schnell die Forderung nach Hütten auf, und diese erneute Komfortsteigerung führt dann zu einem erneuten Ansteigen der Wandererzahlen.

Der nächste Schritt wäre eine "**Entschärfung**" der Wanderroute durch **bauliche Maßnahmen** (Brücken, Plankenstege à la Königsweg in Schweden) sowohl zur Eindämmung von Erosionsschäden als auch zur Unfallverhütung angesichts zunehmend angelockter Wanderer mit ungenügender Erfahrung. Im Endeffekt gelangt man so schließlich zu den "Wander-Autobahnen".

Wenn hier von einem Einstieg in den "Massen-Wandertourismus" gesprochen wird, so ist dies in arktischen Verhältnissen zu sehen. Für die empfindliche Tundra wäre eine Steigerung von derzeit maximal 100 Wanderern entlang der Route auf z.B. 500 während einer Saison sicherlich bereits schädigender Massentourismus. Aus wirtschaftlicher Sicht hingegen sind 500 Wanderer während einer ganzen Saison ungenügend, um damit z.B. die Kosten für die Markierung und einzelne Schutzhütten zu decken, zumal sicherlich nicht alle Wanderer Hütten, wo Übernachtungsgebühren zu bezahlen sind, nutzen werden, sondern stattdessen zelten.

Eine solche Erschließung des Inlandes für den Massen-Wandertourismus bliebe daher voraussichtlich ein **Minusgeschäft**, das ein weiteres Subventionsloch in Spitzbergen reißt, ohne einen besonderen Beitrag zur örtlichen Wirtschaft zu leisten - Wanderer lassen bekanntlich nicht viel Geld im Zielgebiet, so daß sich mit Wandertourismus wenig ganzjährige Arbeitsplätze in Spitzbergen schaffen lassen. Profitieren würden von einer solchen Subventionierung des Wandertourismus vor allem die Fluggesellschaften.

Derartige Erschließungsmaßnahmen wären verständlich und ökologisch akzeptabel, wenn sie als Reaktion auf einen bereits vorhandenen Massen-Wandertourismus erfolgen würden, der ungesteuert die Tundra zertrampelt und durch Vorgabe von Routen etc. in seinen Schäden eingegrenzt werden soll. Hier scheint jedoch das Gegenteil zu erfolgen: Obwohl der Wandertourismus bisher minimal ist, beginnt man ohne ökologischen oder wirtschaftlichen Zwang eine flächenhafte Erschließung des Inlandes und begibt sich damit wissentlich in die Gefahr, erst den schädigenden Massentourismus zu provozieren.

Aus meiner Sicht ist diese Inlandserschließung nicht erforderlich, um das neue politische Ziel - Tourismus als wachsender Wirtschaftszweig und Sicherung von Arbeitsplätzen - zu erreichen. Denn die aus wirtschaftlicher Sicht interessanten Besucher sind jene, die in Spitzbergen Geld ausgeben. Das sind Wanderer nur in geringem Grad, sondern vor allem jene, die z.B. in Longyearbyen einquartiert sind, dort essen, einkaufen und die arktische Natur auf Tagesfahrten mit einem Fjordboot, geführten Tagesexkursionen in der Umgebung des Ortes oder einem Rundflug erleben.

Zur Verbesserung des Angebotes für diesen **zahlungskräftigen Kundenkreis** bleibt sicherlich noch einiges zu tun, doch dies sind vor allem Maßnahmen im Ort (Verbesserung des Übernachtungsangebots insbesondere in der gehobenen Kategorie, Einkaufsangebot, Wege im Ort und in unmittelbarer Ortsnähe etc.), ein besseres Angebot an Ausflügen per Boot im Isfjordbereich und eventuell nach Ny Ålesund sowie ferner eventuell gemeinsame Angebote mit den russischen Siedlungen. Eine attraktive

Angenehmer Zeltplatz im Landesinnern

Typische Plateauberge Zentralspitzbergens

Blühende Polarweide

Schneehühner - gut getarnt im Winter

Kombination sind Arrangements in Longyearbyen mit der hoffentlich 1994 wieder verfügbaren Linienschiffsverbindung zwischen Tromsø und Spitzbergen.

Sicherlich mag mancher einen weiteren touristischen Ausbau Longyearbyens bedauern. Im Vergleich zu einer Erschließung des Inlandes für ein neues Kohlebergwerk dürfte ein solch **ortsbezogener Tourismus** aber sicher zu den weitaus umweltschonenderen Alternativen zählen und hier gibt es meiner Ansicht nach noch ein deutliches Wachstumspotential und Möglichkeiten für neue Arbeitsplätze.

Eine verstärkte Nutzung des touristischen Potentials Spitzbergens kann ohne schwerwiegende Schädigung der empfindlichen arktischen Natur meiner Meinung nach nur dann erreicht werden, wenn die bisherige Praxis der Tourismussteuerung durch Unterlassung von Erschließungsmaßnahmen abseits der Siedlungen beibehalten wird, während das Angebot für Aufenthalte in den Siedlungen und Tagesausflüge von dort - vor allem per Boot - verbessert wird. Eine Erschließung des Inlandes hingegen macht wirtschaftlich wenig Sinn, birgt erhebliche Gefahren für die Umwelt und verursacht voraussichtlich neuen Subventionsbedarf sowie zusätzliche Belastungen (Überwachung, Rettungswesen).

Norwegens Tourismuspolitik steht in Spitzbergen am **Scheideweg** und hätte es hier verhältnismäßig leicht, Norwegens Anspruch auf vorbildlichen Umweltschutz durch eine naturschonende und gleichzeitig Arbeitsplätze schaffende Tourismuspolitik zu beweisen. Der umweltbewußte Reisende kann sein Teil dazu beitragen, die Verfechter einer umweltschonenden Tourismuspolitik zu stützen, indem er seine Meinung an die Verantwortlichen beim DNT in Oslo oder bei den entsprechenden Regierungs- und Verwaltungsstellen (Umwelt-, Wirtschafts- und Justizministerium, Sysselmann) weitergibt.

Spitzbergen - Svalbards Landesteile

Da in diesem Kapitel nicht nur die eigentlichen Inseln Spitzbergens beschrieben werden, sondern auch Hopen, Kvitøya und die Bären-Insel, habe ich hier den norwegischen Verwaltungsbegriff "**Svalbard**" gewählt, der neben dem eigentlichen Spitzbergen-Archipel auch die übrigen benachbarten norwegischen Inseln einschließt.

Verglichen mit anderen arktischen Regionen bietet Svalbard auf vergleichsweise engem Raum eine erstaunliche Vielfalt geländemäßig und ökologisch unterschiedlicher Gebiete.

Die unterschiedlichen **Geländeformen** (alpin gefaltete Gebirge, Plateaus, Fjorde, weite Täler, Gletscher, Inlandeis, Küstenebenen etc.) haben ihren Ursprung in der bereits beschriebenen geologischen Geschichte, während die **ökologischen Unterschiede** insbesondere klimatisch bedingt sind: Die Westküste mit ihrem mäßigenden Golfstromeinfluß entspricht mit ihrer Pflanzen- und Tierwelt eher der mittleren Arktis, während sich nur 100-200 km östlich eine hocharktische Fauna und Flora findet. Hinzu kommen die unterschiedlichen Niederschlagsmengen der einzelnen Regionen. Diese Vielfalt auf relativ engem Raum unterscheidet Svalbard von anderen arktischen Gebieten und ist einer der Reize dieser Inselgruppe für den Besucher - wobei freilich die minimale verkehrsmäße Erschließung zu beachten ist.

In Ergänzung zur Übersichtskarte werden im folgenden die einzelnen Landesteile vorgestellt. Bei den Landesteilen außerhalb der Hauptinsel gehe ich dabei neben der Beschreibung der natürlichen Verhältnisse auch auf geschichtliche und aktuelle Aspekte der Orte ein, soweit diese speziell den einzelnen Landesteil betreffen. Die allgemeine Geschichte Svalbards hingegen findet sich im Kapitel "Geschichte", die der Hauptinsel außerdem auch im Kapitel "Siedlungen, Stationen und Trapper" und in der Beschreibung der interessanten Punkte an der Nord- und Westküste im Kapitel "Reisemöglichkeiten - Sehenswertes auf Touren an Nord- und Westküste". Doch nun zu den einzelnen Inseln.

Spitsbergen (Westspitzbergen)

wurde in Mitteleuropa Westspitzbergen und in Norwegen früher Vest Spitsbergen genannt und ist mit einer Fläche von 39.044 km² (Svalbard insgesamt 62.670 km²) die weitaus **größte Insel** und der einzige (außer den Wetterstationen auf Hopen und Bjørnøya) **ständig besiedelte Teil** des

Archipels. Die Insel ist überwiegend sehr **gebirgig** und zahlreiche **Fjorde** dringen vor allem von Westen und Norden so tief in sie ein, daß sie nahezu in mehrere Stücke zerteilt wird - zwischen den Enden des **Wijdefjord** und **Dicksonfjord** liegt z.B. nur eine etwa 20 km lange Landbrücke. Während diese Fjorde zusammen mit dem Gebirge und den Gletschern den Landverkehr stark behindern, ermöglichen sie den Zugang zu großen Teilen des Landes per Schiff in der eisarmen Saison, die angenehmerweise gerade an der **West- und Nordküste** besonders lange anhält (für größere Schiffe: Mai bis Dezember). Entsprechend befinden sich alle fünf heutigen Siedlungen, Isfjord Radio, die polnische Forschungsstation und alle Trapperreviere an der West- und Nordküste.

Aufgrund der **tertiären Faltung** vor allem entlang der Westküste findet sich hier eine wild-alpine Gebirgslandschaft mit ins Meer abstürzenden und durch ihre Hobelwirkung die Bergformen noch verstärkenden Gletschern. Den zackigen Bergspitzen (bis über 1.000 m Höhe) dieses Küstengebirges verdankt Spitzbergen seinen Namen.

Aufgrund ihrer bequemen Zugänglichkeit per Schiff und ihrer wilden Schönheit gehört die **Westküste** zu den beliebtesten Attraktionen der Inselgruppe (Kreuzfahrten, Küstenschiffe). Auch für jene **Vogelarten**, die sich aus dem Meer ernähren und im Sommer draußen vor der Westküste und in den Fjorden ein reiches Nahrungsangebot nutzen, sind die steilen Küstenfelsen als Brut- und Ruheplätze interessant - entsprechend gewaltige Vogelkolonien finden sich hier.

Landschaftliche Höhepunkte in diesem Bereich der Faltung sind mehrere **Fjorde** - von Norden nach Süden der innere Liefdefjord und Smeerenburgfjord, Magdalenefjord, Krossfjord, Kongsfjord, Bellsund und Hornsund. In Ost-West-Richtung ist dieses Faltengebirge etwa 15-50 km breit. Vielfach gelangten durch die Faltung die unter den Sedimentschichten liegenden harten, magmatischen und metamorphen **Gesteinsschichten** nach oben, die der Verwitterung mehr Widerstand bieten, so daß sich die bizarren Bergformen länger halten können - wegen der geringeren Brüchigkeit auch für Kletterer ein reizvolles Gebiet, das freilich durch seine Abgeschiedenheit kein leicht und preiswert zu erreichendes Ziel ist. Als Folge der Faltung finden sich auch Spitzbergens einzige auffällige, jüngere **vulkanische Erscheinungen** im Gebiet des Bockfjords (erloschener Vulkankegel und lauwarme Quellen).

Aufgrund der im Sommerhalbjahr häufigen westlichen Winde und den damit verbundenen, für Küstengebirge typischen etwas höheren Niederschlägen (tief hängende Wolken und Nieselregen sind an der Westküste im Sommer nicht selten) sind die höheren inneren Teile des Küstengebirges und des anschließenden Inlandes in einem bis 60 km breiten Streifen entlang der Westküste stark bis vollständig (Isachsenfonna und Holtedahlfonna als geschlossene Inlandeisgebiete) vereist und senden zahlreiche Gletscherströme in die angrenzenden Gewässer bzw. in die tieferen Täler Zentralspitzbergens.

Zwischen dem Ufer und dem steil aufsteigenden Küstengebirge erstreckt sich in einigen Bereichen der Westküste eine sehr flache und bis zu 15 km breite **Küstenebene**, die sich nach der Eiszeit aus dem Meer gehoben hat und sich als Untiefe oft noch weit ins Meer hinaus erstreckt. Sehr deutlich lassen sich hier oft dicht hintereinander gestaffelte, alte **Strandlinien** auf dem Boden erkennen, die die fortschreitende Landhebung dokumentieren.

Auch die gesamte **Ostseite** der Hauptinsel mit einer geringen Gliederung durch Fjorde und einer schwächeren tertiären Faltung wird in noch stärkerem Maße von einer Zone starker **Vereisung** geprägt. Dies gilt vor allem für die Nordhälfte, in der Spitzbergens **höchste Punkte** (**Newtontoppen** und **Perriertoppen**, je 1.717 m) mit anderen höheren Gipfeln aus einem Gletschergewirr ragen, das sich teilweise zu größeren geschlossenen **Inlandeiskuppen** (Asgardfonna, Lomonosovfonna u.a.) erhebt.

Die **stärkere Vereisung des Ostens** ist zum einen durch die geringeren Abschmelzverluste im Sommer (kein Golfstromeinfluß, kalte Meeresströmung von Osten) und zum anderen durch die während des Winterhalbjahres vorherrschenden Ostwinde bedingt, die zu stärkeren Niederschlägen im küstennahen Gebirge führen. Entsprechend finden sich die größten **Gletscherströme** mit beeindruckenden Abbruchkanten an der Ostküste der Hauptinsel - etwa der gewaltige Negribreen im nördlichen Storfjord. Auch nach Westen brechen einige Gletscher (Wijdefjord, Billefjord, Tempelfjord) aus diesem nordöstlichen Vereisungsgebiet ins Meer ab, die zwar nicht ganz so groß sind, wie an der Ostküste, dafür aber grandiose, schluchtartige Täler tief und mit senkrechten Felswänden zwischen die hier viel höher aufragenden Bergmassive eingeschnitten haben. Ein Prachtexemplar ist der Stubendorffbreen im inneren Wijdefjord in der Nähe des Newtontoppen, aber auch der Tunabreen am Ende des Tempelfjordes.

In der Mitte der Ostseite nimmt die Vereisung im Windschatten der vorgelagerten Barents- und Edge-Insel sowie wegen geringerer Gebirgshöhe etwas ab. Das Gelände ist hier von steilen **Plateaubergen** mit horizontalen Sedimenten geprägt, zwischen die magmatisches Gestein eingedrungen ist, das nun an vielen Stellen als festes Band oder als Deckschicht herauswittert und der Landschaft zusammen mit der spärlichen Vegetation ein "Wild-West"-artiges Gepräge gibt - wenn da nicht mehrere Inlandeiskuppen und von ihnen herabfließende Gletscherzungen und Gletscherflüsse von teils beachtlicher Größe (Agardhbukta) wären. Ähnliche

Bergformen setzen sich auf der Edge- und Barents-Insel fort sowie teils auch an den wenigen eisfreien Teilen der nördlichen Ostküste (Heleysundet) der Hauptinsel.

Von der Inglefieldbukta an südwärts nehmen Gletscher zwischen plateauförmigen Sedimentbergen wieder zu, um sich dann im schmalen Südteil Spitsbergens mit der westlichen Vereisungszone zu einer stark vergletscherten Region zu vereinen - spektakulär etwa in der **Isbukta**, deren halbkreisförmiger Rand von aneinanderstoßenden Abbruchfronten dreier Gletscher und der Sørkappfonna gebildet wird. Im Hintergrund sind bereits die alpinen Zacken des Westküstengebirges sichtbar.

Zwischen der westlichen und östlichen Vereisungszone der Hauptinsel erstreckt sich von der Nordküste zwischen Woodfjord und Wijdefjord über den inneren Isfjordbereich und den Van Mijenfjord bis zum Van Keulenfjord ein gegen Niederschläge von Westen und Osten etwas abgeschirmter, entsprechend **niederschlagsarmer Bereich mit geringer Vereisung** in Form zahlreicher kleinerer Gletscher, die einzeln zwischen den höheren Bergen liegen und ins Tal hinabfließen, jedoch nur selten das Meer erreichen.

Die Berge hier im **Zentrum** - selten höher als 1.000 m - sind überwiegend von den Gletschern aus horizontalen Sedimentschichten herausgeschnittene **Plateauformen** mit großen Schutthalden unter den Felswänden. Zwischen ihnen liegen geschützt einige große **Flußtäler** (Sassendalen, Adventdalen, Reindalen, Colesdalen) - eiszeitliche Gletscherbetten, die heute (neben einigen kleinräumigen Bereichen an der Küste unter Vogelfelsen) die **fruchtbarsten Gebiete Svalbards** sind und Rentieren, aber auch Gänsen, während des kurzen Sommers die größten Futterflächen bieten.

Diese **eisarmen Gebiete** Spitzbergens, vor allem das Nordenskiöldland in der Umgebung Longyearbyens, aber auch die nördlich angrenzenden Gebiete Dickson-Land und Andrée-Land, bieten sich am ehesten für große Wanderungen an, bei denen auf schwierige Gletscherquerungen mit entsprechendem Materialaufwand verzichtet werden kann.

Zu beachten ist dabei allerdings, daß auch diese eisarmen Gebiete in keiner Weise durch Wege erschlossen sind und daß das Gelände in der hohen Arktis vollkommen andere Anforderungen an den Besucher stellt, als etwa Lappland.

Spärlich **besiedelt** ist lediglich die Westküste Spitzbergens, hinzukommen 1-2 Trapper an der ebenfalls zumindest im Sommer einigermaßen eisfrei erreichbaren Nordküste. Die einzelnen Ansiedlungen sind verkehrsmäßig völlig voneinander isoliert, besitzen also keine Landwege oder sonstigen Linienverkehr zur See oder durch die Luft. **Touristisch genutzt** wird insbesondere die Westküste nördlich des Isfjordes für Kreuzfahrten und Touren mit kleinen Küstenschiffen, etwas weniger die Nordküste. Die übrigen Küsten werden nur wenige Male in der Saison besucht. Wandertourismus spielt eine zahlenmäßig sehr bescheidene Rolle, insbesondere im Zentrum Westspitzbergens von Longyearbyen aus.

Nordaustlandet (Nordostland)

ist mit 14.710 km² die **zweitgrößte Insel Svalbards** und gehört vollständig zum **Nordaust Svalbard Naturreservat** mit entsprechenden Schutzbestimmungen und Nutzungseinschränkungen, unter anderem Landeverbot für Luftfahrzeuge.

Die klimatischen Bedingungen Nordaustlandets sind **hocharktisch**, da sich bis hier der Golfstrom kaum mehr auswirkt und die Nordküste noch weiter nordwärts ragt, als die der Hauptinsel. Entsprechend lang ist die Insel im Winter von Eis eingeschlossen, und nicht jeden Sommer ist eine Umrundung ohne eisgängiges Schiff möglich, selbst in der Hinlopenstraße zwischen Nordaustlandet und Spitsbergen kann im Sommer Eis die Durchfahrt kleinerer Schiffe ohne verstärkten Rumpf verhindern. Eher eisfrei ist aufgrund der Wind- und Strömungsverhältnisse teilweise die Nordküste.

Nordaustlandet ist im Norden und Westen wie die Hauptinsel durch **Fjorde** stark gegliedert, und diese Verzahnung von Land und Meer setzt sich durch vorgelagerte zahlreiche Inseln und Klippen fort, während im Osten und Süden der Verlauf der festen Küstenlinie unter Eis verborgen bleibt (teilweise ist das Relief unter dem Eis aber ungefähr durch Radarmessungen ermittelt worden).

Der Nordküste vorgelagert sind die **Sjuøyane** (Sieben Inseln), eine Gruppe kleiner Felseninseln fast ohne Vegetation. Auf einer von ihnen, **Rossøya**, liegt **Norwegens nördlichster Landpunkt** mit 80 Grad 49,6' nördlicher Breite - 1.000 km nördlicher als das Nordkapp auf der Insel Magerøy, das sich freilich leichter erreichen und damit besser vermarkten läßt.

Die eisfreien Teile im Norden Nordaustlandets bestehen aus den sehr widerstandsfähigen Hecla Hoek Gesteinen, die hier bis 1,2 Milliarden Jahre alt sind. Hier im Norden, auf **Platenhalvøya**, liegen die höchsten Erhebungen der Insel (607 m) (abgesehen von den Inlandeiskuppen). In den kleineren eisfreien Gebieten im Südwesten finden sich dagegen Sedimente aus Karbon, Perm und Trias, sowie Dolerit-Intrusionen.

Der größte Teil der Nordaustlandets ist durch mehrere Inlandeiskuppen bedeckt, von denen die größte, **Austfonna**, bis zu 700 m hoch aufragt und im Osten und Süden in einer über 150 km langen Eisfront ins Meer abbricht - mit 10-35 m Höhe die **längste Gletscherfront der Arktis** überhaupt. An einigen Stellen erscheint allerdings unter der zurückweichenden Front zunehmend Land über der Wasserlinie. Bråsvellbreen, der westlichste Teil dieser Gletscherfront, stieß 1938 auf 36 km Breite ca. 9 km vor.

Die insgesamt geringen Niederschläge fallen aufgrund der vorherrschenden südöstlichen Winde vor allem auf der Südost-Seite, wodurch sich sowohl die Lage der großen Inlandeiskuppen als auch die weitgehende Eisfreiheit der Nordküste erklären.

Die **Vegetation** ist, den hocharktischen Bedingungen entsprechend, spärlich, die **Tierwelt** jedoch überraschend vielfältig. Neben einigen Rentieren und Polarfüchsen an Land gehören hierzu vor allem die mit dem Meer verbundenen Tiere: Seevögel mit Brutkolonien selbst auf den kleinen Inseln vor der Nordküste, Robben, einige Walrosse und etliche Eisbären, die auf der Insel häufig anzutreffen sind - selbst auf der Kuppe der Austfonna wurde schon eine Expedition in 700 m Höhe von einem Eisbären überrascht.

Durch **Walfänger** wurde zumindest die Nordküste Nordaustlandets schon frühzeitig erkundet, spätestens zu Beginn des 18. Jh. war sie weitgehend bekannt (1680 van Keulen, 1690 Zorgdrager, 1707 Cornelis Giles etc.). Die erste bekannte (unfreiwillige) **Umschiffung** Nordaustlandets erfolgte 1864 durch die Skipper Tobiesen, Mathilas und Årström, die aufgrund besonders günstiger Eisverhältnisse mit ihren Seglern während der Walroßjagd bereits um die Nordostecke der Insel herum vorgestoßen waren, wo ihnen von Norden südwärts drückendes Eis jedoch den Rückweg abschnitt und sie zwang, ihre Schiffe aufzugeben und mit sieben Ruderbooten die endlose und bis dahin praktisch unbekannte Eisfront der Südostküste entlangzurudern, bis sie in die Hinlopenstraße und durch diese hindurch wieder an die Nordküste Westspitzbergens gelangten, wo sie sich aufteilten, um nach Hilfe zu suchen. Am weitesten mußte Tobiesens Boot rudern, der erst im Adventfjord auf andere Menschen stieß, nach der Bewältigung einer ca. 800 km langen Ruderstrecke in rund 14 Tagen. Die anderen Boote fanden bereits früher andere Schiffe.

Von der Küste Nordostlands bzw. den vorgelagerten kleinen Inseln erfolgten mehrere Versuche, den **Nordpol** zu erreichen (unter anderem 1827 Parry, Wellmann verlor 1894 sein Schiff vor Waldenøya bei einem weiteren Versuch). Das Inland hingegen wurde erst ab 1873 (Nordenskiöld) weiter erforscht, gefolgt z.B. 1913 von der verschollenen Schröder-Stranz-Expedition, und sehr ausführlich 1924 von der Expedition der Universität

Oxford. 1931 wurde es von einer norwegisch-schwedischen Gruppe unter Ahlmann erkundet und schließlich 1935/36 von einer Expedition der Universität Oxford, die in mehreren Stationen, auch mitten auf dem Inlandeis, überwinterte und die Nordhälfte der Insel intensiv erforschte.

Die Luftbilderkundung 1938, wissenschaftliche Untersuchungen der deutschen Kriegs-Wetterstation "Haudegen" 1944/45 und schließlich die Forschungsstation Kinnvika (1957/58) bildeten die wichtigsten Etappen der Erforschung der Insel. Bis zur Erhebung zum Naturreservat überwinterten zudem auch Trapper zwecks Pelztierjagd auf der Insel.

Heute sind Nordaustland und die kleinen Nachbarinseln völlig **unbewohnt**. Neben Einrichtungen des Sysselmanns (Treibstoffdepot u.a.) und der automatischen Wetterstation auf Phippsøya finden sich jedoch einige Überreste früherer menschlicher Aktivität: Hüttenreste und Gräber aus der Zeit der Polarpioniere, Wal- und Robbenfänger, aufgegebene Trapperhütten (unter anderem im Franklinfjorden, Brennevinfjorden), die Reste der deutschen Wetterstation im innersten Rijpfjord (die wegen der Eisverhältnisse erst im September 1945, vier Monate nach Kriegsende, geschlossen werden konnte) und die aufgegebene schwedisch-finnisch-Schweizer Forschungsstation Kinnvika (1957/58) im Murchisonfjord mit ihren neun Häusern und ihrem achtlos zurückgelassenen Problemmüll (halbleere rostende Treibstoffässer etc.), den der Sysselmann (Gouverneur) Ende der achtziger Jahre aus dem Naturreservat entfernen ließ. In den letzten Jahren wurden vage schwedische Pläne einer Neueröffnung der Station bekannt, wobei allerdings der heutige Status als Naturreservat ein Hindernis sein könnte.

Die Insel wird im Sommer einige Male durch kleine Küstenschiffe mit Reisegruppen und vereinzelt von Yachten angelaufen. Ein Anfliegen für touristische Zwecke, z.B. mit Hubschraubern, ist durch die Schutzbestimmungen ebenso untersagt wie der Besuch im Winter mit Motorschlitten. Darüber hinaus gibt es sporadische Besuche durch Paddelexpeditionen.

Edgeøya (Edge-Insel)

Mit 5.150 km² die **drittgrößte Insel**, im Südosten des Archipels gelegen und zusammen mit der nördlicheren Barentsøya durch den Storfjord von der Hauptinsel getrennt. Das Klima der Insel ist durch die kalte, von Osten kommende Meeresströmung **hocharktisch** und das Meer östlich von Edgeøya auch im Sommer oft stark von Treibeis bedeckt, das von Süden her auch in den Storfjord treibt.

Geologisch gesehen herrschen auf Edgeøya ziemlich einheitlich horizontale **Triassedimente** vor, teilweise von eingedrungenen **Doleritschichten** unterbrochen. Daher ist die Landschaft von Plateaubergen geprägt, die durch Gletscher zerteilt und deren Seiten zu steilen Flanken umgeformt wurden. Die Betten ehemaliger großer Eiszeitgletscher bilden heute einige geschützte, weite Täler mit relativ dichter Bodenvegetation, von der sich etwa 2.500 Rentiere ernähren.

Während die West- und Nordküste eisfrei sind, liegen im Inland einige Inlandeiskuppen. Die **Ostküste** mit ihren höheren Niederschlägen ist stark vereist. Hier schickt der große **Edgeøyjøkulen** zwei Gletscher ins Meer, den kleineren Kong Johans Bre und den gewaltigen Stonebreen, dessen letzter Vorstoß erst 1971 endete. Der nach Westen abfließende **Deltabreen** hingegen erreicht das Meer nicht mehr, da er bei einem früheren Vorstoß einen gewaltigen Moränenwall zurückließ, der nun vor seiner zurückgewichenen Front Svalbards größte Lagune vom Tjuvfjord abtrennt.

Die **nacheiszeitliche Landhebung** zeigt sich deutlich und optisch reizvoll im unteren Bereich der größeren Täler, insbesondere im Nordosten, wo vom heutigen Strand landeinwärts bis zu 15 km weit ein Strandwall auf den nächsten folgt.

Südlich sind der Edge-Insel die vielen flachen Eilande der **Tusenøyane** (Tausend-Inseln) und die **Halvmåneøya** (Halbmond-Insel) vorgelagert, die zusammen mit der Süd- und Westküste im Sommer wichtige **Lebens- und Brutgebiete** für Gänse, Enten, Sterntaucher, Alkenvögel und Möwen bilden. Außerdem tauchen zunehmend wieder Walrosse an diesen Küsten auf, die hier vor Jahrhunderten zahlreich waren, zwischenzeitlich jedoch nahezu ausgerottet wurden. Durch das Treibeis im Osten von Edgeøya und strandendes Eis im flachen Wasser um die Tusenøyane haben in diesem Gebiet **Robben** gute Lebensmöglichkeiten, und entsprechend häufig sind **Eisbären** anzutreffen. Für diese ist Edgeøya nach Kong-Karls-Land ein wichtiges Aufzuchtgebiet. Zusammen mit Barentsøya und den Tusenøyane gehört Edgeøya zum **Søraust Svalbard Naturreservat** mit entsprechend strengen Schutzbestimmungen und Zugangsbeschränkungen.

Edgeøya ist heute zwar **unbesiedelt** und weist lediglich einige staatliche Hütten für Forschungs- und Verwaltungszwecke auf. In der Geschichte Spitzbergens spielte die Insel jedoch eine große Rolle als Ziel und Basis von - vor allem russischen - **Jägern**. Entsprechend finden sich vielerorts Unmengen von Wal- und Walroßknochen an den Stränden. Einige Plätze waren auch berühmt als günstige Stützpunkte für die Eisbärenjagd - so etwa die einsame und schwer zu erreichende Halvmåneøya, auf der über viele Jahre Trapper überwinterten. Teile der Edgeøya sind bereits auf einer Karte von 1612 verzeichnet, nur 16 Jahre nach der Entdeckung von

Spitsbergens Westküste durch Barents, und wurden demzufolge schon früh von westeuropäischen Schiffen zur Wal- und Walroßjagd angelaufen. Mindestens ab dem 17. Jh. und bis zur Mitte des 19. Jh. bestanden auf Edgeøya und den Tusenøyane mehrere kleine **Siedlungen russischer Jäger**, die hier unter einfachsten Bedingungen lebten. Keilhau stieß 1827 im Südwesten Edgeøyas auf eine solche große russische Jagdbasis mit 40-50 Bewohnern. An verschiedenen Plätzen finden sich noch heute Überreste russischen Ansiedlungen und russischer Gräber.

Die Russen führten sowohl Jagdexpeditionen im Sommer durch, die im Herbst wieder nach Rußland zurückkehrten, als auch Überwinterungsexpeditionen in ihren Stationen. Manche Sommertour wurde zur ungeplanten Überwinterung, wenn eine Rückkehr zum Mutterland nicht mehr möglich war. Vier Teilnehmer einer solchen Sommerfahrt 1743 mußten im Bereich der Edgeøya sogar sechs Jahre ausharren, bis ein anderes Schiff auf sie stieß.

Norwegische Überwinterungen folgten im Bereich der Edgeøya erst wesentlich später, die erste - unfreiwillige - ist von 1834/35 bekannt, als fünf norwegische Fänger im Bereich der Tusenøyane wegen anhaltenden Nebels mit ihrem Boot nicht zu ihrem Schiff zurückfanden und zum Glück auf Langara auf drei russische Hütten stießen, wo sie überwinterten. Einer von ihnen starb.

Die erste planmäßige norwegische Überwinterung auf Edgeøya und Barentsøya fand 1894/95 durch eine elfköpfige Gruppe unter Leitung von **Martin Ekroll** statt. Sie errichteten je eine Hütte auf Kvalpynten (Edgeøya) und Anderssonøyane (vor Barentsøya) und nutzten als drittes Quartier ihr Schiff vor Hvalrossøya (bei Kvalpynten). Die vier auf dem Schiff Stationierten wurden bei einem Jagdausflug per Boot vom Sturm auf die Kong Ludvigøyane (damals noch Rusoerne - Russen-Inseln - genannt) verschlagen und mußten sich dort aus Wrackteilen eine Nothütte zum Überwintern bauen. Dort lebten sie vier Monate von Rentierfleisch und Bärenspeck.

1898/99 folgte die nächste Überwinterung in diesem Bereich, erstmals auf Halvmåneøya und wiederum auf Kong Ludvigsøyane. Gleichzeitig errichtete die schwedisch-russische *gradmätningsexpeditionen* 1899-1902 eine achteckige Hütte aus Fertigteilen als Stützpunkt bei Kapp Lee, die in der Folge (erstmals 1906/07) auch als *fangststasjon* von Trappern genutzt wurde.

In unregelmäßigen Abständen blieben Edgeøya und die Tusenøyane Jagdgebiete für Überwinterungsexpeditionen bis zum Zweiten Weltkrieg, wobei auch auf Zieglerøya und am Negerpynten (im Süden Edgeøyas) Stationen eingerichtet wurden. Hinzu kamen außerdem die sommerlichen

Jagdexpeditionen per Schiff, die nach dem Krieg fortgesetzt wurden, bis das Gebiet 1973 zum Naturreservat erklärt wurde.

Im Sommer 1943 richtete die **deutsche Luftwaffe** eine **automatische Wetterstation** auf Edgeøya ein, deren Reste 1984 durch eine Expedition des Forsvarsmuseet (Verteidigungsmuseums) eingesammelt wurden.

1972 führten die Erdölkonzerne Fina, Caltex und Total zwei **Erdölsuchbohrungen** im Inland von Edgeøya (Plurdalen, Raddedalen) bis in 2.823 m bzw. 2.351 m Tiefe durch, die jedoch wirtschaftlich erfolglos waren. Durch die Schaffung des Naturreservats 1973 wurden künftige Bohrungen sehr erschwert, restliche "claims" aus den Jahren von vor 1973 verfielen 1993. Literarisch findet sich die Zeit der Erdölprospektion auf Edgeøya in Jon Michelets "Orionsbeltet" wieder.

Seit einer Überwinterung von Wissenschaftlern 1968/69 haben sich bis 1990 regelmäßig niederländische Wissenschaftler, insbesondere Biologen, im Sommer auf Kapp Lee aufgehalten, hinzu kommen verschiedene kleinere naturwissenschaftliche und archäologische Expeditionen insbesondere Norwegens auf Edgeøya.

Barentsøya (Barents-Insel)

ist die nördliche kleinere Nachbarinsel (1.300 km²) von Edgeøya auf der Ostseite des Storfjordes. Geologisch (**Triassedimente**, **Dolerit-Intrusionen**), landschaftlich (**Plateauberge**, dazwischen geschützte Täler, vielfach steile Küsten), klimatisch und hinsichtlich der Tierwelt sind sich beide Inseln ähnlich.

In der Mitte der Insel liegt der große **Barentsjøkulen**, der in verschiedene Richtungen Gletscher aussendet, von denen vier das Meer erreichen: im Westen der **Duckwitzbreen**, der sich seit einem Vorstoß 1918 zurückzieht und mit seinen zurückgebliebenen Moränenwällen weit in den Fjord greift, nach Norden der **Besselsbreen** und besonders eindrucksvoll im Süden der **Freemanbreen**, der seit seinem Vorstoß 1956 die Rundung seiner schneeweißen Abbruchfront in den Freemansund, der zwischen Barents- und Edgeøya hindurchführt, hinausgeschoben hat.

Daß im Norden, am Ostende des Ginevrabotnen, die Barents-Insel von Westspitzbergen durch den schmalen Heleysundet und das Ormholet (dazwischen die Kükenthaløya) getrennt wird, wurde erst 1858 entdeckt, vorher hielt man die Barents-Insel für eine Halbinsel. Wegen ihres geringen Querschnitts treten in beiden Durchfahrten erhebliche Gezeitenströmungen - bis zu neun Knoten - auf, die insbesondere gefährlich sein können, wenn sie ein Schiff auf gelegentlich im Sund verkeiltes Treibeis zu schieben. Die Landschaft mit ihren magmatischen Gesteinen erinnert im Heleysundet an Island.

Wie alle anderen östlichen Teile Svalbards ist die Barents-Insel unbesiedelt und hat in geschichtlicher Hinsicht eine geringe Rolle gespielt. An Land stehen einzelne Hütten des Gouverneurs für Forschungs- und Verwaltungszwecke. Die Insel gehört zum **Søraust Svalbard Naturreservat** mit den entsprechenden Schutzbestimmungen und Zugangsbeschränkungen. Besucht werden kann sie daher nur mit den wenigen Schiffstouren der Veranstalter, die den Osten Spitzbergens ansteuern. Hinzu kommen gelegentliche Besuche durch Yachten oder (nicht jedes Jahr) Paddelexpeditionen.

Kvitøya (Weiße Insel)

Die östlichste Insel Svalbards ist mit ca. 700 km² Fläche die **fünftgrößte** des Archipels und bis auf drei kleine Landspitzen (Andréeneset, Kræmerpynten, Hornodden) sowie einige aus der Abbruchkante herausragende Felsen komplett von einer sanft gewölbten **Eiskappe** bedeckt, die eine Höhe von 410 m erreicht. Eisfrei sind lediglich etwa 20 km².

Geologisch ist Kvitøya sehr alt, die bisher untersuchten Gesteine gehören zum **Hecla Hoek**.

Aufgrund ihrer sehr stark nordöstlichen Lage ist die Insel die meiste Zeit von festem Packeis oder dichtem Treibeis eingeschlossen.

Trotz der extrem arktischen Verhältnisse findet sich doch einiges Leben auf Kvitøya. Neben etlichen niedrigwachsenden **Blütenpflanzen** brüten selbst hier **Küstenseeschwalben**, **Eismöwen**, **Schmarotzer-Raubmöwen**, **Meeresstrandläufer**, **Eiderenten** und **Sterntaucher**. An Säugetieren kann man **Eisbären**, **Robben** und **Walrosse** antreffen.

Kvitøya ist die zuletzt entdeckte größere Insel Svalbards. 1707 erstmals vom Holländer **Cornelis Giles** gesichtet, spukte die Insel lange als geheimnisvolles Giles Land auf alten Karten herum. Die nächsten, die sie sahen, waren 1876 und 1887 Tromsøer Robbenjäger.

1897 erreichten die schwedischen **Ballonfahrer** Andrée, Frænkel und Strindberg nach dem Scheitern ihres auf Danskøya gestarteten Ballon-Polfluges und längerem Irrmarsch auf dem Eis die Insel, wo sie dann starben, vermutlich unter anderem wegen des Verzehrs unzureichend gekochten, trichinösen Eisbärenfleisches.

Bereits im Folgejahr 1898 besuchte Nathorst die Insel, ohne von Andrée zu wissen. Erst 1930 landete eine Franz-Joseph-Land-Expedition von Norges Svalbard- og Ishavsundersøkelser unter Leitung von G. Horn auch auf Kvitøya und entdeckte dabei die Überreste der Andrée-Expedition einschließlich deren Aufzeichnungen und sogar deren noch nutzbaren fotografischen Aufnahmen.

Trotz einzelner Expeditionen und Besuche durch Robbenfänger blieb die Insel weitgehend unerforscht, so daß ihre wahre Form und Größe erst in jüngster Zeit auf Satellitenbildern erkannt wurde; bis dahin hatte man sie auf lediglich 250 km² (statt 700 km²) und 8 statt 22 km Breite geschätzt.

Auf Kvitøya steht lediglich eine **automatische Wetterstation** auf dem westlichsten Punkt, Andréeneset. Nicht zuletzt aufgrund der günstigeren Eisverhältnisse in den letzten Jahren hat die Zahl der sommerlichen Besuche Kvitøyas zugenommen. Seit 1990 wurde die Insel sogar schon mehrfach durch robuste Eismeerschiffe mit Touristen angelaufen. Landungen mit Luftfahrzeugen sind verboten.

Die auf dem gleichen Meeresrücken wie Kvitøya gelegene, kleine Nachbarinsel Viktoria weiter im Osten wurde von Rußland annektiert.

Prins-Karls-Forlandet

ist eine schmale, maximal 11 km breite, aber 86 km lange Insel mit einer Fläche von 650 km² vor der Westküste der Hauptinsel. Sie ist geologisch Teil der **tertiären Auffaltung** der Westküste. Wie auf der gegenüberliegenden Hauptinsel finden sich verschiedene Gesteine - vorwiegend ältere (**Hecla Hoek**), aber auch **tertiäre Sedimente**. Den größten Teil der Insel bildet eine langgestreckte **Bergkett**e mit wild-alpinen Gipfeln, die bis 1.084 m (Monacofjellet) aus dem Meer aufragen und auf der Ostseite zahlreiche kleine Gletscher tragen, die z.T. in beeindruckenden Eisbrüchen dem Meer zustreben und über längere Abschnitte an der Ostküste Abbruchfronten ins Meer aufweisen.

Der südlichste Teil der Insel scheint aus der Ferne eine eigene bergige Insel (bis 430 m) zu sein, da die Norden und Süden verbindende riesige Ebene nur 17 m hoch ist. Zwischen Hauptinsel und Forlandet liegt der **Forlandsund**, der in seinem Mittelteil so flach ist, daß ihn nur Schiffe mit weniger als 4 m Tiefgang vorsichtig passieren können - die wilde Ostküste des Forlands ist daher nur Passagieren kleiner Küstenschiffe vorbehalten.

Prins-Karls-Forlandet ist **unbesiedelt** und ein **Nationalpark**. Es bietet einige wichtige **Brutgebiete** sowie das einzige regelmäßige Vorkommen des **Seehundes** (*steinkobbe/fjordsel*, Phoca vitulina) in Svalbard. Außerdem gibt es noch andere Robbenarten.

Die Insel weist außer einer **Diensthütte des Gouverneurs** wenig menschliche Hinterlassenschaften auf und wird auch von Touristen selten besucht. Landen mit Luftfahrzeugen und Befahren mit Motorschlitten ist verboten. In die Schlagzeilen geriet sie lediglich 1967, als am 30. August während eines Manövers im Nordmeer eine **französische Militärmaschine** mit elf Mann am Methuenfjellet **zerschellte**; niemand überlebte. Es folgte eine große Such- und Rettungsoperation, die von einem norwegischen Forschungsschiff, einem englischen U-Boot und einer deutschen Forschungsexpedition, die über ein gechartertes Schiff und einen Hubschrauber verfügte, durchgeführt wurde. Ferner wurde sie wirkungsvoll unterstützt von einem "Albatros"-Flugzeug, das die Aufschlagstelle entdeckte.

Kong-Karls-Land

Die drei größeren Inseln, **Svenskøya, Kongsøya** und **Abeløya,** haben zusammen mit ein paar weiteren Eilanden eine Landfläche von ca. 330 km² und sind aufgrund der geringen Höhe (Svenskøya: maximal 255 m, Kongsøya: maximal 320 m, Abeløya: maximal 20 m) nahezu eisfrei, weisen allerdings einige ausgedehnte dauerhafte Schneefelder auf. Die Landschaft ist überwiegend durch niedrige **Plateaus**, weite Ebenen und große flache Buchten geprägt. Charakteristisch sind außerdem auffällige **Basaltformationen**, die auf große Lavaausbrüche in der **Kreidezeit** zurückgehen, die einzigen Lavafelder Svalbards. Neben diesem vulkanischen Material besteht Kong-Karls-Land überwiegend aus **Trias-**, **Jura-** und **Kreide-Sedimenten**.

Die Vegetation ist spärlich, jedoch ausreichend für eine kleine **Rentierherde**, die offenbar Ende der siebziger Jahre den Weg über das Wintereis hierher gefunden hat. Als regelmäßige **Brutvögel** sind Schneeammern, Gryllteisten, Küstenseeschwalben, Elfenbein-, Eis- und Dreizehenmöwen, Schmarotzer-Raubmöwen, Steinwälzer, Meeresstrandläufer, Eiderenten, Kurzschnabelgänse und Sterntaucher bekannt.

Zu den anzutreffenden **Säugetieren** gehören neben den erwähnten Rentieren der Polarfuchs, Robben und vor allem Eisbären. Für **Eisbären** ist Kong-Karls-Land und speziell Kongsøya das wichtigste Aufzuchtgebiet in Svalbard, da hier die Bedingungen für Muttertiere mit Jungen (Möglichkeit des Schneehöhlenbaus in der Nähe von Treibeis mit Robben) besonders günstig sind. Deshalb wurde die Inselgruppe zum **Schutzgebiet für Eisbären** erklärt und steht heute unter den strengsten Schutzbestimmungen aller Teile Svalbards: Der Archipel darf ganzjährig von keinem

Fahrzeug angesteuert oder angeflogen werden, von den Küsten und im Luftraum ist ein Mindestabstand von 500 m einzuhalten, Betreten ist ganzjährig verboten. Ausnahmegenehmigungen für Forschungszwecke kann der Sysselmann erteilen. Kong-Karls-Land ist damit das am strengsten geschützte und einzige touristisch grundsätzlich nicht zugängliche Gebiet Spitzbergens. Treibeis erschwert auch im Sommer häufig die Annäherung.

Kong-Karls-Land wurde zwar schon frühzeitig durch den Briten **Thomas Edge** 1617 entdeckt und vage als Wiches Land bekannt, dann jedoch wieder vergessen. Die erste Landung gelang dem Tönsberger Robbenfänger E. Eriksen 1859. Die kartographische Erfassung fand 1872 und 1898 (Nathorst) statt. Kong-Karls-Land erwies sich rasch als exzellentes **Jagdgebiet für Eisbären**, so daß an diesem für den Fortbestand der Eisbärenpopulation so wichtigen Ort bald ein gewaltiges Gemetzel einsetzte. Den Rekord setzte eine norwegische Jagdexpedition, die 1908/09 während einer Überwinterung 100 Bären erlegte. Diesem artgefährdenden Treiben wurde erst mit dem Verbot der Eisbärenjagd speziell auf Kong-Karls-Land, später dann mit dem Verbot von Selbstschußanlagen, 1973 dem generellen Schutz der Eisbären und schließlich 1985 mit der Ausweisung als **Schutzgebiet** ein Ende gesetzt.

Touristen können Kong-Karls-Land damit nicht mehr besuchen, während vorher neben privaten Jagdausflüglern selbst Expeditions-Kreuzfahrtschiffe die Inselgruppe besuchten. Ein Mitarbeiter des Norwegischen Polarinstituts, der mit einem Kollegen Anfang der siebziger Jahre auf Svenskøya im Einsatz war, schreibt entsetzt über das An-Land-Setzen der Passagiere der "Lindblad Explorer", das ohne jeglichen bewaffneten Schutz erfolgte (eine Frau verirrte sich im Nebel, konnte aber unversehrt wiedergefunden werden) - zu einer Zeit, als die beiden Norweger 15 Bären auf der Insel gezählt hatten und einen davon beim Einbruch in ihre Hütte hatten erschießen müssen. So gesehen ist die heutige Sperrung der Insel auch ein Schutz für ahnungslose Menschen!

Bjørnøya (Bären-Insel)

Die **südlichste Insel Svalbards** liegt etwa auf halber Strecke zwischen dem norwegischen Festland und dem Südkap Westspitzbergens. Die dreieckige Insel mit einer Fläche von 178 km² steigt nahezu überall mit senkrechten Felswänden aus der Barentssee auf und nur an wenigen Stellen finden sich kleine Buchten am Fuße der Klippen, wobei teilweise ein Aufstieg auf die Insel von den Buchten aus schwierig oder unmöglich ist. Im Norden liegt das sanft hügelige Plateau der Insel 30-40 m über dem Meer.

Nach Süden steigt das Gelände langsam an, so daß im Süden die Klippen bis zu 400 m tief ins Meer hinabstürzen. Im Süden und Südosten erheben sich kleinere Bergmassive über das Plateau, von denen der Miseryfjellet mit 536 m der höchste ist. Die übrige Oberfläche des Inselplateaus ist nur schwach hügelig und von ca. 700 Tümpeln und kleinen Seen übersät, die etwa 10% der Inselfläche bedecken. Gletscher gibt es auf Bjørnøya nicht, jedoch einige bleibende Schneeflecken.

Geologisch gesehen ist Bjørnøya überwiegend recht alt. Im Süden herrschen Sedimente des **Kambrium-Ordovizium** (**Hecla Hoek**) vor, im Norden besteht das Plateau aus Sandstein und Kreide des **Devons** und **Karbons**, in die Kohleflöze eingelagert sind. Die Gipfelregion des Miseryfjellets ist **triassisches Sedimentgestein**.

Der ständige Angriff des Meeres auf die Steilwände hat zur Bildung einiger beeindruckender Formationen geführt, von denen **Perleporten**, ein natürlicher Tunnel unter Kapp Kolihoff hindurch, im Südsüdosten, am bekanntesten sein dürfte - nicht zuletzt aufgrund des Thrillers "Bear Island" von Alistair MacLean (die Drehorte des in Anlehnung an das Buch entstandenen Films haben übrigens mit der echten Bären-Insel nichts zu tun). Spektakulär sind außerdem einige herausgewitterte Felssäulen, insbesondere der 186 m hohe Stabben beim Südkap und Sylen (80 m). Aufgrund der südlicheren Lage ist die Dauer der **Mitternachtssonne** (30. April-13. August) und der **Polarnacht** (7. November-4. Februar) kürzer als in Longyearbyen, das Klima etwas wärmer. In Winterstürmen bietet Bjørnøya Schiffen die einzigen eisfreien Buchten nördlich des norwegischen Festlandes.

In der Umgebung Bjørnøyas stoßen bei aus Osten vorherrschenden Winden die kälteren Luftmassen des Ostens mit der wärmeren Luft über dem Golfstromausläufer zusammen, wodurch um und über der Insel sehr häufig **Nebel** (Juli: durchschnittlich 21,5 Nebeltage) oder zumindest eine weitgehend geschlossene Wolkendecke liegt. Die **Niederschläge** sind zwar gering, mit 359 mm/Jahr aber immer noch höher als in vielen anderen Teilen Svalbards. Der **Schnee** wird teilweise vom Inselplateau ins Meer geblasen. Trotzdem ist das Land während der Schneeschmelze im Mai kaum begehbar, da das Wasser in dem flachen Gelände nur langsam abläuft. Bjørnøya gehört noch zur **Permafrostzone**, die Frostschicht ist allerdings nur 60-70 m dick.

Bjørnøyas Tierwelt wird von den Vögeln dominiert, in den steilen Felswänden finden sich einige der größten **Vogelkolonien** der Arktis überhaupt. Besonders zahlreich sind Dickschnabellummen, Trottellummen, Gryllteiste, Krabbentaucher, Dreizehenmöwen und Eissturmvögel. Diese Kolonien, mitten im Fischfanggebiet der Barentssee gelegen, sind allerdings auch besonders gefährdet. So ging die Zahl der brütenden Trottellummen auf Bjørnøya von 1986 auf 1987 um 80-90% zurück, nachdem 1986 der Bestand an Lodde in der Barentssee nahezu zusammengebrochen war - unter anderem wegen massiver Überfischung.

Einziges ständiges Säugetier an Land ist der **Polarfuchs**, der hier geschützt ist. Im Meer finden sich vor allem **Bart- und Ringelrobben**. **Walrosse** gab es ursprünglich in Massen, sie wurden jedoch systematisch ausgerottet. **Eisbären**, denen die Insel den Namen verdankt (die Willem Barents Expedition schoß hier 1596 einen Bären) besuchen die Insel normalerweise nur mit dem winterlichen Treibeis. Gelegentlich im Sommer dorthin verirrte Bären sind als besonders gefährlich anzusehen, da sie kaum Beute finden. Ein Eisbär erschlug 1971 einen der Angehörigen der Wetterstation in unmittelbarer Gebäudenähe.

Seit der Entdeckung der Insel durch Barents (1596) und der Fahrt Hudsons (1607) ist die Insel regelmäßig von Walfängern besucht worden und war zeitweise selbst Basis des Walfangs. Die Ruinen einer relativ neuen **Walfangstation** (1905-1908) sind noch in der Kvalrossbukta zu sehen. Während der Svalbard-Walfang jedoch erst 1611 begann, war Bjørnøya bereits ab 1604 Ziel von englischen Jagd-Expeditionen, die an Land **Walrosse** wegen ihres Trans und ihres Elfenbeins erlegten. Sie beherrschten ihr Handwerk rasch: Für 1606 wird bereits ein Tagesrekord (!) von 600 erlegten Walrossen auf Bjørnøya gemeldet. Nach Sir Francis Cherry, der diese Jagd organisierte, wird die Insel daher insbesondere auf älteren englischen Karten als "Cherry Island" bezeichnet. Natürlich wurden die Bestände bei dieser intensiven Bejagung bald nahezu ausgerottet, und das Interesse der Engländer an der Walroßjagd in großem Stil ließ nach.

Spätestens im 18. Jh. besuchten dann regelmäßig **russische Jagdexpeditionen** Bjørnøya. Sie **überwinterten** teilweise und jagten neben Walrossen auch Robben und Füchse, nutzten Seevögel als Verpflegung und sammelten Vogeleier und Daunen. Bei Gelegenheit erlegten sie im Winter auftauchende Eisbären. Diese Jagdgruppen der Russen und auch anderer Nationen blieben nun länger an Land, überwinterten oft sogar und waren, den geschrumpften Tierbeständen entsprechend, wesentlich kleiner. Hinzu kamen Walfang- und Fischereifahrzeuge, die ihren Fang durch kürzere Jagdausflüge, Vogelfang und Eiersammeln auf der Insel ergänzten.

Russische Aktivitäten auf der Bären-Insel sind bis weit ins 19. Jh. bekannt und fanden ihren Niederschlag in noch heute gebräuchlichen Ortsnamen (Russeelva und Russehamna an der Ostküste). Die erste detaillierte Karte der Bären-Insel auf der Basis von Vermessungen insbesondere der Jahre 1922-31 verzeichnet auch noch eine alte russische Hütte.

Norwegische "Fangmänner" überwinterten 1823/24 erstmals auf Bjørnøya, eine neunköpfige Gruppe aus Hammerfest, ausgesandt von den Kaufleuten Akermand und Ågård. Nach dieser Saison konnten sie den Tran sowie die Häute und Zähne von 750 Walrossen nach Norwegen verschiffen - ein beträchtlicher Erfolg, der in den folgenden Jahren zur Fortsetzung dieser Jagdeinsätze einlud, wobei außerdem Füchse in Fallen gefangen und vereinzelt auftauchende Eisbären geschossen wurden. Im Sommer wurden Alke erlegt und Eier gesammelt.

Die Walroßjagd fand übrigens überwiegend im Winter statt. Die Basis dieser Jagdexpeditionen lag am Nordhamna an der Nordküste, wo nicht nur der Landgang einfach war, sondern auch viele Walrosse die Bucht bevölkerten; Vogeljagd und Eiersammeln fand vor allem in den riesigen Brutfelsen im Süden statt. Noch heute erinnert an diese ersten norwegischen Überwinterer das nach ihnen benannte **Hammerfesthuset**, das von der Expedition 1823 errichtet und als ältestes noch intaktes Haus Svalbards zusammen mit dem 1865 von Sivert Tobiesen geschaffenen größeren Anbau mit staatlichen Denkmalschutzgeldern restauriert wurde. Das Haus steht neben der heutigen Station Bjørnøya Radio, der es nach dem Krieg noch als Schweinestall diente.

1827 lud der deutsche Botaniker und Bürgermeister von Burscheid, Barto von Löwenigh, den norwegischen Geologen Keilhau zur Teilnahme an seiner Spitzbergenreise auf einem gecharterten norwegischen Schiff ein, wobei sie Bjørnøya und dort auch die Fangstation besuchten. Für die Norweger ist diese Reise der Beginn ihrer wissenschaftlichen Svalbarderforschung.

1898 nahm eine schwedische Expedition (Nathorst u.a.) die Insel kartographisch auf.

Kurz vor 1900 rückten dann die **Bodenschätze** ins Interesse. Die **Kohlevorkommen** aus dem Devon waren bereits seit 1609 bekannt. 1898, 1899, 1900, 1912 und 1924 schickte der Deutsche Seefischereiverein (Gründer: Herwig, daher heißt die Bucht neben der heutigen Station Bjørnøya Radio "Herwighamna") Expeditionen unter der Leitung von **Theodor Lerner** nach Spitzbergen. Sie führten fischereibiologische Untersuchungen durch und versuchten, eine Versorgungsbasis für die deutsche Fischereiflotte mit der örtlichen Kohle aufzubauen. Der Leiter der ersten Expeditionen, Lerner, führte diese Bemühungen um den Kohleabbau privat weiter und verkündete 1899 sogar die Inbesitznahme der Insel durch ihn, von den Eismeerfahrern als *tåkefyrsten* (Nebelfürst) bespöttelt. Indirekt rettete er möglicherweise die Insel für Norwegen, denn als 1899 ein russisches Kanonenboot, die "Svetlana", auftauchte, um die Bären-Insel für den Zaren zu annektieren, ließ Lerner seine Leute mit Gewehren aufmarschieren und wies die Russen auf die von ihm bereits gehißte deutsche Flagge hin. Um keinen Konflikt mit dem Deutschen Reich zu riskieren, zogen die Russen daraufhin wieder ab. Bereits 1900 gab Lerner seine Aktivitäten auf der Bären-Insel jedoch auf.

Vor dem Ersten Weltkrieg war die Insel dann wieder **Stützpunkt des Walfangs**: Der in Norwegen bekannte Walfang-Unternehmer Ingebrigtsen richtete in der Kvalrossbukta (Walroßbucht) eine Walfangstation (1904-08) ein, deren Überreste noch heute sichtbar sind.

1915 folgte ein erfolgreicherer Versuch des **Kohleabbaus** durch eine Firma in Stavanger, die 1916 den Abbau in kleinen Mengen begann und 1918 zur Bjørnøen A.S. wurde. Als Wohnsiedlung wurde hierfür ab 1916 **Tunheim** errichtet, wo im Nordosten Bjørnøyas bis zu 250 Menschen in 25 Häusern lebten. Hinzu kam eine Telegraphenstation (bis zur Evakuierung 1941 und Zerstörung 1942) und von 1918 bis 1932 eine Poststelle mit eigenem Stempel. Optimistische Schätzungen gingen zunächst von 200 Mio Tonnen abbauwürdiger Kohle aus.

Während des Ersten Weltkrieges war Kohle in Norwegen knapp und die Preise entsprechend stabil. Gerade für den abgelegenen Norden, wo auch für die Fischerei- und Walfangflotte zusätzliche Kohle benötigt wurde, erschienen die Vorkommen auf Bjørnøya attraktiv. Der Abbau wurde jedoch von technischen Rückschlägen begleitet, so daß die erhofften Fördermengen nicht erreicht wurden. Nach Kriegsende geriet der Kohlepreis unter Druck, so daß die Gesellschaft wirtschaftliche Probleme bekam. Zunächst war die Regierung bereit, Bjørnøen A.S. zu unterstützen, da eine möglichst starke norwegische Präsenz in Svalbard gerade in dieser Zeit der Verhandlungen über die Zukunft Svalbards als im nationalen politischen Interesse angesehen wurde.

Bis 1925 wurden insgesamt 116.094 t Kohle auf Schiffe verladen, die im Austervåg an den noch heute vorhandenen Befestigungsringen am Siloodden anlegten, was allerdings nur bei südlichen oder westlichen Winden möglich war. 1925, Svalbard war mittlerweile norwegisch, mußte der Betrieb wegen weiter sinkender Kohlepreise und dementsprechend steigender Verluste aufgegeben werden, hatte aber zumindest seinen politischen Zweck (Argument bei den Souveränitätsverhandlungen) erfüllt. Bjørnøen A.S. existiert noch heute als Eigner des gesamten Areals von Bjørnøya weiter und erzielt Mieteinnahmen von Værvarslinga for Nord-Norge (Wetterdienst Nordnorwegen) für dessen Station auf Bjørnøya, das Aktienkapital befindet sich jedoch in Staatsbesitz. Die Gesellschaft wird durch Kings Bay Kull Company A/S in Ny Ålesund mitverwaltet.

Neben Kohlebergbau gab es auch einen kurzen, erfolglosen Versuch, aus einem kleinen Vorkommen am Blyhatten im Osten der Insel Bleiglanz

(Galenit) zu gewinnen. Aus der Zeit der Kohlebergwerke rostet noch eine alte Dampflok in Tunheim vor sich hin. Untersuchungen von Eisenbahnfreunden ergaben, daß eine Restaurierung nicht mehr möglich ist.

Nach dem Ende der Bergbauversuche hielt sich bis zum Zweiten Weltkrieg nur die kleine Besatzung der **Funkstation** ständig auf der Insel auf - "verstärkt" unter anderem durch **Blakka**, das mit Begeisterung Fleisch fressende und dadurch berühmt gewordene Stationspferd, das seit ca. 1918 auf der Insel lebte; ursprünglich was es zum Ziehen des Wagens mit den Frischwasserbehältern gedacht gewesen. Sein eigentlich geplanter Rücktransport scheiterte angeblich an der altersschwach gewordenen Winde, mit der es von den Klippen hinab aufs Schiff hätte gehievt werden müssen. So blieb Blakka als Maskottchen der Station erhalten, erhielt sein Robben- oder Eisbärenfleisch zusätzlich zum Heu, bis es im Krieg erschossen wurde.

Frauen waren zu dieser Zeit aufgrund früherer Probleme in Tunheim auf der Bären-Insel als Überwinterer verboten. Eine Ausnahme wurde 1931 gemacht, als der Stationsleiter ausgetauscht werden mußte, als er erkrankte, und es sein Ersatzmann zur Bedingung machte, seine Freundin mitnehmen zu dürfen. Sie heirateten direkt vor der Abfahrt und verbrachten einen sicherlich ungewöhnlichen, langen "honeymoon" in der einsamen Station während der Polarnacht mit ihren wenigen Kollegen.

1941 wurde zusammen mit der Räumung der Siedlungen Spitzbergens auch die Funkstation auf Bjørnøya durch die britische Royal Navy geschlossen. Während des Krieges installierte sowohl die deutsche Kriegsmarine **Wetterfunkgerät-Landstationen** (WFL) mit U-Booten als auch die Luftwaffe automatische **Wetterstationen** ("Kröte"-Stationen). Letztere legte hierzu eine provisorische Landebahn im Norden der Insel an. Zuerst wurde im Dezember 1942 die automatische Station WFL 22 "Edvin" im Nordhamna durch ein U-Boot errichtet, verlor aber bereits im März 1943 ihren Sendemast, wie die Luftaufklärung feststellte. Ein Ersatz der Station wurde durch das Wetterschiff "Coburg" mit der Station WFL 23 versucht, wegen starkem Treibeis war jedoch keine Landung möglich. Ein U-Boot schaffte dann im Juli zwar die Installation der Station WFL 24 "Robert", deren Technik jedoch nicht funktionierte und die schließlich im September 1943 erfolgreich durch WFL 27 "Dietrich" ersetzt wurde.

Ebenfalls erfolgreich war die Einrichtung einer parallelen, zweiten Station, WFL 29 "Christian", so daß nun Daten von zwei Stationen auf der Bären-Insel genutzt werden konnten, bis diese im Juni 1944 durch die neue Station WFL 34 "Herman" ersetzt wurden: Sie wurde von demselben U-Boot, 737, installiert, das auch die Station WFL 33 "Edvin III" in den

Liefdefjord mitnahm und die Besatzung der Station "Kreuzritter" auf dem Rückweg wieder einsammelte.

Die erste "Kröte"-Station der Luftwaffe auf Bjørnøya wurde im Oktober 1942 ebenfalls an der Nordküste bei Grunningen installiert, eine weitere folgte auf der Insel im August 1943. Im November 1944 richtete die Luftwaffe eine mit zwei Norwegern bemannte Station, "Tåget", im Norden Bjørnøyas am Herwighamna ein. 1947 wurde sie durch ein neues Gebäude zur heutigen Station Bjørnøya Radio ausgebaut. Heute arbeitet sie sowohl als Funkstation für den See- und Luftverkehr (*kystradio*) als auch als Wetterstation. Weiteres ☞ Siedlungen, Stationen und Trapper - Die norwegischen Stationen.

Die lange Jagdtradition auf Bjørnøya fand nach dem letzten Krieg ein schrittweises Ende, als die **Schutzbestimmungen** zunehmend verschärft wurden. Bereits 1928 und 1937 waren Gesetze erlassen worden, die das Töten von Vögeln und Sammeln von Eiern und Daunen stark einschränkten (unter anderem Schonzeit vom 10. Juni bis 15. August). Die Walroßjagd wurde 1952 für ganz Svalbard verboten. Ab 1960 hatte schließlich nur noch der Eigner der Tromsøschute "Bilbao" die Genehmigung, auf Bjørnøya Eier zu sammeln; mit seinem Tod 1971 endete auch dieses Kapitel der Geschichte Bjørnøyas, nachdem von 1952 bis 1970 pro Jahr bis zu 70.000 Eier gesammelt worden waren.

Am 14.11.1971 gab es das vorläufig letzte Todesopfer durch einen Eisbären auf der Bären-Insel: Nur 50 m vor der Hütte wurde der unbewaffnete Stationsangehörige Bjørn Tessem angefallen, schleppte sich noch bis kurz vor die Tür und wurde dort durch einen Prankenhieb erschlagen. Im Winter wird die Station häufig, von bis zu 100 Eisbären pro Winter, besucht.

Derzeit gibt es konkrete Bestrebungen, die Bären-Insel zum Nationalpark zu machen und so zu schützen. Gleichzeitig wächst aber auch das Interesse der Ölindustrie an einer künftigen Nutzung der Insel als Stützpunkt für Ölförderprojekte in der Barentssee.

Hopen

Die langgestreckte, aus einer Reihe **Plateauberge** (bis 370 m Höhe) bestehende Insel, mit 47 km² Fläche und 33 km Länge bei nur maximal 2 km Breite, bildet die südöstlichste Ecke Svalbards.

Geologisch besteht die Insel aus brüchigen Sedimenten mit kaum gestörter, horizontaler Schichtung aus der **Kreidezeit**. Die Insel ist frei von Gletschern.

Das Meer um die Insel herum ist flach, und vor den Ufern fällt der Grund so langsam ab, daß sich schon bei geringem Seegang eine ausgedehnte Brandungszone bildet, die Landungen mit kleinen Beibooten erschwert. Schiffe müssen in einigem Abstand von der Küste wegen ungenügender Wassertiefe ankern. Die Insel hat keine Buchten, ihr Windschatten wird jedoch gern von Fischereifahrzeugen genutzt, etwa um den Nachschub von Versorgungsfahrzeugen zu übernehmen oder ihren Fang auf ein Mutterschiff umzuladen.

Neben den **schwierigen Landebedingungen** macht auch das **Eis** die Insel schwer zugänglich - in der Regel umgibt es Hopen von Anfang Dezember bis Ende Juni, mit erheblichen jährlichen Schwankungen, und leichteres Treibeis erschwert die Schiffahrt oft auch im Sommer.

Das **Wetter** auf Hopen ist trotz geringen Niederschlags (383 mm/Jahr) feucht und neblig; wolkenloser Himmel ist selten.

Die **Vegetation** ist spärlich und umfaßt insbesondere Moose, fünf Flechten- und 18 Blütenpflanzenarten. Die Blütenpflanzen sind auf kleine Bereiche - Ufer, geschütztere Senken - beschränkt.

An Land leben als Säuger nur einige **Polarfüchse** (hoher Anteil Blaufüchse), weitere Füchse kommen im Winter über das Eis. Hopen ist der einzige Ort Svalbards mit einer langjährigen Statistik der Eisbärenbeobachtung, wobei mit über 200 registrierten Eisbärenbesuchen pro Jahr, in den letzten Jahren eine wachsende Tendenz zu beobachten ist. Die Vogelwelt ist zahlreicher, insbesondere **Alkenarten** bevölkern die Insel im Sommer.

Entdeckt wurde Hopen bereits 1613 durch den Engländer Marmaduke, von dessen Schiff "Hopewell" die Insel vermutlich ihren Namen hat. Bis zum Zweiten Weltkrieg spielte Hopen jedoch kaum eine Rolle, von gelegentlichen "Fangmann"-Aufenthalten abgesehen.

1943 begann sich das **deutsche Militär** für die Insel als möglichen Standort einer **Wetterstation** zu interessieren und richtete über den Winter 1943/44 von September bis Juni eine solche Station mit vier Mann in einer 1934/35 erbauten Fängerhütte ein. Im Oktober 1944 wurde die Station "Helhus" erneut mit vier Mann besetzt und arbeitete über die Kapitulation hinaus bis zum 5. August 1945 als Wetterstation weiter, da es nicht möglich war, die Besatzung früher abzuholen. Die Station wurde von der norwegischen Marine von Oktober 1945 bis 1947 weiterbetrieben und ausgebaut und dann an Værvarslinga for Nord-Norge (Wetterdienst Nordnorwegen) übergeben. 1957 entstand ein neues Stationsgebäude, das 1981 modernisiert wurde (☞ auch Siedlungen, Stationen und Trapper - Die norwegischen Stationen). 1971 und 1973 ließ FINA auf Hopen an zwei Punkten 908 bzw. 2.840 m tief nach Erdöl bohren - ohne Erfolg.

In die Schlagzeilen der internationalen Presse geriet Hopen 1978, als ein großes, mit scharfer Munition bewaffnetes sowjetisches Aufklärungsflugzeug vom Typ Tu-16 am 28. August gegen 12:00 in etwa 100 m Höhe am Werenskioldfjellet zerschellte; die siebenköpfige Besatzung war offenbar sofort tot. Das Wrack wurde zufällig von Stationsangehörigen zwei Tage später entdeckt und danach vom Sysselmann und der *flyhavarikommisjon* in Begleitung von Vertretern der sowjetischen Botschaft aus Oslo untersucht. Der Absturz wurde als Beweis für sowjetische Verletzungen des norwegischen Luftraumes über Svalbard gesehen.

In den letzten Jahren entstanden Pläne, auf Hopen eine Radaranlage zur Überwachung der Eisverhältnisse in der Barentssee einzurichten.

Von Touristen wird Hopen nur sehr selten besucht - abgesehen von einzelnen Studienfahrten per Schiff und gelegentlich Yachten.

REISE HANDBÜCHER
Viel Neues im Osten
POLEN
REISE HANDBUCH
TSCHECHEI
REISE HANDBUCH
RUMÄNIEN
REISE HANDBUCH
Turnu Roşu
BULGARIEN
REISE HANDBUCH
Radwandern in Masuren
REISE HANDBUCH
TOUREN IN SCHLESIEN
REISE HANDBUCH
SLOWAKE
REISE HANDBU
GÜNTER NAGEL
TOUREN IN BÖHMEN
★ Wanderungen und Ausflüge ★
REISE HANDBUCH
UNGARN
REISE HANDBUCH
TOUREN IN MASUREN
REISE HANDBUCH
Conrad Stein Verlag
Eichkoppelweg 51 · 24119 Kronshagen
0431/544090 · Fax 548774

Spitzbergen - Siedlungen, Stationen und Trapper

Dieses Kapitel stellt die heutigen Siedlungen Svalbards vor, einschließlich ihrer zwar kurzen, oft jedoch recht ungewöhnlichen und ereignisreichen Geschichte, soweit diese speziell den jeweiligen Ort betrifft (allgemeine Geschichte Svalbards ☞ Allgemeine Landeskunde - Geschichte; regionale Geschichtsaspekte ☞ Svalbards Landesteile).

Trotz aller Annehmlichkeiten findet sich auch heute noch etwas **Pionierhaftes** in den kleinen Inseln menschlicher Zivilisation in der arktischen Wildnis Spitzbergens, die übrigens alle erst nach 1900 entstanden. Mit Ausnahme der Stationen auf Hopen und Bjørnøya sowie einzelner Trapperstationen befinden sich alle Siedlungen im Bereich der Westküste der Hauptinsel Spitsbergen, wo der Golfstromeinfluß 6-9 Monate im Jahr einen weitgehend eisfreien Zugang gestattet.

Angaben über die **Bevölkerungszahl** sind gerade in diesen Zeiten des Wandels problematisch. Für 1992 kann als grobe Schätzung eine Gesamtbevölkerung Svalbards von ca. 3.000 Menschen angegeben werden, hiervon sind ca. 2.000 GUS-Bürger, ca. 1.000 Norweger sowie ca. 30 anderer Nationalitäten (Polen, Schweden, Deutsche, Österreicher, Dänen, Briten). Mit Ausnahme der Polen (polnische Forschungsstation) leben die übrigen Nationalitäten vorwiegend in den norwegischen Siedlungen bzw. als Trapper.

Longyearbyen

Das norwegische Longyearbyen ist die **Haupt"stadt"** ganz Svalbards und gleichzeitig der älteste noch bestehende Ort der Inselgruppe.

Seitens des norwegischen Staates besteht die klare Zielsetzung, den Ort zu einer möglichst normalen norwegischen Gemeinde zu entwickeln, deren Lebensverhältnisse mit denen auf dem Festland vergleichbar sind. Insbesondere die ganzjährigen und nahezu täglichen **Flugverbindungen** zum Festland und die **moderne Kommunikationstechnik** haben die weitgehende Verwirklichung dieser Ziele sehr erleichtert. Als Ausgleich zur abgeschiedenen Lage weist der Ort eine gut ausgebaute, eigene **Infrastruktur** auf, die diejenige erheblich größerer Dörfer auf dem Festland übertrifft. Aufgrund der besonderen Bedeutung für Svalbard als das Zentrum der meisten norwegischen Aktivitäten und Sitz der norwegischen Verwaltung verdient Longyearbyen eine ausführlichere Behandlung, wobei ich insbesondere auf die interessante Gründungsgeschichte und die rasante

Entwicklung und Veränderung des Ortes während der letzten zwei Jahrzehnte eingehe.

Entstehung und Entwicklung 1900-1945:
📖 Die Bergwerksgesellschaft SNSK gab zu ihrem 75jährigen Jubiläum 1991 einen hervorragenden Bild- und Textband zu ihrer eigenen und damit der Geschichte Longyearbyens heraus: "Store Norske 75 år".

Der Adventfjord - der Name stammt wahrscheinlich von dem englischen Walfangschiff "Adventure" (1656) - wurde schon in früheren Jahrhunderten von **Walfängern** sporadisch genutzt, von denen jedoch bis auf ein kleines Grab auf Hotellneset fast nichts zurückgeblieben ist.

Ab 1837 besuchten **Forschungsexpeditionen** die Bucht, die unter anderem den über ihr gelegenen Gipfel des Nordenskiöldfjellets als Basis für Messungen nutzten. Ende des 19. Jh. errichteten einige **Jäger** ein paar Hütten an der geschützten, gut befahrbaren und verkehrsgünstigen Bucht und verschifften von hier aus ihre Felle, Daunen etc. nach Norwegen.

Aufgrund des wachsenden touristischen Interesses an Spitzbergen (einschließlich erster Kreuzfahrten) richtete die Vesterålens Dampskibselskab ab 1895 eine **Schiffsverbindung** nach Spitzbergen im Sommer ein, wobei natürlich auch die winzige Ansiedlung von Jägern im Adventfjord in dem damals ansonsten nahezu menschenleeren Land angelaufen und versorgt wurde, bzw. Felle etc. nach Norwegen zurück mitgenommen wurden. 1896 baute die Reederei auf der Halbinsel am Eingang des Adventfjordes sogar ein kleines Hotel mit firmeneigener Poststelle, das allerdings nach der Saison 1897 bereits wieder aufgegeben wurde. Die Halbinsel heißt noch immer **Hotellneset**. Der Tourismus war damit zusammen mit der Jagd eine der beiden ersten wirtschaftlichen Aktivitäten im Bereich des heutigen Longyearbyen.

📖 Die **Kohlevorkommen** im Adventfjord waren schon seit längerem bekannt, so brach hier Halvorsens Jagdexpedition schon vor der Jahrhundertwende im Tagebau ca. 400 t Kohle. 1900 entsandten fünf Norweger aus Trondheim eine Prospektions-Expedition nach Spitzbergen, die unter anderem auf Kohlevorkommen im Adventfjord Besitzansprüche anmeldete. Sie gründeten dann die Kulkompagniet Trondhjem-Spitsbergen. Aufgrund Kapitalmangels für die Erschließung der Kohleflöze in einem wirtschaftlich sinnvollen Umfang versuchte die Gesellschaft ab 1902, ihre Kohlefelder an finanziell potentere Interessenten zu verkaufen. Als sich die Bostoner Geschäftsleute **Frederick Ayer** und **John Munro Longyear**, der 1901 auf einer Familienreise den Adventfjord besucht und vielversprechende Kohleproben mitgenommen hatte, für den Erwerb der Kohlelager interessierten, wurde man sich 1905 einig. Die Amerikaner erwarben für nkr 18.000 und zusätzlich 1/7 der Aktien ihrer neuen Gesellschaft von den Trondheimern die Kohlefelder und außerdem deren zwischenzeitlich von Vesterålen Dampskibsselskap übernommenes Hotel auf Hotellneset.

In demselben Jahr annektierten die beiden Amerikaner ferner große Teile der Isfjord-Südseite zwischen Sassental und Grønfjord sowie die Bohemanflya auf der Fjord-Nordseite und begannen mit der Vorbereitung des Abbaus im Adventfjord. Als Beginn der *amerikanertiden*, der Zeit der Amerikaner, wird jedoch allgemein das Jahr 1906 mit der Gründung der **Arctic Coal Company** (ACC) durch Ayer und Longyear und den einsetzenden Bauarbeiten (Unterkünfte, Schienen, Stolleneingang) angesehen. 40 Mann überwinterten. Die "Amerikanergruva"/Gruve 1a entstand oberhalb des heutigen Museums auf der Nordseite des Longyeartales. Die Reste ihrer Außenanlagen und der Seilbahnstützen zum ehemaligen ersten Pier sind noch gut sichtbar.

Wie in den meisten Gruben Zentralspitzbergens liegt die tertiäre Steinkohle in nahezu horizontalen Flözen über dem Meeresspiegel und ist so bequem von den Bergflanken aus zu erreichen, wo sie nach dem Abräumen des sie verdeckenden Schutts direkt zu Tage tritt - im Bereich Longyearbyens überwiegend in relativ dünnen Flözen von ca. 80 cm Stärke, was dementsprechend unbequemes Arbeiten bedingt. Dank des Permafrostes mit -2 bis -3 Grad im Bergwerk gibt es nur dort Wasserprobleme, wo man unterhalb der Permafrostschicht gelangt. Der Abtransport der Kohle aus dem Berg und zur nahen Schiffsverladung ist angenehm einfach und kurz, weshalb die Produktionsbedingungen insgesamt als deutlich besser einzustufen sind als beispielsweise im Ruhrgebiet. 1907 konnte die erste Kohle mit dem firmeneigenen Frachtboot abtransportiert werden.

Die erste Aufbauphase der Grube und des bald "Longyear City" genannten Ortes (einschließlich Pier, Kraftwerk, Aufzug zum Grubeneingang etc.) zog sich mit geringer Produktion von ein paar tausend Tonnen pro Jahr bis 1910/11 hin, die Zahl der Überwinterer stieg auf 73 Männer und drei Frauen.

Praktisch alle Führungskräfte einschließlich etlicher Vorarbeiter waren Amerikaner, während die Masse der einfachen Arbeiter in Norwegen rekrutiert wurde. Die Bezahlung war zwar besser als auf dem Festland, dafür jedoch auch die Arbeit und die Lebensbedingungen wesentlich härter und hinzukam die meist länger als mehrere Monate dauernde Trennung von allen Angehörigen.

Die Epoche war geprägt von **krassen Gegensätzen in der Arbeitswelt**: auf der einen Seite eine autoritäre Führung mit deutlichen Privilegien und auf der anderen Seite eine vielfach politisierte und zumindest teilweise radikalen sozialistischen oder verwandten Ideologien anhängende Arbeiterschaft mit hoher Konfliktbereitschaft. Auch in Norwegen war das Verhältnis zwischen Arbeitern und Führung in Industriebetrieben zu dieser Zeit von großen Klassengegensätzen geprägt. Für die ACC kam erschwerend hinzu, daß diese Trennung durch die unterschiedliche Mentalität, Nationalität und Sprache zwischen Führung und Arbeiterschaft verschärft wurde, also auch ein Kulturkonflikt vorlag - und dies in einer europaweit und auch in Norwegen (gerade errungene Unabhängigkeit von Schweden) nationalistisch beeinflußten Zeit.

Ob nur vermutet oder berechtigt: Die Amerikaner beklagten sich zunehmend über nationalistisch bedingte **Diskriminierung durch Norwegen**, sei es in der Rechtsprechung in Prozessen zwischen ACC und Arbeitern in Norwegen, sei es im als schikanös empfundenen Verhalten norwegischer Behörden. Svalbard war zwar Niemandsland, aber wer dort ein Bergwerk von der Größe der ACC betrieb, war auf gute Nachrichten- und Versorgungslinien angewiesen, die sich am einfachsten über Nordnorwegen als nächstgelegenem Festland aufbauen ließen. Beispielsweise verweigerte Norwegen der ACC den Aufbau einer eigenen Telegraphenverbindung nach Nordnorwegen und errichtete stattdessen 1911 eine eigene Telegraphenstation im Grønfjord auf Finneset, die von Longyear City aus nur umständlich, im Sommer per Boot und im Winter auf Skiern (50 km), per Kurier, zu erreichen war, bis man eine eigene Telegraphenverbindung von Longyear City zum Grønfjord einrichtete.

Norwegische Versuche, ACC steuerlich über deren Büro in Norwegen zu belasten (Spitzbergen selbst war Niemandsland und damit auch frei von Besteuerung), blieben zwar weitgehend erfolglos, verursachten jedoch zumindest erheblichen bürokratischen Aufwand für ACC. Ebenso wurden immer neue Auflagen der Behörden hinsichtlich des werkseigenen Schiffes im Zusammenhang mit der Abwicklung von Transporten über die norwegischen Häfen und vor allem die mit jedem Fall verbundenen langen Bearbeitungszeiten der staatlichen Bürokratie als unverständliche und beabsichtigte Behinderung empfunden.

Zu dieser Zeit war Longyear City Spitzbergens größte Ansiedlung, in der die meisten der in Spitzbergen beschäftigten Norweger Arbeit fanden. Zudem war ACC aufgrund des vorhandenen Kapitals am ehesten unter den in dieser Zeit zahlreich gegründeten und wieder bankrott gehenden Bergwerken in der Lage, die erheblichen Startinvestitionen und schwierigen Anfangsjahre eines ökonomisch ausreichend großen Bergwerkbetriebes finanzieren zu können und damit eine sichere Kohlenversorgung für Nordnorwegen aufzubauen.

Wenn die ACC trotz dieser Fakten immer wieder auf vermutete oder tatsächliche Behinderung durch das offizielle Norwegen (Gerichte, Behörden) stieß, wodurch sich der Aufbau des Unternehmens verzögerte und verteuerte, lag es nahe, daß die Amerikaner darin eine Mischung aus Neid auf ihren Erfolg und dem Versuch sahen, durch solche Behinderungen auf unfaire Art nicht-norwegische Akteure in Spitzbergen auszuschalten - um so mehr, als ab 1910 internationale Verhandlungen über die künftige Souveränität Spitzbergens begannen, bei denen Norwegen durch eine möglichst starke Präsenz Vorteile erwarten konnte.

Allerdings schädigte auch die ACC selbst ihren Ruf durch weitgehendes Ignorieren der norwegischen **Kritik an den schlechten Arbeitsbedingungen** der Arbeiter und gelegentlicher **Mißachtung norwegischer Vorschriften** im norwegischen Hoheitsgebiet am Festland. Massive Streiks und sonstige Arbeiterproteste gab es regelmäßig in Longyear City. Die Reaktion der Firma waren in der Regel massenweise Entlassungen der Beteiligten. Um den Problemen Herr zu werden, wurde sogar der Austausch der skandinavischen Arbeiter durch Chinesen erwogen.

Zu den Arbeitsproblemen und den Auseinandersetzungen mit den Behörden kamen während der Aufbaujahre ein Rückgang des Kohlepreises und teilweise auch starke Behinderungen des Abtransports der Kohle durch Meereis hinzu. Trotz all dieser teils äußeren, teils selbst mitverursachten Probleme ging es mit der ACC ab 1912 deutlich aufwärts und im Winter 1912/13 erreichte die Produktion bereits 30.000 t Kohle. 1913 wurde auf der gegenüberliegenden Seite des Longyeartales mit der **Anlage der Grube 2** begonnen. Die Einwohnerzahl war auf 385 Mann im Sommer bzw. 245 Überwinterer angewachsen. 1914 konnte die Aufbauphase des Werkes als abgeschlossen gelten - unter den schwierigen Bedingungen ein äußerst bemerkenswerter Erfolg, nicht zuletzt im Vergleich mit den zahlreichen anderen gescheiterten Projekten in Spitzbergen in derselben Periode.

Bereits frühzeitig müssen sich die Amerikaner mit **Plänen zum Verkauf** der ACC befaßt haben, nicht zuletzt auch hervorgerufen durch die ständigen Frustrationen, die durch die Probleme mit der Arbeiterschaft und den norwegischen Behörden entstanden. Erste Verkaufsinteressen sind bereits aus dem Jahre 1909 bekannt. Durch den erfolgreichen Aufbau und die gute Kapitalausstattung ergab sich kein Verkaufszwang.

Das sich zunehmend aufgrund entsprechender internationaler Verhandlungen abzeichnende Ende des Status von Spitzbergen als steuerfreiem Niemandsland, vor allem aber infolge des Ausbruchs des Ersten Weltkrieges, der verschiedene Probleme nach sich zog, die nach 1914 die ACC praktisch zur Unterbrechung der Produktion zwangen, verstärkten das amerikanische Verkaufsinteresse. Günstigerweise stieg zur gleichen Zeit

Norwegens Interesse an einer raschen Absicherung der Versorgung des Landes mit Kohle, da durch den Krieg die bisherigen britischen Lieferungen unterbrochen wurden. Nach komplizierten Verhandlungen erfolgte 1916 der **Verkauf** an ein extra hierfür gebildetes norwegisches Syndikat für nkr 1,5 Mio plus nkr 2 Mio Aktienanteil für Longyear und Partner an der zu gründenden neuen norwegischen Gesellschaft, der **SNSK** (**Store Norske Spitsbergen Kulkompani**). Zusätzlich wurden weitere Flächen von kleineren Gesellschaften im Bereich des Grønfjords gekauft (Christian Ankers Gebiet u.a.). Neben den Bergwerken erwarb das Syndikat damit Gebietsansprüche auf 1.200 km² Bodenfläche in Spitsbergen.

Unter der neuen norwegischen Leitung wurde der Betrieb ohne Unterbrechung, jedoch mit etwas reduzierter Produktion (Übergangsprobleme) fortgesetzt (141 Überwinterer der SNSK im ersten Winter 1916/17 in Longyearbyen plus drei in Green Harbour). Ab 1919 wurde auch der Abbau in der Grube 2 aufgenommen, deren Einrichtung noch unter amerikanischer Leitung begonnen worden war. Sie setzte die Produktion auch nach einer schweren Explosion (26 Tote) in Grube 1, die zu deren Stillegung führte, fort.

Bis 1937 blieb diese Alte Grube 2 die einzige Abbaustätte, dann wurde ein neuer Eingang (Neue Grube 2) über dem heutigen Nybyen weiter taleinwärts geschaffen, und 1939 zusätzlich die Neue Grube 1 über dem 1938 errichteten Ortsteil Sverdrupbyen in Betrieb genommen. Sie arbeiteten beide bis zur Evakuierung 1941.

Die **Verschiffung**, bis 1921 direkt über den Anleger vor Longyear City abgewickelt, zog 1921 auf die 4 km entfernte Hotellneset um, wo unter anderem mehr Platz für die Zwischenlagerung und tieferes Fahrwasser vorhanden waren. Der Transport der Kohle erfolgte dorthin mit einer im gleichen Jahr errichteten Seilbahnstrecke. Eine Straße gab es damals noch nicht, so daß die Arbeiter dort auch ihre Unterkunft und ihre eigene Kantine hatten; sie bildeten eine kleine Gemeinschaft mit großem Zusammengehörigkeitsgefühl.

Das Longyearbyen vor dem Zweiten Weltkrieg war weitgehend eine Männerwelt mit klarer **Klasseneinteilung**: Die Arbeiter lebten in ihren Baracken meist zu sechst in einem Zimmer, mit einem Waschraum pro Baracke, die Funktionäre in weitaus komfortableren Wohnungen und teilweise mit Familie. Auch die Kantinen waren getrennt. Von den Funktionärsgattinnen abgesehen, gab es **kaum Frauen** in Longyearbyen, zunächst nur ein paar Serviererinnen in der Funktionärskantine. Erst 1929 wurde weibliches Personal auch in der Arbeiterkantine zugelassen, was eine deutliche Verbesserung des Betragens und der Sauberkeit bewirkt haben soll.

Natürlich waren die wenigen Frauen umschwärmt, und die meisten von ihnen fanden hier ihren künftigen Mann, doch zu Gewalttätigkeiten kam es durch das Zusammenleben der Geschlechter offensichtlich nie.

Auch **Alkohol** stellte insgesamt kein allzu großes Problem dar. Während der Amerikanerzeit war er völlig verboten und unter norwegischer Leitung wurde dann eine Quotierung eingeführt (eine Flasche Branntwein pro Monat, gelegentliche Zusatzrationen). Den meisten Arbeitern war aber offensichtlich klar, daß Alkohol und die gefährliche Bergwerksarbeit nicht zusammenpaßten, so daß Betrunkene während der Arbeit eine große Seltenheit waren.

Mit den Jahren wuchs der Ort und erreichte 1925 eine Größe von rund 500 Überwinterern. Gleichzeitig verbesserte sich die Unterbringungsqualität und die Ausstattung des Ortes: 1920 kam der erste Pfarrer nach Longyearbyen, der gleichzeitig als Lehrer tätig war und mit acht Schülern begann. Der Bau einer Kirche folgte 1921 und das erste richtige Schulhaus 1938. Ein Krankenhaus gab es noch aus der Amerikanerzeit seit 1913 auf Skjæringa. Es wurde schrittweise ausgebaut und überstand als eines der wenigen dortigen Gebäude den Zweiten Weltkrieg. Wenn die Sonne im Februar erstmals nach der langen Polarnacht seine Treppenstufen erreichte, wurde das Sonnenfest gefeiert, eine bis heute beibehaltene Tradition.

Die **Kohleproduktion** stieg über die Jahre von nur 33.000 t im ersten Jahr auf 247.000 t 1941/40. Der Abtransport war damals wie heute nur über die Sommermonate möglich, im Winter war die kleine Gemeinschaft völlig abgeschnitten und auf sich allein gestellt, wobei die Dauer der Isolation variierte. Ganz offensichtlich war in jenen Jahrzehnten die Eisbildung ausgeprägter als heute, denn oft mußten beim ersten Anlaufversuch im neuen Jahr, meist im Mai, Menschen und Versorgungsgüter vom Schiff aus weit über das Eis; teilweise war die Eisdecke noch bis zum Grønfjord hin geschlossen.

Die meisten der Arbeiter kamen aus Nordnorwegen, oft durch wechselseitige Empfehlung aus demselben Dorf oder gar aus derselben Familie, Brüder, Vater und Sohn, Schwager.

Ab 1924 gab es einen **Einbruch im Kohlepreis** um 60%, der durch die Produktivitätssteigerung um 30% im Zuge der Produktionsausweitung nicht aufgefangen werden konnte und unter anderem die holländische Grube in Barentsburg zur Aufgabe zwang. Erstmalig wurde ein staatliches Engagement Norwegens in der bisher in Privatbesitz befindlichen Aktiengesellschaft SNSK zur Bezahlung der Schulden erforderlich, und zwei Staatsvertreter zogen in den Vorstand der Gesellschaft mit ein.

Zusätzlich etablierte sich der norwegische Staat 1925 auch als neuer Souverän über Spitzbergen in Longyearbyen durch die Einsetzung des ersten Sysselmanns (Gouverneurs) als Vertreter, der zunächst ganz auf sich allein gestellt war und noch nicht einmal über ein eigenes Büro verfügte. 1926 wurde zusätzlich der erste *Bergmester* als zweiter hoher norwegische Beamte eingesetzt, der für die Bergwerksfragen ganz Svalbards zuständig war und für einige Zeit nebenbei auch den Sysselmann vertrat.

Kriegsereignisse ☞ Allgemeine Landeskunde - Geschichte, da sie Spitzbergen als Ganzes betreffen.

Nach dem Zweiten Weltkrieg

Nicht zuletzt weil Sverdrupbyen den Krieg praktisch unbeschädigt überstanden hatte, konnte der **Bergwerksbetrieb** in Longyearbyen schon 1945 wieder aufgenommen werden - natürlich mit vielen Provisorien.

🕮 Davon kann man sich unter anderem durch das Buch "**Insel im Rücken der Sonne**" von Liv Balstad, der Frau des ersten Gouverneurs nach dem Krieg, ein lebendiges Bild machen.

Anstelle der im Krieg zerstörten Unterkünfte Alt-Longyearbyens entstand bis 1948 eine völlig neue Siedlung, **Nybyen** (Neues Dorf), unterhalb der schon vor dem Krieg in Betrieb genommenen Neuen Grube 2, mit für damalige Zeiten angemessenen Komfort (Zwei-Mann-Zimmer), sowie weiter talabwärts, oberhalb des Vannledningsdalen, der zweite neue Ortsteil **Haugen** (Hügel) und auf Skjæringa die verschiedenen neuen Gebäude der staatlichen Institutionen (Sysselmann, Telegraphenamt, Bergmester, Kirche).

In Fortsetzung der althergebrachten **Klassentrennung** war der Ort sauber aufgeteilt: die Arbeiter jeweils unter den Eingängen "ihrer" Gruben in Sverdrupbyen und Nybyen, die Funktionäre in Haugen und die Staatsdiener in Skjæringa. Hinzu kamen die Beschäftigten im Hafenbereich mit eigenen Unterkünften dort und schließlich die abgelegenen Anlagen mit ihrer Mannschaft draußen auf Hotellneset. In einer Zeit ohne motorisierten Personenverkehr förderte diese weiträumige Verstreuung nicht gerade das Zusammenwachsen der Bevölkerung, auch wenn sie praktische Vorteile hatte. Ein neues Krankenhaus entstand 1947 ebenfalls auf Haugen, mußte aber schon 1954 nach einem schweren Erdrutsch durch einen Neubau ersetzt werden, der bis 1991 in Betrieb war.

1958 war die Neue Grube 1 und 1967 die Neue Grube 2 erschöpft. Der Abbau hatte sich mit Eröffnung der Grube 5 bereits 1958 erstmals aus dem Longyeartal hinausbegeben, wofür die Seilbahn zum Transport der Kohle ins Adventtal ausgebaut wurde. 1966 nahm Grube 4 als letzte im Longyeartal den Abbau auf (Vorbereitung bereits seit 1954). Sie beutete Kohlelager im Sarkophag-Massiv und unter dem Longyeargletscher aus und war bis 1970 in Betrieb.

Damit war der Abbau im Longyeartal endgültig zu Ende. Es folgten als letzte **Grubeneröffnungen** im Bereich Longyearbyens die Grube 6 (1969), Grube 7 (1972) und Grube 3 (1972), wobei Untersuchungen an letzterer bereits auf 1928/29 zurückgehen. Nachdem Grube 5 im Jahr 1971 und 1981 auch Grube 6 (mit verbleibender abbaubarer Reserve) ihren Abbau einstellten, sind heute nur noch die Grube 3 über dem Flugplatz und die Grube 7 im Adventdalen in Betrieb.

Schon bald nach dem Krieg erkannte man, daß ein alleiniger Absatz der Spitzbergenkohle in Norwegen nicht ausreichte und bemühte sich um **ausländische Kunden**, wobei sich ein wachsender Absatz in Deutschland entwickelte, insbesondere nachdem es gelungen war, für die Spitzbergenkohle Zollfreiheit durchzusetzen. Allerdings verringerten sich die Verkaufszahlen auf dem eigenen norwegischen Markt teilweise so rasch, daß die Verkaufsabteilung kaum schnell genug zusätzliche ausländische Käufer finden konnte. Der letzte schwere Schlag für den inländischen Absatz war die Stillegung des Kokswerkes der norwegischen Stahlindustrie in Mo i Rana 1988, seit 1963 der größte Kunde der SNSK. In den letzten Jahren ist Deutschland - vor dem norwegischen Festland - wichtigstes Abnehmerland für die SNSK, es wurde sogar eine gemeinsame deutsch-norwegische Handelsfirma (deutscher Partner: Stinnes) hierfür gegründet. Im Verhältnis zur deutschen Kohleproduktion macht die Longyearbyer Kohle freilich einen minimalen Bruchteil aus.

Die **lokalen Machtverhältnisse** waren nach dem Krieg weitgehend dieselben wie vorher: Die Leitung der SNSK war nahezu allmächtig. Ihr gehörte in Longyearbyen absolut alles außer dem Sitz des Gouverneurs und des Bergmesters sowie dem Telegrafenamt und der Kirche. Einen Postbeamten gab es damals nur im Sommer, wenn Briefe befördert werden konnten. Er hatte seinen Arbeitsplatz im Laufe der Jahre in verschiedensten, ihm mehr oder weniger vorläufig überlassenen Räumlichkeiten. Selbst der Pfarrer stand zur Hälfte als Lehrer auf der SNSK-Gehaltsliste. Auch der Sysselmann war im Alltag stark von der Unterstützung und dem Wohlwollen der SNSK abhängig, verfügte er doch kaum über eigenes Personal oder Ausrüstung. Bis 1966 stand ihm den Sommer über lediglich ein bescheidenes Boot und im Winter ein Hundegespann zur Verfügung, der erste amtliche Motorschlitten kam erst 1967. Longyearbyen war in erster Linie "company town" unter der allmächtigen Herrschaft der Bergwerksgesellschaft.

Dies änderte sich erst seit Ende der sechziger Jahre aus zwei Gründen: Eine neue Generation löste mehr und mehr die Vorkriegsveteranen ab und setzte, vom Festland einen steigenden Lebensstandard und schwindende Klassenunterschiede gewöhnt, einen **schrittweisen Wandel** durch. Dazu kam von außen gesteigertes Interesse der Norweger an den Verhältnissen in Spitzbergen durch immer offensichtlichere sowjetische Versuche einer schrittweisen Aushöhlung der norwegischen Souveränität. Auf sie antwortete Norwegen schließlich mit einer personellen und materiellen Stärkung des Sysselmanns (heute: 15 ganzjährig Beschäftigte, dazu ca. 10 Zusatzkräfte im Sommer) und einer Politik der stärkeren Bindung Svalbards durch die Angleichung der Lebensverhältnisse. Ein zentraler Schritt in diese Richtung war die Eröffnung des Flughafens, der die Isolation im Winter endgültig brach und Festland und Spitzbergen einander deutlich näher brachte.

Im Zuge dieser **"Normalisierung" der Lebensbedingungen** in Longyearbyen, der Anpassung an einen durchschnittlichen norwegischen Ort, gab die SNSK schrittweise Funktionen an den Staat ab, beginnend mit der Schule (1976), der Einstellung der eigenen **Banknoten** (1980) und dem Krankenhaus (1981) oder später z.B. der Zulassung von Privat-Pkw auf den firmeneigenen Straßen. Beschleunigt wurde diese Entwicklung durch erneute Probleme auf dem Kohlenmarkt, die ein immer stärkeres Engagement des Staates in Form von Subventionen erforderlich machten und schließlich zum Aufkauf nahezu aller noch in Privathänden liegenden SNSK-Aktien 1976 führten, so daß die SNSK seitdem ein Staatsbetrieb ist. Angesichts der ständigen Verluste war die Gesellschaft vielfach gern bereit, bisher aufgrund von Gesetzen von ihr verlangte kommunale Dienstleistungen an den Staat abzutreten.

Als dann in den achtziger Jahren der jährliche Subventionsbedarf der SNSK in die Größenordnung von nkr 150 Mio stieg, wurde zunächst eine Senkung der kaum mehr absetzbaren Produktion von fast 500.000 Jahrestonnen auf nur noch 300.000 Jahrestonnen beschlossen, verbunden mit einem schmerzlichen Personalabbau.

Entwicklung der letzten Jahre und der Zustand heute

Heute hat der Ort etwa 950 Ew., von denen etwas über 300 bei der SNSK Bergwerksgesellschaft und weitere ca. 160 bei den anderen aus der SNSK seit 1989 abgesplitteten Staatsbetrieben SSD (Svalbard Samfunnsdrift, für Betrieb des Ortes zuständig), SpiTra und SNU tätig sind. Der Rest sind überwiegend Familienangehörige, Mitarbeiter der verschiedenen staatlichen Einrichtungen (Gouverneursamt, Post, Schule, Telefonamt, Liegenschaftsamt, Krankenhaus), einige kleine Unternehmen (Kfz-Werkstätten,

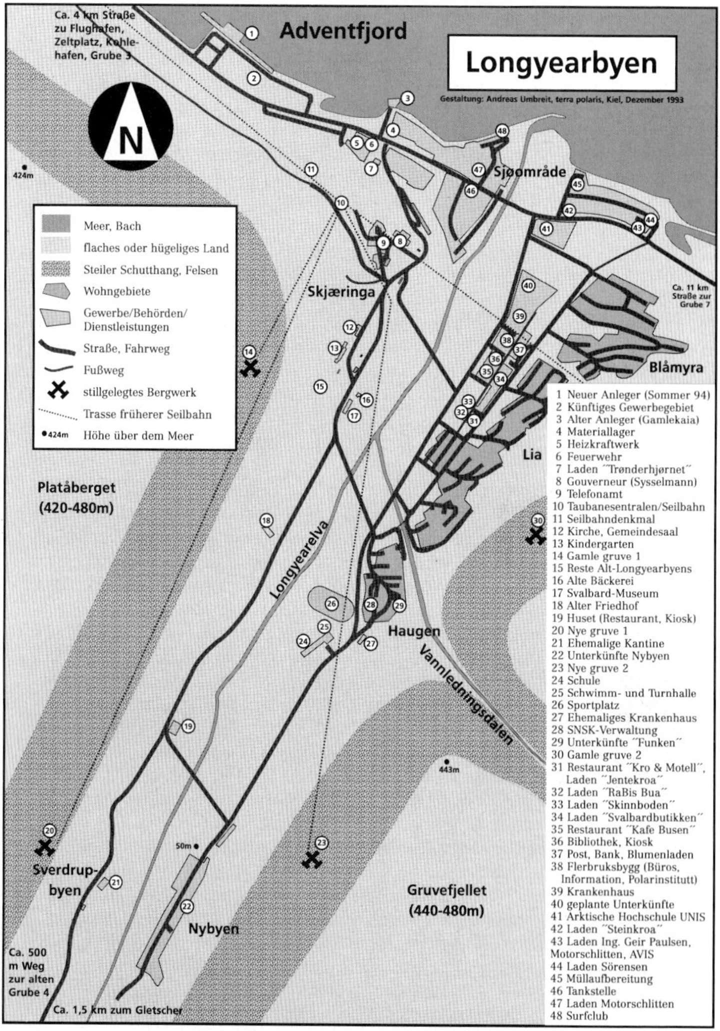

Longyearbyen
Gestaltung: Andreas Umbreit, terra polaris, Kiel, Dezember 1993
Adventfjord
Ca. 4 km Straße zu Flughafen, Zeltplatz, Kohlehafen, Grube 3
N
424m
Meer, Bach
flaches oder hügeliges Land
Steiler Schutthang, Felsen
Wohngebiete
Gewerbe/Behörden/Dienstleistungen
Straße, Fahrweg
Fußweg
stillgelegtes Bergwerk
Trasse früherer Seilbahn
424m Höhe über dem Meer
Sjøområde
Skjæringa
Ca. 11 km Straße zur Grube 7
Blåmyra
Lia
Platåberget (420-480m)
Longyearelva
Haugen
Vannledningsdalen
443m
50m
Sverdrup-byen
Nybyen
Gruvefjellet (440-480m)
Ca. 500 m Weg zur alten Grube 4
Ca. 1,5 km zum Gletscher
1 Neuer Anleger (Sommer 94)
2 Künftiges Gewerbegebiet
3 Alter Anleger (Gamlekaia)
4 Materiallager
5 Heizkraftwerk
6 Feuerwehr
7 Laden "Trønderhjørnet"
8 Gouverneur (Sysselmann)
9 Telefonamt
10 Taubanesentralen/Seilbahn
11 Seilbahndenkmal
12 Kirche, Gemeindesaal
13 Kindergarten
14 Gamle gruve 1
15 Reste Alt-Longyearbyens
16 Alte Bäckerei
17 Svalbard-Museum
18 Alter Friedhof
19 Huset (Restaurant, Kiosk)
20 Nye gruve 1
21 Ehemalige Kantine
22 Unterkünfte Nybyen
23 Nye gruve 2
24 Schule
25 Schwimm- und Turnhalle
26 Sportplatz
27 Ehemaliges Krankenhaus
28 SNSK-Verwaltung
29 Unterkünfte "Funken"
30 Gamle gruve 2
31 Restaurant "Kro & Motell", Laden "Jentekroa"
32 Laden "RaBis Bua"
33 Laden "Skinnboden"
34 Laden "Svalbardbutikken"
35 Restaurant "Kafe Busen"
36 Bibliothek, Kiosk
37 Post, Bank, Blumenladen
38 Flerbruksbygg (Büros, Information, Polarinstitutt)
39 Krankenhaus
40 geplante Unterkünfte
41 Arktische Hochschule UNIS
42 Laden "Steinkroa"
43 Laden Ing. Geir Paulsen, Motorschlitten, AVIS
44 Laden Sörensen
45 Müllaufbereitung
46 Tankstelle
47 Laden Motorschlitten
48 Surfclub

Läden, Restaurant, Bank, Taxi) mit ihren Angestellten, die Kirche, das Norsk Polarinstitutt, der Flughafen und der Zeitungsverlag.

Nicht wenige Besucher sind überrascht, statt der erwarteten Pioniersiedlung einen weitgehend "normalen" Ort vorzufinden, keine rauhe Männerwelt; zahlreiche Familien mit ihren Kindern, die hier den Kindergarten und später die Schule (bis zur Hochschulreife) besuchen können, leben hier.

Insgesamt werden ca. 160 Schüler (einschließlich der Vorschule) von ca. 20 Lehrkräften unterrichtet. Die **Schule**, 1971 in ihr heutiges Gebäude eingezogen, wurde erst 1976 vom Staat übernommen. Vorher war die SNSK auch für diesen Aspekt des Gemeinwesens zuständig.

Die kleine **protestantische Kirche** (ca. 90% der Norweger gehören der lutherischen Kirche Norwegens, der norwegischen Staatskirche, an), wurde 1958 als Ersatz für ihre während des Krieges zerstörte Vorgängerin errichtet. Angegliedert sind der schöne, geräumige Gemeindesaal und das Pfarrhaus. Zum Dienstbezirk des Pfarrers gehören, neben Longyearbyen, auch sämtliche anderen norwegischen Niederlassungen. Um sie wenigstens in der Weihnachts- und Osterzeit alle besuchen zu können, ist er auf einen Hubschrauber angewiesen. In Longyearbyen stehen ihm ein Helfer und seit 1988 ein Katechet zur Seite.

Zum erklärten Ziel Norwegens, Spitzbergen weitest möglich zu integrieren und den norwegischen Einwohnern vergleichbare Bedingungen wie auf dem Festland zu bieten, gehört unter anderem der konsequente Ausbau der **Telekommunikationsdienste**. Der Anfang wurde bereits 1911 durch die Einrichtung der ersten norwegischen Telegrafenstation auf Finneset am Grønfjord gemacht; sie zog 1930 nach Longyearbyen um. Über die Telefon- und Fernschreiberverbindung seit 1949 (statt früher nur morsen), die weiter ausgebaut und verbessert wurde, führte die Entwicklung über Satelliteneinsatz (ab Ende 1978) und automatische Fernwahl (1981) zum heutigen modernen Standard, der auch neue Dienste (Telex, Telefax und sogar die Möglichkeit von Videokonferenzen) einschließt.

Seit dem Neuanfang nach dem Zweiten Weltkrieg, wird das norwegische **Radioprogramm** in Spitzbergen ausgestrahlt, zeitweilig gab es sogar ein eigenes Svalbard-Programm. **Fernsehen** wird seit 1969 gesendet, zunächst von Videobändern, die vom Festland herübergebracht wurden, seit 1984/85 dann direkt via Satellit. 1992 wurde das zweite Programm des staatlichen norwegischen Fernsehens eingeführt, außerdem gibt es einen zusätzlichen örtlichen Kanal mit aktuellen schriftlichen Meldungen und örtlicher Werbung. Insgesamt sind 19 Angestellte (1994) bei Norsk Tele in Spitzbergen mit der Aufrechterhaltung dieser Dienstleistungen beschäftigt. Daneben gab es in letzter Zeit außerdem einen privaten Versuchsbetrieb, der den Empfang und die Weiterleitung von zusätzlichen Satelliten-Programmen zur Aufgabe hat.

Von besonderer Bedeutung angesichts der isolierten Lage ist die **medizinische Versorgung**. Longyearbyen verfügt daher über ein eigenes kleines Krankenhaus, das ursprünglich, wie praktisch alle sozialen Einrichtungen, von der SNSK aufgebaut worden war und seit 1981 vom norwegischen Staat betrieben wird. Mit acht Krankenbetten, mehreren Ärzten und Pflegerinnen sowie einer Zahnstation ist es auf Routineaufgaben aber auch auf die Erstversorgung schwerer Fälle ausgelegt (etwa mögliche Unglücke in den Gruben). Die Ärzte müssen daher voll ausgebildete Chirurgen sein. Schwere Fälle werden nach Herstellung der Transportfähigkeit mit dem Flugzeug aufs Festland zur weiteren Behandlung gebracht.

Heftig diskutiert wurde in jüngster Zeit, ob angesichts einer immer aufwendigeren Technik, die sich ein so kleines Krankenhaus kaum leisten kann, werdende Mütter von Spitzbergen zur Niederkunft nur noch in Festlandskliniken eingeliefert werden sollen.

Der weitläufige Ort (70 km Straßennetz einschließlich der Zufahrten zu den Kohlegruben, ausnahmslos von der SNSK unterhalten) ist zwar nicht sonderlich schön gelegen, und der Kohlestaub läßt sich nicht völlig verbannen, doch wurde seitens der SNSK und seit neuestem seitens Svalbard Samfunnsdrift als für den Betrieb der Infrastruktur zuständiger, aus der SNSK ausgegliederter, neuer Firma sehr viel getan, um den Bewohnern der winzigen Stadt ein hohes Maß an Lebensqualität zu bieten. Dies beginnt bei der **farbenfrohen, architektonisch anspruchsvollen Gestaltung der komfortablen Wohnhäuser** (insbesondere in den neueren Ortsteilen), umfaßt **Freizeit- und Gemeinschaftseinrichtungen** wie Hallenbad, Turnhalle, Gemeinschaftshaus (Mehrzwecksaal für Kino u.ä., Restaurant) und **Bibliothek**.

Während der letzten Jahrzehnte hat das Bemühen um die Modernisierung der Lebensbedingungen das Ortsbild Longyearbyens erheblich gewandelt. Dies wird immer wieder deutlich, wenn alte Spitzbergen-Veteranen nach längerer Zeit wieder einmal zurückkehren. Der Ort, ursprünglich von der orographisch linken unteren Seite des Longyeartales ausgehend (Reste des im Krieg zerstörten, alten Longyearbyens sind noch am Hang oberhalb des Museums zu erkennen), wuchs schon vor dem Krieg auf dieser Talseite aufwärts bis in die Nähe der Moräne des Longyeargletschers (Sverdrupbyen, Neue Grube 1).

Gegenüber entstand dann auf der oberen rechten Talseite ab 1946 Nybyen ("Neue Siedlung"), ab 1947 Haugen ("Hügel") weiter unten mit Krankenhaus und Funktionärskantine.

Einen wahren **Bauboom** erlebte der Ort jedoch in den Jahren seit ca. 1970, als rund 400 neue Wohnungen errichtet wurden, und dadurch die neuen Ortsteile Lia und zuletzt Blåmyra mit ihren farbenfrohen, architektonisch ansprechenden Holzhäusern entstanden, die den Einwohnern Longyearbyens einen bisher unbekannten Komfort bieten. Longyearbyen ist damit entwicklungsmäßig im Bogen wieder zum Fjord zurückgewachsen.

Abgerundet wurde diese jüngste Entwicklung zurück in Richtung Ufer durch den **Neubau verschiedener zentraler Gebäude**, so dem neuen Verwaltungsbau des Gouverneurs (1978, 1988 erweitert), dem neuen Heizkraftwerk am Fjord (1983), das den ganzen Ort mit Strom und Wärme versorgt, dem neuen Bank- und Postgebäude (1983) und Lompen (1985), dem unübersehbaren Mehrzweckbau mit der ehemaligen Kantine Kafe Busen, dem Frischwarenladen, der Bibliothek, Dusch- und Umkleideräumen der Bergarbeiter, Tagungsräumen, Büros etc. (*lomp* ist ein umgangssprachliches Wort, das die Arbeitskleidung der Bergarbeiter bezeichnet, *bus* läßt sich mit "Kumpel" ins Deutsche übersetzen, die Endung "-en" ist ein Artikel).

Das vorher von den Arbeitern zum Waschen und Umkleiden benutzte Gebäude in Nybyen fiel, baufällig und zuletzt noch als Übungshaus für die Feuerwehrausbildung genutzt, 1991 dem Abriß zum Opfer. Das gleiche geschah schon 1985 mit fast dem gesamten Ortsteil Sverdrupbyen, der nicht mehr benötigt wurde und dessen letzte, noch als Lager genutzte Bauten 1993 abgerissen worden wären, wenn nicht der Denkmalschutz eingegriffen hätte. Nachdem auch der örtliche Supermarkt "Svalbardbutikken" (ehemals "Sundt") 1992 ein wesentlich größeres, nagelneues Gebäude direkt gegenüber von Kafe Busen in Lia, im neuen Ortskern bezog, hat Nybyen damit praktisch all seine ehemaligen Aufgaben verloren.

Die alten Gebäude in **Nybyen** wurden ab Mitte der achtziger Jahre nacheinander gründlich saniert und dienen seitdem der Unterbringung zahlender Gäste Longyearbyens, für die 1988 dort von der SNSK eine Rezeption und ein Frühstücksraum in der ehemaligen Arbeitermesse eingerichtet wurde.

In **Lia** setzte sich die Entwicklung zum neuen Ortszentrum mit dem Bau eines Jugendtreffs (1990) und eines neuen, schönen Krankenhauses (1991) sowie eines Bürogebäudes mit Mietbüros für interessierte Firmen ("Næringsbygg"/Gewerbehaus oder "Flerbruksbygg"/Mehrzweckhaus genannt), das bereits 1993 einen bedeutenden Erweiterungsbau erhielt (dritter Bauabschnitt geplant), fort. Für die kommenden Jahre ist im Bereich oberhalb (südwestlich) von Kafe Busen die Entstehung eines "Einkaufsviertels" mit verschiedenen Geschäftshäusern im oberen Teil der das Ortszentrum durchziehenden, neuen "Fußgängerzone" geplant. Zwei Läden,

Skinnboden und RaBi's Bua, sowie ein neues Restaurant stehen dort bereits. Auch ansonsten wächst das Interesse an einem freundlichen Ortsbild. Eine verbesserte Isolationstechnik erlaubt es nun, die gebündelten Versorgungsleitungen, die bisher als dicke Rohrstränge auf Stelzen den Ort durchzogen, wesentlich unauffälliger und dünner auf der Bodenoberfläche zu verlegen (unterirdische Leitungen sind im Dauerfrostboden problematisch), so daß alte Leitungen ersetzt und abgebaut werden können. Schulklassen beteiligen sich daran, ebenso am Sammeln sonstigen Mülls.

Heruntergekommene Gebäude werden schrittweise **saniert**, andere **abgerissen**, soweit sie nicht charakteristisch für das Ortsbild der Bergwerkssiedlung sind. Dieses trifft auf die alten Grubenanlagen an den umliegenden Hängen oder die Stützen der alten Seilbahnen zur Kohlebeförderung zu; die letzte wurde 1988 stillgelegt. Ab Sommer 1989 erhielten die meisten Ortswege schrittweise eine feste Teerdecke, so daß zumindest innerorts die sich früher bei Regen im Sommer unweigerlich bildenden Schlammpisten weitgehend der Vergangenheit angehören.

Neu ist außerdem der zentrale Fußgängerweg, der das Ortszentrum vom Krankenhaus bis zum südwestlich an das Zentrum angrenzenden Wohnviertel durchzieht. Teilweise wird hier mit der **Dorfverschönerung** fast schon übertrieben, geht das Typische zugunsten einer modern-komfortablen, aber eben eher anonym und mit wenig Ortsbezug (bis hin zur Überführung eines für die Lillehammer-Olympiade gebauten Hotels nach Longyearbyen) gestalteten Siedlung verloren. Selbst zwischen den Gebäuden wird inzwischen teilweise sogar die alte und teilweise geschädigte Vegetation gezielt überplaniert, aufgefüllt und neu angesät sowie durch Düngung ein zwar saftiges, aber nicht gerade arktisch-typisches Grün erreicht, also sterile Grünanlagen geschaffen - all dies übrigens in einem Pflanzenschutzgebiet, wo der Besucher noch nicht einmal einen einzigen Grashalm abreißen darf. Man will offenbar die Sünden der Vergangenheit (Fahrzeugspuren etc.) möglichst rasch verdecken und schafft stattdessen lieber künstliche Grünanlagen, als der arktischen langsamen Natur genügend Zeit und die Chance zu gewähren, die Wunden selbst zu heilen oder lediglich behutsam und unauffällig nachzuhelfen. So entsteht ein **merkwürdiger Kontrast** zwischen der karg-eindrucksvollen arktischen Kulisse rundum und den wie Zeugen einer vergangenen Zeit an den umliegenden Hängen noch sichtbaren, ehemaligen hölzernen Grubeneingangsbauten mit ihrer Geisterstadt-Atmosphäre einerseits und andererseits diesem unvermittelt dazwischen gepflanzten modernen Ortskern, der von einer beliebigen Stelle des Festlandes hierher versetzt zu sein scheint.

Auch im Wohnhausbau wächst der Ort jedes Jahr ein Stück mehr - zum einen auf dem Hang hinab zur Uferstraße als nördliche Erweiterung Lias, zum anderen durch Auffüllen noch bestehender Baulücken südlich des neuen Ortszentrums. Außerdem ist nördlich des Krankenhauses bis an die Uferstraße ein großes Baugebiet für gewerblich genutzte Bauten (Tourismus, Firmen etc.) ausgewiesen, wo 1994 ein Luxushotel entstehen soll.

Ebenfalls saniert wird schrittweise das **Ufergebiet** ("Sjøområde") mit seinem unansehnlichen Chaos aus Werkstätten, Lagerhäusern und -zelten, Bootsschuppen, Materialien und Abstellplätzen.

Eines der wichtigsten Projekte ist der **neue Anleger**, dessen Auffüllarbeiten schon 1992 westlich des alten Piers an der Uferstraße begannen und an dem ab 1994 sowohl die dann eventuell wieder im Sommer verkehrenden Linienschiffe als auch die Kreuzfahrtschiffe anlegen können, die bisher immer umständlich ausbooten müssen. Hiervon erhofft man sich eine bedeutende Steigerung der Einnahmen aus dem Kreuzfahrttourismus, da dann voraussichtlich wesentlich mehr Schiffe einen Landgang in Longyearbyen ins Programm aufnehmen werden. Außerdem mildert dieser wesentlich größere Kai das Gedränge der verschiedenen kleinen Schiffe am bisherigen alten Pier, wo man teilweise über bis zu vier Schiffe steigen muß, da diese aus Platzmangel nicht alle direkt am Pier festmachen können.

Es erfordert einige Zeit, sich innerlich diesem Ort zu nähern, ihn kennen- und schätzenzulernen, Zeit, die die Mehrzahl der Besucher nicht aufbringen will.

Das Leben der Einheimischen in dieser abgelegenen Zivilisationsinsel ist nicht ganz so trostlos, wie mancher erwarten mag. Mehrere **Vereine** bereichern das Freizeitangebot in Longyearbyen; es gibt unter anderem einen Museumsverein, Sportverein, Schützenverein, Segelclub, Surfclub und einen Fallschirmspringerverein. Viele Einwohner haben in der näheren Umgebung Longyearbyens **Wochenendhütten**, in deren Stille sie sich zurückziehen können, oder die sie für feucht-fröhliche Feiern nutzen. Ein bis zwei **Kinovorstellungen** gibt es pro Woche und zusätzlich mehrere Videoverleihe für das eigene Programm zu Hause. Am Samstag ist Disco - keineswegs nur für die Jugend.

Dem örtlichen Informationsbedürfnis kommt die "**Svalbardposten**" entgegen, die jeden Freitag erscheint und ausschließlich über das lokale Geschehen informiert - die nördlichste Zeitung der Welt. Sie wird in Longyearbyen herausgegeben und gedruckt (Auflage ca. 2.400 Stück, davon geht über die Hälfte an Abonnenten außerhalb Spitzbergens).

Daneben verfügt fast jeder Haushalt über Radio und Fernsehen. Zeitungen vom Festland haben dank 3-5 Flugverbindungen pro Woche nur 1-3 Tage Verspätung. Vielfältig sind außerdem die Möglichkeiten der **privaten Weiterbildung**, wofür nicht zuletzt auf das große Angebot

Die Poststempel der Siedlungen ☞

LONGYEARBYEN
78° 12'

LONGYEARBYEN
18 6 91
9170

19.06.91
9170 LONGYEARBYEN 78°12'N

LONGYEARBYEN
19-6-91
9170

07.06.91
9173 NY-ÅLESUND 78°55'N

07.06.91
9175 SVEAGRUVA 77°54'N

07.06.91
9178 BARENTSBURG 78°3'N

07.06.91
9179 PYRAMIDEN 78°39'N

Norwegens an Fernkursen etc. zurückgegriffen werden kann, denn auch im Mutterland gibt es ja genügend abgelegene, kleine Siedlungen, die vor ähnlichen Problemen stehen, so daß man staatlicherseits um ein entsprechendes Angebot nicht nur wegen der wenigen Menschen in Spitzbergen bemüht ist.

Eine sehr beliebte Freizeitaktivität sind **Touren mit dem Motorschlitten**, gelegentlich über mehrere hundert Kilometer, meist aber nur in der näheren Umgebung von Longyearbyen, im Nordenskiöldland. Auf die ca. 950 Ew. kommen fast 900 zugelassene "Scooter"; Autos und Motorräder gibt es weitaus weniger. Die Vermutung, daß die Rentiere durch diesen Verkehr im Gelände beunruhigt werden, konnte durch entsprechende wissenschaftliche Studien nicht bestätigt werden, die Tiere scheinen sich rasch an die vorbeifahrenden Fahrzeuge zu gewöhnen, solange sie sich nicht in die Enge gedrängt fühlen. Im übrigen bewegen sich fast alle dieser Schlittentouren auf wenigen festen Routen, die meist zu den vereinzelten Privathütten, den anderen Siedlungen oder etwa zu den vom Turnverein oder von der SNSK errichteten bzw. unterhaltenen Hütten führen.

Besucher, die diese motorisierten Wochenendausflüge kritisieren, sollten sich daran erinnern, wie viele Menschen bei uns in Mitteleuropa am Wochenende zum Privatvergnügen weitaus größere Strecken mit dem Auto zurücklegen. Allerdings werden auch in Spitzbergen bereits Überlegungen angestellt, den Motorschlittenverkehr im Gelände nicht überhandnehmen zu lassen, etwa durch Festlegung von Routen oder Sperrung weiterer Gebiete.

Die **schneefreie Zeit** verbringt ein großer Teil der Bewohner Longyearbyens lieber im Süden, entweder in Norwegen oder im Ausland, so daß die Stadt im Juli und August entvölkert wirkt. Viele der Norweger, die man in dieser Zeit in Longyearbyen trifft, sind keine Einheimischen, sondern Aushilfskräfte, Urlaubsvertretungen für die Sommerzeit.

Insgesamt führt die norwegische Bevölkerung Spitzbergens ein Leben, das sich kaum von dem in einer nordnorwegischen Kleinstadt unterscheidet, das örtliche Freizeitangebot ist vermutlich sogar größer als in gleich großen Gemeinden auf dem Festland.

Hinsichtlich des **Lebensstandards** hat sich in Longyearbyen, seitdem sich neben Beschäftigten bei der Kohlegesellschaft und ihren neuen Zweigbetrieben sowie den Staatsbediensteten auch zunehmend kleine Privatunternehmen angesiedelt haben, eine deutliche Trennung in Privilegierte und Nichtprivilegierte entwickelt. Während die Staatsbetriebe und der öffentliche Dienst für ihre Beschäftigten sehr günstige Dienstwohnungen bieten (ca. DM 300/Monat für 110 m^2), sind Kleinunternehmer und Beschäftigte von Privatfirmen auf das knappe und sehr teure Angebot an

Mietwohnungen angewiesen - mit Mietpreisen von bis zu DM 2.500 im Monat. Da erstaunt es nicht, daß die neue Möglichkeit, Land für 80 Jahre zu pachten und ein eigenes Haus zu bauen, auf deutliches Interesse stößt und bereits einige solcher Privathäuser seit 1990 entstanden sind. Allerdings mußten auch die Beschäftigten der Staatsbetriebe in den letzten Jahren einen schrittweisen Abbau ihrer Privilegien hinnehmen, beginnend mit dem einst subventionierten Essen in der ehemaligen Bergwerkskantine Kafe Busen, die mittlerweile im Winter 1991/92 privatisiert wurde. Freilich sorgte die Gewerkschaft dafür, daß für solche abgeschafften Privilegien Ausgleichszahlungen erfolgten.

Beim größten Arbeitgeber, der Bergwerksgesellschaft, sahen die Arbeits- und **Einkommensverhältnisse** für einen Bergmann bei Einsatz unter Tage 1991 folgendermaßen aus: Pro Jahr werden zehn Monate à 162 Stunden (37,5 Stunden pro Woche) gearbeitet - bei einem Monatslohn von nkr 16.044. Das Jahreseinkommen beträgt also nkr 160.440 zuzüglich 10,3% des Vorjahres-Jahreslohns als Urlaubsgeld, insgesamt ergeben sich also ca. nkr 175.000 zu versteuerndes Einkommen (ca. DM 43.750). Hiervon gehen 4% Einkommenssteuer und etwas über 10% Sozialversicherung ab, so daß ein Nettoeinkommen von ca. DM 37.500 bleibt. Bei den erwähnten günstigen Mieten für die Betriebswohnungen bleibt ein stattliches, frei verfügbares Einkommen. Zum Vergleich führe ich auch höhere Einkommensklassen, ebenfalls von 1991, an: nkr 22.000/Monat für einen Abteilungsleiter und nkr 29.000 für einen Abteilungschef, jeweils elf Monate pro Jahr, dazu das Urlaubsgeld.

Alle genannten Löhne sind Grundlöhne. Hinzu kommen **Zuschläge**, etwa für die Dauer der Betriebszugehörigkeit oder spezielle Qualifikationen und Zusatzaufgaben sowie pro Jahr mindestens ein freies Rückflugticket zum Festland. Mit **Lebenshaltungskosten**, die in etwa denen des Festlandes entsprechen (höhere Transportkosten werden durch fehlende Verbrauchssteuern ausgeglichen), aber sehr günstigen Mieten und einem hohen Nettoeinkommen sind die Beschäftigten der SNSK sicherlich nicht schlecht gestellt und es erstaunt nicht, daß sich auf jede in Longyearbyen frei werdende Stelle Dutzende von Bewerbern melden.

Angesichts der auch in Norwegen gestiegenen Arbeitslosigkeit (wobei dort schon 6% als katastrophal angesehen werden) ist in den letzten Jahren auch die Bereitschaft gesunken, schon nach ein paar Jahren guten Verdienens in Spitzbergen zum Festland zurückzukehren, zumal sich viele rasch an das sehr bequeme und überschaubare, behütete Leben in Longyearbyen gewöhnen und auch deshalb nicht besonders an einer Rückkehr in das kompliziertere, mehr Entscheidungen fordernde und unsicherere Festlandsleben interessiert sind. Trotzdem unterhalten viele weiterhin zu Hause auf dem Festland ihr Familienhaus, oft zusätzlich noch ihre Hütte und ihr Boot. Diese Kosten werden häufig als Argument genannt, um zu begründen, daß es ihnen keineswegs so gut geht, wie immer behauptet wird.

Während man bei den Steuern und sonstigen Abzügen gern auf den Sonderstatus Spitzbergens als Privileg pocht, hindert dies nicht daran, andererseits bei den **Sozialleistungen** eine Gleichstellung mit dem Festland zu fordern. Auch hier ist eine schrittweise Anpassung zu beobachten. Norwegisches Arbeitslosen- und Kindergeld gibt es mittlerweile auch in Longyearbyen.

Einen großen Schritt zur Angleichung der Lebensverhältnisse zwischen Festland und Longyearbyen bedeutete die Abschaffung der **Versorgung** der Bevölkerung mit vielen **Bedarfsgütern** über das Magazin der Kohlegesellschaft, wo man noch bis Ende der achtziger Jahre seinen Bedarf im voraus bestellte und dann geliefert bekam. Spätestens mit der Abschaffung dieses Systems und der Eröffnung der neuen "**Svalbardbutikken**" ist auch in Longyearbyen das ganz normale Einkaufen im Laden der übliche Weg, sich zu versorgen. Hinzu kommt freilich das Bestellen aus verschiedensten Katalogen über den **Versandhandel**, gerade etwa bei technischen Geräten oder Musik und Büchern, denn in einem so kleinen Dorf können die Geschäfte natürlich nicht für alle Sonderwünsche des örtlichen hohen Lebensstandards bestückt sein. Zudem macht auch der zollfreie Status der Insel für manche das weltweite Suchen nach den billigsten Preisen zum Sport, und man bestellt sich seine neue, hochwertige Markenkamera eben direkt von einem Billigversender aus Singapur.

Die erheblichen Veränderungen der letzten Jahre - ganzjährige Linienflugverbindung mit dem Festland, nahezu gleicher Lebensstandard wie im Mutterland - haben auch zu **Veränderungen in der Bevölkerung** Longyearbyens geführt. Die Zahl der Familien ist gewachsen, aber auch die Zahl derer, die nur für begrenzte Zeit als Saisonarbeitskraft oder für wenige Jahre nach Longyearbyen kommen, um dort gut zu verdienen oder um "einmal etwas anderes zu sehen", was um so einfacher wird, je mehr der Unterschied in den Lebensbedingungen zwischen Longyearbyen und dem Festland schwindet. Erst durch die etwas schlechtere wirtschaftliche Lage auf dem norwegischen Festland steigt die Bereitschaft zur Zeit wieder, doch lieber den sicheren Arbeitsplatz in Longyearbyen beizubehalten.

Der Anteil der Spitzbergen-Veteranen schwindet und die Kontakte mit der Außenwelt nehmen durch häufigere Urlaubs- und Wochenendreisen nach Süden, das Fernsehen und Besucher zu. All dies verringert das besondere Lebensgefühl Longyearbyens in Abgrenzung zum Rest der Welt, aber läßt es sicher nicht untergehen.

Der **problematische Kohleabsatz** führte 1992 - ausgerechnet in dem Jahr, wo das Parlament in Oslo über die Bewilligung von fast 1 Milliarde Kronen für eine neue Grube zu entscheiden hatte - dazu, daß von den 330.000 t Jahresproduktion bis zum Jahresende nur Verkaufsabschlüsse für ca. 254.000 t gesichert werden konnten, 100.000 t blieben auf Halde liegen. Diese fehlenden Einnahmen zwangen die SNSK dazu, um die Jahreswende 1992/93 die Belegschaft durch **vorzeitige Pensionierung** und **Entlassung** um 53 Personen abzubauen. Nach dieser Ankündigung im Oktober 1993 und der im Dezember folgenden Entscheidung aus Oslo, die Mittel für das neue Bergwerk nicht zu bewilligen, war die Stimmung hinsichtlich der Zukunftsaussichten zum Jahreswechsel bedrückt. Mittlerweile versucht man seitens der "Kohlelobby" einen neuen Anlauf: Da wird auf einmal von den Befürwortern der Straße der früher geschmähte Tourismus als Argument und Mitnutzer genannt, oder man plant "zufällig" im Bereich dieser Straße ein neues Gebiet für Freizeithütten der Einheimischen, die dann natürlich auch eine Zufahrt brauchen.

Bergbau in Longyearbyen heute - Probleme und Alternativen

Während der zweimonatigen **Urlaubszeit** im Sommer stellt die SNSK die Kohleförderung ein. Diese Periode wird für Reparaturen an den zahlreichen Anlagen über und unter Tage genutzt. Der im Sommer nach Spitzbergen kommende Besucher bekommt daher vom normalen Grubenbetrieb kaum etwas mit.

In Betrieb sind derzeit nur noch die Gruben 3 (über dem Flugplatz, die Belüftung ist am Zeltplatz als ständiges Hintergrundgeräusch hörbar) und die Grube 7 (östlich über dem Bolterdalen, 15 km von Longyearbyen das Adventdalen hinauf). In beiden Gruben wurde mit dem Abbau 1972 begonnen. Als **Abbauverfahren** hat sich die sogenannte Longwall-Methode durchgesetzt, bei der das Kohlenflöz gleichzeitig auf einer langen Front zwischen zwei seitlichen Tunnels abgebaut wird. Im Abbaubereich wird das Deckgebirge durch hydraulische Stempel abgestützt, die mit fortschreitender Lagerausbeutung weiter nach vorn versetzt werden, während hinter der Abbaufront der über dem großen, leergeräumten Hohlraum liegende Fels herabstürzt und diesen mit Schutt auffüllt.

Die eingesetzte Technik ist sehr modern, die Maschinen kommen überwiegend aus Großbritannien und Deutschland. Insbesondere Grube 7 mit Flözdicken um 1,40 m eignet sich für hochmechanisierten Abbau, während in den dünneren Flözen der Grube 3 (teilweise Abbau in Flözstärken unter 0,9 m) ältere Verfahren eingesetzt werden müssen. Die Produktivität pro Mann (bzw. Frau, es gibt auch einzelne Bergarbeiterinnen) ist höher als in anderen europäischen Steinkohlerevieren.

Von den beiden Gruben wird die Kohle mit riesigen Lkw zur Sortieranlage auf Hotellneset gefahren. Bis 1988 wurde dieser Transport teilweise noch durch eine Seilbahn bewerkstelligt, die aber 1988 - bis auf die als Industriedenkmal stehengelassenen Stützen - abgebaut wurde.

Auf **Hotellneset** wird die Kohle während der zehn Monate, in denen jedes Jahr gefördert wird, in drei **Größen sortiert**: Die Klasse bis 6 mm wird vor allem in Kraftwerken und zur Herstellung von Koks, etwa für die Stahlindustrie, verwendet und findet derzeit überwiegend in Norwegen Abnehmer. Wenngleich die Stillegung des Hauptkunden in Mo i Rana (norwegische Stadt mit Stahlindustrie) 1988 die verstärkte Suche nach neuen Märkten noch dringender machte, vor allem im Ausland. 1987 wurden 41,2% der verkauften Kohle, also 195.000 t, ins Ausland verschifft, 1990 gingen bereits 73,7% (224.000 t von 304.000 t) in den Export.

Die Größenklasse 6-25 mm erzielt die höchsten Preise und wird vor allem in der norwegischen Stahlindustrie verwertet. Die Größenklasse über 25 mm dient vorwiegend dem Hausbrand, ehemals auch als Kesselkohle für Lokomotiven und Schiffe, sie fand früher einen großen Absatzmarkt in Nordnorwegen für Heizzwecke, hat aber erheblich an Bedeutung verloren (1990: 2,3% der Verkaufserlöse).

Von der Sortieranlage läuft die Kohle auf die verschiedenen Halden, von denen sie dann in der eisfreien Zeit (meist Mitte Mai bis Mitte Dezember) in die Frachter verladen wird. Dank ihres hohen Heizwertes und geringen Schwefelgehaltes (ca. 1%) hat Spitzbergenkohle geringere Vermarktungsprobleme als Kohle aus anderen Revieren. Die Förderung ist vergleichsweise unproblematisch, da die etwa 1 m dicken Flöze nahezu horizontal in ca. 200 m ü.d.M. verlaufen und sich überwiegend noch im Bereich des Dauerfrostbodens (-2 bis -3 Grad) befinden. Dadurch sind Wasserprobleme äußerst selten. Die Stollen müssen gegen Eisbildung lediglich belüftet und Tauwasser abgeführt werden.

Nur hinsichtlich der Löhne und der damit verbundenen Nebenkosten, dem teuren Unterhalt solch abgelegener Bergwerkssiedlungen mit ihren vielfältigen Einrichtungen ist Spitzbergen gegenüber anderen Fördergebieten benachteiligt. Insgesamt mußte der norwegische Staat die Kohleförderung in Spitzbergen in jedem der letzten Jahre mit rund nkr 150 Mio subventionieren. Nach Auskunft der SNSK liegen die Subventionen pro Tonne geförderter Kohle jedoch immer noch erheblich unter denen des bundesdeutschen Kohlebergbaues.

Absatzgebiete für die Spitzbergenkohle sind derzeit in erster Linie Norwegen, gefolgt von Deutschland, dann Frankreich und außerdem wechselnde Abnehmer auf dem internationalen Spotmarkt, etwa

Großbritannien, Schweden und Island. Zieht man den Eigenverbrauch Longyearbyens ab, ist Deutschland sogar der größte Abnehmer.

Die Absatzbeziehungen mit der Bundesrepublik Deutschland bestehen bereits seit rund 35 Jahren. So wurde Spitzbergenkohle z.B. lange in den Kieler Stadtwerken verfeuert, außerdem auch in Flensburg und Emden. Dies ist möglich, weil Spitzbergen wie EG-Inland behandelt wird, und somit die Zollschranken, die unter anderem die Ruhrkohle vor billigerer Konkurrenz schützen sollen, keine Anwendung finden. Am gesamten deutschen Kohlemarkt ist die Spitzbergenkohle allerdings nur mit deutlich weniger als 1% beteiligt.

Angesichts des **Rückgangs der Kohlepreise** auf dem Weltmarkt und dem daraus entstehenden Einnahmenausfall der SNSK, der vom norwegischen Staat aufgefangen wird, setzte dieser als Eigentümer des Unternehmens eine **Umstrukturierung** durch. Diese bestand im wesentlichen aus einer Reduktion der Produktion von früher bis zu 500.000 t pro Jahr auf ca. 300.000 t pro Jahr Anfang der neunziger Jahre sowie aus einer Abspaltung der mit dem Bergbau wenig in Verbindung stehenden Betriebsaktivitäten. Hierzu wurden 1989 die eigenständigen **Tochtergesellschaften** SSD Svalbard Samfunnsdrift (Svalbard Kommunalbetriebe, zuständig für die Funktionsfähigkeit des Ortes Longyearbyen) und SNU Svalbard Næringsutvikling (Svalbard Gewerbeentwicklung, zuständig für die Schaffung neuer Wirtschaftszweige in Longyearbyen) gegründet.

SSD ist seit 1993 auch kein Tochterunternehmen des SNSK-Konzerns mehr, sondern eine völlig eigenständige Firma. Seit 1989 wurden sowohl SSD als auch SNU weiter untergliedert. Damit ist die eigentliche SNSK zu einem reinen Bergwerksbetrieb geschrumpft, hat entsprechend an kommunaler Macht eingebüßt, dafür aber auch die ganzen Unterhaltsaufgaben für das Gemeinwesen als hinderlichen Klotz am Bein an SSD und den Staat abgegeben.

Von der Produktionseinschränkung war zunächst besonders der zweite Grubenort Sveagruva betroffen, wo 1987 noch ca. 70 Personen arbeiteten. Die Produktion im dortigen Bergwerk wurde im Juli 1987 eingestellt und die Belegschaft bis auf eine kleine Mannschaft, die die Anlagen produktionsbereit und die Gebäude unterhalten soll, abgezogen.

Ca. 1997 wird die Grube 3 wegen Erschöpfung der abbauwürdigen Kohle geschlossen werden müssen. Dann bleibt in Ortsnähe nur noch die Grube 7 bis in die ersten Jahre des 21. Jh. (ca. bis 2008 oder 2013) in Betrieb. Sie ist nach momentanen Vorstellungen dann lediglich für den einschichtigen Betrieb gedacht, so daß dann nur noch 200 Longyearbyer im Bergbau tätig wären (derzeit knapp 300).

Ein langfristiger Erhalt Longyearbyens als Bergwerkssiedlung wäre nur durch die **Eröffnung eines völlig neuen Bergwerks** mitten im Inland möglich, wo im sogenannten "**Sentralfeltet**" (Zentralfeld) unter den Gletschern und Bergen zwischen Reindalen und Sveagruva riesige Kohlelager mit Flözdicken von teilweise mehr als 5 m durch Bohrungen erkundet wurden. Die Reserven dort würden die Fortsetzung des Abbaus auf heutigem Produktionsniveau für weitere 40-50 Jahre ermöglichen. Um dies von Longyearbyen aus zu bewerkstelligen und es damit weiter als Bergwerkssiedlung zu nutzen, müßte allerdings eine **Landstraße ins Reindalen** und eventuell sogar weiter bis Sveagruva gebaut werden; die Route wurde bereits abgesteckt. Die dafür zu opfernde Landfläche wäre zwar vergleichsweise gering, aber die Straße würde gleichzeitig große Teile des bisher weitgehend unberührten, einsamen Inlandes dem einfachen und damit entsprechend massenweisen Tourismus öffnen, wobei hiervon ausgerechnet einer der wenigen Bereiche Spitzbergens mit geschlossener Vegetationsdecke (nur ca. 10% der Landfläche!) betroffen wird.

Es ist im übrigen umstritten, ob dieses neue Bergwerk überhaupt einen wesentlichen Beitrag zur Sicherung der Bevölkerungszahl Longyearbyens leisten kann, denn täglich zweimal 70 km auf einer Schotterpiste zwischen Ort und Grube zurückzulegen, ist sehr zeitaufwendig. Statt dessen läge Sveagruva wesentlich näher an der geplanten Grube und da die Kohleschicht den ganzen Bergstock durchzieht, könnte der Abbau und die Verschiffung auch über Sveagruva erfolgen.

Überlegt wird der Einsatz der Bergarbeiter z.B. in **14tägigen Schichten**, während der Schicht in Sveagruva lebend, ansonsten in Longyearbyen. Mancher wird sich dann allerdings fragen, wieso er zwischen Longyearbyen und Sveagruva pendeln soll, statt gleich ganz in Sveagruva zu wohnen oder die Freizeit, in größeren Blöcken zusammengefaßt, auf dem Festland zu verbringen, wo die meisten Arbeiter in ihrer Heimatgemeinde weiterhin ihr Haus haben. Das hochtechnisierte neue Bergwerk würde nach Schließung der Grube 7 eine weitere Belegschaftsreduzierung auf ca. 160 Mann nach sich ziehen; Anfang 1992 waren es noch rund doppelt so viele.

Die selbst bei Eröffnung der neuen Grube sinkende Beschäftigtenzahl im Bergbau, der unsichere Nutzen der Fortsetzung des Bergbaus für die Sicherung der Bevölkerungszahl Longyearbyens und die mit der neuen Grube verbundenen Umweltprobleme gesellen sich zu den abschreckend hohen, verlorenen Kosten für die Einrichtung des neuen Bergwerks auf Steuerzahlerkosten als schwerwiegende Argumente gegen die Fortsetzung des Bergbaus über das Ende von Grube 7 hinaus.

Da einerseits das politische Ziel definiert ist, Longyearbyen als einen möglichst normalen norwegischen Ort zur Unterstreichung der Souveränität zu erhalten, andererseits aber offenkundig selbst bei hypothetischer Einrichtung der neuen Grube die Zahl der Arbeitsplätze im Bergbau weiter sinken würde, steht die **Schaffung neuer Arbeitsplätze in anderen Bereichen** neben dem Bergbau im Vordergrund. Möglichkeiten sieht man insbesondere (neben den örtlichen Dienstleistungen wie Läden etc.) in **Forschung**, Ausbildung, Technologie und Tourismus. Unterstützt von SNU, gibt es bereits zahlreiche Ansätze: Über Grube 7 ist eine große Forschungsradaranlage bereits im Bau. Ihr Betrieb wird bei den Technikern mehrere ganzjährige Arbeitsplätze schaffen. Norwegen ist an der Finanzierung des Projektes nur zu einem sehr geringen Anteil beteiligt. Auch das Norwegische Polarinstitut hat in Longyearbyen etwas expandiert.

Ein Indiz für den Wandel weg von der Kohle ist die nach kurzer Planung eröffnete **Arktische Hochschule** (Unis). Im Spätsommer 1993 begann der Unterricht für 23 Studenten in den Fachrichtungen Arktische Geologie und Arktische Geophysik. 1994 soll das Fach Arktische Biologie/Umwelt hinzukommen und die Zahl der Studenten auf ca. 40, 1995 auf ca. 100 steigen - dazukommen ca. 18 Arbeitsplätze. Angeboten werden ausschließlich Aufbaustudiengänge, abgestimmt auf die vier norwegischen Universitäten. Ab 1994 sollen eigene Gebäude in Longyearbyen bezogen werden.

Langfristig soll so zusammen mit **Eiscat** (European Incoherent Scatter: Forschungsradaranlage auf dem Bergrücken oberhalb von Grube 7; europäische Forschungseinrichtung mit Programmen zur Erforschung der Atmosphäre; Fertigstellung voraussichtlich 1996) und SINTEF (Organisation für Technologieforschung) u.a. ein norwegisches "**Kompetenzzentrum**" der Polarforschung in Longyearbyen entstehen. Zur Begründung wird - wie zuvor bei der Kohle - mit der Souveränität argumentiert, für deren Sicherung allseitige norwegische Aktivität in Spitzbergen nötig sei. Trotz der Steigerung der norwegischen Forschungsaktivitäten nahm der Anteil ausländischer Forschung in Spitzbergen von 55% 1970 auf 70% um 1990 zu - nach dem Kohlen- nun ein Forschungswettlauf?

Im Tourismusbereich zeichnet sich die **Erweiterung des Unterkunftsangebots** vor allem in hohen Standards ab. Ein Erweiterungsbau erfolgte bereits im Winter 1993/94, ein ganz neues Hotel soll 1994 erbaut werden - Zielgruppe: Konferenz- und Komforttouristen. Bauinvestitionen werden unter bestimmten Auflagen hoch bezuschußt. So vollzieht sich derzeit ein rascher und recht deutlicher Wandel mit einer teilweise unklaren

Marschrichtung, nicht nur bei den Bauten, sondern auch bei der Zusammensetzung der Bevölkerung - der echte *bus* (Kumpel) wird zur Seltenheit.

Barentsburg

Der **Grønfjord** ist schon seit Jahrhunderten einer der Liegeplätze der Walfänger und eine Basis von Jägern. Echte, kleine Ansiedlungen entstanden seit Beginn des 20. Jh. auf seiner Ostseite zwischen Ankershamna/Finneset und Kapp Heer, beginnend mit einer norwegischen Walfangstation (1905-1912) der A/S Spitsbergen of Tønsberg und ab 1908 einem im Sommer geöffneten norwegischen Postamt, "Green Harbour", für die Schiffstouristen, das 1926 in "Ankershamn" umbenannt und 1932 aufgegeben worden war. Zum Postamt gesellte sich ebenfalls auf Finneset 1911 die ganzjährig betriebene norwegische Telegraphenstation "Svalbard Radio", die 1930 nach Longyearbyen umzog.

Auch das **Interesse an den Kohlevorkommen** im Grønfjord geht auf den Beginn des 20. Jh. zurück. Die ersten Ansprüche auf Kohlevorkommen erhob 1900 die norwegische Kulkompaniet Isefjord Spitsbergen. 1905 annektierte die Arctic Coal Company, Boston, der Gründer Longyearbyens, ein weiteres Kohlefeld auf der Ostseite des Grønfjordes. 1908 beanspruchten Det Norske Kulcompagni von F. Hiorth und bei Finneset die Norwegian Green Harbour Coal Co. von E. Ytteborg in demselben Bereich Abbaugebiete. Letztere wurde 1909 von Christian August Anker aus Halden/Norwegen übernommen; nach ihm wurde die geschützte Bucht auf der Südseite von Finneset Ankershamna benannt. Er begegnet uns außerdem in Ny Ålesund.

Auch eine norwegische Firma, Kulspids, erklärte Teile des Gebietes zu ihrem Eigentum. A/S Svalbard Kulgruber, Oslo, nahm 1916 Kohlevorkommen am südöstlichen Ende des Grønfjords in Besitz. Diese verschiedenen Gebietsansprüche überschnitten sich stark, und die meisten der Kleinstfirmen waren weder finanziell noch organisatorisch in der Lage, weit über die Erklärung ihrer Besitzansprüche und das Anbringen entsprechender Schilder hinauszugehen.

Erst ab 1912 gab es ernsthafte **Versuche eines organisierten Abbaus**. Die meisten der Ansprüche wurden 1916 von der neu gegründeten Store Norske Spitsbergen Kulkompani (SNSK) zusammen mit Longyears Arctic Coal Company und Longyear City im Adventfjord aufgekauft; andere gingen über eine russische Firma als Zwischenbesitzer dann 1920 an die holländische N.V. Nederlandsche Spitsbergen Compagnie. Sie war die erste,

Lia - der moderne Teil Longyearbyens

Fjordfahrt zum Nordenskiöldgletscher

die im Grønfjord ab 1921 mit professionell organisiertem Kohlebergbau begann und dafür die Siedlung Barentsburg gründete. Als die Holländer ihr Bergwerk in der Folge der Weltwirtschaftskrise aufgeben mußten, erwarb die sowjetische Staatsfirma Trust Arktikugol die Siedlung samt zugehöriger Flächen im Jahr 1932.

Wie Longyearbyen wurde auch Barentsburg 1941 während der Evakuierung zum Teil und 1943 durch das Schlachtschiff "Tirpitz" weitgehend zerstört. Erst 1948 begannen die Sowjets mit dem Neuaufbau. Nach der Stillegung von Grumantbyen 1962 (wegen Erschöpfung der dortigen Kohlelager) wurde Barentsburg zum sowjetischen Hauptort in Spitzbergen. Hier hat Trust Arktikugol ihre Verwaltung und hier befindet sich auch das 1983 neu errichtete, imposante Konsulatsgebäude. Wie in Longyearbyen fand auch in Barentsburg, dessen Einwohnerzahl vor 1990 zwischen 1.100 und 1.450 Personen schwankte (derzeit unter 1.000), eine umfangreiche Bautätigkeit statt. Von 1975-85 entstanden über 200 Wohnungen und Appartements, 1975 ein neues Kraftwerk und ein großes, aus neun Gebäuden bestehendes Forschungszentrum wurde 1984 fertiggestellt.

Die **sozialen Einrichtungen** Barentsburgs sind umfangreich und beeindruckend. Neben Kindergarten und Schule zählen hierzu z.B. ein großes Krankenhaus, eine Bibliothek sowie eine Schwimmhalle mit einem 50-m-Becken. Kulturelle Betätigungen der Bewohner werden gefördert.

Etwas nördlich der Siedlung (Heerodden) liegt der sowjetische **Heliport**; hier sind fünf große Transporthubschrauber der Aeroflot stationiert. Bereits 1960 eröffnet, wurde diese Hubschrauberstation insbesondere in den Jahren 1976-78 erheblich ausgebaut und umfaßt nun Hangars, Werkstätten, Lager und Unterkünfte für das Personal sowie eine große Radaranlage.

In der Nähe liegt ein **Observatorium für Nordlicht- und Atmosphärenstudien**. Barentsburg ist auch die Basis für die Exploration von Bodenschätzen im Nordenskiöldland durch die Russen. Der dabei für Versorgungsfahrten praktizierte Einsatz von Kettenfahrzeugen auch über weite Entfernungen (Vassdalen, Colesdalen) hat in der Vergangenheit mehrfach zu Konflikten mit dem Gouverneur geführt, da der Einsatz von Landfahrzeugen abseits der Straßen wegen der erheblichen und dauerhaften Schäden an der Vegetation außerhalb der Frostperiode verboten ist.

Außerhalb Barentsburgs, gerade außerhalb des Geländes der Trust Arktikugol, hat der norwegische Gouverneur eine Hütte für Dienstreisen mit Garage und Dienstwagen; sie ist mit Barentsburg durch eine Straße verbunden.

Die Kohlevorräte in den Claims der Trust Arktikugol um Barentsburg sind bereits weitgehend erschöpft. Der derzeitige **russische Kohleabbau**

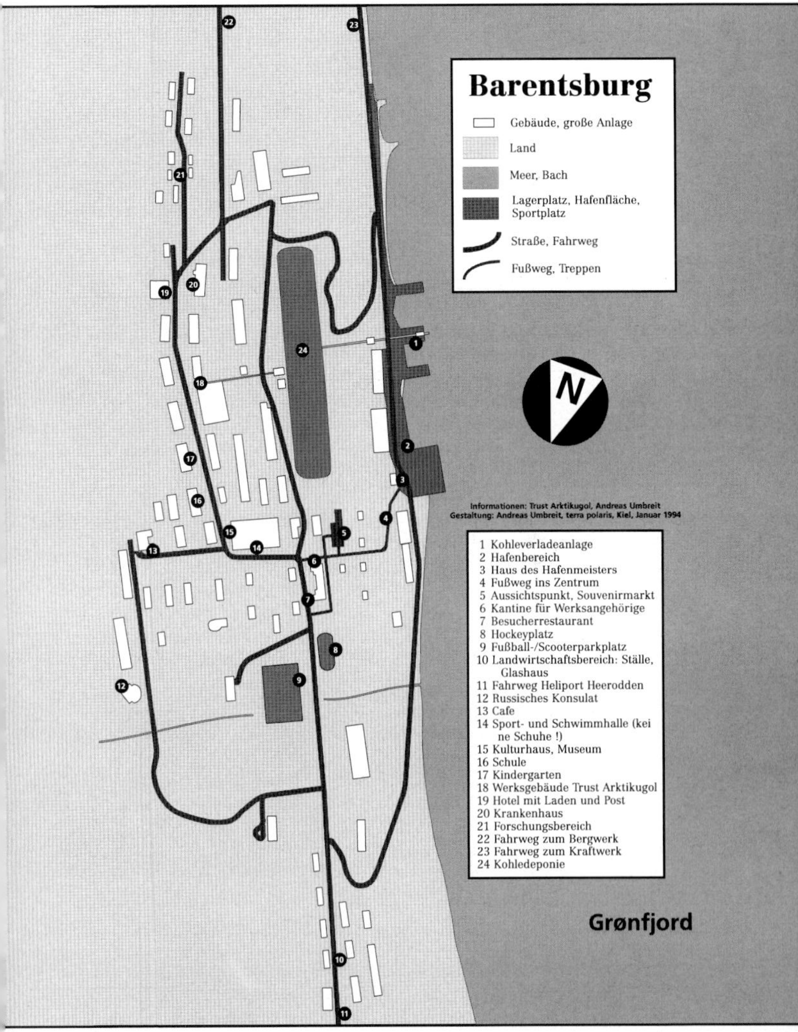

Barentsburg
Gebäude, große Anlage
Land
Meer, Bach
Lagerplatz, Hafenfläche, Sportplatz
Straße, Fahrweg
Fußweg, Treppen
Informationen: Trust Arktikugol, Andreas Umbreit
Gestaltung: Andreas Umbreit, terra polaris, Kiel, Januar 1994
1 Kohleverladeanlage
2 Hafenbereich
3 Haus des Hafenmeisters
4 Fußweg ins Zentrum
5 Aussichtspunkt, Souvenirmarkt
6 Kantine für Werksangehörige
7 Besucherrestaurant
8 Hockeyplatz
9 Fußball-/Scooterparkplatz
10 Landwirtschaftsbereich: Ställe, Glashaus
11 Fahrweg Heliport Heerodden
12 Russisches Konsulat
13 Cafe
14 Sport- und Schwimmhalle (keine Schuhe !)
15 Kulturhaus, Museum
16 Schule
17 Kindergarten
18 Werksgebäude Trust Arktikugol
19 Hotel mit Laden und Post
20 Krankenhaus
21 Forschungsbereich
22 Fahrweg zum Bergwerk
23 Fahrweg zum Kraftwerk
24 Kohledeponie
N
Grønfjord

erfolgt in Lagerstätten, die von der SNSK, wie oben erläutert, schon 1916 unmittelbar östlich des heutigen Barentsburgs gekauft werden konnten und die nun bis 1997 an Trust Arktikugol verpachtet sind. Seltsamerweise zeigten die Russen bisher kein deutliches Interesse an einer Fortsetzung dieses Pachtvertrages, so daß am Ende dieses Jahrtausends der russische Bergbau um Barentsburg möglicherweise aufgegeben, zumindest stark eingeschränkt wird. Gewisse Hoffnungen werden in das Kohlelager um Grumantbyen gesetzt.

Derzeit kann man von einer Einwohnerzahl knapp unter 1.000 ausgehen. Der Zuwachs im Sommer durch früher bis zu 400 Forscher und deren Helfer in der angegliederten Forschungssiedlung ist deutlich geringer geworden.

Das **Betreten beider russischer Siedlungen** ist - Höflichkeit seitens des Besuchers unterstellt - heute ganz anders als früher russischerseits eher erwünscht, insbesondere von den fliegenden Händlern. Sie trieben es mit den Besuchern offenbar so schlimm, daß in beiden Orten spezielle marktähnliche Verkaufsstände eingerichtet wurden. Die feilgebotenen Souvenirs erfordern Aufmerksamkeit - vieles ist überteuert.

Da es auch russischerseits mit der Kohle schlecht steht, und Trust Arktikugol sich nicht mehr auf die staatlichen Subventionen verlassen kann, sucht man auch hier nach **Alternativen** - angefangen beim Sammeln und Verkaufen von Bergen eigenen Schrotts über das Projekt einer Abfüllanlage für Mineralwasser aus einer entsprechenden Quelle bis zum Einrichten eines Versorgungsanlegers für westliche Schiffe zum Bunkern von Treibstoffen und Öl - ein durchaus interessanter Ansatz, da Barentsburg nicht so tief im Inneren des Isfjordes liegt wie Longyearbyen.

Verglichen mit der Heimat geht es den Arbeitern der Trust Arktikugol sicherlich gut, doch auch hier in Spitzbergen mehren sich die **Zeichen der Krise zu Hause**. So wandten sich die Russen 1991 erstmals offiziell wegen Spenden von Winterkinderkleidung an den Sysselmann. Die russische Zeitung und die Flugverbindung mit Aeroflot nach Murmansk mußten aus Geldmangel eingestellt werden, so daß den Arbeitern nur die selten verkehrenden Kohlefrachter und ein kleines Passagierschiff zur Verfügung stehen. Unruhe kam auf, als sich die Ukraine, aus deren Kohlerevieren die meisten der Arbeiter kommen, vom russischen Rubel trennte und eine Ersatzwährung einführte. Ausdruck der Unsicherheit: Bei der Wahl Ende 1993 erhielt der Nationalist Schirinowski die meisten Stimmen.

Sehr schlecht ist in den letzten Jahren die **Versorgung mit Artikeln des täglichen Bedarfs** geworden. Es gibt zwar einen kleinen Laden, aber dieser ist fast leer. Selbst einfachste Kleidungsstücke sind kaum zu

bekommen und müssen daher am besten komplett für die gesamte Vertragszeit mitgebracht werden.

Extrem ist auch das **Lohngefälle**: Im Sommer 1993 lagen die Gehälter zwischen 20.000 und 300.000 Rubel - letzteres nicht für Funktionäre, sondern für Bergarbeiter. Aufgrund der galoppierenden Inflation des Rubels und verzögerter Lohnzahlung (bei Auszahlung ist der Rubel schon deutlich weniger wert) hat Trust Arktikugol mit Arbeitermangel zu kämpfen. Da es in der GUS kein funktionierendes Bankwesen gibt (Überweisungen dauern Monate), frißt die Inflation die während zweier Jahre in Spitzbergen gesparten Rubel auf, bevor sie in der Heimat genutzt werden können - kein Anreiz, um im fernen Spitzbergen zwei Jahre zu arbeiten. Insbesondere deshalb schwindet derzeit die Einwohnerzahl der russischen Siedlungen.

Wer Zugang zu **Devisen** hat, sucht statt Rubelersparnissen die Flucht in Sachwerte. Um den Arbeitern dies zu erleichtern, kaufte Trust Arktikugol 1993 Hunderte von Videorecordern zum Stückpreis von nkr 2.000 und verkaufte sie für 300.000 Rubel das Stück an die Arbeiter, die sie dann statt der wertlosen Ersparnisse mitnehmen können.

Wichtiger als Rubellöhne ist der Zugang zu Devisen als neues Klassenmerkmal. Entsprechend straff, mit Ansätzen mafiaartiger Strukturen, ist etwa der **Souvenirhandel** organisiert - mancher Funktionär mag zwar weniger Rubel verdienen als der Kumpel in der Grube, gleicht dies aber durch Ausnutzen seiner Machtposition und Beziehungen mehr als aus, indem er z.B. Anteile am Erlös derjenigen fordert, die als Souvenirhändler mit den Hafenschleppern der Trust Arktikugol nach Longyearbyen fahren dürfen. Der Händler und die mitverdienenden Funktionäre sind der neue Geldadel, und die Einkommensspanne in den russischen Siedlungen läßt sich mit frühkapitalistischen Extremen vergleichen.

Die **Einstellung der Bevölkerung** in den russischen Siedlungen ist gespalten. Im Vergleich zum Chaos zu Hause in Rußland oder der Ukraine verläuft der Alltag halbwegs geordnet, und zumindest die einfachsten Bedürfnisse sind abgesichert. Nicht selten wird es als positiv hervorgehoben, daß hier das alte Sowjetsystem im wesentlichen noch funktioniert, wenn auch ohne Parolen und Partei. Andererseits ist man beunruhigt, was wohl während der Abwesenheit in der Heimat passiert, und etliche Familien mit Kindern leiden unter zunehmenden Versorgungsengpässen insbesondere in Hinblick auf Vitamine, weshalb 1994 alle Kinder die Siedlungen verlassen sollen. Hinzu kommt die bereits genannte Sorge wegen der Inflation.

Der größte Anteil der Menschen in den russischen Siedlungen sind **Ukrainer**. Einerseits gab es hier Probleme mit dem Umtausch der Rubelgehälter in ukrainisches Geld. Andererseits ist die Lage in der Ukraine mittlerweile noch schlimmer als in Rußland, so daß nicht jeder unbedingt zurückgehen möchte. Nur in Ausnahmefällen verlängert Trust Arktikugol allerdings Arbeitsverträge über zwei Jahre hinaus, da dann höhere Löhne gezahlt werden müßten. Langfristig ist man sich bewußt, daß viele Probleme nur lösbar sind, wenn möglichst alle teilweise in Devisen bezahlt werden können. Dies setzt **Exporte in den Westen** voraus.

Seit 1993 verkauft Trust Arktikugol Kohle auch nach Westeuropa (Holland u.a.), und man baut Aufbereitungsanlagen zur Verbesserung der Qualität. Letztendlich könnten sich die russischen Siedlungen in Spitzbergen zu eigenständigen Wirtschaftseinheiten mit billiger Arbeitskraft auf westlichem Territorium entwickeln. Diese Angaben entsprechen dem Stand von 1993 - angesichts der raschen Veränderungen in der GUS wird sich auch in den russischen Siedlungen noch einiges ändern.

Pyramiden

Die zweite **russische Bergwerkssiedlung** in Spitzbergen, am Billefjord im Inneren des Isfjords mit ca. 700 Einwohnern, geht auf eine schwedische Bergwerksgründung zurück. 1910 hatte eine Expedition des Schweden Bertil Högbom hier die ersten Gebietsansprüche erhoben, die dann 1921 von Svenska Stenkolsaktiebolaget Spitsbergen (☞ auch Sveagruva) übernommen wurden. Nach wirtschaftlichen Schwierigkeiten dieses Unternehmens wurde es 1926 zunächst an die Gesellschaft Russky Grumant und 1931 weiter an Trust Arktikugol verkauft. Ein weiteres Kohlefeld der schwedischen Firma erwarb 1934 die SNSK, so daß diese, wie auch bei Barentsburg, einen Teil der Kohlereserven in der Umgebung der russischen Grube in ihre Kontrolle bekam. Unter schwedischer Regie war in Pyramiden der normale Kohleabbau noch nicht in Gang gekommen, dies erfolgte erst unter den Russen.

Den **Krieg** überlebte Pyramiden unzerstört. Ab etwa 1948 wurde hier nach dem Krieg die Kohleproduktion wiederaufgenommen; zeitweilig befand sich hier auch das sowjetische Konsulat. Aus den fünfziger Jahren stammen die kleinen "Finnenhäuser" östlich des neueren Zentrums.

Pyramiden ist **heute** praktisch ausschließlich auf den Kohlebergbau ausgerichtet; andere Aktivitäten (Forschung, Verwaltung etc.) konzentrieren sich überwiegend in Barentsburg. Dies erklärt sich durch die umfangreichen Kohlefelder im Besitz des Bergwerkes, die die Produktion noch auf lange Zeit sicherstellen. Der Abbau erfolgt in mehreren übereinanderliegenden Flözen in Pyramidenberg. Derzeit verfügt das Bergwerk über

Gletscherabbruchkante im Isfjord ☞

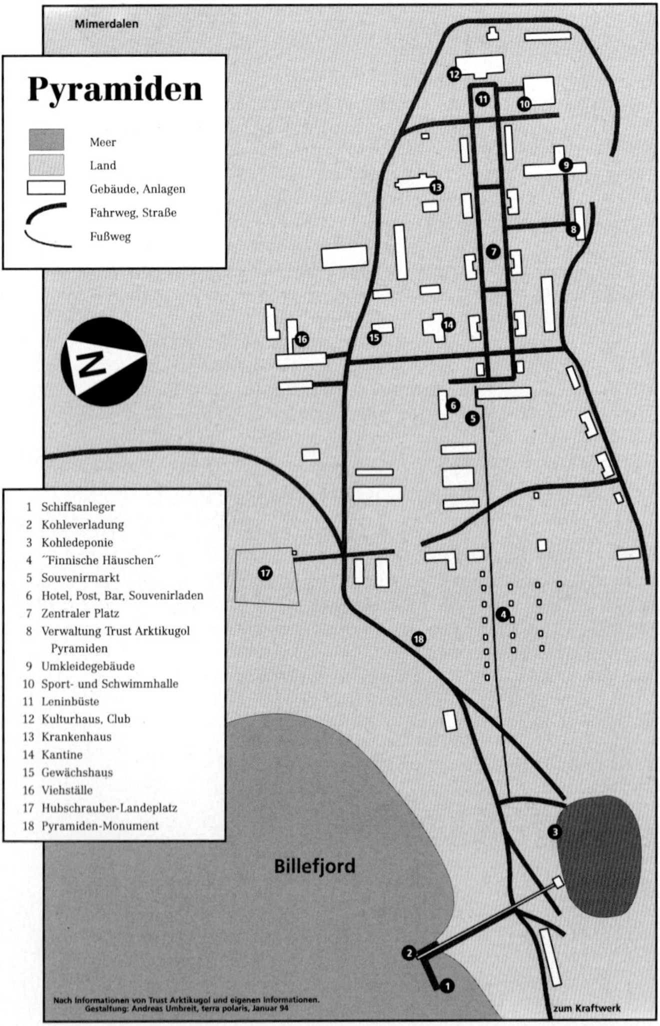

Mimerdalen
Pyramiden
Meer
Land
Gebäude, Anlagen
Fahrweg, Straße
Fußweg
N
1 Schiffsanleger
2 Kohleverladung
3 Kohledeponie
4 "Finnische Häuschen"
5 Souvenirmarkt
6 Hotel, Post, Bar, Souvenirladen
7 Zentraler Platz
8 Verwaltung Trust Arktikugol Pyramiden
9 Umkleidegebäude
10 Sport- und Schwimmhalle
11 Leninbüste
12 Kulturhaus, Club
13 Krankenhaus
14 Kantine
15 Gewächshaus
16 Viehställe
17 Hubschrauber-Landeplatz
18 Pyramiden-Monument
Billefjord
Nach Informationen von Trust Arktikugol und eigenen Informationen.
Gestaltung: Andreas Umbreit, terra polaris, Januar 94
zum Kraftwerk

ca. 60 km Stollen und 32 Öffnungen. 1994 soll eine neue "Etage" angestochen" werden.

Durch die übliche Geheimniskrämerei sind die Sowjets in der Vergangenheit, also vor 1988, allerdings nie bereit gewesen, konkrete Produktionszahlen bekanntzugeben. Heute sind es für beide Siedlungen zusammen ca. 500.000 t.

Auch Pyramiden wurde 1975-85 erheblich **modernisiert**. So entstanden außer ca. 130 Wohnungen und Appartements auch eine Schwimmhalle (die nördlichste der Welt) sowie eine neue landwirtschaftliche Abteilung mit Gewächshäusern und einer Milchviehherde. Zur Verbesserung der Exportmöglichkeiten der Kohle wurde 1993 mit dem Bau einer Aufbereitungsanlage begonnen.

Transporte zwischen den russischen Siedlungen erfolgen mit Hubschraubern, bei schweren Gütern mit kleinen Schiffen.

Unter den Siedlungen Spitzbergens ist Pyramiden für den Besucher im Sommer am schwierigsten zu erreichen, da der Landweg äußerst beschwerlich ist und die von Longyearbyen aus operierenden, kleinen Küstenschiffe den Billefjord nur selten anlaufen.

Ny Ålesund

Auch die **Kohlevorkommen** auf der Brøgger-Halbinsel waren schon seit Jahrhunderten bekannt. 1909 annektierte die Green Harbour Coal Company des Christian Anker, die auch im Grønfjord (Barentsburg) Bergbauversuche unternahm, das Gebiet, begann aber keinen richtigen Bergbau und verkaufte ihre Rechte 1916 an eine Interessentengruppe aus der westnorwegischen Stadt Ålesund. Die Möglichkeiten zur Gründung eines Bergwerkes müssen allerdings schon vorher als realistisch eingeschätzt worden sein, denn man versetzte deshalb die 1914 von den Deutschen übernommene Wetterstation von Ebeltoft nach Kvadekuken auf der Brøgger-Halbinsel, um so näher an der Bergwerkssiedlung zu sein.

Diese **nördlichste Dauersiedlung der Welt** wurde 1916 als Kohlebergwerk der King's Bay Kull Company gegründet. Im Gegensatz zu allen anderen Bergwerken Spitzbergens befinden sich die Kohlelager hier in Küstennähe, tief unter Meereshöhe und somit unterhalb des Dauerfrostbodens. Dies ist einer der Gründe für mehrere Explosionsunglücke mit zahlreichen Toten, die letztlich zur Aufgabe der Kohleproduktion in den sechziger Jahren führten.

Die Produktion war vor dem Zweiten Weltkrieg sehr bescheiden, teilweise unter 100 t pro Jahr. 1929 war die Firma bankrott und wurde vom

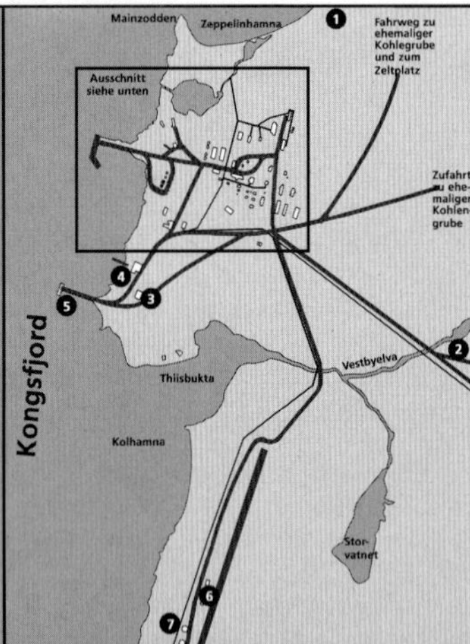

Ny Ålesund

1 Zeppelin-Ankermast, Polarflieger-Denkmal
2 Zufahrt Forschungsseilbahn Zeppelinfjellet
3 ehemalige Kohle-Aufbereitungsanlage
4 ehemaliges Kraftwerk
5 ehemaliger Kohlenkai
6 Flugplatz (800 m Landepiste)
7 ehem. ESRO-Station
8 Vogelschutzgebiet
9 Vogelschutzgebiet
10 Café
11 Restaurierter Bergwerkszug
12 Schiffsanleger ˝Gamlekaia˝
13 Treibstofflager
14 Fahrzeuggarage
15 Heizkraftwerk
16 Hundezwinger
17 Neubau (1994) Alfred-Wegener-Institut AWI (D)
18 ˝Mexiko˝-Baracke (Universität Cambridge)
19 ehem. Station Norsk Polarinstitutt
20 ehemaliges Krankenhaus
21 ehem. Tierstall ˝Sibir˝
22 ehem. KBKC-Verwaltung
23 Amundsen-Denkmal
24 Norsk Polarinstitutt (NPI)
25 ehemalige Funkstation
26 Wohnhaus KBKC und NPI
27 Messe (Kantine)
28 ˝Villaen˝ Krankenstation
29 Verwaltung KBKC
30 Forschungs-Glashaus
31 Gästeunterkunft (Kurse, etc.) ˝Nordpolhotellet˝
32 Kurs-/Konferenzräume
33 Kunstgalerie
34 Post
35 ehemalige Schule
36 Museum
37 Laden ˝Tiedemanns Tobakk˝
38 Neuer Laden
39 NERC-Forschungsbasis (GB)
40 ˝London˝-Häuser
41 Fußball- und Hubschrauber-Landeplatz

Meer, Süßwasser
Land
Gebäude
Fahrweg
Versorgungsleitungen

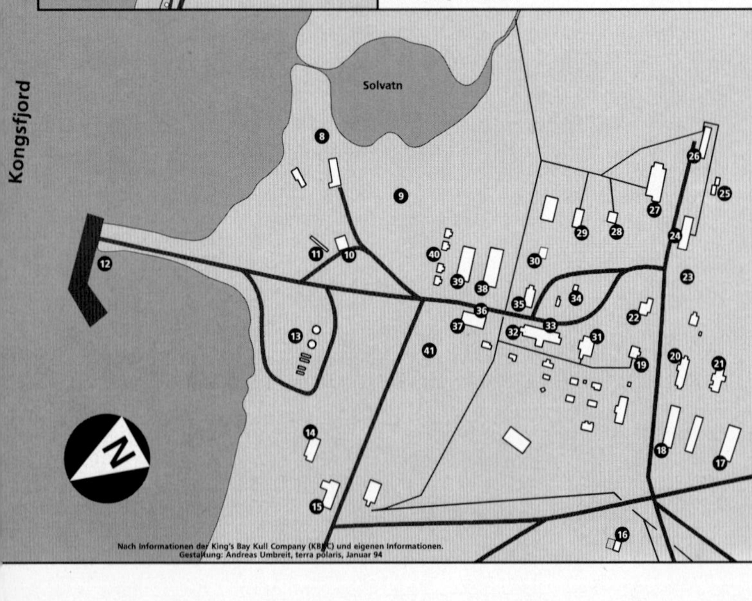

Nach Informationen der King's Bay Kull Company (KBKC) und eigenen Informationen.
Gestaltung: Andreas Umbreit, terra polaris, Januar 94

norwegischen Staat gekauft. 1936 gab man die Kohleproduktion vorläufig auf und experimentierte vor dem Zweiten Weltkrieg etwas mit der Fischerei und einem Hotel (Nordpolhotellet). 1945 begann der Bergbau erneut, Ende der fünfziger Jahre lebten hier 200 Menschen mit einer Schule, einem Krankenhaus und einer eigenen Zeitung. Von 1948 bis 1963 ereigneten sich immer wieder schwere Unglücke - das letzte im Jahre 1963 kostete 80 Todesopfer, führte zur Aufgabe des Bergbaus und zum Rücktritt der norwegischen Regierung.

An den Bergbau erinnern heute noch die alten Silos und die liebevoll restaurierte Lok (wiederum die nördlichste) der ehemaligen Kohlebahn zur Verladestation.

Während der letzten Jahre wurde auch sonst erheblich in die **Erhaltung von Kulturdenkmälern** investiert, die an Ny Ålesunds große Bedeutung für die Polarforschung und an die Zeiten des Kohleabbaus erinnern. Vor kurzem wurde hierfür ein kleines Museum eingerichtet.

Heute ist Ny Ålesund vor allem **Forschungsstützpunkt**. Das Wahrzeichen der Forschung in Ny Ålesund, die Antennenkuppeln der Esro-Station, ist allerdings seit 1974 außer Gebrauch. Neu ist hingegen die Seilbahn (nur für Personal/Forscher) hinauf zur Höhenmeßstation auf dem Zeppelinfjellet.

Während im Winter lediglich eine Stammbesatzung von etwa zehn Personen zurückbleibt (technisches Personal, Stationsleiter, einzelne Forscher), beherbergt der Ort im **Sommer** rund 100 Bewohner, überwiegend Wissenschaftler. Nicht mitgezählt sind dabei die Tagungsbesucher, die sich mit arktischen Themen beschäftigen, oder die Tausende von Touristen, die hier jeden Sommer vor allem von den Kreuzfahrtschiffen in weitaus geringerer Zahl auch von den kleinen Küstenschiffen an Land gebracht werden. Die King's Bay Kull Company kassiert pro Besucher ein Eintrittsgeld von nkr 10.

Neben den Touristenschiffen wird der Ort auch von **Fischereischiffen** angelaufen, die vor der Küste Fische, Muscheln oder Garnelen fangen und hier einen Zwischenhalt einlegen, um sich bei der King's Bay Kull Company mit Treibstoff und anderen Gütern zu versorgen, Post zu erledigen etc.

In der Nähe von Ny Ålesund beziehen seit Jahren Sommer für Sommer französische Naturwissenschaftler ihr Lager und Engländer ihren Sommerstützpunkt im Ort. Gesteigert wurde Ny Ålesunds Bedeutung als **internationale Forschungsbasis** durch die Etablierung der deutschen **Koldewey-Station** ab 1988 mit ganzjähriger Besatzung im "Blauen Haus", wo vorher unter anderem die inzwischen umgezogene Post untergebracht war. Die Station wird vom Alfred-Wegener-Institut in Bremerhaven betrieben und hat zum einen eigene Langzeitprogramme (vor allem Meteorologie), zum anderen dient sie anderen Forschern als Stützpunkt und Materiallager, wenn diese für kürzere Projekte nach Spitzbergen kommen. Die Station hat einen ganzjährig dort arbeitenden Leiter, hinzu kommen für die einzelnen Projekte Wissenschaftler mit unterschiedlicher Aufenthaltsdauer.

Auch die **Briten** und eventuell die **Japaner** sind dabei, sich eigene ganzjährige Stationen in Ny Ålesund einzurichten. Wesentlich umfangreicher ist dagegen die permanente Basis des Norwegischen Polarinstituts. Die neueste Anlage ist eine Meßstation zur Ermittlung der Landhebung anhand astronomischer Messungen, die eine der nutzlos gewordenen Radarkuppeln der ehemaligen Esro-Station ersetzt (Baujahr 1993/94).

Ny Ålesund verfügt über eine **private Landebahn** der King's Bay Kull Company für kleinere Flugzeuge. Im Sommer 1993 wurde versuchsweise einmal pro Woche eine Flugverbindung zwischen Longyearbyen und Ny Ålesund angeboten (nkr 650 pro Strecke) - bei mindestens acht Passagieren.

Unter den verschiedenen nördlichsten Dingen, die der Ort zu bieten hat, findet sich unter anderem das **nördlichste Postamt** (im Sommer), eine kleine **Kunstgalerie** sowie eine zum **nördlichsten Zeltplatz der Welt** erklärte Fläche. Das Warensortiment im Ort ist für Touristen äußerst begrenzt (Kiosk und Souvenirladen, außerdem Gemäldegalerie).

Aufgrund der spektakulären Umgebung ist Ny Ålesund samt Umgebung (Kongsfjord und Krossfjord, Mitra-Halbinsel) ein Bereich Spitzbergens, der von praktisch allen Kreuzfahrtschiffen und Küstenschiffen angesteuert wird. Der für Touren an Land nutzbare Bereich, frei von größeren Gletschern, ist hier allerdings wesentlich begrenzter als in Zentralspitzbergen.

Im Sommer ist hier für spitzbergische Verhältnisse einiges los. 1991 erhielt der Ort im Bereich des ehemaligen Verladepiers der Kohle einen großen **neuen Anleger**; der bisherige war bereits so altersschwach, daß Seeleute witzelten, dies sei der einzige Ort, wo sie beim Anlegen mehr in Sorge um den Pier als um ihr Schiff seien.

Sveagruva

Der kleine Ort liegt am Ende des **Van Mijenfjordes**, der aufgrund der quer in seiner Mündung liegenden Aksel-Insel nicht nur lange vom Treibeis bedeckt, sondern auch schwer zugänglich ist. Sveagruva wurde auf der Basis einer Gebietsannektion von 1910 des Schweden Bertil Högbom und mehrerer Folgeexpeditionen 1917 als **schwedisches Kohlebergwerk** der

Aktiebolaget Spetsbergens Svenska Kolfält gegründet und 1921 an die hierfür neu gegründete, kapitalstärkere Svenska Stenkolaktiebolaget Spetsbergen übergeben, bereits 1925 aber nach einem großen Brand aufgegeben. Eine zum Wiederaufbau gegründete Nachfolgefirma, Nya Svenska Stenkolaktiebolaget Spetsbergen, blieb erfolglos und veräußerte den Ort und die Land- und Schürfrechte 1934 an die SNSK. Während der schwedischen Zeit waren trotz Unterbrechungen immerhin 400.000 t Kohle gefördert worden.

Von 1935-37 waren ca. 30 SNSK-Angehörige in Sveagruva damit beschäftigt, die dortigen **Kohlevorkommen** näher zu erkunden, doch ein kommerziell orientierter Abbau wurde nicht aufgenommen, da sich die SNSK vorrangig auf Longyearbyen und die Einrichtung der dortigen neuen Grube 1 über Sverdrupbyen konzentrierte (1938).

Im Zweiten Weltkrieg erst 1944 durch eine deutsche U-Boot-Besatzung zerstört, wurde das Bergwerk nach dem Krieg von der SNSK neu aufgebaut und schon 1946 Kohle gefördert, jedoch bereits 1949 nach Abbau von ca. 200.000 t wieder stillgelegt. Longyearbyen produzierte mittlerweile wieder genug Kohle, um das Absatzpotential der SNSK abzudecken.

In den folgenden Jahrzehnten wurden die Anlagen in Sveagruva jedoch immer wieder instand gehalten und die **Vorkommen weiter untersucht**. Ab 1970 arbeiteten dort wieder 25-30 Personen im Untersuchungs- und Probebetrieb. Ende der siebziger Jahre gab es sogar Pläne für einen massiven Ausbau auf eine Produktion von 1.000.000 t pro Jahr und eine Einwohnerzahl von 700. Verwirklicht wurde hiervon nur ein kleiner Teil, da sich doch erhebliche Probleme sowohl bergbaulicher Art als auch mit der Verschiffung ergaben.

Von 1980 bis 1987 waren aber immerhin ca. 80-100 SNSK-Angehörige in Sveagruva beschäftigt, und die Infrastruktur des Ortes wurde mit erheblichem finanziellen Aufwand noch bis einschließlich 1987 stark verbessert. Aufgrund des drastisch gefallenen Kohlepreises auf dem Weltmarkt und entsprechend hoher erforderlicher Subventionen wurde im Juli 1987 in Sveagruva dennoch die **Kohleproduktion wieder eingestellt**.

Die Unterhaltung eines solch abgelegenen Bergwerks mit ca. 100 Bewohnern, denen ein angemessener Lebensstandard geboten werden mußte, war aufwendig. So gab es in Sveagruva neben der hervorragenden Werkskantine eine Westernbar, ein Fitneßstudio, eine Krankenstation, einen Postschalter und einen Kiosk. Fast täglich war die zweimotorige Propellermaschine zwischen Longyearbyen und Sveagruva unterwegs. Sie startet und landet auf einer Piste mitten im Ort (mit Ampeln für den kreuzenden Kfz-Verkehr) und stellte den Transport von Personal, Material und Post sicher.

Ende 1987 war all das vorläufig vorbei. Die Anlagen wurden durch etwa elf Mann produktionsbereit gehalten, deren Versorgung und Austausch in größeren Abständen per Hubschrauber und Flugzeug erfolgte und die dabei einen geringen Probe- und Explorationsbetrieb durchführten. Restliche Kohlehalden und die geringen neuen Fördermengen werden sporadisch verschifft.

Da Sveagruva über weitaus größere Kohlereserven in bis zu 5 m Flözstärke (allerdings teilweise durch andere Sedimente verunreinigt) verfügt als Longyearbyen, wird eine **erneute Produktionsaufnahme** ernsthaft erwogen, insbesondere nach Schließung der Longyearbyer Grube 3. Zur Erweiterung des Probeabbaus wurde Ende 1992 die Besatzungsstärke in Sveagruva auf rund 34 Mann wieder erhöht. Nordöstlich von Sveagruva liegen die riesigen Kohlereserven, das "Sentralfeltet" (Zentralfeld), die bei einer Fortsetzung der norwegischen Produktion nach dem Ende der Longyearbyer Gruben für etliche weitere Jahrzehnte ausreichen würden. Derzeit (1993) leben in Sveagruva 19 Personen, weitere pendeln zwischen Longyearbyen und Sveagruva.

Daneben gibt es Pläne, Sveagruva möglicherweise als weitere Forschungs- und wissenschaftliche Schulungsbasis auszubauen bzw. hierfür die bereits vorhandenen Gebäude zu nutzen.

Hornsund

Im Gegensatz zu den norwegischen und sowjetischen Siedlungen Spitzbergens ist die **polnische Forschungsstation**, am Nordufer des Hornsundes im Isbjørnhamna ("Eisbärenhafen") gelegen und von ihren Bewohnern liebevoll "Little Poland" genannt, kaum bekannt, obwohl sie hinsichtlich ihrer Einwohnerzahl (zwölf Überwinterer plus weiterer 15 und noch mehr Wissenschaftler im Sommer) lange Zeit Sveagruva und das winterliche Ny Ålesund übertraf. Ich möchte daher etwas ausführlicher auf das polnische Engagement in Svalbard eingehen.

Polnische Arktisforschung, speziell in Spitzbergen, hat eine lange Tradition und geht auf gebildete Polen zurück, die das Pech hatten, während der zaristischen Herrschaft über Polen in sibirische Straflager verschleppt zu werden. Diesen polnischen Sträflingen und anderen sind die ersten wissenschaftlichen Berichte über das arktische Sibirien zu verdanken.

In Spitzbergen waren schon in den dreißiger Jahren dieses Jahrhunderts sechs polnische Expeditionen unterwegs, die sich vor allem um die Erforschung des stark vergletscherten Südens der Hauptinsel verdient machten.

Zahlreiche Namen (Polakkbreen, Pilsudski u.a.) weisen heute noch darauf hin. Der Zweite Weltkrieg und nachfolgend Stalins Herrschaft setzten diesen Aktivitäten für 20 Jahre ein Ende.

Erst 1957/58, anläßlich des III. Geophysikalischen Jahres, wurde durch die Gründung der **polnischen Station** am Hornsund an die alten Zeiten polnischer Polarforschung angeknüpft, wobei Polens heutiges besonderes Engagement in der Polarforschung (Arktis und Antarktis) auch Ausdruck einer gewissen Arbeitsteilung innerhalb der Staaten des ehemaligen Warschauer Paktes im Rahmen ihres außerpolitischen Engagements war.

Die Station wurde über die Jahre 1957/58 hinaus bis heute aufrechterhalten und erweitert, so daß Polen neben Rußland und Norwegen sowie neuerdings Deutschland, Großbritannien und Japan mit ihren Stationen in Ny Ålesund die einzigen ständig in Spitzbergen präsenten Länder sind.

Für polnische Wissenschaftler zahlreicher Disziplinen, Geologen, Biologen, Meteorologen, war die Station von unschätzbarem, für Bürger westlicher Länder kaum nachfühlbarem Wert. "Little Poland, Unter dem Schutz des Gouverneurs von Spitzbergen", wie sie hintersinnig an den Stationseingang schrieben, bot ihnen eine der ganz wenigen Möglichkeiten dauerhafter, zwangloser internationaler Zusammenarbeit über die engen geographischen und ideologischen Grenzen des Ostblocks hinweg. Für einige von ihnen, etwa die Meeresbiologen, ist die Station darüber hinaus angesichts der katastrophalen Verschmutzung der Ostsee vor der polnischen Küste praktisch die einzige Möglichkeit, einigermaßen ungeschädigte natürliche Verhältnisse zu studieren.

Heute sind zwar die Blockgrenzen weggefallen, aber es bleiben weiter schwerwiegende ökonomische Probleme in Polen, so daß die polnischen Wissenschaftler froh sind, bereits über diese eigene Station zu verfügen und hoffen, sie sich in diesen Jahren des Umbruchs weiter leisten zu können. Schon aus wissenschaftlichem Interesse und zur Erhaltung ihrer Station sind die polnischen Forscher daher um optimale Zusammenarbeit mit dem Gouverneur und dem Norsk Polarinstitutt bemüht. In der Praxis ist das **Verhältnis zwischen Norwegern und Polen** in Spitzbergen trotz der großen Entfernung vom Hornsund nach Longyearbyen entspannt, vertrauensvoll und herzlich - geradezu ein Muster für freundschaftliche internationale Zusammenarbeit auf wissenschaftlicher und menschlicher Ebene.

Forschungsschwerpunkte der Station sind Geophysik, Seismik, und Meteorologie sowie die Untersuchung der Ionosphäre (Nordlicht!) als Dauerprogramme. Daneben gibt es geologische, glaziologische, geomorphologische, meeresbiologische, ökologische, ozeanographische oder kartographische Einzelprojekte. Außer Polen nutzen auch Wissenschaftler anderer Nationen die Station als willkommene Gäste.

Die norwegischen Stationen

Neben den drei Siedlungen unterhält Norwegen in Svalbard drei ganzjährig bemannte, kleine Stationen. Ein für Briefmarkensammler interessantes Kuriosum: Alle drei Stationen haben eigene Poststempel!

Isfjord Radio (Kap Linné)
Station der norwegischen Telekommunikationsbehörde Norsk Tele, dient dem Radio- und Funkverkehr im Bereich Spitzbergens und fungiert als Erdstation für die Satellitenkommunikation (Telefon, Fernsehen) Richtfunkverbindung zur Antennenanlage am Flughafen Longyearbyen. Seit 1934 sind hierher die Sende- und Empfangsanlagen von Svalbard Radio umgezogen, da die Funkbedingungen hier wesentlich günstiger sind als früher im Grønfjord (bis 1930) und dann in Longyearbyen. Vier Mann Besatzung, es wird erwogen, die Station ganz zu automatisieren. Große Teile der Umgebung sind Vogelreservat mit den entsprechenden Einschränkungen für Besucher! Derzeit gibt es Überlegungen, bei Isfjord Radio zusätzlich eine Forschungs-Radaranlage zu bauen.

Poststempel der verschiedenen Stationen

Bjørnøya (Bären-Insel)
Meteorologische Station und **Funkstation** (Bjørnøya Radio), zwölf Mann Besatzung (1985). Trotz ihrer Abgelegenheit wird die Station von überraschend vielen Touristen besucht, die sie mit Schiffen oder Yachten anlaufen. Es gibt einige Souvenirs zu kaufen. In der Nähe Hammerfesthuset, das älteste Haus Svalbards. Die Station hat eine kleine Museumsabteilung. Ein Stationsangehöriger wurde 1971 direkt vor der Station von einem Eisbären angefallen und getötet. 1993 erfolgten umfangreiche Bauarbeiten zur Erneuerung der Station (☞ auch Svalbards Landesteile - Bjørnøya).

Hopen
Die abgelegenste der Stationen dient **meteorologischen Zwecken** und geht auf eine während des Zweiten Weltkrieges von der deutschen Wehrmacht eingerichtete Wetterstation zurück, die später von Norwegen beibehalten und ausgebaut wurde (☞ auch Svalbards Landesteile - Hopen).

Trapper

Das Trapperdasein (*fangstmann*) hat in Spitzbergen bis heute eine mit Ausnahme des Zweiten Weltkrieges ungebrochene Tradition. Im Durchschnitt überwintern 6-8 Personen in den verschiedenen Hauptstationen.

1991 begann ein Däne, sich als Trapper im schon länger nicht mehr von Trappern genutzten Revier an der **Isfjordmündung** niederzulassen. Entsprechend dem Gleichberechtigungsprinzip des Svalbardtraktats haben in den letzten Jahren auch einige weitere Nicht-Norweger als Trapper in Spitzbergen gelebt, etwa ein Pole oder ein Deutscher zusammen mit seiner norwegischen Freundin, die während ihres Aufenthaltes 1992 heirateten.

Durch das **Verbot der Eisbärenjagd** ist das Trapperleben ökonomisch noch schwieriger geworden. Das Einkommen aus dem Verkauf von Fellen und Daunen liegt oft nur bei nkr 15.000-30.000 pro Jahr; einige Trapper nehmen daher während des Sommers auch zusätzliche Jobs in den Siedlungen an. Jedoch geht es diesen Einsiedlern in erster Linie um ihren ungebundenen, selbstbestimmten Lebensstil, für den sie gern Entbehrungen auf sich nehmen. Auf Dauer, also ganzjährig und dies über Jahre und Jahrzehnte, wie es im ersten Teil unseres Jahrhunderts nicht selten war, bleibt nur ein Teil der Trapper; derzeit sind es nur 2-3.

Andere Stationen hingegen sind oft nur halbjährig über den Winter von immer wieder wechselnden einzelnen Trappern oder zusammen dort überwinternden und arbeitenden Pärchen besetzt, die diesen besonderen Lebensstil ernsthaft erproben und für einige Zeit erleben möchten, jedoch nicht beabsichtigen, den Großteil ihres restlichen Lebens so zu verbringen. Romantische Vorstellungen und Wünsche allein sind allerdings nicht genug als Basis für eine derartige Überwinterung, die eine sehr ernsthafte, sorgfältig vorzubereitende Sache ist und nicht zuletzt auch eine stabile Psyche erfordert, um die Monate der Polarnacht ganz auf sich gestellt zu überstehen.

Trotz der harten Bedingungen hat die Zahl der Überwinterer in den letzten Jahren wieder ein wenig zugenommen. Daß Trapper keineswegs automatisch Gegner aller zivilisatorischen Errungenschaften sein müssen, beweist die Ausstattung so mancher Station: Waschmaschine, Motorschlitten und CD-Player sind in einigen Hütten zu finden.

Für die Zuteilung eines Fangbezirks samt Hütte müssen Interessenten sich an den Sysselmann wenden. In den Nationalparks und Naturreservaten ist die Jagd verboten, entsprechend werden hier auch keine Jagdgebiete mehr zugeteilt.

Häufig oder während der letzten Jahre immer sind die folgenden **Gebiete** von Trappern besetzt: Kapp Wijk/Isfjord, Akseløya/Bellsund, Austfjordneset/Wijdefjord, Mushamna/Woodfjord und Mosselbukta/Wijdefjord. Beachten Sie bitte, daß diese Menschen bewußt in die Einsamkeit hinausgezogen sind - sicherlich nicht, um dann dort von Neugierigen belästigt zu werden, die mal eben ein Stückchen Trapperromantik "mitnehmen" möchten.

Bohrstationen

Vorübergehende Zivilisations-Außenposten bilden die Bohrstationen auf der Suche nach Rohstoffen. Derzeit in Betrieb ist ein Bohrcamp auf einem Gletscher etwas nördlich von Sveagruva, das die Ausdehnung und Beschaffenheit des Sentralfeltet erkundet, wo die SNSK eine neue Kohlegrube zur Fortsetzung ihrer Kohleförderung nach der Jahrtausendwende eröffnen möchte.

Die **russische Bohraktivität** nach Kohle in Svalbard mit kleinen mobilen Bohrtürmen auf Schlitten hat in den letzten Jahren nachgelassen, sehr zum Wohle der Umwelt, da die Russen ihre Stationen auch im Sommer mit Kettenfahrzeugen versorgten und entsprechend schwere Schäden an Bodenoberfläche und Vegetation verursachten, wodurch sie immer wieder in Konflikt mit dem Sysselmann gerieten. Die Bohrer aus dem Westen hingegen benutzen Landverkehrsmittel nur im Winter, wenn der Boden hart gefroren ist, im Sommer erfolgt die Versorgung per Hubschrauber.

Die **Öl- und Gassuche** in Svalbard geht weiter. Die derzeit letzte Bohrung (vermutlich ohne Fund ökonomisch interessanter Mengen) fand Ende 1990/Anfang 1991 auf dem Reindalspasset im Inneren des Nordenskiöldlandes statt. Weitere Bohrungen sind geplant, demnächst wohl an der Ostküste (Kvalvågen).

Spitzbergen - Literatur

Als umfangreichste und nahezu einzige deutsche aktuelle Publikation über Spitzbergen wird dieses ReiseHandbuch von Lesern mit unterschiedlichsten Interessen benutzt. Sicherlich ist ein umfangreiches Literaturverzeichnis für den touristischen Durchschnittsbesucher weniger bedeutend. Andere hingegen suchen Literaturhinweise - sei es wegen spezieller privater Interessen oder im Rahmen wissenschaftlicher Arbeit. Um möglichst vielen meiner Leser gerecht zu werden, stelle ich hier eine umfangreiche Bücherauswahl dar, die unter anderem die Vielfalt der deutschen und englischen Literatur zu Spitzbergen zeigt. Bewußt wurden daher einige teils zweifelhafte "Exoten" aufgenommen, etwa "Landser"-Hefte oder teilweise propagandistische Werke aus der ehemaligen DDR.

Ferner finden sich Titel, die sich mit bestimmten naturkundlichen Themen (Gletscher, Robben, Wale, Eisbären, Ökologie) befassen, ohne speziellen geographischen Bezug zum Zielgebiet dieses Handbuchs. Nicht aufgeführt ist die umfangreiche Literatur in Norwegisch, da dies platzmäßig und angesichts der wenig verbreiteten Norwegischkenntnisse im deutschsprachigen Raum nicht sinnvoll schien. Interessenten seien auf die norwegische Ausgabe dieses Buches verwiesen (beim Autor erhältlich).

Ohne Anspruch auf Vollständigkeit hoffe ich doch, manchem Bücherfreund ein paar Hinweise auf interessante Titel geben zu können.

Dieses ReiseHandbuch beruht darüber hinaus - neben eigenen Recherchen und Erfahrungen - auf zahlreichen kleineren Artikeln und sonstigen Veröffentlichungen, die hier aus Platzgründen nicht alle aufgeführt werden können.

Bücher und Publikationsserien

Hilfreich als Informationsquellen sind insbesondere folgende **Publikationsserien**:

- **Norsk Polarinstitutt**: Polar Research, Oslo (wissenschaftliche Heftreihe in Englisch, erscheint ca. monatlich, Thematik: Polarforschung).
- **Norsk Polarinstitutt**: Årbok, Oslo (Jahrbuch, gibt Überblick über die Aktivitäten des Polarinstituts während des vergangenen Jahres, einzelne Artikel zu speziellen Forschungsthemen).
- **Norsk Polarinstitutt**: Skrifter, Oslo (Einzelhefte zu speziellen Themen der Polarforschung, erscheinen unregelmäßig je nach Anlaß, überwiegend in Norwegisch, einzelne englische nachfolgend in der Literaturliste).

◆ **Svalbardposten**, Longyearbyen (wöchentliche Zeitung in Longyearbyen in Norwegisch, nützliche Detail-Informationsquelle auch für dieses ReiseHandbuch aus zahlreichen Ausgaben von 1980 bis Ende 1992).
◆ **Norsk Polarklubb**: Polarboken, Oslo (normalerweise jährlich erscheinender Band des Norwegischen Polarklubs mit Artikeln zu verschiedensten Polarthemen, vielfach Geschichte und Expeditionen).
◆ **Store Norske Spitsbergen Kullkompani**: Årsberetninger (Jahresberichte der Kohlegesellschaft, dazu neuerdings die Berichte der abgespaltenen Teilgesellschaften).

Die **Anmerkungen in den Klammern** sind meine persönlichen Inhaltsangaben und Kommentare zu den einzelnen Büchern. Die am Ende jeder Eintragung stehenden **Kürzel** geben einen Hinweis auf den Schwerpunkt:

A = Allgemein
B = Bildband
F = Fiktion, Roman, Collage
G = Geschichte
K = Kinderbuch
N = Naturkunde
P = Politik
R = Reisebeschreibung, Erlebnisbericht
V = Recht, Vorschriften

Außerdem habe ich vermerkt, ob der jeweilige Buchtitel heute noch erhältlich ist:
[1] = in Deutschland über den Buchhandel nur schwer oder überhaupt nicht zu bekommen
[2] = vergriffen, in Antiquariaten, Bibliotheken oder per Fernleihe eventuell erhältlich.

Allgeier, Sepp: **Die Jagd nach dem Bild - 18 Jahre als Kameramann in Arktis und Hochgebirge**, Verlag J. Engelhorns Nachf., Stuttgart 1931, 160 Seiten (Teilnahme an der Suche nach der Schröder-Stranz-Expedition in Spitzbergen, mit der Ufa nach Spitzbergen und Grönland u.a.). R, G [2]
Amundson, Roald: **Die Jagd nach dem Nordpol - Mit dem Flugzeug zum 88. Breitengrad**, Ullstein Verlag, Übersetzung des norwegischen Originals von 1925, ca. 300 Seiten. R,G [2]
Andersch, Alfred: **Hohe Breitengrade**, Diogenes 1969, Taschenbuchausgabe 1984, ca. 160 Seiten (literarisch anspruchsvolle Reisebeschreibung mit attraktiven Farbfotos). R

Arlov, Thor B.: **A Short History of Svalbard**, Norsk Polarinstitutt, 1989, ca. 100 Seiten (übersichtliche Zusammenfassung der Geschichte Spitzbergens bis 1988). G [1]

Atlas of the Marine Fauna of Southern Spitsbergen - Volume 1: Vertebrates, Polish Academy of Sciences, Institute of Ecology and Institute of Oceanology, Ossolineum, Wroclaw 1990, 310 Seiten (Kurzbeschreibung aller Wirbeltiere in und um Südspitzbergen mit Zeichnungen und Verbreitungskarten). N [1]

Atlas of the Marine Fauna of Southern Spitsbergen - Volume 2: Invertebrates, Polish Academy of Sciences, Institute of Ecology and Institute of Oceanology, Ossolineum, Gdansk 1991, 550 Seiten (Kurzbeschreibung aller Gliederfüßler, Kopffüßler, Weichtiere etc. Südspitzbergens mit Zeichnungen und Verbreitungskarten). N [1]

Baardseth, Helge: **Spitzbergen**. Schibstad, Oslo 1992, 64 Seiten (kurzer Reiseführer über Spitzbergen). A [1]

Balstadt, Liv: **Insel im Rücken der Sonne**, norwegisches Original 1955, deutsche Ausgabe Clåssen 1961, ca. 240 Seiten (Erlebniserzählung der Frau des ersten Gouverneurs nach dem Zweiten Weltkrieg). R [2]

Barr, Susan: **Norway's Polar Territories**, Aschehoug 1987, 92 Seiten (knappe Information über alle norwegischen Territorien in Arktis und Südpolargebiet). A, G, N [1]

Berndt, D.: **Mit dem "Monte Cervantes" nach Spitzbergen**, Landau i. d. Pfalz, ca. 36 Seiten (Beschreibung einer Nordland-Kreuzfahrt, vermutlich 1929). R [2]

Blümel, Wolf Dieter: "**Geowissenschaftliche Spitzbergen-Expedition 1990 und 1991: Stofftransporte Land-Meer in polaren Geosystemen - Zwischenbericht**", in: Stuttgarter Geographische Studien, Band 117, Stuttgart 1992, 420 Seiten (Zwischenergebnisse der verschiedenen Institute, die an der deutschen geographischen Expedition 1990-1992 mit Station im Liefdefjord beteiligt waren). N

Brustgi, Franz Georg: **Forschungsreisen des Grafen Waldburg-Zeil nach Spitzbergen und Sibirien 1870, 1876, 1881**, Rosgarten-Verlag, ca. 270 Seiten. R, G [2]

Büdel, Julius: **Die Frostschutt-Zone Südost-Spitzbergens**, Ferd. Dümmlers Verlag, Bonn 1960, ca. 106 Seiten (Forschungsbericht zu Bodenerscheinungen). N

Capelle, Torsten: **Die Eroberung des Nordatlantik - Archäologie am Rande des Meeres**, Karl Wachholtz Verlag, Neumünster 1987, 164 Seiten (archäologische Entdeckungen über die Seefahrt im hohen Norden aus vorgeschichtlicher Zeit bis ins 17. Jh., einschließlich Spitzbergen, Dänen- und Amsterdam-Insel). G

Centkiewicz, Alina und Czeslaw: **Sie bezwangen die Arktis**, VEB F.A. Brockhaus Verlag, Leipzig 1960, 440 Seiten (Beschreibung insbesondere der russischen Arktisforschung, teils propagandistisch-heroisch). G [2]

Cohat, Yves: **Leben und Tod der Wale**, Übersetzung aus dem Französischen, Ravensburger Buchverlag Otto Maier GmbH 1990, 228 Seiten (vielfältige Information über das Leben der Wale, Walfang u.a.). N, G

Conway, Sir Martin William: **The First Crossing of Spitsbergen**, J. M. Dent & Co., London 1897, 372 Seiten (sehr lesenswert, eine der ersten ausführlichen Beschreibungen des Inlands von Spitzbergen). R, N, G [2]

Dege, Wilhelm: **Wettertrupp Haudegen**, F.A. Brockhaus, Wiesbaden 1954 (interessanter Erlebnisbericht des Stationsleiters Dege über die letzte deutsche Wetterstation in Spitzbergen während des Zweiten Weltkrieges 1944/45 auf Nordaustlandet). R, G, N [2]

Deimer, Petra: **Das Buch der Robben**, Heyne Sachbuch 66, Wilhelm Heyne Verlag, München 1989, 338 Seiten (Naturkundliches, Historisches und Schutzprobleme der Robben weltweit). N, G

Den norske los/Arctic Pilot, Bind 7/Volume 7, Svalbard-Jan Mayen, Norsk sjøkartverk, 2. Auflage 1991, 400 Seiten (norwegisch-englisches Handbuch für Seefahrer). A [1]

Dufferin, Marques of: **Letters from High Latitudes**, The Merlin Press, London 1989, Nachdruck des Originals von ca. 1856, 228 Seiten (einer der Arktis-Klassiker zu Spitzbergen und Jan Mayen). G [1]

Environmental Regulations for Svalbard, Ministry of Environment, Nr. T-516 (ausführliche Schrift über Schutzbestimmungen, erhältlich beim Gouverneur in Longyearbyen). V [1]

Farnes, Olav: **War in the Arctic**, Übersetzung aus dem Norwegischen, Darf Publishers, London 1991, 156 Seiten (Erlebnisse eines norw. Arztes während des Zweiten Weltkrieges in Europa und Spitzbergen). G [1]

Felden, Dietmar: **Ein Leben für die Arktis - Die Nordpolarexpeditionen von Rudolf Samoilowitsch**, VEB F.A. Brockhaus Verlag, Leipzig 1986, 204 Seiten (russischer Polarforscher). G [2]

Filchner, Wilhelm/Heinrich Seelheim: **Quer durch Spitzbergen**, Verlag Ernst Siegfried Mittler und Sohn, Berlin 1911 (Beschreibung der Eisquerung Spitzbergens vom Von-Post-Gletscher zum Hayes-Gletscher durch Flichners Expedition 1910). N, G [2]

Flood, B. u.a.: "**The Geology of Nordaustlandet - Northern and Central Parts**", in: Norsk Polarinstitutt Skrifter No. 146, Oslo 1969, 140 Seiten und farbige Faltkarte. N [1]

Fuchs, Arved: **Abenteuer Russische Arktis**, Kiepenheuer & Wisch, Köln 1991, 192 Seiten (interessanter Bericht über den ersten Teil der versuchten "Icesail"-Nordpolumrundung von 1991 mit Besuch Spitzbergens und

Franz-Joseph-Landes, eine der wenigen aktuellen Quellen über diese russische Inselgruppe). R, G, N
Gerstner, Hermann: **Nordhimmel - Kreuzfahrt nach Island und Spitzbergen**, Hohenloher Druck- und Verlagshaus, 1984, ca. 240 Seiten (Beschreibung einer Nordland-Kreuzfahrt mit Frau und Enkelin). R
Giardini, F. u.a.: **Svalbard vergessene Inseln - Mensch und Natur an den Grenzen des polaren Packeis**, BBE, Turin 1984, ca. 130 Seiten (Bildband über mehrere Spitzbergenreisen von italienischer Gruppe, gute Fotos, teils pathetisch-heroisch, teils schlechte Übersetzung). B, R [2]
Gjoerevoll, Olav/Olaf I. Rönning: **Flowers of Svalbard**, Universitetsforlaget, 1980, ca. 60 Seiten (Bestimmungs- und Informationsbroschüre über die 48 Blumenarten Spitzbergens). N [1]
Glen, A.R.: **Under the Pole Star - The Oxford University Arctic Expedition 1935-36**, Methuen Publishers, London 1937, ca. 370 Seiten (umfangreiche Expedition nach Nordaustlandet). N, R, G [2]
Greve, T.: **Svalbard - Norway in the Arctic**, Gröndahl, 1975. G, P [2]
Grümm, Gerhard: **Nördlich von Europa. Reisen deutschsprachiger Forscher nach Grönland, Spitzbergen und anderen Inseln der Arktis in den Jahren 1760-1913**, Verlag der Nationen, Berlin 1989, 414 Seiten. G [2]
Gütte, A.: **Spitzbergen antwortet nicht**, Der Landser 1420, Pabel Verlag, Rastatt 1985 (Schilderung des Angriffs auf Spitzbergen 1943 und der deutschen Wetterstationsarbeit, inhaltliche Fehler). R, F, G [2]
Gulden, Gro u.a.: **Arctic and Alpine Fungi,** Band 1 und 2, Soppkonsulenten, Oslo, 1988, zusammen 120 Seiten (Bestimmungs- und Informationsbroschüren mit Farbbildern und Zeichnungen für arktische Pilze, unter anderem die 25 Arten Spitzbergens). N [1]
Hacker, Aemilius/Dr. Günther Freiherr von Saar: "**Die Berge um die Klaas-Billen-Bay**", in: Zeitschrift des Deutschen und Österreichischen Alpenvereins, Jg. 1909, München (Beschreibung einer alpinistischen Expedition, es werden zahlreiche Erstbegehungen im heutigen Billefjord genannt). R, G [2]
Hantschel, A.: **Weltgeschehen am Rande des Polarmeeres - Spitzbergen in der Weltpolitik**, 1964. G, P [2]
Hapag Nordland- und Spitzbergenfahrten, Hamburg-Amerika Linie, 1937, 32 Seiten (Reise- und Schiffsprospekt für Nordland-Kreuzfahrten 1937). R [2]
Hergesell, H. (Hrsg.): **Das Deutsche Observatorium in Spitzbergen**, 21. Heft, Schriften der Wissenschaftlichen Gesellschaft in Straßburg, 1914, ca. 70 Seiten (Berichte zur Arbeit der deutschen Station im Adventfjord und Krossfjord vor dem Ersten Weltkrieg). N, G [2]

Herrmann, Ernst: **Wege zum Nordpol - Forscher und Abenteurer im ewigen Eis**, Gustav Wenzel & Sohn, Braunschweig 1943, 288 Seiten. [2]
Hisdal, Vidar: **Geography of Svalbard**, Norsk Polarinstitutt, 2. Auflage 1985, ca. 80 Seiten (informative Schrift über Klima und Geographie Spitzbergens). N [1]
Hohmann, Heinrich: **Eine Nordlandfahrt bis zum Nordkap und Spitzbergen vom 3. bis 26. Juli 1927 mit dem Hapag-Dampfer "Reliance" - eine Reisebeschreibung in Versen**, Druck und Verlag H. Hohmann GmbH, Darmstadt 1927, ca. 70 Seiten. R [2]
Holm, Kari: **General Information about Longyearbyen and the Surroundings**, Selbstverlag, 1991, 96 Seiten (lexikalisch geordnete Informationsbroschüre über Longyearbyen und Umgebung, insbesondere zur Geschichte). A, G, N [1]
Holmsen, Gunnar: **Spitzbergens Natur und Geschichte**, Verlag Nordland GmbH, Berlin 1912, ca. 125 Seiten (informative Schrift über Spitzbergen einschließlich touristischer Tips, gewissermaßen ein Vorfahr des Spitzbergen-Handbuchs). A, G, N [2]
Hoydt, Erich: **Alle Wale der Welt**, Conrad Stein Verlag, Kiel 4. Auflage 1991, 216 Seiten (Informationen und Bilder über die verschiedenen Walarten). N
Jaworowski, Z./T.V. Segalstad/U. Hisdal: "**Atmospheric CO_2 and Global Warming**", in: Norsk Polarinstitutt Meddeldser No. 119, Oslo 1992, 76 Seiten (Interessantes zur Klimaänderung). N [1]
Johst, Hanns: **Consuela - Aus dem Tagebuch einer Spitzbergenfahrt**, Verlag Albert Langen, 1925, 116 Seiten (nette Beschreibung einer Nordland-Kreuzfahrt einschließlich Spitzbergen um 1925). R [2]
Jones, Philip D./Tom M.L. Wigley: "**Die Erwärmung der Erde seit 1850**", in: Spektrum der Wissenschaft, 10/1990. N [1]
Kardel, R./G.: **Handbuch Spitzbergen**.
Knoch, Lothar: **Spitzbergen 1968**, Selbstverlag, Saarbrücken 1989, ca. 72 Seiten (Beschreibung einer geographischen deutschen Expedition im Van Keulen- und Van Mijenfjord 1968). R, N [2]
Knoch, Lothar: **Spitzbergen 1989**, Selbstverlag, Saarbrücken 1989, ca. 60 Seiten (Beschreibung der Vorausexpedition zum Aufbau der zeitweiligen deutschen Station im Liefdefjord 1989). R, N [2]
Köster-Lösche, Kari: **Das Herz der Wale**, Cobra-Verlag, 1988 (Roman über eine Walfangfahrt, die im Jahre 1672 von Hamburg nach Spitzbergen führte). F
Krawczyk, Adam: **Remarks on the past and recent records of walrus, odobaenus rosmarus rosmarus Linnaeus, 1758, from South Spitsbergen coasts**, Polish Polar Research 8/2, 1987. N [1]

Lamont, James: **Yachting in the Arctic Seas**, Chatto and Windus, London 1876, 380 Seiten (reizvolle Beschreibung ausgiebiger Reisen nach Spitzbergen, Franz-Joseph-Land und Nowaja Semlja). R, G [2]
Larsen, Thor/Sybille Kalas: **Das Eisbären-Kinder-Buch**, Verlag Neugebauer Press, 1990 (Foto-Bilderbuch über Eisbären mit gutem Text, nicht nur für Kinder). B, K
Larsen, Thor: **The World of the Polar Bear**, Chartwell Books Inc., London 1978, 100 Seiten (sehr informativer großer Bildband über Eisbären). B, N [1]
Lefanconnier, Bernard/Jon Ove Hagen: "**Surging and Calving Glaciers in Eastern Svalbard**", in: Norsk Polarinstitutt Meddeldser No. 116, Oslo 1991, ca. 130 Seiten. N [1]
Löwenigh, Barto von: **Reise nach Spitzbergen**, Verlag Jacob Anton Mayer, Aachen/Leipzig 1830, 56 Seiten (erste deutsche rein wissenschaftliche Forschungsreise nach Spitzbergen 1827). R, G [2]
Lövenskiold, H.L.: "**Avifauna Svalbardensis**", in: Norsk Polarinstitutt Skrifter No. 129, ca. 460 Seiten (ausführliches Werk über die Vogelwelt Spitzbergens). N [1]
MacLean, Alistair: **Die Insel**, Heyne Taschenbuch 5280, 304 Seiten, Übersetzung aus dem Englischen (Originaltitel: Bear Island, spannender Krimi mit fiktiver Handlung auf der Bären-Insel). F
Mader: **Sommer der Arktis**, Rombach Verlag (kleinerer Bildband mit stimmungsvollen Naturaufnahmen aus Spitzbergen). B
Mathisen, Trygve: **Svalbard in the Changing Arctic**, Gyldendal Norsk Forlag, Oslo 1954, 112 Seiten (Beschreibung der politischen und historischen Entwicklung Spitzbergens, insbesondere in der Zeit nach 1920). G, P [2]
Mathisen, Trygve: "**Svalbard in International Politics 1871-1925**", in: Norsk Polarinstitutt Skrifter No. 101, 1954. G, P [2]
Mehlum, Fridtjof: **Birds and Mammals of Svalbard**, Norsk Polarinstitutt, Oslo 1990, ca. 140 Seiten, Übersetzung ins Englische (zahlreiche Farbbilder, Kurzbeschreibung der wichtigsten Vogel- und Säugetierarten in und um Spitzbergen). N [1]
Mehlum, Fridtjov: "**Eider Studies in Svalbard**", in: Norsk Polarinstitutt Skrifter No. 195, Oslo 1991, 68 Seiten (Studie über Eiderenten in Spitzbergen). N [1]
Meier, Karl-Dieter: **Beiträge zur kaltklimatischen periglaziären Landschaftsformung in der norwegischen Arktis und Subarktis**, Courier Forschungsinstitut Senckenberg CFS 143, 1991. N
Meier, Karl-Dieter: "**Permafrosthügel in Lappland und Spitzbergen - ein Forschungsbericht II**", in: Natur und Museum, Januar 1989,

Band 119, Bericht der Senckenbergischen Naturforschenden Gesellschaft, Frankfurt, ca. 14 Seiten. N [2]

Michelet, Jon: **Der Gürtel des Orion**, Kabel Verlag, Hamburg 1988, 296 Seiten, auch als Taschenbuch erhältlich, Übersetzung aus dem Norwegischen (Originaltitel: Orion Belte, 1977; Polit-Thriller, der neben seiner fiktiven Handlung sehr lebendig die Verhältnisse Spitzbergens in den siebziger Jahren beschreibt). F

Miethe, A./H. Hergesell: **Mit Zeppelin nach Spitzbergen - Bilder von der Studienreise der deutschen arktischen Zeppelin-Expedition**, Deutsches Verlagshaus Bong & Co., Berlin 1911, 292 Seiten (ausführlicher Expeditionsbericht über die Erkundungsexpedition Graf Zeppelins zum möglichen künftigen Luftschiffeinsatz in der Arktis). R, A [2]

Miethe, A.: **Spitzbergen - Das Alpenland im Eismeer**, Dietrich Reimer Verlag, Berlin 1925, ca. 260 Seiten (ausführliche Reise- und Naturbeschreibung mit sehr frühen Farbfotos). R, A [2]

Mittelholzer, Walter: **Im Flugzeug dem Nordpol entgegen**, Orell Füssli, Zürich 1924, 106 Seiten, Übersetzung aus dem Deutschen (Erzählung des Schweizer Militärfliegers, der als Teil einer Amundsen-Flugexpedition nach Spitzbergen kam und dort die ersten umfangreichen Luftbildserien 1923 fotografierte). R, G, N [2]

Münch, Hans: **Mein arktischer Sommer - Ein Zoologe auf Spitzbergen-Expedition**, Greifenverlag zu Rudolstadt, 3. Auflage 1976, ca. 330 Seiten (Reisebeschreibung eines der wenigen DDR-Wissenschaftler, die Spitzbergen besuchen konnten). R, N [2]

Nünlist, Hugo: **Spitzbergen - Gipfel über dem nördlichen Eismeer**, Orell Füssli Verlag, Zürich 1963 (Beschreibung einer bekannten Schweizer alpinistischen Expedition nach Nordwestspitzbergen 1962). R [2]

Petermann, Dr. A. u.a.: **Spitzbergen und die Arktische Central-Region**, Ergänzungsheft 16 zu Petermanns "Geographischen Mittheilungen", Verlag Justus Perthes, Gotha 1865, ca. 70 Seiten (verschiedenste Forschungsberichte über Spitzbergen, die von-Löwenigh-Expedition von 1827 und Berichte aus anderen arktischen Gebieten). N, G [2]

Petri-Sutermeister, Bolette: **Eisblumen - Begegnungen auf Spitzbergen**, Rex-Verlag, 1982, ca. 300 Seiten (Mischung aus landeskundlicher Information, Geschichte und Geschichten auf und um Spitzbergen mit persönlichen Erlebnissen der Leiterin des Svalbard-Museums). R, A

"**The Placenames of Svalbard**", in Norsk Polarinstitutt Skrifter No. 80 und 82, Neudruck Oslo 1991, ca. 670 Seiten. G, A [1]

Prokosch, Peter: "**The occurrence of Branta bernicla hrota in Brent Goose flocks in the German Wattenmeer**", in: Norsk Polarinstitutt Skrifter No. 181, 1984. N [1]

Prokosch, Peter: "**The wintering sites of Svalbard pink-footed Geese anser brachyrhynchus in Germany - present situation**", in: Norsk Polarinstitutt Skrifter No. 181, 1984. N [1]
Ransmayr, Christoph: **Die Schrecken des Eises und der Finsternis**, Fischer Taschenbuch 5419, 1987, ca. 260 Seiten (reizvolle Collage aus einer fiktiven Spitzbergenreise eines unerfahrenen jungen Italieners und den Berichten der Payer-Weyprecht-Expedition von 1874 mit dem Ziel Franz-Joseph-Land, das Thema ist dabei das Rätsel der lockenden Arktis). F, G
Rave, Christopher: **Im Eise verirrt, Tagebuch des Marinemalers Christopher Rave von der verunglückten Schröder-Stranz-Expedition**, Herrmann Schaffstein in Köln a. Rhein, ca. 1926. G [2]
Reinke-Kunze, Christine: **Aufbruch in die weiße Wildnis - Die Geschichte der deutschen Polarforschung**, Ernst Kabel Verlag GmbH, Hamburg 1992, 480 Seiten (sehr detailliertes und sorgfältig recherchiertes Buch über die deutsche Polarforschung seit 1865 mit vielen interessanten Einzelinformationen). G
Reinsch, Hans-Heinrich: **Spitzbergen**, Kilda-Verlag, 1979, ca. 60 Seiten (Einführung in die natürlichen Bedingungen und menschlichen Aktivitäten in Spitzbergen). A, N, G [2]
Riewerts, Erich/Brar C. Roeloffs: **Broder Riewerts - Föhringer als Grönlandfahrer von Kopenhagen**, Karl Wachholtz Verlag, Neumünster 1991, 340 Seiten (Geschichte der Walfangfahrer der Insel Föhr nach Spitzbergen und Grönland im 18. und 19. Jh.). G, R
Ritter, Christiane: **Eine Frau erlebt die Polarnacht**, 1938, Neuauflage als Ullstein-Taschenbuch Nr. 32014, ca. 190 Seiten (sehr anspruchsvolle Schilderung einer Überwinterung in einer Jagdhütte an der Nordküste Spitzbergens). R
Satow, Dr. Gretel: **Das Bodeneis in der Arktis**, Archiv der Deutschen Seewarte, Band 49, Hamburg 1930, 48 Seiten. N,G [2]
Savoyen, Ludwig Amadeus von: **Die Stella Polare im Eismeer**, F.A. Brockhaus, Leipzig 1903, 566 Seiten (Beschreibung einer der großen frühen Expeditionen nach Franz-Joseph-Land). N, G [2]
Schacht, Ulrich/Jürgen Ritter: **Von Spitzbergen nach Franz-Joseph-Land**, Harenberg Edition, Die bibliophilen Taschenbücher 683, Dortmund 1993, 184 Seiten (kleiner Bildband und kurze poetische Reisebeschreibung). R, B
Schlofield, Ernest/Roy Conyers Nesbit: **Arctic Airmen - The RAF in Spitsbergen and North Russia 1942**, William Kimber & Co. Ltd, London 1987, ca. 254 Seiten (Berichte einer englischen Catalina-Flugbootbesatzung). G [1]

Schmidtke, Kurt-Dietmar: **Auf den Spuren der Eiszeit - Die glaziale Landschaftsgeschichte Schleswig-Holsteins**, 102 Seiten (gut lesbares Buch mit vielen Bildern zur Wirkungsweise der Gletscher und der nacheiszeitlichen Landschaftsentwicklung - auch für geomorphologisch interessierte Nicht-Norddeutsche geeignet). N

Schwerdtfeger, Werner/Franz Selinger: **Wetterflieger in der Arktis 1940-1944**, Motorbuch-Verlag, 1982 (Berichte über die Einsätze von Wetterfliegern der ehemaligen deutschen Luftwaffe insbesondere im Bereich Spitzbergens während des Zweiten Weltkrieges). R, G [2]

Singer, Jewgeni: **Zwischen Nordpol und Europa**, Übersetzung aus dem Russischen, VEB F.A. Brockhaus Verlag, Leipzig 1987 (Erlebnisse des Autors als russischer Polarforscher in Spitzbergen und der russischen Arktis). R, A [2]

Solheim, Anders: "**The depositional Environment of surging sub-polar tidewater Glaciers**", in: Norsk Polarinstitutt Skrifter No. 194, Oslo 1991 (Forschungsergebnisse über Unterwassersedimente vor Gletschern auf Nordaustlandet, Spitzbergen). N [1]

Späth, Bernd: **Robbenfraß**, Edition Hans Erpf, Bern 1992, ca. 212 Seiten (fiktive Handlung mit intensiven Stimmungen in Ny Ålesund, stilistisch ähnlich wie Michelet, durch Zusammenballung und Vermischung verschiedener Verhältnisse und Ereignisse aus zwei bis drei Jahrzehnten in die nur rund ein Jahr dauernde Handlung jedoch historisch überladen und verfälscht). F

Spitzbergen-Handbuch, Reichsmarineamt, 1916 (eine genaue Beschreibung nahezu aller Küsten mit Zeichnungen - ein interessantes und umfangreiches Dokument aus der Zeit, als Spitzbergen noch Niemannsland war). G, A [2]

Spitzbergen - Material- und Arbeitsheft zur Schulfernsehreihe des SFB "Spitzbergen", Landesbildstelle Berlin (Hrsg.), Colloquium Verlag Berlin 1976. A [2]

Stonehouse, B.: **Polar Ecology**, Blacky and Son Ltd., Glasgow and London 1989, 224 Seiten (übersichtliches und inhaltsreiches Lehrbuch zur Polarökologie). N [1]

Sundmann, P.O.: **Ingenieur Andrées Luftfahrt**, Verlag Volk und Welt, Berlin 1972, 448 Seiten (Schilderung der gescheiterten Ballon-Polexpedition Andrées 1897 in Spitzbergen). G [2]

Svalbard, the Islands of Peace, Nordisk Bok- & Medieforlag, 1987 (Bildband mit Text in sechs Sprachen). B [1]

Trögel, Philatelia GmbH, Leverkusen 1984, 228 Seiten (Fachbuch für Philatelisten, z.B. mit Briefmarken, Stempeln, daneben aber auch interessante allgemeine historische Details). G

Villinger, Dr. Bernhard: **Die Arktis ruft**, Herder & Co. GmbH, Freiburg im Breisgau 1929, ca. 150 Seiten (Arktisreisen unter anderem nach Spitzbergen auf der Suche nach der Schröder-Stranz-Expedition, nach Nordwest-Spitzbergen und nach Ost-Grönland). R, G [2]
Walter/Breckle: **Ökologie der Erde**, Band 3 und 4, Gustav Fischer Verlag, Stuttgart 1986/1991 (detailliertes mehrbändiges Ökologie-Standardwerk, für Arktis speziell die Bände 3 und 4 von Interesse). N
Wehau, P.H.: **Schlachtschiffe im Eismeer**, Der Landser 851, Pabel Verlag, Rastatt 2. neu bearbeitete Auflage Juli 1974 (Angriff der Kriegsmarine auf Spitzbergen im September 1943, mehrere Fehler). R, F, G [2]
Weiß, Rudolf/Wolfgang S. Lange: **Reise im Zwielicht**, Militärverlag der Deutschen Demokratischen Republik, Berlin 1978, ca. 254 Seiten (historischer Roman um einen russischen Kohlefrachter von Spitzbergen im Zweiten Weltkrieg). F, G [2]
Worsley: **The geological history of Svalbard**, Herausgeber: Statoil, Norwegen 1986 (hervorragend ausgestatteter Bildband mit schönen Landschaftsbildern, auch für Nicht-Geologen interessant). N, B [2]
Wotte, Herbert: **Kurs auf Unerforscht - Russische und sowjetische Entdeckungsreisen**, VEB F.A. Brockhaus Verlag, Leipzig 1967, 380 Seiten. [2]

Zeitschriftenartikel (Auswahl)

"**Das Eis bricht an der kalten Küste**", GEO, 4/1991
"**Land der kalten Küste**", Kosmos 11/1993 (Forschung und Reisen in Spitzbergen)
"**Skitouren auf Spitzbergen: Firnabfahrten im Licht der Mitternachtssonne**", tours, 3/1993
"**Ein Sommer im arktischen Spitzbergen**", Nordisch, 1/1994 (Erlebnisbericht)
"**Spitzbergen - Bärenstark**", abenteuer & reisen, 6/1992 (Erlebnisbericht aus Spitzbergen)
"**Spitzbergen - Reisen ins innere Land**", Outdoor, 6/1993 (Erlebnisbericht aus Spitzbergen)

Karten

Von Svalbard existiert **umfangreiches Kartenmaterial**, das weiter verbessert wird. Im einzelnen sind erhältlich:

Geologische Karten: 1:1.000.000, 1:500.000 und 1:100.000
Thematische Karten (Glaziologie, Morphologie, Vegetation u.a.): in verschiedenen Maßstäben, überwiegend 1:1.000.000
Gesamtkarten: 1:2.000.000, 1:1.000.000, 1.500.000 (4 Einzelblätter)
Karte des Nordenskiöldlandes: 1:200.000
Küstenkarte: 1:200.000 (Westküste Krossfjord bis Hornsund, 2 Blätter)
Geomorphologische Karte: 1:50.000 (1 Blatt: Brøgger-Halbinsel)
Kartenserie 1.100.000 (die 62 Blätter decken die ganze Inselgruppe ab).

Diese letztgenannte Kartenserie ist zum **Wandern** noch am besten geeignet, kann jedoch nur eine ungefähre Orientierung bieten. Es sei daran erinnert, daß etwa in den Alpen trotz Wanderwegen für Touren aus gutem Grund fast ausschließlich die wesentlich genaueren Maßstäbe 1:50.000 und 1:25.000 verwendet werden. Der Detailmangel in den Spitzbergenkarten muß durch eigene Ortskenntnis ausgeglichen werden.

Die **Serie 1:100.000** (62 Blätter) wurde in drei verschiedenen Formen aufgelegt - zwei unterschiedlich ausführliche schwarzweiße und eine mehrfarbige, die schrittweise das gesamte Gebiet erfassen soll. Derzeit ist nahezu der ganze Teil der Hauptinsel vom Nordufer des Isfjords nach Süden sowie deren Westküste bis einschließlich dem Krossfjord nach Norden hin und außerdem die Kong-Karls-Inseln in der farbigen Ausgabe erschienen. Manche dieser Einzelblätter sind allerdings noch auf dem Stand der vierziger Jahre, andere in der farbigen Version vergriffen, so daß sie nur schwarzweiß oder gar nicht lieferbar sind. Von den übrigen Landesteilen existieren im Maßstab 1:100.000 bisher nur schwarzweiße Ausgaben.

Die Karten sind in **geographischen Buchhandlungen** (z.B. Dr. Götze, Hamburg; Geobuch, München; Kiepert, Berlin oder Eins zu hundert tausend, Kiel) teilweise vorrätig oder können bestellt werden.

Es sei ausdrücklich darauf hingewiesen, daß alle Karten von Spitzbergen in ihrer Aussagekraft durch **häufige Veränderungen des Geländes** (z.B. Verlagerung von Flüssen und Bächen, vorstoßende und zurückweichende Gletscher, wachsende Deltas) eingeschränkt sind. Insbesondere im Inland entspricht der Stand der Gletscher durch zwischenzeitliche Vorstöße bzw. Rückzüge vielfach nicht mehr dem Kartenbild. Bei ins Meer abbrechenden Gletscherfronten sind teilweise die Stände mehrerer Jahre (z.B. 1960, 1986) eingezeichnet. Ich erinnere mich an einen Rundflug mit einem Kunden, der mit dem eigenen Flugzeug Spitzbergen besuchte. Entsprechend dem vorher abgesprochenen Kurs legte ich ihm nahe, in eine Bucht einzuschwenken - zu seinem großen Erstaunen, denn laut Karte sollte dort, wo wir den Schwenk geplant hatten, gar keine Bucht sein. Inzwischen war jedoch ein Gletscher um 6 km zurückgewichen, so daß sich die Landschaft gegenüber dem Kartenbild erheblich verändert hatte.

Franz-Joseph-Land

Svalbards östlicher russischer Nachbar

Die **Umwälzungen in der Sowjetunion** bis hin zu deren Auflösung haben auch die Wand durchbrochen, die sowjetische Geheimniskrämerei und Mißtrauen 60 Jahre lang östlich von Svalbard zwischen ihrem Sektor der Arktis und dem Rest der Welt errichtet hatten. Seit 1990 können wieder Bürger westlicher Staaten Franz-Joseph-Land, die Nachbar-Inselgruppe im Osten Svalbards besuchen, die für 60 Jahre Ausländern versperrt war. Entsprechend spärlich ist das im Westen auffindbare Informationsmaterial und vielfach muß auf die alten Veröffentlichungen vor der Sperrung des Gebietes zurückgegriffen werden, so auch für diesen Artikel (☞ Literatur).

🕮 Von der neueren Literatur ist vor allem "Environmental Studies..." von Ian Gjertz und Berit Mørkved für naturkundlich Interessierte zu empfehlen (☞ Literatur).

Zweck dieses Kapitels ist es, angesichts spärlicher sonstiger Literatur, das über die Inselgruppe zugängliche Wissen zusammenzufassen, zu sammeln und eine Nachschlagemöglichkeit für verschiedene Interessen zu bieten. Daher wird beispielsweise sehr detailliert auf die Geschichte eingegangen - genauer als z.B. bei Spitzbergen, wo dem spezialisierten Leser eher auch andere Informationsmöglichkeiten offenstehen.

Seit 1991 ist das **Norsk Polarinstitutt** auf Franz-Joseph-Land engagiert, und durch Forschungsschiffe sind wissenschaftliche Verbindungen zwischen den beiden Inselgruppen entstanden. 1992 wurden erstmals auch reguläre 14tägige **touristische Studienfahrten** zwischen Svalbard und Franz-Joseph-Land angeboten. Aufgrund dieser interessanten Möglichkeiten und Kontakte, wegen der früheren engen Verbindung zwischen beiden Inselgruppen durch norwegische Eismeerfänger und wegen des Fehlens entsprechender sonstiger Informationsschriften für Reisende, die von Svalbard nach Franz-Joseph-Land fahren, habe ich mich zur Aufnahme dieses neuen Kapitels in das *Spitzbergen-Handbuch* entschlossen.

Die **Namen** sind in westlicher Schreibweise wiedergegeben, wodurch ihr historischer Bezug besser erkennbar wird. Nach der Annektion wurde die Schreibweise einiger Namen russifiziert (z.B. Solsberi-Insel war ursprünglich die Salisbury-Insel, Gukera entspricht Hooker). Teilweise gibt es darüber hinaus auch im Westen unterschiedliche Schreibweisen: Franz-Joseph-Land, Franz-Josef-Land, Frants-Josef-Land (Norwegisch), Tichaja, Tikhaia etc. Die Namensgebung ist teilweise verwirrend: So gibt es die Wilczek-Insel, wo die Entdecker landeten, daneben aber auch das größere

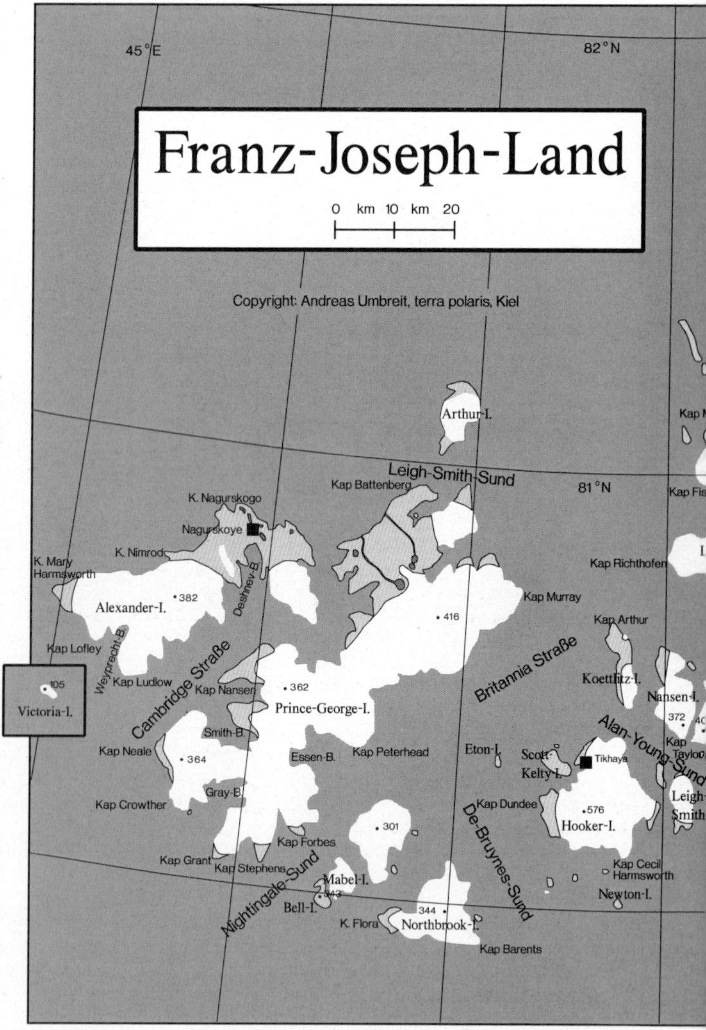
Franz-Joseph-Land
0 km 10 km 20
Copyright: Andreas Umbreit, terra polaris, Kiel
45°E
82°N
81°N
Arthur-I.
Leigh-Smith-Sund
Kap Battenberg
K. Nagurskogo
Nagurskoye
K. Nimrod
K. Mary Harmsworth
Deshnev-B.
Alexander-I.
382
416
Kap Richthofen
Kap Murray
Kap Arthur
Weyprecht-B.
Kap Lofley
Kap Ludlow
Cambridge Straße
Kap Nansen
362
Prince-George-I.
Britannia Straße
Koettlitz-I.
Nansen-I.
372
105
Victoria-I.
Smith-B.
Alan-Young-Sund
Kap Taylor
Kap Neale
364
Essen-B.
Kap Peterhead
Eton-I.
Scott-Kelty-I.
Tikhaya
Gray-B.
Kap Crowther
Kap Dundee
576
Hooker-I.
Leigh-Smith
301
De-Bruynes-Sund
Kap Forbes
Kap Grant
Kap Stephens
Nightingale-Sund
Mabel-I.
343
Bell-I.
Kap Cecil Harmsworth
Newton-I.
344
K. Flora
Northbrook-I.
Kap Barents

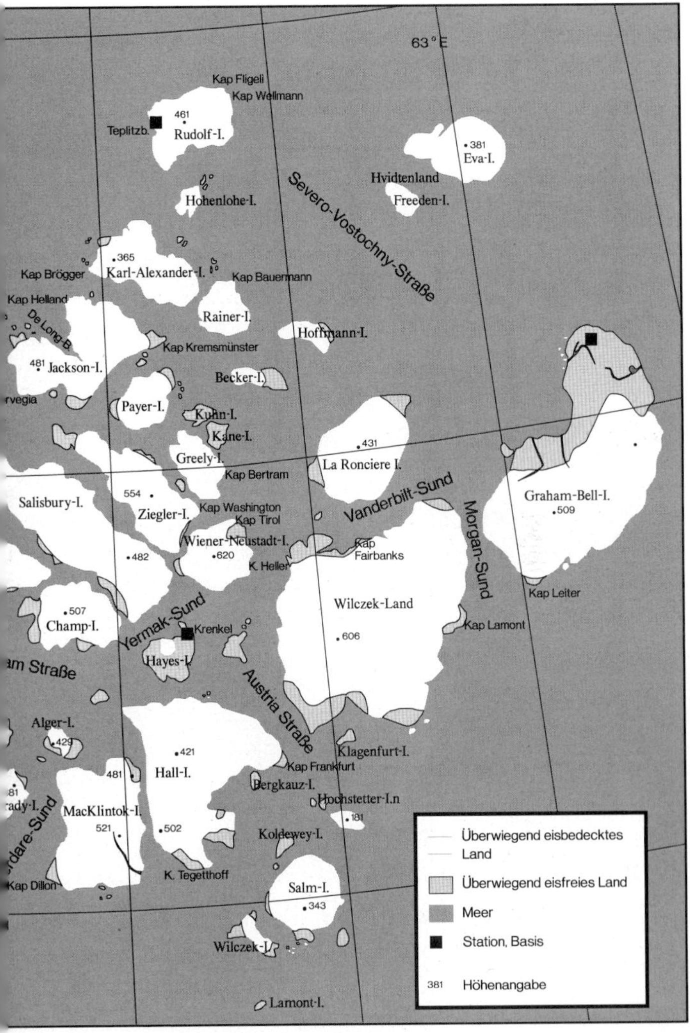

63° E
Kap Fligeli
Kap Wellmann
461
Teplitzb.
Rudolf-I.
381
Eva-I.
Hvidtenland
Freeden-I.
Severo-Vostochny-Straße
Hohenlohe-I.
365
Karl-Alexander-I.
Kap Brögger
Kap Bauermann
Kap Helland
De Long-B.
Rainer-I.
Hoffmann-I.
Kap Kremsmünster
481
Jackson-I.
Becker-I.
rvegia
Payer-I.
Kuhn-I.
Kane-I.
431
Greely-I.
La Ronciere I.
Kap Bertram
Vanderbilt-Sund
Morgan-Sund
Graham-Bell-I.
509
554
Salisbury-I.
Ziegler-I.
Kap Washington
Kap Tirol
Wiener-Neustadt-I.
482
620
Kap Fairbanks
K. Heller
Kap Leiter
Wilczek-Land
507
Champ-I.
Yermak-Sund
Krenkel
Kap Lamont
606
Hayes-I.
am Straße
Austria Straße
Alger-I.
429
Klagenfurt-I.
421
Kap Frankfurt
481
Hall-I.
Bergkauz-I.
Hochstetter-I.n
181
rady-I.
MacKlintok-I.
521
502
Koldewey-I.
rdare-Sund
Kap Dillon
K. Tegetthoff
Salm-I.
343
Wilczek-I.
Lamont-I.
Überwiegend eisbedecktes Land
Überwiegend eisfreies Land
Meer
Station, Basis
381 Höhenangabe

Wilczek-Land, eine kleine Bell- und eine weitaus größere Graham-Bell-Insel, und das Kapp Tegetthoff ist keineswegs an dem Punkt, den die "Admiral Tegetthoff" als einzigen erreichte.

Natürliche Verhältnisse: Geographie, Klima, Geologie und Landschaft

Franz-Joseph-Land liegt, ebenso wie Svalbard, auf dem **europäischen Kontinentalschelf**, jedoch deutlich nördlicher: Die südlichsten Inseln befinden sich auf etwa derselben nördlichen Breite wie die Nordküste Spitsbergens, und die nördlichste (Rudolf-Insel) liegt um etwa 120 km näher am Nordpol als Rossøya in Svalbard. Die ca. 75 Inseln, zusammen haben sie eine Fläche von 19.700 km², davon sind die beiden größten (Alexander-Insel und Prinz-Georg-Insel) jeweils etwa so groß wie Edgeøya, werden im Gegensatz zu Svalbard durch keinen wärmenden Ausläufer des Golfstromes berührt. Die Temperatur des Meerwassers beträgt selbst im Sommer an der Oberfläche höchstens +1 Grad, in der Tiefe -1 Grad. Entsprechend **hocharktisch** sind die Verhältnisse der Inselgruppe, die über große Teile des Jahres vom Eis eingeschlossen ist, selbst im Sommer sind nur selten alle Inseln eisfrei erreichbar.

Die **extremen Unterschiede in den Eisverhältnissen** von Jahr zu Jahr werden auch anhand der im nachfolgenden Geschichtsteil beschriebenen Expeditionen deutlich: Während die glücklicheren bis zur nördlichsten Insel durch offenes Wasser gelangten, gerieten andere Schiffe schon weit südlich des Archipels in die Gefangenschaft des Eises, das sie über Jahre festhielt und mittrieb - abhängig von den Strömungs- und Windverhältnissen. Der Gezeitenunterschied beträgt 0,5 m.

Die **Winde** kommen überwiegend aus Osten und Norden und bringen entsprechend kalte Luft mit. Im Süden sind hingegen südliche Winde häufiger. Die Niederschläge sind geringfügig höher als in Svalbard, insgesamt kann man jedoch auch hier das Klima als trocken bezeichnen. Vorwiegend in Form von Schnee, variieren die Jahresniederschläge zwischen 160 und 330 mm. Die durchschnittlichen **Temperaturen** liegen etwas unter denen Svalbards, und der Besucher merkt diesen Unterschied deutlich als rauheres Klima. Am "wärmsten" sind der Süden und das Zentrum, doch selbst hier beträgt die Durchschnittstemperatur im Juli nur knapp über +1 Grad. Die Jahresmitteltemperatur beträgt ca. -12 Grad, bekannte Rekorde sind +12 bzw. -46,2 Grad. In Tikhaia wurden im Mittel 60, auf der Rudolf-Insel nur 41 Tage pro Jahr mit Temperaturen über 0 Grad ermittelt.

Die Landschaft der Inselgruppe wird geologisch durch zwei unterschiedliche **Gesteine** bestimmt: Aus dem **Oberen Trias** und **Jura** stammt die untere Gesteinslage nahezu horizontaler **Sedimente**, die im Süden, etwa am Kapp Flora auf Northbrookøya, bis 200 m Höhe über dem Meer erreichen und langsam in der Inselgruppe nach Norden hin bis auf Meereshöhe absinken. Auffällig in dieser Schicht sind vielerorts zu findende versteinerte Baumstämme, die inzwischen verwittert sind und zerbrochen herumliegen - auch hier der Hinweis auf ein früher wärmeres Klima und die Kontinentalverschiebung.

Über diese Jurasedimente legten mehrere gewaltige Vulkaneruptionen in der Kreidezeit eine dicke **Basaltdecke** (bis 500 m stark), die im Laufe der Erdgeschichte durch Brüche, Verschiebungen und Erosion aufgespalten wurde, so daß teilweise die darunterliegenden Juraschichten ebenfalls verwittern konnten, und sich das Gebiet in die heutigen Inseln zerteilte. Durch die oben liegende widerstandsfähige Basaltschicht und die darunter liegenden weicheren Sedimente sowie die horizontale Schichtung wird die Landschaft stark durch Plateauberge mit oft senkrechten Flanken geprägt, die entweder aus einer niederen Ebene oder direkt aus dem Meer aufragen und zusammen mit der minimalen Vegetation an die Western-Landschaft des Monument Valleys in Amerika erinnern - wäre da nicht das Eis. Auch auf Franz-Joseph-Land gibt es alte Strandlinien über den heutigen Ufern, und die Inseln heben sich derzeit ca. 2-3 mm pro Jahr weiter aus dem Eismeer.

Aufgrund der extrem arktischen Lage und des entsprechenden Klimas ist der größte Teil der Inseln (ca. 85%) von **Eiskuppen** bedeckt, die entweder direkt ins Meer abbrechen oder Gletscher zum Meer entsenden. Die abbrechenden Eisberge sind allerdings nicht besonders gewaltig, da sich über den relativ kleinen Inseln kein besonders dicker Eispanzer gebildet hat. Die Erhebungen der Inseln erreichen im Norden 300 m und im Süden um 800 m Höhe. Insgesamt eine bizarre, karge Landschaft, für die sich Vergleichbares in Svalbard am ehesten im für Besucher gesperrten Kong-Karls-Land findet, das ebenfalls eine Basaltdecke aufweist, allerdings keine Vergletscherung.

Von der Entdeckung 1872 bis 1928 wurde ein deutlicher Rückgang der Vergletscherung beobachtet, ähnlich wie in Spitzbergen.

Flora und Fauna

Aufgrund der extrem arktischen Bedingungen ist die Zahl der höheren Tier- und Pflanzenarten auf Franz-Joseph-Land nur sehr beschränkt.

Landpflanzen - ca. 57 Blütenpflanzenarten und 25 Moosarten - sind auf einige Ebenen und Südhänge begrenzt, etwa im kleinen eisfreien Gebiet um Kap Flora.

Die fruchtbarsten Gebiete der Inselgruppe sind über die südwestlichen und zentral liegenden Inseln verstreut und voneinander getrennt. Eine Besonderheit sind die durch natürliche Düngung besonders produktiven Vegetationszonen unter Vogelfelsen. Die meisten der 57 Arten finden sich auch in den übrigen hocharktischen Regionen (circumpolar), wobei die verbreitesten Arten die folgenden sind: Arktisches Hornkraut (Cerastium arcticum), Löffelkraut (Cochlearia groenlandica), Felsenblümchen (Draba macrocarpa), Mohn (Papaver radicatum), schwefelgelber Hahnenfuß (Ranunculus sulphureus), Nickender Steinbrech (Saxifraga cernua), Rasen-Steinbrech (Saxifraga cespitosa), Schnee-Steinbrech (Saxifraga nivalis), Roter Steinbrech (Saxifraga oppositifolia), Bach-Steinbrech (Saxifraga rivularis) und Sternmiere (Stellavia longipes). Als einzige kriechend wachsende "Baumart" gibt es vereinzelt winzige Polarweiden (Salix polaris).

Als reine Landsäuger gibt es nur **Polarfüchse**. **Rentiere** scheinen sich gelegentlich über das Eis auf die Inseln zu verirren, worauf einzelne Geweihstangen hinweisen; die spärliche Vegetation reicht vermutlich nicht für eine eigene stabile Population aus.

Häufig zwischen Eis und Land hin- und herwandern tun hingegen die Eisbären und im Meer - im Gegensatz zu Svalbard - **Walrosse**. Die Walroßjagd wurde vermutlich bis 1955 betrieben. Schätzungen gehen von weit über 10.000 getöteten Tieren aus, von denen der größte Teil von norwegischen Jägern vor der Sperrung der Inseln durch die Sowjets 1929 erlegt wurde. Der heutige Bestand hat sich in den letzten Jahrzehnten deutlich erholt und liegt wohl bei 2.000 Tieren, wobei ein Austausch mit Spitzbergen und eventuell Nowaja Semlja stattfindet. Vermutlich ist die Regenerierung des Walroßbestandes um Spitzbergen auf Tiere zurückzuführen, die von Franz-Joseph-Land kommen. Neben ihnen gibt es drei **Robbenarten**, darunter die Bartrobbe als häufigste. Oft vor der Küste zu sehen sind **Weißwale** (Beluga). 1993 wurde als Rarität in der Arktis sogar ein Grönlandwal in Franz-Joseph-Land beobachtet.

Die **Vogelwelt** beschränkt sich auf ca. 21 regelmäßig brütende Arten, darunter allerdings vor allem **Krabbentaucher** in großen Brutkolonien - groß ist unter diesen hocharktischen Verhältnissen schon eine Zahl von 300 Tieren. Die wohl wichtigste **Vogelkolonie** des ganzen Archipels ist Rubini Rock auf Hooker Island in der Nähe von Tikhaia mit insgesamt ca. 10.000-15.000 Krabbentauchern, Dreizehenmöwen und Eissturmvögeln. Typische, aber nicht massenhaft vorkommende Bewohner der Inseln sind darüber hinaus die Eismöwen, Gryllteisten, Dickschnabellummen,

Schmarotzerraubmöwen, Elfenbeinmöwen, Meerstrandläufer, Schneeammern und Eiderenten. Neben den regelmäßig Brütenden verirren sich auch andere Arten auf diese abgelegenen Inseln, so z.B. 1991 Steinschmätzer und Rotdrossel.

Neben den schon erwähnten, enorm weiten Zügen der Küstenseeschwalbe auf die Südhalbkugel der Erde sind die **Wanderungen der Dickschnabellummen** bemerkenswert: Zusammen mit ihren noch flugunfähigen Jungen, die sich aus den Brutfelsen flatternd ins Meer stürzen, schwimmen diese Vögel im Herbst mehrere Wochen von Franz-Joseph-Land bis zur Ostküste Grönlands.

An Land gibt es als einzigen Standvogel etliche **Schneehühner**.

Geschichte

Die Geschichte Franz-Joseph-Lands beginnt erst im 19. Jh. und ist geprägt von **Expeditionen** und **Fangfahrten**, letztere überwiegend von norwegischen Eismeerschiffern, die aber auch an den meisten wissenschaftlichen Expeditionen westlicher Nationen als erfahrene Kenner des Eismeeres und mit ihren dafür geeigneten Schiffen beteiligt waren. Für den Besucher von Franz-Joseph-Land ist es von besonderem Reiz, die Spuren dieser Pionierfahrten zu verfolgen, wobei sich im arktischen Klima viele Hinterlassenschaften bemerkenswert gut erhalten haben. Deshalb gehe ich nachfolgend etwas ausführlicher als in Svalbard auf die Pionierexpeditionen ein - andere geschichtliche Aspekte gibt es auf dieser abgelegenen Inselgruppe nur wenige - und schließe das Kapitel mit einer nach Inseln gegliederten Liste der wenigen Plätze menschlicher Aktivität (soweit mir bekannt), die dem Reisenden eine rasche Übersicht verschafft.

1865 vermutliche Entdeckung durch Rönnbeck

Bis um 1860 beschränkte sich der **norwegische Eismeerfang** im Bereich Spitzbergens weitgehend auf die Westküste, da der Osten als zu stark vereist galt. Erst dann drangen einzelne Schiffer regelmäßig weiter nach Osten vor und stellten fest, daß die Eisbedingungen weniger schlimm waren als befürchtet, eventuell hatten sich die Bedingungen auch durch eine Klimaschwankung gegenüber früheren Jahrzehnten verbessert.

1863 gelang **Elling Carlsen** aus Tromsø die erste bekannte Umsegelung Spitsbergens, wofür er einen Orden erhielt. 1865 fuhr **Nils Fredrik Rönnbeck** aus Hammerfest mit seinem Harpunier **Aidijærvi** und dem Schoner "Spitsbergen" von der Ostküste Nordaustlandets weit ostwärts, wo sie unbekanntes Land entdeckten - vermutlich Franz-Joseph-Land.

Allerdings war es unter Eismeerschiffern häufig üblich, Neuentdeckungen nicht allgemein bekannt zu machen, um nicht die Konkurrenz zu den neuen Jagdgebieten zu locken. So gibt es heute keinerlei verläßliche schriftliche Unterlagen über diese vermutliche Erstentdeckung - ähnlich wie bei der möglichen ersten Entdeckung Svalbards durch Wikinger oder Pomoren. Auch noch wesentlich frühere Entdeckungen sind nicht ausgeschlossen - Berichte von Landsichtungen zwischen Spitzbergen und Nowaja Semlja tauchen schon 300 Jahre früher in Reisebeschreibungen auf.

1872-74 Payer-Weyprecht
So fällt die Ehre der **offiziellen Entdeckung** an die österreichisch-ungarische Expedition von **Payer** und **Weyprecht**, die am 13. Juni 1872 mit dem extra hierfür gebauten, damals hochmodernen Forschungsschiff "**Admiral Tegetthoff**" von Bremerhaven aus nach Norden segelte und als Eislotsen übrigens den bereits genannten Elling Carlsen mitnahm. Ziel der Expedition war die Erforschung der Gebiete östlich von Nowaja Semlja und die eventuelle Erkundung der Nordostpassage - des erhofften nördlichen Seeweges von Europa ins ferne Ostasien. Die Expedition nahm allerdings einen völlig anderen Lauf und verdankt ihren glücklichen Ausgang sicherlich nicht zuletzt der sorgfältigen Vorbereitung und exzellenten Ausrüstung.

Noch vor Erreichen von Nowaja Semlja wurde die "Admiral Tegetthoff" am 1.10.1872 vom Eis eingeschlossen, das sie vermutlich nie wieder freiließ und zunächst langsam nach Norden schob. Zehn Monate später, nach durchstandener Polarnacht, sichtete die Besatzung am 30.8. in der Ferne unbekanntes bergiges Land, das nach dem österreichischen Monarchen Kaiser **Franz-Joseph-Land getauft wurde**. Es dauerte weitere zwei Monate, bis das Eis das Schiff nahe genug an die nächste Insel herangeschoben hatte, so daß Payer mit einer Gruppe den ersten Landgang auf der nach dem Sponsor der Expedition, Graf Wilczek, benannten Insel antreten konnte. Vor der Insel blieb das Schiff den zweiten Winter eingeschlossen und diente als Observatorium, während zum zweiten Mal Skorbut die Männer schwächte.

Im März, nach Rückkehr des Tageslichtes, unternahm Payer mit weiteren Männern schwerste Schlittentouren durch die völlig vereiste Inselwildnis, bei denen sie bis zum nördlichsten Punkt auf der Rudolf-Insel vordrangen. Währenddessen forderte am 16.3.1874 der Skorbut sein erstes (und einziges) Opfer - den Maschinisten Otto Krisch, dessen Grabkreuz mit metallener Namensplatte noch heute auf der Wilczek-Insel steht, ein einsamerer Ruheplatz läßt sich kaum denken.

Die jungen Moränen - ein Chaos aus Eis und Schutt ☞

Als sich auch in diesem Frühjahr das Eis nicht öffnete, wurde beschlossen, die "Admiral Tegetthoff" zu verlassen und am 20.5.1874, fast zwei Jahre nach Expeditionsbeginn, machte sich die Mannschaft mit Ausrüstung und den Rettungsbooten auf den mühsamen Weg über das Eis nach Süden, erreichte schließlich mit den Booten Nowaja Semlja, wo für die Expedition bei Beginn 1872 ein Depot angelegt worden war, und ein russisches Schiff sie aufnahm. Am 3.9.1874 erreichten sie Vardø.

1879 de Bruynes

In den folgenden Jahren wurde das neu entdeckte Land Ziel etlicher Expeditionen verschiedener Länder, beginnend mit der Fahrt des Holländers de **Bruynes** mit dem Schiff "Willem Barents". Die folgende Liste ist nicht vollständig.

1880, 1881-82 Smith

1880 erkundete der Engländer **Benjamin Leigh Smith** (der 1873 in der Mosselbukta in Spitzbergen Nordenskiöld gerettet hatte) die Südküsten, ebenso 1881, wobei er auf der kleinen Bell-Insel eine solide Hütte (Camp Eira) errichtete, die noch heute steht, von seiner Expedition allerdings nicht genutzt wurde. Bei einer Fahrt im Archipel wurde seine Jacht "Eira" vor der Northbrook-Insel vom Eis zerdrückt und so eine **unfreiwillige Überwinterung** fast ohne Ausrüstung in einer Nothütte aus Torf und Steinen am Kap Flora erzwungen. Mit vier winzigen Booten schlug er sich 1882 mit seinen 24 Gefährten über das Eis und das Meer nach Nowaja Semlja durch, wo ein englisches Schiff, das auf der Suche nach ihnen war, sie aufnahm.

1894-97 Jackson, Nansen

Von 1894 bis 1897 führte **Frederick G. Jackson** eine umfangreiche mehrjährige **Expedition** mit Überwinterungen in der solide aus Holz gebauten Winterstation **Elmwood** am Kap Flora an, die die Inselgruppe erforschen sollte und hierzu Erhebliches beitrug. Am 17. Juni 1896 kam es dabei zu der berühmten Begegnung mit **Nansen**, der die "Fram" zusammen mit Johansen am 14.3.1895 verlassen hatte, eher zufällig auf die von ihm "Hvidtenland" genannten, kleinen nordöstlichsten Inseln von Franz-Joseph-Land stieß und dann mit seinem Gefährten am Kap Norge auf der Jackson-Insel unter einfachsten Bedingungen überwinterte, ohne seine Position (mangels Uhr) bestimmen zu können. Jackson und Nansen hatten einander schon vorher getroffen, doch Jackson erkannte den von der Überwinterung gezeichneten und naheliegenderweise nicht sehr zivilisiert wirkenden Nansen zunächst nicht, als beide unerwartet am Kap Flora aufeinander stießen, bis es schließlich zu Jacksons berühmt gewordenem überraschten Ausruf kam: "You must be Nansen!"

Durch seine Querung des vorher praktisch unbekannten Nordostens der Inselgruppe leistete auch Nansen seinen Beitrag zur Erforschung und konnte berichten, daß es hier nördlich von 82 Grad kein Land mehr gab. Erst durch Jacksons und Nansens Arbeit wurde klar, daß Franz-Joseph-Land in eine Vielzahl überwiegend kleinerer Inseln aufgespalten ist - die vorhergehenden Expeditionen konnten dies angesichts der starken Vereisung des Meeres zwischen den Inseln und des noch fehlenden Überblicks noch nicht erkennen.

1898-99 Wellmann

Der Amerikaner **Wellmann** hatte sich als ein von einer amerikanischen Zeitung gesponserter Journalist der Polarforschung verschrieben - in seinem Falle speziell dem **Erreichen des Nordpols**. Bereits 1894 war er bei einem solchen Versuch bei der Walden-Insel nördlich Spitzbergens gescheitert und war zu Beginn des 20. Jh. wieder auf Danskøya/Spitzbergen mit seinen Polflug-Versuchen aktiv. 1898 erreichte er Franz-Joseph-Land mit einer gemischten norwegisch-amerikanischen Gruppe für eine Überwinterungsexpedition, deren Ziel ein Vorstoß zum Nordpol mit Schlitten war. Sie versetzten **Jacksons Winterhaus** von Kap Flora zum Kap Tegetthoff auf der Hall-Insel als ihre Basis und nutzten das Jahr 1898 für Exkursionen im bisher wenig bekannten Osten des Archipels, wobei eine Teilgruppe unter Leitung von Baldwin einen winzigen Unterschlupf am Kap Heller auf der größeren Insel Wilczek-Land in einer Schneewehe aus Steinen und abgedeckt mit Walroßhaut errichtete - 5 m lang und 1 m hoch. Baldwin bestimmte, daß hier zwei Mann zum Füttern der 35 Hunde und als Wache am hier angelegten Proviantdepot überwintern sollten - die Freiwilligen Bjørvig und Bentsen (Mitglied auch der "Fram"-Expedition).

Damit begann **eine der unglaublichsten Überwinterungen** vom 22. Oktober bis zum 27. Februar, denn außer dem primitiven, ofenlosen Unterschlupf und Fleisch und Fett von zahlreichen geschossenen Walrossen und Eisbären hatten die beiden praktisch keinerlei Ausrüstung abgesehen von ihren Waffen, Kochgerät, vier Kerzen, einem gemeinsamen Schlafsack, und vom Depot erlaubte ihnen Baldwin, Tabak und Kaffee in beliebiger Menge zu verwenden, vom Dosenfleisch jedoch nur ein halbes Kilo pro Woche. Da es am Kap Heller kein Treibholz gab, blieb als Brennmaterial neben den vier Kerzen nur Walroßspeck. Es gab weiter keine Möglichkeit, sich selbst oder die Kleidung zu waschen. In der Höhle herrschte meist eine Temperatur von -20 Grad.

Bentsen erkrankte bereits in der ersten Woche an einer Magenkrankheit und starb am 1. Januar. **Bjørvig** hatte ihm versprochen, den Leichnam vor Eisbären zu schützen und ließ ihn daher steifgefroren im gemeinsamen Schlafsack in ihrer winzigen Höhle, mußte von nun an unter diesen extremen Bedingungen allein den Winter durchstehen, Nacht für Nacht mit dem Toten schlafend. Eisbärenbesuch war zahlreich und der Eingang bestand lediglich aus einem gewinkelten Schneetunnel mit Fellvorhang, so daß Bjørvig durch das Dach aus Fellen und Schnee schoß, wenn ein Bär sich zu intensiv für die Höhle interessierte.

Als er am 27. Februar wiederum Geräusche hörte, dachte er an einen Eisbären, doch es war **Wellmann**, der von Kapp Tegetthoff mit drei Norwegern gekommen war. Gemeinsam konnten sie nun Bentsen begraben, und Bjørvig wollte trotz des durchlittenen Winters an der Tour zum Nordpol teilnehmen, die allerdings wegen eines Unfalls schon bei 82 Grad Nord scheiterte. Am 5. April erreichten sie Kapp Tegetthoff, wo Bjørvig erstmals seit neun Monaten wieder einen beheizten Raum erlebte.

1899-1900 Herzog von Abruzzen, 1901 Stökken

Ebenfalls mit der Zielsetzung, den **Nordpol** zu erreichen, fuhr die vom **Herzog von Abruzzen** finanzierte und geleitete Expedition am 12. Juni 1899 in Oslo mit ihrer "Stella Polare" ab und erreichte mit 20 Expeditionsmitgliedern durch extrem günstige Eisverhältnisse sogar die Rudolf-Insel, wo in der Teplitzbucht ein Überwinterungsquartier errichtet wurde. Von hier aus startete **Cagni** mit zehn Mann, 13 Schlitten und 104 Hunden am 11. März 1900 seinen Marsch zum Pol in drei Gruppen, von denen zwei nur zur Unterstützung dabei waren und planmäßig nach einer bzw. zwei Wochen umkehrten, wobei die drei Mann der ersten Gruppe offenbar die Insel verfehlten und nie wieder auftauchten.

Cagni erreichte 86 Grad 34 Minuten nördlicher Breite am 24. April 1900, ein paar Kilometer nördlicher als Nansen während der "Fram"-Expedition, wo er umkehrte. Am 23. Juni kam er nach einem durch Proviantmangel und starke Eisdrift erschwerten Rückmarsch mit seinen drei Begleitern wieder zur Teplitzbucht. Am 8. August trat die von den starken Winterschäden reparierte "Stella Polare" die Rückfahrt an. Die vom Vater eines Verschollenen, Stökken aus Sandefjord, 1901 organisierte Suchexpedition blieb erfolglos.

1901 Makarow

Admiral Makarow führte mit der "Jermak" **hydrographische Untersuchungen** zwischen Franz-Joseph-Land und Nowaja Semlja durch und besuchte dabei die südlichen Inseln des Archipels, unter anderem Kap Flora.

1901-1902 Baldwin - Ziegler, 1903 - 1905 Fiala - Ziegler
Einen weiteren Versuch, den Pol von Franz-Joseph-Land zu erreichen, unternahm der Amerikaner **William Ziegler** 1901 mit einer amerikanisch-norwegisch-dänischen Gruppe und drei Schiffen, der Leiter war Baldwin. Die Expedition errichtete zum Überwintern auf Alger-Insel das Camp Ziegler und richtete 1902 ein Proviantdepot auf der Rudolf-Insel ein, gab dann aber auf.

Trotz dieses mageren Ergebnisses rüstete Ziegler 1903 eine weitere Expedition aus, dieses Mal unter Leitung von **Anthony Fiala** und mit 30 Ponys und 218 Hunden. Trotz schwerer Eisverhältnisse erreichte ihr Schiff die beachtliche nördliche Breite von 82 Grad 14 Minuten, ohne vom Eis eingeschlossen zu werden, und steuerte dann die südlicher gelegene Teplitzbucht auf der Rudolf-Insel an, wo es während der Überwinterung durch Eisdruck sank. Zwei Versuche, 1904 den Nordpol zu erreichen, mußten früh aufgegeben werden.

Das erwartete Hilfsschiff kam nicht, und so überwinterte die Expedition nochmals, verteilt auf Teplitzbucht/Rudolf-Insel, Kap Flora/Northbrook-Insel und Camp Ziegler/Alger-Insel. Sigurd B. Myhre, eines der norwegischen Expeditionsmitglieder, verstarb während der Aufenthaltszeit auf der Rudolf-Insel und wurde dort in der nördlichsten Einsamkeit beerdigt. Sein später umgebrochenes Grabkreuz bewahren die Meteorologen der heutigen russischen Station auf.

Im März 1905 unternahm Fiala einen letzten erfolglosen Vorstoß nach Norden und gab dann das Lager auf der Rudolf-Insel auf, stieß zu den beiden anderen Überwinterungsgruppen im Süden. Das Unterstützungsschiff "Terra Nova" erreichte sie Ende Juli und am 9. August 1905 waren sie zurück in Norwegen. Obwohl das Hauptziel, der Vorstoß nach Norden, gescheitert war, brachte diese groß angelegte und gut ausgestattete Expedition eine erhebliche **Verbesserung der Kenntnisse** von Franz-Joseph-Land, darunter vor allem detaillierte Karten.

Die mehrfach gescheiterten Versuche, den Pol über Franz-Joseph-Land zu erreichen, ließen das öffentliche Interesse und damit auch die Unterstützungsbereitschaft für weitere Expeditionen hierher erlahmen, ausgenommen die französische Herzog-von-Orléans-Expedition 1909. Erst ab 1912 setzten die Russen die Erforschung der Inseln fort.

1886-1930 Norwegische Fangexpeditionen
Während andere Nationen weniger Expeditionen nach Franz-Joseph-Land entsandten (bis 1930 30, davon fünf für Fang) und diese überwiegend zu wissenschaftlichen Zwecken, waren von den mindestens 116 norwegischen Fahrten dorthin bis 1930 bis auf fünf alle Fangexpeditionen, also mit dem

Ziel, Eisbären, Walrosse und Robben zu jagen. Aus der Zeit von 1860 bis 1890 fehlen vollständige Unterlagen, doch ist bekannt, daß in dieser Zeit mehrere nordnorwegische Fangboote Franz-Joseph-Land besuchten.

Kein anderes Land hat eine derart **kontinuierliche Tradition** von Fahrten nach Franz-Joseph-Land und wirtschaftlicher Aktivität in dieser Region bis zu ihrer Annektion und Sperrung durch die Sowjetunion aufzuweisen. Diese Sonderstellung Norwegens begründet sich aus der Nähe und der Bedeutung des Eismeerfanges für die nordnorwegische Bevölkerung, die im Gegensatz zu Nordrußland ihren Unterhalt zu einem sehr wesentlichen Teil aus Fischfang und Jagd im Eismeer bestritt. Entsprechend zahlreich standen hier die geeigneten Schiffe zur Verfügung und weit verbreitet war die erforderliche Erfahrung in der Küstenbevölkerung. Diese Kenntnisse nutzten auch die meisten der nicht-norwegischen westlichen Expeditionen nach Franz-Joseph-Land, die zur Unterstützung norwegische Schiffe und Seeleute in ihren Dienst nahmen - für die arme norwegische Küstenbevölkerung ein willkommener Zusatzverdienst.

1912-1915 Sedov ("St. Foka"), Brussilov ("St. Anna"), Isljamow ("Hertha"), "Andromeda"

1912 brach der russische Leutnant **Sedov** mit der "St. Foka" zu einer russischen Nordpolexpedition auf, mußte jedoch wegen schlechter Eisverhältnisse bereits auf Nowaja Semlja erstmalig überwintern und erreichte 1913 bis zum Herbst nur die Hooker-Insel, wo das Fahrzeug erneut im Eis einer Bucht festlag. Sedov taufte diese Bucht wegen der geringen Eisbewegung während des Winters Tichaja (Stille Bucht) und nutzte dort die erneute Überwinterung für Forschungsarbeiten - damit unbewußt den Anstoß für die später erste sowjetische Station liefernd.

Im Frühjahr 1914 brach Sedov dann mit zwei weiteren Männern auf, erreichte jedoch nur die Rudolf-Insel, wo er an Erschöpfung starb. Sein Grab mit Resten der von seinen Begleitern darübergelegten und eigentlich zur Aufrichtung auf dem Nordpol vorgesehenen zaristischen Flagge wurde erst 1938 von sowjetischen Wissenschaftlern wiederentdeckt. Das Expeditionsschiff schaffte mit den letzten Kohlevorräten die Fahrt bis Kap Flora, wo als Brennstoff für die Rückreise dort stehende Gebäude und alle entbehrlichen Holzteile des Schiffes abgerissen wurden.

Bei der Ankunft am Kap Flora stieß die "St. Foka" auf die letzten zwei Überlebenden der Brussilov-Expedition. Auf dem Rückweg nach Murmansk passierte die Expedition in dichtem Nebel unbemerkt ein anderes russisches Schiff, das auf der Suche nach ihnen war, auf Kap Flora aber nur die Meldung von ihrer Abreise vorfand.

Kapitän **Isljamov** der "Hertha" hißte 1914 am Kap Flora die russische Flagge - ein erster Ansatz künftiger Gebietsansprüche.

Der russische Leutnant **Brussilov** war mit seinem Schiff "St. Anna" ebenfalls 1912 aufgebrochen, um Fangmöglichkeiten im hohen Norden zu untersuchen, dabei jedoch bereits in der Karasee eingefroren und dann mit dem Eis an Nowaja Semlja vorbei durch zwei Polarwinter (1912/13 und 1913/14) und den Sommer 1913 hindurch bis nördlich von Franz-Joseph-Land auf 83 Grad Nord abgedriftet worden, ohne sich aus der Umklammerung des Eises befreien zu können. In dieser hoffnungslosen Situation wurden 14 Mann ausgeschickt, um sich nach Franz-Joseph-Land durchzuschlagen. Nur zwei von ihnen erreichten schließlich zu Fuß und per mitgenommenen Kajaks Kap Flora. Die anderen aus der Gruppe, das Schiff und der Rest der Expedition Brussilovs blieben verschollen. Die zur Suche 1915 ausgesandte "Andromeda" konnte trotz mehrfacher Versuche nicht durch das Eis nach Franz-Joseph-Land vordringen.

Einschließlich der östlich von Nowaja Semlja verschollenen Rusanow/"Hercules"-Expedition waren damit gleich drei 1912 ausgelaufene russische Arktisfahrten tragisch gescheitert. Danach beendete der Erste Weltkrieg und die nachfolgenden Revolutionsprobleme russische Aktivitäten im Bereich der Inselgruppe bis 1923.

1923-27 "Persej", "Sarnitza"

Das russische Forschungsschiff "Persej" besuchte die Inselgruppe 1923 und 1926, die "Sarnitza" 1927.

1926 Sowjetische Ansprüche

Bis zum Jahr 1926 galt Franz-Joseph-Land allgemein als "**terra nullius**", Niemandsland, wo alle gleichermaßen ihren Aktivitäten nachgehen konnten. Angesichts der offiziellen Entdeckung durch Österreich-Ungarn, internationaler Forschungsaktivität und einer überwältigenden norwegischen Dominanz bei der Nutzung des Archipels, hatte die Sowjetunion keinen völkerrechtlich plausiblen Anspruch auf die Inselgruppe, wohl aber möglicherweise bittere Gefühle hinsichtlich ihres Ausschlusses bei den Verhandlungen über Spitzbergen.

Am 15. April 1926 veröffentlichte die UdSSR ein **Dekret**, daß alle Gebiete im Nordpolsektor nördlich der russischen Küste zum sowjetischen Hoheitsgebiet gehörten. Dieses Dekret blieb zunächst ohne praktische Auswirkung und selbst auf den amtlichen sowjetischen Karten von 1926 und 1928 wurde Franz-Joseph-Land nicht als zur Sowjetunion gehörig gekennzeichnet oder gefärbt. 1928 wurden sowjetische Pläne bekannt, auf Nowaja Semlja und Franz-Joseph-Land permanent besetzte Stationen einzurichten. Die norwegische Regierung protestierte 1928 offiziell in Moskau gegen das einseitige Annektionsdekret.

1928 "Hobby", "Vesleskari", "Sedov", "Krassin"
Im Rahmen der **Suche nach Überlebenden der "Italia"- und "Latham"-Katastrophe** wurde auch Franz-Joseph-Land angelaufen. Das Forschungsschiff "**Hobby**" der Amerikanerin Louise A. Boyd unter Leitung von Riiser-Larsen besuchte während der Suche die Victoria-Insel, die Alexander-Insel und Kap Flora, wo Material für eine neue Hütte als Ersatz der stark beschädigten alten Hütten an Land gebracht wurde. Die Arbeiten mußten jedoch wegen schlechten Wetters abgebrochen werden, und die "Hobby" zog sich nach Eira Hafen zurück, wo ein Motorschaden repariert wurde.

Die "**Vesleskari**" nahm ebenfalls an der Suche von Kap Harmsworth (Alexander-Insel) über die Victoria-Insel bis nach Spitzbergen teil, wobei gleichzeitig erfolgreich Jagd auf Eisbären und Walrosse gemacht wurde.

Auf russischer Seite beteiligten sich die neuen Eisbrecher "**Georgii Sedov**" (gleichzeitig Jagd auf Eisbären) und "**Krassin**" an der Suche im Bereich von Franz-Joseph-Land. Nach der Bergung von Teilen der Nobile-Expedition östlich Svalbards setzte die "Krassin" eine Gruppe auf Kap Neale (Prinz-Georgs-Insel) an Land, die dort ein Depot für 15 Personen mit Waffen und Vorräten für sechs Monate einrichtete. Das Land wurde im Namen der Sowjetunion annektiert, wobei in der sowjetischen Literatur hierfür mühsam Rechtfertigungen herbeigezogen werden, etwa die "theoretische Entdeckung" der Inselgruppe durch den Wissenschaftler Krapotkin, der schon 1870 (drei Jahre vor Payer-Weyprecht) aufgrund der Eisdriftverhältnisse in der Barentssee die Existenz von Land im Bereich des Franz-Joseph-Landes vermutete.

1929
Neben einigen **norwegischen Fangbooten** waren auch zwei **norwegische** und eine **schwedische Forschungsexpedition** nach Franz-Joseph-Land unterwegs, wegen schwieriger Eisverhältnisse konnte jedoch keines der Schiffe die Inseln erreichen.

Die UdSSR hingegen verfügte über Eisbrecher und entsandte die "**Georgii Sedov**", die den Eisgürtel durchbrach und auf der Hooker-Insel in der Tichajabucht eine **meteorologische Forschungsstation** samt sieben Überwinterern (darunter der Funker Krenkel) absetzte - genau dort, wo bereits vor 15 Jahren ihr Namenspatron Sedov, vom Eis eingeschlossen, überwintert und Forschung betrieben hatte. Die Station wurde seitdem ununterbrochen bis weit nach dem Zweiten Weltkrieg (bis 1963) genutzt.

1930 Sowjetische Sperrung der Inselgruppe
Um ihren Anspruch auf die arktischen Gebiete zu unterstreichen, setzte die UdSSR ein Patrouillenschiff in Franz-Joseph-Land ein, das norwegische Fangboote aufbrachte und erst entließ, nachdem die Schiffsführer eine Erklärung unterzeichnet hatten, nie wieder in diesen Gewässern auf Fang zu fahren.

Gleichzeitig besuchte eine Expedition von Norges Svalbard- og Ishavsundersøkelser (NSIU) mit dem Fahrzeug "**Bratvåg**" den Archipel unter der Leitung des Geologen **Dr. Gunnar Horn**, dazu ein Zoologe und ein Botaniker. Auf der Hinfahrt entdeckten sie auf Kvitøya die Überreste der Andrée-Expedition. Auf der Victoria-Insel entluden sie Baumaterial für eine Hütte, eine weitere Hütte wurde auf Kap Forbes am Nightingalesund errichtet, anschließend verschiedene andere Inseln besucht und überall Proben gesammelt.

Der Anlaß dieser Expedition war sicherlich nicht ausschließlich Forscherdrang - vor 1929 hatte es keinerlei norwegische Forschungsexpeditionen nach Franz-Joseph-Land gegeben -, sondern gewiß stand dahinter auch die Absicht, den sowjetischen Annexions- und Etablierungsbestrebungen ein Gegengewicht entgegensetzen zu können. Doch mit dieser Expedition endeten westlichen Fahrten zu der Inselgruppe für die nächsten 60 Jahre.

1931 Lufterkundung
Mit den deutschen **Zeppelinen** stand erstmals ein Verkehrsmittel zur Verfügung, das eine systematische Erforschung abgelegenster Gebiete mit längeren Flugzeiten, der Möglichkeit des Verharrens über Positionen und auch der Landung auf dem Wasser ermöglichte, den späteren Hubschrauber vorwegnehmend. Die internationale Vereinigung "**Aeroarctic**", auf Vorschlägen des deutschen Hauptmanns Bruns von 1924 zu transpolarem Flugverkehr basierend und mit Nansen als erstem Präsident, trieb entsprechende Projekte zur Nutzung von Luftfahrzeugen in der Arktis voran.

In einer russisch-deutschen Gemeinschaftsexpedition (unter anderem dabei Samoilowitsch, Molchanov, Ellsworth) landete daher das Luftschiff LZ 127 "Graf Zeppelin" im Juli 1931 nach 2.600 km Nonstopfluges vor Tichaja und tauschte mit dem russischen Eisbrecher "Malygin", auf dem sich auch Nobile befand, der noch immer auf der Suche nach den Vermißten seiner 1927 gescheiterten "Italia"-Polexpedition war, Luftpost aus.

Die völlig neuen Möglichkeiten dieses Transportmittels spiegelten sich in den Zahlen: Vergleichsweise komfortabel (bis hin zum Kabinensteward) transportierte das riesige Luftschiff Forschungsausrüstung (unter anderem ein automatisches Reihen-Luftbildgerät, von Molchanow entwickelte Funk-Ballonsonden) und 46 Menschen (32 Besatzungsmitglieder einschließlich Kapitän Eckener und dem später berühmt gewordenen russischen Funker Krenkel sowie das wissenschaftliche Team mit neun Deutschen, vier Russen, zwei US-Amerikanern und einem Schweden) in bisher unerreicht kurzer Zeit über riesige Distanzen. Nach der Zwischenlandung überflog LZ 127 den gesamten Archipel, wodurch erstmals die richtigen Ausmaße der Alexander-Insel erkannt wurden und zwei angeblich nordöstlich davon gelegene Inseln von der Karte gestrichen werden konnten.

Diese erfolgreiche Fahrt, die zu östlicheren Zielen fortgesetzt wurde, stimulierte das sowjetische Interesse am Einsatz von Luftfahrzeugen für die Erforschung und Nutzung ihrer endlosen arktischen Weiten erheblich, nach dem Unglück im amerikanischen Lakehurst allerdings nicht mit Zeppelinen.

Unter anderem wurden auf der Hooker-Insel in Tichaja kleine Flugzeuge zur Eisbeobachtung eingesetzt, woran noch einige Wracks erinnern.

1932/33 II. Geophysikalisches Jahr
Anläßlich des internationalen Geophysikalischen Jahres 1932/33 erweiterte die Sowjetunion ihren Einsatz auf Franz-Joseph-Land erheblich. So wurde die **Tichaja-Station** ausgebaut und dort erstmals Ballon-Radiosonden zur Erforschung der Atmosphäre eingesetzt. Selbst auf der **Rudolf-Insel** als dem nördlichsten Punkt der Sowjetunion wurde eine dauernd besetzte Station eingerichtet.

1937 Stützpunkt für Polarflieger
Die zunehmende Nutzung von Flugzeugen in der sowjetischen Polarforschung führte zur Ausstattung der **Rudolf-Insel** mit einem **provisorischen Landefeld**. Von hier aus starteten am 21. Mai 1937 vier große Transportmaschinen zu ihrem erfolgreichen Flug zum Nordpol mit Landung und zurück, wobei die bemannte (Papanin, Krenkel, Fjodorow, Schirschow) sowjetische Station Nordpol 1 auf dem treibenden und etwa 3 m dicken Eis eingerichtet wurde. Neben Forschungsaufgaben (Meteorologie, Eisdrift, Hydrologie) diente sie sowjetischen Polarfliegern als Funk- und Peilstation, etwa beim ersten Nonstopflug einer ANT 25 mit den Piloten Tschkalow, Baidukow und Beljakow von Moskau nach Vancouver vom

16.-18. Juni 1937. Auch für Tichaja endete mit Aufkommen der sowjetischen Polarfliegerei die winterliche Isolation.

1943/44 Militärwetterstationen
Wie in anderen arktischen Gebieten, insbesondere Svalbard, etablierte die **deutsche Wehrmacht** sogar auf Franz-Joseph-Land eine **Wetterstation**, deren acht Mann Besatzung am 21.9.1943 durch ein U-Boot im Norden der Alexander-Insel in der Cambridgebucht abgesetzt wurden und dort die Station mit Außenlagern und Verteidigungseinrichtungen (Minen etc.) aufbauten. Durch trichinöses Eisbärenfleisch erkrankte die Besatzung bis auf einen Vegetarier so ernst, daß sie schließlich durch ein Flugzeug gerettet werden mußte, das auf abenteuerlichste Art und Weise auf dem nahegelegenen Gletscher landete und am 10.7.1944 wieder startete. Durch die Erkrankung konnte die Besatzung die Umgebung kaum erkunden, so daß nichts über die Verhältnisse in der Inselgruppe bekannt wurde.

Bezeichnend für die extremen Bedingungen im Archipel ist, daß nur 100 km von der deutschen Station entfernt die sowjetische Tichaja-Station den ganzen Krieg über weiterarbeitete, ohne daß es zu gegenseitigen Störungen oder sonstigen Kontakten kam. Die deutsche Mannschaft wurde nicht wieder ersetzt, und die Einrichtung einer automatischen Station durch ein U-Boot scheiterte am Eis um die Insel. Lange nach Kriegsende wurde die Station durch eine sowjetische Expedition zerstört.

Für Gerüchte über eine heimliche deutsche U-Boot-Basis auf Franz-Joseph-Land während des Krieges konnte ich bisher keinerlei Bestätigung finden; eventuell handelt es sich dabei um eine Verwechslung mit dem U-Boot-Einsatz für die Wetterstation.

Kalter Krieg: Mit dem Ost-West-Konflikt und gleichzeitig sich ständig verbessernder Technologie auch in der Arktis lag es für die Sowjetunion nahe, Franz-Joseph-Land in die militärischen Anstrengungen als weit vorgeschobenen, nördlichsten Vorposten einzubeziehen. Auf der Inselgruppe bestanden und bestehen daher verschiedene militärische Stützpunkte bzw. Forschungseinrichtungen, die gleichzeitig dem Militär dien(t)en. Hierzu gehört etwa die **Basis Nagurskoe auf der Alexander-Insel** mit gutem Flugfeld - in der Nähe der früheren deutschen Station während des Krieges. Zu nennen ist auch eine Basis auf der Graham-Bell-Insel. Für die Natur in der Umgebung der verschiedenen Stützpunkte war die militärische Nutzung eine Katastrophe, denn im Alltag der Roten Armee war Umweltbewußtsein ein Fremdwort, weitgehend ist es das sogar heute noch.

1957/58 III. Geophysikalisches Jahr
Auch zu diesem internationalen Anlaß erfuhr die sowjetische Forschung in Franz-Joseph-Land einen neuen Auftrieb, zu nennen sind etwa gletscherkundliche Arbeiten in Tichaja (Messung von Gletscherbewegungen, Massenbilanzen, Gletscherbohrungen). Damit näherte sich die Station allerdings ihrem vorläufigen Ende, denn 1963 wurde die beträchtliche Anlage (ca. 20 Gebäude, Meßstationen, Flugzeughangar, Fernmeldeeinrichtungen und die üblichen Massen von verrostenden Fässern, Wracks und sonstiger Müll) aufgegeben und steht heute unter Denkmalschutz. Neu errichtet wurde dafür zum Geophysikalischen Jahr die **Krenkel-Station auf der Hayes- bzw. Chejsa-Insel**, die bis heute in Betrieb ist und neben meteorologischer Datenerhebung in der Atmosphären- und Klimaforschung aktiv ist. Bis zu 50 Personen überwintern hier, zur Station gehört eine Landebahn für den Winter.

1990
Seit 1990 dürfen erstmalig wieder **westliche Besucher** nach Franz-Joseph-Land - zunächst nur Forscher als Mitglieder von russischen Expeditionen. So besuchte 1990 eine norwegische Historikergruppe (unter anderem Susan Barr) die Inseln und erkundete dort die wichtigsten mit der norwegischen Arktisforschung verbundenen historischen Stätten (Nansens und Jacksons Überwinterungslager u.a.). Außerdem wurde ein Abkommen zur Einrichtung einer sowjetisch-norwegischen Sommerstation geschlossen.

1991
In einem Gemeinschaftsprojekt richteten sowjetische, polnische und norwegische (Norsk Polarinstitutt) Forscher auf der Hooker-Insel in der Tichajabucht eine gemeinsame Forschungsstation (**SovNorPol-Basen**) ein, teilweise in den alten Gebäuden der bis 1963 betriebenen Wetterstation, dazu kamen einige zusätzliche Hütten aus Fertigteilen. Unter anderem sollten Walrosse mit Sendern versehen werden, was jedoch nur bei einem Tier gelang. Ein Vorteil dieses Standortes ist, daß hier auf die längsten Klimaregistrierungen in Franz-Joseph-Land zurückgegriffen werden kann, beginnend mit Sedov 1913/14 und dann von 1929-1963. Die Station soll auch in den nächsten Sommern genutzt werden. **Touristische Fahrten** nach Franz-Joseph-Land wurden erstmals 1991 von Rußland aus auf gecharterten russischen konventionellen Forschungsschiffen und auf russischen Atomeisbrechern (DM 35.000 für drei Wochen) angeboten.

Als erstes westliches Schiff erhielt 1991 die "**Dagmar Åen**" mit der internationalen **"Icesail"-Expedition** die Genehmigung, im Rahmen ihrer dreijährigen Fahrt rund um den Nordpol auch Franz-Joseph-Land anzulaufen. Ansonsten wurde westlichen Schiffen bisher der Zugang verweigert, die Russen verchartern lieber ihre eigenen Schiffe gegen Devisen.

Als erschreckend wird von fast allen westlichen Besuchern das Ausmaß an **Rücksichtslosigkeit gegenüber der empfindlichen arktischen Natur** in der Umgebung russischer Einrichtungen empfunden: Da rinnt Treibstoff aus undichten Leitungen oder beim Tanken in Boden und Gewässer, wird der Schrott und Müll vom Flugzeugwrack bis zur Schmieröldose achtlos in die Umgebung geworfen und wird mit Fahrzeugen auch im Sommer im aufgetauten Gelände gefahren, tiefe Spuren hinterlassend, die hier noch in 50 Jahren fast frisch aussehen werden. Jeder sieht es, etliche finden es schlimm, aber kaum einer tut auch nur das Geringste dagegen: 70 Jahre bürokratische Führung von oben und ein um Jahrzehnte zurückliegendes Umweltbewußtsein werden hier deutlich. Es ist zu hoffen, daß Kritik durch die Touristen und russisches Interesse an Deviseneinnahmen aus dem Tourismus hier ein Umdenken stimulieren - zugunsten der geschundenen arktischen Natur.

Alles ist jedoch relativ: Angesichts der wachsenden Kenntnis darüber, wie die ehemalige Sowjetunion schiffeweise Nuklearmüll ohne besondere Schutzmaßnahmen einfach im Eismeer versenkte, ist Franz-Joseph-Land noch glimpflich davongekommen, ganz im Gegensatz etwa zum Südteil Nowaja Semljas, wo vor allem an der Ostseite auf entsprechenden Karten von Greenpeace ein Atommüllplatz neben dem anderen verzeichnet ist. Insofern ist Franz-Joseph-Land noch ein relativ unbelastetes Gebiet.

1993 Zukunft, Tourismus

Die Zahl der Angebote touristischer Fahrten nach Franz-Joseph-Land hat stark zugenommen. Neben 1-2 Anläufen mit den riesigen russischen Atomeisbrechern werden **Studienfahrten** mit kleineren, modernen russischen Forschungsschiffen angeboten, die jeweils ca. 36 Passagiere aufnehmen (Touristen und einige Forscher), dazu einen naturwissenschaftlichen Lektor. Einige dieser Fahrten kombinieren Spitzbergen und Franz-Joseph-Land miteinander, beginnend und endend in Longyearbyen, und stellen so wieder ein wenig die frühere Verbindung zwischen beiden Inselgruppen her.

Andere dieser Arrangements steuern Franz-Joseph-Land von Murmansk aus an, schließen dafür aber auch Nowaja Semlja und die Waigatsch-Insel ein. Angesichts der unübersichtlichen politischen und wirtschaftlichen Lage in Rußland können bei diesen Fahrten Störungen oder Änderungen natürlich nicht ausgeschlossen werden, hinzu kommen die schwer vorhersehbaren Eisverhältnisse dieser hocharktischen Ziele. Andererseits gehört all dies letztlich auch zu derartigen Pionierreisen. Für

Individualreisende gibt es bisher keine Möglichkeit, Franz-Joseph-Land zu besuchen - weder Transporte noch Genehmigungen. Es gab 1993 erstmals auch Flug-Studienreisen (mit Hubschraubern) nach Franz-Joseph-Land, kombiniert mit anderen russischen Arktisgebieten.

Einen **Tourismusboom** wird es in Franz-Joseph-Land allerdings wohl kaum geben, wenn auch offenbar manche Beteiligte in Rußland dieses erhoffen. Derzeit ist ein großer Anreiz noch das Exotische, das diesen Inseln nach 60 Jahren Abschottung anhaftet und das mit verbesserter Zugänglichkeit in den nächsten Jahren zusätzliche Besucher anziehen wird.

Landschaftlich haben die Inseln durch ihre Basaltformationen zwar einen eigentümlichen Reiz, aber längst nicht die spektakuläre Vielfalt wie Spitzbergen, so daß sie nach Erlöschen des touristischen "Pionierinteresses" wohl primär ein Ziel für den engen Kreis der eingeschworenen Arktisfreunde sein werden. Für diese kleine Gruppe lohnt sich der Aufbau einer speziellen touristischen Infrastruktur kaum. Falls hier nicht aus übersteigerten Erwartungen durch Fehlinvestitionen unrentable, aber dann immerhin vorhandene touristische Einrichtungen geschaffen werden, ist daher zu erwarten, daß der künftige Franz-Joseph-Land-Tourismus noch ausschließlicher als in Spitzbergen und in wesentlich geringeren Zahlen ein **Schiffstourismus** sein wird - längere Studienreisen per Schiff oder Eisbrecherfahrten, ähnlich dem bereits entstandenen Angebot. Diese von einem relativ anspruchsvollen Publikum geprägten Reiseformen können sogar zum Nutzen der Umwelt in der Inselgruppe sein, da von diesen Reisenden erhebliche Kritik an den katastrophalen Zuständen um die Stationen zu erwarten ist, so daß Rußland dort etwas ändern muß, wenn durch den Tourismus Einnahmen erzielt werden sollen.

Zunächst scheint sich aber eine typischere Lösung ganz im alten Stil abzuzeichnen: Man versucht Kritik zu verhindern, indem man Touristen möglichst um die geschädigten Gebiete herumlotst - wer nichts zu sehen bekommt, wird schon auch nicht protestieren und derartige Tarnaktionen haben im Ursprungsland der "Potemkinschen Dörfer" Tradition. Der Besucher sollte sich hier nicht so einfach abspeisen lassen, sondern einen Kompromiß zwischen deutlichem und kritischem Nachfragen einerseits, aber auch dem Vermeiden nutzlosen und überheblichen "Besserwessitums" andererseits suchen.

Solcher Schiffstourismus läßt sich relativ leicht im Interesse der Umwelt steuern und überwachen, und die Umweltbelastung durch moderne Schiffe mit Kläranlage, Müllsammlung etc. ist sehr gering.

Ein spezielles Problem freilich bleibt: die **rücksichtslosen Souvenirjäger**. Leider gibt es Zeitgenossen, die dem Diebstahl von Kulturgut nicht widerstehen können, und in einem so menschenleeren Land ist schon eine leere Patronenhülse, ein Stück Holz mit Bearbeitungsspuren o.ä. ein charakteristisches Zeugnis früherer Zeiten, von denen es hier nur sehr wenige gibt, die aber gerade deshalb zu den Attraktionen einer Franz-Joseph-Land-Reise gehören. Der Tourismus hat hier kaum begonnen, und schon ist ein beunruhigender Schwund an solchen Zeitzeugnissen zu beobachten, die vorher teilweise 100 Jahre überstanden haben und entweder allgemein zugänglich in ein Museum gehören oder ebenfalls allgemein zugänglich an ihren Platz in der Inselgruppe, aber nicht weltweit verstreut in die Souvenirsammlungen, die irgendwann dann spätestens von den Erben weggeworfen werden. Hier ist jeder Besucher aufgefordert, seinen Sammlerdrang zurückzuhalten und im Interesse der Erhaltung der Denkmäler auf eventuell vorhandene schwarze Schafe in der Gruppe einzuwirken.

Angebote für **Gruppenreisen** findet man eventuell in einem größeren Reisebüro oder ansonsten bei Spitsbergen Tours Andreas Umbreit.

Die Inseln

Interessante Punkte in Franz-Joseph-Land

Verglichen mit anderen Regionen ist menschliche Aktivität in Franz-Joseph-Land unbedeutend. Dennoch sind viele dieser geringen und oft noch nicht alten Hinweise auf menschliche Anwesenheit interessant, weil hinter ihnen oft außergewöhnliche Einzelschicksale, tiefe Niederlagen und Triumphe des Willens und des Verstandes stecken, Emotionen mit ihnen verbunden sind.

Um dem Reisenden in Franz-Joseph-Land den Überblick zu erleichtern, folgt hier eine Liste, in der interessante Punkte nach Inseln sortiert aufgelistet sind. Weitere Informationen zu den einzelnen Punkten finden Sie dann teilweise im Abschnitt zur Geschichte des Archipels.

Alexander-Insel: Überreste einer **deutschen Militär-Wetterstation** von 1943/44 in der Cambridgebucht, Außendepots bis Kap Nimrod. In der gleichen Gegend befindet sich heute die russische **Militärbasis Nagurskoe** mit Treibstofflager und großer Landebahn auch für schwere Transportflugzeuge.

Alger-Insel: 1902 errichtet die Baldwin-Ziegler-Expedition hier **Camp Ziegler** mit zwei Hütten, das auch 1904/05 von der Fiala-Ziegler-Expedition zur Überwinterung genutzt wird. Heute sind nur noch Fragmente zu sehen.

Bell-Insel: 1880 Besuch durch **B.L. Smith**, der am Eira Hafen eine Hütte baut. Erneut unter anderem 1928 durch Miss Boyds Schiff "**Hobby**" besucht, um hier Maschinenschaden zu reparieren. Die Hütte ist noch intakt, aber völlig leer.

Chejsa-Insel (Hayes-Insel): An einem alten **Meteoritenkrater** liegt seit 1958 die russische **Krenkel-Forschungsstation**, die vor allem Atmosphärenforschung betreibt (Startanlage für Forschungsraketen). Kleine Landebahn für winterliche Nutzung durch kleine Flugzeuge.

Prinz-Georg-Insel: 1928 landete die "**Krassin**" hier Baumaterial und Ausrüstung für eine Überwinterungshütte am Kap Neale an.

Graham-Bell-Insel: **Russischer Luftwaffenstützpunkt** mit großem Treibstofflager und Helikopterbasis.

Hall-Insel: 1898 versetzte Wellmann Jacksons Stationsgebäude **Elmwood** von Kap Flora/Northbrook-Insel auf das Kap Tegetthoff und überwinterte hier vor seinem Versuch einer Nordpolbezwingung 1899.

Hayes-Insel: ☞ Chejsa-Insel (Krenkel Station).

Hooker- (Gukera-) Insel: In der Tichajabucht an der Nordwestküste wurde **Georgii Sedov** 1913 vom Eis festgehalten und überwinterte hier bis 1914. 1929 errichtete die "Georgii Sedov" in der Bucht die erste dauerhaft besetzte **Forschungsstation** des Archipels, die 1963 aufgegeben wurde und von der noch ca. 20 vereiste Gebäude, der Hangar, Meßeinrichtungen, Flugzeug- und andere Wracks sowie Massen von Müll und Fahrspuren vorhanden sind. Da die Besatzung bei Kriegsausbruch nicht mehr abgeholt werden konnte, setzte sie ihre Arbeit während des Krieges fort.

1991 wurden zwei der alten Stationsgebäude und einige neue Hütten als russisch-norwegisch-polnische Gemeinschaftsstation wieder hergerichtet und über den Sommer benutzt; dies soll auch in den kommenden Jahren im Sommer fortgesetzt werden.

Hvidtenland: Die vier kleinen nordöstlichsten Inseln des Archipels, wo Nansen und Johansen 1895 Franz-Joseph-Land, zu Fuß von der "Fram" kommend, erreichten.

Jackson-Insel: Am Kap Norge überwinterten Nansen und Johansen 1895/96 in einem primitiven Unterschlupf, nachdem sie die "Fram"

 Die Bell-Insel ☞

verlassen, bei Hvidtenland den Archipel erreicht und sich bis hierher durchgeschlagen hatten. Von hier zogen sie 1896 weiter bis Kap Flora. Vom Unterschlupf sind die moosüberwachsenen und zusammengestürzten Mauern noch als kleine Wälle erkennbar.

Northbrook-Insel: 1881 wurde die Yacht "**Eira**" des Engländers Smith vor der Insel zerdrückt, alle 25 Besatzungsmitglieder retteten sich mit geringer Ausrüstung zum Kap Flora und überwinterten in einem Unterstand.

Die **Jackson-Harmsworth-Expedition** errichtete 1894-97 ein solides Winterquartier mit mehreren Hütten, Elmwood, auf Kap Flora. 1896 fand in seiner Nähe die berühmte zufällige Begegnung Jacksons und Nansens ("You must be Nansen") statt, nachdem Nansen und Johansen den ganzen Archipel, von der "Fram" kommend, durchquert und dabei überwintert hatten. Ein Teil der Bauten von Elmwood wurde 1898 durch Wellmann abgebaut und auf die Hall-Insel versetzt.

Ein Obelisk erinnert an die Namen der Verschollenen beim Versuch **Umberto Cagnis**, den Nordpol 1900 zu erreichen.

Die **Fiala-Ziegler-Expedition** errichtete 1903-05 eine Hütte, ein Teil ihrer Mitglieder überwinterte hier 1904/05. 1914 riß die Sedov-Expedition einige Gebäude am Kap Flora ab, als Brennstoff für die Rückreise.

Die "Hobby" brachte Baumaterial 1928 für eine neue Hütte; die Bauarbeiten mußten jedoch abgebrochen werden.

Rudolf-Insel (nördlichste Insel des Archipels): **Payer** erreicht 1874 Kap Fligely mit seiner Gruppe als nördlichsten Punkt des Archipels, Errichtung eines Steinmanns mit Nachricht.

Der **Herzog von Abruzzen** erreicht 1899/1900 die Teplitzbucht mit der "**Stella Polare**" und baut ein Überwinterungsquartier. Der Vorstoß seines Stellvertreters Cagni zum Nordpol scheitert bei 86 Grad 34 Minuten. Drei Mann einer Unterstützungsgruppe bleiben verschollen. 1902 errichtet die **Baldwin-Ziegler-Expedition** ein Depot.

Die **Fiala-Ziegler-Expedition** überwintert 1903-05 in der Teplitzbucht, ihr Schiff wird vom Eis zerdrückt. Ein Teil der Expedition überwintert hier auch in der Hütte im Winter 1904/05. Alle Versuche, den Nordpol zu erreichen, scheitern schon bei 82 Grad Nord. Wichtige kartographische Arbeit. Das Expeditionsmitglied Myhre wurde auf der Insel begraben.

1914 stirbt **Georgii Sedov** auf der Insel an Überanstrengung und wird hier begraben.

Während des II. Geophysikalischen Jahres (1932/33) eröffnete die Sowjetunion eine **meteorologische Station** in der Teplitzbucht, die vor dem Zweiten Weltkrieg eine zusätzliche Bedeutung als Zwischenbasis,

Funk- und Peilstation bei sowjetischen Flugaktivitäten in der Arktis erhielt. Hierfür wurde die Station mit einem Behelfsflugplatz ausgestattet, auf dem während der Drift der Nordpolstation Nordpol 1 Versorgungsflugzeuge in Bereitschaft standen, nachdem auch die Besatzung der Nordpol 1 von hier aus 1937 zum Pol geflogen war.

Die geophysikalische Station von 1933 wurde inzwischen aufgegeben und verfällt, zusammen mit Unmengen von Müll und einem Flugzeugwrack von 1938. Heute arbeitet eine neuere, kleine meteorologische Station mit ca. fünf Personen in der Teplitzbucht als Rußlands und Europas nördlichster Zivilisationspunkt.

Victoria-Insel: Von der UdSSR annektiert, zwischen Franz-Joseph-Land und Svalbard. Kleine Station.

1928 besuchen die "**Hobby**" und ein russischer Eisbrecher die Insel auf der Suche nach Nobile-Expedition. Eine norwegische Expedition errichtet 1930 eine Hütte. Auf der Insel befindet sich eine kleine russische Wetter- und Funkstation mit drei bis fünf Mann Besatzung.

Wilczek-Insel: 1873/74 wird die "**Admiral Tegetthoff**" vom Eis vor die Insel getrieben und dient dort als Überwinterungsbasis und Ausgangspunkt für die Touren durch die neuentdeckte Inselgruppe bis hinauf zur Rudolf-Insel. Beerdigung des Maschinisten Krisch 1874.

Wilczek-Land: Große Insel im Osten. 1898/99 sollen zwei Norweger als Depotwache der **Wellmann-Expedition** unter extrem primitiven Bedingungen auf Kap Heller überwintern; einer überlebt dieses, einer verstirbt und wird später hier beerdigt.

Literatur

Aufgrund der **sehr begrenzten westlichen Literatur** wurden hier neben deutschen und englischen auch norwegische Titel aufgenommen. Detaillierte Karten von Franz-Joseph-Land sind derzeit nicht erhältlich.

Bücher und Publikationsserien

Barr, Susan: "**Soviet-Norwegian Historical Expedition to Zemlya Frantsa Iosifa**", in: Polar Record 27 (163), Cambridge 1991.
Felden, Dietmar: **Ein Leben für die Arktis - Die Nordpolarexpeditionen von Rudolf Samoilowitsch**, VEB F.A. Brockhaus Verlag, Leipzig 1986.
Fuchs, Arved: **Abenteuer russische Arktis**, Köln, 1991.

Gjertz, Ian/Berit Mørkved: "**Environmental Studies from Franz Josef Land, with Emphasis on Tikhaia Bay, Hooker Island**", in: Norsk Polarinstitutt Meddeldser No. 120, Oslo 1992, 130 Seiten (ausführlichste westliche Darstellung neuerer Naturforschungsergebnisse der Inselgruppe).

Kohl-Larsen, Dr. L.: **Die Arktisfahrt des "Graf Zeppelin"**, Union Deutsche Verlagsgesellschaft, Berlin 1931.

Königliche Hoheit Herzog der Abruzzen Ludwig Amadeus von Savoyen: **Die Stella Polare im Eismeer. Erste italienische Nordpolexpedition 1899-1900**, F.A. Brockhaus Verlag, Leipzig 1903.

Krogh, R. von: "**Franz Josef Land**", in: Meddelelser fra Sjøfartskontoret, Oslo 1942 (Norwegisch).

Løno, Odd: **Norske fangstmenns overvintringer,** Del. III - 1892-1905, Oslo 1976 (Norwegisch).

Nansen, Fridtjof: **In Nacht und Eis**, Bde. 1-3, F.A. Brockhaus, Leipzig 1898, ca. 1.500 Seiten.

Pinegin, N.W.: **Aufzeichnungen eines Polarforschers**, Verlag Philipp Reclam Jun., Leipzig, Übersetzung aus dem Russischen (unter anderem Tagebuchaufzeichnungen der tragischen Sedow-Expedition 1912-14).

Samoilowitsch, Prof. R.: **SOS in der Arktis. Die Rettungsexpedition des "Krassin"**, Union deutsche Verlagsgesellschaft, Berlin.

Schacht, Ulrich/Jürgen Ritter: **Von Spitzbergen nach Franz-Joseph-Land**, Harenberg Edition, Die bibliophilen Taschenbücher 683, Dortmund 1993, 184 Seiten (Bildband und kurze poetische Reisebeschreibung). R, B

Selinger, Franz: "**Trikinosen på den tyske værstasjonen på Frans Josef Land under krigen**", in: Polarboken 1985-86, Oslo 1986.

Singer, F.J.: **Unsere Nordpolfahrer. Ein Wort an das Volk zur Feier der Rettung und Heimkehr der Helden des Tages**, Buchhandlung Singer, Wien 1874 (zeitgenössische Schrift zur Rückkehr der Payer-Weyprecht-Expedition).

Skrifter om Svalbard og Ishavet Nr. 73: Report on the activities of Norges Svalbard- og Ishavs-Undersøkelser 1927-1936, Oslo 1937.

Straub, Heinz: **Die Entdeckung des Franz-Joseph-Landes. K.u.k. Offiziere als Polarforscher**, Verlag Styria, Graz 1990 (zur Payer-Weyprecht-Expedition 1872-74).

Svalbardposten 37/91, Longyearbyen 1991 (Norwegisch).

Karten

Eine Übersicht im Maßstab 1:1.000.000 liefert die veraltete US-Militärkarte Zemlya Frantsa Iosifa 1301 Edition 2-AMS des Army Map Service (LU), Corps of Engineers, U.S. Army, von 1964, beruhend auf älteren Karten aus den fünfziger Jahren.

Jan Mayen

Natürliche Verhältnisse

Lage

Nicht viele der eingeschworenen Norwegenfans wissen, daß Norwegen neben Svalbard über einen weiteren arktischen Vorposten verfügt: die einsame Vulkaninsel Jan Mayen, rund 450 km vor der Ostküste Grönlands und 550 km nördlich von Island auf etwa 71 Grad nördlicher Breite gelegen. Obwohl damit nur genauso nördlich wie das nichtarktische norwegische Nordkap, befindet man sich auf Jan Mayen wegen des vom kalten Ost-Grönland-Strom geprägten Klimas bereits in der **Arktis**.

Geologische Entstehung

Geologisch unterscheidet sich die Insel stark von allen anderen norwegischen Territorien auf der Nordhalbkugel, denn sie ist nach erdgeschichtlichen Maßstäben sehr jung, ausschließlich **vulkanischen Ursprungs** und Norwegens einziger **aktiver arktischer Vulkan** - insgesamt also große Ähnlichkeiten mit den geologischen Verhältnissen Islands. Tatsächlich verdanken beide Inseln ihre Existenz denselben geologischen Vorgängen: Der Atlantische Ozean entstand als Tiefseebecken erst im Verlauf der letzten 200 Mio Jahre, indem der frühere Superkontinent **Pangaea** des Perms in mehrere Platten zerbrach, die, auf dem flüssigen Erdinneren schwimmend, sich auseinanderzubewegen begannen. So öffnete sich über die Jahrmillionen zwischen Eurasien und Afrika auf der einen und Nord- und Südamerika auf der anderen Seite der Atlantik, während in anderen Teilen der Erde bis heute noch die Platten aufeinander zutreiben, entsprechend Meeresboden verschwindet, indem etwa an der amerikanischen Westküste der Pazifikboden sich unter die amerikanische Platte schiebt und im flüssigen Erdinneren verschwindet.

In der **Tiefe** des sich immer mehr verbreiternden und vom Meer gefüllten atlantischen Beckens drang und dringt noch immer **Magma** aus dem flüssigen Erdinneren durch die sich öffnenden Spalten nach oben und führte zur Bildung eines unterseeischen Gebirgsrückens, der den ganzen Atlantik von Norden nach Süden durchzieht, und der sich noch heute weiter ausdehnt.

An der Oberfläche bekommt man von dem unterseeischen Vulkanismus kaum etwas mit. Nur an einzelnen, z.B. besonders aktiven Stellen durchbrechen die Vulkane die Meeresoberfläche und bilden Inseln (vom Südpolarmeer nach Norden: Bouvet-Insel, ebenfalls norwegisch; Tristan da Cunha; St. Helena; Ascension; St. Paul; Azoren; Island und schließlich als nördlichste Jan Mayen). Wobei im Bereich Jan Mayens sich Grönland und Skandinavien nicht nur auseinanderbewegen, sondern Grönland zusätzlich auch schneller nordwärts driftet als Eurasien, so daß die Platten außerdem gegeneinander verschoben werden.

Gestalt der Insel

Der Bereich des heutigen Jan Mayens entstand durch die Auseinanderbewegung der Platten und den damit verbundenen Vulkanismus während der letzten 30 Mio Jahre, also seit dem **Tertiär**. In dieser langen Zeit wuchs die Insel durch wiederholte Vulkanausbrüche aus einer Meerestiefe von bis zu 3.000 m in der Umgebung Jan Mayens zu ihrer heutigen Größe von knapp 380 km² über der Meeresoberfläche empor, überragt von ihrem imposanten Wahrzeichen, dem 2.277 m hohen, gletscherbedeckten, formschönen Vulkankegel des Beerenberges. Die Insel, 56,3 km lang und bis zu 15,8 km breit, ist in nordost-südwestlicher Richtung langgestreckt und keulenförmig und zerfällt beinahe in zwei recht unterschiedliche, aber etwa gleich lange Teile, die als Nord-Jan und Sør-Jan (Süd-Jan) bezeichnet werden.

Nord-Jan, gewissermaßen der dicke Keulenkopf der Insel, wird weitgehend vom eindrucksvollen **Beerenberg** beherrscht, der in der Mitte Nord-Jans aufragt und nach allen Seiten seine erstarrten Lavaströme vom Zentralkrater hinabschickte, die heute größtenteils durch Gletscher bedeckt sind - rund 20 Gletscherströme gleiten über die Flanken des Beerenberges abwärts, von denen fünf derzeit bis ins Meer abbrechen.

Da sich die Insel verhältnismäßig steil aus dem Meer erhebt und frisch erstarrte Lava nicht extrem widerstandsfähig ist, nagt die Brandung an den meisten **Küsten** Nord-Jans, entsprechend steil stürzen diese ins Meer und nur in wenigen Buchten gibt es einen kleinen Strandsaum. Nord-Jan ist der **vulkanisch aktive Teil der Insel** - die jüngsten Ausbrüche fanden alle am Nordende Nord-Jans statt, während sich im Zentralkrater nicht viel tat. Weitere leichte Aktivität läßt sich auf der mit Nord-Jan durch eine flache Strandebene verbundene **Eggøya** (Eier-Insel) an der Südostküste Nord-Jans beobachten, aus der Dämpfe aufsteigen.

Nord-Jan erhebt sich erst seit maximal 2 Mio Jahren über den heutigen Meeresspiegel und ist vermutlich seit 12.000 Jahren hoch genug, um seitdem vergletschert zu sein. Der obere Teil des Beerenberges mit dem Zentralkrater entstand erst vor ca. 4.000-7.000 Jahren, danach verlagerte sich die aktive Zone mit Vulkanausbrüchen noch weiter nordwärts, die Gegend des heutigen Nordkaps entstand und ist, wie die letzten Ausbrüche zeigen, noch immer am Wachsen, so daß sich die Insel langsam weiter nach Nordosten verlängert - entsprechend der Richtung des mittelatlantischen Rückens.

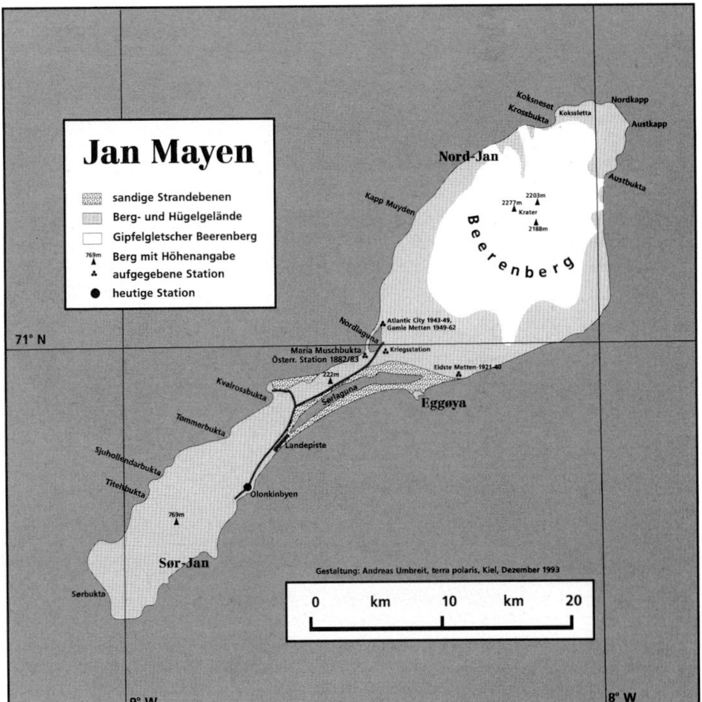
Jan Mayen
sandige Strandebenen
Berg- und Hügelgelände
Gipfelgletscher Beerenberg
769m
Berg mit Höhenangabe
aufgegebene Station
heutige Station
Koksneset
Krossbukta
Kokssletta
Nordkapp
Austkapp
Nord-Jan
Austbukta
Kapp Muyden
2203m
2277m
Krater
2188m
Beerenberg
Nordlaguna
Atlantic City 1943-49,
Gamle Metten 1949-62
71° N
Maria Muschbukta
Österr. Station 1882/83
Kriegsstation
Eidste Metten 1921-40
222m
Kvalrossbukta
Sørlaguna
Eggøya
Tømmerbukta
Landepiste
Sjuhollendarbukta
Titelbukta
Olonkinbyen
769m
Sør-Jan
Sørbukta
Gestaltung: Andreas Umbreit, terra polaris, Kiel, Dezember 1993
0
km
10
km
20
9° W
8° W

Sør-Jan, der südöstliche Teil, ebenfalls vulkanisch entstanden und mit teilweise noch deutlich erkennbaren kleineren **Kratern** und **Lavafeldern**, ist langgestreckt und bildet ein weniger hoch aufragendes **Hügel- und Bergland** mit 20-30 Gipfeln, die 100 bis über 700 m hoch sind - ein vergleichsweise unübersichtliches Gebiet, dem auf der langen Nordwestseite eine Küstenebene vorgelagert ist, ebenso wie dem nördlichen Teil der Südostküste, während der Süden der Südostküste überwiegend steil ins Meer abbricht.

Verbunden werden Nord-Jan und Sør-Jan durch einen schmalen **Hügelzug** (bis 222 m Höhe). Im Strömungslee zwischen den beiden größeren Inselteilen konnte sich auf der Südseite dieser Hügelkette eine Nehrung aus von den Wellen transportiertem Sand bilden, die heute die große Südlagune durch einen Wall zum Meer hin abschließt. Ein weiterer solcher Sandwall teilt auf der Nordseite die Nordlagune ab und schließlich findet sich ein drittes Gebiet solcher Sandanspülung, allerdings ohne Lagune, ebenfalls auf der Nordseite der Hügelkette (Haugenstranda). Beiderseits dieser schmalen Landbrücke liegen die besten Landeplätze Jan Mayens. Entsprechend umstritten waren hier die Eigentumsrechte zwischen 1917 und 1933, und hier liegen auch die wichtigsten ehemaligen und heutigen menschlichen Ansiedlungen.

Höhenschwankungen über dem Meeresspiegel lassen sich auch auf Jan Mayen an alten Strandlinien ablesen, von denen die untere etwa 5 m über dem derzeitigen Meeresspiegel liegt und die vor ca. 1.500-2.000 Jahren durch Landhebung entstand. Die häufiger erkennbare 10-m-Strandlinie entstand hingegen vor ca. 3.500-4.000 Jahren, indem sie aus dem Meer auftauchte. Unterseeisch gibt es um Jan Mayen allerdings auch Hinweise auf frühere Landsenkungen vor ein paar Millionen Jahren: An heute tief unter Wasser liegenden Erhebungen in der Nachbarschaft der Inseln gibt es deutliche Erosionsspuren aus einer Zeit, als sie über die Wasseroberfläche geragt haben mußten.

Derartige **Hebungen** und **Senkungen** des Landes sind in einem vulkanisch aktiven Gebiet, wo Kontinente auseinanderstreben und neues Land entsteht, nicht erstaunlich. Nach Beobachtungen im Bereich der alten Wetterstation scheint sich das Land über die Jahrzehnte wieder etwas gesenkt zu haben. Eine Folge hiervon ist gelegentliche Salzwasserzufuhr in die Nordlagune durch starke Brecher, die über den Strandwall hinwegbranden.

Was die **Gezeiten** anbelangt, so machen Ebbe und Flut in Jan Mayen nur einen Unterschied von etwa einem halben Meter aus.

Flüsse gibt es auf Jan Mayen nicht, größere Bäche nur in Zeiten der Schneeschmelze. **Seen** gehören ebenfalls nicht zum Landschaftsbild - mit Ausnahme der vom Meer abgetrennten großen Lagunen im Mittelteil der Insel.

Auch auf Jan Mayen finden sich im übrigen die typischen Bodenerscheinungen der Arktis: Frostschutt, Fließböden etc.

Klima

Jan Mayen gehört klimatisch mit einer **höchsten Monatsmitteltemperatur** von 5,4 Grad (August) eindeutig zur **Arktis**, deren Grenze mit einem höchsten Monatsmittel von 10 Grad definiert wird. Für die Monate Juni bis September liegen die Mitteltemperaturen über 0 Grad, die restlichen Monate darunter. Extrem kalt wird es in Jan Mayen allerdings nicht - das niedrigste Monatsmittel sind -5,1 Grad (März), so daß man von einem hinsichtlich der Temperaturen **ausgeglichenen maritimen Polarklima** sprechen kann (Jahresmitteltemperatur: -3,6 Grad).

Auch die **Jahresniederschläge** sind mit 648 mm noch **gemäßigt** - doppelt so hoch wie in Spitzbergen, aber immer noch vergleichbar mit den trockenen Regionen Mitteleuropas -, fallen allerdings im Sommer überwiegend als Nieselregen, und zusammen mit der Nebelnässe erscheint dem Besucher Jan Mayen unabhängig von den Meßwerten ziemlich feucht.

Ansonsten ist das Klima allerdings alles andere als ausgeglichen, nicht umsonst wird Jan Mayen die Teufels-Insel des Eismeeres genannt, denn in dieser Region ist eine **Wetterküche**, in der sich viele der westwärts ziehenden Tiefs bilden. 88 Tage im Jahr herrscht **Nebel** und den Beerenberg ganz wolkenfrei zu sehen, ist eine kleine Sensation - ganz klaren Himmel gibt es durchschnittlich nur drei Tage im Jahr. Das Unangenehmste sind jedoch die schweren und häufigen **Stürme** - viermal häufiger als das bestimmt nicht verwöhnte Vardø ganz im Norden des norwegischen Festlandes meldet Jan Mayen Sturm im Jahr, mit Geschwindigkeiten von teils über 150 km/h.

Die **Polarnacht** dauert vom 17. November bis zum 25. Januar.

Pflanzenwelt

Dem sich Jan Mayen nähernden Besucher erscheint die Insel als eine **leblose Wüste aus dunklem Gestein und Sand**, überragt vom Weiß des gletscherbedeckten Beerenberges (sofern dieser nicht im Nebel unsichtbar bleibt). Vor allem in etwas geschützteren Bereichen bietet jedoch auch Jan Mayen eine **interessante Flora**, die zwar von der Winderosion bedroht ist, dafür aber weniger Probleme mit extremen Temperaturen hat und vor allem kontinuierlich mit Niederschlägen versorgt wird. Trotzdem ist der

Boden vielerorts nicht sehr naß, da viel Wasser gleich durch das poröse Lavagestein verschwindet.

Auffällig üppige Formen nehmen vielerorts die **Moose** an, für die diese Bedingungen mit hoher Luftfeuchtigkeit ideal sind. In geschützten Lagen gibt es aber auch eine geschlossene Vegetation mit **höheren Pflanzenarten** - immerhin hat man auf Jan Mayen 62 einheimische Gefäßpflanzenarten gefunden - darunter einen Farn, einen Schachtelhalm und einen Bärlapp, 24 Monocotyledonen (einkeimblättrige Arten, vor allem Gräser etc.), der Rest Dicotyledonen (zweikeimblättrige Arten, darunter viele "Blumen"-arten und die einzige "Baumart" - die nur ca. 10 cm aufragende Polarweide).

Eine Besonderheit sind die fünf **Löwenzahnarten**, von denen vier nur auf Jan Mayen zu finden sind (endemisch). Interessant ist bei einer so jungen Insel die Frage, wie die Arten hierher gelangen konnten. Bei den Löwenzahnarten läßt sich Island als Ursprung vermuten, da die fünfte Art sonst nur noch in Island vorkommt, so daß diese eventuell mit den Fallschirmen ihrer Samen, durch den Wind getrieben, Jan Mayen erreichte und sich aus ihr die vier neuen Arten entwickelten. Weitere Einwanderungswege sind Treibholz als Träger, auch der Transport von Pflanzenarten auf Eisschollen über große Entfernungen wurde in der Arktis beobachtet. Schließlich kommen noch Vögel als Träger in Frage - sowohl über ihr Gefieder, als auch über ihren Magen.

Die meisten (37) der Landpflanzenarten Jan Mayens sind **typische Polarpflanzen**, die sich rund um den Pol in allen Ländern finden. 57 Arten finden sich in Island und Norwegen, 56 außerdem auch in Grönland.

Insgesamt ist der Bedeckungsgrad der Insel durch Pflanzen gering - zu gering, um pflanzenfressende Landsäugetiere ernähren zu können. Mit Ausnahme der Moose hält sich die Vegetation vor allem in den etwas **geschützteren Bereichen** - engen Einschnitten, Tälern, in Kleinbiotopen hinter schützenden Vorsprüngen oder zwischen Felsbrocken. Auf ungeschützten Flächen, insbesondere den Stränden, wo der Sand Pflanzen ständig zu verschütten und als Sandsturm zu schädigen droht, können sich dagegen nur wenige Arten halten, etwa die Mertensie oder Pferdezunge (Mertensia maritima), oft mit 100 m Abstand voneinander.

Besonders lebensfeindlich sind die **Brandungszonen**, die die meiste Zeit durch schwere Brecher berannt werden; sofern ein Strandfuß existiert, ist sein Material in ständiger Bewegung. Mindestens genauso lebensfeindlich ist das Schaben des Treibeises in den Wintermonaten, das sich am Strand viele Meter weit und hoch hinaufschieben kann. Doch schon 2-3 m unter der Meeresoberfläche zeugt ein dichter und vielfältiger Bewuchs mit

Wasserpflanzen und dazwischen lebenden **Nesseltieren**, **Krebsarten**, **Fischen** etc. von der Fruchtbarkeit des Nordmeeres.

Tierwelt

Auch Jan Mayens Tierwelt ist **spärlich**: An Landsäugern gibt es lediglich den **Polarfuchs**, wobei hier die andernorts sehr seltene dunkle Variante (**Blaufuchs**) ursprünglich stark dominierte (90%) - vielleicht eine örtliche Selektion aufgrund des vielfach dunklen Hintergrundes. Durch die Verfolgung bis 1965 speziell der dunklen Variante (Lebendfallen, helle Exemplare ließ man laufen) stieg der Anteil der im Winter weißen Variante jedoch auf ein Drittel an.

Durch die **Verfolgung** sind Füchse auf Jan Mayen sehr **selten** geworden - selbst heute, nach fast 30jährigem Schutz, sind sie ein seltener Anblick. Vielleicht hat der Bestand eine zum Überleben erforderliche Mindestzahl unterschritten, so daß (z.B. aus genetischen Gründen) eine Regenerierung nicht oder nur schwer möglich ist. Schon früher mag der Fuchsbestand Inzuchtprobleme gehabt haben, denn eine große Fuchspopulation mit entsprechender genetischer Vielfalt, wie in Spitzbergen, kann die karge Insel nicht ernähren. Die wichtigste Nahrung sind Vögel sowie deren Eier und Junge. Früher, als es noch mehr Füchse gab, zeichneten sich im Gelände regelrechte Kontrollpfade ab, die der Fuchs bei seinem Weg von Vogelfelsen zu Vogelfelsen offenbar exakt einhielt.

Eine geringe Zahl an **Bart- und Ringelrobben** kann sporadisch beobachtet werden, und **Eisbären** erreichen die Insel nur alle paar Jahre.

Die **Vogelwelt** umfaßt 17 regelmäßig hier brütende Arten (unter anderem vor allem erstaunlich viele Eissturmvögel, daneben Krabbentaucher, Papageientaucher, Lummen, Dreizehenmöwen, einige Eiderenten, Eisenten, Meeresstrandläufer, Küstenseeschwalben u.a.), insgesamt wurden ca. 60 Arten bisher beobachtet. Nur die **Eissturmvögel** überwintern auf der Insel, andere Seevogelarten bleiben teilweise westlich auf dem Meer oder im Treibeisbereich bzw. ziehen überwiegend nicht weit weg (Südgrönland).

Während die Eissturmvögel in den zahlreichen steilen Felswänden massenweise exzellente Nistmöglichkeiten finden und damit entsprechend zahlreich auf Jan Mayen brüten, gibt es vergleichsweise wenig Möglichkeiten für Höhlenbrüter wie Papageien- und Krabbentaucher sowie für Enten, die gern auf für den Fuchs unerreichbaren, kleinen Inseln brüten. Der einzige Landvogel, der im Sommer vorkommt und sich von Samen ernährt, ist die **Schneeammer**. Schneehühner, wie in Spitzbergen, gibt es nicht. Als einziger echter Greifvogel werden gelegentlich Schnee-Eulen beobachtet, die mangels Nagetieren schlechte Bedingungen in Jan Mayen vorfinden. Die Rolle des Raubvogels wird daher von der vereinzelt im Inland brütenden **Schmarotzerraubmöwe** und von der "**Grönlandmöwe**" (Larus glaucoides) übernommen.

Mangels größeren Fließgewässern oder ganzjährig genug Wasser führenden Seen gibt es auf Jan Mayen **kaum Fische**. Eine Ausnahme ist ein **Saiblingbestand** in der Nordlagune (38 m tief, kein oberirdischer Ausfluß ins Meer) mit zwar vielen, überwiegend jedoch sehr unterentwickelten, kleinen Exemplaren, unter denen lediglich einzelne durch Kannibalismus eine dann allerdings teilweise beachtliche Größe erreichen. Von den kleinen Saiblingen ernähren sich außerdem in manchen Jahren einzelne Taucher (Gavia immer), die hier nicht jedes Jahr brüten.

Mit Ausnahme der Schneeammer ist für aile Vögel Jan Mayens, und damit indirekt auch für die Füchse und die Saiblinge der Nordlagune (Düngung durch Vogelexkremente), das **Meer die Nahrungsgrundlage**. In der Umgebung der Insel mischt sich das kalte, salzärmere Wasser des Ostgrönland-Stromes mit dem wärmeren, salzhaltigeren des sogenannten Golfstromes. Diese Mischung ist nicht nur eine der Nebel- und Wetterursachen. Dabei wird auch nährstoffreiches Wasser aus tieferen Meeresschichten mit nach oben gerührt und führt dort zusammen mit dem ununterbrochenen Tageslicht des Polarsommers zwischen Grönland und Spitzbergen zu einer **explosionsartigen Vermehrung der Planktonarten**, von denen sich dann größere Tiere ernähren (Fische, Bartenwale etc.), die ihrerseits wiederum anderen als Beute dienen (Vögel, Robben). Dieses reiche Nahrungsangebot im Sommer macht das nördliche Eismeer so attraktiv für z.B. die dorthin ziehenden **Seevögel**, da sie dort über den kurzen Arktissommer genügend Nahrung finden, um zusätzlich zur eigenen Ernährung und der mit Brüten verbrachten Zeit auch noch ihre Jungen aufzuziehen.

Ebenfalls gut vermehren sich die **Robben** in diesen fruchtbaren Gebieten, wo sie sich den Sommer über einen Speckvorrat für den Winter anlegen können und außerdem das für sie zum Ruhen wichtige Treibeis finden, wobei das Eis gleichzeitig auch Träger von Algen und einer entsprechenden Nahrungskette an seiner Unterseite ist, die den Robben Futter liefert. Ein typisches Treibeisgebiet mit Zehntausenden von Robben befindet sich üblicherweise in der Nähe Jan Mayens und ist unter den norwegischen Robbenschlägern als "Vestisen" (Westeis) bekannt, wohin sie im Februar und März mit ihren Fangbooten steuern, um auf dem Treibeis die Robben mit dem pickelartigen *hakapik* zu erschlagen oder zu erschießen.

Zahlreich war früher angesichts des reichlichen Planktonangebots auch der **Grönlandwal** in diesen Gewässern, bis er im 17. Jh. nahezu ausgerottet wurde.

Gliederfüßlerarten gibt es vergleichsweise wenige, vielleicht 200, von denen die meisten sehr klein sind und vielfach von Pflanzenresten im Boden leben, etwa Springschwänze (Collembolen) u.a. Größere Insektenarten sind in der Minderzahl, es gibt ein paar Schmetterlinge u.a., außerdem ein paar kleine Spinnenarten.

Umweltsituation, Umweltschutz, Vorschriften

Von den drei beschriebenen arktischen Gebieten - Spitzbergen, Franz-Joseph-Land, Jan Mayen - ist Jan Mayen dasjenige, dessen Umwelt wohl am wenigsten durch den Menschen beeinträchtigt wurde. Gleichzeitig spielt die relativ lebensfeindliche Insel im arktischen Ökosystem allerdings auch eine wesentlich geringere Rolle, als z.B. die etwa gleich große Bären-Insel mit ihrer überragenden Bedeutung als Brutplatz.

Neben sicherlich vorhandenen kleineren Schädigungen im Bereich der Stationen ist als deutlichster menschlicher Eingriff in das Ökosystem Jan Mayens die weitgehende Ausrottung des kleinen Bestandes an Polarfüchsen zu nennen, der sich trotz vollständigen Schutzes seit 1965 nicht wieder erholt hat.

Vom 19. Dezember 1986 stammen die "**Vorläufigen Vorschriften zur Regelung von Natureingriffen auf Jan Mayen**", die die wirtschaftlichen Aktivitäten unter Genehmigungsvorbehalt stellen, dem Umweltministerium die Möglichkeit von schadensbegrenzenden Auflagen und in schwerwiegenden Fällen auch des Verbots geben und die vollständige Entfernung aller Überreste sowie die bestmögliche Beseitigung von Schäden nach Beendigung einer Aktivität vorschreiben. Es ist dem Umweltministerium gestattet, im jeweiligen Einzelfall detaillierte Vorschriften zum Betrieb zu erlassen und den motorisierten Verkehr auf der Insel einzuschränken.

Für die **Jagd** gilt dieselbe Vorschrift wie für Svalbard: "**Vorschriften zur Verwaltung von Wild und Süßwasserfischen auf Svalbard und Jan Mayen**" vom 11. August 1978, die sich auf alle wildlebenden Vögel und Land- und Meeressäugetiere in diesen Gebieten einschließlich der Territorialgewässer bezieht (ausgenommen sind kleine Nagetiere). Im folgenden einige wichtige Regeln:

- Jede Tierart ist **völlig geschützt**, sofern für sie nicht spezielle Jagdregeln erlassen wurden. Dieser Schutz bezieht auch deren Nester, Eier, Junge, Aufzuchtplätze etc. ein, die nicht gestört werden dürfen. Auch auf erlaubte Arten ist die Jagd vom 24.-31. Dezember und Karfreitag bis Ostermontag verboten.
- Generell verboten sind **Selbstschußapparate**, **Gift**, **lähmende oder betäubende Präparate** (Betäubungsgewehr!), fast alle **Fallentypen**, **Netze für Robben**, **Leimruten** u.a.

↳ Verboten ist auch das **Suchen und Verfolgen von Tieren**, deren Ablenkung mit motorisierten Fahrzeugen und Fluggeräten sowie das Schießen auf Tiere von derartigen motorisierten Transportmitteln.
↳ **Fischfang** ist nur mit der Angel oder maximal drei Netzen à maximal 25 m und minimaler Maschenweite 40 mm pro Boot erlaubt. Netze müssen mit Bojen und dem Namen des Eigners versehen sein. Die Veränderung von Wasserläufen und Unterbrechung von Fischwanderungsmöglichkeiten ist verboten.
↳ Das **Aussetzen von Tieren** ist verboten.
↳ Für **Schäden durch geschützte Tierarten** kann das Umweltministerium nach näheren Richtlinien Erstattung gewähren.
↳ Die **Überwachung der Vorschriften** obliegt für Jan Mayen dem Polizeichef von Bodø, der den Stationsleiter auf Jan Mayen mit entsprechenden Kompetenzen ausstatten kann.
↳ Generell verboten ist ferner **Schießen und Gebrauch von Signalhörnern** in einem Abstand von weniger als 1 km von Vogelfelsen und das **Fliegen** in einem Abstand von weniger als 500 m davon.

Geschichte

Zwischen 560 und 1614 Entdeckung
Wann Jan Mayen erstmals von Menschen gesichtet oder betreten wurde, ist unklar - eventuell bereits Ende des 6. Jh. durch **irische Mönche** unter Leitung des Abtes **St. Brendan** (ca. 489-580), die auf ihrer abenteuerlichen Fahrt, nach gängiger Auslegung der alten Berichte Island, Jan Mayen, Grönland und Nordamerika erreichten - 900 Jahre vor der kürzlich so pompös gefeierten "Entdeckung" durch Kolumbus, allerdings immer noch Jahrtausende nach den eigentlichen Entdeckern Amerikas, den Ureinwohnern. Wie Amerika, so trägt auch Jan Mayen nicht den Namen seines Entdeckers.

400-600 Jahre nach den Iren kamen vermutlich **Wikinger**, deren Fahrtenbeschreibungen allerdings so detailarm und deren Entfernungsangaben so unklar sind, daß sie viel Platz für Spekulationen lassen. Angesichts ihrer inzwischen archäologisch nachgewiesenen Fahrten nach Amerika und Grönland wäre es auf alle Fälle wahrscheinlich, daß sie die Insel kannten. Archäologisch sind auf Jan Mayen weder die einen noch die anderen belegt.

Ebenfalls viel Anlaß zu Spekulationen bieten die Tagebücher und die nach seinen Skizzen später angefertigte Landkarte des Venezianers **Nicolo Zeno**, der teilweise mit seinem Bruder Antonio von 1390-1405 ausgedehnte Forschungsfahrten unternahm. Die **Karte** ist im Vergleich zu unseren heutigen verzerrt und fehlerhaft, doch zeigt sie nördlich Islands und östlich Grönlands überraschend genau plaziert einen aktiven Vulkan und unmittelbar daneben das Kloster St. Thomas.

Im **Tagebuch** wird Nicolo Zenos Besuch beschrieben und erwähnt, daß die Mönche heiße Quellen zum Heizen und als Grundlage für die Bewässerungslandwirtschaft nutzten, und die Bewohner der Umgebung des Klosters mit tierhautbespannten Kajaks auf Jagd gingen. Letzteres könnte auch auf das benachbarte Grönland und die Eskimos hindeuten, doch gibt es dort keinen aktiven Vulkan. Auf Jan Mayen existieren Funde, die eventuell eine solch frühe Besiedlung stützen könnten, andererseits aber sehr umstritten sind. So wurde auf der Südseite des Beerenberg im Ekroltal ein sehr alter, vermutlich weiblicher Schädel gefunden und in derselben Gegend Bodenstrukturen, die einmal mit Steinen ausgelegte Bewässerungsgräben gewesen sein könnten, während andere eingefallenen Mauern und Wällen ähneln. Obwohl diese Bodenstrukturen offenbar eher künstlich aussehen, darf die Möglichkeit einer natürlichen Entstehung ohne weitere Untersuchungen jedoch nicht ausgeschlossen werden - immerhin entstehen im arktischen Gelände auch auf natürliche Weise durch Frostbewegung Steinwälle oder Steinkreise etc.

Die nächsten, die die Insel entdeckt haben könnten, sind 1607 **Henry Hudson** (☞ auch Svalbards Landesteile - Bjørnøya) und 1612 Thomas Marmaduke (☞ auch Svalbards Landesteile - Hopen), neben Barents zwei der ersten Kapitäne, die gezielt von Europa aus auf Entdeckungsfahrt in die Arktis geschickt wurden, um neue Handelswege und Schätze zu entdecken und die auch den Bereich Jan Mayens passierten.

Sicher ist die mindestens dreifache Sichtung der Insel im Jahre 1614 - zuerst durch den Engländer **John Clarke**, der die Insel "Isabella" nannte, und dessen Landung dort eine Beute von elf Walrossen erbrachte. Ihm folgte der Holländer **Jan Jansz Kerckhoff**, dessen Entdeckung auf der von privater Seite finanzierten Expedition allerdings nicht den holländischen Behörden gemeldet wurde, wohl um der Konkurrenz keinen Tip zu geben. So erreichten schließlich noch zwei weitere holländische Schiffe in demselben Jahr 1614 die Insel, eines davon geführt von Kapitän **Jan Jacobsz May**, nach dem die Insel später ungeachtet früherer Namensgebungen Jan Mayen genannt wurde.

1614-1645 Walfangperiode

Für den **holländischen Walfang** war die Entdeckung Jan Mayens mit dem dortigen Walreichtum höchst willkommen, denn in Spitzbergen gab es - obwohl auch dort der Walfang erst wenige Jahre im Gange war - bereits unerfreulich viele Streitigkeiten zwischen den verschiedenen Nationen, insbesondere mit den Engländern. Zum gegenseitigen Wohle schlossen sich die Handelskammern mehrerer holländischer Städte 1614 zusammen, um gemeinsam Walfangflotten auszurüsten und durch bewaffnete Begleitschiffe zu schützen. Es entstand die **Noordsche Compagnie**, die 1617 nochmals anwuchs und damit die Walfangaktivitäten der Städte Amsterdam, Delft, Enkhuizen, Hoorn, Middelburg, Rotterdam, Veere und Vlissingen bündelte. Die Noordsche Compagnie nutzte die sich durch die Entdeckung Jan Mayens unverhofft bietende Gelegenheit und verlegte, ausgestattet mit einem holländischen Monopolrecht, ihre Hauptaktivität gleich 1614 von Spitzbergen nach Jan Mayen.

Im Schnitt rüstete man jedes Jahr eine **Flotte** von zehn Walfängern aus, und bis 1625 übertraf die Zahl der holländischen Walfänger vor Jan Mayen jene der Holländer vor Spitzbergen. Ab 1634 ging allerdings das Engagement der Noordsche Compagnie nicht zuletzt wegen immer größer werdender Konkurrenz zurück; die ersten Städte verließen die Vereinigung und ab 1642 wurden die **Landstationen** auf Jan Mayen schrittweise aufgegeben, zumal sich ihre Zeit sowohl hinsichtlich der immer abgelegeneren Jagdgebiete als auch der sich entwickelnden Walfangtechnik (Verarbeitung auf See) dem Ende näherte.

Insgesamt wird von fünf Stationen auf Jan Mayen berichtet, von denen immer noch teilweise Reste zu sehen sind. Alle Stationen sind jedoch durch die ständig am Land nagenden Angriffe der See gefährdet, einige bereits völlig weggespült. Die Buchten ehemaliger Stationen sind Kvalrossbukta (ehemals Noorderbâi), Titeltbukta (ehemals Suydbâi), Sjuhollendarbukta, Maria-Muschbukta und die Bucht beim Kapp Muyden.

Die Stationen verfügten über bis zu zehn Tranöfen - vergleichbar mit den größten Trankochereien in Spitzbergen. Noch **sichtbare Überreste** finden sich heute in erster Linie in der **Kvalrossbukta**, auch hier hat sich das Meer jedoch schon vieles geholt, und daß hier Reste sichtbar sind, ist ebenfalls ein Zeichen der Erosion: Stück für Stück werden sie von der Brandung freigespült und verschwinden. Archäologische Untersuchungen fanden hier 1983 und 1988 statt. Fundstücke sind unter anderem die beiden 1964 aufgetauchten Kanonen, die heute vor der Militärstation stehen und früher Teil der Verteidigungsanlagen gegen aggressive Konkurrenten waren.

Es gilt hier übrigens dasselbe wie in Spitzbergen: Alle menschlichen Hinterlassenschaften von 1945 und früher stehen unter **Denkmalschutz**, nichts darf mitgenommen werden!

Zu Zeiten des holländischen Walfanges gab es nur einen einzigen **Überwinterungsversuch** durch eine siebenköpfige holländische Wachmannschaft 1633/34, die jedoch an Skorbut starb (Gedenkkreuz durch die österreichisch-ungarische Expedition 1882/83 an der Sjuhollenderbukt).

Die letzte bekannte holländische Walfangfahrt nach Jan Mayen war 1645. Die Tagebücher zweier Reisen von 1648 nach Jan Mayen deuten an, daß es dort keinerlei Aktivitäten mehr gibt. Unternehmungen anderer Walfangnationen neben den Holländern hat es auf Jan Mayen offenbar kaum gegeben.

1645-1880 Gelegentliche Besucher und erste Forschungsansätze

Nach dieser Zeit passierten die Walfänger zwar immer wieder die Insel, landeten auch gelegentlich zum Auffüllen der Frischwasservorräte, doch ansonsten blieb Jan Mayen zwei Jahrhunderte praktisch unbesucht.

Zorgdrager landete 1699 auf der Insel, besuchte die verschiedenen alten Stationen und zeichnete eine erste genauere Karte. Unter anderem war er in der Noordbåi und berichtet von der dortigen einst ansehnlichen Station (unter anderem lagen noch immer ca. 20 Fangboote am Strand), daß diese bereits arg verfallen und von keinem nutzbaren Wert mehr sei.

Aus den folgenden Zeiten liegen nur einige zufällige Beobachtungen passierender Schiffe vor, so etwa von zwei **Vulkanausbrüchen**. Der eine fand vom 17.-19. Mai 1732 am Fuße des Beerenberges (vermutlich am Eskkrater auf der Südseite des Berges über der Südlagune) statt und wurde beobachtet vom deutschen Walfangkapitän Jacob Jacobsen Laab. Am 29. April 1818 passierte William Scoresby, der schon im Vorjahr an der Südostküste gelandet war und Zorgdragers Karte verbessert hatte, die Insel und beobachtete, ebenso wie ein weiterer Kapitän, wiederum vulkanische Aktivität am Eskkrater.

Mit dem Besuch der Naturforscher **Carl Vogt** (Genf) und **Georg Berna** (Büdesheim) als Leiter einer deutschen Expedition mit dem Segler "**Joachim Hinrich**" vom 22.-24. August 1861 (unter anderem Verbesserung der Karte Scoresbys) begann die **wissenschaftliche Erforschung** Jan Mayens.

Zu den frühen Forschern und wissenschaftlichen Expeditionen gehören außerdem der Engländer **Leigh Smith** (im Mai 1872 an Land und im Juni 1880 mit einem Fotografen; Leigh Smith begegnet uns in diesen Jahren auch in Spitzbergen und Franz-Joseph-Land) und die norwegische **Nordmeerexpedition** vom Sommer 1877 (Vermessungsarbeiten für eine genauere Karte 1:200.000, wobei eine um 9 sm westlichere Lage der Insel festgestellt wurde als bisher angenommen, außerdem Botanik, Meeresbiologie; beteiligt unter anderem die Professoren Willie und Mohn).

1882/83 Beginn der systematischen Erforschung

1882/83 war das **Erste Internationale Polarjahr**, der damals neuartige Versuch, durch internationalen Einsatz und Koordination sowie gleichzeitige Projekte längerer Dauer in verschiedenen arktischen Gebieten umfangreiche und vergleichbare Daten zu gewinnen. Die Idee ging auf den österreichisch-ungarischen Marineleutnant **Karl Weyprecht** zurück, bereits durch die Entdeckungsexpedition nach Franz-Joseph-Land 1872/74 bekannt.

Er war sicherlich ein Glücksfall, denn ihm ist es weitgehend zu verdanken, daß die nicht gerade als typische Polarforschungsnation bekannte habsburgische Doppelmonarchie mit wenigen Expeditionen effektive und bedeutende Beiträge zur Polarforschung leisten konnte - Expeditionen, die sorgfältig vorbereitet waren, nicht nur dem reinen Ehrgeiz (Wettlauf zum Pol) dienten, sondern vor allem bedeutende Resultate lieferten und gleichzeitig dem Nationalprestige nützlich waren, und die nicht zuletzt von Katastrophen à la Nobile oder Schröder-Stranz verschont blieben. Weyprecht organisierte auch den österreichischen Beitrag zum Ersten Internationalen Polarjahr - die **Überwinterungsexpedition** nach Jan Mayen 1882/83, die erste erfolgreiche Überwinterung auf der Insel überhaupt.

Insgesamt beteiligten sich am Ersten Internationalen Polarjahr elf Nationen mit zwölf Stationen in der Arktis und Antarktis. Weyprecht fand für sein Jan-Mayen-Projekt insbesondere den Grafen **Hanns von Wilczek** als Sponsor und Unterstützer (nach ihm ist auf Jan Mayen das Wilczekdalen, außerdem in Franz-Joseph-Land eine Insel benannt). Weyprecht starb 1881 mit 42 Jahren an Tuberkulose, so daß sich Graf Wilczek auch um praktische Teile der Vorbereitung kümmern mußte, bis hin zur Teilnehmerauswahl; Expeditionsleiter wurde Emil von Wohlgemuth.

13 Monate verbrachten die 14 Expeditionsmitglieder der sorgfältigst vorbereiteten **Überwinterung** auf Jan Mayen in einer für damalige Verhältnisse hervorragend konstruierten, geräumigen Station aus vorgefertigten Elementen, die sich als sehr geeignet für die extremen Wetterbedingungen erwies. Während der gesamten Aufenthaltszeit gab es keinerlei ernsthafte psychische oder gesundheitliche Probleme - nicht zuletzt aufgrund des straff organisierten Programms, das wenig Gelegenheit für depressive Gedanken und Nichtstun während des langen Winters zuließ.

Wie schon in vielen anderen Fällen erwies sich neben guter Planung die stete **Beschäftigung** als wesentlicher Überlebensfaktor. Zur Vorbeugung gegen **Skorbut** gehörte ab 8. Oktober täglich eine Dose Zitronensaft und später Laufsport. Der einzige Tote während der ganzen Expedition war ein an Lungenentzündung verstorbener Matrose des Versorgungsschiffs "Pula", der während der Aufbauarbeiten an der Station auf der

Insel beerdigt wurde (1983 neues Kreuz auf seinem Grab). Zur Station im Wilczektal an der Maria-Muschbucht gehörten neben den Menschen zwei Hunde und zur Verbesserung der Ernährung auch mehrere Schweine und eine Hühnerschar einschließlich eines Hahnes.

Teil des täglichen **wissenschaftlichen Arbeitsprogramms** waren die meteorologischen Messungen und Wetterbeobachtungen, Messungen der Gezeiten am dafür eingerammten eisernen Meßstab und magnetische Beobachtungen in einer speziellen Meßstation. Nach der Einkehr sommerlicherer Verhältnisse ab Mai 1883 begannen zusätzlich ausgedehnte Exkursionen zur Erforschung der Insel und von jeder beobachteten Tierart wurde ein Exemplar zum Präparieren erlegt.

Die Expedition lieferte nicht nur die erste **ganzjährige Klimabeobachtung** für Jan Mayen (und gleichzeitig die ersten Meßreihen überhaupt), sondern ihre **topographischen Erkundungen** erlaubten die Konstruktion der ersten Karte im Maßstab 1:100.000, die bis zu einer Neuausgabe durch das Norwegische Polarinstitut im Jahre 1958 für über 70 Jahre die genaueste verfügbare Kartierung Jan Mayens war.

Die **Stationsgebäude**, die als Eigentum des Grafen Wilczek galten, dienten in der Folge weiteren Expeditionen, überwiegend von Jägern, als Basis, wobei meist um Genehmigung beim Grafen ersucht wurde. 1918 schenkte er sie dem dänischen Staat, der sie zwar nie nutzte, jedoch 1919 und 1926 reparierte. Dänemark beanspruchte sie später einschließlich des Zugangs zu ihnen auch im Zusammenhang mit der norwegischen Annexion Jan Mayens 1930. Der Gebrauch durch viele Nutzer über die Jahre hinterließ jedoch deutliche Spuren, und 1931 galt nur noch ein Raum als brauchbar, die österreichische Expedition des Zweiten Internationalen Polarjahres nutzte sie nicht mehr. Während des Zweiten Weltkrieges wurde sie als reichhaltiges Baumateriallager geplündert, so daß heute nur noch die Fundamente zu sehen sind.

Nach der österreichischen Überwinterungsexpedition 1882/83 wurde die Insel häufig von verschiedensten Forschungsgruppen besucht, es wurden auch weitere wissenschaftliche Überwinterungen durchgeführt.

1906-1965 Jagd auf Jan Mayen

Jan Mayen war auch für die jedes Wetter gewöhnten **Eismeerjäger** ein unwirtlicher und vor allem wenig ergiebiger Standort. Die einzige wirklich lohnende Beute waren **Fuchsfelle**, insbesondere das des hochbezahlten Blaufuchses, der, andernorts eine seltene Variante des Polarfuchses, auf Jan Mayen die weitaus häufigere Farbe des Fuchspelzes ist. Fuchsfelljagd war gleichbedeutend mit Überwinterung, denn von Interesse war der dichte, langhaarige Winterpelz.

Die Expeditionen wurden vielfach durch nordnorwegische Geschäftsleute organisiert und ausgestattet, die dafür die Hälfte des Erlöses erhielten. Die erste Überwinterung von Fängern erfolgte 1906/07 unter Nutzung der österreichischen Station durch den Tromsøer Giæver und zwei weitere Jäger, die zusätzlich für das meteorologische Institut in Oslo Wetterdaten sammelten, vor allem aber über 100 Fuchspelze erbeuteten. Das sie abholende Schiff sank jedoch vor Island, und nur der Schiffsmaschinist überlebte.

Trotzdem verbreitete sich die Kunde von dem hervorragenden Jagderfolg. 1908/09 probierten Jäger ihr Glück, die zusätzlich zu der als Hauptbasis genutzten österreichischen Station etliche Nebenhütten errichteten. Einer starb, doch das Fangergebnis konnte sich mit 120 Pelzen sehen lassen.

Auch die folgenden Jagdexpeditionen bis 1922 waren noch relativ erfolgreich; etliche verloren während des Winters weitere Teilnehmer. Danach jedoch sanken die Ergebnisse rapide ab - kein Wunder angesichts des begrenzten Fuchsbestandes auf einer so kleinen und unfruchtbaren Insel. Da die Füchse keine natürlichen Feinde hatten und entsprechend neugierig und ohne Scheu waren, war die rasche **Ausrottung des Bestandes** vorprogrammiert. Auch die Festlegung einer Quote von 20-30 Pelzen pro Jahr ab 1933/34 konnte hieran nichts mehr ändern, führte allerdings zu veränderten Methoden: Nun wurden die Füchse überwiegend lebend gefangen und gefüttert, bis sie ihr Winterfell hatten, so daß man für die Quote die schönsten auswählen und die anderen laufenlassen konnte. Dies führte zu einer Erhöhung des Anteils der weißen Polarfüchse in der Restpopulation, da diese als weniger wertvoll galten und überwiegend freigelassen wurden.

Nach Einrichtung der Wetterstation ab 1921 beschränkte sich der Fuchsfang weitgehend auf die **Stationsangehörigen**, die dieses Zubrot bequem nebenbei erledigen konnten, statt eine teure Expedition auszurüsten. Für die Fuchspopulation freilich bedeutete diese Änderung eine Katastrophe, denn während sich vorher die Jagd rentieren mußte, um die hohen Expeditionskosten zu decken, bei zu schlechten Ergebnissen also ein ökonomisch bestimmtes Ende gefunden hätte, verursachte sie für die Stationsangehörigen praktisch keine Kosten mehr, war eher Zeitvertreib und konnte damit theoretisch bis zur Ausrottung des Fuchsbestandes fortgesetzt werden.

Der Fuchsfang wurde endgültig 1965 durch den **totalen Schutz** beendet, doch bereits nach dem Krieg waren die Füchse praktisch ausgerottet worden, so daß z.B. 1947/48 nur noch zwei gefangen wurden.

Andere Tiere spielten als **Beute** eine geringe Rolle. Eiderenten gibt es auf Jan Mayen nur sehr wenige, so daß das Sammeln von Daunen entsprechend unergiebig war. **Vögel** waren eine willkommene Bereicherung des Speiseplanes der Jäger, das Eiersammeln - insbesondere kamen hierfür die Nester der zahlreichen Eissturmvögel in Frage - war jedoch in den unzugänglichen und brüchigen Lavafelsen eine mühsame und gefährliche Angelegenheit, so daß auch Eier primär für den eigenen Verzehr in geringeren Mengen gesammelt wurden.

Eisbärenbesuch auf der Insel ist vergleichsweise selten und überwiegend auf die Wintermonate beschränkt, wenn das Eis die Insel umschließt und sich entsprechend mehr Robben in der Umgebung aufhalten. Während der holländischen Walfängerzeit wurden die Bären durch den Gestank angelockt - 1628 wurden als Rekord 70 Tiere erlegt. In späteren Zeiten allerdings wurde den ganzen Winter über teilweise kein einziger Bär gesichtet und nur im Abstand mehrerer Jahre einer erlegt. Ein Eisbärenfell hatte vor dem Zweiten Weltkrieg im übrigen nur ein Viertel des Wertes eines Blaufuchspelzes! Schließlich gab es natürlich auch die **Jagd auf Robben**, aber auch diese lassen sich den Sommer über dort nur vereinzelt sehen.

1921-1952 Annexionen, Souveränität und Eigentumsstreit

Die Schritte bis zur offiziellen Annektion Jan Mayens sind ein teilweise absurd-amüsantes Kapitel Eismeergeschichte und es treten exzentrische Charaktere auf, die sich in solchen Randbereichen der Zivilisation bewegen.

Als erster erklärte **Christoffer Ruud** den Mittelteil der Insel mit den besten Landemöglichkeiten 1916 zu seinem Eigentum und 1917 dann gleich die ganze Insel. Er meldete seine Ansprüche bei der norwegischen Regierung an, die offiziell die Insel als Niemandsland betrachtete, die privaten Ansprüche Ruuds jedoch an andere Länder eher lustlos weitermeldete - nur Dänemark protestierte insoweit, als es darauf hinwies, daß sich Ruuds Ansprüche mit der ab 1918 Dänemark gehörenden österreichischen Station überschnitten.

Ruud, der zwar über hochfliegende Pläne (Walfangbasis), aber über zu wenig finanziellen Rückhalt verfügte, um seine Ansprüche durch entsprechenden Einsatz auf der Insel zu untermauern, versuchte, den norwegischen Staat unter Druck zu setzen, indem er die Möglichkeit andeutete, seine Ansprüche an das angeblich interessierte Ausland zu verkaufen, aber natürlich würde er eine norwegische Lösung (und staatliche Unterstützung) als Patriot vorziehen.

1917 und 1918 tauchten allerdings zwei weitere Parteien auf, die ebenfalls private Gebietsansprüche auf weitgehend dieselben Gebiete beim norwegischen Außenministerium anmeldeten. Die eine, bestehend aus den

Herren **Hagerup**, **Gudmundsen** und **Tolløfsen**, hatte zu dieser Zeit eine Jagdexpedition (darunter der auch aus Spitzbergen bekannte Trapper **Artur Oxås**) auf Jan Mayen stationiert und stellte nun, da sie von Ruud hörte, ihre eigenen Gebietsansprüche, die nahezu identisch waren mit denen Ruuds. Oxås selbst schließlich, von Jan Mayen zurückgekehrt, beanspruchte schließlich ebenfalls für sich 1918 die gesamte Nordwestküste des Mittelteils und Sør-Jans, unter anderem im Hinblick auf die Nutzung des dortigen Treibholzes, wo er entsprechend den Gepflogenheiten Spitzbergens Annektionstafeln aufgestellt hatte. Das Außenministerium registrierte alle diese Ansprüche, ohne ihre Berechtigung zu bestätigen.

1921 sanken Ruuds Aussichten, aus seiner Annektion Profit zu schlagen, als ein weiterer Gegenspieler, **Hagbard Ekerold**, mit Plänen auftauchte, 1921 eine Wetter- und Telegrafenstation auf Jan Mayen einzurichten. Auch Ekerold beanspruchte, in norwegischem Interesse zu handeln, um dem Ausland zuvorzukommen (wobei Ekerold zeitweise selbst die US-amerikanische Staatsbürgerschaft hatte!). Ekerolds Pläne einer Wetterstation kamen Oslo nicht ungelegen, ebenso seine Argumentation, daß Ruuds Ansprüche unhaltbar seien, da es sich lediglich um eine Annektion, jedoch nicht um eine Okkupation (also Aufbau einer permanenten Anlage, Siedlung, Station o. ä.) auf der Insel handele und von ihm außerdem keinerlei verwertbare Mineralien nachgewiesen wurden, die einen bergbaulichen Anspruch begründen könnten.

Das Außenministerium schloß sich der Meinung an, daß Ruuds Aktivität auf Jan Mayen für einen Besitzanspruch nicht ausreichend sei und bestärkte Ekerold, einen Teil Jan Mayens für den Wetterdienst zu annektieren, was dann auch geschah. Ganz wohl war man sich in Oslo bei dieser Handlungsweise anscheinend doch nicht, Ruuds Anspruch zu bestreiten und selbst bei sich bietender Gelegenheit zuzulangen, zumal Ruud eventuell dafür gesorgt hatte, ausländische Interessenten erst einmal abwarten zu lassen. Ruud, der 1922 bankrott war, zahlte der Staat letztlich 1926 nkr 10.000, und dieser verzichtete im Gegenzug auf alle eventuell bestehenden Rechte auf Jan Mayen. Ruud prozessierte jedoch weiter, später auch gegen Jacobsen und verlor 1936 endgültig. Trotzdem gewährte ihm der Staat eine lebenslängliche Zusatzpension von nkr 100 pro Monat.

Ganz einfach war **Ekerolds Annektion des Mittelteils von Jan Mayen** für den Wetterdienst dann allerdings doch nicht, denn er fand einen unerwarteten Gegner vor Ort in Birger Jacobsen, einem Geologen, der vorher jahrelang für Mansfields Northern Exploration Company in Spitzbergen gearbeitet hatte und der zu Ekerold ein schlechtes Verhältnis hatte. Unterstützt von zwei Geschäftsleuten versuchte er, Jan Mayen für seine bergbaulichen Interessen zu erkunden und Ekerold 1921 zuvorzukommen. Er führte eine eigene Expedition nach Jan Mayen, um die für Ekerold eventuell interessanten Gebiete vor diesem zu besetzen. Jacobsen landete im Juni an der Nordlagune, wo die Expedition Ekerolds Landung erwartete, baute eine Hütte, erklärte das Gebiet Mittel-Jan-Mayens für annektiert und wartete auf ihren Gegenspieler.

Ekerold entschloß sich allerdings, ohne von Jacobsens Anwesenheit zu wissen, seine Station auf der gegenüberliegenden Südostseite zu errichten, wo er die bestmögliche Radioverbindung erwartete. Er landete ungestört und unbemerkt. Irgendwann kam es zum Kontakt und Ekerold mußte feststellen, daß Jacobsen ihm mit seinem Anspruch zuvorgekommen war. Andererseits hatte Ekerold Kontrolle über die Telegrafenausrüstung als einziges Kommunikationsglied zur Außenwelt und konnte so seine Version der Geschehnisse verbreiten. Jacobsens einziger Vorteil war die Kontrolle über das Treibholz, das sich weitgehend auf seiner Nordwestseite an den Stränden befand.

Zu Jacobsens Pech funktionierte sein Nachschub mit Verpflegung nicht, so daß er schließlich Ekerold um Hilfe bitten mußte. Er kehrte mit dem nächsten Boot nach Norwegen zurück, so daß Ekerold seine Annektion fortsetzen konnte. Sein Vorschlag, der Staat solle die ganze Insel annektieren, erschien dem Außenministerium dem Ausland gegenüber zu brisant, so daß man als gemäßigtere Lösung die Annektion für das **norwegische Meteorologische Institut** vornahm - zunächst 1922 nur den Mittelteil Jan Mayens, dann 1926 schließlich die ganze Insel.

1930 übernahm **Norwegen** schließlich formell auch die **Souveränität** über die Insel, wogegen keine ernsthaften Einsprüche anderer Nationen erhoben wurden. Dänemark gab seine Rechte an der ehemaligen österreichischen Station 1933 auf.

Kurioserweise dauerten die Auseinandersetzungen innerhalb Norwegens um die Insel wesentlich länger. Neben der Auseinandersetzung mit Ruud, die erst 1936 beendet wurde, bereiteten insbesondere Jacobsens Ansprüche dem Staat Kopfzerbrechen, da Jacobsen die Annektion kurz vor Ekerold bestens belegen konnte und in Rechtssachen erfahren war. Der Fall ging bis zum höchsten Gericht weiter, das 1933 das Eigentum Jacobsens am Mittelteil Jan Mayens anerkannte. Da die Insel mittlerweile völkerrechtlich norwegisch war, hatte Jacobsen allerdings zunächst nicht allzuviel von diesem späten Sieg. Umgekehrt hatte der Staat kein Interesse an weiteren Auseinandersetzungen mit Jacobsen und seinen Erben (er starb 1942, hoch verschuldet) und kaufte schließlich von diesen Jacobsens Gelände im Jahr 1952 für nkr 170.000. Damit untersteht Jan Mayen seitdem auch privatrechtlich vollständig dem norwegischen Staat.

Norwegische Station auf Jan Mayen seit 1921, Kriegs- und Nachkriegszeit bis heute

Seit 1921 hat sich nahezu durchgehend eine norwegische Wetterstation auf Jan Mayen befunden. Beginnend mit der von Ekerold gebauten **Eldste Metten**, die am 3. September 1940 aufgegeben und deren Sendeanlage zerstört wurde (die Besatzung wurde nach Island evakuiert), um der deutschen Wehrmacht nicht weiterhin wichtige Wetterdaten für die Kriegsführung im Nordatlantik zu liefern. Ein deutsches Aufklärungsflugzeug konnte am 13. September bei ungewöhnlich ruhiger See bei Eggøya wassern und die aufgegebene Station untersuchen. Ideen, sie durch eine deutsche bemannte Station zu ersetzen, wurden nicht weiter verfolgt.

Während des Krieges wurde Jan Mayen mehrfach durch **deutsche Aufklärungsflugzeuge** überflogen, teilweise auch die spätere kleine alliierte Garnison dort angegriffen, jedoch keinerlei bemannte deutsche Einrichtungen an Land installiert. Zwei deutsche Aufklärungsflugzeuge prallten im Nebel 1942 ohne Beschuß auf Jan Mayen auf; das eine Wrack blieb unbemerkt und wurde erst 1950 zufällig entdeckt.

Auf alliierter Seite bedauerte man bald die ausbleibenden Wettermeldungen, und so wurde ab dem 10. März 1941 eine **neue militärische Wetterstation** mit norwegischen Exiltruppen (über 50 Mann) im Jøssingdalen zwischen Nord- und Südlagune eingerichtet. Sie war bewaffnet (neben Gewehren und Maschinengewehren zwei 20-mm-Kanonen und eine 76-mm-Kanone) und richtete sich neben Feldbefestigungen mehrere Ausweich- und Wachhütten auf der Insel ein. Jan Mayen blieb das einzige norwegische Gebiet, in dem während des ganzen Krieges keine deutschen Soldaten stationiert waren.

Am 8. November 1943 landete zusätzlich mit Zustimmung durch die norwegische Exilregierung eine **amerikanische Einheit** mit 41 Mann an der Nordlagune, um eine **Peilstation** zur Ortung deutscher Funkstationen in der Arktis einzurichten, die unter dem Namen "**Atlantic City**" in die Geschichte Jan Mayens einging. 1944 zogen die Norweger in das komfortablere amerikanische Lager um, doch es kam bald zu Unstimmigkeiten aufgrund der recht unterschiedlichen Lebensweise, so daß die Norweger sich bald wieder in ihr eigenes Lager zurückzogen. Insbesondere der Luxus, in dem die Amerikaner aus norwegischer Sicht lebten (unter anderem Waschmaschine, Eismaschine, Kinovorstellungen, hervorragende Verpflegung), weckte gemischte Gefühle.

Die amerikanische Peilstation erfüllte auf alle Fälle ihren Zweck und half bei der Ortung deutscher Stationen in Ostgrönland und Spitzbergen. Daß ein deutsches U-Boot am 25. September 1944 eine automatische Wetterstation in der Krossbukta auf Nord-Jan gut getarnt installiert hatte, entging ihr allerdings aufgrund des dazwischenliegenden Beerenberges. Erst am 9. März 1945 wurde sie zufällig von drei Männern auf der Fuchsjagd entdeckt, jedoch aus Furcht vor versteckten Sprengladungen nicht berührt - Ende März wurde sie von einem Versorgungsfahrzeug der Exiltruppen abgebaut.

Nach Kriegsende wurde die amerikanische Einheit im Februar 1946 abgezogen und die Anlagen der norwegischen Garnison übergeben.

Bereits im Juni 1945 wurde durch den zivilen norwegischen Wetterdienst eine neue Mannschaft nach Jan Mayen entsandt, um den normalen **Wetter- und Telegrafendienst** wiederaufzunehmen, wobei es zunächst zu Spannungen mit der weiterhin auf der Insel liegenden norwegischen Garnison kam. Erst 1947 wurde die Kompetenzverteilung zwischen Militär, dem nordnorwegischen Wetterdienst und dem norwegischen Meteorologischen Institut auf der Insel klar geregelt. Die Bedingungen in der auf den Kriegsbetrieb hin konstruierten Station im Jøssingdalen waren höchst unbefriedigend. 1949 wurde daher eine **neue meteorologische Station** oberhalb der Nordlagune erbaut, heute bekannt als **Gamle Metten**. Sie war bis 1962 in Betrieb und bot im Vergleich zur alten Station erheblich mehr Komfort sowie eine günstige Lage - mit Ausnahme dem Ausgesetztsein zum Wind.

Nur ein Jahr nach dem Umzug forderte ein **Orkan** ein Todesopfer: Obwohl der Sturm den bis 80 Knoten (ca. 140 km/h) geeigneten Windmesser bereits zerstört hatte, begab sich der zweiundzwanzigjährige Aksel Liberg zum nur 35 m entfernten Instrumentenhäuschen, um die dort angezeigten Wetterdaten abzulesen. Als er nach 15 Minuten nicht zurück war, machten sich seine Kollegen auf die Suche, schafften es jedoch nur ein paar Meter vor die Tür. So mußte man ein Abflauen des Sturmes abwarten und fand Liberg am nächsten Tag erfroren ca. 140 m von der Station entfernt. Der Sturm hatte ihn dorthin offensichtlich mitgerissen und er schaffte es nicht, sich gegen die Naturgewalten zurückzukämpfen. Als Konsequenz wurden zwischen den Gebäuden Sicherungsseile gespannt, um bei Sturm Halt zu geben und ein Zaun zur Abbruchkante hin errichtet.

1958 bekam die Wetter- und Radiostation Gesellschaft durch die neue **gemeinsame Funkstation der Streitkräfte**, die eingerichtet wurde, um eine Loran-Station (Long Range Navigation - ein Peilsender, an dem sich Luft- und Seefahrzeuge orientieren können) zu betreiben. Dieses präzise, aber komplizierte System stand und steht theoretisch allen Nutzern offen, die dafür an Bord erforderliche Ausstattung war allerdings so teuer, daß sie praktisch nur vom Militär eingesetzt wurde. Bau- und Betriebskosten gingen auf Nato-Rechnung.

In den **Zeiten des kalten Krieges** wurden möglichst wenig konkrete Informationen über die Station verbreitet, nicht zuletzt auch, um (unberechtigten) sowjetischen Protesten gegen einen Nato-Stützpunkt mit fremden Streitkräften auf norwegischem Territorium vorzubeugen - Norwegen hatte beim Nato-Beitritt zur Beschwichtigung des östlichen Nachbarn erklärt, keine Stationierung fremder Truppen auf seinem Territorium zu dulden. Nun waren für den Aufbau und die Einarbeitung der Station amerikanische Spezialisten vorübergehend erforderlich, was eventuell zu sowjetischen Protesten hätte führen können.

Die Station entstand auf der Südostseite der Insel am Südende der Südlagune. Zur Sicherstellung ihrer Versorgung bei unterschiedlichen Seeverhältnissen wurde eine Straßenverbindung zwischen der Loran-Station, Olonkinbyen genannt, und der Kvalrossbukta auf der Nordwestseite geschaffen, so daß Schiffe bei unterschiedlichen Windrichtungen Material an Land bringen können. Der Loran-A-Sender ging im November 1959 in Betrieb, betreut von einer 35-Mann-Belegschaft.

Aufgrund der angewachsenen Inselbevölkerung erhielt Jan Mayen 1959 eine eigene kleine **Poststelle** (*brevhus*) mit einem eigenen Stempel. Zusätzlich entstand 1960 eine 1.200 m lange **Landepiste**, die allerdings nicht den Vorschriften der Zivilluftfahrt genügt und daher nur für Versorgungs- und eventuelle Rettungsflüge in Anspruch genommen wird - sowohl für die Militär- als auch für die Wetterstation - und vorwiegend von Hercules-Transportmaschinen der norwegischen Luftwaffe angesteuert wird.

Darüber hinaus erhielt die Station eine zusätzliche **Loran-C-Sendeanlage**. Dabei handelt es sich um ein erheblich präziseres System als Loran A, dessen Verwendbarkeit für die Führung amerikanischer U-Boote zur Bemühung um Geheimhaltung (Fotografierverbot u.a.) und für einigen Wirbel in der Presse sorgte, zumal bis 1964 deshalb auch zwei amerikanische Offiziere in Olonkinbyen stationiert waren. Heute, im Zeitalter der Satelliten-Navigation, spielt das System keine so große militärische Rolle mehr. Voraussichtlich 1994 wird die US Coast Guard ihre Zahlungen für den Unterhalt des Systems auf Jan Mayen einstellen. Loran A wurde bereits 1977 eingestellt.

Zusätzlich kamen seit den frühen fünfziger Jahren immer wieder Pläne für einen richtigen **Hafen** in Jan Mayen auf, auch als Stützpunkt für die

Fischereiflotte, wurden aber immer wieder aufgrund der enormen Kosten verworfen. Schätzungen liegen bei Kosten von nkr 400 Mio und zusätzlich ist unklar, wie man während der Bauarbeiten die Baustelle gegen die gewaltigen Naturkräfte (Sturm, Brandung, Eispressung) absichern soll.

Die Wetter- und Seefunk-Station **Gamle Metten** entsprach inzwischen nicht mehr den Anforderungen und so lag es nahe, einen Ersatz in der Nachbarschaft der neuen Loran-Anlage zu schaffen. Dies geschah 1962. Seitdem nutzen Militär und Zivilisten die gleichen Unterkünfte. Der Arbeitsplatz der vier Mann Besatzung der Wetterstation mit den Meßgeräten und der Hütte für die Vorbereitung der Ballons mit den Wettersonden liegt 3 km nordöstlich. Die Aufgabe der Küstenradiostation, bisher vom Wetterdienst mit übernommen, wurde 1984 an die Militärs übergeben. Außerdem wurde die Polizeigewalt vom Leiter der Wetterstation auf den Befehlshaber der Militärstation übertragen. Die Stationsmitarbeiter haben überwiegend Halbjahresverträge (Leiter: Jahresvertrag).

In jüngster Zeit wurde Jan Mayen erneut ein wenig ins öffentliche Interesse gerückt, da die seit 1978 genutzten **Bestände der Lodde** (Fischart) um die Insel die Frage nach der Ziehung der **200-Meilen-Wirtschaftszone** aufwarfen. Norwegen beansprucht seitdem eine eigene 200-Meilen-Wirtschaftszone um die Insel und geriet damit in Konflikt zu Island und Dänemark (Grönland), mit deren 200-Meilen-Zonen es Überschneidungen gab. Island bestritt den Inselstatus Jan Mayens und stufte die Insel statt dessen als "Klippe" ein, die nach internationalem Recht keine Ansprüche auf Sockel oder Zone erlauben würde.

Angesichts der jahrhundertelangen Aktivitäten auf Jan Mayen und der permanenten Stationen setzte sich aber doch die **Einstufung als Insel** durch, und 1980 erreichte man eine Einigung dahingehend, daß Island Jan Mayens 200-Meilen-Zone anerkennt, Norwegen dafür aber auf die Überlappungszone mit der isländischen Zone verzichtet. Für die schwierigere Auseinandersetzung mit Dänemark war diese internationale Anerkennung des norwegischen Standpunkts durch Island ein wichtiger Punkt - schließlich überlappen sich die 200-Meilen-Zonen Jan Mayens und Ost-Grönlands immerhin um 80.000 km^2.

1988 brachte Dänemark den Fall daher vor den **internationalen Gerichtshof** in Den Haag, was in Norwegen unangenehme Erinnerungen an die frühen dreißiger Jahre weckte, als Norwegen vor demselben Gerichtshof gegen Dänemark verlor - auch damals ging es um Ostgrönland, als Norwegen versuchte, ein Stück für sich zu annektieren. Zum Zeitpunkt des Abschlusses dieses Buchmanuskriptes war die neue Entscheidung Den Haags noch nicht gefallen.

Besuche Jan Mayens, Zuständigkeiten und Vorschriften

Jan Mayen wird nur selten von Touristen besucht und bietet hierfür praktisch **keinerlei Infrastruktur** - weder Unterkünfte noch Beköstigung, sofern man nicht offiziell eingeladen ist. Es gibt außerdem auch keine allgemein zugänglichen Verkehrsmittel nach Jan Mayen, die gelegentlichen militärischen Versorgungsflüge und das noch seltener gewordene Anlaufen durch Versorgungsschiffe sind der Versorgung der Station und der Stationsangehörigen vorbehalten sowie seltenen Gästen mit einer Einladung.

Einige **Kreuzfahrten** passieren die Insel in jedem Sommer und ca. ein- bis viermal pro Saison booten überwiegend Studien-Kreuzfahrten ihre Gäste auf der Insel aus - sofern die Seeverhältnisse dies zulassen und eine Genehmigung erteilt wird. Angebote solcher Touren finden sich bei auf arktische Regionen spezialisierten Veranstaltern. Die meisten dieser Fahrten kombinieren Jan Mayen mit Spitzbergen oder Grönland bzw. beiden.

Die **Polizeihoheit** über Jan Mayen liegt beim *Politimester* in Bodø, der auf der Insel vom Befehlshaber der Loran-Station vertreten wird. Wer die Insel außerhalb einer Veranstalter-Reise besuchen möchte, muß um eine **Genehmigung** nachsuchen - in der Regel bei Forsvarets Tele- og Datatjeneste (Tele- und Datendienst der Streitkräfte) im Verteidigungsministerium in Oslo. Sofern der Besuch im Zusammenhang mit Forschung oder dem Wetterdienst steht, kommen auch andere Stellen zur Kontaktaufnahme in Frage. So ist bisher für den Natur- und Denkmalschutz der Sysselmann in Longyearbyen zuständig, für den Wetterdienst die entsprechenden norwegischen Behörden. Ab Mitte 1994 sollen alle Zuständigkeiten vom Sysselmann an den Fylkesmannen von Nordland in Bodø übergehen.

Für die **Vorschriften für Umweltschutz und Jagd** ☞ Natürliche Verhältnisse - Umweltsituation, Umweltschutz, Vorschriften. Hinsichtlich des Denkmalschutzes gilt die Vorschrift vom 21. Juni 1974 bzw. deren Aktualisierungen, die beim Sysselmann in Longyearbyen angefordert werden kann.

Literatur

Bücher und Publikationsserien

Die neuere Literatur über Jan Mayen ist **spärlich**. Daher nehme ich in die folgende Liste auch norwegische Titel auf.

Die **Zahlen in Klammern** weisen darauf hin, ob das Buch derzeit im deutschen Buchhandel schwierig [1] oder nur antiquarisch [2] erhältlich ist. Die **Buchstaben** nach den Titelangaben charakterisieren die Art des Buchinhalts, aufgeteilt in folgende Rubriken:

A = Allgemein
B = Bildband
F = Fiktion, Roman, Collage
G = Geschichte
K = Kinderbuch
N = Naturkunde
P = Politk
R = Reisebeschreibung, Erlebnisbericht
V = Recht, Vorschriften

Barr, Susan: **Jan Mayen - Norges Utpost i Vest, Øyas historie gjennom 1500 år**, Chr. Schibsteds Forlag, Oslo 1991, 264 Seiten, zahlreiche Abbildungen (ein äußerst empfehlenswertes, detailliertes Buch über die Geschichte der Insel in Norwegisch). G [1]
Barr, Susan: **Norway's Polar Territories**, Aschehoug Forlag, 1987, 92 Seiten (kurzer, informativer Abriß über alle polaren Gebiete Norwegens in Arktis und Antarktis, Englisch). A [1]
Hohl, Prof. Dr. Rudolf (Hrsg.): **Die Entwicklungsgeschichte der Erde**, Verlag Werner Dausien, Hanau 1980. N [1]
Lid, Johannes: "**The Flora of Jan Mayen**", in: Norsk Polarinstitutt Skrifter No. 130, Oslo 1964, 112 Seiten (ausführliche Beschreibung aller Gefäßpflanzenarten der Insel, Englisch). N [1]
Lønø, Odd: "**Norske fangstmenns overvintringer**", Del. 2 Jan Mayen, in: Polarboken 1973-74, Oslo 1974 (Norwegisch). G [2]
Miljøverndepartementet: Miljøvernforskrifter for Svalbard og Jan Mayen, T-515, Miljøverndepartementet, Oslo 1991. [1]
Norges sjøkartverket: Den norske los/Arctic Pilot - Svalbard + Jan Mayen, Bind 7, Norges sjøkartverk, Oslo 1991, 420 Seiten (Norwegisch und Englisch). A [1]
Ottar: **Jan Mayen**, Sonderheft von Ottar - populære småskrifter fra Tromsø Museum No. 56 (1968 No. 2), 40 Seiten (Norwegisch). A [2]
Schwerdtfeger, Werner/Franz Selinger: **Wetterflieger in der Arktis - Erlebnisse und Erfahrungen der Wettererkundungsstaffeln im Hohen Norden**, Motorbuch Verlag, Stuttgart 1982, 240 Seiten. G [2]
Siggerud, Thor: "**Vulkanutbruddet på Jan Mayen**", in: Polarboken 1971-72, Oslo 1972 (Norwegisch). N [2]
Siggerud, Thor: "**Jan Mayen stadig en aktiv Vulkan**", in: Polarboken 1985-86, Oslo 1986 (Norwegisch). N [2]
Ulvensøen, Jon: **Brennpunkt Nord - Værtjenestekrigen 1940-45**, Forsvarsmuseets Småskrift Nr. 6, Oslo 1991, 112 S. (Norwegisch). G [1]

Karten

Topographische Karten: 1:100.000 (1 Blatt) und 1:50.000 (2 Blätter)

Index

Im Index werden überwiegend norwegische Namen verwendet, deutsche teilweise mit Verweis.

Bedeutung einiger geographischer Endungen	
-bre, -breen, -breane	Gletscher
-bukt, -bukta	Bucht
-dalen	Tal
-elv, -elva	Fluß
-fjell, -fjellet	Berg
-flya	Küstentiefland
-fonn, -fonna	Gletscher
-halvøya	Halbinsel
-hamn, -hamna	Hafen
-jøkul, -jøkulen	Gletscher
-myr, -myra	Moor
-odden	Landspitze
-øya, -øyane	Insel (n)
-tangen	Landzunge
-vatn, -vatnet	See

Wandern in Neuseeland / Stein	DM 19,80
Wüsten-Survival / Nelson	DM 12,80
Zaire-Handbuch / Mang	DM 19,80
Zypern auf eigene Faust / Grandt	DM 24,80

KunstGeschichte

Die Kirchen Gotlands / Lagerlöf & Svahnström	DM 24,80

edition schwarzweiß

Auf nach Down Under / Sackstedt	DM 14,80
Bangladesch / Steinke	DM 29,80
Elfenbeinküste / Steinleitner	DM 16,80
El Hierro / Faust-Lichtenberger	DM 16,80
Irak / Kleuser	DM 14,80
Islands Geologie / Hug-Fleck	DM 14,80
Italiens Vulkane / Hug-Fleck	DM 12,80
Komoren / Thorpe	DM 14,80
Leben in der Wildnis / Berglund	DM 14,80
Manitoba & Saskatchewan / Stein	DM 19,80
Québec / Hansjosten	DM 19,80
Senegal / Mang	DM 14,80
Shetland & Orkney / Krüger-Hoge	DM 16,80
Sudan / Benjak & Enders	DM 16,80
Touren in Böhmen / Nagel	DM 19,80
Vereinigte Arabische Emirate / Röhl	DM 19,80

OutdoorHandbücher

	DM
Bd. 1 Rafting	12,80
Bd. 2 Mountainbiking	12,80
Bd. 3 Knoten	12,80
Bd. 4 Karte & Kompaß	12,80
Bd. 5 Eßbare Wildpflanzen	12,80
Bd. 6 Skiwandern	12,80
Bd. 7 Wildniswandern	12,80
Bd. 8 Kochen	12,80
Bd. 9 Bergwandern	12,80
Bd. 10 Solo im Kanu	12,80
Bd. 11 Kanuwandern	12,80
Bd. 12 Fotografieren	12,80
Bd. 13 Wetter	12,80
Bd. 14 Allein im Wald Survival für Kinder	12,80
Bd. 15 Wandern mit Kindern zu Fuß - per Rad - mit Kanu	12,80

☞ *Weitere Bände in Vorbereitung.*

Fordern Sie unseren aktuellen Verlagsprospekt an.